普通高等教育“十一五”国家级规划教材

资源与环境经济学

王　军　主编

杨雪峰　赵金龙　江激宇　副主编

中国农业大学出版社

主　编　王　军　河北农业大学

副主编　杨雪峰　浙江财经学院
　　　　赵金龙　河北农业大学
　　　　江激宇　安徽农业大学

编　者　李　茜　山西农业大学
　　　　李广梅　安徽农业大学
　　　　刘晓光　沈阳农业大学
　　　　杨　民　浙江工商大学
　　　　甄明涛　河北农业大学

内容简介

本教材为普通高等教育"十一五"国家级规划教材。本书的特点是从资源与环境经济学基本问题展开构建教材逻辑层次，形成从资源与环境经济系统—资源与环境经济学基本问题—资源与环境经济配置分析—资源与环境经济协调发展模式的教材结构，全书共12章。包括资源与环境经济学概论、资源与环境经济学系统、资源与环境经济学基本问题、自然资源的价值评估、环境效益与损失评价、资源产权交易与生态补偿、资源与环境的时空配置、绿色国民经济核算、自然资源的可持续利用、可持续消费和循环经济。在吸收最新发展观点的基础上，每章前面设计了学习要求和摘要，后面设计了案例分析、本章小结、思考练习题和参考文献，以加强理论结合实际，提高学生分析问题的能力和拓宽学生的课外阅读的视野。为方便教学并与精品课程建设相衔接，本教材还随书配套了教学辅助光盘，内容包括：教学大纲、教学课件、案例素材、参考文献、参考图片、试卷库、网站与期刊。

本教材适合作为全国高等院校经济类、管理类和资源与环境科学类、生态经济以及人口、资源与环境专业的本科生和研究生教材，也可作为成人教育教材，还可供其他关心资源、环境、生态、可持续发展和经济学发展的社会各界读者阅读参考。

内容简介

[illegible]

前　言

国家"十一五"规划中提出：必须加快转变经济增长方式。要把节约资源作为基本国策，加快建设资源节约型、环境友好型社会，促进经济发展与人口、资源、环境相协调，实现可持续发展。目前，我国正处于全面建设小康社会的关键时期，实现经济、社会和生态全面、协调、可持续发展成为今后我国经济发展的重要任务，因此，必须对资源与环境经济的优化配置与协调发展进行深入地研究，借鉴国内外学术成果，创新资源与环境理论和政策手段，构建新型经济发展模式，为资源节约型、环境友好型社会的和谐可持续发展提供理论依据和借鉴。

资源与环境经济学是经济学与资源环境科学交叉形成的一门新兴边缘学科，其相邻的学科有自然资源经济学、环境经济学、生态经济学、人口、资源与环境经济学和可持续发展经济学。自从第一本《资源与环境经济学》教材出版以来，经过国内外学者的不断探索，资源与环境经济学的研究定位逐渐明确，研究内容不断发展，学科体系不断完善。

我们认为：资源与环境经济学的研究对象是资源与环境经济系统的结构、功能、效益和运行机理。资源与环境经济学就是运用现代经济学的理论和方法，分析资源与环境经济基本问题，研究人类经济活动中运用资源与环境经济政策和手段，通过优化经济发展模式，有效配置自然资源与环境，实现资源、环境与经济协调且可持续发展的一门科学。

本教材为普通高等教育"十一五"国家级规划教材，主要面向经济类、管理类和资源与环境科学类和农林类本科生和相关专业的研究生。

本教材具有以下特点：

第一，对传统经济学的基本假设前提进行修正。将资源与环境要素作为稀缺的生产要素进入到生产函数，并把资源、环境纳入到经济系统中，成为人口、资源与环境、经济与社会整体系统的组成部分，将制度因素纳入到经济分析中。

第二，以生态经济学和可持续发展观为基础，以资源与环境经济学基本问题为出发点展开教材逻辑关系，突出以经济学基本理论和方法来分析资源与环境经济的系统的配置分析和发展模式构建。

第三，从资源与环境经济学基本问题出发，突出体系的联系性。本教材有四个逻辑层次：第一层次是资源与环境经济系统；第二层次是资源与环境经济学基本问题；第三层次是资源与环境经济配置分析；第四层次是资源与环境经济学协调发展。即以资源与环境经济系统的基本问题稀缺性、外部性、产权与公共产品出发，通过对资源价值与环境效益与损失的评估，为绿色国民经济核算作铺垫；通过产权的分析为资源与环境经济政策手段提供依据；通过对公共产品的分析为资源与环境的时空配置奠定基础；在资源与环境的有效配置分析的基础上，必须依靠资源与环境经济政策手段才能实现经济发展模式的转型；资源与环境经济协调发展的主要模式有：自然资源的可持续利用、可持续消费、绿色国民经济核算和循环经济。

第四，每章后面设计案例素材和分析。为了加强理论结合实际，提高学生分析问题和解决问题的能力和拓宽学生的课外阅读的视野，本教材在每章前面有内容提要，每章后面除了列出供阅读的参考书目和学术论文和思考题外，还精选了中外资源与环境经济学典型的案例，用于课堂教学实例分析或作为课下学生阅读思考题或为作业题。

第五，为方便师生教与学并与精品课程建设相衔接，本教材还随书配套了教学辅助光盘，内容包括：教学大纲、教学课件、案例素材、参考文献、参考图片、试卷库、网站与期刊。

本教材的知识体系与教学要求：

本教材的编写思路是从资源与环境经济学的研究对象出发，从资源与环境的基本经济问题展开，以资源与环境经济配置为分析重点，以资源与环境经济政策与手段作为途径，以资源与环境经济的发展模式为目的来编排内容。

教材共 12 章(见图 1)，分为 3 个部分。第一部分为基本理论，由第 1～3 章构成，部分主要资源与环境经济学的基本知识和基本理论，是全书的理论铺垫，需要基本掌握。第二部分为资源与环境配置分析。由第 4～8 章构成，是由资源与环境经济问题衍生出的资源与环境经济配置内容，重点放在分析上，需要理解性掌握。第 8 章是本教材的重点内容，不但需要熟练掌握理论，还要能运用理论来分析实际问题。第三部分是资源与环境经济发展模式，由第 9～12 章构成，是资源与环境优化配置的实践应用，即资源与环境经济系统的新型发展模式，要能熟练运用所学知识和理论，提高分析问题和提出对策的能力。

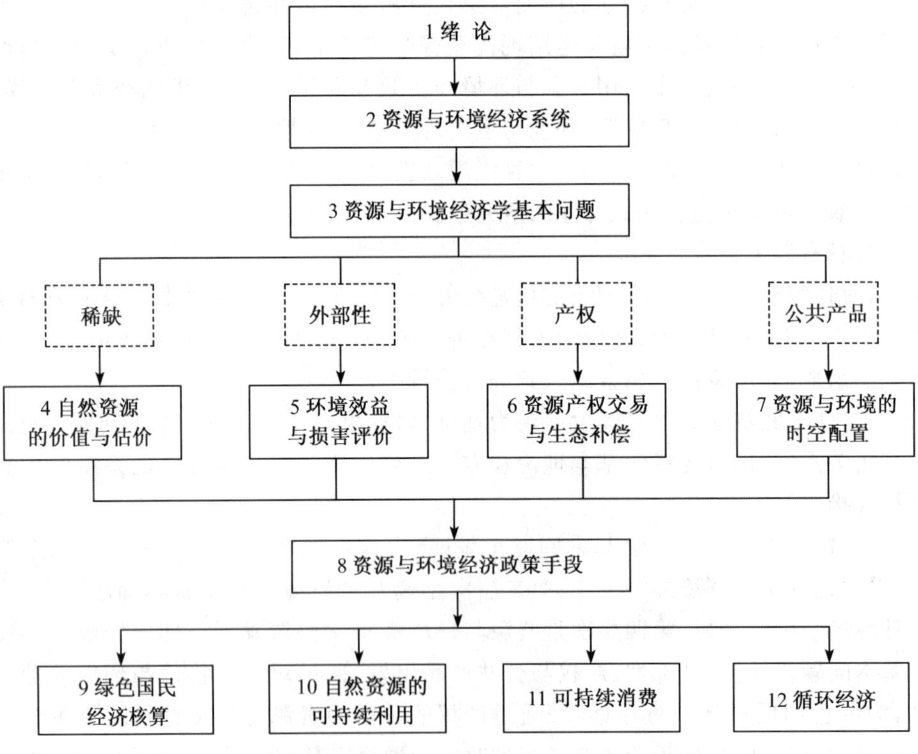

图 1 本教材的知识结构

本教材编写单位来自商学院、经贸学院和管理学院，编写成员由多年从事资源与环境经济学教学和科研的副教授以上或有博士学位的教师组成，他们分别来自河北农业大学商学院、浙江财经学院工商管理学院、浙江工商大学经济学院、沈阳农业大学经济管理学院、安徽农业大学经济与贸易学院和山西农业大学经贸学院。

本教材由主编王军提出写作提纲，由副主编赵金龙、杨雪峰和江激宇提出修改意见，然后由全体成员分头编写，主编和副主编分别审稿、修改与校对，最后由主编统稿并负责清绘图件。编写分工是：第一章由王军完成；第二章由王军、江激宇完成；第三章由杨雪峰完成，第四章由杨民完成，第五章由赵金龙、王军完成；第六章由王军、甄明涛完成；第七章由李广梅、刘晓光完成；第八章由江激宇、赵金龙、王军完成；第九章由李茜完成；第十章由赵金龙、王军完成；第十一章由杨雪峰完成；第十二章由杨雪峰、王军完成。

在本书付梓之际，首先对本教材中的直接引用脚注内容和间接引用的参考文献的全体原创作者表示衷心的感谢；其次，感谢全体编写成员的辛勤的劳动和友善的合作；最后真诚感谢中国农业大学出版社为本书从立项、编写到出版的每个环节所付出的辛勤劳动。

资源与环境经济学仍在日渐成熟地发展中，由于编者的水平有限，本教材编写中的疏漏或错误在所难免，敬请读者批评指正。

王　军

2009 年 7 月

目　录

第一章　绪　　论

学习目的：本章介绍了资源与环境经济学的基本知识和基本理论。应掌握资源、环境的概念和分类，理解资源、环境与生态的关系，掌握资源与环境经济学的研究对象、学科性质和特点，了解资源与环境经济学研究目的，了解资源与环境经济学的研究方法，了解资源与环境经济思想发展的脉络以及国内外研究进展。

第一节　资源、环境与生态系统

一、资源

（一）资源的概念、属性和特点

1.资源的概念

“资源”一词，我国《辞海》的解释是“资财之源，一般指天然的财源”。其英文“Resource”里，前缀Re表示“再”，Source表示“来源”，有财富来源之意；俄文“资源”一词为Ресурсы也是指“财富的来源”。

学术界总体上从广义、狭义两个层面分析其内涵。

广义的资源指人类生存发展和享受所需要的一切物质的和非物质的要素，既包括一切人类生存所必需的自然物，例如，阳光、空气、水、矿产、土壤、植物以及动物等，也包括人类劳动产生的各种形式的生产资料性商品（如设备等）及消费性商品（如房屋等）；还包括无形的资财，（如信息等）以及人类本身的体力和智力。狭义的资源仅指自然资源，即存在于自然环境中并可以用于人类生产和生活的物质。联合国环境规划署（UNEP）认为：“自然资源是指在一定时间、地点的条件下能够产生经济价值以提高人类当前和将来福利的自然环境因素和条件的总称。”该定义排除了那些具有开采潜力或观赏、探险、考察、研究等功能，但目前开发难度较大，在经济上还不合算的一些资源，例如，沙漠、冰川等。

目前，对资源概念的解释和使用还不统一，表现在：

（1）把资源当作广义概念来使用。认为资源不仅包括自然资源，还包括人文资源。这种理解在资源经济学及生态经济学研究中被普遍运用。因为只有将两大类资源实现优化配置，才能实现经济、社会和生态环境的协调发展。

（2）把资源当作狭义的自然资源的代名词。美国经济学家阿兰·兰德尔说：“资源是人们发现的有用途和有价值的物质。”在他的著作中所探讨的通篇都是自然资源；我国一些论著中的“资源”一词多指自然资源；在经济活动中人们谈论某区域的“资源”优势时，所指实际上也是自然资源。

(3)把资源当作生产要素。多数西方经济学家认为资源与生产要素同义。例如,微观经济学中的资源配置是指生产要素,包括土地、劳动力、资金、技术和管理。

(4)把资源等同于产品即原料。社会上通常所说的资源或自然资源,很多时候指的实际上是资源性产品,即原料。

为了便于分析资源、环境与经济彼此之间的关系与特殊规律,我们采用狭义的资源概念,即在一定历史条件下能被人类开发利用以产生社会效用的、稀缺的、各种自然环境要素和自然物品的总称。

2.资源的属性

资源具有两个基本属性,一是社会效用性,二是稀缺性。

首先,资源具有社会效用性。从狭义看,自然资源是发展经济的物质基础,开发利用自然资源可以产生经济效益,提高人类的生存能力和福利水平。从广义看,人文资源更具有直接而普遍的社会效用。例如,劳动力和资金作为基本的生产要素投入到企业中,企业生产出商品用于交换获得收入,消费者购买商品以获得效用,两者各因生产和消费都获得福利。

其次,资源具有稀缺性。从绝对意义讲,随着人口剧增和生活质量的提高,经济的增长和社会发展,资源相对于人类的需求而言总是供应不足而稀缺的。从相对意义讲,自然资源的总供给尚能满足需求,但因空间分布不均衡而造成局部的稀缺。自然环境中供给充分的要素(如阳光、空气),往往不被视为资源而被看作是环境要素,但是在某些情况下也会变得稀缺并被视为资源。例如,欧洲海洋性气候下多阴天,使阳光稀缺,游客付费到地中海旅游去享受阳光;当阳光用于太阳能开发利用时就显示出一定的稀缺性;当大气被污染并影响人类健康时空气也能成为稀缺的资源。

3.资源的特点

资源与环境、生态、经济和社会等概念相比,其属性表现为以下特点:

(1)组成的复杂性。狭义的自然资源不仅包括单一要素资源,例如,土地、矿藏、森林、草地、水资源等,还包括其自然景观组合,例如,花草虫鱼、奇山秀水等以及与经济活动的组合,例如,村舍田园,城市中煤、燃气等能源与水资源供应。广义的资源既包括来源于自然界为人类所用的自然物,也包括来源于人类社会经劳动生产出的产品;不仅包括各类物质的要素,例如,人力资源、科技资源,也包括各类非物质的要素,例如,信息资源、时间资源等。

(2)功能的多样性。首先,资源用途的差异性。指不同的资源具有不同的用途。例如,生物资源主要应用于农业;矿物资源主要应用于工业。其次,资源具有多用途性。指一种资源可以具有多种功能。例如,土地既可用于农业,也可用于工业、交通、旅游以及居民生活等。第三,可加工性。只有通过生产加工资源才能成为多种功能的商品。例如,煤炭、水资源只有通过电厂加工才能成为电力。第四,资源具有被继承性。当代人不论何种民族、处于何种社会形态以及发展阶段,都可以对前人的资源财富予以继承。第五,资源具有可迁移性。一些资源(如石油)在被人类开发利用和空间迁移中可以实现价值增值。可见,资源功能的多样性为人类提供了多种选择的机会和优化利用的方式。

(3)开发利用的效益性。资源的效益性是指人类根据资源功能的多样性,开发利用资源以做到物尽其用并取得多种效益的特性。企业在开发资源进行生产加工,在物质转化和能量流动时,也在经济系统中实现着货币的流动,产生着经济效益。政府开发公共性资源(如河流、土地等)以改善社会福利产生着社会效益;公民享受着环境资源(如碧水、蓝天和绿地)提供的非排他性环境服务,源于环境资源能产生生态效益。

(4)内涵的发展性。广义资源概念的内涵与外延经历了随着社会经济的发展而不断扩展、深化和改变的过程。漫长的农业文明时期,一些天然物质(如土地)成为"资财的源泉",作为商品在交换中创造了价值,人们形成了以土地为核心的对资源初步的认识。工业化时期,随着科学技术的进步,被人类发现和利用的自然资源的种类日益增多,由于当时能源和矿产资源相对充裕,而资本可以购买劳动力和原材料,因此,资本被视为稀缺的生产要素成为资源概念的核心。20世纪30年代,随着"能源危机"和一些矿产资源的供应紧张,耗竭性资源的稀缺性逐渐受到重视,一些新材料、新能源和替代性资源的地位不断上升。第二次世界大战后,世界人口剧增,工业化和城市化迅速发展,人类大量掠夺式的开采消耗着自然资源以换取经济的增长,陆地上许多自然资源存量迅速减少,全球性"资源危机"威胁着经济的持续增长。人类开始把目光转向海洋,海洋资源受到重视,成为一个独特的资源系统被归入自然资源研究范畴。20世纪的六七十年代以后,随着经济全球化的发展,全球性资源短缺、环境污染和生态破坏问题越来越严重,威胁着人类的生存安全和持续发展。人类开始认识到必须合理地开发利用自然资源,协调经济、社会和生态三大效益的关系,才能实现可持续发展。因此,自然资源的概念又拓展到了环境和生态领域。资源从传统的自然资源拓展到了能给予人类精神共同享受的环境和提供人类生存安全的部分生态系统。其中环境资源的概念被纳入到自然资源概念体系中。进入20世纪的90年代的信息化时期,稀缺性资源越来越多地属于人的智力、信息、技术、管理、政策和制度等软资源。因此,扩展了的广义资源在经济社会活动中并占据着越来越重要的地位。

(二)自然资源的概念和特点

1.自然资源的概念

较早给自然资源下定义的是地理学家金梅曼(Zimmenman),他在《世界资源与产业》一书中指出:无论是整个环境还是其某些部分,只要它们能满足人类的需要的,就是自然资源,比如煤,如果人们不需要它或者没有能力利用它,那么它就不是自然资源。可见,金梅曼的"自然资源"是一个主观的、相对的、从功能上看的概念。

大英百科全书对自然资源的定义是:"人类可以利用的自然生成物,以及形成这些成分的源泉的环境功能。前者如土地、水、大气、岩石、矿物、生物及其群集的森林、草地、矿藏、陆地、海洋等;后者如太阳能、环境的地球物理机能(气象、海洋现象、水文地理现象),环境的生态学机能(植物的光合作用、生物的食物链、微生物的腐蚀分解作用等),地球化学循环机能(地热现象、化石燃料)非金属矿物的生成作用等。"这个定义明确指出环境功能也是自然资源。

联合国出版的有关文献中认为:"从广义来说,自然资源包括全球范围内的一切要素,它既包括过去进化阶段中无生命的物理成分,如矿物,又包括地球演化过程中的产物,如植物、动物、景观要素、地形、水、空气、土壤和化石资源等。"这个概念强调了自然资源是一个不断深化和发展的相对概念。

我国的《辞海》中自然资源被定义为"一般天然存在的自然物(不包括人类加工制造的原材料),如土地资源、矿藏资源、水利资源、生物资源、海洋等,是生产的原料来源和布局场所。

随着社会生产力的提高和科学技术的发展，人类开发利用自然资源的广度和深度也在不断增加。"这个定义强调了自然资源的天然性和提供人类的活动空间（场所）的功能。

事实上，现在整个地球都或多或少地都带有人类活动的印记，自然资源都融进了不同程度的人类劳动结果。因此，我们把自然资源定义为：自然资源是人类能够从自然界获取以满足其需要与欲望的任何天然生成物及作用于其上的人类活动的自然物品。或者说自然资源是指具有社会有效性和稀缺性的自然物质或自然环境的总称。

2. 自然资源的特点

(1)稀缺性。农业和工业的发展必须开发自然资源而获取原料和能源，人类对自然资源需求的无限性与自然资源供给的有限性就构成矛盾。表现在：稀缺性一方面使资源在数量和质量上对人类发展具有一定的承载力，即自然资源能够承载经济发展规模和速度的能力。另一方面，稀缺性通过供需关系的变化对市场上可交易资源的价格产生影响。再次，经济发展的不同阶段稀缺性的程度和结构是不同的。农业社会稀缺的是土地等生物资源，工业化初期稀缺的主要是矿产资源，工业化中后期出现全面的自然资源稀缺。

(2)区域性。受太阳辐射、大气环流、地质构造和地表形态结构等因素的影响，自然资源存在地域分布的不平衡性，具有其特殊的分布规律。例如，我国耕地分布在山地、丘陵、高原地区的占66%，分布在平原、盆地的仅占34%。长江流域及其以南地区耕地仅占全国的38%，淮河流域及其以北地区耕地却占全国的62%；我国水资源南多北少，长江流域及其以南地区，水资源占全国的80%以上，淮河流域及其以北地区，水资源不足全国的20%；水能集中在川、滇、黔、桂、藏5个省区；长白山区林地面积和木材蓄积量分别占全国的11%和13.8%，长白山被比作"林海"；我国能源分布南少北多，仅山西省煤炭资源的探明储量就占全国总储量的27%以上，被称作"煤海"；金属矿产资源基本上分布在由西部高原到东部山地丘陵的过渡地带。从世界范围看，资源的分布也是不均匀的，探明储量约占世界总储量的58%的石油，集中在波斯湾石油沉积盆地，全世界煤炭总量的87%分布在美国、中国和俄罗斯三大国或地区；随着太阳辐射在地球表面的纬向递变规律，从赤道向极地依次出现的森林植被变化为：雨林、季雨林、常绿林、落叶阔叶林、针叶林和苔原等；随着水分循环的地域差别，从沿海向内陆植被通常递变为：森林、森林草原、草原、荒漠等。①

(3)联系性。联系性是指每个地区的自然资源要素按照不同的比例、不同的时空关系形成一个整体，当其中一个要素发生变化时，就可能引起连锁反应，牵动整个自然资源系统的变化。这种联系性，再生资源表现得尤为突出。例如，森林资源除了被开发利用产生经济效益外，还具有含蓄水分、保持水土、净化空气和防风固沙等多种环境效益，如果森林资源遭到破坏，不仅会导致河流含沙量的增加，引起洪水泛滥，而且使土壤肥力下降，导致植被退化，甚至沙漠化，进而使动植物种群和微生物大量减少。相反，如果在沙漠地区通过植草种树，进行生态恢复，就可以促进生态环境进入良性循环。再例如，工业化进程中大量消耗化石燃料，造成全球温室效应和全球大气升温。

(三)自然资源的分类

自然资源可以根据不同的目的、按照不同的分类标准，划分成不同的类别。

---

①刘成武，黄利民，等. 资源科学概论. 科学出版社，2004

1. 按照存在的形态

资源分可为六大类：包括土地资源、气候资源、水资源、生物资源、矿产资源、环境资源等。在国土开发利用中自然资源包括：土地资源、气候资源、水资源、生物资源、矿产资源、海洋资源、能源资源、旅游资源等。按照存在形式划分的自然资源的组成和功能见表 1-1。

表 1-1 按照存在形式划分的自然资源类型

类型	含 义	组 成	功 能
土地资源	地球陆地表面由地形、土壤、植被、岩石、水文和气候等因素组成的一个独立的自然综合体	按地形分为：山地、高原、丘陵、平原、盆地等；按利用类型分为：耕地、林地、草地、宜垦荒地、宜林荒地、沼泽滩涂、水域、工矿、交通城镇用地、沙漠、永久积雪冰川等	为人类生活和生产活动提供空间场所和提供多种使用功能
气候资源	地球大气圈中可以被开发利用的物质和能源	太阳辐射、热量、降水、空气及其运动等要素	太阳辐射为地球上一切生物代谢活动提供能量，为大气环流和气候变化提供动力；降水为生命活动和自然界水分循环提供补给源
水资源	在目前技术和经济条件下可以被人类利用的陆地淡水资源	大气水、河流水、湖泊和湿地水、地下水和冰川积雪融水	是地表一切生命活动的重要成分，是工农业生产的重要的原料和传输介质
生物资源	生物圈中的全部动物、植被和微生物	按植物群落的生态外貌特征分为：森林、草原、荒漠和沼泽等；按动物类群可分为：哺乳动物类、鸟类、爬行类、两栖类和鱼类等资源	地球表面的生物多样性为生态系统平衡、稳定和动态发展奠定了基础
矿产资源	经过一定的地质过程形成的，赋存于地壳内或地壳上的固态、液态或气态物质，当它们达到工业利用的要求时，称之为矿产资源	按物理性质和用途划分为：黑色金属、有色金属、冶金辅助原料、燃料、化工原料、建筑材料、特种非金属、稀土稀有分散元素等 8 类	是工业尤其是冶金业、化工、建筑等工业部门重要的原料
能源资源	能够提供某种形式能量的物质或物质的运动都可以称为能源	包括：太阳辐射、地球热能、原子能、潮汐能和各类化石类矿物	为生产和生活提供能量
海洋资源	其来源、形成和存在方式都直接与海水有关的物质和能量	包括：海洋生物资源、海底矿产资源（滨海砂矿、陆架油气和深海矿床等）、海水化学资源和海洋动力资源（波浪、潮汐、温度差、密度差）等	为人类开发海洋提供原料、介质或提供活动场所
环境资源	能提供一般舒适性享受等环境服务，并为旅游者提供游览、观赏、求知、乐趣、度假、疗养、休闲、探险猎奇、考察研究的景观	主要包括：舒适性环境（地理环境、自然景观和自然现象）以及各种自然旅游资源	为人们提供休闲和旅游的物质和精神享受

2.按照可持续利用程度

自然资源可分为三大类:包括储存性资源,恒定性资源和性质介于二者之间的临界性资源。储存性资源的自然供给总量是相对固定的、有限的和不可更新的,它可再分为两类:一是不可回收再利用的资源,如煤、石油、天然气等化石燃料;二是可以回收再利用的资源,如金属矿等。恒定性资源指可以源源不断地进行持续利用的资源,例如,阳光、降水、风、潮汐等。临界性资源主要是生物资源,包括动物、植物和微生物和土地资源。

3.按照产权归属方式

自然资源可分为两大类:包括专有资源和共享资源。专有资源是指具有明确的所有者,能通过法律或所有权的形式,对资源使用加以控制、分配和管理的资源。共享资源是指具有非排他性和非竞争性,没有明确的所有者或者其所有者难以行使所有权的资源,例如,空气、公海等。共享资源和专有资源没有严格的边界,只有专有程度上的差别。例如,一些跨界河流是归某国所有,但河流上下游两国居民可以共享(例如莱茵河、多瑙河和尼罗河等);城市内的绿地和公园归城市公民所有,但可以让市民和过客共享。

4.根据再生性质

自然资源可以分为两大类:包括耗竭性资源和可更新资源。由于这种常用的分类方式对分析资源的开发利用方式影响重大,在此重点讲述。

(1)耗竭性资源。耗竭性资源是指在任何对人类有意义的时间范围内,资源质量保持不变,资源蕴藏量不再增加的资源。对于耗竭性资源来讲,开采过程就是资源耗竭的过程。

耗竭性资源按其能否重复使用,又分为可回收的耗竭性资源和不可回收的耗竭性资源。

◆ 可回收的耗竭性资源:资源产品的效用丧失后,大部分物质还能够回收利用的耗竭性资源称为可回收的耗竭性资源,主要指金属等矿产资源。例如,报废后汽车上的废铁可以回收利用。耗竭性资源的可回收利用程度取决于一定的经济条件,只有当回收利用的资源的成本低于新开采的资源时,回收利用才成为可能;其开采量也随一定的经济条件发生变化。例如,资源的市场价格上升,会刺激生产者去勘探和开采潜在的或者低品位的资源;高价格还会刺激技术进步以提高资源利用率,或是发现新的可替代资源。可回收的耗竭性资源的耗竭速率取决于人类对其开发利用的需求、资源产品的耐用性和回收利用程度。通常,资源产品的使用寿命越长,开发利用的需求就越少;回收利用可以通过提高产资源品的循环使用率(例如,重复使用的饮料瓶)来减少对耗竭性资源的需求和消耗。

◆ 不可回收的耗竭性资源:在使用过程中不可逆,并且在使用之后不能恢复原状的耗竭性资源叫做不可回收的耗竭性资源,主要指煤、石油、天然气等能源资源。能源是人类社会发展的动力,一个国家获得和利用能源的能力,决定了它在当今世界上的经济地位。在现有技术水平下,不可回收的耗竭性资源的特点决定了其资源耗竭速度必然快于其他资源。当代世界经济发展对能源迅速增加的巨大需求,更加剧了这种资源的耗竭速率。提高不可回收的耗竭性资源的利用率,减少浪费是减缓其耗竭速率和减少废弃物产生的重要途径。

(2)可更新资源。可更新资源是指能够通过自然力以一定的增长率保持存量或增加流量的自然资源,例如,太阳能、大气、水体、植物、动物、土壤等。有些可更新资源的存量和流量受人类利用方式的影响。对可更新资源的合理开发可以使其不断恢复、更新、再生产以至不断增长;对其不合理地开发利用,其可更新性就会受阻,存量就会不断减少以至耗竭。例如,土壤侵蚀导致土壤肥力下降进而减少了优质耕地的存量;过度捕鱼减少了鱼的存量进而减少了鱼群的自然增长量。另一些可更新资源的存量和流量则不受人类的影响，例如，太阳能，当代人消费的数量不会使后代人消费的数量减少。

根据财产权是否明确，可更新资源可以分为可更新商品性资源和可更新共有资源。

◆ 可更新商品性资源：可更新商品性资源是指财产权可以确定，能够被私人所有和享用，并能在市场上进行交易的可更新资源。例如，私人土地上的土壤和森林等。这类可更新资源具有以下特点：第一，完全明确的财产权。这些资源所有者拥有的各项权利以及破坏这些权利的处罚等都有明确规定。第二，专有性。开发资源带来的所有效益和费用都直接给予资源的所有者。第三，可转让性。所有资源产权在市场上公平交易，从而实现资源的有效配置。第四，受保护性。资源产权可保证免于他人的侵犯和非自愿的获取，使得破坏权利者得到的惩罚大于破坏权利可能得到的最大好处或期望的非法收入。

◆ 可更新共有资源：可更新共有资源是指不为任何特定的个人所拥有，但是却能为任何人所享用的可更新资源。例如，公海鱼类资源、物种和空气等。这类可更新资源具有下列特征：第一，消费的非竞争性。即指某人对某物品的消费完全不会减少或干扰他人对同一物品的消费。例如，空气可以同时让所有人公平地自由呼吸。第二，消费的非排他性。是指不能阻止任何人免费消费该物品。例如，在公海中某一渔民无法阻止别人前来捕鱼。可更新资源的非专有性往往削弱财产权效能使资源利用的低效率和市场交易困难，导致对可更新资源开发过度，以及在管理、保护和提高生产率方面的不足。

二、环境

(一)环境的概念

《辞海》中环境是指“围绕着人类的外部世界，是人类赖以生存和发展的社会和物质条件的综合体”。《英汉辞海》中称环境(environment)为“周围的情况、影响或势力，包括生存环境——作用于一个生物体或一个生态环境并且最终决定其形式和生存的气候、土壤及生物因素的总和；社会环境——影响一个人或一个社会的社会和文化条件(如风俗习惯、法律、语言、宗教以及经济和政治组织)的总和”。

在生物学中，环境是指某一种特定生物或生物群体以外的空间，以及直接或间接影响该生物体或生物群体生存的一切事物的总和。环境是指生物的栖息地，以及直接或间接影响生物生存和发展的各种因素的总和。狭义的环境指自然环境，包括生物生存的空间以及维持生命活动的物质和能量因子，包括太阳辐射、温度、湿度、土壤酸碱度和风力等。广义的环境除了自然环境外还包括受人工活动影响的人工环境(如防风林、水保林、水利设施)和人工建造的环境(如无土栽培环境、大棚温室和公民养殖场等)。

在环境科学中，环境是指围绕着人类主体的全部空间以及其中一切可影响人类的生活和发展的各种天然和人工改造过的自然要素的总称，包括大气环境、水环境、地质环境、地貌环境、生物环境等。1989 年颁布的《中华人民共和国环境保护法》第二条规定：“环境是指影响人类生存和发展的各种天然和经过人工改造过的自然因素的总体，包括大气、水、海洋、土地、矿藏、森林、草原、野生生物、自然遗迹、人文遗迹、自然保护区、风景名胜区、城市和乡村等。”在此，主要强调的是人类赖以生存和发展的自然资源、自然环境以及经过人工改造的自然资源和自然环境。

在经济学中，环境是指能为人类提供各种服务的资本，是与物质资本、人力资本及社会资本并列的四大资本之一。环境和自然资源都是有价值的资产，它作为消费品、资源供应者和废弃物的接纳者，为人类提供了许多不可或缺的服务。环境既可作为投入品为人类的生产服务，又可以作为消费品直接供人类消费。

在哲学中，环境总是针对某一特定主体或中心而言的，是一个相对的概念。环境是一种资源，是指周围的客观存在，包括物质环境和精神环境两大类。土地、水、气候、动植物、矿产等各种自然物质是资源，由它们综合而成的环境也可以被看作资源，所以，资源的构成有由两层内涵，即环境各项因素可以是资源，资源的总和处于环境整体之中。

此外，在地理科学中，环境是地球生态系统的一部分，即地球生物圈环境。

综上所述，资源与环境经济学所研究的环境主要是自然环境，是指人类经济活动赖以生存并相互依存、相互促进形成的由天然的及其人工改造过的各种自然要素构成的整体。

(二)环境的分类

按照环境主体来分，一种是以人类作为主体，其他的生命物质和非生命物质均被视为构成人类环境的要素。在环境科学中多数人采用这种分类法。另一种是以生物为主体的生物环境，即生物体以外的所有要素构成的环境。在生态学中常采取这种分类法。

按照环境要素进行划分，可以分为自然环境和社会环境。自然环境中按照其主要的环境主要组成要素可分为：大气环境、水环境（如海洋环境、湖泊环境等）、土壤环境、生物环境（如森林环境、草原环境等）、地质环境等；社会环境依据人类对环境的利用或环境的功能可分为：聚落环境（如院落环境、村落环境、城市环境）、生产环境（如工厂环境、矿山环境、农场环境、林场环境、果园环境等）、交通环境（如机场环境、港口环境等）、文化环境（如学校及文化教育区、文物古迹保护区、风景游览区和自然保护区）等。

按照环境的范围大小，把环境分为空间环境（如航空、航天的密舱环境）、车间环境（劳动环境）、生活区环境（如居室环境、院落环境）、城市环境、区域环境（如流域环境、行政区域环境等）、全球和宇宙环境等。

按照环境的哲学功能可分为物质环境和精神环境两大类。物质环境又可以分为自然资源物质环境和非自然资源物质环境。自然资源物质环境一般被称为自然环境，是环境保护工作的重点。

三、生态系统

(一)生态系统的概念

生态系统(ecosystem)的概念由英国生态学家 A. G. Tansley 于 1935 年提出，后经美国生态学家 E. P. Odum 在 1956 年和 1997 年完善。他们认为：生态系统是由生物群落和非生物环境两部分和无机环境、生产者、消费者、分解者四个基本组成成分构成的，通过物质交换、能量转化和信息传递成为占据一定空间，具有一定结构，执行一定功能的动态平衡的综合体。简言之，在一定空间内全部生物与非生物环境相互作用形成的统一体就是生态系统。

(二)生态系统的特点

生物群落是生态系统的核心，它使生态系统其在组成、结构、功能、效益和调控等方面不同于一般的系统，主要特点有：空间结构性、时间性、开放性和可调控性。

1. 空间结构性

在自然环境的地域分异规律的支配下，生态系统呈现出宏观、中观的空间地带性和微观的水平结构和垂直结构。例如，不同气候类型下农作物和耕作制度的南北差异和农业景观带的水平地带性差异。例如，城乡交错带、干湿交错带、农牧交错带等生态群落交错带。例如，从山地、丘陵、山麓平原区到低平原的农田生态系统的垂直地带性变化；例如，农作物间作，稻田养鱼等农田的立体种植、林-鱼-鸭、基塘系统等养殖立体模式、桐粮间作、枣粮间作等农林立体模式等。

2. 时间性

生态系统的生物随着时间变化具有发育、繁殖、生长和衰亡的过程。生态系统因此可分为幼年期、成长期和成熟期，进而产生生态系统的演替。例如，农业生态系统中合理安排各种生物种群、使其生长发育与生物量积累时间错落有序而形成的间作、轮作、套作、轮养和套养等，以及农业生产模式由传统农产品的生产向无公害农产品、绿色农产品到有机农产品的发展。

3. 开放性

各类生态系统都不同程度地从外界输入能量和物质，经过转换后输出产品，从而维持系统的有序状态。例如，农田生态系统的水循环、碳流动、氮循环、磷循环、钾循环硫循环、养分循环以及污染物的循环。在生态系统的能量流动中，经过人工辅助能的参与，可以构成生态金字塔的能量关系并提高生态效率。

4. 可调控性

通过自然调节和人工调节的信息流、资金流过程和技术服务体系，可以实现同种生物的种群密度调节；异种生物种群之间的数量调节以及生物与环境之间的相互适应调节，最终实现生态系统的动态平衡。

(三)生态系统的分类

按照生态系统的环境性质和形态可分为：水域生态系统和陆生生态系统。其中，水域生态系统根据水体理化性质不同又可分为：淡水生态系统和海洋生态系统。陆地生态系统根据植被类型和地貌不同可分为：森林、草原、荒漠和冻原等。按照人类对生态系统的影响可以分为：自然生态系统、人工生态系统和半自然生态系统。其中，自然生态系统是指未受到人类干扰和扶持，在一定空间和时间内，依靠生物和环境本身的自我调节能力来维持相对稳定的生态系统。人工生态系统是指按照人类需求，由人类设计制造建立起来，并受人类活动干预和控制的生态系统。例如，城市。半自然生态系统是指在自然生态系统基础上，通过人工对生态系统的调节管理，使其更好地为人类服务的生态系统。例如，人工草场、人工林场、农田和乡村等。一般生态系统可分为：水域生态系统(海洋、淡水)、湿地身体系统(湖泊、沼泽、海滨湿地)、陆地生态系统(森林、草原、荒漠冻原)、农业生态系统和城市生态系统。

四、资源、环境与生态系统的关系

明晰资源、环境与生态的关系，可以在可持续发展的平台上揭示经济学与三者的关系，区分开资源与环境经济学和生态经济学各自的研究侧重。下面从区别与联系两个方面进行分析。

(一)资源、环境与生态系统三者的区别

1. 范围不同

一种观点认为资源是环境的一部分，环境为人类提供的一种服务功能，资源来源于环境，是环境的组成部分；另一种观点认为环境是资源的一部分，环境为生命提供生命支持、废物吸收和美学功能，其中被开发利用的可称为环境资源。我们认可第一种观点，这样才有利于从经济学角度分析资源的稀缺性和环境的外部性。生态系统由包括人类在内的生物系统及其周围的生物和非生物的环境系统构成，既包含中心主体，又包含环境因素。环境是相对于主体而言的，任何事物主体都有环境，但并非任何事物都有生态属性。生命和非生命都处于一定的环境中并与环境因素构成生态系统。可见，资源的范围小于环境，环境的范围小于生态系统。

2. 结构不同

自然资源的组分是能被人类直接开发获取财富的各种类型自然资源要素，开发主体是人类，开发客体是自然资源，自然环境中只有被人类开发利用并提供资财来源和服务的那部分自然物和自然力才是自然资源。环境的组分由主体人类、除人类之外的生物环境和无机环境构成，源于环境的资源被开发成为人与环境的纽带。生态系统由生物群落(包括人类)与其周围构成，其主体是包括人类在内的生物群落，而岩石圈、水圈和大气圈构成无机环境，通过能量流动和物质循环而形成的具有一定结构和功能的动态平衡系统。可见，从资源、环境到生态系统的结构愈加复杂。

3. 功能不同

资源为人类的生产生活提供有用的物质；环境为人类提供资源、生命支持、舒适性、废弃物的排放场所，后两项功能合称环境服务。生态系统在物质循环、能量和信息流动的动态平衡中为人类的资源开发提供生态承载力，为环境污染提供环境容量，为经济行为提供生态服务。经济系统具有投入、产出、积累到再投入、再产出，产生乘数效应的正反馈机制；而生态系统则存在产出、还原、稳定平衡到稳定地持续产出，形成自动调节的负反馈机制。资源与环境经济系统的可持续发展就是两种机制的耦合。可见，从资源、环境到生态系统的功能愈加强大、稳定、全面与和谐。

4. 研究目的不同

资源开发、保护和利用的目的是解决资源稀缺性问题，使资源可以持续地利用，追求的是微观的企业经济效益，其产品多为产权明晰的私人商品；环境资源的开发和保护目的，一是通过外部成本内部化解决外部性问题，以减少污染损失和生态破坏，提高社会福利，二是为提高公共产品的社会利益。遵循生态平衡等原理，通过生态服务价值的评估、生态修复和建设，可以提高经济、社会和经济效益与生态效益相协调的程度，使生态经济系统实现由传统经济模式向资源节约和环境友好的生态文明模式转变。

(二)资源、环境与生态系统三者的联系

1.统一于人类对自然界认识的深化和不同层次的需求

人类对资源的开发利用一直贯穿农业社会至今,从经济学中的资源仅指土地到资源学中将环境纳入资源范畴,对其认识不断深化;环境是工业化中后期污染加剧后感到稀缺而约束经济增长时才引起重视和研究的概念;生态系统的概念由提出到国际组织《世界自然资源保护大纲》(1980)将其拓展到了有机体以外的物理环境和人类社会,促成了生态与经济在稳定机制与增长机制矛盾中的概念整合,也使资源、环境、经济与人口和技术成为生态经济系统中的基本要素。资源开发以产生利润,以产生社会效用;环境能净化污染物为人类提供舒适性服务;生态系统以调节控制功能使生态经济系统稳定而持续发展。

2.统一于经济发展的整个过程中

随着经济的发展进程,当人们关注自然界的“物质”的可获得性时,就关注资源问题;当人们着眼于自然界为人类的生产和生活提供生存空间和“介质”的质量时,就关注环境问题;当自然资源承载力和环境容量共同约束人口、经济与社会的持续发展时,人类就更关注生态系统及其平衡问题了。

3.通过人类资源开发利用、环境保护与生态建设统一在生态经济系统中

人类对资源、环境的需求是生态经济系统演变的根本动力;资源、环境和经济是实现由物质流、能量流、信息流和价值流构成生态流的基本要素;资源的过度开发超过承载力和环境容量会产生资源与环境问题和生态系统失衡;实现生态经济系统的生产功能和还原净化和反馈功能,成分是资源,介质是环境,供需是经济,手段是技术,效果是生态经济平衡;实现生态平衡的原则要追求综合效益、取予平衡、用养结合、最小消耗和不超过生态承载力,这些都会不断优化资源与环境经济的运行机制。

第二节 资源与环境经济学的研究对象与学科体系

一、资源与环境经济学的研究对象

资源经济学的研究对象是资源经济系统,主要研究稀缺性下自然资源开发和利用的有效性和最优化配置。资源经济问题产生于两个阶段:一是自然资源的生产过程;二是资源产品的再生产过程。资源开发与再开发是资源生产力与生产关系的统一。其中资源开发的生产力包括:土地、劳动力、资金和技术等生产要素;资源开发的生产关系包括:资源经济的产权制度、管理体制、法律制度等。纵观资源经济学的演变,其研究的重心大体上是沿着追求效率、发生短缺、产生污染、优化配置到可持续性发展的路径演变,其关注重点逐渐从资源开发的生产力到资源开发的生产关系。

环境经济学的研究对象是环境经济系统,主要研究预防和治理环境污染以保护自然环境的经济活动,它侧重于研究在资源的开发利用过程中,自然界为人类社会提供舒适性服务和净化废弃物服务时,产生资源与环境产权无法进行市场交易,产生外部性的市场失灵导致的资源与环境问题。

生态经济学的研究对象是生态经济系统,主要研究人类在对自然界的破坏、保护、恢复

与建设过程中生态系统为人类社会如何提供稳定的支持和服务功能，在生态压力、生态产出与生态安全和生态平衡的矛盾中，实现可持续发展的生态经济问题。

综合所述，资源与环境经济学的研究对象是资源与环境经济系统的结构、功能、效益和运行机理。资源与环境经济学就是运用现代经济学的理论和方法，分析资源与环境经济基本问题，研究人类经济活动中运用资源与环境经济政策和手段，通过优化经济发展模式，有效配置自然资源与环境，实现资源、环境与经济相协调且可持续发展的一门科学。

二、资源与环境经济学的基本属性

资源与环境经济学具有以下基本属性。

1. 边缘性

资源与环境经济学直接建立在资源经济学、环境经济学的学科交叉基础上，所以是新兴的边缘学科。而资源科学、环境科学和经济科学又是多门自然科学与社会科学的综合性交叉，所以，上述多学科的发展会直接推动资源与环境经济学的发展。同时，随着新的资源与环境问题的不断出现，需要综合多门学科去解决，因此资源与环境经济学还会延伸到自然、技术、经济和社会学科，并与数学、物理学、化学、生态学、地理学、法学和管理等学科有更多内容的交叉。

2. 经济学性质

资源与环境经济学是理论经济学在要素方面延伸后形成的应用经济学分支。它建立于现代经济学的理论基础之上，综合运用微观经济学中的生产论、效用论、成本论、外部性、边际分析、均衡分析理论、市场垄断论、博弈论、福利经济学和制度经济学理论，宏观经济学中的经济增长，经济政策理论以及国际贸易等相关理论。在对资源与环境经济学的研究中若脱离了经济学为出发点的理论体系和研究方法而进行分析问题，就不能称其为真正的经济学。

3. 应用性

资源与环境经济学的应用性表现为：一方面，理论能指导实践。从资源估价到环境损失的评估，从资源的产权交易和生态补偿到资源与环境的时空配置，从适度和绿色消费到绿色国民经济核算，从资源的可持续利用到循环经济发展模式，都试图用抽象的理论去分析和解释其资源与环境经济系统的经济机理，进而提出资源与环境经济政策和手段去指导经济实践活动。尽管它存在着许多分析的假设条件，内外生变量较多，甚至分析较繁琐，但是推出的原理和分析结论都力图能揭示资源与环境经济的内在规律；又因为其分析方法的严谨性，使其理论和研究方法具有较强的科学性，对环境管理（计划、质量、技术、标准和法规等）的实践活动也具有较强的指导性。另一方面，实践推进理论完善。较强的应用性还需要应用不同的理论解释实践中新的问题，推动理论的进一步创新。例如，国际间的跨界污染，本属于污染的外部性问题，应按照外部成本内部化理论采用庇古手段解决，但是由于国家间产权明晰，国家利益至上使“谁污染谁治理”的原则失灵，于是促使用非合作博弈论来分析原因，采取国际协议等方式来解决。

三、资源与环境经济学的学科体系

（一）资源与环境经济学在经济学分类体系中的地位

经济学的学科体系，根据国内外不同的分类方法，存在以下几类。

按照经济学的阶级性质分为:政治经济学和西方经济学。前者指以《资本论》为基础编写的马克思主义政治经济学;后者指资本主义国家流行的资产阶级经济学。目前,资源与环境经济学主要揭示技术层面的稀缺性、外部性和公共产品的资源与环境配置问题,所以是跨越阶级属性的经济学。

按照经济的定性与定量分为:制度经济学与数量经济学。前者泛指对社会制度结构以归纳法对非经济因素进行定性分析的一类经济学;后者泛指对社会经济运行以演绎法进行定量分析的一类经济学。由经济学、统计学、数学和计算机技术构成的数理经济学、计量经济学、信息经济学和对策论等构成,目前,西方经济学日益运用数学经济模型工具作为分析手段而进行严谨的定量性研究。所以,资源与环境经济学也充分应用定性与定量结合的研究方法。

按照运行与价值判断分为:实证经济学与规范经济学。前者是根据一定假设来分析经济体系是怎样运行的,为何这样运行,然后预测将会怎样运行,所研究的是“会是什么”的问题;后者对经济运行状态具有价值判断,断定经济运行的标准,所研究的是“应该是什么”的问题。在应用中实证经济学与规范经济学是难以截然分开的。资源与环境经济学必然是规范与实证研究相结合的应用经济学。

按照总量与个量分为:微观经济学与宏观经济学。前者以市场价格为中心研究家庭和企业的经济行为,从主体利益最大化出发实现资源的最优配置。后者以国民收入为中心,以社会福利为目标,研究产品市场、货币市场、公共财政和国际收支的协调发展。近年来正出现以微观为基础两者互相渗透,彼此结合的趋势。所以,资源与环境经济学既研究个量又研究总量。

按照研究范围分为:理论经济学和应用经济学。前者全面反映经济学的理论体系,属于理论经济学,也叫综合经济学,后者是经济学向各个领域的延伸分支,也叫部门经济学。向产业分支的有:产业经济学、农业经济学、工业经济学、能源经济学和教育经济学等;向区域分支的有:国际经济学、发展经济学和区域经济学等;向生产要素分支的有:资源经济学、人口经济学、技术经济学、信息经济学、管理经济学、制度经济学、货币银行学等;向社会科学分支的有:政治经济学、法律经济学和福利经济学等;向自然科学分支的有:土地经济学、环境经济学和生态经济学等。

可见,与资源与环境经济学相邻的学科有人口经济学、资源经济学、环境经济学、环境与资源经济学、生态经济学以及可持续发展经济学。资源与环境经济学是现代经济学向协调人与自然的经济关系方向构建的学科分支,所以属于横跨自然科学和社会科学的交叉性应用经济学。

(二)资源与环境经济学与相邻学科的关系

目前,国内外学者存在三种观点:第一种观点认为,自然资源的合理利用属于环境经济学的研究范围,自然资源经济学是环境经济学的一个分支;第二种观点认为,环境所具有的容纳和自然净化废物的能力本身就是一种资源,应该把专门研究环境污染与治理问题的环境经济学视为自然资源经济学的一个组成部分;第三种观点认为,将环境经济学和自然资源经济学视为两个彼此独立的经济学分支,自然资源经济学应解决以稀缺性下资源如何优化配置以确保其可持续供给的经济学问题;而环境经济学以无法进行交易性的外部性问题作为资源的环境容量属性有关的污染和治理和舒适性的经济学问题。目前,较多的学者将环境经济学与自然资源经济学作为两个相互联系的、平行的经济学分支学科。生态经济学则探讨由人口、资源、环境经济构成的生态经济系统动态平衡及其持续发展的经济学问题。人口、资源与环境经济学是研究在社会经济发展过程中这三大要素如何达到有效配置和协调发展的经济科学。由于人类资源开发利用产生环境问题,环境经济政策和手段又反过来影响资源的开发利用,所以将两者整合为资源与环境经济学可以反映这种因果关系。由于资源开发的稀缺性可运用市场机制来配置,其外部性可由非市场手段来配置,其产权分析可将资源配置与环境治理有机地联系起来,为此,资源与环境经济学可以揭示上述关系,也有利于与人口、资源与环境经济学和可持续发展经济学等新兴的边缘学科进行衔接。

第三节　资源与环境经济学的基本研究方法

作为应用经济学,资源与环境经济学应当主要采用西方经济学分析方法来研究资源与环境经济系统的结构、功能、效益和运行机理,这些研究方法包括:个量分析与总量分析、均衡分析法、静态分析与动态分析、实证分析与规范分析、数理模型分析法、制度分析法等。

一、个量分析与总量分析

西方经济学中个量研究法以单个经济主体的活动为研究对象,以追求个体利益最大化为目标,研究单个消费者、单个厂商、单个生产要素所有者的经济行为,并通过单个经济主体的行为叠加,研究单个产业和市场以及国民经济状况的变化。该方法的特征是以其他条件不变为假定前提。例如,通过分析单个市场资源的供需变化如何影响单个企业的投入与产出、成本与利润时,通常假设技术条件不变,不存在进口资源。该方法的局限性主要有:一是“只看树木不见森林”,难以注意到宏观经济问题对个量关系或个体经济行为的影响;二是这种方法得到的结果常常是有条件的。因为它排除了一些外部经济因素来研究个体经济行为,然而在实际的经济生活中,一些外部因素却常常成为影响个体经济运行的主要因素。因此,这种方法的研究结果往往与现实有一定差距。

总量分析法以整个国民经济发展为研究对象,以追求社会福利最大化为目标,研究资源配置、经济增长速度、经济周期、物价水平和社会就业等宏观经济总量及其相互关系问题。该方法是在假定制度不变和个量不变的前提下进行的。例如,在研究绿色国民经济核算时,将资源与环境的消耗作为总量来对待,忽略个别企业的行为及其变动。该方法从总量方面来研究经济运动的结构与发展规律,因而其研究结果对把握国民经济全局具有重要的作用。但是该方法的局限性是“只见森林而不见树木”,往往忽视个量对总量的影响,研究结果往往与现实有一定偏差。

近年来,资源与环境经济学逐渐出现两者相互结合的趋势,即用结构分析法分析资源与环境问题,结构分析法又称部门分析或总量分解,即将国民经济总量分解为具有不同特点的产业部门和区域经济来进行分析。这些部门相对与单个经济主体来说是总量,相对与整个国民经济而言是个量。结构分析法弥补了前两者的缺陷。例如,对循环经济的研究,即考虑循环的层次形态,从个体的企业、到工业园区,再到区域形态;又考虑产业组织形态,从循环工业到循环农业等。

二、均衡分析方法

均衡分析方法是研究各种经济变量如何趋于平衡，即主要研究各种经济力量达到均衡所需要的条件和均衡实现稳定的条件。虽然，由于影响均衡的条件经常发生变动，以致均衡难以达到，但在假定其他条件不变时，研究各种力量怎样趋于均衡是极为有用的。均衡分析方法通常有两种：局部均衡和一般均衡。局部均衡分析是将经济事件分为若干部分，将某些部分存而不论，而集中考察其中的某一部分。一般均衡分析法则侧重于各种经济因素间的相互依存关系来分析整个经济体系的均衡，它由19世纪末的瓦尔拉斯所提出，重视不同市场中各种商品和资源的产量和价格的相互关系。如果资源供给状况、消费者偏好、技术函数已知，一般均衡理论便能从数学上证明资源和商品价格自行调节以达到彼此相互适应的水平即均衡状态。资源与环境经济学研究中大量的变量函数关系要借助均衡分析法进行分析。例如，有效率的污染水平就是揭示边际外部成本与边际的治理成本或边际私人收益之间关系的均衡分析。在对资源供需价格和环境外部性以及资源与环境的可持续利用等问题的分析中，一般均衡分析方法将会发挥越来越重要的作用。

均衡分析法的缺陷一是着重于经济数量关系的研究往往忽视了这种量的平衡后质的关系，甚至用量的平衡取代质的同一性。离开质的分析进行量的关系的研究，往往会掩盖事物发展的本来面貌。二是均衡多为两个要素变量关系之间的抽象的理想状态，其均衡点往往缺少实际数据支撑。三是缺少复杂变量的耦合下的多元化均衡分析。

三、静态分析与动态分析方法

静态研究方法是抽象掉了时间因素和变化过程而静止地分析问题的状态分析方法，致力于说明什么是均衡状态和均衡状态所要达到的条件，而不管达到均衡的过程和取得均衡所需要的时间。当已知条件发生变化以后，均衡状态会由一种状态转化到另一种状态。如果只着眼于前后两个均衡状态的比较，而不考虑从一个均衡点的移动过程和经济变化中的时间延滞，则被称为比较静态的研究方法。

动态分析方法是对经济体系变化运动的数量进行研究，他通过引进时间的因素来分析经济事件从前到后的变化和调整过程，因而是一种过程分析。例如，著名的环境库兹涅茨(EKC)曲线，就是随人均收入随时间变化与污染物排放关系的动态描述性分析。按照希克斯(Hicks，John Richard，1904—1989)观点动态分析方法又可分为稳态分析和非稳态分析。稳态分析承认经济变量随时间的推移而变化，但同时假定变化的比例幅度为常数。例如，可更新性资源的可持续利用分析等。非稳态分析是根据时间的不可逆性和未来的不确定性，需采用专门的分析方法来分析不确定性。

西方经济学的静态与动态分析法各有其长处。静态分析可以有效地说明均衡的条件；而动态分析，可以观察到经济的变化根据和变化的过程，它的局限性主要在于数量关系上。

四、实证分析与规范分析

实证分析是分析经济问题“是什么”的研究方法，它首先给出与经济行为有关的规定，而不对这些假设是否正确进行探讨，在此基础上预测经济行为的后果。实证分析侧重于经济体系如何运行，分析经济活动的过程和后果以及向什么方向发展，而不考虑运行的结果是否可取。其基本特征是：从经济现象的分析和归纳中，概括出一些基本的理论前提假设作为逻辑分析的起点，然后在这些基于现实得出的假设基础上进行逻辑演绎，推导出一系列结论，然后逐步放松一些假设，使理论结论更加接近具体事实。由实证分析方法得出的结论及其检验标准是客观事实。

规范分析方法就是研究经济运行"应该是什么"的研究方法，这种方法主要是依据一定的价值判断和社会目标，来探讨达到这种价值判断和社会目标的步骤。

实证分析和规范分析是相对的，多数认为经济学既是实证的科学，又是规范的科学。因为提出什么问题来进行研究，采用什么方法来研究，突出强调哪些因素，实际上涉及个人的价值判断问题，但由于彼此的侧重点不同，在实际分析中二者往往结合在一起使用。例如，规范分析就是从可持续发展的标准和生态伦理的价值判断出发，提出人类在利用资源、环境进行经济活动中应当遵守的行为准则和政策法规。实证分析就是描述和考察资源、环境与经济协调发展过程中各种经济变量之间的关系是什么？如何运行的？存在哪些可供选择的方案以及选择某方案会有什么样的结果等。可以说，规范分析研究的是资源与环境经济学中关于价值标准和政策理论的"质"的规定性，实证分析研究的是"量"的问题。总之，这两种研究方法在资源与环境经济学的研究中缺一不可。

五、数理模型分析方法

数理模型分析方法是指在经济分析过程中，运用数学符号和数字算式的推导来研究和表示经济过程和现象的研究方法。它以表述简洁清晰，推理直观精确，使经济学的理论框架更加条理化、逻辑化。例如，对资源的估价和环境效益和损失的评估，就需要采用各种模型来分析计算。再如，可更新商品性资源的可持续利用和确定资源的最佳收获期和最大可持续收获量的分析与预测等。

关于数理经济学的运用历来是有争论的。一种观点认为：数学只是一种说明工具，只能做事后的描述和说明。另一种观点认为：数理方式是现代经济学方法论的标志，它不仅为经济学提供了研究的工具，而且通过数理的方法还可以发现规律。马克思认为："一种科学只有成功地运用数学时，才算达到了完善的地步。"我国经济学家林毅夫强调认为：数学工具的使用，其目的在于增强逻辑的严密性；计量方法的使用在于检验理论预期和经验事实的相关程度，这二者并非是现代经济学所特有的方法。

六、制度分析方法

自亚当·斯密以来，经济学家们就以在制度不变的前提下来研究经济问题。制度经济学家把制度作为变量做出三个假定：一是人类行为与制度具有内在的联系；二是人是有限理性的；三是人具有机会主义倾向。其主要观点有：制度作为一种变量能够改变人们为其偏好所付出的代价；制度对经济行为影响的分析应该居于经济学的核心地位；有了制度的作用，生产要素才得以充分地发挥作用；制度因素对社会经济发展的影响无处不在。制度分析方法的特征主要有：一是动态化特征。二是"非纯粹经济分析"的特征。即在研究经济问题时既考虑那些"经济因素"，又考虑那些"非经济因素"的影响，并把那些诸如法律、政治、社会意识形态等方面的非经济因素纳入经济研究的内生变量中。三是对集体行为的关注。认为制度只有对集体行动的考察和描述才能最好地理解个人的经济行为。四是具体化特征。其理论总是围绕着制度的内涵和构成、制度变迁和创新、产权制度和国家理论这些具体的制度范畴,更多地从现象上和形式上进行分析,较少进行内在矛盾的分析和考察。

第四节 资源与环境经济学思想演变与研究进展

一、资源与环境经济思想演变

资源与环境经济思想的演变按照发展脉络可以大致分为5个阶段:早期、古典、新古典(包括马克思主义的资源观)、现代(包括新制度经济学的资源环境经济思想)和当代。不同阶段的主要代表人物和重要流派的观点阐述如下。

(一)早期的资源经济思想萌芽

罗马帝国和中世纪时期的奴隶制度下,帝国的扩张,城市和贸易的扩展,苛捐杂税的重赋,滥用资源现象开始出现。例如,从乡村抽取过多的水建设城市供水渠道,不加处理的废水,排入台伯河污染了农地;被征服的利比亚河、北非、巴勒斯坦和美索不达米亚广大地区,因大量的木材贸易和农业生产而成为沙漠。

16—17世纪中期的重商主义时期,资本主义生产方式逐步确立。早期重商主义的代表人物英国的托马斯·曼(Thomas Mun,1571—1641)等认为:只有商业才是生产,利润来自流通过程。为了把金银财宝赚进自己的国家,应鼓励贸易顺差和人口增长。晚期重商主义认为:应重视商贸和新版图的开发,以土地和自然资源为基础的商品才永无枯竭。随着人口增加,国家征收的贡税增多;国内生产的商品和出口的商品增加,因而能换回外国货币;人口多,兵源丰富,可以用武力去占领殖民地,从殖民地获得更多金银。此时期,因实行重商主义政策使农业极其衰落。

18世纪的法国出现了重农主义。他们认为:只有农业劳动才能创造剩余产品,土地和劳动是财富的唯一源泉。其代表人物魁奈(Francois Quesnay,1694—1774)强调人口在财富生产中的作用,人口是国力和财富的象征,主张采取稳定和鼓励农村人口增长的政策。

无论是罗马时期、中世纪,还是重商主义和重农主义,都是早期经济学发展的萌芽,而资源经济的朦胧思想只是零散分布于经济思想中间。

(二)古典时期的资源经济思想

从17世纪到19世纪70年代之前是古典经济学形成时期。资源价值论思想萌芽起源于17世纪英国古典政治经济学的创始人威廉·配第。随后18世纪到20世纪初,亚当·斯密、大卫·李嘉图、马尔萨斯和W·S·杰文斯等经济学家的研究逐渐明确了稀缺性产生资源的配置问题。

英国古典政治经济学创始人威廉·配第(William Petty,1623—1687),在其《税赋论》(1662)中提出著名的论断:“土地为财富之母,劳动为财富之父。”他认为:一个国家的财富生产要求有一定数量的人口,劳动创造财富的能力要受到自然条件的限制。劳动和土地是价值的两个并列的源泉。他奠定的劳动价值论基础,也成为资源经济学最早的思想萌芽。

英国经济学家亚当·斯密(Adam Smith,1723—1790)在《国富论》(1776)中最早论述了经济增长问题，提出了国民经济增长的概念和看不见的手原理、价格调节机制以及自由放任的经济学核心思想。他认为资源的相对稀缺性可以在商品市场价格中得到反映，经济发展停滞的根本原因在于相对稀缺资源的分配而非经济发展对自然资源的依靠，多产和低成本地资源开发可以影响价格。制约农业生产率提高的关键因素不是土地稀缺，而是资本积累规模和劳动投入量。斯密对矿藏的可得性抱着完全乐观的态度。他认为：因为煤炭等自然资源的储备总会存在木材等替代物，所以价格总会因替代性影响而存在限度；至于金银等贵金属和钻石，因其缺乏替代品，所以他们的价格不存在有影响力的约束。

英国古典政治经济学家大卫·李嘉图(David Ricardo，1772—1823)是古典政治经济学的代表人物，他在《政治经济学及其赋税原理》(1817)中提出了报酬递减规律。他指出，在土地上增加投资，得到的回报会不断减少。人口增长和资源消耗与资本积累和市场扩大之间的竞争，最终将使资本积累停止，人口保持稳定，经济进入稳定状态。李嘉图始终坚持耗费劳动决定价值的原理，阐述了商品价值量与生产时的耗费劳动成正比例，与劳动生产率成反比例的原理。指出："赋税是一个国家的土地和劳动的产品中由政府支配的部分；它最后总是由该国的资本中或是由该国的收入中支付的。"他还提出了比较成本说的国际价值理论。他认为每个国家不仅可以生产具有绝对优势的商品，而且可以生产只具有相对优势的产品，即具有比较有利的条件，用相对比较少的成本就能生产出的商品。

英国经济学家、人口学家马尔萨斯(Thomas Robert Malthus，1766—1834)是绝对稀缺论的代表人物。在其《人口原理》一书中提出了人口增长与资源产出增长比例关系的著名论断：即人口呈现几何级数增长，而土地等资源产出的增长却呈算术级数增长，抑制人口增长只能依靠战争、瘟疫、饥荒等手段。构成对经济增长约束的原因是人口和劳动力而非环境质量下降。增长的人口是经济繁荣的表现，也是经济发展的重大约束条件。在技术不变的条件下，农业生产会因报酬递减以及消费不足而引起增长停止。现代经济学将这种仅能维持生存的收入水平会制约人口数量的思想命名为"低水平均衡人口陷阱"，简称人口陷阱论。马尔萨斯的人口论对后来资源承载力的研究产生深远影响。

英国古典经济学家约翰·穆勒(John Stuart Mill，1806—1873)提出了静态经济论与自然和谐论思想。他在《政治经济学原理》(1862)中认为：劳动、资本以及自然资源是任何社会生产必备的三种要素。土地生产的基本规律是土地报酬递减律，矿物燃料的开发利用突破了报酬递减法则的限制。一个国家的自然环境、人口和财富均应保持在一个静止稳定的水平上，而且要远离自然资源的极限水平，以防止出现食物缺乏和自然美景的大量消失。穆勒的结论是："生产的限制是两重的，即资本不足和土地不足"。穆勒的理论第一次提出了环境质量与环境问题，从此，环境问题就被正式纳入到了经济学的研究范畴。

英国经济学家威廉·斯坦利·杰文斯(William Stanley Jevons，1835—1882)是边际效用价值论的创立人。代表作有《煤炭问题》(1885)等。他认为：稀有物品的价格将是昂贵的，顾客争相获得额外单位，将会使物品如钻石和银子，产生出高额的市场价格。不可再生资源构成对经济增长的绝对稀缺性约束，是制约工业化国家(如英国)经济增长的最大威胁。他警告说英国最有价值的煤层的急速消耗，煤炭储量不久将被耗尽，开采成本会增加到工业不能正常运转的极限点。

(三)马克思的资源环境观

德国伟大的思想家卡尔·马克思(Karl Marx,1818—1883)对资源与环境的思想体现在《资本论》(第三卷)和《剩余价值论》中,其理论核心是劳动价值论包括两个部分:一是与商品的物质属性相关的使用价值,二是与生产劳动相关的交换价值。他提出:"劳动力和土地是形成财富的两个原始要素,是一切财富的源泉。"关于财富,他认为:劳动是创造财富的唯一源泉。由于劳动强度不同,自然资源的提取可以创造最高的剩余价值。关于资源价值,他认为:资源可以源源不竭地得到,因此用户成本是零或接近零,当前的提取削弱了拥有者延期提取的未来利润。对于以自然资源为基础的生产部门,不存在收益按比例递减的情况。因为科技的进步、交通的改善和制度的变革会使未来的富足可能比稀缺更真实。关于地租,他认为:土地等自然资源是大自然的馈赠,即使没有任何人力劳动成本,它也具有重要的交换价值。地租是和土地私有制相联系的剩余利润的一种形态,地租不会使劳动价值论失效。地租不高是自然资源提取的总特点。随着社会进步,如果低劣的土地被投入垦殖,地租将会上升。关于制度,他认为:基于多种原因,资本主义的生产方式会使土质恶化,当土壤被以最疯狂的方式使用时,制度将不可持续,危机是工业进程中固有的。马克思对从资本主义废墟中崛起的新阶级社会下未来的环境和自然资源的富余状态持乐观态度。

(四)新古典时期的资源与环境经济思想

19 世纪 70 年代到 20 世纪 30 年代之前是新古典经济学时期。新古典经济学家明确了资源最优化配置是经济学的研究中心,并从只重视生产研究转向消费和需求研究;开始从全社会角度研究资源开发利用的外部性问题;更强调用由需求决定的边际效用概念取代由供给决定的价值理论;侧重于用边际成本与边际收益分析资源在市场中的配置;多采用制度学派的观点分析环境问题产生的市场失灵原因;更加重视可更新资源变量与经济增长的关系分析。代表人物有:庞巴维克、马歇尔、庇古、霍特林哈丁和萨缪尔森等。

1. 庞巴维克和索利的边际效用思想

奥地利经济学家庞巴维克(Eugen von Bohm-Bawerk,1851—1914)1884—1887 年在其《利息理论的历史与批判》和《资本与利息》的著作中提出:市场价格本身就是边际价格。土地地租与矿藏地税在理论上应当以同样的方式对待,矿藏的回报率是由提取带来的矿藏价值的下跌和资本化价值的利润决定。索利(Sorley)在 1889 年用边际效用原则分析了税费对煤炭和钢铁业的影响,指出:固定地租、单位矿区地税和通行费对土地拥有者能够提供保护作用。次级土地可以持续而次级矿藏不能无限持续下去。矿产资源最终会耗竭表明对矿产征收矿产税是正当的,而最坏的农业用地则不可以缴租。他认为李嘉图的农业地租理论不适用于矿业资源的价值分析。

2. 马歇尔的资源经济学思想

英国经济学家新古典经济学和剑桥学派创始人马歇尔(Alfred Marshall,1842—1924),把供求论、节欲论、生产费用论等综合而成折中的理论体系。其资源环境思想主要体现在以下方面:

(1)关于外部性。马歇尔首次引入外部性的概念进行经济分析,他最早提出了内部经济和外部经济概念。他在《经济学原理》中提出:"把因任何一种货物的生产规模之扩大而发生的经济分为两类:第一类,即生产的扩大依赖于产业的普遍发展;第二类,即生产的扩大来源于单个企业自身自愿组织和管理的效率。前者称为外部经济,后者称为内部经济。"外部性产生于商人没有支付市场外部的成本而分享了外部的利益。

(2)关于稀缺性。他承认资源稀缺将导致产品价格升高,但否认稀缺构成经济增长的约束,趋于上升的农产品价格将刺激农业组织结构发生变化,从而减弱土地收益递减规律对经济增长的限制。与人类的需求相比较,资源永远都是相对稀缺的。在市场经济中,相对稀缺的资源通过价格机制进行分配。

(3)关于资源价值。他认为:由于生产的外部性影响,环境资源重要的服务价值常被排除在市场之外,并未计算在许多产品的价值中,从而加重了环境资源的相对稀缺性。价格机制可以反映自然资源的稀缺性,并通过市场供求关系的自发调节得到消除。可见,"均衡价格论"是马歇尔经济理论的核心和基础。

(4)关于耗竭性资源。他认为:收益递减原则适用于农产品和鱼类的供应,对储存有限的矿物产品不适用,但是耗竭性资源的相对稀缺却仍能通过较高的市场价格得到反映。因为矿产资源的开采能力不仅与开采的投入与难度有关,而且与耗竭速度有关。

3.庇古的福利经济思想

英国经济学家,剑桥学派创始人之一阿瑟·庇古(Auther Ceril Pigou,1877—1959)被称为"福利经济学之父"和"公共财产"概念的创立人。

(1)提出庇古税的概念。他于1920年在他的老师马歇尔研究外部性问题的基础上,发表了《福利经济学》,指出:边际私人净产值与社会净产值的背离是产生外部性的原因,解决外部性问题的方法是政府征收"庇古税"。之后,许多经济学者不断丰富着"外部成本内部化"原理,强调政府采取税收、信贷、罚款、赔偿等环境经济政策和手段,使社会损失纳入私人厂商的生产成本,对边际私人净产值大于社会净产值的部门实施征税,对边际私人净产值小于社会净产值的部门实施奖励和津贴,缩小边际社会收益与边际社会成本之间的差距。这成为政府资源与环境经济政策和手段的重要理论基础。

(2)提出内部不经济和外部不经济的概念。庇古提出的内部经济是厂商的平均成本随着产量的增加而下降时就是内部经济;反之,厂商的成本随着产量的增加而上升时就是内部不经济。若厂商的行为给其他厂商及其他经济主体带来无须付酬的利益,就是外部经济;反之,若厂商的行为给其他厂商及其经济主体带来得不到补偿的损失,便是外部不经济。对于外部性的含义,马歇尔认为是企业活动从外部受到影响,而庇古认为是企业活动对外部的影响。在分析环境污染时的外部性是庇古意义的概念。

(3)提出福利效用评价与财产转移论。庇古认为:福利的实质是一种意识状态。如果一个人欲望稳定,他持有一种商品越多,那么根据边际效用递减规律,持有人每增加一个单位的持有量所获得的效用就越来越小,直至为零。对于国家,而一个国家的国民收入总量愈大,经济福利就愈大。关于财产转移,他认为:富人的财产向穷人转移有两种办法:一是自愿转移,二是强制转移,例如,征税。关于资源消耗对后代人社会福利的影响,他认为:人们自然地倾向于将其过多的资源用于现在的服务,而将过少的资源用于未来的服务。政府应当杜绝过度和非理性的贴现现象,通过利益补偿,既保护当代人的利益,也保护后代人的利益。为此,庇古提出三条政策措施:国家补贴、税收和立法。

4. 霍特林规则

美国数理经济学家哈罗德·霍特林(Harold Hotelling,1895—1973)在1931年发表了论文《耗竭性资源经济学》,提出了耗竭性资源的霍特林规则,即对于不可再生资源其优化的条件是资源的市场价格等于边际开采成本和资源的影子价格之和,资源的影子价格的变化率应与市场利率相等,简单地说即资源价格的变化率与市场利率相等。当政府感到国家的耗竭性资源正以很快的速度减少时,可以对资源提取生产税或征收消费税,这样可以降低当前的提取率,使利润率下降,延长耗竭性资源损耗的时限。

5. 萨缪尔森的公共资源分析模型

美国经济学家萨缪尔森(Paul Anthony Samuelson,1915—)在1954年发表了《公共支出纯理论》一文运用新古典的价格机制理论分析了公共品的供求关系,提出了实现社会福利最大化的一般均衡模型,即萨缪尔森模型。他认为:纯粹的公共产品是指这样的物品,即每个人消费这种物品不会导致别人对该物品消费的减少。具有非排他性和非竞争性的公共产品供给达到帕累托最优的必要条件是:每个人对公共产品交付的价格(税)要等于公共品生产的边际成本。政府提供的公共产品数量的边际成本要等于社会上个人愿意为该边际公共产品支付税金的总和。

6. 哈丁的公共地悲剧理论

英国学者哈丁(Garrett Hardin 1915—2003)1968年在《科学》杂志上发表了《公共地的悲剧》的文章中提出:"如果一个牧民在公地上放牧,他所得到的全部直接利益实际上要减去由于公地必须负担多一头牲畜所造成整个放牧质量的损失。因为这一项负担被使用公地的每一个牧民分担了,由此牧民受到极大的激励一再增加牲畜,其他牧民也这样做。这样,公地就由于过度放牧、缺乏保护和水土流失被毁坏掉。显然,每个牧民只是考虑自己的最大利益,而公地的整体作用却使全体牧民破了产。"哈丁认为,在没有制度约束下,有限的公共资源供给与无限的个人欲望之间必然会导致资源的滥用、破坏甚至枯竭。在共享公共事物的社会中,每个人都追求各自利益的最大化是造成公地悲剧的根源。原因是私人成本低于社会成本,私人收益高于社会收益。

(五)现代资源与环境经济理论

20世纪30年代后,宏观经济学逐步形成了以凯恩斯主义为标志以国家干预政策为基调的现代经济学体系。第二次世界大战末到20世纪60年代后,一些非经济理论如热动力理论、生态学理论被引入到资源与环境经济学中。20世纪70年代,随着生态保护主义思潮的兴起和资源有限论的确立,资源经济的综合研究进入了辉煌时期。并发生了二次"环境意识"革命:第一次是在20世纪60年代末到70年初,经济学开始转向对环境的重视,焦点是环境质量与经济增长的关系。到20世纪80年代末,环境保护主义思想主导下的资源与环境经济思想形成了悲观、干预和调和三大流派。另一次是在20世纪80年代末到90年代初,伴随着全球资源短缺、环境和生态问题日趋严峻,可持续发展思想逐渐形成。

1. 卡逊夫人的《寂静的春天》

美国海洋生物学家蕾切尔·卡逊夫人(Rachel Carson,1907—1964)在1962年出版了《寂静的春天》,该书揭露了有机农药的广泛应用给生态环境带来的严重破坏,她指出人类向征服大自然的目标前进时,已经写下了一部令人痛心的破坏记录,这种破坏不仅直接危害了人们所居住的大地，而且也危害了与人类共享自然的其他生命。该书揭示了环境污染对生态系统和人类社会产生的大破坏的后果，是世界上最具代表性的环境保护思想著作，它对传播公众环境意识，推动公众参与环境保护运动都产生了深远的影响。正如美国前副总统阿尔·戈尔(Albert Arnold Gore,1948—)所说："《寂静的春天》一书的出版惊醒的不但是我们国家，甚至是整个世界，它应被看作现代环境运动的肇始。"

2. 罗马俱乐部的悲观增长极限论

1968 年在意大利成立的罗马俱乐部是资源与环境经济思想悲观派的代表。在丹尼斯·米都斯(Dennis Meadows)主持下，罗马俱乐部在 1972 年发表了第一份研究报告《增长的极限》中指出：人类社会发展有五种趋势：加速发展的工业化，人口急剧增长，粮食短缺和营养不良，不可再生资源枯竭和生态环境日益恶化。米都斯用"全球模型"研究了世界人口、农业生产、自然资源、工业生产和环境污染 5 个因素的内在联系，将环境污染和资源耗竭作为经济增长极限论的主要论据，提出了"零增长论"的著名论点，并预测出人类经济增长在 2100 年以前将达到极限。因此，人类必须在全世界范围内或一些国家内暂时停止物质资料生产和人口的增长，以维持生态平衡和保护自然环境。第二份报告(《人类处于转折点》，1974)中指出：人类与自然界之间日益扩大的鸿沟是社会非级差性的增长的后果，因此，"必须实行世界体系的限制增长"。第五份报告(《人类的目标》，1978)认为：经济增长速度的限度不只取决于生态环境因素，而且受到社会政治结构、经济制度、科学技术、自然资源拥有量以及生态环境状态的限制。应注意人类活动的"外界限度"研究，人类应"自觉抑制增长"，从增长过渡到全球均衡发展。1995 年罗马俱乐部的报告《四倍跃进》则又给世人展示了乐观的前景。

3. 西蒙·巴尔和乌·杰克斯的干预派

20 世纪 70 年代初，作为环境经济学思想干预派的代表人物，法国经济学家西蒙·巴尔教授，他针对当时的生态状况说："我们的社会问题从增长理论的观点看，只有在成功地掌握了人们之间的社会关系时，才能把握住人类与环境的关系。"乌·杰克斯认为：市场机制不总是足以预测不良的社会后果，因为它"在企业平衡表上常常是没有反映的"。关于环境问题的解决手段可分为两个支流。一是部分控制方法，即利用价格调节和影子价格来评定环境污染引起的经济损失。为此，通过征收污染税、资源消耗费，使企业获得环境保护和最佳的经济效益。二是直接控制的方法，借助美国经济学家乌·奥乌兹的话即"采用直接控制的方法并强制执行，能激起治理环境污染的各种活动，以最小的代价达到所规定的生态目标"。

4. 调和派的环境经济学思想

20 世纪 70 年代中期，西方资源与环境经济思想的调和派逐步形成，它由许多学派、流派和社会团体混合而成，并导致了如"公民倡议"、"绿色团体"等组织的形成。这一学派致力于分析生态状况、确定社会进一步发展的标准以及由此形成的文化、道德标准。例如，最大限度地节约自然资源；完善"非市场"需求方面的社会关系；保证人们应有的生产和城市环境条件，使"人们的相互关系"趋向文明等。加拿大学者波·斯·奥尔德尔和詹·比择克尔提出了以"佛教的前景"的精神改造资产阶级社会，把得到的幸福和保证创造性活动放在首位，把物质资料生产置于第二位。"现在资本主义社会中不可逆转的变化是建立一种新的制度动力，以改变市场、国家和民众社会的力量对比，使之有利于后者"。这种新的制度动力应理解为建立特殊的"社会合同"制度。

5. 西蒙的《没有极限的增长》

1976 年美国赫德森研究所发表了《下一个 200 年:关于美国和世界的远景描述》报告,该报告逐条批驳了《增长的极限》。1981 年美国经济学家朱利安·西蒙(Julian Simon,1932—1998)发表了《没有极限的增长》一书对罗马俱乐部的极限论也提出了批评。他认为:从"无限的自然资源"到"永不枯竭的能源","我们可以得到的自然资源的数量,以及更为重要的是这种资源可能向我们提供的效用是永远不可知的……"。人类对资源的需求没有尽头。"实际上,技术可以创造新的资源。……这就是人类不断繁衍增加,不断消费更多的资源,而资源贮备却不断增长的原因。"但是这些反对派并未否认罗马俱乐部提出的"全球性问题"的重要性和深刻性,也没能改变人类对"资源有限性"的认同。

6. 博尔丁的宇宙飞船理论

英国经济学家肯尼斯·博尔丁(Kenneth Ewart Boulding,1910—1993)在 1966 年发表了《类宇宙飞船的地球经济学》论文,他将宇宙飞船看作地球内部经济活动的循环流动,指出:经济系统流动由原材料、能源和信息构成,生态经济圈结构形式包括了四个要素,家庭(或消费者)、企业(或生产者)、耗竭的资源和废物储放。经济系统是一个有限原材料、能源和有限储存量的闭环系统——宇宙飞船式的地球。生态经济圈持续的关键是自然资本的维持。并提出:倡导储备型、休养生息和福利型的经济发展,以建立资源不会枯竭,不造成环境污染和生态破坏,各种物质能循环利用的"循环式"经济体系,来代替过去的"单程式"经济。宇宙飞船理论将系统方法应用于经济与环境相关性的分析,对环境经济学尤其是对循环经济思想产生了巨大影响。

7. 克尼斯的物质平衡理论

美国环境经济学家克尼斯(Allen V. Kneese,1930—)等人在《经济学与环境》(1970)一书中将物理学中的物质守恒原理与经济学中一般均衡原理相结合提出了物质平衡模型。认为:一个现代经济系统的物质流动由物质加工、能量转换、残余物处理和最终消费四个过程构成;如果这个经济系统是封闭的,没有物质净积累,那么在一个时间段内,经济系统排入自然环境的废弃物质量大致等于从自然环境进入经济系统的物质量;对开放的、有物质积累的现代经济系统的分析和计算更为复杂;现代污染控制技术只是改变了特定污染物的存在形式,并没有消除也不可能消除污染物的物质实体,各种残余物之间可以相互转化;减少环境污染的根本办法是提高物质和能量的利用效率和循环使用率,以减少自然资源的开采量和使用量,降低污染物的排放量。

8. 奈斯的深生态学

从 20 世纪 60 年代开始的生态学运动中孕育形成了深生态学运动,它试图促使以人类为中心的价值观向以生态为中心的范式转变。挪威环境哲学家奈斯(Arne Naess,1912—)1972 年在《浅层和深层长远生态运动》一文中提出"深生态学"的概念。主要观点有:第一,人是环境中的一部分,如果没有环境,人就不是其本身。第二,生物圈平等主义。生活质量取决于我们和其他生命共同参与自然育化而获得的欣慰和满足,对自然采取主—奴关系的态度会导致异化的结果。第三,生物多样性原理。适者生存应理解为与其他生命共存能力,万物并育互不相害是一条最佳的生态原理。第四,反阶级立场。人类差异性的形成部分归因于某些集团的剥削和镇压。社会等级不应划分为发达与不发达,富裕与贫困。第五,无一损害和无一耗竭的心态。人类不应该从事破坏环境和不必要耗用自然资源的活动。第六,复杂性。自然环境巨大而复杂多变,人类应归属于系统之中。第七,去中心化。为了适应生态化的生活,需要弱化与等级链条相关的内容,强化地方自治。

9. 戴利的稳态经济理论和可持续经济福利指数

(1)美国生态经济学家赫尔曼·戴利(Herman. E. Daly,1938—)在《关于经济增长的争论》(1973)一书中认为:零增长没有考虑技术进步的重要作用。资源的耗竭进程是渐进的,当人类开发某种资源出现稀缺时,就会提高其利用率并寻找替代品。人口的增长将会耗尽自然资源并产生污染;人口和资本的投资应保持在一定水平上,以确保不可再生资源的低速消耗。不考虑生态影响的传统经济模式是"增长经济",根据生态和社会相结合的观念而形成的经济是"稳态经济"。人类在必要时应该不惜放弃短期经济增长和资源消耗,以维持整个社会保持较高生活水平的长期稳定与发展。

(2)赫尔曼·戴利和科布(John B. Cobb)认为:可持续发展是经济规模增长没有超越生态环境承载力的发展。经济是环境的子系统,我们正从"空世界"的经济学走向"满世界",即从一个经济系统的输入和输出没有限制的世界,走向输入和输出日益受到退化和污染限制的一个有限的世界。反映其本质的"可持续经济福利指数"(ISEW,1990)指标要考虑:生产抵御性支付、自然资本损耗、政府资本和社会公平四个方面。它以国民生产总值核算应考虑社会成本损失,如财富分配不公、失业率、犯罪率等,医疗支出不能算作对经济的贡献。国民经济核算应增加未付报酬的家务劳动的价值,然后减去环境污染、城市化、公路交通事故和广告的代价,使非货币形式的环境保护成本和收益货币化后纳入经济核算。在《超越增长—可持续发展的经济学》(1996)一书中,他认为:可持续发展就是一种超越增长的发展,是生态、社会、经济三方面优化的集成;生态规模的足够、社会分配的公正、经济配置的效率三个原则应同时起作用;中心原则是为足够的人均福利而奋斗。

10. 米香的满意理论

美国经济学学家米香(Ezra. J. Mishan)在《经济增长的论争》(1977)一书中指出:任何社会都存在生活的最低需求,而在大多数西方国家这一需求已基本满足,进一步的经济增长仅是锦上添花,不会带来实质性的福利增加,却会导致可能是灾难性的对人类健康和幸福的负效应。他认为:经济增长在给人类提供了更多的商品、教育机会和享受的同时促进了科技进步,但是经济增长也产生污染物排放增多和环境质量下降的负效应。为了营造更好的环境,预防性的现代立法方式远比财政手段为必要,像环境权应该被制度化。

(六)新制度经济学中的资源与环境经济思想

新制度经济学是20世纪六七十年代以来兴起的一个新的经济学流派。其主要理论功绩在于提出了交易费用的核心概念,揭示了交易费用高低与制度效率之间的关系,重点研究不同治理机制之间的替代和补充,中心问题是利益机制和激励。该学派把制度作为内生变量来研究,从制度既定到制度变迁,从完全理性到有限理性,从完全信息到信息不对称,从无摩擦社会到正交易成本,批判地继承和修正了新古典经济学。其核心人物是科斯和布坎南。

1. 科斯定理

美国经济学家罗纳尔德·H·科斯(Ronald Harry Coase,1910—)创立了"科斯市场"理论。他的两大理论贡献包括:市场交易成本和产权的经济结构,其理论被命名为科斯定理。科斯于1937年发表的《企业性质》和1960年发表的《社会成本问题》论文,在分析了牛吃邻人的麦苗、火车对铁路沿线树木的影响等经济负外部性问题后指出：当存在外部效应时，外部成本和外部收益导致资源配置的扭曲。科斯的结论是："假定市场交易成本为零，只要产权初始界定清晰，则资源配置可以通过市场交易达到最优"，这就是著名的科斯第一定理。第二定理指出：交易成本包括实现交易的搜寻成本、缔约成本、履约监督成本和维护交易秩序成本。在交易成本为正的情况下，不同的权利界定会带来不同效率的资源配置，一旦当事双方产权边界得以界定，便可采取市场交易、企业内部组织、政府管理三种产权制度安排方式解决。每种方式都需要费用，且有差别，于是就存在着产权安排方式—社会成本最小的社会选择过程。第三定理指出：以明晰产权为核心的产权制度的供给是人们进行交易以优化资源配置的前提，不同的产权制度将产生不同的经济效率。科斯的社会成本理论在对庇古税进行了批判，奠定了新制度经济学作为新的经济研究手段和路径进行自然资源经济学理论研究。

2. 布坎南的公共选择理论

美国经济学家詹姆斯·布坎南(James M. Buchanan，1919—)是公共选择理论的开创。他运用古典政治经济学的制度比较方法研究了当追求利益最大化的个人面对资源的公共运用做出决策时的个人在集体决策中的行为，进而研究了制度规则是如何产生的。所谓公共选择，就是通过集体行动和政治过程来决定资源在公共物品间的分配，其基本出发点是经济人假设的推广。政府和公民都是理性的经济人，都在追求自己的最大化利益，选民以个人成本—收益为依据，由于往往其无力支付相对昂贵的政治信息成本，出于"理性的无知"而不投票。"政府作为公共利益的代理人，其作用是弥补市场经济的不足，并使各经济人员所做决定的社会效应比政府进行干预以前更高，否则，政府的存在就无任何经济意义。"布坎南运用经济学方法分析政治过程，对发挥政府行为在资源配置中的作用做出了突出的理论贡献。

3. 诺斯的制度变迁理论

美国经济学家诺斯(Douglass C. North，1920—)从历史演变的角度说明了制度与效率的关系。他认为制度变迁就是一个效率更高的制度对一种相对低效率制度的替代和交换过程。对于一定经济主体行为收益溢出或渗透的正外部性，制度必须做出安排并确定其所有权以形成一种激励，将个人经济活动的私人收益率逐步接近社会收益率。有效率的组织可以提供这种对个人行为产生"激励相容"的有效制度。制度应作为一个内生变量引入经济学分析之中。有效率的经济组织是经济增长过程的关键，这就是"诺斯结论"。诺思将新古典经济学成本—收益的边际分析方法移植到对制度变迁分析中，并分析了有效率的经济组织在西欧经济兴起和发展中的作用。

4. 戴尔斯的排污权交易理论

美国经济学家戴尔斯(J. H. Dales)1968 年发表的《污染、产权、价格》著作，提出了污染权概念和排污交易制度(Emissions trading system)，丰富了科斯定理。他指出：外部性会导致市场机制的失灵，造成生态破坏和环境污染。只有将市场机制与政府干预相结合，才能把污染控制在一定水平。环境是一种商品，所有权归政府。政府可以在专家的帮助下划分污染权，并在市场上公开出售给污染者，使污染企业购买者通过外部成本内部化去治理污染，或者竞购给污染者，政府将出售的污染权收入用于改善环境质量，通过价格调节淘汰落后企业；在市场健全的情况下，排污者还可以根据治污能力的高低出售或购进排污权，而使排污权得到有效的配置，使污染排放达到最优污染水平，以刺激污染物排放量的削减，改善当地环境并使居民满意。

(七)当代资源与环境经济理论

20世纪70年代后,全球能源危机和生态失衡,资源与环境经济学理论中的“自然中心主义”和“人类中心主义”的矛盾加剧,学术流派对诸如资源的有限与无限、资源的利用与保护等微观问题争论激烈。20世纪80年代后,以可持续发展理论提出为标志,在充分吸收新制度经济学等研究成果基础上,资源与环境经济学的研究领域不断拓展,一些诸如资源的长期稀缺、环境资产的空间配置等宏观问题研究不断深化。20世纪90年代随着气候变化、酸雨、臭氧层破坏等全球环境变化,资源与环境经济学开始对国家之间平等使用公共物品等环境问题予以关注。

1. 布朗的可持续发展概念和生态经济理念

美国世界观察研究所所长莱斯特·布朗(Lester Brown,1934—)在1981年出版了《建设一个可持续的社会》一书,首次提出了可持续发展社会的理念,成为1987年联合国环境与发展委员会在其发布的报告《我们共同的未来》正式确立了“可持续发展”概念的词源。2000年出版的《生态经济—有利于地球的经济构想》和《B模式—拯救地球,延续文明》(2003)专著,提出了实现人类社会可持续发展的战略是建立生态经济。提出:经济不是我们世界的中心,经济学家把环境看作经济的一个子系统,生态学家则把经济看作环境的一个子系统,他们应携手共建可持续发展的经济模式。未来的生态经济蓝图是:建立太阳能/氢能经济,建立再循环利用的材料经济,抛弃“以化石燃料为基础、以汽车为中心且用后即弃型经济”。政府应制订保护生态环境的财政政策来引导和控制市场机制的运行。主要措施有:让商品价格包括生态成本;削减所得税,减少的部分由向损害环境活动征收的税额来弥补;财政补贴和资助可再生能源的开发、植树造林和计划生育;采取贸易许可证制度和征收累进税把有害环境的活动控制在一定限度之内;使用生态标志,为消费者购买商品时表达出选择。他认为:“我们花很多时间为经济赤字而烦恼,但是威胁我们经济长远前景的是生态赤字。经济赤字是我们彼此之间的借贷,而生态赤字却是我们取自于子孙后代。”1994年他在《世界观察》第5期上发表《谁来养活中国?》,预测了中国未来可能严重缺粮,随后还指出西方工业化发展的模式不适用于中国。

2. 可持续发展理论

(1)可持续发展理论的产生和发展历程。1972年6月5日联合国在斯德哥尔摩召开的人类环境大会,发表了《人类环境宣言》和会前写成的《生存的蓝图》、《只有一个地球》和《增长的极限》,提出了人类面临的由于资源利用不当而造成的广泛的生态破坏和多方面的环境污染,唤醒了人类从哲学和科学高度更加系统地认识人口、资源与环境问题,强调了经济与环境必须协调发展。

1980年国际自然与自然资源保护同盟(IUCN)和世界野生生物基金会(WWF)发表了《世界自然资源保护大纲》。该大纲呼吁“必须确定自然的、社会的、生态的、经济的以及利用自然资源过程中的基本关系,确保全球可持续发展”,从而在国际文件中正式提出了可持续发展这一命题。

1987年以布伦特兰(Gro Harlem Brundtland,1939—)为首的世界环境与发展委员会(WCED)发表了《我们共同的未来》研究报告,对可持续发展做出了明确定义,“既满足当代人的需要，又不对后代人满足其需要的能力构成危害的发展”，还制定了21世纪全球可持续发展战略与对策。

1992年在巴西里约热内卢召开的联合国“环境与发展”国家首脑大会。通过了《地球宪章》、《21世纪议程》、《保护生物多样性公约》和《气候变化公约》等四个纲领性文件，并形成了对可持续发展的共识。其中《21世纪议程》要求每个国家都应采取政策制定、战略选择、环境立法、环境投资、环境科技和环境教育等手段实施环境保护。

以上国际性行动被看作可持续发展理论发展经历的四个重要的里程碑。

(2)可持续发展概念的主要内涵。

第一，发展的主题。《我们共同的未来》报告指出“满足人的需要和进一步发展的愿望，应是发展的主要目标，它包含经济和社会的有效变革”。可持续发展理念下的经济增长是指平均每人实际的GNP的长期增长，这种增长不会被来自生物圈环境中的污染问题的影响，也不会被来自贫困问题与社会动乱问题的“反馈”所“威胁”；是不以牺牲未来的发展而换来的今天的经济增长，是将传统经济增长中没有考虑的环境条件和社会条件纳入到现代可持续发展理念下的经济增长。

第二，可持续性原则。可持续性是指现存的生态状况需要在一定福利水平上维持当代人和后代人的生活水平。人类的发展必须以自然资源为前提，同环境承载能力相协调；要对自然资源进行管理，以实现自然环境资本不随时间而贬值，确保自然环境的资源供给与服务功能能够保证持续供给，从而维持未来的生存与发展机会。要引导技术变革，运用经济和管制手段促进资源的合理利用，提高环境治理能力，通过生态建设提高可持续发展能力。

第三，公平性原则。公平是指人类在分配资源、获取收入并积累财富的机会选择上具有平等性。包括两层含义：一是时间上的代际公平，即应努力做到当代人不去剥夺后代人本应享有的同等发展的机会；二是空间上的代内公平。它要求国家之间以及同一国家内部不同区域之间实现资源合理利用和环境保护两者的成本—效益的公平负担和分配。

第四，共同性原则。尽管各国由于历史、文化和发展水平的差异，可持续发展的具体目标、政策和实施步骤不可能完全相同。但是，我们只有一个地球，地球的整体性、资源有限性和相互依存性，世界各国必须采取共同的联合行动，在全球范围内共同实现可持续发展这一总目标。

第五，整体性原则。世界是一个互相联系、相互作用的整体，人类的发展与生物圈的进化是共生关系。人类应该在促进生物圈环境的稳定和繁荣的基础上改造和利用自然，通过科学的调控和管理，在谋求人类的利益时做到尊重和保护自然。

第六，多元化的价值取向。可持续发展是一个自然—经济—社会复合系统全方位地趋向组织合理、结构优化、运行均衡、演化和谐的过程。要最终实现经济效益、社会效益和生态效益协调，经济可持续是动力，社会可持续是保障，生态可持续是基础，实现人与自然的和谐基础上的人的全面发展是最终目标。

(3)对可持续发展概念的综合理解。第一种，从自然属性去定义可持续发展，即所谓的生态持续性。强调为满足社会经济发展对生态环境不断增长的需求，自然资源的开发利用要达到生态平衡。例如，1991年11月，国际生态学联合会和国际生物学联合会联合举行的可持续发展专题研讨会上将可持续发展定义为“保护和加强环境系统的生产和更新能力”。第二种，从社会属性定义可持续发展。例如，联合国环境规划署(UNEP)和世界野生生物基金会(WWF)1991年认为:发展的内涵应包括提高人类健康水平、改善人类生活质量和获得必需资源的途径,并创建一个保障人人平等、自由、人权的环境。第三种,从经济属性定义可持续发展。认为可持续发展不仅要注重经济增长的数量,更应注重经济增长的质量,要在保护自然资源服务质量的前提下,使经济发展的净利益最大化。第四种,从科技属性定义可持续发展。一些学者认为可持续发展是建立在采用更清洁、更有效、接近"零排放"或"密闭式"工艺,尽可能减少能源和其他自然资源消耗的技术系统。污染并不是工业活动不可避免的结果,而是技术差、效率低的表现。发达国家与发展中国家之间应进行技术合作逐步解决全球环境问题。

3. 生态文明观

生态文明是指以人与自然、人与人、人与社会和谐共生、良性循环、全面发展、持续繁荣为基本宗旨的文化伦理形态,是在生态自然平衡基础上,经济社会和生态环境全球化协调发展的文明,所以也被称为绿色文明、环境文明。

狭义的生态文明一般限于经济方面,即要求实现人类与自然的和谐发展;而广义的生态文明则囊括了整个社会的各个方面,要实现人类与自然以及人与人之间全方位的和谐。在内涵上,生态文明既包含人类保护自然环境和生态安全的意识、法律、制度、政策,也包括维护生态平衡和可持续发展的科学技术、组织机构和实际行动。在特征上,生态文明具有如下特征。全面性是指生态文明的主体包括人类在内的整个地球生态系统;独立性是指生态文明是一种相对独立于物质文明、精神文明和政治文明的新型的文明形态;和谐性是指协调人与自然、人与社会、发展与环境的关系构成生态文明的核心内容;持续性是指生态文明程度和生态建设是一个持续变化的过程。从理论体系上,生态文明有四个层次:思想观念、行为方式、社会制度和物质生产。从发展模式上,经济运行由对立性、征服型和破坏型向协调型、恢复型和建设型的生态轨迹转变。

生态文明的基本内容包括:①人类首先要尊重自然。人类发展要在自然规律所允许的范围内与自然界进行物质能量的交换,否则必然会遭到自然的报复。②价值观的革命。人类价值观只有在与自然和谐相处的前提下,才能获得真正的持续、健康和幸福。③保护生态环境是伦理道德的首要准则。人类的一切行为,首先必须以服从保护自然生态的良好状态为伦理道德的首要准则。④把生态文明列入社会结构的重要组成部分,建立起经济、政治、文化、生态"四领域"的总体框架。⑤人类的社会活动应在经济发展基础上逐步转向以文化活动为主。⑥生态时间的把握。从理论和实践上应抵制经济社会超速、超前发展的逻辑,反对那种令人不安的加速理论。⑦尊重生命,珍惜生命。⑧把追求知识、智慧和环境质量看作是人生的目的。创造知识和智慧,优化环境质量将成为经济增长和社会发展的主要动力。⑨社会的民主和绿化。社会与经济制度的民主是建立形式多样的生活方式即社会生态化的重要基础。⑩促进整个人类的平等合作关系。

二、资源与环境经济学的研究进展

(一)国外资源与环境经济学的研究进展

西方资源与环境经济学的产生和演变大致可以分为三个阶段:一是土地(资源)经济学的产生阶段,二是环境经济学的形成与发展,三是资源与环境经济学的形成与发展。

1. 土地经济学的产生

从西方资本主义初期至20世纪20年代，资源经济问题隶属与经济学研究，在古典时期，英国的威廉·配第（William Petty）的劳动价值论、英国的大卫·李嘉图（David Ricardo）的级差地租、德国农业经济学家屠能（Von Thunen）的农业区位论和英国的马歇尔（Alfred Marshall）对土地资源经济进行了系统研究。美国学者伊利（R. T. Ely）和莫尔豪斯（E. W. Morehous）在1924年合著出版的《土地经济学原理》被认为是资源经济学的奠基之作，并逐步衍生为现代意义的自然资源经济学和资源经济学。

2. 环境经济学形成与进展

20世纪五六十年代，西方发达国家严重的环境污染激起了强烈的社会抗议，许多经济学家和生态学家重新考虑传统经济学的局限性，进而把环境科学的内容引入到经济科学研究中。从20世纪六七十年代各国学者开始研究公害或污染的经济问题，出版的书籍名常称为污染经济学，但是它没有包括环境问题的全部因素。联合国规划署在1972年和1980年环境与发展大会后，决定将“环境经济”列为1981年《环境状况报告》的第一项主题，强调了环境经济学研究的重要性。之后环境经济学逐渐成为一门运用现代经济学原理和分析方法研究自然环境的发展和保护的经济学分支学科，也使环境经济学成为环境科学和经济学相互交叉而成的一门独立的边缘性学科。20世纪90年代以来，英国的大卫·皮尔斯（David W. Pearce）和克里·特纳（Kerry Turner）等环境价值计量及实现代际公平的途径等方面做出了重要贡献。目前学者们在全球环境问题与可持续发展、研究构建绿色国民经济核算体系和环境与贸易研究等方面不断进行科研探索。

3. 资源与环境经济学的产生与进展

从20世纪初期至七八十年代，自然资源经济学研究朝着两个方向发展，一是自然资源学与经济学的结合；二是继续从纯经济学角度研究自然资源的优化配置问题。1931年哈罗德·霍特林（Harold Hotelling）的论文《耗竭性资源经济学》，被视为是资源经济学独立于经济学研究的标志。20世纪70年代末 Charles W. Howe 出版的《自然资源经济学》重点论述了自然资源相关的属性、非市场效益的评价和最优利用条件等。1981年出版的美国阿兰·兰德尔的《资源经济学——从经济学角度对自然资源和环境政策的探讨》一书明确了资源经济学是研究自然资源和环境政策的一门应用经济学。同年出版的美国的安东尼·费舍尔（A. C. Fisher）的《资源与环境经济学》标志着资源经济学已经形成完整的学科体系，之后西方的资源经济研究一直是对资源与环境问题的综合研究。1990年出版的大卫·皮尔斯与克里·特纳的《自然资源与环境经济学》被认为是资源与环境经济学的代表作。

20世纪80年代以来，资源与环境经济学进入了重视社会、经济、技术与自然资源与环境可持续发展综合研究阶段。主要研究领域和重点有：自然资源评估、成本—效益分析、生态价值补偿、绿色国民经济核算、可更新资源和不可更新资源的代际公平与时间配置、贴现率、资源与环境财产权、跨境环境问题、全球化背景下的贸易与环境、经济增长与资源环境优化模型以及资源与环境政策手段与制度分析等。

（二）中国资源与环境经济学的研究进展

中国的资源与环境经济学的发展主要沿着资源经济学、环境经济学方向互有侧重、相互渗透并沿着与可持续发展理论相融合的方向发展，整体上处于不断成熟和完善的进程中。

1. 资源经济学方向的发展

我国开展资源经济研究始于20世纪50年代，当时全国开展了大规模的自然资源综合考察、评价、区划和开发利用规划，取得的大量成果，奠定我国资源经济学发展的基础。20世纪80年代以后，研究主要集中在自然资源的价格理论和自然资源的使用制度（主要是产权制度）研究两大主题。1993年之前，刘书楷等研究员先后编著了一些有关资源经济问题的著作，都较注重政府管理研究，忽视市场机制利用研究。1992年里约热内卢世界环境与发展大会后，我国的资源经济研究和学科建设迅速发展，资源经济学在许多高校经济管理类相继开设课程。1993年后，许多学者强调要综合运用新制度经济学理论来研究自然资源的优化配置问题，研究大多集中在产权制度改革、引入市场机制和激励性规制手段等方面。1999年马中的《环境与资源经济学》从理论篇、方法篇、政策篇进行了研究，2002年曲福田的《资源经济学》把最优配置、可持续发展思想、资源制度和管理内容融入了资源经济理论体系。我国资源经济研究今后在自然资源价值以及核算理论、资源安全和制度经济分析方面各有一些不同层次的问题尚需进一步研究。

2. 环境经济学方向的发展

（1）从引入到创立时期。20世纪70年代末，从介绍国外理论到创立为经济学的边缘学科，环境经济学在中国的发展有两条路径：一是环境经济学作为独立学科的建设和发展，包括理论发展和学科教育的完善；二是环境经济学为经济发展、环境保护和可持续发展政策制定和实践提供理论基础。我国1973年召开了第一次全国环境保护工作会议，1978年制定了环境经济学和环境保护技术经济八年发展规划（1978—1985）。1980年中国环境管理、经济和法学学会成立。1981年召开了"环境经济学学术讨论会"，并出版了《论环境经济》一书。此后，沿着上述两个路径其研究领域不断拓展，一是论述经济发展与环境保护的关系；二是把当代技术经济学的有关方法应用于环境问题的具体研究。

（2）相对成熟时期。20世纪80年代中期以后，环境经济学的发展有两个特点：一是系统的学科建设；二是专题研究有较多创新并应用于实践。

◆ 学科和理论体系建设方面。随着我国主流经济学由传统的社会主义政治经济学向以现代经济学理论的变迁，微观经济学理论体系全面介入，构建了均衡分析、数理模型分析等研究方法框架；宏观经济理论进入了环境分析领域，更重视宏观经济增长与经济结构的环境影响总量分析。1989年第三次全国环境保护大会提出了重点研究的12个环境经济问题。于光远、厉以宁等经济学家对环境经济学也给予了特别的关注和研究，李金昌等在构建资源的价值、资产、产业和核算四位一体的新的资源经济理论体系方面，做出了突出的贡献。一些研究机构和大专院校也完成了许多环境经济课题，如中国环境污染损失计算等。相继出版了一些环境经济学研究成果和专著。这反映出中国的环境经济学理论基本达到或接近了国际前沿水平。20世纪90年代以来，环境经济学加强了制度经济分析。此时，资源与环境经济学在实践上是合并考虑综合研究的。

◆ 专题研究的进展方面。从20世纪80年代到90年代中期以后资源与环境专题研究不断深入和拓展，主要体现在以下几个方面。

第一，资源与环境价值评估。中国的自然资源环境核算工作在20世纪80年代末开始全面展开。中国环境与发展国际合作委员会所作的资源核算和定价研究是环境经济学理论在中国应用的显著的标志。1988年李金昌主持了国务院发展研究中心的“资源核算及其纳入国民经济体系”项目，开展了包括水资源、土地资源、森林资源、草地资源、矿产资源等的核算工作。之后，许多学者进行了资源价值方面的评估。例如，姜文来等对水资源价值评估，曲福田等对土地资源价值核算，谷树忠对农业资源核算，张颖等对森林资源价值核算，欧阳志云等对生态价值的评估等。资源与环境价值核算正在经历由粗到细、由事物型的物质资产核算转向无形的生态价值核算，由单纯的估算向科学计量方向发展。

第二，绿色GDP核算。中国由传统的国民经济核算体系向绿色GDP核算的改进，经历了约10年的过程。国家环保总局于1998年与世界银行合作，开展了真实储蓄率研究，并在烟台和三明两市试点；2000年开展了中国环境污染损失评估方法研究；2003年与国家信息中心合作，开展了建立国家中长期环境经济模拟系统研究。2004与科技部开展了科技攻关项目《绿色国民经济核算体系框架研究》。国家统计局制定了《中国国民经济核算体系2002》，设置了附属账户—自然资源实物量核算表和全国土地、森林、矿产和水资源的实物量表，预测了中国未来20年的能源使用和大气排放趋势，并在黑龙江省、重庆市、海南省分别进行了核算试点。2004年又与国家林业局等单位启动了“中国森林资源核算纳入绿色GDP研究”。2005年在全国10个省市(北京、天津、河北省、辽宁省、浙江省、安徽省、广东省、海南省、重庆和四川省)推行绿色国民经济核算和污染损失评估调查试点工作。

第三，排污收费与环境税收。1994—1996年，中国环境科学研究院在世界银行《中国排污收费制度设计及其实施研究》项目的支持下，开展了中国排污收费制度的改革研究，我国政府于2003年7月1日起，实施新的《排污费征收使用管理条例》。该院于1995年向财政部、国家税务总局等分别提交了有关建立环境税的政策研究报告，提出了建立广义环境税和污染产品税两个实施方案。2003年10月，中国环境规划院开始了国家科技攻关计划课题“环境税收政策及其实施研究”。以提出市场经济条件下的环境税收制度理论体系，进而研究设计出符合中国国情的环境税收制度基本框架。

第四，排污权交易。随着中国市场化的不断深化与总量控制的逐步实施，20世纪90年代中期，包头、开远、柳州、太原、平顶山、贵阳6个城市进行了大气排污交易政策试点。2002年9月太原市人民政府通过了《太原市二氧化硫排污交易管理办法》，排污交易在太原市全面开始启动。2002年11月，中国环境科学研究院完成了中美环境合作项目“中国利用市场机制削减二氧化硫排放的可行性研究”，出版了《二氧化硫排放交易：中国的可行性》一书(王金南等，2002)，探讨了在中国施行二氧化硫排污交易的可行性。2007年11月国内首个排污权储备交易中心在浙江省嘉兴市正式成立。

第五，生态补偿。中国的生态补偿实践起步于20世纪90年代初期，呈现出三大特点，一是由中央相关部委推动，以国家政策形式实施；二是地方自主性探索实践；三是初步开始的国际生态补偿市场交易的参与。从1992年“建立林价制度和森林生态效益补偿费制度”(国发[1992]15号)到2004年《中央森林生态效益补偿基金管理办法》，标志着我国森林生态效益补偿制度建立起来。流域方面，生态补偿主要集中在城市引用水源地保护与行政辖区内中小流域上下游之间，浙江省义乌与东阳市之间成功进行了水权交易实践。矿产开发方面,1983年云南省就对开矿征收生态恢复费。在跨区域补偿方面,2000年以后的西部转移支付性扶贫开发也具有生态补偿的意义。2006年国家“十一五”规划中明确提出要尽快建立生态补偿机制,要按照“谁开发谁保护、谁破坏谁治理、谁受益谁补偿”的原则,加快建立生态补偿机制。这些都表明中国目前已初步具备了建立生态补偿的科研基础、实践基础和政治意愿。

第六,环境投融资政策。2002年中国环境与发展国际合作委员会批准成立了中国环境保护投融资机制研究课题组。2003年中外专家共同完成“中国环境保护投融资机制”研究课题。中国环境规划院与经合组织(OECD)合作,研究环境投融资分析工具,并在四川省的14个城市进行试点。2003年后环境投融资研究开始转向投融资工具,例如,利用市政债券、BOT等加快环境融资(王金南等,2003),今后在经济发展与环境保护投入的关系,提高环境保护投资的资金效率,拓宽融资渠道使其多元化,以及创新融资手段等方面仍需进一步开展工作。

第七,循环经济研究。20世纪90年代以来国家环境保护总局举办了多次全国循环经济和生态工业的研讨会,传播了国内外循环经济的理论和实践经验。近年来,国家清洁生产中心、国家环保总局进行了国外循环经济法律、方法及发展循环经济模式初步构建等研究,建立了由东北大学、中国环境科学研究院和清华大学三家组成的国家生态工业重点实验室。2003年循环经济和清洁生产战略与机制课题组完成了“中国推进循环经济和清洁生产的战略与机制研究”。2004出版了冯之浚《循环经济导论》,之后,吴季松的《新循环经济学—中国的经济学》(2005)、周宏春等的《循环经济学》(2005)的出版等,推动了循环经济学理论体系的建设。自2009年1月1日起我国施行《中华人民共和国循环经济促进法》。

第八,国际贸易与环境。1999年北京对外经济贸易大学等完成国家“九五”重点科技攻关项目子项目《绿色壁垒对我国贸易发展影响的研究》课题。2000年完成国家教委“九五”人文社会科学规划项目《环境保护和外贸关系的研究》。2001年与中国环境科学研究院又完成了《绿色壁垒与中国对外贸易发展》课题并提出了《国家绿色贸易行动计划》的建议。目前,中国环境科学研究院正在开展“十五”科技攻关《环境服务业国际贸易标准体系研究》。在研究方法上,一些经济模型如博弈论模型,已用来解释合作与非合作情况下的全球环境决策行为。在环境问题的空间配置方面(如跨界污染和排污税的地区差异等),全球化进程,贸易与环境的关系使跨学科环境经济分析逐渐被重视。

第九,全球气候变化研究。“九五”以来,科技部、国家环保总局、国家气象局等部门的专题科研项目主要集中在全球变化所造成的实物性影响评估。近年来,中国社会科学院、清华大学等单位对减缓全球气候变化的经济政策(如碳税、排放贸易、清洁发展机制等)开展了研究。2007年科技部、中国气象局完成《气候变化国家评估报告》及其支撑性研究项目,参照政府间气候变化专门委员会(IPCC)评估报告框架,分析了全球气候变化对中国经济发展、可持续发展、公众健康的影响以及在全球气候变化背景下未来五十年中国生态环境的变化等。

本章小结

资源、环境、生态系统这三个概念的范围、主体、功能和研究目的各不相同,但通过人类的资源开发利用和环境保护与生态建设统一在生态经济系统中。资源与环境经济学的研究对象是资源与环境经济系统的结构、功能、效益和运行机理。资源与环境经济学就是运用现代经济学的理论和方法，分析资源与环境经济基本问题，研究人类经济活动中如何有效配置自然资源与环境，运用资源与环境经济政策和手段，通过优化经济发展模式，实现资源、环境与经济协调且可持续发展的一门科学。运用个量与总量分析、均衡分析、静态和动态分析、实证与规范分析、数理模型分析和制度分析法可以研究资源配置问题。资源与环境经济思想的发展过程经历了早期、古典、新古典(包括马克思主义的资源观)、现代(包括新制度经济学的资源环境经济思想)和当代5个阶段，不同阶段的主要代表人物和重要流派的观点不断丰富着资源与环境经济学的理论和方法。目前，在借鉴和引入现代经济学等进行理论和方法创新方面，在资源与环境价值评估、绿色GDP核算、排污收费与环境税收、排污权交易、生态补偿和循环经济发展模式等实践方面，中国的资源与环境经济学研究迅速发展。

思考与练习

1. 怎样理解资源的概念、属性和特点。
2. 对环境与资源概念的联系性和差异性。
3. 比较资源、环境与生态系统的概念与相互关系。
4. 资源和环境分别是怎样分类的?
5. 资源经济学的研究对象和基本属性是什么?
6. 简述资源与环境经济学与相邻学科的关系。
7. 简述资源与环境经济学主要研究方法的特点。
8. 简述资源与环境经济学思想发展的主要阶段的代表人物与观点。
9. 简述国外资源与环境经济学的研究进展及其特点，并谈谈对我国的启示。
10. 简述中国资源与环境经济学的研究进展及其特点，并谈谈自己的看法。

参考文献

[1] 刘成武，黄利民. 资源科学概论. 北京：科学出版社，2004.
[2] 厉以宁，章静. 环境经济学. 北京：中国计划出版社，1995.
[3] 黎诣远. 西方经济学. 北京：高等教育出版社，1999.
[4] 阿瑟·庇古著. 朱泱，张胜纪，吴良健译. 福利经济学. 北京：商务出版社，2006.
[5] 王金南. 环境经济学—理论·方法·政策. 北京：清华大学出版社，1994.
[6] 张象枢，魏国印，等. 环境经济学. 北京：中国环境科学出版社，1995.
[8] 李金昌，等. 资源核算论. 北京：海洋出版社，1991.
[9] 张帆. 环境与自然资源经济学. 上海：上海人民出版社，1998.
[10] 潘家毕. 持续发展途径的经济学分析. 北京：中国人民大学出版社，1997.
[11] 张坤民. 可持续发展论. 北京：中国环境科学出版社，1997.
[12] 马中. 环境与资源经济学. 北京：高等教育出版社，1999.
[13] 鲁传一. 资源与环境经济学. 北京：清华大学出版社，2004.

［14］王玉庆.环境经济学.北京：中国环境科学出版社，2002.

［15］沈满洪.资源与环境经济学.北京：中国环境科学出版社，2007.

［16］王克强.资源与环境经济学.上海：上海财经大学，2007.

［17］曲福田等.资源经济学，北京：中国农业出版社，2001.

［18］［英］罗杰·帕曼，马越等.自然资源与环境经济学.北京：中国经济出版社，2002.

［19］［英］库拉著.谢杨举译.环境经济学思想史.上海：上海人民出版社，2007.

［20］［美］汤姆·惕藤伯格.环境经济学与政策.3版.上海：上海财经大学出版社，2003.

［21］［美］丹尼斯·米都斯.增长的极限.北京：商务印书馆，1984.

［22］［美］赫尔曼·E·戴利.超越增长—可持续发展的经济学.上海：上海译文出版社，2001.

［23］庇古.福利经济学.北京：中国社会科学出版社，1999.

［24］科斯.社会成本问题.载财产权利与制度变迁.上海：上海三联书店，1998.

［25］莱斯特·布朗.生态经济——有利于地球的经济构想.北京：东方出版社，2002.

［26］莱斯特·布朗.B模式——拯救地球，延续文明.北京：东方出版社，2003.

［27］姬振海，杨智明.祝晓光.生态文明论.北京：人民出版社，2007.

［28］［英］大卫·皮尔斯，杰米·沃福德著.张世秋译.96.世界无末日：经济学、环境与可持续发展.北京：中国环境出版社，1993.

［29］潘岳，李德水.建立中国绿色国民经济核算体系国际研讨会论文集.北京：中国环境出版社，2004.

［30］王金南，庄国泰.生态补偿机制与政策设计国际研讨会论文集.北京：中国环境出版社，2006.

［31］中国生态补偿机制与政策研究课题组.中国生态补偿机制与政策研究.北京：科学出版社，2007.

［32］张象枢.论人口、资源、环境经济学.环境保护，2000(2).

［33］郭春荣，王万山.资源经济学的来龙去脉.生产力研究，2005(5).

［34］穆贤清，黄祖辉，张小蒂.国外环境经济理论研究综述.国外社会科学，2004(4).

［35］夏光.环境经济学在中国的发展.中国人口·资源与环境，1999.

［36］王金南，逯元堂，曹东.环境经济学在中国的最新进展与展望.中国人口·资源与环境，2004(5).

［37］沈满洪.我国环境经济学研究述评.浙江社会科学，1996(2).

［38］庄大昌，董明辉.资源与环境经济学国内外研究综述.湖南文理学院学报(社会科学版)，2005(1).

［39］牟雁.环境经济学的发展趋势及其在我国的应用.环境科学动态，2005.

［40］唐咸正，王娟.论资源经济学的研究对象.自然资源学报，2004(3).

［41］杨云彦.试论人口、资源与环境经济理论的演进与融合.生态经济，1999(6).

［42］封志明.20世纪的资源科学思想.资源科学，2000(5).

［43］强天雷，任保平．当代西方经济学主要研究方法述评．经济评论，2001(5)．

［44］李慧凤．西方资源环境经济理论评价．商业时代，2006(33)．

［45］李良美．生态文明的科学内涵及其理论意义．毛泽东邓小平理论研究，2005(2)．

［46］宋林飞．生态文明理论与实践．南京社会科学，2007(12)．

［47］申曙光．生态文明及其理论与现实基础．北京大学学报(哲学社会科学版)，1994(3)．

［48］Hotelling H. The Economics of Exhaustible resources. Journal of Political Economics，1931，39(April)：137-175.

［49］Kneese. A. V.，Robert U. Ayres，and Ralph c. d Arge. Economics and the Environment：A Materials Ba lance Approach. Resources for the Future. 1970.

［50］Boulding K. B(1966). The Economics of the Coming Spaceship Earth. In H. Janet ed.). Environmental Quality in a Growing Economy. New York：Freeman.

［51］Dales，J. H. Pollution，Property and Prices. Toroto：University of Toroto Press，1968.

［52］Naess A. The Deep Ecological Movement：Some Philosophical Aspects，In：Sessions G. Deep Ecology For The 21st Century. Boston：Shamb-hala Publications Inc，1995. 64-84.

第二章　资源与环境经济系统

学习目的：本章是资源与环境经济学的基础理论知识，要求掌握资源与环境系统的结构与功能，掌握微观和宏观经济运行基本原理。重点掌握质量守恒定律、熵定律、生态平衡原理、供求价格理论、生产、消费与福利理论、博弈论和国际贸易理论。了解世界与中国存在的主要资源与环境问题。

第一节　资源与环境经济系统的结构和功能

一、资源与环境经济系统的结构

（一）经济学中的经济系统结构

微观经济系统结构分析，没有考虑资源、环境因素与经济之间的相互作用，也忽略了对政府和国外部门的经济活动分析，仅把经济主体和市场看作一个系统。在这个经济系统中，只有居民、企业两个部门和商品、生产要素两个基本市场，构成微观经济循环流程（图2-1）。

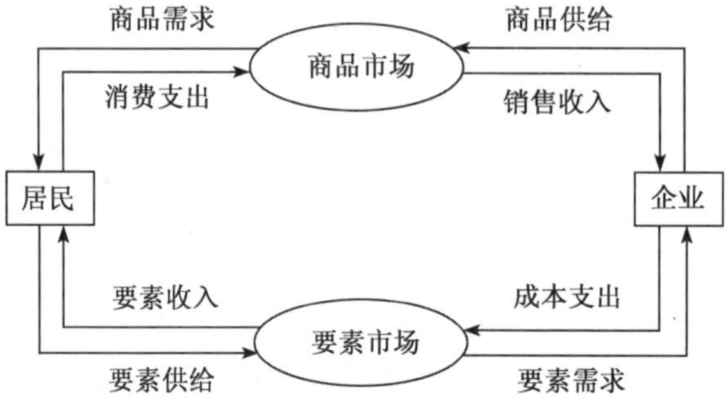

图 2-1　微观经济系统结构循环流程图

作为消费者，居民在商品市场上购买企业生产的商品，追求个人效用最大化；作为要素提供者，居民在生产要素市场中提供土地、资本、技术、劳动力和企业家才能，追求个人收入最大化。作为生产者，企业在商品市场上出售物质商品和服务，追求利润最大化；作为生产要素的需求者，购买居民的生产要素，追求成本最小化。二者共同决定了要素市场上生产要素的数量和价格。居民与企业间的商品需求和供给，共同决定了市场上商品的数量和价格；居民和企业对生产要素的供给与需求共同决定了要素的数量和价格。由此，整个经济系统结构就构成了由实物、货币逆向流动而联系起来的循环系统。

宏观经济系统结构分析，没有考虑资源、环境因素与经济之间的相互作用，但是考虑了政府部门和国外部门的经济活动，于是形成四大部门、四大市场和五个平衡的经济循环系统(图 2-2)。

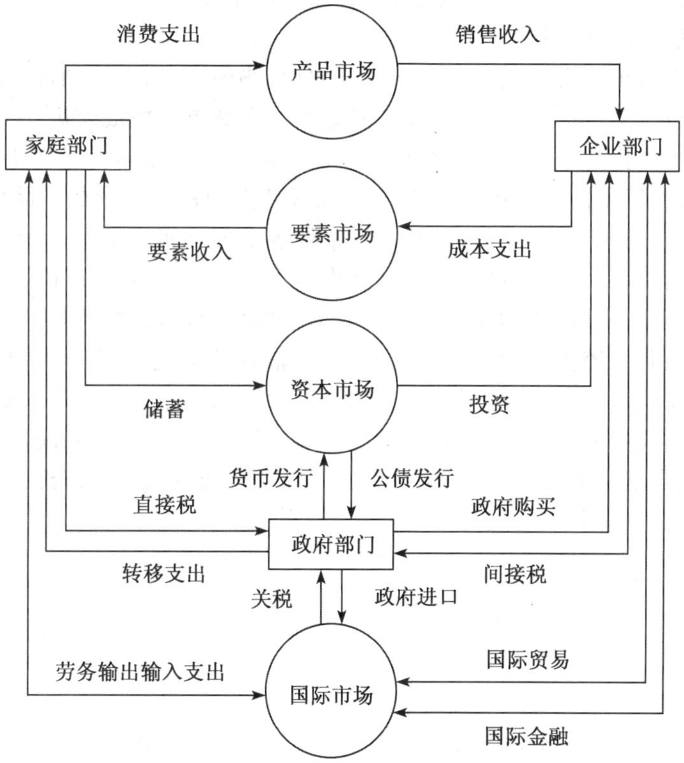

图 2-2　宏观经济系统循环流程图

一个国家内部的四大部门，是指既是消费者又是要素提供者的家庭、既是生产者又是要素使用者的企业、既是国家管理者又是最大的社会消费者和投资者的政府，以及既是商品进出口者又是资本往来者的海外经济主体。四大市场是指要素市场的总体、产品市场的总体、资本市场以及国际贸易与国际金融市场。五个平衡是指以工资率为杠杆并以充分就业为目标的劳动平衡、以物价为杠杆并以可持续发展为目的的产业平衡、以税率为杠杆并以公共福利为目的的财政平衡、以利率为杠杆并以物价稳定为目标的货币平衡，以汇率为杠杆并以外汇平衡为目标的国际收支平衡。

随着经济发展，资源的稀缺性、环境外部性和产权问题日益对经济系统产生越来越重要的作用；从微观看，资源与环境逐渐成为生产函数中的要素，从宏观看，资源与环境在市场上的作用和配置效率有待提高，为实现人口、资源与环境经济系统的可持续发展，提高全社会的公共福利，有必要对资源与环境经济系统进行重新设计。

(二)资源与环境经济系统的结构

在地球表面某区域范围内，由人口、自然资源、环境和经济四个系统通过能量、物质和信息相互联系在经济活动机理和生态平衡机理的共同作用下形成一个复合整体，可以称为区域生态经济系统。其中，人口系统是具有社会属性和功能的人类生活共同体；自然资源系统是指由各种具有经济开发利用价值的要素构成的部分自然环境；环境系统通常被认为是由地球表面的岩石圈、大气圈、水圈和生物圈构成的自然环境，它们又构成了经济系统的外部环境；经济系统是由最基本的生产、交换、消费和分配活动以及居民、企业和政府主体构成的，由经济活动机理支配的系统。

区域生态经济系统具有层次性、差异性、开放性、协同性、动态性和可控性的特点。层次性是指系统的区域范围由全球、国家和地区和更小的区域单位构成宏观、中观和微观的不同等级结构。差异性是指各个系统存在结构和功能上质和量的差异。开放性是指区域生态系统在经济规律下，进行不同区域内外的物质、能量和信息的流动，形成产品贸易、资源贸易、环境、劳动力流动乃至跨界污染。协同性是指系统各个部分相互作用，相互制约使系统的结构、功能和目标协调而稳定地发展。动态性是指整个系统在自然规律和人文活动影响下，内部各成分之间不断进行着物质循环和能量流动推动着系统进行时空演化。可控性是指人类可以用各种手段控制系统内部的物质流、能量流和信息流的流向、流速和流量，降低系统的混乱度。区域生态经济系统实质上是一个具有自组织和组织合作功能的复杂系统，人类可以通过决策选择不同的发展模式，对系统进行双向的调控干预，促进系统协调持续发展。

由人口系统、自然资源系统、环境系统和经济系统构成的区域生态经济系统的结构关系和功能作用分析可以如图 2-3 所示。

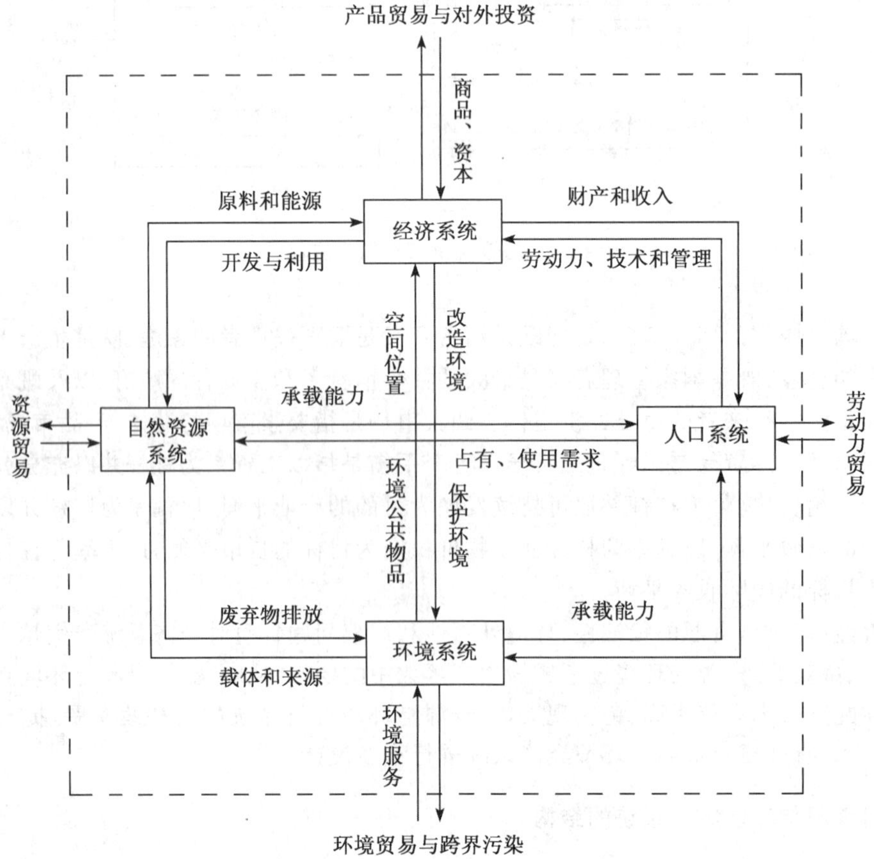

图 2-3 区域生态经济系统结构与功能

整个系统是否稳定平衡以及和谐发展取决于整个系统的各种经济机理(例如,企业利润最大化,消费者效用最大化和社会福利最大化原理等)与生态机理(例如,生态位、生态冗余、稳定原理,生态适应、反馈和改造功能,生态因子的限制因子、耐性和生态平衡原理)的协调程度。

二、资源与环境经济系统的功能

(一)资源、环境与经济系统之间的基本功能

1. 资源作为物质循环和能量流动的起点,为经济活动提供能源和原料

人类对资源开发利用的需求是推动经济活动的根本动力。自然环境中的可再生资源类原生生物群落和人工饲养或种植的动植物,作为原料经过加工转化为各类农产品,以满足人类的饮食需求而形成农业经济;自然环境中的不可再生资源,或直接为人类经济活动提供能源(如化石燃料),或经过冶炼(如各种矿藏)、加工制造形成人类使用的工具或产品,以满足人类用、住和行的需求而形成工业经济。所以,经济活动所必需的原料和能源都是来自自然资源系统。

2. 环境为人类经济活动提供地理空间,为人类的生存与发展提供基本保障

环境是人类生存和发展不可缺少的自然条件。清洁的空气、适宜的温度和水分和丰富的生物物种等,这些环境要素不但为人类基本的生命保障,而且为经济活动提供了地理空间。例如,土地不但能为农业、工业和第三产业提供了空间场所,而且还提供了人类劳动的基本对象和生存和发展的基本条件。

3. 环境作为资源的载体,为人类经济活动提供资源承载力

环境承载着资源,资源承载着人口,人口必须有经济活动才能生存和发展。按照联合国教科文组织(UNESCO)的定义,资源承载力是指一个国家或地区在可以预测的时期内,在保证与其社会文化准则相等的物质生活条件下,利用当地的能源和其他自然资源以及智力、技术等,所能够供养的人口数量。资源承载力因地、因时、因社会生活标准的不同和区际贸易的存在而有所变化。资源承载力影响资源开发的总量规模和经济效益,进而影响资源配置。

4. 环境作为公共物品,为消费者直接提供友好服务

环境能为消费者提供舒适性服务、享乐和休闲。例如,新鲜的空气、宜人的风景等都使人身心得到健康,所以,具有公共物品的性质。环境公共物品的服务可以分为两类方式:一类是物质形态上可测量的、可用实物单位测量的(如每分钟吸入的氧气量);另一类是物质形态上不可测量,通常仅能定性评价,例如,风景的舒适性和美感。

5. 作为废弃物的容纳场所,环境为经济活动提供环境容量

环境容量是在人体健康、人类生存和生态系统不致受损害的前提下,一定地域环境中能容纳环境有害物质的最大负荷量。[①] 人类在生产和消费活动中产生不可利用和没有效用的废弃物,向自然环境中排放。例如,工业燃烧化石燃料产生的碳氧化物和二氧化硫向大气中排放,农业化肥和农药的施用,随空气和降水渗流到土壤中。在技术水平一定的条件下,资

①中国大百科全书—环境科学编委会.中国大百科全书—环境科学分卷.中国大百科全书出版社,2002.p182

源开发量越大，物质生产量越大，排放到环境中的废弃物就越多，当超过自然环境的稀释、扩散和净化能力即超过环境容量时，就产生污染，进而影响环境的质量，破坏生态景观，甚至改变生态系统。从污染物看，自然环境空间越大，跨区域范围越广，污染物理化性质越不稳定，自然环境对污染物的净化能力和环境容量越大。从区域经济看，当人口越多，生产和消费规模越大，产业结构越粗放，技术水平越低，制度机制越不合理，资源和能量的消耗和浪费则越大，污染物的排放量就越大。

6. 经济活动对环境系统产生保护和破坏两种效应

从经济系统看，人类开采利用自然资源，获取生产所需要的原料和能量，再与来自人口系统的劳动力、技术和管理要素相结合，生产各种产品提供给消费者，并形成巨大的财富，出于利益最大化的欲望，常加大对资源的开发力度，当超出承载力，就破坏了环境；反正，当人类认识到资源与环境的价值和可持续发展的理念时，就会产生保护环境，进行生态建设的动机。所以，经济活动对环境系统产生积极的环境保护和消极的改造和破坏环境的两种效应。

(二)资源与环境经济系统协同运行中形成的综合功能

1. 物质循环

物质在环境经济系统内周而复始地转换和运动就形成了物质流。可以分为：自然物流和经济物流两类。前者体现为生态环境系统中的营养物质循环和生物地球化学循环，是一系列物理、化学和生物过程的功能体现。后者由社会再生产的生产、交换、分配和消费四个环节推动，经济物质在此过程中分别以生产物、流通物、分配物和消费物的物质形态出现和循环。包括：一是自然物流向经济物流转化。例如，从采集业和捕捞业中转化为种植业和渔业；从采掘业转化为冶金业等。二是经济物流向自然物流回归，例如，翻耕土地与改良土壤的物理转化，人工施肥加入生物循环，灌溉水蒸发参与大气循环等；工业经济物流向自然物流的回归，例如，城市工业废水、废气、废渣等向自然界的排放。

2. 能量流动

资源与环境经济系统存在着两种能流：一是自然能流，包括太阳能流、生物能流、矿化能流和潜在能流（指经过技术开发后可转化为能量的物质）；二是经济能流，指自然能流按照人类经济目的，通过开采、运输、加工、贮藏、消耗到废弃的过程进行传递和转化。能量流动的显著特点是单向流动，并且随着能量释放参与到物质循环中。能量流动有以下几种方式：一是通过植物的光合作用把太阳能转化为化学能贮存在有机体内，即农业将太阳能流转化为经济能流；二是来自地质年代太阳能积累矿化成岩后形成的化石燃料，被工业开发出来进入冶金、石化等产业转化为经济能源；三是人类生活和消费行为对能源的各种消耗等。

3. 价值增值

价值流是一个不具有自然形态的经济学概念，它通过有目的的劳动，把自然物(能)流转变为经济物(能)流，价值就沿着生产链不断形成和转移，并实现价值的增值，最后通过买卖，由交换价值反映出来。这种商品生产的价值形成、增值、转移和实现的过程，就是资源与环境经济系统的价值流动过程被称为价值流。价值流的形成与增值必须经过三个阶段：准备阶段中，在流通领域中要完成生产资料、原材料、活劳动和制订生产计划的准备；物化阶段，在生产过程中要完成运用技术手段和劳动技能消耗着物化劳动和活劳动转化为产品并实现增值；实现阶段，在流通领域中要完成产品的包装、贮存、运输、销售直到消费才能到达价值流的终点，并成为下一个再生产过程的价值流的起点。

4. 信息传递

资源与环境经济系统的信息系统由自然信息、社会经济信息及它们的交互传递与反馈构成。以物质和能量为载体，通过物流和能流转换而实现信息的获取、存储、加工、传递和转化，这种信息流动过程被称为信息流。在资源与环境经济系统存在信息的交换。例如，流域上游水土流失则预示着下游水旱灾害和农业减产；资源的加速索取和环境的污染加重，预示着经济发展模式存在问题；全球变暖揭示了全球温室气体排放过量等。资源与环境经济系统的持续发展过程也是物流、能流、价值流和信息流的联动运行过程，其中，任何流动过程信息量过小或发生堵塞、中断都将造成整个系统的停滞、甚至混乱。为此，应同等重视生态环境变化与社会（经济）信息的变化，通过信息反馈调控资源与环境经济系统运转。

第二节　资源与环境经济系统的运行原理

人们通常认为资源与环境经济系统运行规律，遵循质量守恒定律、热力学二个定律和生态平衡原理，以及经济学的供求价格理论、生产、消费与福利理论、区域贸易理论等。

一、质量守恒定律

质量守恒定律是指在任何与周围隔绝的物质系统（孤立系统）中，不论发生何种变化或过程，其总质量保持不变，即物质既不能产生，也不能创造。与孤立系统相对应的开放系统中，系统内的物质与系统外进行着物质的交换和能量的流动。

资源与环境经济系统实际上不是一个完全的封闭系统。因为人类不仅直接或间接地得到从太阳能量，而且还存在着部分物质的流入流出，例如，外层空间中陨石的流入，以及宇宙飞船发射到宇宙空间。是否将资源与环境经济系统看作封闭的，取决于人类对未来空间探索程度，即是否将太阳系除地球外的其他部分作为人类未来原材料的供给来源。在相当长的历史时期内，人们通常将资源与环境经济系统近似地看作是一个封闭系统。

克尼斯（Allen V. Kneese）、艾瑞斯（Robert U. Ayres）等出版了《经济学与环境》（1970）提出了著名的物质平衡模型，最早将物质质量守恒定律应用于经济活动分析指出：经济活动在本质上是从环境中取得物质经过转化形成对人类有价值的新的物质形态的过程。但就物质本身而言，人类经济活动不能产生任何新的物质，人类从环境中索取的物质，尽管进行了物质形态的转化，但是最终必然要回到环境中。

资源与环境经济系统中物质平衡与质量守恒的关系可用图 2-4 来表示。

质量守恒定律可以表述为一个恒等式，即来自于自然环境的物质流（A）的质量等于排放到环境中的剩余物质流（$B+C+D$）的质量。图中其余三个方框所代表的经济活动主体的投入质量与输出质量也同样存在恒等式关系，即：

自然环境：　$A=B+C+D$　(2-1)

环境企业：　$A=A_1+A_2+C$　(2-2)

非环境企业：　$B+R+E=R+A_1+F$　(2-3)

家庭：　$A_2+E=D+F$　(2-4)

由质量守恒定律可知，资源与环境系统与经济系统存在一定的相互关系。

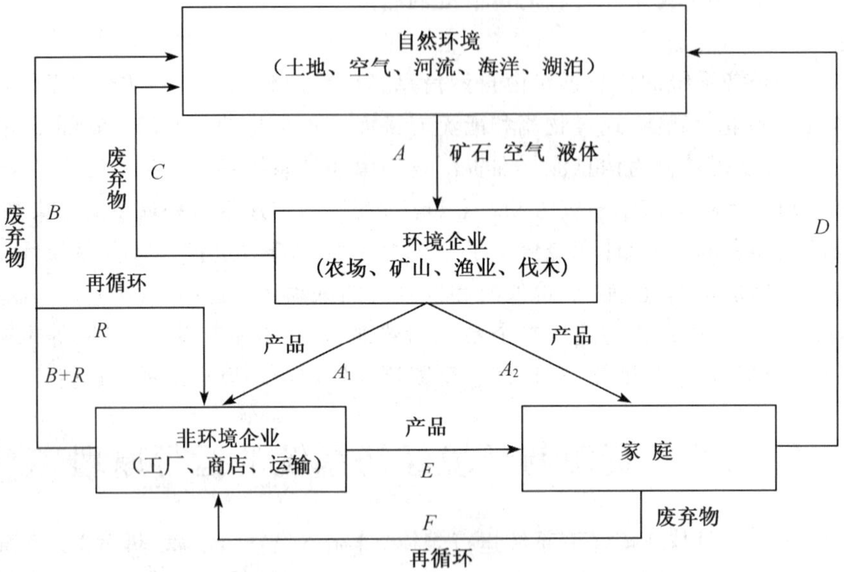

图 2-4　资源与环境经济系统的物质平衡模式①

(一)资源与环境经济系统中,物质运动的质量保持守恒

在物质资源数量不变的相对封闭的自然环境系统中,进入环境的剩余物质质量($B+C+D$)必须等于取自自然环境中可以做燃料、原材料、食物的矿物、空气和液体流(A)的质量;因此,从自然环境流入到经济系统的大量原材料要么在经济系统积聚,要么作为废弃物回到自然环境中。从整个资源与环境经济系统的角度看,自然环境向经济系统投入燃料、食物和原材料,在较短的时期内,这些投入一部分转化为商品,一部分变成残余物排入环境,在较长的时期内,除了作为储备的商品外,其余商品最终还是要进入残余物流。当积聚过程停止时,流入到经济系统的原材料的数量应等于流回到环境中的废弃物的数量。

(二)废弃物的循环利用,可以节约资源消耗,提高环境质量

对于非环境企业或家庭所产生的废弃物进行回收利用,可以减少对物质的需求和资源的消耗,提高原材料的利用效率,在给定的生产和消费水平下,经济活动对环境索取的物质总量就会降低。通过废弃物再循环过程,可以减少废弃物排入环境,使自然环境质量得到改善;但是当过多的废弃物进入到环境,其数量超过环境容量时,废弃物就会削弱环境所能提供的服务,降低环境质量。

二、熵定律

热力学有两个定律,第一定律也称为能量守恒定律,是指在一个封闭的系统中,能量总和是一个常数,既不可能增加,也不可能减少,只能从一种形式转化为另一种形式。

熵定律就是热力学第二定律。熵(entropy)外文原意是转变,指热量转变为功的本领,

①罗杰.珀曼,等.自然资源与环境经济学.北京:中国经济出版社,2002

译为热量被温度除的商。熵表示物质系统状态的一种度量,用来表征系统的无序程度。熵越大,系统越无序,系统结构和运动的不确定性和无规则性。熵定律是指在一个封闭的系统中,热量自发地从热的物体向冷的物体流动,热量不能100%地转化为功,即从一种能量形式转化为另一种能量形式,随着能量的转化,不做功的熵是在不断增加的,使封闭系统从有序渐渐走向无序,熵最终将达到最大值,此时转化为功的能量等于零。熵增大的过程是不可逆的。熵越小有效能越大,熵越大有效能越小。而在一个开放系统中系统能够与外界交换能量和物质,形成负熵流使系统的总熵减少,使系统远离无序的均衡态产生和维持的某种宏观的时(间)—空(间)有序结构即耗散结构。例如,可回收的耗竭性资源不可能100%地循环利用。根据热力学第二定律,在一个封闭的系统内,即使从系统外界不断投入能量时(如太阳能的有效利用)无限的内循环是不可能的。每次资源利用都会因物质转化和能量耗散使资源产生质能退化。

在太阳能的直接作用下,地表的自然环境系统的熵值不断下降形成有序状态,而人类开发利用自然资源以及生产、流通和消费等经济过程使物质流入到经济系统,产生低熵的产品和高熵的废物,向环境扩散热量使熵增大。虽然自然环境系统存在减熵的光合作用和自净作用,但是当开发资源的熵增作用超过地球熵减作用时,就出现生态破坏、资源短缺和能源危机等释放正熵的过程。在人类经历了低熵的渔猎文明、中熵的农业文明、高熵的工业文明后,向熵适度减小的生态文明演进的基本原则是增加负反馈,抑制熵增加。

三、生态平衡原理

生态平衡原理是指在没有外力的剧烈干扰下,在一定时期内,生态系统中生物种类与数量相对稳定,生物与生物之间、生物与环境之间的能量流动、物质循环和信息传递保持相对稳定和协调的状态。

生态平衡的主要成因是生态系统具有自发的反馈控制能力,并具有两种功能:一是抗变稳定性,即抵抗干扰和保护自身不受损伤的能力;另一类是弹性稳定性,即被干扰和破坏后能恢复的能力。生态系统的稳定性随着生物成分的增多,能流和物流的复杂性和营养物质的贮备功能和信息传递能力都增强,系统趋于成熟使稳定性增强。生态系统具有的忍受一定外界能力,并通过自我调控恢复相对平衡的阈值范围被称为生态阈值(ecological threshold)。生态系统越成熟性与生态阈值成正相关。生态系统的稳定性通过反馈机制调节,正反馈使系统远离稳态常使系统恶化;负反馈使系统趋于稳态常使系统稳定。从长期看,生态系统的负反馈占主导作用。

人工生态系统显著区别与自然生态系统:一是结构不完整,生产者尤其是分解者数量短缺;二是开放性强,与系统外进行大量的物质、能量交换;三是寄生性,结构简单化使其对系统外的依赖性增强;四是脆弱性,系统需要合理的人工调控才能使系统达到相对平衡。

生态系统与经济系统是存在矛盾冲突的。在追求利润最大化和经济增长对资源有无限的需求,而生态系统的稳态发展对资源的供应是有限性,于是经济系统与生态系统出现增长型机理与稳态机理的矛盾。并通过生态系统一定的资源承载力和环境容量的双重约束制约经济的增长。而经济活动的负外部性会降低生态系统的弹性和生态阈值,加剧资源、环境和生态问题的产生。

经济活动的负外部性表现为人类破坏生态系统的三个途径:一是大规模地把自然生态

系统转变为人工生态系统，严重干扰和损害了生物圈的正常运转，例如，耕地开垦和城市化；二是大量取自生物圈中的各种资源开发，严重破坏了生态平衡，例如，森林砍伐和水资源过度利用；三是向生物圈中超量排入人类活动所产生的废弃物，严重污染和损害了生物圈的物理和生物结构，例如，农业过量施用化肥和农药等。

生态经济系统的良性发展应遵从以下几个生态调控原则：①循环再生原则。即生态经济系统内部的生态工艺流程应按照食物链关系使物质在其中能循环往复、充分利用。为此，应使传统的线性经济发展模式转化为循环经济模式。②协调共生原则。即不同的有机体或子系统合作共存、互惠互利会节约物流和能流成本。共生者之间差异越大，系统的多样性越高，生态效率就越高。③持续稳定原则。复合生态系统是一类具有自我调节能力的自组织系统，其演替的目标在于整体功能的完善，而不是其个别组织结构的增长，负反馈作用可以实现这种需要。④适度规模原则。在既定技术水平下，根据资源承载力和环境容量，在调控生态区域经济进行资源配置时，应该确定合理的垦殖指数、采伐量、饲养量和排污量，使产业部门的生产规模不超过资源承载力、环境容量和生物生长量。对人口规模、经济增长的规模进行适度调控，使产业规模、社会规模与环境容量以及生物生长量相匹配，服从生态经济系统的提取量小于和等于生态系统的给予量。用公式可以表示为关系式①：

$$M \leqslant S + G(V) \tag{2-5}$$

式中，M 为产业部门对生物群落、无机环境的提取量；S 为产业部门对生物群落、无机环境的投入量；G 为生物群落的生物生长量；V 为无机环境中各个因子的自我更新量。

四、供求价格理论

供求价格理论揭示了资源在被开发利用以满足人类需求中的价格关系，可以构成资源价值与估价与可持续消费两章的主要理论依据。从微观经济学角度看，由需求和供给决定的价格理论是微观经济学的中心。

（一）需求理论

需求是指消费者在某一时期内在各种可能的价格水平愿意而能够购买的商品的数量。在其他条件不变的情况下，某种商品的需求量与价格之间呈反方向变化关系称为需求定律。

影响需求的因素有：①商品本身的价格。通常某种商品的需求量与价格之间反方向变化。②消费者的收入水平。消费者的收入提高，会增加对商品的需求量，收入水平降低会减少商品的需求量。③消费者的偏好。偏好增强，需求量增加，偏好减弱，需求量降低。④其他相关商品的价格。其他商品的价格变化会导致某种商品的需求变化。商品之间形成互补关系和替代关系。例如，农业生产资料涨价导致的粮食涨价构成互补关系；化石燃料涨价与生物型燃料构成替代关系。⑤消费者对价格的预期。如果消费者对未来某种商品的价格预期上升是就会增加对该商品的现期需求量，如果消费者对未来某种商品的价格预期下降是就会减少对该商品的现期需求量。例如，土地成本的涨价预期导致对房地产涨价的预期。⑥政府的产业政策。如果政府出台刺激消费的政策（例如，减少利息率）就会增加消费能力，

①唐建荣.生态经济学.北京：化学工业出版社，2005

扩大需求；如果政府出台限制消费的政策（例如，增加消费税）就会减弱消费能力，减少需求。

（二）供给理论

供给是生产者在一定时期内在各种可能的价格下，愿意而且能够供应的各种商品的数量。在其他条件不变的情况下，某种商品的供给量与价格之间呈同方向变化的关系称为供给定律。

影响供给的因素有：①商品的自身价格。通常某种商品的供给量与价格之间呈正方向变化。②生产的成本。在商品自身价格不变的条件下，生产成本的上升会减少利润，会使商品的供给减少；当生产成本的下降会增加利润，使商品的供给增加。③其他商品的价格。在两种互补商品之间，某一种商品价格上升，对另一种商品的需求减少，使价格下降，其供给数量减少；某一种商品价格下降，对另一种商品的需求增加，使价格上升，其供给数量增加。在两种替代商品之间，某一种商品价格上升，使其供给数量增加，而对另一种商品的需求减少，使价格上升，供应量增加。④技术的改进。在资源既定的条件下，生产技术的提高会降低生产成本，增加生产者的利润，从而增加供给。⑤生产者对未来价格的预期。如果生产者对未来的价格预期上涨就会增加供给，如果生产者对未来的价格预期下降就会减少供给。⑥政府的产业政策。如果政府出台刺激生产的政策（例如，减税）就会增加企业投资能力，扩大供给；如果政府出台限制生产的政策（例如，增税）就会减少企业投资能力，减少供给。

（三）价格理论

在市场经济中，在商品的供给与需求相互作用下实现的供求价格相等的价格称为均衡价格。

供求定理解释了供求变动对均衡价格的影响：①需求的增加引起均衡价格上升，需求的减少引起均衡价格的下降；②供给的增加引起均衡价格下降，供给的减少引起均衡价格的上升。

价格调节是市场经济运行中配置资源的主要手段。在各个经济单位独立决策其生产和消费行为，存在完全且公平的市场竞争的条件下，价格机制可以调节资源的供给和需求；使资源配置达到合理趋于最优状态。但是价格机制在市场经济自发运行中具有一定的盲目性。例如，由于农产品供给弹性大于需求弹性出现发散型蛛网均衡价格不稳定现象出现谷贱伤农现象。为此，政府应出台支持价格以扶持某些产业的产品而规定最低价格，或者规定最高价格限制某些生活必需品及其生产资料涨价。

五、生产、消费和福利理论

生产理论用于分析企业如何开发利用资源获取利润，消费理论研究消费者如何消费以得到效用，福利理论研究社会如何实现公平配置资源。

（一）生产理论

从生产投入要素看，企业生产的目的是获得利润，它是总收益与总成本的差额。不论是既定投入下的产出最大，还是既定产出下的投入最小，都在追求效率。投入和产出的生产函数成立的条件是生产要素投入的保障，农业社会核心要素是土地，工业社会核心要素是资本，信息经济核心要素是知识。用 Q 代表产出品产量，用 L 表示劳动，用 K 表示资本，用 N 表示资源，用 E 表示企业家才能，则生产函数公式为：

$$Q=f(L,K,N,E) \tag{2-6}$$

企业的成本是生产中使用的各种生产要素的支出，不仅包括了固定资产的折旧，原材料和燃料的消耗，还包括工资利息和地租。

企业追求利润最大化是生产的根本目的。由于收益和成本都是产出的函数，所以利润也是产出的函数，设 Q 表示产量，P 表示利润，TR 表示总收益，TC 表示总成本，则利润表示为：

$$P(Q)=TR(Q)-TC(Q) \tag{2-7}$$

要使利润最大化则要求对产出求一阶导数

$$\mathrm{d}P/\mathrm{d}Q=\mathrm{d}TR/\mathrm{d}Q-\mathrm{d}TC/\mathrm{d}Q=0 \tag{2-8}$$

设 $MR=\mathrm{d}TR/\mathrm{d}Q$ 表示边际收益（marginal revenue），$MC=\mathrm{d}TC/\mathrm{d}Q$ 表示边际成本（marginal cost），由此可以得出利润最大化的必要条件是：边际收益等于边际成本，即

$$MR=MC \tag{2-9}$$

当 $MR>MC$ 表示盈利，当 $MR<MC$ 表示亏本。

（二）消费者行为理论

效用是商品和劳务满足人欲望和需求的能力。总效用是指消费一定量物品所得到的满足程度，用 TU(total utility)表示。边际效用是指消费者每增加一个单位的消费所增加的满足程度，用 MU(marginal utility)表示。随着消费物品数量的增加，总效用是增加的，而边际效用符合边际效用递减规律。在既定收入和商品价格条件下，为实现效用最大化，消费者应该是其在购买每一种商品的最后1元钱所得到的边际效用相等，即实现消费者购买商品获得效用最大化的必要条件是：

$$MU_1/P_1=MU_2/P_2=\cdots=MU_n/P_n \tag{2-10}$$

支付意愿是消费者对一定数量的某种商品所愿意支付的最高的价格和成本。消费者剩余是消费者为消费某种商品而愿意支付的货币量与购买该商品实际支出的货币量的差额。商品的市场价格越低，消费者购买的数量越多，获得的消费剩余就越多。

无差异曲线即等效用线是指对于消费者而言能够给消费者提供相同效用的两种商品或它们不同数量的组合的轨迹。预算线表明在收入与商品价格一定的条件下，消费者所能够购买到的各种商品实力的最大组合，它与无差异曲线相切于一点实现了消费者均衡。

边际替代率(marginal rate of substitute ，简写为 MRS)MRS_{xy} 表示用 x 替代 y，MRS_{yx} 表示用 y 替代 x，任意两种商品的边际替代率等于该两种商品的边际效用之比。

$$MRS_{xy}=MU_x/MU_y \tag{2-11}$$

（三）帕累托最优理论

帕累托最优理论(Pareto Optimality)采用一般均衡分析法分析资源如何实现社会公平

而高效率配置，实现福利最大化的条件。它为分析环境的外部性成本内部化、生态补偿、资源可持续利用、可持续消费以及制定环境经济政策提供理论依据。帕累托最优状态是指社会经济达到这样一个状态，不可能在至少某一成员受益的同时，不使其他任何成员受损。这时，经济资源达到最高效率且社会资源达到最优配置。帕累托改进准则是指如果重新配置社会资源，至少使某一成员的境况变好而其他成员的境况没有变坏的经济状况的改进。

要实现帕累托最优效率，应同时达到三个必要条件：交易的最优，生产的最优，交易与生产的最优。

交易的最优条件：通过交易，商品在消费者的分配应满足任何商品的边际替代率彼此相等，而且也应该等于相应商品的价格之比，从而实现消费的高效率。即

$$MRS_{XY}^{i}=MRS_{XY}^{j}=\cdots=\frac{P_X}{P_Y} \tag{2-12}$$

式中，MRS_{XY}^{i}为消费者 i 消费产品 X 与 Y 的边际替代率；$\frac{P_X}{P_Y}$为产品 X 与 Y 的价格之比。

生产的最优条件：生产要素在生产者的分配应满足任何生产要素的边际技术替代率彼此相等，而且也应该等于相应生产要素的价格之比，从而实现生产的高效率或称高效率的资源配置。即

$$MRTS_{LK}^{X}=MRTS_{LK}^{Y}=\cdots=\frac{\omega}{\gamma} \tag{2-13}$$

式中，$MRTS_{LK}^{X}$为生产产品 X 的两种要素 L，K 的边际技术替代率，$\frac{\omega}{\gamma}$为要素 L，K 的价格之比。

交易与生产的最优条件：将交易和生产联系起来说明整个资源配置的社会福利最优的状态。要求在生产可能性边界上的产品组合符合，对任何产品而言，边际替代率与产品转化率相等。

$$MRS_{XY}^{i}=MRS_{XY}^{j}=\cdots=MRT_{XY} \tag{2-14}$$

式中，MRS_{XY}^{i}为产品 X、Y 的边际替代率；MRT_{XY}为产品 X、Y 的边际转换率。

社会福利函数是全体个人效用水平汇合而成。最大社会福利的充分必要条件是仅有一条社会无差异曲线与社会福利边际曲线相切，帕累托处于最适度状态，这样就决定了社会的最大福利。

帕累托研究的新福利经济学，主张收入分配既定下的效率不是公平。以伯格森、萨缪尔森（Berson-Samuelson）提出经济效率是社会福利的必要条件，合理分配是社会福利的充分条件，只有同时解决效率和公平问题才能达到社会福利的唯一最优。为了解决帕累托效率对公共政策在实际中的失效问题，卡尔多-希克斯（Kaldor-Hicks compensation test）提出了补偿检验。假定以政策 A 的原有状态为出发点，如果引入政策 B 使该政策实施后所得到的收入增加不仅能对受害人补偿，还能剩余一部分净收入，这种补偿指只要求总收入增加超过总损失的增加，这种改进就称为实际的帕累托改进，如果实际中不必付出补偿，则这种补偿只要求总收益增加超过总损失的增加，此时成为潜在的帕累托改进，补偿原理的实质就是要求总收益大于总损失。

六、博弈论

博弈论(Game Theory)又被称为“对策论”,是研究决策主体行为发生直接相互作用时候的最优决策以及决策的均衡问题。博弈论可以用于分析资源与环境经济学中跨界污染问题,以及环境保护的实施者与受益者的行为决策关系。

按参与人是否达成约束力的协议划分的合作博弈是指各个参与人在博弈过程中能达成一个具有约束力的协议,而在非合作博弈中则不存在这种有约束力的协议。合作博弈强调团体理性,而非合作博弈强调的则是个人理性。按照参与人行动的先后顺序划分的静态博弈是指博弈中,参与人同时选择行动或虽非同时但后行动者并不知道前行动者采取了什么具体行动;动态博弈是指参与人的行动有先后顺序,且后行动者能够观察到先行动者所选择的行动。按照参与人掌握信息的程度划分,完全信息博弈是指每一个参与人对所有其他参与人的特征、战略空间及支付函数有准确的知识;否则,就是不完全信息博弈。

完全信息静态博弈—纳什均衡是指所有参与人都确信在给定其他参与人战略决定的情况下,选择最优战略以回应对手的战略,是重复剔除的占优战略均衡。完全信息情况下的动态的重复博弈不追求每次博弈支付最大化,而是追求所有博弈支付的贴现值或加权平均值最大化,即决不能因眼前局部利益而牺牲长远整体利益。

在不完全信息静态博弈中,人们可以对不确定性做出其概率分布的主观推测和判断,并据此进行战略选择,以实现预期收益最大化,达到原博弈的均衡解,又称贝叶斯均衡(Bayesian equilibrium)。在不完全信息动态博弈中,当事人要根据所观察到的他人的行为来修正自己的信念(主观概率),并由此选择自己的行动,又称精炼贝叶斯均衡(perfect Bayesian equilibrium)。

七、区域贸易理论

区域贸易理论可以分析资源与环境的国际贸易、外部性的跨区域转移以及跨界污染问题。用于解释上述资源与环境问题的贸易理论如下。

亚当·斯密(Adam Smith)提出绝对利益理论认为:根据各国自然禀赋资源(如气候、矿产或森林等)或生产要素(劳动力、资本或技术等)的绝对优势,出口自己绝对成本最低的资源和产品,进口自己绝对成本最高的资源和产品,可以实现资源有效的配置,使两国之间都受益。

大卫·李嘉图(David Ricardo)提出了比较优势贸易理论认为:只要各国间存在自然资源或生产要素的比较优势,就应出口比较优势的资源和产品,进口比较劣势的资源和产品,两优取优,两劣取劣,可以实现资源有效的配置使两国之间都受益。在机会成本上的差异也会给国际之间提供一个互利组合的可能性,即出口机会成本低的资源和产品,进口机会成本高的资源和产品。

赫克歇尔—俄林(Heckscher—Ohlin)要素禀赋理论认为:各国应该集中生产并出口那些能够充分利用本国充裕要素的产品,以换取那些需要密集使用其稀缺要素的产品。

约翰·穆勒(John Stuart Mill)提出了相互需求理论说明两国之间的贸易取决于彼此对商品的需求程度,国际交换比率越是接近于外国的国内两种商品的交换比例,对本国就越是有利。

克鲁格曼(Paul. R. krugman)提出规模经济贸易来说明资源储备国家之间和同类工业产品之间的双向贸易。认为：出于规模效益的需求和专业化低成本优势，各国用比以往更有效的规模来专业化生产有限类别的产品，通过贸易又使消费所有产品成为可能。

18 世纪美国经济学家汉密尔顿(Hamilton)和 19 世纪德国经济学家李斯特(List)提出新兴工业国政府必须实施保护贸易政策，以限制国外同类产品的竞争，保护本国的幼稚产业的生存和发展，待成熟后具备足够的竞争力再取消保护而进行自由贸易。

八、现代经济增长理论

索洛(R. M. Solow)1956 年提出的新古典经济增长模型，是考虑技术进步因素后的生产函数模型，其意义在于自然资源不稀缺的区域，技术、资本和劳动的增长率应成为实现经济增长的主要投入因素。

令 $\alpha = MP_K \dfrac{K}{Y}$，其中，$K$ 为资本总量，Y 为总产出，MP_K 为资本的边际产量，则

$$\frac{\Delta Y}{Y} = \frac{\Delta A}{A} + \alpha \frac{\Delta K}{K} + (1-\alpha)\frac{\Delta L}{L} \quad (2\text{-}15)$$ [①]

式中，$\dfrac{\Delta Y}{Y}$ 为经济增长率；$\dfrac{\Delta K}{K}$ 为资本增长率；$\dfrac{\Delta L}{L}$ 为劳动增长率；$\dfrac{\Delta A}{A}$ 为技术增长率；α 为资本利润占总收入的份额。

美国经济学家格里高利·曼昆(Nicholas Gregory Mankim，1958—)的经济增长生产函数指出：国民收入(Y)是产权(P)与生产成果 $F(x)$ 的乘积，$Y=PF(x)$，而生产成果的大小又取决于 x，x 包括：劳动力(L)、物质成本(K)、人力资本(H)、资源(N)和技术(A)。这里的产权包括资源产权，可以说在 x 各种变量一定的条件下，国民收入与资源产权呈正相关关系；资源(N)的利用不仅同技术(A)正相关，而且资源产权的界定也是资源能否有效配置的关键。

从哈罗德—多马(R. F. Harrod—E. Domar)、索洛、斯旺(T. W. Swan)的增长理论很少甚至不予考虑资源、环境问题，而更多的关注于资本、技术和制度等要素。到 20 世纪 60 年代末后，经济理论界开始反思经济增长理论，人们逐步又重新审视自然资源和环境要素对现代经济增长的内在意义。资源和环境以生产要素、约束条件等形式逐步进入理论模型，以反映资源、环境日益稀缺的状况。例如，包含了环境因素的新古典增长模型可参见以下作者的文献：Ramsey-Cass-koopmans(1965)、Dasgupta and Heal(1974，1979)、Tahvonen and Kuuluvainen(1994)，Selden and Song(1995)等；将环境作为生产要素的新古典增长模型可参见以下作者的文献：Lepoz(1994)、Chichilinsky(1994)；将环境恶化纳入经济增长的内生增长模型的可参见以下作者的文献：Bovenberg and Smulders(1995，1996)等。[②③]

---

①黎诣远. 西方经济学. 北京：高等教育出版社，1999. p430-431

②彭水军，赖明勇，包群. 环境贸易与经济增长-理论模型与实证. 上海三联书店，2006. p43-47

③易伦. 加入环境因素的内生经济增长模型与环境库库兹涅茨曲线. 华中师范大学硕士论文，2006. p8-16

第三节 资源与环境的主要问题

一、世界资源与环境的主要问题

从世界范围看,人类快速发展的经济过程带来了一系列资源与环境问题,主要表现在以下方面。

(一)气候变暖

人类大量燃烧矿物燃料,如煤、石油、天然气等,向大气排放的二氧化碳和甲烷等越来越多,温室效应不断加剧,使全球气候变暖。从而导致极地和高山的冰川融化,海平面上升,加剧厄尔尼诺和拉尼娜现象的频繁发生;对农业的影响一方面二氧化碳增多,气温升高,农作物光合作用加强,促进水稻和小麦增产;另一方面导致温度带变化,干旱加剧,病虫害等灾害加剧,减弱了农业生态的稳定性。据联合国环境规划署(UNEP)的报告,在过去的 140 年中,全球的平均气温升高 0.4～0.8℃。《联合国气候变化框架公约》(2000 年)发出警告:未来的 100 年内全球气温将升高 1.4～5.8℃,海平面比目前升高 9～88 厘米,将影响数以亿计人口的生活。

(二)酸雨污染

20 世纪 50 年代以后随着工业生产的发展和人口的激增,人类使用化石燃料越来越多。这些燃料中都含有一定量的硫,如煤一般含硫 0.5%～5%,汽油一般含硫 0.25%。这些硫在燃烧过程中 90%都被氧化成二氧化硫而排放到大气中。据估计,现全世界每年向大气中排放的二氧化硫约 1.5 亿吨。其中燃煤排放约占 70%以上,燃油排放约占 20%,还有少部分是由有色金属冶炼和硫酸制造排放的。人类排放的二氧化硫在空气中缓慢地转化成三氧化硫,并与大气中的水汽接触,就生成硫酸。硫酸随雨雪降落,就形成酸雨或酸沉降,对森林、农作物、水产、土壤和建筑等产生危害。

(三)臭氧层破坏

在离地球表面 10～50 千米的大气平流层中集中了地球上 90%的臭氧气体,在离地面 25 千米处臭氧浓度最大,形成了厚度约为 3 毫米的臭氧集中层,称为臭氧层。它能吸收太阳的紫外线,以保护地球上的生命免遭过量紫外线的伤害,并将能量贮存在上层大气,起到调节气候的作用。但臭氧层是一个很脆弱的大气层,如果进入一些破坏臭氧的气体,它们就会和臭氧发生化学作用,臭氧层就会遭到破坏。臭氧层被破坏,将使地面受到紫外线辐射的强度增加,给地球上的人体健康和生态环境带来很大的危害。破坏臭氧层的主要物质是氟氯烃类化合物,主要是一些制冷剂、灭火剂、清洗剂等商品中含有的成分。氟氯烃(CFCs)进入高空之后,在紫外线的照射下激化,就会分解出氯原子,氯原子对臭氧分子有很强的破坏作用,把臭氧分子变成普通的氧分子。20 世纪 80 年代以来南极的臭氧空洞仍在扩展,北极和中纬度地区臭氧层也有不同程度的耗损现象。

(四)土地沙漠化

全球陆地面积占60%,其中沙漠和沙漠化面积29%。每年有600万公顷的土地变成沙漠。经济损失每年423亿美元。全球共有干旱、半干旱土地50亿公顷,其中33亿公顷遭到荒漠化威胁。致使每年有600万公顷的农田、900万公顷的牧区失去生产力。人类文明的摇篮底格里斯河、幼发拉底河流域,由沃土变成荒漠。土地沙漠化是世界性的环境问题,沙漠化已经影响到了100多个国家和地区。地球上的沙漠在以一种惊人的速度扩展。据联合国环境规划署(UNEP)的统计,现在每年有600万公顷的土地变为沙漠。世界许多地方不同程度地存在是沙进人退,土地不断被蚕食的现象。

(五)森林面积锐减

森林资源是地球生态环境中最为重要的生物资源,是生物圈中最大的生产者。虽然森林资源可以再生,但森林的自我更新周期一般较长,人工林的更新周期一般为10～40年,天然林则要100～200年,因此,森林资源一旦遭到破坏,很难自我恢复。由于人口的增加,人类对木材和粮食的需求与日俱增,对森林资源的过度采伐和毁林开荒已经达到十分严重的地步。联合国环境规划署(UNEP)称,有史以来全球森林已减少了一半,主要原因是人类活动。而根据联合国粮农组织(FAO)2001年报告,全球森林从1990年的39.6亿公顷下降到2000年的38.0公顷,全球每年消失的森林近千万公顷。

(六)生物多样性丧失

《生物多样性公约》(1992)指出,生物多样性"是指所有来源的形形色色的生物体,这些来源包括陆地、海洋和其他水生生态系统及其所构成的生态综合体;它包括物种内部、物种之间和生态系统的多样性。"近百年来,由于人口的急剧增加和人类对生物资源的过度开发和不合理利用,以及对生物生境的人为破坏,地球上的生物多样性正面临着前所未有的威胁。主要表现在两个方面:第一是生态系统多样性锐减。湿地、森林和海洋是全球最为重要的三大生态系统。然而,在长期的人类经济活动影响下,均面临着总面积日趋缩小、物种多样性不断减少和系统健康状况每况愈下的困境。第二是遗传多样性锐减。一方面,由于人类活动的过度干预,生物生境日益受到破坏,生物种群数量不断下降,更易受到疾病、气候变化、生境替代、近亲繁殖等因素的危害,使得大量生物处于种群崩溃的边缘。另一方面,人类对生物的驯化和饲养极大降低了生物遗传多样性,因此也降低了生物对适应气候变化、疾病或其他环境灾难的能力。许多农学家认为,因驯化植物和动物中遗传多样性的损失所笼罩在人类幸福上的威胁甚至比野生物种灭绝所致的威胁更大。

(七)水土流失

由于过度砍伐森林、土地利用方式不当,使全世界的水土流失异常严重,据联合国环境署(UNEP)的不完全统计数字,全世界每年流失土壤达250亿吨。根据联合国粮农组织(FAO)的估计,全世界30%～80%的灌溉土地不同程度地受到盐碱化和水涝灾害的危害。水土流失对生态环境造成的直接影响是使土地质量退化和农业产出下降,间接影响是造成下游水利、灌溉系统功能破坏;下游地区农业、水产和渔业损失;航行和水力发电的减少;自然灾害增加。例如,喜马拉雅山南麓的尼泊尔,是世界上水土流失最严重的国家之一。一到雨季,大量的表土就被洪水冲刷到印度和孟加拉国,使得尼泊尔耕地越来越贫瘠,人民越来越贫困。土壤被带入江河、湖泊,又会造成水库、湖泊的淤积,从而抬高河床,减少水库湖泊的库容,加剧洪涝灾害。

(八)水环境污染与水资源危机

水是人类生存不可或缺的资源。按世界银行(WB)的计算,一个人要生存并保持健康,每天至少需要100～200升水,每年需要36～72米^{3}水。而这些水仅仅是一个人生活需求用水,仅占总需求水的10%左右,另外的70%被用于农业灌溉,20%则用于工业生产。与消费需求相比,世界淡水资源是极其有限的,人类真正能够利用的是江河湖泊以及地下水的一部分,仅占地区总水量的0.26%。加之淡水资源分布的地区不均衡,导致部分地区已经面临严重的缺水形势。据统计,目前世界上有80个国家约15亿人口面临淡水不足,其中29个国家的4.9亿多人口完全生活在缺水状态中,而到2025年,全世界将有近一半人口生活在缺水地区。

与水资源短缺相伴,全球水环境污染同样严峻。水环境污染主要有三个方面来源:一是农业生产中大量使用化肥、农药所造成的化学物质径流,尤其是氮肥,是所有水质污染中最为普遍、最为严重的问题;二是工业生产过程排放的、未经处理的废水;三是居民直接排放的生活污水。大量废水直接排放到江河湖泊或渗透到地下水中,造成水体污染,导致无法提供干净安全的饮用水,出现水资源危机。

二、中国资源与环境的主要问题

(一)自然资源供给不足,供需矛盾加剧

随着中国迈向全面建设小康社会,资源供给与需求的矛盾日益突出,资源供给的短缺成为影响社会经济可持续发展的瓶颈问题。

1.水资源短缺

随着人口增加和经济的发展,我国面临的水资源供给困境日益突出。集中表现为淡水资源总量有限,供需矛盾日益加剧。我国农业属灌溉农业,目前,全国灌溉面积为5 300多万米^2,农田受旱面积达2 660万米^2,缺水3 000多万米^2,干旱缺水已成为我国农业发展和粮食安全供给的主要制约因素;城市缺水更是十分普遍,全国670个城市中,有400多个城市不同程度缺水,缺水量约为60亿米^3,水资源短缺成为制约整个经济社会可持续发展的重要因素。

2.耕地资源短缺

土地资源是人类生存和发展所依赖的重要的、基本的综合性自然资源,其中耕地资源是最为重要的自然资源,是人类食物的主要来源。地球上土地资源的总量是有限的,相对于日益增长的人类需求压力,土地资源是稀缺的。尤其对于中国这样一个发展中大国,土地资源的稀缺性,尤其是耕地资源的稀缺性就更显著。《2007年中国环境状况》显示我国耕地资源为18.26亿亩、园地1.77亿亩、林地35.42亿亩、牧草地39.28亿亩、其他农业地3.82亿

亩、居民点及独立工矿用地4.00亿亩、交通运输用地0.37亿亩、水利设施用地0.54亿亩、其余为未利用地。耕地是13亿人口食物安全的保证，处于十分重要的地位。但中国耕地资源的现状却处于一种不可持续的状态中，随着工业化和城市化进程的加剧，中国耕地资源的绝对数量正在以十分惊人的速度递减。人均耕地面积从解放初期的0.181公顷(27.75亩)下降到不足0.08公顷(1.2亩)，仅为世界平均水平的1/4，仅2007年耕地净减少61万亩。所以，确保18亿亩耕地总量成为我国土地资源安全和粮食安全的"红线"。

3. 森林资源短缺

有关研究表明，一个国家森林覆盖率达到30%以上才能有效地起到维护环境的良好作用。根据全国第六次森林资源清查(1999—2003)结果表明，截至2003年我国森林总面积为17 490.92万公顷，比第五次森林资源清查(1994—2008)增加1 596.83万公顷；森林覆盖率为18.21%，比第五次森林资源清查提高了1.66%，在160个国家中，我国森林覆盖率仅排在116位；活立木总蓄积166.15亿米^3；森林蓄积124.56米^3；人均森林面积仅为0.132公顷，是全世界水平的1/8。

4. 耗竭性资源供给不足

作为耗竭性资源的能源，中国正在面临日趋严峻的能源危机主要表现在：第一，中国能源资源的可持续性供给面临巨大压力。从能源储量上看，中国是一个人口多、石油少、富矿少的国家。第二，能源消费持续快速增长，经济社会发展对能源的依赖度与日俱增。中国经济社会发展带来对能源需求的迅猛增长。以石油为例，1978年中国原油消费量为0.91亿吨，到2005年增长为3.23亿吨，25年间增加了3倍以上。尤其是进入20世纪90年代以来，随着消费结构和产业结构升级，我国石油消费进入快速增长期。1990—2005年6年间，我国石油消费量从1.15亿吨增长到3.23亿吨，年均增长率为7.71%，远超过世界同期增长水平。第三，是国家能源安全尤其是石油安全问题越来越严重。从1966年起中国石油实现基本自给、1973年起开始出口原油。1989年以后，石油出口量急剧减少，到1993年成为石油净进口国，之后，我国石油对外依存度从1995年的7.6 增加到2005年的43.2 。到2020年，石油消费量预计在5.63亿吨左右，届时石油的对外依存度预计达到64.5。① 中国石油供应的一大半将依赖国际资源，这将对中国能源安全构成长期的威胁。

(二)生态系统恶化，环境问题严重

1. 生态系统恶化

改革开放以来，我国的生态建设与保护抑制生态加速恶化趋势方面取得了很大成绩。但是，中国的生态环境形势不容乐观，往往是一边治理一边破坏、点上治理面上破坏，生态治理赶不上生态破坏的现象依然存在。就总体而言，生态破坏的范围日趋扩大，生态破坏的程度和危害性在加剧。主要表现为：①水生态失衡。表现为江河湖泊泥沙淤积，江河断流、湖泊干涸，区域性地下水位持续下降以及湿地大量消失，干旱地区绿洲和植被日趋萎缩，旱涝灾害日趋频繁。②土地资源退化。土地荒漠化、水土流失、盐碱化使得我国土地退化严重，

---

①王晓明.我国发展现代生物质产业的战略意义，国务院发展研究中心-调查研究报告.2006(174)

耕地资源大量减少，人地矛盾日趋激烈。③生态功能衰退、生物多样性锐减。数量有限的森林资源正在大面积被开采，严重破坏了森林涵养水分、防风固沙、保持水土、调节气候等功能，造成水土流失、气候恶化、洪涝干旱灾害等生态问题频频发生。大量草地、湿地被开垦和掠夺式利用，更是直接破坏其本身生态功能，严重影响了生物多样性。

2. 环境污染依然严重

环境污染是指人类的生产、生活活动导致生态系统中有害物质数量超过了生态系统的自净能力，从而造成生态平衡破坏，环境状况恶化的现象。随着我国经济的快速增长，环境污染问题日趋严重。长期以来，中央政府高度重视污染控制与治理工作，出台了一系列政策法规，综合运用财政、税收、金融、信贷、价格、贸易等多种经济手段保护环境，甚至直接采取"区域限批"、"流域限批"等严厉管制手段，使固体废物排放量略有减少，声环境状况总体较好，环境电磁辐射水平总体较好，城市空气质量总体改善，全国环境质量总体呈好转趋势，主要污染物排放量 2007 年出现"拐点"，但环境保护形势依然严峻，环境污染和安全问题依然严重。

(1)水污染。《2007 年中国环境状况》显示：2007 年水污染依然严重。197 条河流 407 个河流断面中，Ⅰ到Ⅲ类水质占 49.9%，Ⅳ、Ⅴ类为 26.5%，劣Ⅴ类为 23.6%。七大水系总体水质比上年有所好转，珠江、长江水质总体良好，松花江流域为轻度污染、黄河、淮河为中度污染，辽河、海河为重度污染。在 28 个国控重点湖(库)中，6 个达到Ⅱ类水质，占 7%；Ⅲ类水质的有 6 个，占 21.4%；Ⅳ类、Ⅴ类、劣Ⅴ类水质的湖(库)个数分别占总数的 14.3%、17.9%和 38.3%。在 26 个重点监测的湖(库)中，有 2 个湖(库)为重度富营养，中毒、轻度富营养的湖(库)个数分别占 11.5%和 34.6%，湖泊富营养化问题依然突出。对 189 个城市的地下水水质监测结果表明，地下水水质以良好到较差为主。深层地下水水质优于浅层地下水，开采程度低的地区地下水水质优于开采程度高的地区；地下水水位总体保持稳定态势。全国近岸海域水质总体为轻度污染。与上年相比，水质略有下降。2007 年，全国废水排放总量为 556.7 吨，比上年增加 3.7%；化学需氧量排放量为 1 381.8 万吨，比上年下降 3.2%；氨氮排放量为 132.3 万吨，比上年下降 6.4%。

(2)大气污染。大气污染是指人类活动或自然过程引起的某些物质介入大气中，使大气中某些组分的含量大大超过正常值或自净能力，对生态环境及人体健康造成危害的现象。大气污染的污染源主要有三类：生活污染源、工业污染源、交通污染源。大气污染不仅会危害人体健康，还会直接影响动、植物生长发育，损害经济资源，严重还会改变气候，导致气候灾害，如酸雨、迫害臭氧层、气候变暖等。

(3)农村环境污染。随着农村经济的快速发展，农村生活污水、垃圾、农业生产及畜禽养殖废弃物排放量增大，农村地区环境状况日益恶化，农村环境质量明显下降：村庄环境"脏、乱、差"问题突出；城市工业污染向农村转移趋势加剧；土壤污染问题已对食品安全构成严重威胁；农村饮水安全保障程度低；农业生产废弃物综合利用率低，面源污染问题突出，食品安全受到威胁。①

---

①国家环境保护总局. 国家农村小康环保行动计划，2006 年 11 月 6 日

本章小结

人口系统、自然资源系统、环境系统和经济系统构成一个复合整体可以称为区域生态经济系统；资源与环境经济系统具有四大功能：物质循环、能量流动、价值增值和信息传递；资源与环境经济系统运行规律，遵循质量守恒定律、熵定律和生态平衡原理，以及经济学的供求价格理论、生产、消费和福利理论、博弈论、区域贸易理论和现代经济增长理论等；世界资源与环境的主要问题是：气候变暖、酸雨污染、臭氧层破坏、土地沙漠化、森林面积锐减、生物多样性丧失、水土流失、水环境污染与水资源危机；中国资源与环境的主要问题有：自然资源供给不足，供需矛盾加剧；生态系统恶化，环境问题严重。

案例分析

中国经济系统物质流趋势与成因分析（选摘）①

一、中国经济系统物质流发展趋势

（一）经济系统物质流分析方法指标和资源种类

为研究我国经济系统物质流趋势成因，本研究选取了欧盟经济系统物质流分析指标中的几个主要指标，包括直接物质投入量（DMI）、国内物质输出量（DPO）、资源生产率（MP），同时增加资源循环利用率（RRM）作为新的分析指标，其计算公式如下：

直接物质投入量（DMI）＝国内初级材料投入量＋物质进口量（初级材料和半成品）
物质投入总量（TMI）＝DMI＋国内隐藏流量
物质需求总量（TMR）＝TMI＋出口物质隐藏流量
国内物质输出量（DPO）＝污染物排放量
直接物质输出总量（DMO）＝DPO＋国外物质出口量
资源生产率（MP）＝国内生产总值/直接物质投入量

在选取资源时遵循了以下几项原则：国民经济支柱性资源；不可再生资源或可再生但更新速度有限的可枯竭资源；国内保障度低、进口依存度大的资源；在开采使用过程中环境影响严重的资源。据此，本研究选择了矿产资源（成品钢材和生铁、黑金属、10 种常用有色金属、非金属矿产和水泥）、能源类物质（煤炭、石油和天然气）和生物质资源（农、林和渔业资源）3 大类资源作为物质流分析研究对象，完全包含在欧盟经济系统物质流分析资源种类中。

（二）数据来源

数据来源主要有如下 3 个途径：其一，国家统计数据。包括化石能源、生物质资源、部分

①段宁，李艳萍，孙启宏，沈鹏，毛玉如. 中国经济系统物质流趋势成因分析. 中国环境科学，2008，28(1)：p68-72

矿产资源(钢材、水泥、10种常用有色金属、部分非金属非能源类矿产资源)以及各种污染物数据和资源循环利用数据。其二,行业协会报告。包括部分非金属非能源类矿产资源、部分有色金属和纸张循环利用量等数据。其三,文献。包括部分钢铁和非金属非能源类矿产资源数据来自相关文献。

(三)中国经济系统物质流趋势

第一,资源输入和输出量随经济增长呈线性增长模式(图2-5)。按2000年不变价格计算,2003年我国GDP为1990年的3.34倍,DMI为1990年的2.12倍,两者总体上呈线性增长模式。DPO直接表征了我国资源利用过程中对环境产生的影响,以1990年为基准年,2003年我国DPO为1990年的1.38倍,虽然1998年以前DPO增长速度小于GDP增长速度,但1998年以来二者基本呈线性增长关系。

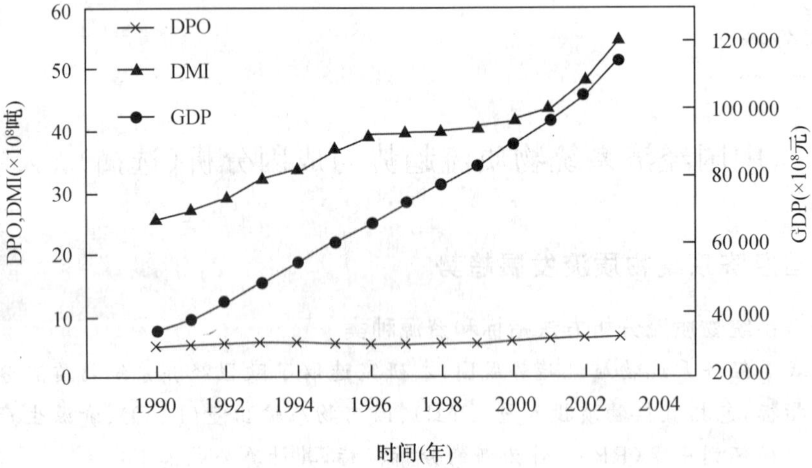

图2-5 1990—2003年我国经济增长,直接物质投入量以及国内废物产生量

第二,矿产资源投入量大幅增加,1990—2003年DMI中矿产资源投入总量和投入比例均大幅上升,分别增长了14.91亿吨和17.22%,特别是2002年以来超过生物质资源,成为直接物质投入量中第2大类投入资源。虽然生物质资源投入总量缓慢增加,但在直接物质投入量中的投入比例却呈下降趋势,2003年较1990年下降8.04%(表2-1)。

表2-1 1990—2003年中国经济系统物质流指标

时间(年)	直接物质投入量(亿吨)	化石能源		矿产能源		生物能源		资源循环利用量(万吨)	资源循环利用率(%)	资源生产率(元/吨)
		量(亿吨)	比率(%)	量(亿吨)	比率(%)	量(亿吨)	比率(%)			
1990	25.76	11.96	46.43	4.94	19.18	8.86	34.39	8 315	3.13	1 324.60
1991	27.12	12.56	46.31	5.50	20.28	9.06	33.41	9 912	3.53	1 373.14
1992	29.24	13.08	44.73	6.69	22.88	9.47	32.39	12 620	4.14	1 454.86
1993	32.30	13.97	43.25	8.63	26.72	9.70	30.03	12 061	3.60	1 494.79
1994	33.51	14.61	43.60	9.01	26.89	9.89	29.51	14 028	4.02	1 623.88
1995	36.52	15.98	43.76	9.66	26.45	10.88	29.79	14 593	3.84	1 646.48

续表 2-1

时间（年）	直接物质投入量（亿吨）	化石能源		矿产能源		生物能源		资源循环利用量（万吨）	资源循环利用率（%）	资源生产率（元/吨）
		量(亿吨)	比率(%)	量(亿吨)	比率(%)	量(亿吨)	比率(%)			
1996	38.88	16.74	43.06	10.18	26.18	11.96	30.76	14 022	3.48	1 694.69
1997	40.08	16.87	42.09	10.56	26.35	12.65	31.56	15 630	3.75	1 789.27
1998	39.70	15.60	39.29	10.78	27.15	13.32	33.55	15 705	3.80	1 947.47
1999	40.64	15.46	38.04	11.68	28.74	13.50	33.22	16 926	4.00	2 038.00
2000	41.56	15.79	37.99	12.38	29.79	13.39	32.22	17 711	4.09	2 152.69
2001	43.44	15.93	36.67	13.65	31.42	13.86	31.91	20 570	4.52	2 213.62
2002	47.96	17.37	36.22	15.97	33.30	14.62	30.48	22 428	4.47	2 171.62
2003	54.53	20.31	37.25	19.85	36.40	14.37	26.35	26 403	4.62	2 088.03

二、中国经济系统物质流发展趋势的成因分析

(一)重化工发展阶段决定了我国经济发展模式为资源消耗型

由于我国产业结构以重化工的第二产业为主，除 1990 年第二产业与第一产业的 GDP 贡献率基本持平外，1992—2003 年间，第二产业的贡献率一直维持 56.47%～70.53%，占绝对优势，且 2003 年较 1990 年第二产业 GDP 贡献率增长了 66.67%。重化工发展阶段决定了我国经济发展以大量消耗不可再生化石能源和矿产资源为主的资源消耗模式。1990—2003 年，我国资源投入量从 1990 年的 25.76 亿吨增长到 54.53 亿吨，以不可再生的化石能源和矿产资源为主，1990 年投入量占 DMI 的 65.61%，2003 年达到 73.65%，而可再生、可循环利用的生物质资源投入比例却由 1990 年的 34.39%下降到 2003 年的 26.35%。

(二)粗放型发展模式导致我国资源生产率低

粗放型的经济发展模式直接导致了我国资源“高投入、高消耗、高污染”的消耗模式，表现为资源生产率低的现状。由表 2-1 可见，1990—2003 年间的我国资源生产率总体上升，从 1990 年的 1 324.60 元/吨提高到 2003 年的 2 088.03 元/吨，增长了 57.66%，与国外相比，我国资源生产率仍处于较低水平，1990 年、2000 年我国资源生产率分别为日本同年的 9.01%和 10.9%。同时我国资源生产率近几年出现下降的趋势，2001 年达到历史最高值 2 213.62元/吨，2002 年、2003 年分别下降到 2 171.62 元/吨，2 088.03 元/吨，较 2001 年分别下降了 1.90%和 5.67%。对于占主导地位的能源和矿产资源，生产率低且近几年下降趋势明显。

第一，能源生产率在投入量增加的情况下呈下降趋势。能源在我国资源利用投入中占绝对优势。20 多年来，我国能源效率总体呈上升趋势。按 2000 年不变价格计算，我国能源生产率从 1990 年的 3 456.19 元/吨标煤提高到 2003 年的 6 817.1 元/吨标煤，提高了 0.97 倍；与此同时，我国整体资源生产率由 1990 年的1 324.6元/吨上升到 2001 年的 2 213.6 元/吨，整体上升了 67.1%；近几年，我国能源总生产率也出现下降趋势，由 2001 年的 7 213.10 元/吨标煤下降到 2003 年的 6 987.67 元/吨标煤，下降了 3.13%，与此同时我国整体资源生产率也下降了 5.67%。

第二,矿产资源生产率在投入大幅增长后呈下降趋势。20 世纪 90 年代以来,我国部分矿产资源生产率呈下降趋势。以钢铁为例,以 2000 年不变价格,2003 年较 1998 年钢铁资源生产率下降了 36.84%。除技术因素外,我国钢铁进出口结构不合理是影响其资源生产率低的重要原因。在我国钢铁工业主要产品的进出口中,附加值较高的成品钢材一直处于贸易逆差状态,1993 年逆差额最大为 2 914 万吨,2001 年逆差额仍高达 1 247.59 万吨;而 1994 年至今,附加值较低的生铁连年处于贸易顺差状态,1997 年贸易顺差额最大为 548.26 万吨。我国的有色金属行业明显处于低端的初级加工环节,进口原料及产品的附加值明显高于出口。1990 年以来,我国 10 种常用有色金属资源生产率从 1990 年的 160.73 元/吨下降到 2002 年的 112.28 元/吨,下降了 30.14%。

(三)循环经济发展处于起步阶段导致资源循环利用率低

目前,中国循环经济发展还处于起步阶段,对实现“资源-产品-再生资源”的闭路循环的再生资源利用产业尚不成熟,直接导致我国资源循环利用率低,特别是不可再生的矿产资源循环利用率不高。由表 2-1 可见,1990—2003 年,资源循环利用率低,总体水平不足 5%,2003 年达到 4.62%,较 1990 年的 3.13%总体上升了 1.49%。1992—1996 年我国循环利用率在 1992 年达到 4.14%后呈下降趋势,下降到 1996 年的 3.48%;1996—2001 年呈线性递增;2002 年达到 4.47%,较 2001 年略有下降。我国 DMI 中不可循环利用的化石能源占最大比例,影响了我国资源循环利用率。同时,我国资源消耗中矿产资源投入量和投入比例大幅增加,特别是 2001 年以来已经上升为我国的第二大类投入资源。我国矿产资源循环利用率低,以钢铁和有色金属为例,2003 年我国钢铁工业年废钢利用量为 5 096 万吨,占粗钢产量的比例为 26%,而世界平均水平为 43%;有色金属与其高速增长的产量相比,循环利用量的增长却相对缓慢,发展滞后。10 种常用有色金属的循环利用率却从 1990 年的 11.24%降到了 2002 年的 8.33%。再生铜产量 93 万吨,占铜产量的 22%,而世界平均水平为 37%;再生铝产量 145 万吨,占铝产量的 21%,而世界平均水平为 40%。

三、结语

1990—2003 年我国重化工发展阶段、经济的粗放型发展模式以及循环经济发展的不成熟是直接导致我国现有经济系统直接物质投入量、国内废物产生量与经济发展呈线性增长趋势以及矿产资源大幅增加的主导成因。未来几年甚至更长一段时间内,中国经济仍旧会处于重化工发展阶段,在这样一个特殊的发展时期,为保障经济发展与资源消耗的可持续协调发展,中国资源消耗应该重点提高化石能源和矿产资源的生产率,完善物质流流动方式;同时还应该大力发展资源再生行业特别是提高矿产资源的循环利用率,改变物质流流动方向,促进中国循环经济的发展。

思考与练习

1. 比较资源与环境经济系统与传统微观经济系统的差异。
2. 比较资源与环境经济系统与传统宏观经济系统的差异。
3. 简述资源与环境经济系统的结构及其功能。
4. 用质量守恒定律分析资源与环境与经济系统的物质循环过程。
5. 熵理论对人类经济活动有什么启示?结合实例分析说明。

6. 生态平衡原理对人类经济活动有什么启示？结合实例分析说明。

7. 试分析世界主要的资源与环境问题及其产生的主要原因。

8. 试分析中国主要的资源与环境问题及其产生的主要原因。

9. 如何理解供求价格理论、生产、消费和福利理论、博弈论、国际贸易理论和现代经济增长理论在资源与环境经济学中的应用。

参考文献

[1] 罗杰・珀曼，等. 自然资源与环境经济学. 北京：中国经济出版社，2002.

[2] 马光. 环境与可持续发展. 北京：科学出版社，2002.

[3] 曹凑贵. 生态学概论. 北京：高等教育出版社，2002.

[4] 黎诣远. 西方经济学. 北京：高等教育出版社，1999.

[5] 孙卫东，严军印，等. 区域国土资源与社会经济可持续发展系统研究. 北京：中国财政经济出版社，2002.

[6] 姜涛，袁建华，何林，许屹. 人口-资源-环境-经济系统分析模型体系. 系统工程理论与实践，2002(12).

[7] 王波. 区域循环经济系统分析基于系统动力学的方法. 统计与决策，2007(20).

[8] 鲁传一. 资源与环境经济学. 北京：清华大学出版社，2004.

[9] 中国大百科全书—环境科学编委会. 中国大百科全书—环境科学分卷. 北京：中国大百科全书出版社，2002.

[10] 陈德昌. 生态经济学. 上海：上海科学技术出版社，2003.

[11] 厉以宁. 西方经济学. 北京：高等教育出版社，2000.

[12] 彭水军，赖明勇，包群. 环境贸易与经济增长-理论模型与实证. 上海：上海三联书店，2006.

[13] 唐建荣. 生态经济学. 北京：化学工业出版社，2005.

[14] 王伟中，周海林. 机遇与挑战：21 世纪中国可持续发展的取向. 人口资源环境，2004(14).

[15] 江激宇. 产业集聚与区域经济增长. 北京：经济科学出版社，2006.

[16] 保罗・A・萨缪尔森. 经济学(中译本第 12 版). 北京：中国发展出版社，1992.

[17] 西蒙・库兹涅茨. 现代经济增长：事实和思考. 载：诺贝尔经济奖获得者演讲集. 北京：中国社会科学出版社，1986.

[18] 穆贤清，黄祖辉，张小蒂. 国外环境经济理论研究综述. 国外社会科学，2004(2).

[19] 孙志高，秦泗刚，刘景双，于君宝. 环境经济系统分类及协调发展的熵研究. 华中师范大学学报(自然科学版)，2004(12).

[20] 林培英，杨过栋，潘淑敏. 环境问题案例教程. 北京：中国环境科学出版社，2002.

[21] Ramsey F. A Mathematical Theory of Saving. Economic Journal，1928.

[22] Koopmans T. On the Concept of Optimal Economic Growth. in the Econometric Approach to Development Planning，Amesterdam，North Holland，1965.

[23] Tahvonen O. Kuuluvainen J. Economic Growth，Pollution and Renewable Resource. Journal of Environmental Economics and Management，1993，24：101-118.

［24］ Lepoz R. The Environment as a Factor of Production：The Effects of Economic Growth and Trade Liberation. Journal of Environmental Economics and Managemant，1994，27：163-184.

［25］ Bovenberg A. Smulders S. Environmental Quality and Pollution-augmenting Technological Change in a Two-sector Endogenous Growth Model. Journal of Public Economics 1995，57：369-391.

［26］ Todaro. M. P. Economic Development in the Third World，Longman，1981.

［27］ Forman，R. T. T. Ecologically Sustainable Landscapes：The Role of Spatial Configuration，Changing Landscape：An Ecological Perspective，Zonneveld，I. S. and R. T. T. Forman，(eds)New York，1990. 261-278.

第三章　资源与环境经济学基本问题

学习目的：掌握资源稀缺性的概念、类型以及解决途径；掌握外部性的概念、类型、原因以及解决途径；掌握产权的概念、功能、原因以及解决途径；了解公共产品的概念、分类、性质和对“公地悲剧”的经济分析；理解资源配置的含义和资源配置的两种机制。

第一节　稀　缺　性

研究资源与环境经济学应当从研究资源与环境经济的基本问题出发。资源与环境经济学的核心问题是要解决资源配置效率和环境服务质量问题，具体地说，主要应解决四大问题：资源的稀缺性、外部性、产权和公共产品问题。

一、资源稀缺的概念和类型

人类的繁衍、经济和社会的发展，使人类对有效用的资源的需求不断增长，在现有的技术水平下，资源与环境相对于人类的需求已经变得越来越稀缺，成为全球性问题，也成为经济学的基本问题。

(一)资源稀缺概念

稀缺性(scarcity)是指一定的社会发展阶段，在一定的技术条件下，某种资源相对于人类的欲望的有限性。经济学就是研究如何对稀缺性资源进行最佳配置和利用的科学。

稀缺性产生的原因。首先，资源的稀缺性是相对于人的需求的无限性而言的。需求是经济学研究的起点，理解稀缺性则构成经济学的理论基石。两者之间的矛盾关系构成了资源配置的研究任务。其次，资源的稀缺性与它提供的价值紧密相连。如果资源没有价值，即使资源有限，也无所谓资源稀缺。第三，资源的价值通过机会成本、竞争性和替代性等特征表现出来。当一种资源能够带来很大收益时，市场的需求就会增加，人们就争相购买这种资源，短期内这种资源的供给有限性导致资源价格的上升，使该资源更具有稀缺性。所以，资源的有用性而带来的竞争性使资源稀缺性加剧。伊斯特尔(K. W. Easter)和瓦尔蒂(J. J. Waelti)指出：“如果某资源存在竞争利用状况，那么就可以说该资源是稀缺的。如果某资源丰富到任何一个人都不排斥他人利用，就不存在稀缺问题。”我国学者王锡桐教授等认为资源稀缺是指资源绝对数量有限或相对价值随时间递增的一种状态。因此，资源稀缺还可以理解为由于资源有限性而引起的，人类只有通过竞争才能取得和使用资源的一种状况。

资源稀缺与资源短缺(shortage)有很大的区别，稀缺是指经济社会中资源的一般内在性质，是指一般的、对所有的资源而言。短缺是资源的一种个别性状，是相对于其他资源而言的一种市场上一定时期内相对供不应求的现象，反映着某种资源在市场上的供求状况。两者之间存在联系但变化不总是一致的，稀缺是永久的，而短缺是暂时的。

环境也是一种稀缺资源。它以陶冶性情之功用的舒适性和选择不同利用方式的竞争性成为有价值的稀缺“资财”。环境资源的稀缺性表现为供给的绝对稀缺性和需求的相对稀缺性。所谓供给的绝对稀缺性就是说自然资源和环境的总量是有限的，如果人类社会经济发展对资源环境的利用速度超过资源再生速度和环境净化能力，这种稀缺性不可避免地会出现。所谓需求的相对稀缺性，就是在一定的发展阶段，受到一定技术条件和生产能力的局限，人类获取可用资源的数量和质量是有限的。

(二)资源稀缺的类型

根据人们对资源的需求特点以及资源的时空特点，可以把稀缺分为绝对稀缺和相对稀缺两种类型：

1. 绝对稀缺

绝对稀缺是指在一定的经济条件和技术条件下按照经济活动的资源消耗速度，某种资源的存量无法满足总需求且难以替代的稀缺。这里的总需求包括当前的需求和未来的需求。从人类发展来看，所有自然资源都是绝对稀缺的，绝对稀缺的问题会日益尖锐。例如，很多不可更新资源如矿产资源按现在开采量的年增长率计算，将来会面临枯竭的可能，获取这些资源的成本会越来越高，稀缺性会增强。从中国矿业联合会获悉，近年来中国矿产资源紧缺矛盾日益突出，石油、煤炭、铜、铁、锰、铬储量持续下降，供需缺口进一步加大，中国45种主要矿产的现有储量，能保证到2010年需求的只有24种，能保证到2020年需求的只有6种。

2. 相对稀缺

相对稀缺是指自然资源的总供给尚能满足需求，但因空间分布不均衡而造成局部的稀缺。例如，我国的南水北调、北煤南运、西气东输和西电东送都属于资源空间配置的相对稀缺；我国的洪灾和旱灾也是水资源在时间上配置不当，造成的相对稀缺。

绝对稀缺与相对稀缺的关系：绝对稀缺是整体性、总量的稀缺，也是长期的和根本性的；而相对稀缺是局部的、结构性的，不具有决定性。经济学通常研究的是相对稀缺。当需求不断上升时，自然资源价格的急剧上升造成供应短缺，出现资源危机时，相对稀缺可以转化为绝对稀缺。

(三)影响稀缺性的因素

1. 人类的消费欲望

人类需求的无限性来源于人类消费欲望的无限性，主要表现在：欲望目标的无止境性、欲望满足的依次递升性、欲望强度的持续扩张性、欲望形式的反复再现性以及满足欲望对象的可替代性。资源的稀缺性与人的消费欲望的无限性之间的关系为需要的形成提供了物质条件和心理基础。基于两者的关系，需要表现出内容的丰富性和发展性、层次的差异性和递进性、形式的多样性和复杂性。

2. 经济增长的方式

当某区域处于资源密集型的粗放发展模式阶段，经济增长就会增加对资源的需求，从而加剧资源的稀缺性。而大量难以处理的废弃物直接排入环境，在环境容量一定而没有环境贸易的情况下，造成环境污染，随着人类对提高环境质量有不断增加的需求，某区域环境资源的稀缺性也会增加。

3. 技术水平

稀缺是在现有的技术水平下的资源不能满足人类需求的状态下产生的。当技术水平提高后，可以改变资源与需求之间的关系。绝对稀缺论的代表人物马尔萨斯忽视了技术在提高资源生产力方面的作用以及人口增长率下降的可能，从而得出悲观的“人口陷阱论”。相对稀缺论的代表人物大卫·李嘉图提出了技术与资源稀缺之间可以进行一定程度的替代，技术可以成为解决人与环境冲突的重要手段和工具。

4. 市场价格

马歇尔基本上否认绝对资源稀缺约束的可能，他认为：经济上有价值的资源其稀缺性可以通过价格得到反映。资源相对稀缺程度上升，其价格也会随之上升，在市场经济中相对稀缺通过价格机制得到最优配置。而且价格的变动必然引起替代品的出现、技术水平的提高或消费方式的改变可以降低对某一特定自然资源的需求。总体上看，传统经济学研究对资源和环境稀缺性的长期影响持乐观态度。

5. 资源的可替代性

绝对自然资源稀缺产生的前提是经济活动所依赖的自然资源缺乏可替代性。若某一地区可耗竭性资源被逐步开采完毕后，不断增加的开采成本会引导人类去开发可替代性新能源。例如，石油的短缺会促使人类开发生物性燃料和其他新型能源如太阳能，而减弱石油资源稀缺性。由于资源具有多种用途，当某种资源的某一种用途需求过多时，它的其他用途的需求就会被抑制，从而加剧相对稀缺。例如，我国农业大水漫灌的灌溉方式，不但加剧了农业用水的相对稀缺性，而且还挤占了其他用水量，导致其他用途的水资源稀缺而使水价上升。根据《2006 年中国水资源公报》，全国总用水量 5 795 亿米^3，其中生活用水占 12.0%，工业用水占 23.2%，农业用水占 63.2%，生态与环境补水（仅包括人为措施供给的城镇环境用水和部分河湖、湿地补水）占 1.6%。另据调查，我国农业水价普遍较低，在 0.6～7.5 分/米^3 之间，平均为 3.57 分/米^3。而大型灌区的价格偏低，特别是宁夏，才 0.6 分/米^{3}①；而城市居民水价近年来迅速提高，北京市 2000 年自来水售水价 2.13 元/米^3，2004 年的综合水价为 5.04 元，2005 年综合水价将涨至每吨 6 元。②③

二、资源稀缺性的度量

（一）资源稀缺性的物理度量

资源稀缺性的物理度量通常通过储量（reserve）分析来进行。一般是首先估计某种资

①贾大林，姜文来. 农业水价改革是促进节水农业发展的动力. 农业技术经济，1999(5)

②王佳琳，赖颢宁. 北京综合水价年内涨至每吨 6 元. 新京报. 2005 年 7 月 19 日

③从 1991 年 8 月至 2004 年 8 月，北京市的自来水价格经历了 9 次调整，从原来的每吨 0.12 元上升到了 2.8 元，再加上污水处理费用，居民每吨用水的实际支出费用为 3.7 元，上涨了 22.33 倍，价高居全国之首。综合水价是指工业、农业、社会单位、党政机关、居民生活等方面用水价格的平均值。摘自 http://finance.sina.com.cn 2005 年 5 月 31 日 人民网—市场报。

源的现存储量，并根据现在和未来的用量水平来推算这种资源可供使用的年限，以此衡量资源的稀缺程度。储量是指地质上已经确定的，在当前费用水平和技术条件下可以开采的资源存量。随着资源不断被开采和使用，储量不断减少，导致资源稀缺的增加。虽然如此，更多地是采用资源储量与其年开采量或年利用量的比率（储量用量比）来表示，即利用静态耗竭年限指标来衡量不同资源在一定时期里的稀缺程度。其计算的公式为：

$$Y=\frac{S_0}{R_0} \tag{3-1}$$

式中，Y 为储量用量比；S_0 为资源储量；R_0 为年开采量或年利用量。式(3-1)中的 R_0 是不变量。

事实上，未来每年资源利用量不是一个常数，更多的情况下是递增的。在这种情况下，储量耗竭的年限计算修改如下：设每年利用量以 r 的比率增长，则在 t 年时，资源利用量 R_t 为：

$$R_t=R_0\times e^{rt} \tag{3-2}$$

式中，R_t 为第 t 年资源利用量。则未来 T 年资源利用总量为：

$$R(T)=\int_0^T R(t)\,dt=\int_0^T R_0 e^{rt}\,dt=\frac{R_0}{r}(e^{rT}-1) \tag{3-3}$$

式中，$R(T)$为 T 年资源利用总量。基于以上思路，已知现有储量 S_0 的条件下，如果利用量每年递增，就可以计算出储量全部被耗尽的年份 T。在一定的资源利用率和资源储量的情况下，资源的可利用年限越短，资源稀缺性就越大。

(二)资源稀缺性的经济度量

资源稀缺性的经济度量比物理度量意义更大。经济学中资源的稀缺性通过资源价格、租赁价格、使用者成本、边际开采成本、边际勘探成本等指标体现出来。

1. 资源价格的变化可以反映资源的稀缺程度

美国学者费舍尔(A. C. Fisher)在研究了许多资源价格变动情况后发现，许多可耗尽资源的价格一般遵循"U"形曲线变化，即起初由于技术落后，开发成本和价格较高，后来由于勘探和开发利用技术的进步，资源可用量增大，降低了开发利用成本，价格趋于下降。但又由于随着时间的推移，新的资源开发趋于困难，成本难以降低，价格则趋于上升。因而价格一定程度上可以衡量现在和预测未来的资源稀缺状况。一种同质的有限资源存量，随着资源不断被开发，其未来可用量不断下降，稀缺程度会不断增长，如果资源市场功能正常，资源产品的价格将会不断上涨。在现实生活中，理性的经济人对于一种耗竭性的资源的价值评价会自然而然地看重资源存量减少而引起的未来价值。由此产生占有这种原位资源存量的动机，在经济决策上就会扩大需求，增加投入，提高短期收益率和加重贴现（未来收益现值化），从而推动这种资源的价格不断上涨。

一般认为，资源自身价值越高，其稀缺程度就越高。资源的稀缺性通过价格传导机制体现并由市场价格反映出来。现实中，资源价格取决于资源的交易价格与资源的生产成本。因此，应把这三者的变动及其原因进行综合考虑，才可能比较真实地反映资源的稀缺程度。

Judish Rees(1990)对资源稀缺的市场响应模型进行了理论解释。见图 3-1。

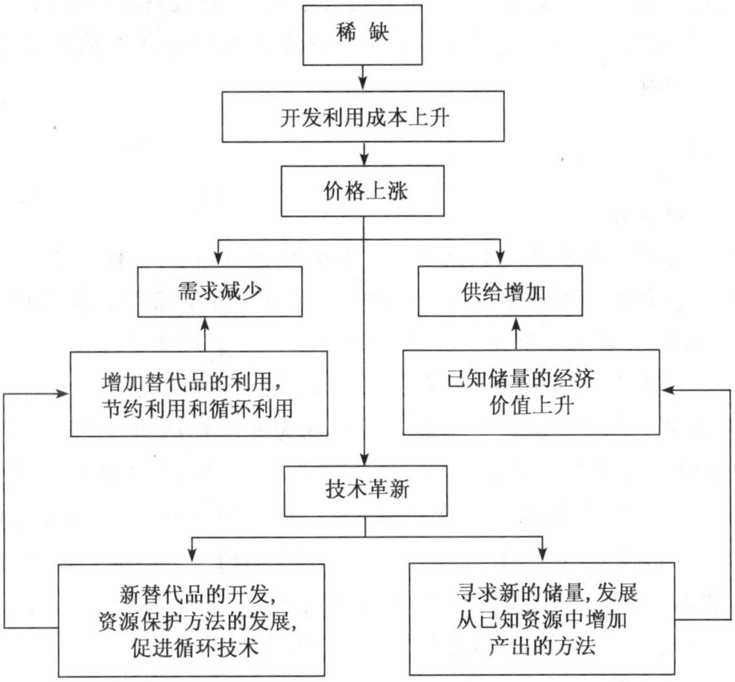

图 3-1 资源稀缺的市场响应模型(Judish Rees,1990)

2. 资源的单位开采成本随生产规模的增加而增长形成所谓的“李嘉图效应”

因为较容易开采的已被开采，随着需求的持续或不断增加，品位较低的资源的开发成本随着开采量的增加而不断上升，以此资源的稀缺程度也趋于上升。

3. 资源的租金可以成为度量资源稀缺的较适当指标

租金是资源的市场交易现价与边际开采费用之差，实际上是存量资源的影子价格(反映资源获得最佳配置的一种价格，详见第四章)。由于边际开采成本难以观察到，常用资源的勘探开采成本衡量稀缺程度，最优的资源勘探开采要求边际租金等于边际勘探开采成本。

三、解决稀缺性的途径

根据影响资源稀缺性的因素，解决资源稀缺性的途径主要是开源、节流、寻求替代资源、技术进步和发展环境贸易等。下面主要从价格手段、技术进步和制度创新进行分析。

(一)价格手段

提高价格是经济学上对付资源稀缺性的一种典型手段，只要产品具有可替代性，并拥有充足的消费量，该方法原则上能够解决稀缺问题。从资源稀缺的价格传导机制可以看出，资源稀缺一定程度上源于对资源过度需求的，而这又通常被认为是价格过低的结果。经济学的一个基本任务就是在资源约束的条件下实现经济系统中资源的优化配置。在有效的市场机制中，资源约束的强弱可以通过价格的变动真实地反映资源稀缺程度。所以在资源产权明晰且成熟的市场里，价格的作用，一是刺激供给，在开放条件下，通过国内国际贸易增加资源的供给；二是促进节约，即节能降耗；三是鼓励技术创新，开发各种替代品。而在市场失灵的时候，需要政府管制加以补充。例如，在节能环保等方面实施强制性规定，但价格的基础性的作用还是不能忽视的。

（二）技术进步

1. 技术进步可以开源

技术进步首先可以发现新的资源储量。在人类发展历史中，任何一个技术变革过程，在很大程度上都可以被看作是受资源稀缺驱动的。美国经济学家罗森伯格（Nathan Rosenberg）曾指出："技术的变革是作为在一种特殊的资源背景下对所提出的一个特殊问题做出的一个成功的解答。"越来越多的研究证实资源的价格也影响着技术变革的方向。反过来，技术进步又能够以多种方式缓解资源稀缺。以石油为例。1874 年美国费城的地质学家曾预言，美国的石油储量只能满足美国 4 年的煤油需要；1920 年，美国地质调查报告指出石油可开采量不超过 70 亿桶，并将在 1934 年最终耗竭；到了 1934 年，已证实的石油储量已增至 120 亿桶；而到了 20 世纪 60 年代中期，每年就生产 35 亿桶。世界的石油储量也从 1947 年的 94.8 亿吨增加到 1972 年的 913.8 亿吨，耗竭年限也从 22 年提高到 35 年。实践证明，石油储量的增加，主要取决于技术进步，尤其是石油勘探技术的进步。

2. 技术进步可以节流

技术进步可以集约利用资源，节约成本，提高资源利用率，增加效益。技术创新和流程再造，可以减少生产流程中的资源浪费；通过产业的合理规划和企业组织体制创新，实现资源利用的集约化和规模化；通过发展资源回收和再生产业，提高资源的循环利用率和再生利用率，推动节约能源和资源，减少废弃物排放的循环经济模式的发展。

3. 技术进步有利于寻求替代性资源

一种资源具有多种功能，满足同一种功能的资源也是多样的。技术进步可以推动可再生资源替代不可再生资源的替代速度；开发新的技术和产品，可以减少对稀缺性资源的依赖；可以减少一次性资源使用，提高资源的循环利用率。通常一种资源的价格因稀缺性而涨价时，其替代性资源的需求也增加，价格也相应提高，所以两者存在同方向的价格变化。

（三）制度创新

现实生活中常常出现一方面资源供给紧张，另一方面浪费严重的情况，使资源价格发生扭曲，配置资源的市场手段失灵，其原因一是由于资源的价值被忽视，资源的使用没有支付成本；二是资源的产权关系不明晰，责、权、利分离，当事人的利益与资源节约的责任无关。所以，应采取有偿使用资源的激励和约束机制实现资源的优化配置。例如，水资源的浪费和短缺现象并存，一是由于在各国水价都相对较低，较低的价格误导消费者对资源供给和对水资源价值的认识；二是许多国家的水资源是公共产品，天然水体的产权界定困难较大，存在外部性，使个人的收益大于社会收益，出现免费搭车现象。所以，只有创新水资源的产权机制和价格机制，调整水资源价格构成，并采取提价、定额、税收、补贴等手段优化水资源配置，或通过水制度和水权改革，缓解水资源的短缺或稀缺状况。

第二节　外　部　性

一、外部性的概念及类型

(一)外部性的概念

马歇尔(Alfred Marshall)是外部性概念的最早提出者。他在《经济学原理》(1890)中提出了外部经济和内部经济的概念。庇古(Arthur Pigou)在其名著《福利经济学》(1920)中进一步从社会资源最优配置的角度,提出了“边际社会净产值”与“边际私人净产值”。庇古认为,在经济活动中,如果某企业给其他企业或整个社会造成不须付出代价的损失,那就是外部不经济,这时企业的边际私人成本小于边际社会成本。20世纪60年代,科斯(Ronald Coase)运用交易成本方法分析了社会成本问题,从而为外部性问题通过市场机制解决提出了新的解释。外部性概念的经济学意义在于两点:一是可以把自然资源稀缺性问题引入市场经济分析;二是资源利用的代际公平问题可以引入贴现率进行跨期分析。

外部性用函数可以做如下表述:一些变量进入经济中一个经济主体(个人或企业 i)的效用函数或生产函数中,这些变量受另外一个经济主体(j)控制,而 j 对 i 产生的影响却没有分享收益或承担成本。也就是说,i 的效用 U_i 不仅取决于自己的消费量,也依靠 j 的消费量。

外部性的效用函数为:

$$U_i = U_i(X_i, X_j) \tag{3-4}$$

狭义的外部性是指经济系统的外部性,或者说生产者(或消费者)j 对生产者(或消费者)i 存在外部影响。表现为经济主体对于经济主体以外的影响没有通过市场或非市场的机制得到补偿或付出代价。当有可能改变 X_j 使 i 境况改善,j 同时至少不受损失时,此时有可能实现帕累托改进。因此,整个经济如果不是高效率的,就可能存在帕累托相关的外部性。

(二)外部性的分类

对外部性的复杂性进行不同类型的划分,有利于研究资源的优化配置。

1.根据外部性产生后果对承受者的损益,可分为正外部性和负外部性

正外部性是指一种经济活动使他人受益,受益方并未因此付费;负外部性是指一种经济活动使他人受损,施害方并未因此承担成本。用函数表述为:外部经济性是指 i 因为 X_j 的存在而受益,希望 j 能增加 X_j 以增加 i 的效用 U_i;外部不经济性是指 i 因为 X_j 的存在而受损,希望 j 能减少 X_j 以减少 i 的效用 U_i 损失。例如,上游居民植树造林,保护水土,下游居民得到质量和数量有保障的生产和生活用水,这时社会效益大于私人效益,产生外部经济性。反之,上游居民过量砍伐林木,造成水土流失,下游居民就没有生产和生活用水的数量和质量的安全保障,这时社会效益就小于私人效益,产生外部不经济性。

图3-2是对植树的外部经济性的分析。当存在外部经济性时,边际社会效益 MSB 大于

边际私人效益 MPB。差额是外部环境效益 MEB。种树人投资植树造林时，其投资行为由 MPB 和边际成本 MC 决定，这时私人植树量 Q_1 小于由 MSB 和 MC 决定的有效植树量 Q。当要求私人植树量达到 Q 时，必须降低植树的成本。因此，如果外部经济性得不到有效补偿，会导致资源的配置失误。

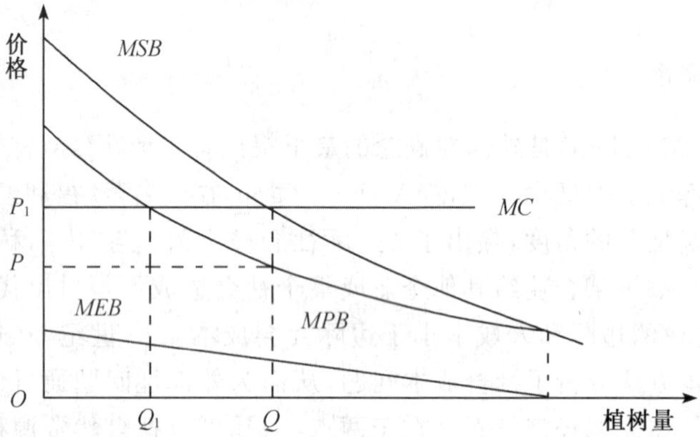

图 3-2　植树的外部经济性分析

图 3-3 是对伐木的外部不经济性的分析。当存在外部不经济性时，边际社会成本 MSC 大于边际私人成本 MPC。差额是外部环境成本 MEC。但是在追求个人利益最大化的种树人在砍伐林木时，其砍伐水平由边际效益 MB 和 MPC 决定，这时私人砍伐水平 Q_1 大于由 MB 和 MSC 决定的有效水平 Q。当要求砍伐水平达到 Q 时，必须提高伐木的价格，因此，如果外部不经济性得不到有效限制，也会导致资源的配置失误。

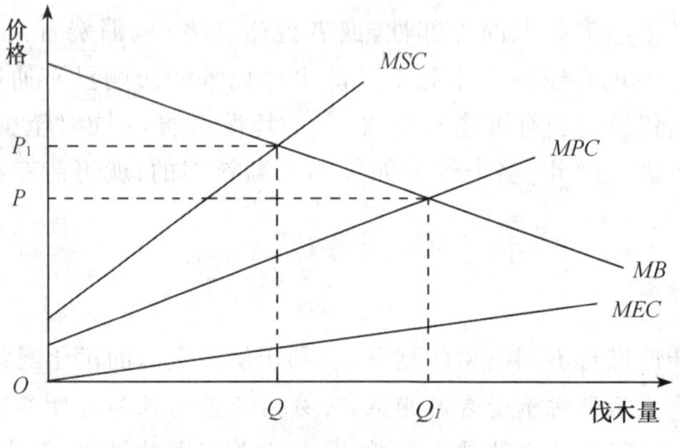

图 3-3　伐木的外部不经济性分析

2. 根据外部性的产生领域可分为生产外部性和消费外部性

例如，一个工厂烟囱排出的黑烟造成空气污染，使周围大气环境质量下降，给其他生产企业造成外部成本，甚至对居民造成危害，这些负效益在产品的交易市场上并没有得到反映，就是生产的外部性。而汽车所排出的有害气体对周围居民所造成的污染就是消费外部性。

3.按照外部性产生的时空可分为代内外部性和代际外部性

代内外部性即资源利用的成本和收益在当代人之间的不公平分配。例如,污染问题的实质在于排放者从污染排放中受益,另一些人受污染之害,如果这种污染是长期的或者具有累积效应,那么就产生了代际间的负外部性,表现为当代人进行生产和消费的成本转嫁给了后代。例如,我国传统美德“前人栽树,后人乘凉”就是一种代际间外部经济行为;而“杀鸡取卵”、“竭泽而渔”则是代际外部不经济行为。

4.根据外部性的竞争性可分为可耗竭的和不可耗竭的外部性

例如,矿产资源的消费是可耗竭的外部性,如果有人利用了它,其他人就不能再用了;清新的空气是不可耗竭的外部性,因为一个人呼吸享用并不减少其他人对它的享用。

5.根据外部性的可度量性,还可分为技术外部性和货币外部性

技术外部性是不能反映在价格变化或通过市场体系表现的外部性。前面划分的四类外部性都是技术外部性,而且一般也是有形的,这也是环境经济学的外部性理论所关注的。货币外部性是指不论正负外部性都可以通过价格变化来体现的一种外部性。它是自由竞争市场中存在的一种普遍现象。例如,一个规模较大的新企业迁入一个地区,从而加速该地区土地价格的上升,对那些支付地租的所有经营者都产生了外部效应。

此外,根据外部性的前提可分为竞争条件下的外部性和垄断条件下的外部性;根据外部性的稳定条件可分为稳定的外部性和不稳定的外部性;根据竞争性和排他性可分为公共外部性和私人外部性;根据外部性的方向性可分为单向的外部性和交互的外部性。

二、外部性的原因及影响

(一)外部性产生的原因

外部性的产生主要源于两个方面,一是市场缺失,二是产权缺失。其一,由于生产或消费中技术上的相互依赖,产生外部性,而这种外部性并不是施加者有意的,而且又很难避免。例如,政府在城市兴建公园并免费开放,由于不存在市场机制,所以不但使进入者直接受益,而且还提高了公民健康水平而使社会福利提高。其二,是特定资源的产权缺失。例如,工厂排放烟雾污染环境,如果存在私人对空气的排他性产权,那么排放者就必须购买这种产权才能排放烟雾,而大气的物理性质和公共产品属性使界定空气的产权和建立市场存在很大的障碍,所以,公共产品性质的部分资源更容易产生外部性。

(二)外部性导致的结果

外部性会对资源的配置产生影响。在图 3-3 伐木的外部不经济性分析的基础上,从图 3-4 可以看出,产品的供给由私人边际成本和边际收益决定,由于产品消费的一部分成本(外部性成本)没有进入企业决策中,所以企业按照边际私人成本和边际私人收益相等确定一个市场均衡产量 Q_m。如果考虑外部性成本,社会最优产量应该在 Q^* 处,此时的社会最优产量对应边际社会成本等于边际社会收益。可见,不考虑外部性,私人决策的经济活动偏离了社会最优水平。图中:P 为价格,R 为收益,Q 为数量,MC 为边际成本;* 表示最优值,下标 m、P、S 和 E 分别表示市场、私人、社会和外部性。其中:$MC_S=MC_P+MC_E$ 即 $MC_E=MC_S-MC_P$,也就是说外部性是市场失灵无法将外部成本计入私人成本导致资源配置不合

理。同理,还可以分析由于市场失灵,无法将外部收益计入私人收益导致资源配置不合理。

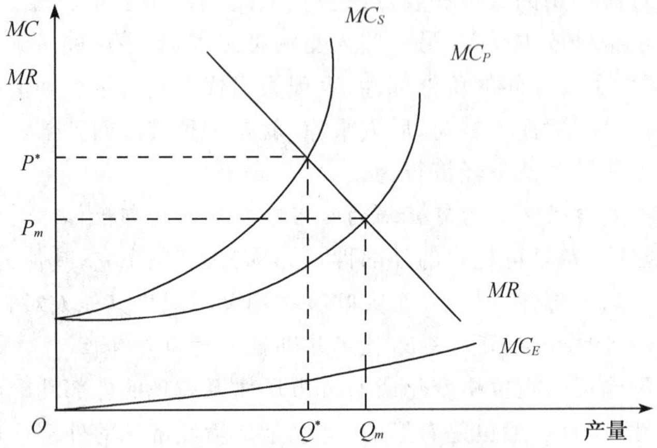

图 3-4 市场失灵下的外部性分析

三、解决外部性的途径

(一)外部性内部化的均衡分析

外部性内部化也称外部成本内部化,是指将生产者或消费者产生的外部成本纳入到自己的生产或消费决策中,自己承担外部成本,从而弥补社会成本与私人成本的差额,以减少外部性的过程。

假定经济系统中只有两个企业,社会福利最大化就是实现外部性内部化的均衡,这里仅考虑企业 1 的外部性,那么,社会福利函数

$$W=(W_1,W_2) \tag{3-5}$$

令 R_1 为企业 1 的收益,PC_1 为企业 1 的私人成本。企业 2 的福利水平为 W_2,社会净福利水平为 NW,EC_1 为企业 1 的外部成本,则有:

$$NW=W_1-EC_1+W_2 \tag{3-6}$$

因此式(3-6)可改写为:

$$NW=W_1+W_2-EC_1 \tag{3-7}$$

令 X 为污染物排放量,对式(3-7)中 NW 求导,即:$\frac{\partial NW}{\partial X}=\frac{\partial W_1}{\partial X}+\frac{\partial W_2}{\partial X}-\frac{\partial EC_1}{\partial X}$,

因为 W_2 与 X 无直接关系,所以 $\frac{\partial X_2}{\partial X}=0$。

当 $\frac{\partial NW}{\partial X}=0$ 时,$\frac{\partial W_1}{\partial X}-\frac{\partial EC_1}{\partial X}=0$。即:

$$\frac{\partial W_1}{\partial X}=\frac{\partial EC_1}{\partial X} \tag{3-8}$$

最优社会福利净水平由式(3-8)决定。

$\frac{\partial W_1}{\partial X}$ 和 $\frac{\partial EC_1}{\partial X}$ 分别是企业 1 的边际收益和边际外部成本。

在政策含义上，需要对 W_1 和 EC_1 进行测定。前者由企业生产函数决定，后者由环境影响评价的结果来确定。对于前者，由于生产函数属于企业的私人信息，有效的政策是诱使企业报告真实的信息，需要设计企业和政府激励相容的机制。对于后者，取决于价值判断标准、政府偏好和环境评价的工具和技术。

(二)治理外部性的手段

1. 政府的直接管制

采用命令控制式的管制手段是指政府强制资源开发不能超出预先确定的开发水平。例如，规定森林开发的数量，提出具体的污染排放控制标准或发放“排污许可证”；控制是指对标准的监督和强制执行。该手段可以极大地改善环境质量，但是在实施和强制执行中的达标成本远远高于人们的预期。

2. 市场的经济激励

OECD 环境委员会较早地提出了经济激励手段，按照奥斯彻和沃斯研究可分类为：收费、补贴、押金—退款制度、建立市场和执行刺激五大类。其中，外部性内部化的经济激励手段可分为三大类：价格控制、数量控制、责任制度。

价格控制主要是对生产者行为或产品实行税收、收费或补贴。如果对企业征税，意味着同样的生产活动水平下，企业获得的净收益减少，企业会减少生产活动。合理的税费标准可以起到将外部性内部化的作用。补贴是指对于具有正外部性的企业实施政府补贴的政策，能通过卡尔多-希克斯(Kaldor-Hicks compensation test)补偿实现帕累托改进。数量控制则通过分配市场许可来设定最优的资源利用水平或可接受的污染水平。资源使用者只能使用与其购买的许可证相一致的资源数量，同时允许资源使用者自由交换许可证规定的资源数量，以此，来确定各自的资源利用水平，实现资源优化利用。责任制度就是设立一个社会可以接受的行为准则，如果资源利用者或消费者违反了这个准则，就会遭到某些财政性处理。例如，生产者生产之前预交一部分债券基金，如果生产的行为导致环境污染或者污染超标，这笔债券就会被没收。还有押金—退款手段，指企业先预先交一部分押金，如果最后企业污染排放达标则退款，否则就扣留押金。

3. 自愿协商

就是根据科斯的社会成本理论及产权理论，界定产权，通过市场交易和双方谈判达成对外部性行为成本收益的对等。该方法虽然不需要政府干预，但是政府要界定产权以确保谈判成本较低。

4. 社会准则

社会准则或称良心效应，是指通过对人们进行社会准则的教育以解决外部性。许多经济学家认为，由于良心效应的存在，外部不经济的产生者的福利水平会下降，因此不经过市场或政府干预，外部不经济的产生者会主动给予外部性以补偿是有可能。这种外部性内化的手段，由于缺乏激励和强制，只能在局部范围起作用。

表 3-1 外部性内部化的四种手段对政府和市场的依赖程度的比较

项目手段	对政府的依赖程度	对市场的依赖程度
政府的直接管制	强	弱
基于市场的经济激励	弱	强
自愿协商	极弱(=0)	极强(=1)
社会准则	极弱(=0)	极弱(=0)

第三节 产 权

一、产权概述

(一)产权的定义

产权(property rights)是指建立在人与物的关系基础上人与人的关系,它规定着一个人受益或受损的权利。产权作为经济主体之间对财产享有的权利,是指一组或一束权利,包括以所有权为基础的占有权、使用权、收益权和处置权等。产权问题因稀缺而产生,并依据交易关系的收益而形成,它超越一般的财产概念,也不同于所有权概念,在经济分析中应用非常广泛。

清晰的产权边界、完善的产权保护和顺畅的产权交易是经济活动高效率的制度基础,也是资源开发利用和环境保护的重要保障,因为资源价格问题、环境责任界定问题无一不与产权息息相关。正如阿尔钦所说:"在本质上,经济学是对稀缺资源产权的研究……一个社会中的稀缺资源的配置就是对使用资源权利的安排……经济学中的问题,如价格如何决定的问题,实质上是产权应如何界定与交换以及应采取怎样的形式的问题。"他进一步指出:"产权是一个社会所强制实施的选择一种经济物品的使用权力。"

(二)产权的性质

产权的性质表现为:

1. 排他性

即决定谁以一定的方式占有、使用一种稀缺资源的权利,而排除他人占有、使用的权利。

2. 可分割性

产权可以从层次上分割为私有产权、共有产权和公共产权,还可以分割为所有权、使用权、处置权和收益权等。产权的分割可以拓展人们对产权安排与产权构造的选择空间,促进资源的有效利用。

3. 可转让性或可处置性

产权的可交易性有助于增强产权主体的收益预期。

4. 产权的有限性

包括两层含义:一是指任何产权与其他产权之间必须有清晰的界限,即不同经济主体、不同类型的产权有明确的边界；二是指任何产权必须有限度，即特定权利的数量边界。

(三)产权的功能

1. 减少不确定性

明确的产权边界能够区别不同产权主体的权利和责任，有保障的产权能够产生稳定的预期，增强对资产专用性投资的信心。

2. 外部性内部化

产权明晰了相关利益主体的利益边界和责任边界。当一个经济主体的经济活动对其他各方的成本收益产生影响时，通过界定产权，可以使行为施加方获得相应的收益或支付相应的成本。

3. 激励

产权就是通过拥有某种资源能够获得一定收益的权利，这种权利能够产生对这种资源进行资产专用性投资的激励，从而提高该资源的获利能力。

4. 约束

产权既有收益性，也会产生一定的成本。明晰的产权会使产权主体约束自己的经济行为，明确自己的成本与收益的决策边界。

5. 优化资源配置

产权的收益性决定了它具有资源配置功能，引导产权主体把资源配置到效率更高的经济活动中去，提高投资者的收益和消费者的效用。

6. 降低交易成本

不同的产权安排具有不同的效率。共有产权的制度会产生"公共地悲剧"，因为个人权利不明确，每个人可能会转嫁成本，且获取收益而不付成本，经济决策不能形成严格的约束，从而导致私人边际成本小于社会边际成本。明晰的产权边界清楚地界定经济主体的利益和责任，抑制机会主义，减少利益争夺的模糊空间，增加信任与合作，降低交易成本。

7. 收益分配的依据

产权是获取收益的工具，也是收入分配的依据。生产要素的贡献决定收益的数量，产权决定其收益的归属，明晰的产权有助于一个经济主体与其他经济主体进行交易时的收益预期，也有助于收益分配的规范与公平。

(四)产权的分类

1. 根据产权归属主体不同可分为私有产权、公共产权、政府产权和共有产权

(1)私有产权。是指将产权的权力和利益边界界定到个人，使物化的排他权，收益享用权、物品独占权和处置权都由个人决定。没有经个人允许或给予补偿，任何人不得合法地使用或影响个人拥有的物品及其属性。

(2)公共产权。是指那些不具有消费排他性的商品的所有权属。具有非排他性，即允许私人自由、平等地分享，获取平均收益，没有人承担费用。对公共资源"搭便车"的过度使用会出现其实际增加的价值(效用)低于增加的成本，造成整个社会效率的损失。

(3)政府产权。是指由代表公共利益或代表官僚利益的政府拥有的产权。政府有自己的效用最大化目标，可以使社会福利最大化，但不是单纯的社会福利，这种产权完全取决于

政府的性质。

(4)共有产权。是指那些为谋取组织内部所有成员平均收益最大化的产权。共有的私有财产与其他的私有产权不同,它不具备私人产权利益的可转让性。一个共有组织的成员,只有取得其他各成员或他们的代理人同意,才能将共有组织的权益转让给他人。

2.依据排他性和可让渡性的程度,产权又可分为私有产权、公有产权和准私有产权、准公有产权

私有产权强调的是支付意愿和支付能力的竞争;准私有产权、准共有产权取决于支付能力和个人特性的竞争;完全的公有产权取决于个人特性的竞争。

如果完整的排他性产权定义为1,非排他性产权定义为0;完全的可转让性产权定义为1,完全的不可转让性产权定义为0,则我们可得到以下一组不同产权利束(表3-2)。

表3-2 不同产权的排他性与可让渡性比较

产权类型	产权属性		
	排他性	可转让性	所有制的权利束
共有产权	0	0	(0,0)
准共有产权或准私有产权	α_1	α_2	(α_1,α_2)
私有产权	1	1	(1,1)

注:$0<\alpha_1<1$,$0<\alpha_2<1$。

在促进稀缺资源配置效率方面,私有产权被认为最优的原因是:①私有产权的排他性可转让性最强;②私有产权的安排可以利用自利动机增加供给,使"看不见的手"发挥作用;③私有产权意味着资源的控制者比其他产权的控制者更多地承受他们行动的后果,因而资源在使用时易于监督;④私有产权在资源使用时具有更大的替代性,可供选择的范围会扩大。

二、产权问题与产权配置效率

(一)产权问题产生的原因及后果

产权问题的产生有两种原因:一是旧体制下公共产权过于宽泛,形成对产权明晰的巨大制度障碍,科斯认为外部性的产生并不是市场制度的必然结果,而是由于没有界定清晰,有效的产权可以降低甚至消除外部性。二是重新界定产权面临高昂的交易成本。

产权不清晰导致经济活动低效率的原因。①公共产权的主体虚化或缺位导致对公共资源的需求膨胀,利用过度,供给严重不足,从而降低了整个经济的福利水平。②由于产权不明晰,经济活动产生负外部性,增加社会成本;当经济活动产生正外部性却得不到补偿时,经济主体会降低经济活动的规模和水平,导致整个经济效率下降。③产权不清晰降低了人们对未来经济的预期,增加了不确定性,产生经济决策的短视行为。④缺乏严格的产权界定和保护,会使人们产生搭便车行为,甚至激发机会主义倾向。⑤当公共资源的产权缺乏人格化的主体时,公共资源管理成为"内部人控制",出现公共产权收益的侵蚀;当管理者缺乏有效约束时,寻租行为不可避免。

产权制度演变的方向多样化。当市场本身能够很好地解决产品的供给,能低成本实现

交易时,私有产权是有效的。公有产权只有在私人经济无法提供产品或服务的领域时是有效的,它以较低的成本满足了公众的需求,所以公有产权是对私有产权的重要补充。由于经济活动的复杂多变性,产权的形式还存在其他多种形式,例如,集体产权、俱乐部产权、合伙制、股份制等。

(二)科斯定律与产权配置效率

科斯第一定律指出:如果交易成本为零,不管初始产权是谁的,资源配置都是有效率的,或者说市场机制会自动地驱使人们谈判,实现资源配置的帕累托最优。初始权利界定的含义是指"不是由谁做什么,而是谁有权做什么",即重要的是权利界定本身,而不是把权利界定给谁。科斯认为:无论初始产权界定给何方,只要初始产权界定是清楚的,市场交易的成本可以忽略或较低,那么通过市场的交易,资源的利用就会达到最优状态。

在图 3-5 中,横轴表示与污染规模同比例增加的污染物排放量,纵轴表示边际成本 MC 或边际收益 MR。$MNPB$ (marginal net private benefits)表示边际私人净收益,MEC(marginal external cost)表示边际外部成本。显然,对存在外部性的企业或个人如排污者而言,当经济活动水平为 Q 时,其收益达到最大化。但是对社会而言,社会最优的污染水平为 Q^*,市场配置的结果偏离社会最优。

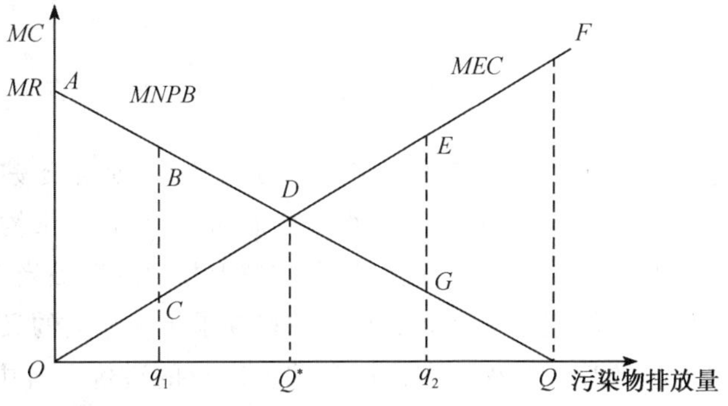

图 3-5　科斯定理图解

现假设受害者拥有不被污染权,而排污者就没有权利污染。双方谈判的起点为原点。因为受害者拥有产权,并且希望完全没有污染。假设双方移动到 q_1 点,排污者将得到 $OABq_1$ 的净收益,受害者将付出 OCq_1 的成本,由于 $OABq_1$ 大于 OCq_1,排污者可以付给受害者大于 OCq_1 小于 $OABq_1$ 的费用以补偿受害者的损失,排污者和受害者都能受益。也就是说,移向 q_1 点是帕累托改进,继续右移如果到达 Q^* 后继续右移,由于排污者的边际收益小于受害者的损失,排污者不能继续向受害者提供赔偿,那么谈判的基础由此消失。因此,如果受害者拥有产权,通过谈判,有向 Q^* 移动的自然趋势。

如果排污者拥有产权,即排污者有权污染,这时谈判的起点为 Q,因为往这一点上,排污者能最大限度地利用自己拥有的产权使自己的收益达到最大。假设双方向点 q_2 移动。由于向 q_2 移动受害者损失的减少将大于排污者收益的减少,受害者可以给排污者一个小于 $QFEq_2$ 大于 QGq_2 的补偿或贿赂,使排污者减少生产和污染。可见,向 q_2 点移动是帕累托改进。因此,如果排放者拥有产权,通过谈判,也有向 Q^* 移动的自然趋势。

综上所述，无论哪一方当事人拥有产权，只要交易费用较低且交易有利可图，双方就继续谈判，都存在继续向 Q^* 移动的趋势。只要能够使受害者与受益者自由谈判，市场将自然达到社会最优污染水平 Q^* 。

三、解决产权问题的途径

（一）自愿谈判

当参与的各方数量较少时，实现资源有效配置的途径是谈判协调。作为一种制度，产权的存在源于对交易预期收益的追求。在交易的过程中自愿谈判的双方产生对产权界定的制度需求，公平的产权安排结果是帕累托状态。但是，如同其他交易活动一样，谈判是需要付出成本的，若想获得双方都满意的结果，就必须搜寻足够的有关信息，进行内容详尽的谈判，达成双方满意的结果。通过谈判界定产权有一些制约因素，如谈判各方的数量和可识别性。只有当利益主体数目很小，主体利益边界明确，具有严格的排他性时，谈判才可能是有效率的。至于自然资源的产权配置，制约谈判方式运用的因素就更多了，比如有①公共品问题；②谈判方的数量；③代际利益主体缺位。自愿谈判的目的是明晰并获得产权一方向产生外部性的另一方支付一定的费用补偿并获得产权，使私有产权关系确立，资源配置将达到最优。

（二）缔约

缔约就是通过一种文本式的合约来约束交易各方的行为，划清交易各方在交易活动中的权利和责任。这种合约会受到法律保护，并得到强制执行。因此，缔约形成的产权具有可实施性。例如，在瑞士，几个世纪以来，在阿尔卑斯牧场上放牧一直被当作共有权利，过度放牧的限制起因于特殊的条款使家庭享有会员相应的权利承担和相应的义务。

缔约的过程既是产权调整的过程。在创造和调整产权的讨价还价中，不同产权协商主体（包括私人、官僚和政客）的立场，取决于他们各自的预期收益以及其他参与者的行为影响。缔约的过程又是一个利益相关方博弈的过程，因此，在产权的重新界定中，要考虑到那些有影响力的参与者对制度变迁的推动因素和阻碍因素。也就是说，对谈判各方个别偏好的考察和对产权制度背后政治交易细节的考虑，对于资源产权创新是很有必要的。要想减少合约事后的实施成本，就需要充分考虑产权变更后利益受损者的阻力。

（三）合并

合并是指把原来分属不同利益主体的资源进行合并，达到产权主体一致。在企业组织结构上，合并通常表现为一体化。合并后，组织内的资源配置不再像市场交易那样由价格机制决定，而是由组织内的规则和组织管理者进行行政性配置。例如，上游的钢铁厂和下游的渔场合并，钢铁厂确定生产规模时不仅要考虑钢铁生产的边际净效益最大，同时还要考虑钢铁厂生产活动的边际外部性对渔场边际收益的影响。

第四节　公共产品

一、公共产品的概念、分类及性质

(一)概念与分类

所谓公共产品是指可提供公共地使用或消费的社会产品和劳务，它在同一时间里可以被多个个体共同消费而受益。公共产品具有非竞争性和非排他性，无法依靠市场力量实现有效配置。

按照产品的竞争性和排他性程度，产品可分为纯公共产品、准公共产品和私人产品。纯公共产品是指具有完全的非竞争性和完全的非排他性的产品，如大气、地下水、公海、南北极地区等。准公共产品也叫混合产品，如公共绿地、河流、水库等。私人产品是指由企业或居民通过市场机制提供的社会产品和劳务，在消费过程中同时具有竞争性和排他性，是能依靠市场达到资源优化配置的产品，如耕地、鱼塘、风景区、矿山等。准公共产品是指在消费过程中不同时具有非竞争性、非排斥性特征，也不同时具有竞争性、排斥性特征的社会产品和劳务。

公共产品三种类型的区别见表 3-3：

表 3-3　纯公共产品、准公共产品与私人产品的比较

特点	纯公共产品	准公共产品	私人产品
消费时能否分割	不可以(共享)	部分可以	可以(人享用)
购买时能否独享	不可以	基本不可以	可以
购买方式	间接支付(税收)	部分间接部分直接	自己直接支付
分配原则	政治投票	政治投票与市场购买	市场购买
个人有无选择自由	没有	几乎没有	有
不购买可否享用	可以	部分可以	不可以
是否可以鉴定好坏	不容易	不太容易	容易鉴定
使用时的浪费	不容易浪费	浪费较多	较少浪费

(二)公共产品的属性

公共产品具有效用的不可分割性、受益的非排他性和消费的非竞争性等属性。

1. 效用的不可分割性

私人产品可以被分割成许多可以买卖的单位，做到谁付款，谁受益，例如，旅游景区，而公共产品是不可分割的，例如，大气。

2. 受益的非排他性

私人产品只能是谁占有谁消费，然而，某人对公共产品的消费并不排除他人消费。由于这种排除从技术讲几乎不可能或排除成本很高，因而不可避免地会出现“免费搭车”现象。

3.消费的非竞争性

这种非竞争性表现为边际生产成本为零和边际拥挤成本为零。边际生产成本为零是指在现有的公共产品供给水平上,新增消费者不需增加供给成本。边际拥挤成本为零是指任何人对公共产品的消费不会影响其他人同时享用该公共产品的数量和质量。边际拥挤成本是否为零是区分纯公共产品、准公共产品或混合产品的重要标准。

在现实生活中,公共产品同时满足三个属性的情况并不多见。在消费上具有非竞争性的产品,一定条件下却有可能是排他的,例如,公园就可以通过收费的方式将不愿为此付款的人排除在外。纯粹的私人产品的市场交易,既不会带来正的外部效应,也不会带来负的外部效应。而纯粹的公共产品,即使初衷是只提供给某一特定的个人,其结果也会使该社会的所有人享受广泛的外部效应。

萨缪尔森(P. A. Samuelson)用数学公式更严格地表述了纯粹的公共产品与纯粹的私人产品的区别。

对于私人产品来说,$X=\sum_{i=1}^{n}X_i$,即某一产品的总量(X)等于每一个消费者所拥有或消费的该产品数量(X_i)的总和,这意味着私人产品是能在消费者之间分割的。对于公共产品来说,$X=X_i$。这就是说,对于任何一个消费者来说,他为了消费而实际可支配的公共产品的数量(X_i)就是该公共产品的总量(X),这意味着公共产品在消费者之间是不能分割的。

二、公共产品产生的原因

(一)市场失灵

市场失灵是指由内部功能性缺陷和外部条件缺陷引起的市场机制在资源配置某些领域中的运作不灵。由于公共产品的存在,产权不明确或产权主体缺位会导致资源配置的无效率,即市场失灵。市场机制发挥正常作用的基本条件是有着界定明确的、安全的、可转移的和可操作的,并且涵盖所有资源、产品、服务的产权,产权明确是有效利用、交换、保护、管理资源和对资源继续投资的先决条件,显然,公共产品就很难符合市场机制正常运行所需的产权条件。

(二)公共产品供给不足

公共产品的有效供给与私人产品的情况有很大区别。这种区别主要是两者的需求曲线不同。私有产品的总需求是所有个人需求量的水平加总,即数量相加,在图3-6a中就是曲线BEF;公共产品的总体需求曲线是个人需求支付意愿的垂直加总,即图3-6b中的曲线HGD。在图3-6b中,AD与BC分别是两个人对某公共产品的需求曲线,这是与他们消费公共产品所得到的满足(边际效用)相一致的。萨缪尔森称其为“虚假的需求曲线”,因为在实际生活中,人们一般不会明确表示他们消费一定量的公共产品的边际效用是多少,愿意出多少的价格。

(三)“公地悲剧”的经济分析

1968年《科学》杂志发表了加里特·哈丁的文章“公地悲剧”(tragedy of the commons),

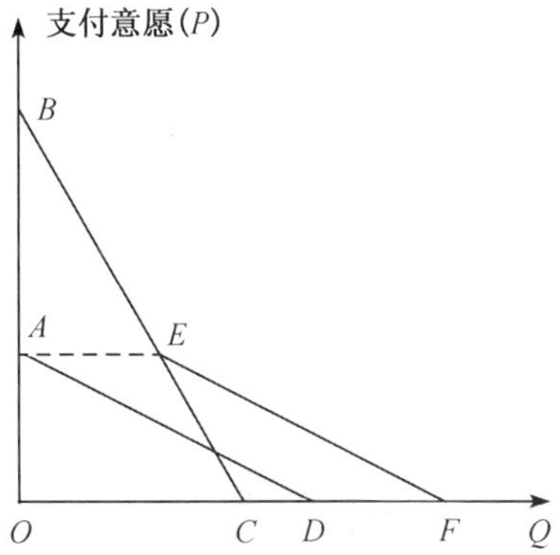

a 私人产品的市场总需求

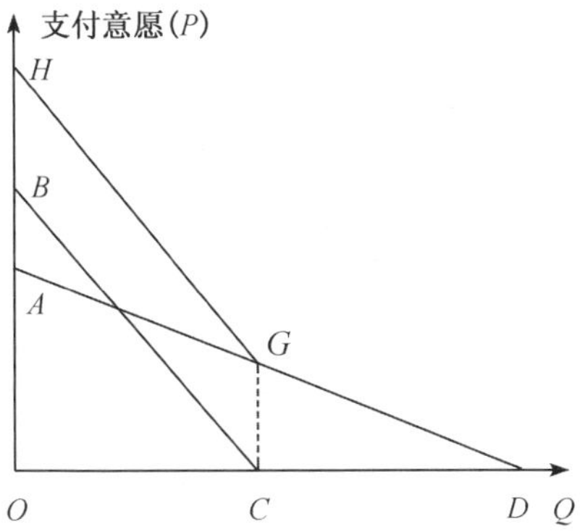

b 公共产品的市场总需求

图 3-6　私人产品与公共产品的意愿的加总

公地悲剧形成的经济分析如下：

假设：有一块牧地，归村民共有，村民可自由并免费放牧；购买 1 头奶牛的成本为 α 元，在这块公地上放牧奶牛 x 头，生产牛奶的收入为 $f(X)$，则养牛的最大利润为：$\max[f(X)-\alpha X]$。可知奶牛牛奶的平均收入为 $f(X)/x$。因此，养牛的最优放牧量必须是奶牛的边际收益等于边际成本，即 $f'(X)=\alpha$。整个牧地的放牧决策原则是：如果一头奶牛的边际收益大于 α，在公地上增加放牧头数是有利可图的；反之，则减少在公地上的奶牛头数是有利可图的。

而个人放牧的决策是：只要 1 头母牛的产出大于这头牛的成本，就有利可图。于是村民个人只关注个人利益，不断增加牛的放牧量，至利润为 0。

由于村民的个人选择不考虑社会成本，使其他母牛的奶产量下降。因为个人增加奶牛数量所增加的成本仅仅是奶牛自身的购买成本，而对整个牧地而言，由于奶牛数量的增加导致牧地过度放牧，牧草减少，进而减少其他牧民的产奶量，增加养牛量的个人并没有承担这部分成本。对此人而言增加奶牛是积极的，其他牧民也同样如此。假定个人生产函数为 $f(y)$，边际外部成本为 mc，个人放牧的最优选择是：$f'(y)=\alpha$，而不是 $f'(y)=\alpha+mc$。

假定：该村母牛的产奶量足够小，牛奶价格给定不变。如有人控制进入公地的牧民数量，则母牛的饲养水平 F^*；F^* 为社会最优利用水平，边际社会成本等于边际收益。

如无人控制进入公地的牧民数量，则母牛的饲养水平 F_c。

当 $F_c<F^*$ 时，个人增加 1 头奶牛的 mc 很小，可忽略不计；

当 $F_c>F^*$ 时，增加 1 头奶牛的 mc 变大，但是个人决策的原则是：$f'(y)=\alpha$，mc 由其他牧民承担。F_c 超过了社会最优利用水平 F^*，造成过度放牧，产生公地悲剧。如图 3-7 所示，当一种资源是共享资源时，该资源就会被利用直到点 F_c，此时私人边际成本等于边际收益。该水平超过了社会最优利用水平 F^*，它由利用资源的边际私人成本与边际收益所决定。

三、解决公共产品供给的途径

(一)林达尔均衡

瑞典经济学家林达尔(Erik Lindahl)提出了一种理论模型用于分析公共品的供给问题，

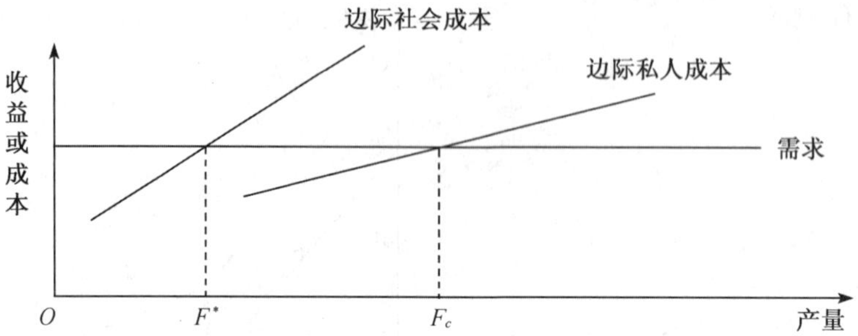

图 3-7 公共资源的个人利用水平和社会最优利用水平

被称为“林达尔均衡”(lindahl equilibrium)。因为瑞典经济学家维克塞尔(Kunt wicksell)也从事过类似的研究,这一模型又被称为维—林模型。

假定社会中有两个人 A 与 B,他们可分别被看作是选举时的两个政党的代表,每个政党内部人们的偏好是一致的。图 3-8 表示两人通过讨价还价来决定各自应负担公共产品成本的比例的情况。

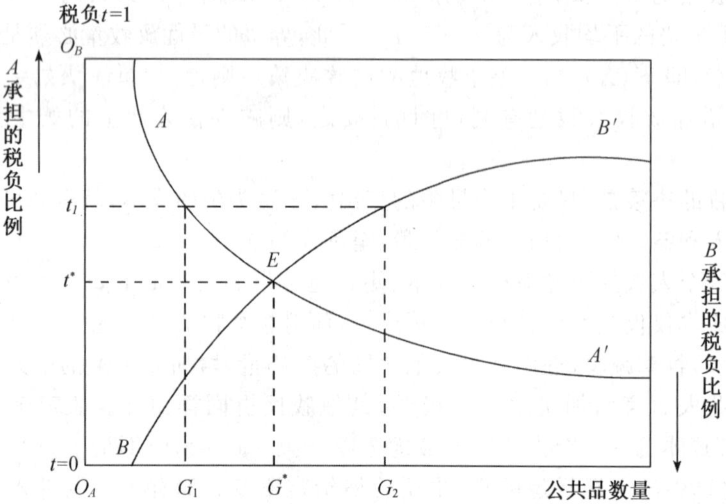

图 3-8 林达尔均衡

A 的行为由以 O_A 为原点的坐标系来描述,B 的行为由以 O_B 为原点的坐标系来描述。将两个坐标系合在一起形成一个盒状图。图 3-8 中纵轴表示个人 A、B 负担的公共产品税负成本的比例,其长度为 1。如果 A 负担的比例为 t,则 B 负担的比例应为 $1-t$。横轴代表公共产品供给的数量,也可看作公共支出的规模。AA' 曲线和 BB' 曲线分别代表个人 A、个人 B 对公共产品的需求。从 A 的角度看,BB' 相当于他面对的供给曲线,因为这条线上的各点反映,如果他承担不同比例的公共产品成本,则他可以得到相应数量的公共产品;同理,B 也把 AA' 看作他的供给曲线,在 AA' 与的 BB' 交点 E,A 和 B 两人经过讨价还价,双方愿意承担的成本的比例加起来等于 1,这时公共产品的产量为 G^*。

如果在纵轴定下一点 t_1,代表个人 A 要负担 t_1 的税收比例,于是 A 就只愿意要 G_1 的公共产品数量，即只会同意 G_1 规模的公共开支，而在 t_1 点，B 要承担 $1-t_1$ 的税负比例，这种税负使 B 愿意要 G_2 的公共产品数量，也就是应同意 G_2 规模的公共开支，显然，不同的税率成本下 A 与 B 两人的公共产品供应的数量差距很大，没有达成一致，这时实力较强的那个人就会获胜。为了解决这种不确定性，林达尔假定两个人势均力敌，双方会继续较量下去，直到税负分配处于 t^* 点。AA' 与 BB' 线相交在 E 点，此时的税负水平为 t^* 点，双方都会同意公共支出的规模为 G^*，曲线 AA'、BB' 的交点 E 所决定的均衡状态就是林达尔均衡。

(二)环境产品的供给

环境产品是一种公共产品，在一定程度上可以为所有人利用，而环境本身又存在一个容量限制，当利用程度超过其容量，公共产品的质量将会下降，出现公共产品的拥挤问题；环境的各种功能之间存在一定的替代性，因此也会产生竞争性使用问题。可见，环境产品具有公共产品的属性，导致其真实需求信息的隐瞒和有效供给的不足；多种功能竞争性使用配置不当导致破坏性利用和环境质量下降，从而出现环境问题。根据功能的差异，环境产品的公共品属性存在不同程度的表现，因此，可以在属性上区分出不同的产权特征，进而可以做出相应的制度安排，以避免环境资源的不当配置。

第五节 资源配置

一、资源配置概述

(一)资源配置概念

在前面分析了资源的稀缺性、外部性、产权和公共产品后，必须综合考虑它们的配置问题。资源配置是指资源之间以及资源与其他经济要素之间的组合关系，以及在时间、空间和产业等方面所作的结构安排。资源合理配置是经济活动必须解决的根本问题。根据经济、技术等条件，把资源的要素进行合理组合，从时间上进行合理分配，从空间上进行合理布局，在产业之间进行合理调整，以充分利用资源，使资源产出的总体效益最大化，满足日益增长的各种社会需要，这就是资源合理配置的基本目标。只有按照一定的目标和准则，通过一定的机制，才能实现自然资源的最优化和可持续利用的总目标。所以，除了遵循经济学基本原理外，自然资源配置还要遵循经济效益、生态效益和社会效益相结合以及最优化和可持续利用等原则。

(二)资源配置的类型

1. 资源要素结构的配置

资源的开发利用是一个复杂的经济过程。在一定的社会技术条件下，由于资源的开发利用存在报酬递减的规律，所以确定资源与其他要素的最佳组合比例，必须考虑资源开发利用的边际成本和边际效益的关系，才能有利于提高资源利用效益。随着资源利用规模和利用集约度的提高，资源利用的边际报酬递减通常在新产量水平下才发生，所以确定资源利用的最佳投入比例和最佳规模是资源要素结构配置的主要内容。

资源多用途配置体现在资源的开发利用结构优化。如果资源开发利用结构发生变化，产业功能和效益也发生变化。因此，通过合理地调整资源开发利用的产业结构。可以改进其产出功能和效益，更好地满足社会需要，这是结构效应的一种表现形式。企业根据当地资源的特点和市场需要，把有限的资源配置在效益较好的生产项目中，建立合理的生产结构，可以取得较好的经济效益和生态效益。在宏观经济管理中，国家要根据整个国民经济发展的阶段和国家资源基础，制定正确的资源开发利用战略和经济社会发展战略，有目的地引导产业结构调整，这是促进国民经济发展的重要手段。

2.资源空间结构的配置

资源在空间位置上配置是指针对资源的客观分布现状和社会经济发展对资源分布的需要，调整资源的空间分布状况，选择最佳的空间条件，提高资源开发利用的整体效益。首先，任何资源的开发利用活动都是在一定的空间区域内进行的，要受到当地自然、社会、经济和技术等因素的综合影响。其次，空间差异性表现在，不同地区的自然资源具有的适宜性特点和比较优势，不同的生产部门也对自然资源条件具有不同的要求，这就要求资源的开发利用要做到因地制宜。再次，资源的利用效率还因其他区域经济发展条件的空间差异而有所变化。这就要求资源的开发利用要充分利用各种空间效应，如区位理论，引力模型，区域差异与分工与协作理论等，使资源的开发利用总社会成本最低且效益最大。对于环境这种特殊的资源来讲，资源的空间配置还要考虑到跨界污染问题、资源环境与贸易、排污税地区差异以及国际环境政策协调等问题。

3.资源开发利用的时间配置

资源的时间分配就是对现在和未来的权衡。即对某种资源的开发与利用做出时间的安排，现在应开发利用多少，需要多少留作未来开发利用，怎样才能对社会的现在和未来都有利。从全人类的整体利益和长远发展来看，资源开发利用的近期与长远利益在根本上是统一的，但对每一代人或某一时期的决策者来说，二者又是相互矛盾的。因为现在的开发利用总是通过各种方式影响到未来的开发利用，现在过多的开发利用常常要以牺牲未来的开发利用为代价。因此，随着人类文明的进步，必然对资源的期间分配给予越来越多的重视。从政治、经济、法律和社会文化等各方面确立资源环境期间优化配置的标准。

(三)资源最优配置的标准

1906 年帕累托《政治经济学教程》一书中提出检验一个社会经济资源是否得到最优配置的判断标准——帕累托效率标准，所谓帕累托标准是指社会资源配置达到这样一种理想状态，在不减少任何人福利的条件下，增加其他人的福利。例如，资源的时间分配问题上，对于特定的资源利用方式，在不减少其他时期福利的条件下，不可能再增加任何时期的福利，这时就达到了帕累托效率标准。也就是说，当资源在各时期的转移不能再增加资源利用的总效益时，资源利用方式才是最佳的。

帕累托标准存在一定的问题，因为在现实生活中，有人变好的同时还有人受损，往往也能促进社会福利的提高，例如，对富人征较高的个人所得税，用于穷人生活条件改善。因此这限制了帕累托标准的实际应用。帕累托也意识到其缺陷，进一步提出了资源配置的帕累托最优，即如果社会经济达到这样一种状态，以至于一个人的境况不可能再变得更好，除非其他人的境况变得更坏，社会福利就不再有改善的可能，这一社会经济处于最优状态。此处可以借助埃奇沃思盒状图 3-9 来表示。

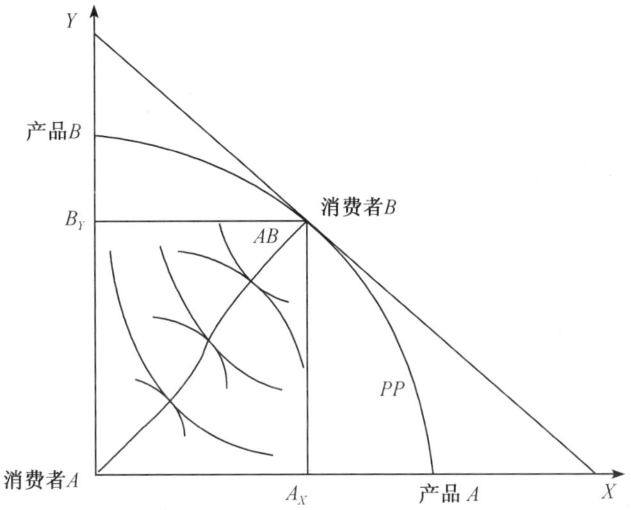

图 3-9 资源最优配置的条件分析

图 3-9 反映了在完全竞争的市场条件下,假设两种产品和要素的价格一定,将两种资源要素全部投入经济系统生产两种产品,两种产品最大可能的组合是曲线 PP,在曲线 PP 上某点的组合表示产品 A 的数量为 X,产品 B 的数量是 Y,再将这样组合的两种产品在两个消费者之间进行最优配置。可以论证,最优的资源配置要求:①实现生产的帕累托最优,即任何生产要素的边际技术替代率彼此相等,而且也应该等于相应生产要素的价格之比;②实现交换的帕累托最优,每个消费者花费的每一分钱得到的边际效用相等,商品在消费者的分配应满足任何商品的边际替代率彼此相等,应该等于相应商品的价格之比;③生产与交换的帕累托最优,要求在生产可能性边界上消费者消费两种产品的边际替代率与产品生产的边际转换率相等。

如果在所有两个消费者的无差异曲线相切点(即曲线 AB,曲线上每个点表示两个消费者的边际替代率相等)中找出一条斜率(边际替代率)和生产产品 A 的数量为 X,生产产品 B 的数量为 Y 的组合点的斜率(边际转换率)相等。此时,无论在生产领域、消费领域还是在生产和消费领域都实现了资源的最优配置。

1939 年卡尔多和希克斯将帕累托的限制条件放宽,提出了潜在帕累托最优标准,指出,不管是否存在受损者,只要受益者的得益能够补偿受损者的损失而有余即可。该标准意味着:如果资源配置所带来的净收益大于零,则该配置就是对社会福利的改善,就值得进行(详见第六章资源产权与生态补偿)。

二、资源配置机制

资源配置机制是指调节资源使用的数量、规模、结构、布局等方面的经济机制,它是经济体制的一项重要内容。虽然经济学家认为市场失灵、政府失灵是环境恶化的两大原因[①],但

①张帆.环境与自然资源经济学.上海:上海人民出版社,1998

是解决资源配置的途径还需要从这市场配置和政府配置两方面着手。

(一)市场配置机制

市场对资源配置起基础性作用。曼昆在《经济学原理》中写道:市场是某种物品或劳务的一群买者与卖者。市场的存在在于为买者和卖者提供物品或劳务交换的平台。市场通过市场机制对资源配置起作用。通常所说的市场机制是指通过市场价格和供求关系变化,以及经济主体之间的竞争,协调生产与需求之间的联系和生产要素的流动与分配,从而实现资源配置的一套系统。市场机制的核心是价格与竞争机制。市场通过价格信号为处于竞争中的主体指示方向;通过竞争,推动和迫使市场主体对价格信号做出反应。要素和资源不断地被配置到那些在市场中降低成本、提高效率的竞争者手中,市场经济由此而发挥配置资源的功能。

根据竞争程度的不同市场可分为竞争市场和非竞争市场。一个完全竞争市场(理想市场)拥有足够多的买者和卖者,没有一个买者或卖者能够操纵或控制市场价格。许多竞争性足够强的市场都可以视为完全竞争市场。个别厂商可以控制产品价格的市场称为非竞争市场。一般认为,竞争市场比非竞争市场在资源配置上更有效率。

(二)政府配置机制

依靠政府调节配置资源,其配置的方法、途径完全不同于市场调节。在完全政府行政配置中,资源配置的决策权力高度集中,物品和劳务的供求信息是自上而下然后再自下而上的纵向流动,行动动力主要来源于对经济当事人行为的限制以及精神的鼓励;在市场形成早期,基于国家安全、社会稳定、总量平衡,政府在资源配置方面发挥了重要作用,是一种较优的选择。但也导致资源市场不存在或狭窄,低效和浪费等一系列弊病。为此,政府需要从完善市场功能的角度出发,制定资源与环境的有关法律法规体系,为资源的使用界定明晰的产权,构建产权交易市场,推动像环境这些公共产品进入市场,提高资源配置效益,借助环境经济政策解决外部性,通过政府的适度参与,完善市场机制,市场机制和政府调控在某种程度上的有机结合是当今世界各国配置资源的共同趋势。

三、影响资源配置的因素分析

(一)市场失灵对资源配置的影响

资产阶级古典经济学认为,市场机制是配置各种社会有限资源的唯一有效、合理的机制。市场对资源配置起作用,需要满足以下条件:所有资源的产权一般来说是清晰的;所有稀有资源都必须进入市场,由供求来决定其价格;公共产品数量不多,完全竞争的市场,没有外部效应,没有短期行为,没有不确定性和不可逆决策。如果这些条件不满足,市场就不能起到有效配置资源的作用,即出现了市场配置失灵的情况。

就资源使用和管理而言,最严重的市场失灵主要有:

1. 是资源产权不存在或不安全

如果资源产权不具备明确定义的、专一的、安全的、可转移的以及可实行的基本条件,市场对于资源的有效配置就会失灵。

2. 无市场和市场竞争不足

如果一些资源的市场还没有发育起来或根本不存在，这些资源的价格为零，那么这些资源会被过度利用而日益稀缺；如果一些资源的市场虽然存在，但资源的市场价格偏低，没有反映生产中资源耗费的机会成本，也会使资源浪费；如果一些资源的市场上买者和卖者的数量很少，或者竞争者太少，这种市场也是一种失效的市场。

3. 外部效应的存在

即企业或个人的行为对活动以外的企业或个人的作用和影响，在这种情况下环境成本排除在市场供求之外，造成资源价格低估，同样会造成资源的破坏与浪费。

4. 公共物品的存在

由于其消费的非排他性，它也是造成市场失效的一个重要原因。

5. 交易费用过高

所谓交易费用，是指市场交易中获取信息、相互合作、讨价还价以及合同执行等所发生的费用，通常情况下，交易费用大小与市场交易所得的好处相比是微不足道的，但如果交易费用额超过市场交易的收益额时，或者买者和卖者数量太小时，市场就难以形成。

6. 未来的不确定性

自然资源保护涉及到未来，而对未来的预期存在明显的不确定性和风险。未来不确定性的产生有两种情况，其一是由于决策者不能控制的因素如天气变化引起的不确定性，其二是市场价格信息虚假即市场扭曲所引起的不确定性。一般来说，不确定性的存在虽然会使市场失效，但它可使人们对自然资源的开发利用更加保守，这有利于环境资源的保护。

市场失灵会导致资源价格不能正确反映其效用和生产成本，从而影响资源的有效配置。市场失灵也会影响到资源拥有者对保持资源与未来收益的预期，从而影响资源的稀缺性度量。事实上，大多数环境恶化和资源利用的低效率都是由于市场机制不健全或市场根本不存在所致。

(二)政府干预对资源配置的影响

市场体系在分配环境资源方面的作用非常有限。首先，从市场配置的条件来看，满足资源有效配置的市场条件很难在现实生活中找到，其次，由于有些资源不能进行有效地产权分割或界定，尤其是环境功能和与环境紧密相连的大气、水、阳光等资源不得不以公共产品的形式提供给使用者，这就排除了市场配置的可能。再次，市场不能对所有的资源进行有效配置，即使有些资源进入市场，但是市场不健全，比如信息缺乏或信息不对称、短期行为存在等，市场配置也存在一定的盲目性，这为政府干预提供了机会。但是市场配置失灵是不是政府干预的充分条件呢？出现市场失灵只是政府干预的必要条件，还要考虑其他两个条件，一是政府干预的效果必须好于市场机制的效果；二是政府干预所得到的收益必须大于政府干预本身的成本即计划、执行成本和所有由于政府干预而使其他部门增加的成本。只有满足后两个条件的政府干预才是有效的。

政府管理对资源的配置能否达到理想的效果依赖于一定的条件。第一，市场失灵时需要政府干预，政府有没有干预。第二，纠正市场政策失灵是不是政府干预的主要目标。第三，政策制定和作用的对象是具有理性的人，其结果的好坏取决于人们对政策的反映。例如，政策的制定者能否拥有较为充分的资源信息，资源开发利用的目标函数是否被详细规定且较为合理，信息能否得到及时有效地处理且不存在信息失真。第四，政府干预是否有未预料的副作用。例如，不收租金而且对伐木进行补贴会鼓励破坏性砍伐。第五，不同的政府政策干预相互影响，是否使激励机制发生了扭曲。第六，与环境无关的政府政策是否比环境政策对环境的影响更大，影响了环境目标的实现。以上每一步，如果政府的决策不是指向资源环境最优配置目标，都会出现政府失灵。

所以，不论是市场还是政府决策，都会导致源配置失效，出现资源的浪费和环境的退化。

(三)贴现和社会贴现率

在处理涉及到几个连续时期、其中某一给定时期内采取的行动将影响到以后若干时期的机会分配这样一类资源配量问题时，传统经济学通常要引入贴现和社会贴现率的概念。

贴现是计算货币时间价值的一种常用方法。从动态观点来看，货币在经济生活中是可以增值的。将一笔资金存入银行，若干时期后，可以在取出本金的同时得到利息收入。同样，如果把资金投入某一产业，则可通过未来若干年的经营实现收回投资和增值。当经济决策涉及不同时期的收益和费用时，不能简单地把不同时期的效益和费用相加减，而要用贴现方法把各个时期的效益和费用折算成“现值”，然后再进行加减运算。同样，资源的期间分配涉及到不同时期开发利用的效益和费用，按照总效益最大化的标准，必须把不同时期的效益和费用进行加总。这时，贴现方法就可用来解决不同时期效益和费用的可比性问题。

根据贴现公式，r 表示贴现率，现在收益为 P，将来时期的收益为 $F=Pg(1+r)^t$。所以，现在与将来的权数之比为$(1+r)^t$，r 值越大，说明贴给现在相对较高的权重。r 值越小，贴给现在相对较低的权重。因此，注重现在收益的决策者倾向于选择较高的贴现率，注重未来收益的决策者倾向于选择较低的贴现率。影响贴现率选择主要因素有：

1. 主观因素

主要包括决策者的时间偏好和风险偏好。时间偏好指决策者对现在和将来的权衡。有人属于“守财型”，注重未来的收益；有人则属于“浪费型”，采取“今朝有酒今朝醉”的态度。

2. 风险偏好

主要指决策者对投资风险的态度，可分为避风险的“保守型”决策者和喜风险的“冒险型”决策者。一般来说，投资风险的高低与投资环境、投资类型和投资期限有关，风险总是与未来联系在一起的。因此，保守型决策者将给现在以较高的权重，选择较高的贴现率。冒险决策者愿意给将来以较高的权重，选择较低的贴现率。

3. 投资环境和条件

贴现率的选择受到投资环境和条件的客观约束。一般来说，贴现率的选择有一个最低标准。首先，不应低于社会的最低安全利率。这可以用政府的长期债券利率来表示。因为购买政府债券是一种无风险的安全投资，其他投资活动都要在一定程度上承担风险和管理负担。其次，在投资方向选择不受限制的条件下，贴现率不应低于社会资产的平均收益率。如果一项投资的预期收益率低于平均收益率，则可以通过投资转移，获得更高的收益。

对于公共投资决策来说，在自然资源的期间分配决策中，应该使用低于一般贴现率的社会贴现率。这是因为：第一，私人决策不可能全面考虑资源开发利用的整体效益和长远影响，公共部门在保护资源和维护人类长远利益方面负有更大的责任，应该给未来以较大的权重，采用较低的贴现率。第二，资源的期间分配往往涉及代际分配问题，而决策是由当代人做出的，后代人没有保护自己利益的能力。因此，应当有意识地使用较低的贴现率，维护后代人的利益。第三，市场利率和收益率是由多种因素决定和经常波动的，它们甚至不能反映正常的时间偏好和资源利用的机会成本。第四，市场利率和收益率包含着私人部门的投资风险保险因素，这一因素在企业决策中是必须考虑的，但在公共部门的社会决策中却可以忽略，因为许多风险都是由收益或成本的转移引起的，对整个社会来说并没有造成损失。基于以上原因，许多人认为公共部门的资源开发利用决策应选择较低的社会贴现率，以反映"社会的时间偏好"。

本章小结

稀缺性、外部性、产权和公共产品这四个问题是影响资源配置的经济学基本问题。稀缺性问题既是经济学的研究的前提，也是资源环境经济学理论的起点。本章阐明了稀缺性的基本概念、产生的原因及后果，提出了稀缺性问题的解决思路。外部性问题是资源环境经济学最为常见的现象，本章从概念、类型、产生原因和后果以及解决方法等。产权方法是分析资源环境领域问题的新方法，本章从其含义、产生原因及解决途径等方面阐述了产权理论。公共产品的产权是资源有效配置的难题，可以通过讨价还价来决定各自应负担公共产品成本可以实现公共产品供应的均衡状态即林达尔均衡。最后，本章阐述了资源配置的概念和种类，尤其是资源环境配置的市场和政府管理两大机制及其缺陷。

案例分析

[案例 1]

争水的游乐场和纺织厂①

假设一条小河的流域内只存在一个游乐场和一个纺织厂，并且纺织厂处于河流的上游，而游乐场处于河流的下游。河流的流量很小，其纳污能力或水环境净化容量几乎为零。纺织厂和游乐场都想利用河流水资源，纺织厂把小河作为纳污体，将未经处理的印染废水直接排入河流；游乐场则想利用河水来吸引旅客休闲娱乐(如游泳、垂钓和划船等)。如果这两家企业或公司不由同一个主人或主管单位所有，那么该河流资源的有效利用是不可能的，其原因可以从以下几方面来分析：①纺织厂不承担废水处理费用；②纺织厂不承担由于它向河流排放废水引起游乐场收入减少的补偿；③纺织厂生产的产品消费者不是游乐场；④游乐场生产函数中的投入要素除了一般的资本、劳动和土地外，还有取自于河流的水量和水质；⑤河流水资源既不为纺织厂所有，也不为游乐场所有。在这种情况下，游乐场收入减少完全不能反映于纺织厂的生产函数或生产费用或成本核算之中，其结果是纺织厂产量越高，排放废水量越大，河流污染也越严重，游乐场的收入也越少，最后招致娱乐场所的关闭或另寻水源。我们称这种纺织厂给游乐场带来不利影响的现象为外部性，确切地说，这是一种负外部性或外部不经济性。

①王金南．环境经济学：理论・方法・政策．北京：清华大学出版社，1994

[案例 2]

圈地运动与公地的悲剧

哈丁在《公地的悲剧》中设置了这样一个场景：一群牧民一同在一块公共草场放牧。一个牧民想多养一只羊增加个人收益，虽然他明知草场上羊的数量已经太多了，再增加羊的数目，将使草场的质量下降。牧民将如何取舍？如果每人都从自己私利出发，肯定会选择多养羊获取收益，因为草场退化的代价由大家负担。每一位牧民都如此思考时，"公地的悲剧"就上演了—草场持续退化，直至无法养羊，最终导致所有牧民破产。

公地的悲剧是产权不明导致的经济后果。一种资源在产权归属不清晰的情况下，会因使用者大量甚至过度利用而耗竭；由于缺乏产权保护，使用者不愿为资源的有效利用进行一定的专用性投资或补偿，最终导致资源的破坏性开采和利用。只有当资源的产权明晰后，为获得长期稳定的收益，资源的所有者才会对资源采取有效的保护措施。

"公地的悲剧"在英国是和"圈地运动"联系在一起的。15、16 世纪的英国，草地、森林、沼泽等都属于公共用地，耕地虽然有主人，但是庄稼收割完以后，也要把栅栏拆除，敞开作为公共牧场。由于英国对外贸易的发展，养羊业飞速发展，于是大量羊群进入公共草场。不久，土地开始退化，"公地的悲剧"出现了。于是一些贵族通过暴力手段非法获得土地，开始用围栏将公共用地圈起来，据为己有，这就是我们历史书中学到的臭名卓著的"圈地运动"。"圈地运动"使大批的农民和牧民失去了维持生计的土地，历史书中称之为血淋淋的"羊吃人"事件。但是书中没有提到："圈地运动"的阵痛过后，英国人惊奇地发现，草场变好了，英国人作为整体的收益提高了。由于土地产权的确立，土地由公地变为私人领地的同时，拥有者对土地的管理更高效了，为了长远利益，土地所有者会尽力保持草场的质量。同时，土地兼并后以户为单位的生产单元演化为大规模流水线生产，劳动效率大为提高。英国正是从"圈地运动"开始，逐渐发展为日不落帝国。"圈地运动"在道德与正义上是反动的，但由于产权的私有化消除了公地悲剧，提高了经济效率，推动了英国的经济增长。

思考与练习

1. 如何理解稀缺性是资源环境经济学研究的前提和出发点？
2. 稀缺性问题产生的原因是什么？
3. 解决稀缺性问题的途径有哪些？
4. 如何理解资源配置对缓解资源稀缺的意义？
5. 简述外部性有哪些类型？举例说明。
6. 解决外部性问题有哪些途径？
7. 简述产权的含义、类型和经济功能。
8. 解决产权问题的途径有哪些？
9. 分析科斯定律与产权配置效率的关系。
10. 公共产品的属性有哪些？
11. 画图分析林达尔均衡与公共产品的供应。
12. 分析"公地的悲剧"的产生，并画图分析。

13. 简述资源最优配置的标准，并画图分析。

14. 简述资源有效配置的类型。

15. 分析影响资源配置的影响因素。

参考文献

[1] 阿兰·兰德尔. 施以正译. 资源经济学. 北京：商务印书馆，1989.

[2] Judish Rees. 自然资源：分配、经济学与政策. 北京：商务印书馆，2002.

[3] Libecap. 产权的缔约分析(中文版). 上海：上海社会科学出版社，2001.

[4] 托马斯·思德纳(瑞典)著. 张蔚文，黄祖辉译. 环境与自然环境管理的政策工具. 上海：上海人民出版社，2005.

[5] 汤姆·泰坦伯格著. 严旭阳译. 环境与资源经济学. 北京：经济科学出版社，2003.

[6] 罗必良. 新制度经济学. 太原：山西经济出版社，2005.

[7] 曲福田. 资源经济学. 北京：中国农业出版社，2001.

[8] 沈满洪. 资源与环境经济学. 北京：中国环境科学出版社，2007.

[9] 左玉辉. 环境经济学. 北京：高等教育出版社，2003.

[10] 张文秀. 资源经济学. 成都：四川大学出版社，2001.

[11] 姚志勇，等. 环境经济学. 北京：中国发展出版社，2002.

[12] 王金南. 环境经济学：理论·方法·政策. 北京：清华大学出版社，1994.

[13] 王志红. 环境经济学. 沈阳：东北大学出版社，2004.

[14] 杨云彦. 人口、资源、环境经济学. 北京：中国经济出版社，1999.

[15] 陈惠雄. 快乐原则——人类行为的经济分析. 北京：经济科学出版社，2003.

[16] 李世涌，朱东恺，陈兆开. 外部性理论及其内部化研究综述. 中国市场，2007(8).

[17] 麦里克·弗里曼. 曾则刚. 环境与资源价值评估. 北京：中国人民大学出版社，2002.

[18] 苏明山. 资源综合管理技术. 北京：中国环境出版社，2005.

[19] (美)A. 迈里克·弗里曼著. 曾贤刚译. 环境与资源价值评估：理论与方法. 北京：中国人民大学出版社，2002.

[20] 李齐云. 政府经济学. 北京：经济科学出版社，2003.

第四章　自然资源的价值与估价

学习目的：熟悉自然资源价值理论的发展脉络，掌握影响资源价格的因素，了解自然资源价值估算的方法，能运用简单估价方法对自然资源价值进行初步估算。

第一节　资源的价值观

价值理论是经济学中的基础理论，自然资源的价值与估价是建立在价值理论基础上。18世纪至19世纪末，亚当·斯密、李嘉图、马克思、马歇尔等经济学者纷纷提出了自己的价值理论。总的来说，价值理论可分为两大学派：劳动价值论和供求价值论——供求价值论包括了生产成本价值论和效用价值论。

价值与价格含义不同。关于价值的含义，亚当·斯密认为："价值一词有两个不同的意义。它有时表示特定物品的效用，有时又表示由于占有某物品而取得的对他种货物的购买力。前者可叫做使用价值，后者可叫做交换价值。"[①]这和"价值"在中文中的含义是一致的。商品的交换价值也叫价格。由于供求原因，商品的交换价值即价格在不断地上下波动，价值论就是要解决"商品交换价值波动的中心是由什么决定的"这个问题。亚当·斯密将价格波动的中心称之为真实价格、自然价格、普通价格或中心价格[②]，也就是经济学意义上的"价值"(value)，与"价格"(price)相对应。也就是说，价值的本来含义是商品价格的波动中心。后来马克思将"价值"定义为"凝结在商品中的一般人类劳动"，即由劳动创造的并且可以以劳动时间来度量的一个值，这个定义和"价值"的本来含义——商品的真实价格、自然价格或价格波动的中心——实际上已经是两个概念。按照劳动价值论的观点，自然资源是没有价值的，因为它不是劳动创造出来的，而按照"价值是价格波动的中心"即供求价值论的观点，自然资源是有价值的。

一、资源无价值论

(一)威廉·配第的价值论

威廉·配第(William Petty，1623—1687)生活在重商主义向古典经济学转化的时期，他提出了著名的论断"劳动是财富之父，土地是财富之母"，这个论断把人们从"财富就是金银"，"要增加财富就要多卖少买"的重商主义直觉中解放出来，强调财富主要是生产(当时主

---

①② 亚当·斯密．国民财富的性质与原因的研究．北京：商务印书馆，2005，p25

要是农业生产，离不开土地）创造出来的，而不是流通创造出来的，这是威廉·配第的重大贡献。他的思想中包含了劳动价值论的萌芽，“我认为它值多少货币，就看另一个在同一时间内专门从事货币与铸造的人除去自己的费用之外还能剩多少货币，也就是说，假定这一个人前往生产白银的地方，在那里采掘和提炼白银，然后把它运到另一个栽培谷物的地方铸成货币，并假定这一个人在从事这些工作的时候，也能得到生活必需的食物和衣服。我认为这个人的白银和另一个人的谷物，价值一定相等”①。可以想象，如果土地、银矿都是非私有、非垄断的，是人人可以免费种植或采掘的，那么上述结论无疑是正确的。威廉·配第为经济学突破重商主义做出了很大的贡献。不过他虽然有劳动价值论的萌芽，但没有正式提出自己的价值理论——财富论不同于价值论，财富是使用价值概念，价值是交换价值概念。

（二）亚当·斯密的价值理论

亚当·斯密（Adam Smith，1723—1790）认为：在没有资本积累和土地公有的情况下，商品价值是由劳动时间决定的，而在有资本积累和土地私有的情况下，则是由工资、利润和地租决定的。“在资本积累和土地私有尚未发生以前的初期野蛮社会，获取各种物品所需要的劳动量之间的比例，似乎是各种物品相互交换的唯一标准。例如，一般地说，狩猎民族捕杀海狸一头所需要的劳动，若二倍于捕杀鹿一只所需要的劳动，那么，海狸一头当然换鹿二只。”②但在有资本积累即生产中要运用资本以及土地（土地是自然资源的代表）私有的情况下，商品的价值等于工人工资、资本利润和土地地租三者之和或其中部分之和。由于竞争，在一个国家的一定时期，劳动的工资、资本的利润和土地的地租都有一个平均值，亚当·斯密称之为普通率或平均率，它们相加就可以得到商品的价值。所以亚当·斯密的价值论实际上是劳动价值论和要素价值论即收入价值论的双重价值论。

收入价值论的问题在于：①在有商业秘密或制造秘密或有垄断的情况下，市场价格就会持久地高于自然价格，即平均劳动工资、平均资本利润和平均土地地租之和，到底高出多少，无法确定。②在没有秘密或垄断的情况下，工资、利润和地租的平均值如何确定无法说明。亚当·斯密认为劳动产出构成劳动的自然工资，在土地公有和无资本的原始社会状态下，劳动工资就是全部劳动产物，但在土地私有和生产需要资本的情况下，要从劳动产物中扣除地租和资本利润，也就是说，劳动工资＝产品价值－（利润＋地租），而产品价值＝工资＋利润＋地租，这实际上是一种循环论证。

亚当·斯密的双重价值论虽然有不可克服的困难，但他意识到资源公有且无资本时代的价值规律和资源私有且有资本时代的价值规律是不同的，这是难能可贵的。

（三）马克思劳动价值论

李嘉图（David Ricardo，1772—1823）继承了斯密的劳动价值学说，马克思（Karl Marx，1818—1883）又将李嘉图的劳动价值学说加以深化发展，并认为：“价值”是凝结在商品中的一般人类劳动，即商品价值只取决于生产商品的劳动时间，当然不是简单的劳动时间，而是按照一般人类劳动来计算的时间，价值又分解为工资、利润和地租，工资、利润、地租孰高孰

①威廉·配第．赋税论．北京：商务印书馆，1996．p41-42

②亚当·斯密．国民财富的性质和原因的研究．北京：商务印书馆，1972．p42

低不影响商品的价值。这就解决了亚当·斯密的收入价值论的循环论证问题。马克思劳动价值论深刻揭露了资本主义原始积累时期的残酷剥削，产生了巨大的影响，是共产主义运动的经济理论基础，但是在解释今天的现实时遇到了较大的困难：①由于商品价值与劳动时间的背离越来越严重，劳动价值论用复杂劳动是简单劳动的倍乘来解释这个现象，但这个倍数难以确定。马克思认为等于复杂劳动的学习培训费用与简单劳动的学习培训费用之比，但这和现实常不吻合，因此一些学者常常用复杂劳动商品的价值与简单劳动商品的价值之比来“倒推”复杂劳动和简单劳动的倍乘比例，但这实际上是循环论证了。②联合生产产品的价值确定困难。所谓联合生产产品就是同一个劳动同时生产出来的产品，例如鱼头和鱼身，它们的价值如何确定？③马克思把劳动力价值定义为劳动力维持生存和再生产所必需的生活资料价值，与今天发达国家的现实不再吻合。④认为资本是“死劳动”，所以不“创造”价值，因此所取得的利润全部是剥削而来的，这种观点难以服人，也不利于经济发展。因为资本虽是“死劳动”，但既然它是生产所必需的，是“活劳动”创造价值不可缺少的，则它的主人获取一定报酬就是合理的，否则他凭什么提供资本来让你创造价值？如果剥夺他获利的权利，则资本无人提供。⑤按照这种理论，只有人类活劳动才创造价值，自然资源中不包括人类活劳动，所以没有价值，不承认自然资源的价值，这样做的结果必然导致社会对自然资源的轻视和浪费。

二、资源有价值论

（一）效用价值论

1. 一般效用价值论

效用价值论认为商品价值取决于其带给人的效用。一件商品能够值钱，归根结底是它对人有用，如果没有用，哪怕它的成本再高，它包含的劳动量再大，也一钱不值。劳动价值论认为：“没有一个物可能是有价值而不是使用物品（使用价值）。如果物没用，那么其中包含的劳动也没用，不能算作劳动，因此不形成价值。”[①]如果说劳动价值论是站在生产的角度来考虑价值问题，那么效用价值论就是站在消费的角度来考虑价值问题。效用是人们对商品的一种主观评价，所谓萝卜白菜各有所爱，不同的人、同一个人在不同的情况下对同一个商品的评价都不相同，因此效用价值论是一种主观价值论。按效用价值论，自然资源无疑是有用的，生产商品的所有原材料都离不开自然资源，如粮食、水、金属、石油、煤炭，另外，美丽的景色、生物多样性等无疑也是很有用的，因此他们都是有价值的。这个理论可以解释自然资源有价值的问题，但却不能解释“为什么水的用途最大，但却很便宜，钻石基本没什么实际用途，却很贵”的“价值悖论”，因此一般效用价值理论不足以解释资源的价值问题。

2. 边际效用价值论

“价值悖论”限制了主观效用价值论的发展，不过边际效用价值理论克服了这个问题。边际效用价值论是19世纪70年代英国的杰文斯、奥地利的门格尔和法国的瓦尔拉斯几乎同时提出来的。所谓边际效用价值论就是指商品的价值是由其边际效用决定的，不是由其总效用决定的。物品的边际效用随着商品消费的增加而减少，这就是边际效用递减定律。

①马克思. 资本论. 1卷. 北京：人民出版社，1975. p8

按照这个理论,水虽然对人的价值极大,但因为水非常丰富,所以其边际效用很小,钻石虽然几乎没有什么实用价值,但由于其数量极少,边际效用很大,所以很贵。同理,以前当自然资源很丰富的时候,到处是美丽的景色、新鲜的空气和清洁的水源,它给人们带来的边际效用小,价值就很低,而现在环境被破坏了,美丽的景色消失了,新鲜的空气没有了,水源污染了,这时它们的边际效用就高了,价值就高了。近年来,随着石油、有色金属、稀土矿的可采储量越来越少,其边际效用越来越高,价值也越来越高。

(二)稀缺价值论

所谓"物以稀为贵",稀缺价值论就是认为物品越稀缺价值越高。按照该理论,自然资源因为稀缺而具有了价值。

稀缺是伴随着人类从始至终的。在有人类出现以前自然界是不存在稀缺性的,但出现了智慧生物—人类—以后,稀缺性就如影随形了。由于人类需求的不断增长,在开发资源的过程中,总是在努力克服稀缺性,但往往又带来新的稀缺性。在远古时期,人类只能靠采摘果实和打猎为生,野生动物和果实毕竟有限,后来人们发明了耕种和养殖,也就是农业和畜牧业,解决了一些稀缺性;但随着人口的增加,人类需要越来越多的耕地,于是森林被砍伐得越来越多,森林的稀缺性又凸显出来了。工业革命又使人类克服稀缺性的能力获得了飞跃,农药化肥的发明使粮食产量成倍提高,化工、电力、交通、通讯、电子等方面的发明使人类获得了以前不可想象的丰富的物品,而这些物品的生产是建立在自然资源的基础上的,这些资源,特别是不可再生资源的数量是有限的,随着开采量的增加,人们又面临着新的稀缺性。稀缺价值论和边际效用论实际上是相伴而生的。

(三)地租理论

地租理论用来分析资源价值的形成和决定。地租是土地所有者凭借土地所有权获得的收入。矿藏等自然资源与土地的特性一样,因此都可以用地租理论来对其价值进行分析。

地租有两种形式:级差地租和绝对地租。这两种地租是由两种垄断产生的,经营垄断产生级差地租,所有权垄断产生绝对地租。各类土地的谷物都按劣质土地的谷物价格出售,这样,经营优质土地的资本不仅可以获得平均利润而且可以获得超额利润,这个利润归土地所有者所有,叫做地租。这种由等量资本投在不同土地上引起的级差收益转化来的地租,叫级差地租。级差地租又有两种形式:级差地租Ⅰ和级差地租Ⅱ,前者是由土地自然肥力的差异、位置的好坏等自然因素的区别而发生的级差地租,后者是在同一块土地上连续追加投资,而每个投资有不同的生产率所产生的。从级差地租看,最劣的土地没有地租,但事实上,在土地私有的情况下,租种土地都要缴付地租,否则地主宁愿让土地闲置,这种地租就是绝对地租。绝对地租产生的原因是从整体上说是农业用地的稀缺性。

劳动价值论者一般用地租理论来说明资源价值,不过它认为资源价值是一种"虚拟价值",即本身无价值,其市场价值是对其他由劳动创造的价值的一种剥夺。

(四)供求价值论

供求价值论也就是均衡价值论,它认为商品价值是由供给和需求同时决定的,即由需求者和生产者同时决定。在历史上分别出现了客观价值论和主观价值论,即成本价值论和效用价值论两种主张,双方争论非常激烈。最后,马歇尔将两种观点综合起来,认为边际效用决定了商品的需求,生产成本决定了商品的供给,需求曲线向下倾斜,供给曲线向上倾斜,二者的交点,决定了商品的均衡价格和数量,需求和供给的移动影响均衡价格和数量。这一理论从生产者和需求者双方来说明价值的决定,具有较强的说服力,成为现代经济学的标准价值理论。

(五)补偿价值论

所谓补偿价值论,就是可再生资源的价值是补偿、恢复其原有状态所需要的代价。其思路是假定自然资源保持不变,那么人类使用以后应该使其恢复原状,或者说,如果人类使用后能够使其恢复原状,那么自然资源就没有损耗,资源的价值可以用补偿、恢复的代价来衡量。这一思路有其合理性,即资源如果没有损耗则其价值就没有减少,因此,资源价值的减少就是其恢复成本。这一理论反映了自然资源的有限性,体现了可再生资源的恢复和更新要求。在自然资源被开发利用的范围和幅度有限的情况下,可再生资源可自然再生和恢复,但当今人类开发利用自然资源的规模和强度常常超过了自然资源自身恢复的能力,要使其再生和恢复就必须予以人工的帮助,这种人工帮助的耗费就是资源的补偿价值。这种方法不仅是合理的而且是较为实用的,所以自然资源价格尤其是可再生自然资源的价格可以依据补偿的费用来确定。其缺点是不适用于不可再生资源,也不能反映资源的效用价值—在自然资源可以自然恢复的情况下,按补偿价值论自然资源是没有价值的,这当然是不正确的。

(六)边际机会成本论

边际机会成本理论被广泛地用于自然资源定价。边际机会成本(*MOC*)理论认为:自然资源的消耗使用应包括 3 种成本:①边际生产成本(*MPC*),它是指为了获得资源,必须投入的直接费用;②边际使用者成本(*MUC*),即将来使用此资源的人所放弃的净效益;③边际外部成本(*MEC*),外部成本主要指在资源开发利用过程中对外部环境所造成的损失,这种损失包括目前或者将来的损失。

上述 3 项可以用下式来表示:

$$MOC = MPC + MUC + MEC \tag{4-1}$$

该理论认为:*MOC* 表示由社会所承担的消耗一种自然资源的全部费用,在理论上应是使用者为资源消耗行为所付出的价格 P,即 $P = MOC$。而当 $P < MOC$ 时则会刺激资源过度使用,$P > MOC$ 时就会抑制正常的消费。

MOC 将资源与环境结合起来,从经济学的角度来度量使用资源所付出的全部代价,它弥补了传统的资源经济学中忽视资源使用所付出的环境代价以及后代人或者当代受害者利益的缺陷,可以说是一个新突破。另外,*MOC* 可以作为决策的有效判据来判别有关资源环境保护的政策措施是否合理,包括投资、管理、租税、补贴以及自然资源的控制价格等。但将其应用于自然资源价格测算仍存在着严重的缺陷,主要表现在:①应用较困难。在公式 $MOC = MPC + MUC + MEC$ 中,*MPC* 的获取比较容易,而 *MUC*、*MEC* 则比较困难。②缺乏可比性。由于同一资源在不同地区的 *MUC*、*MEC* 的计算内容和方法不同,使 *MOC* 缺乏可比性,难以进行时空分析和从宏观上把握资源价格的变化。

第二节　自然资源估价方法

对自然资源进行准确的估价是保护和合理使用自然资源的前提。估算自然资源的价值不应完全按市场价格来计算。首先，自然资源估价常常发生在交易之前，交易是在估价的基础上进行的。其次，市场交易价格有时不能反映自然资源的真实价值。我国自然资源公有造成所有者虚置(即名义上有所有者，实际上没有人真正关心它)，“公”所含的群体越大，人们的关心度就越低，所以，公有往往造成对资源的免费使用；即使资源有明确的所有者，也不能保证其价格反映其长期价值，因为人的预见能力有限，在提前变现的冲动下，资源价值往往被低估。第三，有些自然资源没有交易或交易很少，要揭示其价值必须进行评估的方法。

资源估价方法有市场比较法、收益还原法、重置成本法、生产成本法、机会成本法、替代价格法、影子价格法等，比较常用的有市场比较法、收益还原法、重置成本法。

一、市场比较法

市场比较法也称市场法，是指利用市场上同类或相似资源的近期交易价格，经过直接比较或类比分析估算资源价值的各种技术方法的总称。市场比较法的理论基础是供求价值论。由于市场法的价格直接来源于市场，评估过程简单，操作方便，因此在市场经济发达的国家得到了广泛的运用，随着我国市场经济的迅速发展，在我国的运用将会越来越多。

运用市场法估价有一定的前提条件。第一要有一个活跃的公开市场；第二，资源要有可比性，可以通过对已成交的资源价格进行时间因素、地域因素、资源质量因素等的调整得到待估资源的价格。

市场法的主要优点是操作方便，易于被各方理解和接受；缺点是需要完善的市场，在现行市场价格难以准确反映自然资源的未来价值和潜在价值的情况下，运用这种方法评估出的价格偏低。总的来说，市场法是最现实可行的资源价值评估方法，在可以采用的情况下应尽量采用。例如，矿产资源的价值一般采用市场比较法进行。

市场法的估价公式为：

$$V_t = \frac{\sum_{i=1}^{m}\left(V_{ri}\prod_{j=1}^{k}K_j\right)}{m} \qquad (4\text{-}2)$$

式中，V_t 为待评估矿产资源的评估价值；i 为已交易参照矿产资源数目，$i=1、2\cdots m$；V_{ri} 为第 i 个参照矿产资源的交易价格；j 为影响因素，如品级、价格、规模等的编号，$j=1、2\cdots k$；K_j 为第 j 个影响因素调整系数。

$$K_j = \frac{C_{tj}}{C_{rj}} \qquad (4\text{-}3)$$

式中，C_{tj} 为被评估矿产资源第 j 个因素现状；C_{rj} 为参考矿产资源第 j 个因素现状。

二、收益还原法

收益还原法是按照资产评估中以本求利的思路，通过资源未来预期收益的现值来判断资源价值的方法。它利用投资回报和资源折现手段，根据评估对象的预期产出能力和盈利能力确定评估对象的价值。根据评估对象的预期收益来评估其价值，容易被各方接受，因此，收益还原法是比较普遍的资源价格估价方法。

根据评估对象有无期限和各期收益是否等额可分为以下几种情况：

有限期收益法公式为：

$$V = \sum_{i=1}^{n} R_i/(1+r)^i \tag{4-4}$$

式中，V 为待评估资源的收益现值；R_i 为未来第 i 年纯收益，有限期还包括期末资产剩余净值；r 为折现率，一般为正，也可能为负，比如当通货紧缩时；n 为资产收益年限。

若各期纯收益固定等于年金 A 时，公式简化为：

$$V = A\sum_{i=1}^{n} 1/(1+r)^i = \frac{A}{r}\left[1-\frac{1}{(1+r)^n}\right] \tag{4-5}$$

无限期收益法公式为：无限期收益只有在各期收益固定或有规律变化的情况下才可以估算。

(1)各期纯收益固定等于年金 A，折现率大于 0 时，

$$V = \sum_{i=1}^{\infty} A/(1+r)^i = A/r \tag{4-6}$$

折现率小于 0 时，$V=\infty$。

(2)T 年(含 T 年)以前各年纯收益变化，T 年以后每年纯收益固定，折现率大于 0 时，

$$V = \sum_{i=1}^{\infty} R_i/(1+r)^i = \sum_{i=1}^{T} R_i/(1+r)^i + \frac{A}{r(1+r)^T} \tag{4-7}$$

例如，一块土地如果未来第 i 年的地租收益是 R_i，利率为 r，则土地价值 $V = \sum_{i=1}^{\infty} R_i/(1+r)^i$。类似地，其他资源价值也可以由其利用年份、利用量、成本和价格来确定。

收益还原法也有很大的局限性。首先，资源未来的收益难以确定，例如，原油价格未来可能因为存量越来越少而升高，也可能因为新的替代能源的发明而降低。第二，折现率难以确定，而折现率的微小变化都可能引起资源现值的巨大变化。因此，收益还原法尽管在理论上很完善，但在实际应用中有一定难度，也容易引起争议。

三、重置成本法

重置成本法也称恢复成本法，其理论基础是补偿价值论，即重新购建与被估计资源相同或类似的全新资源所需要的全部费用(重置成本)，扣除磨损、贬值等因素，作为被评估资源价值的方法。用公式表示如下：

$$V = C_{re} - D_f - D_p - D_e \tag{4-8}$$

式中，C_{re} 为重置成本；D_f 为功能性贬值；D_p 为实体性贬值；D_e 为经济性贬值。

功能性贬值是指由于技术进步造成的贬值，比如计算机，由于更新换代快，贬值很快。

功能性贬值包括成本的相对增加和利润的相对减少，因此，可以用以下两式计算：

$$D_f = \Delta C r_c \tag{4-9}$$

或

$$D_f = \Delta P r_c \tag{4-10}$$

式中，ΔC 为使用被评估资源生产成本相对增加额；ΔP 为使用被评估资源生产销售额相对减少值；r_c 为剩余使用年限年金折现系数。

实体性贬值是指资源使用或开采所造成的折旧，可以用观察法和使用年限法来估算。观察法也称成新率法，即成色新旧率法，计算公式为：

$$D_p = C_{re}(1-n) \tag{4-11}$$

使用年限法计算公式为：

$$D_p = (C_{re} - M_r)Y_1/Y \tag{4-12}$$

式中，n 为资源成新率；M_r 为资源报废清理时的残值；Y_1 为资源实际使用年限；Y 为资源总使用年限。

经济性贬值是指由于通货膨胀、市场变化等引起的贬值，可以用下式计算：

$$D_e = M_1(1-t_1)r_c \tag{4-13}$$

式中，M_1 为资源年收益损失金额；t_1 为所得税率；r_c 为剩余使用年限年金折现系数。

重置成本法有其合理性，比较适用于对资源或环境损失的估价。但也有缺点：一是不能反映资源的效用价格、需求价格；二是对不可恢复资源（如石油开采、种群灭绝）用重置成本法是无法估测其价格的；三是资源的完全重置基本上不可能，有些只能是部分的重置。例如，用化肥替代土壤流失的营养元素但并不能重建土壤结构；植树难以恢复因修路砍伐的林木的生物多样性。

四、生产成本法

生产成本法认为商品价值是由生产成本决定的，认为资源价格等于开采、运输、加工的成本，而资源本身是无价值的。例如城市自来水的价格等于引水、净化等加工成本，不包括用水成本；森林的价格等于采伐、运输木材的价格，不包括森林的价值。

生产成本法实质上是劳动价值论在资源估价中的体现，这种资源估价方法只从生产的角度而没有从需求等角度考虑价值，资源的估价中只包含加工成本，不包含资源本身的价值，因此并不合理。此外，这种方法适用于完全竞争或接近于完全竞争的商品价值的评估，但对于垄断性商品则不适用。计划经济和资源国有的国家对资源定价往往是采用生产成本法，例如，我国很多国有矿产长期都是按生产成本法定价的，因而造成资源开发和利用中的大量浪费。

五、机会成本法

机会成本是指在生活中我们随时做出任何选择都必须放弃其他选择机会，其他选择所能产生的收益对我们做出的选择来说可以算作一种成本，即机会成本。例如，城市中一块土地被开辟为公共绿地，就要放弃兴建工厂带来的收益；一种不可再生资源（如煤炭）用作燃料就不能用来以生产(例如焦化)化工产品等等。放弃的选择一般不只有一种,其收益有高有低,应该说它们都是选择的机会成本,但为方便起见,把其中最高的收益称为机会成本,因此,机会成本是放弃的选择里能够提供的最大收益。

例如一块土地,如果种稻谷,纯收益是 1 000 元/年;种小麦,纯收益是 800 元/年;种果树,纯收益是 2 000 元/年;种药材,纯收益是 3 000 元/年。那么,如果选择种稻谷,其机会成本就是 3 000 元/年;若选择种药材,机会成本就是 2 000 元/年。这样,种稻谷的经济利润=1 000-3 000=-2 000(元/年),而种药材,经济利润=3 000-2 000=1 000(元/年)。也就是说,种粮食虽然从会计角度讲有利润,但从机会成本的角度讲其利润是负的,只有种药材才能产生利润。因此,引入机会成本概念以后就可以衡量每种选择是不是最佳的,如果不是,其经济利润就是负值。

运用机会成本法进行资源估价是采用边际机会成本定价法。其公式为:

$$MOC = MPC + MUC + MEC \tag{4-14}$$

式中,MOC 为边际机会成本;MPC 为边际生产成本;MUC 为边际使用者成本。

其中,MPC 指为获得资源必须直接投入的边际费用;包括收获资源必须支付的原材料、动力、工资、设备等,或分为包括边际勘探成本、再生产成本、管理成本等,或分为短期的固定成本和可变成本以及长期的可变成本。MUC 指以某种方式使用此资源的边际数量所放弃的以其他方式利用此资源可能获得的最大边际净效益,可以是现在使用该自然资源所放弃的将来使用所带来的纯收益,或能够获取的边际私人纯收益,或是将来在某一价格水平上被使用替代品或替代技术的价格;MEC 指在资源开发利用过程中对外部环境所造成的当代或者未来的非市场性的边际损失。资源开发产生的外部性,这些环境损失应得到全面地计算。(详见第五章环境效益与损害评价)。

机会成本概念揭示了这样一个理念:资源是有限的,而人的欲望是无穷的,要用既定的资源来尽可能地满足人的欲望,就应该把每个资源(包括自然资源和人力资源)都用到最有价值的地方,考虑价值时不仅要考虑资源使用的直接收益,而且要考虑它的其他选择。

机会成本法常常适用于无市场价格特征或效益很难计量的自然资源估价。例如森林资源,可以把森林砍伐其木材可以做燃料、做家具,也可以不砍伐而提供野生动物、涵养水土、保证生物多样性、吸收二氧化碳产生氧气做地球之肺等生态服务,因此森林价值可以用森林作为木材的价值与森林的生态服务价值比较后,取其最高者来确定。

六、替代价格法

替代价格法也叫替代市场价格法(surrogate market approach)是指用资源替代物的市场价格来衡量没有市场价格的资源价值的方法。替代价格法的理论基础是效用价值论,即商品的价值在于提供边际效用,具有相同边际效用的商品其价值应该相同。不可再生性稀缺资源的替代价格就是发现、开发和获取替代资源的成本费用。技术进步可以使不可再生性稀缺资源被各种其他资源或产品替代,例如铜、铁、铝等被塑料替代,棉、麻布被化纤替代。替代的趋势是不断变化的,以前是由石油、煤炭来替代木材作为燃料,随着石油煤炭的可开采量越来越少,现在改由其他物质来替代石油和煤炭。例如用生物发酵制造的乙醇来替代汽油,用太阳光来替代石油和煤炭等。

替代价格法使用的关键是确定哪些可交易的市场物品是资源的可以接受的替代物。有些可交易的市场物品只是资源所能提供的全部价值中的一部分。例如，游泳池不能替代一片海滩，动物园不能替代野生动物的栖息环境等。替代价格的确定还取决于科技的发展，如果一种资源的可开采储量即将用完却还没有找到有效的替代品，那么它的稀缺性就会增加，市场价格就会直线上升。

替代价格实际上已经影响了资源的实际价格。比如1980年经济学家朱利安·西蒙(J. Simon)[①]对罗马俱乐部的《增长极限》和卡特总统的特别顾问巴尼的《公元2000年的地球》中关于资源稀缺前景的悲观估计持有强烈异议，他断言5种金属的价格到1990年时会降下来。谁若认为金属价格会上涨，可与他打赌。斯坦福大学的种群生物学家保罗·厄尔利希和他两位在加利福尼亚大学伯克利分校的物理学家朋友接受了挑战。最后，5种金属平均下跌了576美元，厄尔利希等3人规规矩矩地按事前约定赔了钱。[②] 本来这些不可再生资源随着开采量的减少价格应该升高的，但实际上却降低了，如果考虑到通货膨胀因素，这些金属的价格下降得应该更多，原因就在于塑料等石油化工产品对它们的替代。

七、影子价格法

(一)国内外学者的观点

影子价格(shadow price)是目前国内外非常流行的资源估价方法。由于该方法在国民经济评价和项目评价中使用很多而且比较难以理解，所以在此较为详细地阐述。

荷兰经济学家詹恩·丁伯根在20世纪30年代末首次提出：影子价格又称“计算价格”、“最优价格”、“预测价格”，是运用线性规划的数学方式计算的能反映社会资源获得最佳配置的一种价格。他认为影子价格是对“劳动、资本和为获得稀缺资源而进口商品的合理评价”。1954年，他将影子价格定义为：“在均衡价格的意义上表示生产要素或产品内在的或真正的价格”。前苏联经济学家列·维·康特罗维奇提出了最优价格理论。他以资源的有限性为出发点，以资源最佳配置作为价格形成的基础，认为最优价格不取决于部门的平均消耗，而是在最劣等生产条件下的个别消耗(边际消耗)。这种最优价格被美籍荷兰经济学家库普曼和前苏联经济学界视为影子价格。萨缪尔逊(P. A. Samuelson)认为影子价格是一种以数学形式表述的，反映资源在得到最佳使用时的价格，是目标函数最优值对资源的一阶偏导数。联合国把影子价格定义为“一种投入(如资本、劳动力和外汇)的机会成本或它的供应量减少一个单位给整个经济带来的损失”。

中国环境与发展国际合作委员会认为：影子价格是整个社会资源供给与配置状况的价格，理论上是指在其他生产要素投入不变的情况下，一种生产要素投入每增加一单位所带来的追加收益。[③] 影子价格的高低取决于生产要素的稀缺程度，越稀缺的生产要素，影子价格越高，当市场机制作用充分发挥时，市场价格本身反映了生产要素的稀缺程度，市场价格大体上等于影子价格，当市场机制作用不能充分发挥出现市场失灵或价格扭曲时，就有必要用

①著有《资源丰富的地球》，中文版于1988年在科学技术文献出版社出版

②武夷山：《科学与打赌》，《中华读书报》，2003年4月25日

③中国环境与发展国际合作委员会. 中国自然资源定价研究. 北京：中国环境科学出版社，1997

影子价格来代替市场价格。

影子价格有三种理论：一是资源最优配置理论；二是机会成本和福利经济学理论；三是总效益总费用理论。其理论计算比较复杂，简单地说，在数学上有两种方法可以求影子价格，一种是非线性规划（线性规划为其特例），另一种是古典最优化，它们都是基于约束条件下的最优化[①]，二者都是通过构造拉格朗日函数求最优，而拉格朗日乘数就是对应的影子价格，而在线性规划中，影子价格则可以通过其对偶线性规划来求解。

在实践上，为了可操作性和实用性，经济评价的影子价格都是以世界市场价格为基础通过调整国内价格而得出的。我国采用两种方法进行测定，外贸货物按口岸价格，非外贸货物按分解成本法来测算影子价格。

（二）影子价格的构成与计算

影子价格首先分为外贸货物影子价格及非外贸货物影子价格，其次分为劳动力的影子价格（影子工资）、土地的影子价格（土地影子费用）、资金的影子价格（社会折现率）和外汇的影子价格（影子汇率）等。外贸货物的影子价格以实际可能发生的口岸价格为基础确定。

$$\begin{array}{c}\text{投入物影子价格}\\\text{（项目投入物的到厂价格）}\end{array}=\text{到岸价}(CIF)\times\text{影子汇率}+\text{国内运杂费}+\text{贸易费用}\qquad(4\text{-}15)$$

$$\begin{array}{c}\text{产出物影子价格}\\\text{（项目产出物的出厂价格）}\end{array}=\text{离岸价}(FOB)\times\text{影子汇率}-\text{国内运杂费}-\text{贸易费用}\qquad(4\text{-}16)$$

贸易费用一般用货物的口岸价乘以贸易费率求得，贸易费用率一般取6%。

[例1] 某投资项目，正式投产运营时要购置两台机器设备，一台可在国内购得，其国内市场价格为300万元/台，影子价格与国内市场价格的换算系数为1.3，另一台设备必须进口，其到岸价格为60万美元一台，影子汇率换算系数为1.08，外汇牌价为7.00元/美元，进口设备的国内运杂费和贸易费用为10万元和5万元。试求该种产品进行生产时，两台设备的影子价格和所需设备的总成本。

[解] （1）国内购得的设备的影子价格为：300×1.3＝390（万元/台）

（2）进口设备的影子价格为：60×7.00×1.08＋10＋5＝468.60（万元/台）

（3）总成本为：390＋468.60＝858.60（万元）

非外贸货物的影子价格主要从供求关系出发，按机会成本和消费者支付意愿来确定。

投入物影子价格（投入物的到厂价）＝市场价格＋国内运杂费

产出物影子价格（产出物的出厂价）＝市场价格－国内运杂费

国家调控价格货物的影子价格：

电价作为项目投入物的影子价格，一般按完全成本分解定价，电力过剩时按可变成本分

---

①非线性规划和古典最优化的最大区别是前者可以允许角点解和内部解，而后者不允许，前者的约束条件为 $gj(x)\geqslant 0$，而后者则为 $gj(x)=0$，前者允许一些约束在最优点处无效，而后者则要求对所有的约束在最优点处都有效。参阅：高山晟.经济学中的分析方法.北京：人民大学出版社，2001. p61-90

解定价。电价作为项目产出物的影子价格，可按电力对当地经济边际贡献率定价。

铁路运价作为项目投入物的影子价格，一般按完全成本分解定价，对能力有富裕的路段，按可变成本分解定价。

水价作为项目投入物的影子价格，按后备水源的边际成本分解定价，或按恢复水功能的成本计算。水价作为项目产出物的影子价格，按消费者支付意愿(一般消费者承受能力加政府补贴)计算。

劳动力的影子价格称为影子工资。它用于衡量国家和社会为投资项目使用劳动力而付出的代价。影子工资由劳动力的边际产出和劳动力就业或转移而引起的社会资源消耗两部分组成。影子工资可通过财务效益分析时所用的工资和福利费之和乘以影子工资换算系数求得。系数与劳动力的技术熟练程度和过剩与稀缺程度有关，技术熟练和稀缺程度越高，其机会成本越高，反之越低。影子工资换算系数是通用参数，由国家统一测定发布。2006 年发行的《建设项目经济评价方法与参数》(第 3 版)确定的技术劳动影子工资换算系数为 1，非熟练劳动力为 0.25～0.8。

土地的影子价格(亦即土地影子费用)应包括拟建项目占用土地而使国民经济为此而放弃的效益(即土地机会成本)，以及国民经济为投资项目占用土地而新增加的资源消耗(如拆迁费用、剩余劳动力安置费等)。

矿产等不可再生自然资源的影子价格按资源的机会成本计算。可再生自然资源影子价格按资源再生费用计算。

资金的影子价格一般叫做社会折现率，它表示从国家角度对资金机会成本和资金时间价值的估量。社会折现率是项目国民经济效益分析的重要通用参数。我国 1987 年颁布的社会折现率为 10% ，1993 年第二次颁布的社会折现率为 12%，2006 年发行的《建设项目经济评价方法与参数》(第 3 版)颁布的社会折现率为 8%(一般项目)和 6%(受益期长、低风险项目)，但 2005 年出版的《投资项目可行性研究指南》中确定的社会基准折现率为 10%。

影子汇率(即外汇的影子价格)也是项目国民经济效益分析的重要通用参数。它体现从国家角度对外汇价值的估量。在项目国民经济效益分析中，一般用国家外汇牌价(或称官方汇率)乘以影子汇率换算系数得到影子汇率。我国目前的影子汇率换算系数为 1.08。

下面简单介绍影子价格计算的平均成本分解法。

首先分解外贸货物和非外贸货物，外贸物按外贸物方法进行调整，非外贸物再分解为固定资本和流动资本，剔除其中包含的税金等转移支付，分别折算成资金回收成本，最后加合为总投资的资金回收成本。公式为：

$$M=(I_F-S_V)(A/P,i,n_2)+(W+S_V)i \tag{4-17}$$

式中，M 为总资金回收成本；I_F 为固定投资；S_V 为期末回收固定资产余值；W 为流动资本；i 为社会折现率；n_2 为生产期；$(A/P,i,n_2)$为资金回收系数。

$$(A/P,i,n_2)=\frac{i(1+i)^{n_2}}{(1+i)^{n_2}-1}\text{①} \tag{4-18}$$

①这一公式较难理解。实际上，当纯收益固定等于年金 A 时，$V=A\sum_{i=1}^{n}1/(1+r)^i=\frac{A}{r}\left[1-\frac{1}{(1+r)^n}\right]$，$A=V\frac{r(1+r)^n}{(1+r)^n-1}$，即资金回收成本相当于把现期固定投资折算成生产期的固定年金

$$I_F = \sum_{t=1}^{n} I_t (1+i)^{n_1 - 1} \tag{4-19}$$

式中，I_t 为建设期第 t 年后的固定资产投资；n_1 为建设期。

［例 2］某公司生产出一种产品，只在国内出售，为进行项目的国民经济评价，需计算其影子价格，已知该产品的市场价格为 450 元/吨，试采用成本分解法求其影子价格。每吨该产品所占用的固定资产投资原值为 1 560 元，所用原材料及燃料动力的市场价格为 150 元/吨，50 元/吨，影子价格与国内市场价格的换算系数分别为 1.2、1.1，每吨该产品所占用的流动资金为 500 元，社会折现率取 10%，固定资产的寿命为 20 年。试求该产品的出厂影子价格。

［解］(1)原材料影子价格为：150×1.2＝180(元/吨)

燃料动力的影子价格为：50×1.1＝55(元/吨)

(2)单位产品的固定资金回收费用：$I_F = 1\,560 \times \frac{10\%(1+10\%)^{20}}{(1+10\%)^{20}-1} = 183$(元/吨)

(3)单位产品流动资金回收费用：500×10%＝50(元/吨)

(4)该产品的出厂影子价格为 180＋55＋183＋50＝468(元/吨)

总之，影子价格是社会经济处于某种最优状态下的价格，反映了社会劳动消耗、资源稀缺程度和对最终产品需求的产品和资源的价格。资源的影子价格就是资源要素的边际贡献，由微观经济学原理可知，在完全竞争市场，要素的市场价格最终等于其边际贡献，即影子价格，但在要素没有市场价格或要素市场价格扭曲的情况下，则应运用影子价格来得出其边际贡献或机会成本。不过，虽然影子价格能反映资源要素的边际贡献，但边际贡献很大程度上取决于资源制造的商品的价格，在资源价格扭曲的时候，商品的价格也必然扭曲，这是其缺陷一。缺陷二是影子价格无法准确反映出资源的长期价值、公共价值。因此，影子价格是对非市场条件下或不完全市场条件下被隐藏或扭曲的资源的价格的一种发现或纠正。

第三节　影响资源价值实现的因素

一、市场供给与需求因素

资源价值的实现程度取决于资源的价格与价值的关系。市场供给与需求是影响资源价格的决定性因素，所以它对资源价值的实现影响极大。

影响市场供给量的因素有资源自身价格、资源替代用途的收益、资源开采技术和成本、资源企业数量等。资源自身价格对供给量的影响是由供给曲线来表示的，其他因素对供给量的影响是由供给曲线的移动来体现的。资源替代用途的收益增加，那么这种用途的供给就会减少，供给线左移；资源开采成本增加，供给线左移，新开采技术的发明使资源开采成本降低，供给线右移；提供资源的企业增加，供给线右移，企业减少，供给线左移。

影响市场需求量的有资源价格、替代资源价格、替代资源的数量、收入、偏好、预期和参与消费的群体数量等。资源自身价格与需求量之间的关系由需求曲线表示，其他因素对需求量的影响用需求曲线的移动来体现。替代资源数量增加、价格降低使需求曲线左移；收入增加一般导致需求曲线右移；参与消费的群体增加导致需求曲线右移；偏好增加，需求曲线右移；预期价格上涨，需求曲线右移。

在其他条件不变的情况下，市场供给增加，即供给线右移，价格下跌，供给减少，价格上升；需求增加，即需求线右移，价格上升，需求减少价格下跌，如图 4-1 所示。

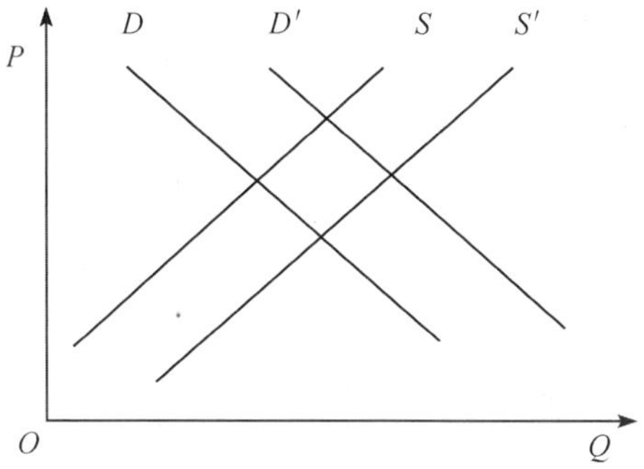

图 4-1　资源供求变化对资源价格的影响

资源总量和资源供给量是两个概念。因为资源总量是既定的，多数自然资源的自然供给总是毫无弹性的供给，而自然资源的经济弹性是有弹性的供给。以土地为例，地球上的陆地总面积是固定的(不考虑海平面变化)，不会因价格增加而增多，也不会因价格降低而减少。但实际上，虽然陆地总面积是固定的，但陆地上有高山、沙漠、丘陵、沼泽、平原，这些土地并非全部投入现实生产生活之中，投入生产生活中的土地面积随着价格而变化，当土地价格升高时，人们可能会把原来不适宜使用的山丘削平、把沙漠绿化或填海造田。

市场价格的变化与供给和需求弹性有很大的关系。

供给弹性即供给量对价格的敏感性$(\Delta Q/Q)/(\Delta P/P)$是由企业在价格变化时调整产量的能力决定的，调整能力越强，调整幅度越大，弹性越大。这种调整能力不仅受技术的影响，而且受资源数量、稀缺程度的影响，例如，黄金的供给弹性就很小，从古到今，全世界生产的黄金总供给量只有 20 米^3。

需求弹性即需求量对价格的敏感性$(\Delta Q/Q)/(\Delta P/P)$是由消费者在价格变化时调整需求量的能力决定的，调整能力越强，调整幅度越大，弹性越大。替代资源越多，弹性越大，替代资源越少，弹性越小；生活必需品弹性小，非必需品弹性大。例如，水是生活必需品，人类对水的需求弹性很小，对铜铁等有色金属的需求弹性由于被石油化工产品部分替代而增加了。

一般来说，供给弹性小，则价格主要由需求决定(图 4-2)；需求弹性小，则主要由供给决定，如图 4-3 所示。

二、市场失灵与政府失灵因素

市场供求可以调整资源价格，使资源价格围绕其价值上下波动。但在市场失灵的时候，价格偏离价值的程度就会加大，因此影响资源价值的实现。市场失灵和政府失灵对资源价格的影响表现为：

1. 资源公有或共有

公有(共有)资源者人数越多，人们对资源的“关心度”越低，在囚徒困境的作用下，资源

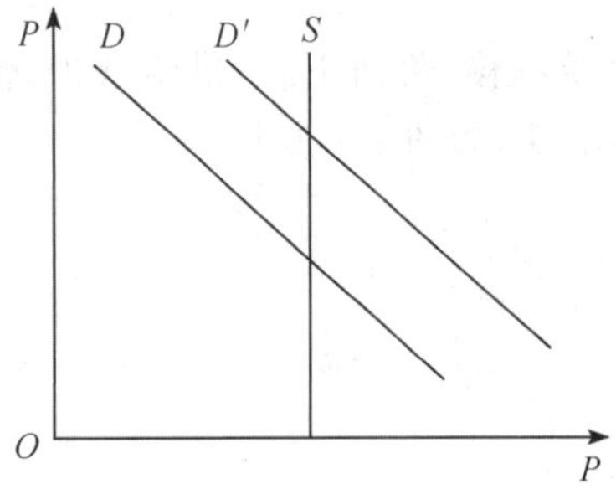

图 4-2 资源供求弹性对资源价格的影响 1

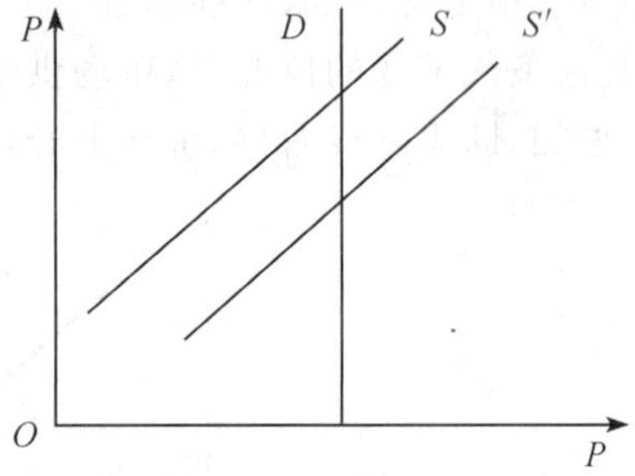

图 4-3 资源供求弹性对资源价格的影响 2

越有可能被滥用,资源价值越得不到实现。例如,我国内蒙古草原原来草场是牧民共有的,每个牧民都有多养牲畜的动机,结果造成了过度放牧,草场退化。这可以用一个博弈模型来解释。

设有一片森林,里面有很多野生动物,如果这里只有一个猎人,那么他会有选择地打猎,打大留小,打雄留雌,以保证猎物的可持续性,但如果有很多猎人,那么遇到小猎物和雌猎物时每个猎人都会面临这样一个问题:如果我留着不打,别人也都不打,那么最后大家都受益;但如果我留着而别的猎人不留着,那么我受损失而别的猎人受益;如果大家都打,大家都受损失,但我受的损失比我不打别人打的情况下受的损失小。用博弈论的语言来说明就是:设一片森林里有 2 个猎人甲和乙,有 2 只小猎物(雌猎物),每只小猎物的价值为 1,如果留待它们长大或产崽以后再打,价值为 1.6,每个猎人在一个时间段内遇到它们的概率为 1/2,两次遇到的间隙正好可以让小猎物长大让雌猎物产仔,则支付矩阵(表 4-1)。

甲打乙留,甲的收益为 1＋1.6/2＝1.8,因为甲不仅打了自己应得的那一只小(雌)猎物,而且还有 1/2 的机会获得乙留下的那一只小(雌)猎物长大后的收益。从支付矩阵可以看出,甲"打"比"留"合算,对乙来说也是一样,因此博弈均衡为甲乙均采用"打"的策略,即 2 人在个人理性的作用下最终获得了一个对双方都不利的结果,这就是所谓的囚徒困境。显然,参与者越多,把"他人"当成一个整体来处理,"自己"打与留之间的收益差距越大。比如森林里有 10 个猎人,有 10 个小(雌)猎物,则支付矩阵如表 4-2① 所示。

表 4-1 猎人与猎物的博弈模型 1

乙＼甲	打	留
打	1,1	1.8,0.8
留	0.8,1.8	1.6,1.6

①"自己"打"他人"留,则"自己"的收益为 1＋(9/10)×1.6＝2.44,"他人"的收益为(9/10)×1.6＝1.44,"自己"留"他人"打,则"自己"的收益为 1.6/10＝0.16,"他人"的收益为 1＋1.6/10＝1.16

表 4-2　猎人与猎物的博弈模型 2

他人＼己	打	留
打	1,1	2.44,1.44
留	0.16,0.16	1.6,1.6

每个人都是“自己”，因此都采用“打”的策略。资源被过度利用，其市场价值偏低。因此在资源公有者较少的情况下他们可能达成协议，在某种约束手段的作用下，大家都按集体理性行事，但公有资源的人数越多，越不容易达成协议，达成的协议被偷偷背弃的可能也越大。在极端情况下，资源全国公有，任何人都可以开采，则资源价格只等于开采费用，资源本身价值无法体现。

2. 外部性存在

所谓外部性是指某种行为或物品使别人获得了收益而对方不需付费，或使别人受到了伤害而被伤害人无法索赔。前者称为正外部性，后者称为负外部性。有正外部性的商品其市场销售价格低于其应有的水平，有负外部性的商品其市场销售价格高于其应有水平。

自然资源很多具有正的外部性，因此其价值容易被低估，例如，森林的观赏功能、氧吧功能、水土保持功能、调节气候功能、生物多样性功能都属于正的外部性，因此森林的市场交易价格低于其真实价值。而金矿开采过程中会污染水源，产生这种负外部性的主体没有付出应有的代价，因此开采金矿的收益高于应有水平，金矿的价格高于其应有水平。

3. 现值最大化的短视行为

资源即使有明确的所有者，也未必保证其获得应有的价格。从理论上说，私有资源所有者会在长期内考虑资源的销售，使其总收益现值达到最大化，但实际上，资源的开采期可能长达几百年，资源拥有者的寿命则可能只有几十年，因此他未必按资源长期收益最大化原则行事，而可能按自己有生之年收益最大化原则行事，这就必然导致资源的贱卖。

4. 资源被垄断

资源被垄断以后，对于生产生活所必需的资源，如果需求弹性为 0，从理论上说，资源所有者可以收取任意价格。例如，石油基本上属于需求弹性很小的必须商品，如果石油被某个国家或某个组织所垄断，则垄断者可以收取任意价格。欧佩克就是一个石油生产垄断组织，好在欧佩克国家的石油产量只占世界石油总产量的 43.5%(2006)，最低时只占 29.4%(1985)，否则石油价格可以被他们任意操控。

5. 政府信息不充分和干预时滞

从理论上说，政府可以超越个人理性，站在全社会的立场上按集体理性行动，因此政府管制在解决诸如外部性、垄断、短视等方面的市场失灵应该可以发挥很多作用。但是，政府管制也有其弊端，这些弊端被称为政府失灵。政府失灵的原因一是获取信息不充分。政府要进行管制必须建立在信息充分的基础上，而收集信息是有成本的，因此信息不充分、不对称是常态，因此会出现管制失灵。例如，对垄断公用企业进行管制，要求他们按成本价格提供产品，但到底最低成本是多少？这些信息企业比政府更清楚，因此政府很难管制到位。二是政府干预有一个时滞问题，例如，本来是天旱缺水，但由于市场失灵，水价格不能调整人们对水的需求，政府经过研究决定进行价格干预，但从决策到执行需要一段时间才推出提价政策。

6. 政府按理性人行事

布坎南(J. Buchannan)等人开创的公共选择学派认为，"政府"并不是如我们想象的或如理论上设想的是超然于利益的道德人，而是理性人，因此政府会按理性人的原则行事。政府尽可能地追求部门利益和个人利益，追求尽可能多的权力和尽可能少的义务，在情况允许时，他们会创租和寻租，管制的地方越多，往往寻租越多。公共产品市场供给不足，我们希望政府来提供，但世界各国的经验都证明，由政府投资运营的公共企业、公有企业普遍投资高、运行效率低。因此政府干预的结果往往不是减少了垄断，相反，却使已经建立垄断的部门在政府的积极参与下成功地捍卫自己的垄断权力，获得丰厚的租金收入。

解决市场失灵和政府失灵这个两难问题行之有效的措施是：一是尽可能用竞争而不是用管制来对付垄断；二是公共设施公共产品由政府招标，由私营企业来运营，而不是由政府自己投资自己运营。

本章小节

本章讨论了自然资源的价值和估计问题。资源价值观可分为资源有价值论和资源无价值论，前者有效用价值论、稀缺价值论、地租理论、供求价值论和补偿价值论，后者主要是劳动价值论，亚当·斯密提出了双价值论，即在资源公有简单劳动的原始社会为劳动价值论，在资源私有和有资本参与生产的情况下为收入价值论。资源的估价方法有机会成本法、替代价格法、市场法、收益还原法、生产成本法、影子价格法。实际资源估价比较复杂，常常要综合利用各种估价方法，水资源、土地资源估价尤其复杂。影响资源实现的因素有市场供求和政府的干预，但存在着市场失灵和政府失灵。市场失灵的原因有公共产品、外部性、短视、垄断等。政府失灵的表现为政府会按理性人行事、信息不充分和干预时滞等。

案例分析

森林资源的估价——以吉林省磐石市三棚镇三道沟林场为例

森林资源价值包括森林中的木材、动植物微生物等产品的价值以及森林的生态、观赏、旅游价值。不过森林的价值目前基本上仍是木材的价值，木材价值即林价可以由宜林地的地租加上有关的补偿费用来计算。①宜林地地租：林租的确定和地租的确定一样是以劣等地为基准的，劣等宜林地的所有者要取得绝对地租，由于优等宜林地效益更高，因而优等宜林地所有者还要取得级差地租，级差地租和绝对地租归宜林地所有者所有；②营林成本这是经营森林时付出的成本：包括造林费(种苗、整地、栽植、幼抚、施肥等费用)、经营费(护林、防火、防治病虫害等费用)、管理费(行政管理、技术管理、科研、社会负担及工资等费用，由于森林资源周期较长还要考虑资本的时间价值)；③营林的利税(营林也获取收益和缴纳税金)；④其他费用(包括林木生产中的各种损失，如森林火灾、虫灾、冻害等不可抗拒的损失)。

林价也可以由市场价值来计算，森林可以有限地或无限地采伐下去(以一个可永续的开采速度来进行开采，即开采速度低于或等于生长速度)，将未来的收益折现即为现在的林价：

$$V = \sum_{i=1}^{n} R_i/(1+r)^i \text{（有限年限）} \tag{4-20}$$

$$V = \sum_{i=1}^{\infty} R_i/(1+r)^i \text{（永续采伐）} \tag{4-21}$$

例如：2001 年，因林场承包纠纷，吉林省磐石市三棚镇大一步村村民李奔河和村委会请评估机构对三道沟林场林木价值进行评估。吉林市华伦会计师事务所森林资产评估业务部，接受磐石市林业局的委托，对该争议的林分进行了林木资产价值评估。

(一)评估林分概况及有关参数

被评估林分位于吉林省磐石市三棚镇大一步村三道沟经营场的 2.5 公顷原退耕地上。1990 年春季，承包人用一年生长落叶松苗以 1 米×1.2 米的造林规格营造成功落叶松纯林，评估时(基准日 2001 年 9 月 30 日)林龄为 11 年，属幼龄林。森林调查技术人员对该林分进行了野外测树调查。结果如表 4-3 所示。

表 4-3　野外测树调查

序号	检尺胸径(厘米)						合计
	2	4	6	8	10	12	
1	306	200	103	46	1	1	657
2	994	673	369	74	18	1	2 129
3	640	285	83	10			1 018
4	82	29	5	2	4		122
5	58	133	281	155	8		635
6	239	468	264	6			977
7	2 612	656	125	2			3 395
合计株数	4 931	2 444	1 230	295	31	2	8 933
合计蓄积(米^3)	4.931	7.332	11.07	5.31	0.93	0.09	29.669

根据林木资产评估需要的有关落叶松人工林主要测树因子参数确定如下：

产区类别：查阅人工落叶松丰产林技术标准《中华人民共和国专业标准》ZBB 64002—86(以下称《专业标准》)，得知该林分所处生态环境条件符合Ⅲ类产区标准。

生长量预测：据《专业标准》Ⅲ类产区林龄 10 年生时，(树 11 年生包括 1 年苗龄)林木平均高 5.1 米，平均胸径 3.6 厘米，平均年生长量为 0.9 米^3/公顷，长白落叶松生长规律显示，其工艺成熟为 41 年，即 41 年生后可进行主伐，预期该林分 40 年生时，平均树高 16.5 米，平均胸径 17.2 米，平均年生长量为 6.562 5 米^3/公顷。

林分密度：合理经营密度为 0.8，查阅《落叶松人工林合理经营密度表》，平均胸径为 18 厘米，每公顷合理保留株数 1 086 株。

材种出材量：查《长白落叶松人工林林分材种出材率研究》(东林学报 22 卷 4 期)胸径 18 厘米，树高 18.94 米，带皮材积 0.241 6 米^3，出材率 89.22%，40 年生时，单株材积为

0.141 4 米³/株。

(二)林木资产价值评估

承包人经营10年,10年生人工落叶松林木属幼龄林,除作烧柴或小径松木杆以外别无它用。所以采用市场价格法。就是说应估算出该林分40年生达到工艺成熟时的林木价值。

林分培育成本的估算。承包人为个体经营,不可能有完整的会计账目,只能根据林业经济原理来计算,据序列标准林价计算公式查明,落叶松人工林11年生投入的成本为每公顷2 411.36元。承包林分的培育成本为:2 411.36元/公顷×2.5公顷=6 027.50元。

现实林分市场增盈价评估。如果按林分现状予以经济利用,林木可作松木杆用,市场销售价为每根2元。林木现价值为:8 933×2元/株=17 866元。

该林分40年时的期望价(合理经营密度0.8)计算,市场调研得知,落叶松木材市场价为350元/米³,每销售1米³商品材,须交税费128.50元。

单位商品材销售收入 S=350元−128.50元=221.50元

40年时立木蓄积 M=(1 086×2.5公顷)×0.141 42米³/株=383.358米³

商品林材积 M=383.358米³×89.22%=342.032米³

期望期木材纯收入 G=342.032米³×221.50元/米³=75 760.09元

商品材数量采用预测期望值,单价采用现价,这就免去未来收入的折现过程。

上述计算表明,承包人如果经营到40年时,可得木材纯收入为75 760.09元。

(三)收益分配原则

该片林分如经营40年,可得收入7万余元,但承包人经营了11年,这部分收入可按时间段分配。11年/40年=27.5%,即应将预期收入的27.5%分配给承包人。预期收入中还应扣除已经支出的成本,再扣去木材变现收入。所余分配部分为由现承包人李奔河与未来的接续承包人按比例分配(75 760.09− 6 027.5−17 866=51 866.59(元))。

最后,承包人李奔河应得的经济补偿应由三部分组成:投入成本的回收:6 027.5元;木材变现收入:17 866元;期望收益中应分得27.5%的部分:51 866.59×27.5%=14 263.3(元),三项合计为38 156.81元。

承包人应收取的林价款就是该林分的现实林分价值。

(四)评估结论的应用

资产评估结论是根据落叶松林生长发育的规律和林业经营管理的科学原理计算出来的,科学价与现实的交易价是有差别的。就该案例而言,2.5公顷林分的价值应为弹性价,最高价可取林价款3.8万元。考虑政策因素可适当调高,我国当前的政策是鼓励农民承包造林,承包者得经济收益,国家得生态收益,当地村民得社会收益,为此,建议应给承包人补偿4万元比较合理。后来的实践证明,争议双方采纳了资产评估单位的建议,问题顺利解决。

思考与练习

1. 常见的资源估价方法有哪些?
2. 各估价方法的价值论基础是什么?
3. 资源公有为什么会导致市场失灵?
4. 政府管制为什么会失灵?

5.市场和政府失灵为什么会对资源价格产生影响?

6.近几年耗竭性资源如石油、铁矿石等价格暴涨的原因是什么?

7.如何对森林进行价格评估?

8.如何对水资源进行价格评估?

9.土地估价有哪些方法?

10.自然资源估价有哪些局限性?

参考文献

[1] 杨云彦.人口、资源与环境经济学.北京:中国经济出版社,2004.

[2] 曾贤刚.环境影响经济评价.北京:化学工业出版社,2003.

[3] 于连生.自然资源价值论及其应用.北京:化学工业出版社,2004.

[4] 中国环境与发展国家合作委员会.中国自然资源定价研究.中国环境科学出版社,1997.

[5] 胡存智.土地估价理论与方法.北京:地质出版社,2007.

[6] 亚当·斯密.国民财富的性质与原因的研究.北京:商务印书馆,2005.

[7] 威廉·配第.赋税论.北京:商务印书馆,1996.

[8] 马克思.资本论.北京:人民出版社,1975.

[9] 高山晟.经济学中的分析方法.北京:人民大学出版社,2001.

第五章　环境效益与损害评价

学习目的：理解环境价值的构成，掌握各种环境效益与损害的评价方法的概念，熟悉各种方法的理论基础、适用条件，并能够进行简单的环境资源价值评价。

第一节　环境的总价值

一、环境价值概念的产生

人类处于贫困阶段时，关注的只是如何获得物质产品满足生存需要，无暇顾及环境的舒适性；到了富裕阶段，人类在对衣、食、住、行的消费中得到满足后，对环境及其舒适性的需要逐渐成为人们的基本需求。随着经济社会发展水平和人民生活水平的不断提高，人们对环境及其舒适性的认识、重视的程度和为其支付货币的意愿会不断增加。这样，环境既能为人类提供一定的效用，又具有越来越明显的稀缺性，逐渐具备了资源的基本属性，可以被称为环境资源，但习惯上仍被称为环境。

在人类开发自然资源的过程中，人类是主体，环境是客体。环境能够提供满足人类生存、发展的空间场所、所需的资源以及享受所需要的物质和服务，因此，对人类来说，环境是有价值的。而且，由于人类的需要大体是按生存需要、发展需要和享受需要的顺序逐步发展的，所以，环境的价值会越来越大。

二、环境价值的构成

从不同的角度，可以把环境价值分成不同的类别，因此环境价值的内容有多种表述形式。

◆ 按环境价值产生的原因，可以把环境价值分为使用价值和非使用价值。使用价值又分为直接使用价值和间接使用价值；非使用价值又分为存在价值、遗赠价值和选择价值。见表 5-1。

表 5-1　环境的使用价值和非使用价值构成

	类型	包　括	含　　义	实　　例
资源与环境总价值	使用价值	直接使用价值	可直接消耗的价值	食物、生物量、娱乐、健康
		间接使用价值	功能效益	生态功能、生物控制
	非使用价值	选择价值	将来的直接或间接使用价值	生物多样性、保护生存栖息地
		遗赠价值	为后代遗留下来的使用价值和非使用价值	生存栖息地、不可逆改变
		存在价值	继续存在的知识价值	生存栖息地、濒危物种 环境文化与继承

◆ 按环境价值的来源，可以把环境价值分为自然价值和附加价值两部分。见表 5-2。

表 5-2　环境的自然价值和附加价值

<table>
<tr><th>类型</th><th>一级分类</th><th colspan="2">二级分类</th></tr>
<tr><td rowspan="6">环境总价值</td><td rowspan="4">自然价值</td><td colspan="2">物质性资源价值</td></tr>
<tr><td rowspan="3">功能性资源价值</td><td>直接利用价值</td></tr>
<tr><td>间接利用价值</td></tr>
<tr><td>非利用价值</td></tr>
<tr><td rowspan="2">附加价值</td><td colspan="2">劳动力价值</td></tr>
<tr><td colspan="2">投入资本</td></tr>
</table>

◆ 按环境价值所依附的形体，可以把环境价值分为实价值和虚价值。前者是比较实的有形的物质性的商品价值，后者是无形的舒适性的服务价值。见表 5-3。

表 5-3　环境的实价值和虚价值

类型	特征		简称
环境价值	比较实的物质性的商品价值	有形的资源价值	资源价值
	比较虚的舒适性的服务价值	无形的生态价值	生态价值

三、使用价值

使用价值是指某一物品被使用或消费时能够满足人们某种需要或偏好的能力，包括直接使用价值和间接使用价值。直接使用价值是指环境资源直接满足人们生产和消费需要的价值。例如，森林能提供木材、药品、休闲娱乐、植物基因、教育、人类住区等用途都是森林的直接使用价值。间接使用价值包括从环境所提供的支持目前的生产和消费活动的功能中间接获得的效益。例如，森林的营养循环、保护水域、减少空气污染、调节小气候等功能都属于间接使用价值的范畴，它们虽然不直接进入生产和消费过程，但却为生产和消费的正常进行提供了必要条件。

四、非使用价值

非使用价值是某种物品的内在属性，与人们是否使用它没有关系。存在价值和选择价值是非使用价值的两种最主要的形式。

存在价值是指仅仅知道这个物品存在而获得满足的价值。它是人们对环境资源价值的一种道德上的评判，包括人类对其他物种的同情和关注。例如，如果人们相信所有的生物都有权继续生存，即便它们看起来既没有使用价值，也没有选择价值，甚至于他们的使用价值是负的，人们也愿意为这种生物的存在支付一定的货币量。人们对环境资源存在的支付意愿就是环境资源存在价值的基础。

选择价值又称期权价值，是指消费者为一个未利用的资产所愿意支付的资金。对于某种资源（尤其是不可再生资源）来讲，如果现在利用了这一资源，那么未来就不可能再获得该资源，因此消费者为了将来可以选择是否使用它而愿意支付一定的货币量。

五、环境价值的评价

我们把对环境要素和环境质量所提供的物品或服务进行定量评估，并以货币的形式表征出来的过程叫做环境价值的评估，也称环境效益与损害评价。因为环境逐渐成为稀缺性资源，所以要进行环境价值的评估。若资源开发和生态建设对环境产生正外部性，环境质量得到改善，给人们带来舒适性享受，就要进行环境的效益评估造成的社会收益；若资源开发和生态破坏对环境产生负外部性，环境质量恶化，给人们健康带来损害，就要评价环境损害造成的社会成本。

环境价值的评估有利于提高人类对环境价值的认识，有利于实施建设项目环境影响评价以及环境保护和生态建设的成本和效益分析，有利于将环境核算纳入绿色国民经济核算体系中以提高环境管理的水平，提高可持续发展的质量。

实现环境价值评价的途径主要有三个，一是从直接受到环境资源影响的物品的相关市场信息中获得；二是从其他事物中所蕴涵的环境资源信息中获得；三是通过调查个人对环境变化的支付意愿或要求赔偿意愿而间接地获得。

环境价值评估的基本方法主要有三类：第一类是直接市场评价法，包括：剂量-反应方法、生产率变动法、人力资本法、机会成本法、重置成本法等；第二类是替代市场评估法，包括：资产定价法、旅行费用法、防护支出法等；第三类是意愿调查评估法，包括：投标博弈法、比较博弈法、无费用选择法等。

第二节　直接市场评价法

直接市场评价法又称常规市场法或物理影响的市场评价法，它是根据环境质量变动对资产价值、生产效率的影响来评估环境资源价值的一种方法。这种方法把环境质量看作是一个生产要素，通过可以观察到并且能测量的生产率、生产成本和收益的变化，来评价环境损害或环境改善所带来的效益。简言之，直接市场法就是直接运用市场价格，对可观察和度量的环境质量变动进行环境价值测算的一种方法。

常用的直接市场评价法包括：剂量-反应方法、生产率变动法和人力资本法等。

一、剂量-反应方法

(一)概念

剂量-反应法是通过建立环境损害和造成损害的原因之间的关系，确定在一定的污染水平下，产品或服务产出的变化，并依据市场价格(或影子价格)将产出变化量货币化，由此对环境变化进行价值评估。例如，通过测算酸雨带来的农作物纯收益变化，来推测酸雨的环境损害。

(二)适用范围

环境影响与其成因之间的关系可以通过以下方法测量：①实验室或实地研究。例如，观察水污染对种植业的影响，空气污染对农作物的影响，然后建立关系模型进行分析。②受控试验。即进行剂量-反应关系的模拟试验，也就是通过人为模拟环境变化，并观测其影响结果，以确定环境变化与影响因子之间的关系。③根据实际生活中大量的信息，建立各种关系模型。例如，运用实际调查资料，建立人的健康和空气质量、食品结构、收入水平等因素之间的关系模型，从而测算出空气质量变化对健康的影响。例如，根据坡度、降雨量、土壤类型以及管理方式和作物种类等建立土壤侵蚀方程，预测土壤侵蚀的影响。剂量-反应法主要用于评估环境变化对市场产品或服务的影响，因此，它不适用于对非使用价值的评估。

二、生产率变动法

(一)概念

生产率变动法是通过测定环境变化对生产者的产量、成本和利润，或是对消费品的供给与价格变动及其引起的消费者福利的变化来推算环境价值。例如，水污染将使农产品产量或价格下降，给农民带来经济损失，通过这个损失可以估算出水污染的损害金额。

(二)计算方法

根据受环境影响使农产品产量变化的某地区环境价值的估算可用如下公式：

$$P=\Delta Q(P_1+P_2)/2 \tag{5-1}$$

式中，P 为某地区环境价值变动额；ΔQ 为污染区域农产品产出变动量；P_1 为污染前农产品市场价格；P_2 为污染后农产品的市场价格。

如果市场竞争充分，供求关系变动较为灵敏，就可以直接利用该产品的市场价格进行估算；如果生产量变动的规模可能影响价格的变动，就应设法预测新的价格水平，并用其来测算环境质量变化的价值。此外，为了确保价值评估结果的准确与合理，应该估计产出和价格变化的净效果。假设环境变化所带来的经济影响(E)体现在受环境影响的产品的产量、价格和成本等方面，即净产值的变化上，可以用下面的公式表示：

$$E=\left(\sum_{i=1}^{k}p_iq_i-\sum_{j=1}^{k}c_jq_j\right)_x-\left(\sum_{i=1}^{k}p_iq_i-\sum_{j=1}^{k}c_jq_j\right)_y \tag{5-2}$$

式中，E 为环境变化所带来的经济影响；p 为产品的价格；c 为产品的成本；q 为产品的数量。式(5-2)中共有 $i=1,2,\cdots,k$ 种产品和 $j=1,2,\cdots,k$ 种投入，环境变化前后的情况分别用下标 x、y 表示。

(三)工作步骤

1. 估计环境变化对受者造成影响的区域及其影响大小

例如，森林砍伐所造成的后果之一是导致 100 公顷区域内的土壤损失 3%。

2. 估计该影响对成本或产出造成的影响

例如，土壤减少 3%会导致玉米产量减少 2%，假设未受影响前，产量为 7 500 千克/公顷，则产量损失为 150 千克/公顷。

3. 估计产出或者成本变化的市场价值

例如，假设玉米的收成将因为森林砍伐减少 150 千克/公顷，受影响的范围为 100 公顷，玉米的市场价格为1.0元/千克，则因森林砍伐造成的该类损失为150千克/公顷×100公顷×1.0元/千克=15 000元。

三、人力资本法

(一)概念

人力资本法就是通过估算环境变化造成的健康损失来对环境变化的价值进行评估。环境质量变化对人体健康的影响包括医疗费的增加和由于健康原因引起的个人收入损失。前者等于因环境质量变化而增加的病人人数与每个病人的平均医疗费用的乘积；后者等于因环境质量变化引起的劳动者预期寿命和工作年限的缩短量与劳动者预期收入现值的乘积。由于劳动者的收入损失与年龄有关，所以，首先必须分年龄组分别计算劳动者各年龄段的收入损失，然后将各年龄段的收入损失汇总，得出因环境问题而导致的劳动者一生的收入损失。

(二)基本步骤

1.识别环境中可致病的特征因素(即致病动因)，即识别出环境中包含哪些可导致疾病或死亡的物质。

2.确定致病动因与疾病发生率和过早死亡率之间的关系。

3.评价处于风险之中的人口规模。

4.估算由于疾病导致缺勤所引起的收入损失和医疗费用。

5.估算由于过早死亡而丧失的在余下的正常寿命期间的收入损失的现值。

6.将由于缺勤引起的损失和过早死亡引起的损失加总，即得到致病动因的损害价值。

(三)计算方法

当环境污染对人体健康损失的影响较复杂时，人力资本法的公式为：

$$S_p = [P_p \sum T_i L_i + \sum Y_i L_i + P_p \sum H_i L_i + P_p \sum W_i L_{oi}]M \tag{5-3}$$

式中，S_p为人体健康损失(万元)；P_p为人力资本[万元/(年·人)]；M为污染区的人口数(万人)；T_i为i种疾病患者人均丧失的劳动时间(年)；Y_i为i种疾病患者平均医疗费用(万元/人)；H_i为i种疾病患者陪床人员的平均误工时间(年)；W_i为i种疾病患者死亡工作年损失(年)；L_i为污染区与清洁区i种疾病的发病率差值($1/10^4$)；L_{oi}为污染区与清洁区i种疾病的死亡率差值，$1/10^4$。

当环境污染对人体健康损失影响要素较少时，人力资本法公式为：

$$I_c = \sum_{i=1}^{n}(L_i + M_i) \tag{5-4}$$

式中，I_c为由于环境质量变化所导致疾病的损失成本；L_i为i类人由于生病不能工作所带来的平均工资损失；M_i为i类人的医疗费用(包括门诊费、医药费、治疗费等)。

第三节　替代市场评估法

替代市场估价法指使用替代物的市场价格来衡量没有市场价格的环境资源物品的价值的方法。这类方法包括资产定价法、旅行费用法、防护支出法等。

一、资产定价法

(一)概念

资产定价法也称内涵资产定价法、内涵价格法。该方法的理论依据是:人们赋予环境的价值可以从他们购买的具有环境属性的商品的价格中推断出来。资产定价法已经被广泛地应用在住宅财产价格评估上。因为住房的价格中包含了环境的因素,所以环境的价值可以通过房价反映出来。有些研究表明,每增加一个单位的交通噪声(用 L_{eq} 度量),将使房价下降 0.14～1.26 个百分点。另一些研究则表明,空气污染每增加一个百分点的悬浮颗粒,将使房价下降 0.05～0.14 个百分点。

(二)计算方法

首先,建立房产价格与其各种特征的函数关系:

$$P_h = f(h_1, h_2, \cdots, h_k) \tag{5-5}$$

式中,P_h 为房产价格;$h_1, h_2, \cdots$ 为住房的各种内部特性(面积大小、房间数量、新旧程度、结构类型等)和住房的周边环境特性(当地学校的质量、离商店的远近和当地的犯罪率等);h_k 为住房附近的环境质量(如空气质量)。

假设上述函数是线性的,其函数形式为:

$$P_h = a_0 + a_1 h_1 + a_2 h_2 + \cdots + a_k h_k \tag{5-6}$$

其次,把房产价格函数对特定的使用特征求导,得出每种特性的边际隐价格,表示其他特性不变的情况下,特性 i 增加 1 单位,房产价格的变动多少。

$$P_{hi} = \frac{\partial P_h}{\partial h_i} \tag{5-7}$$

对空气污染而言,假设空气污染的边际隐价格是常数:

$$a_k = \frac{\partial P_h}{\partial h_k} \tag{5-8}$$

空气污染的边际隐价格为常数的含义是房产特征的每一边际增加的隐价格是固定不变的。因此当其他特性不变时,房产价格和空气质量之间的关系是一条上升的曲线,直到边际支付意愿等于边际购买价格时,好的空气质量使一定支付能力的买主效用更大。

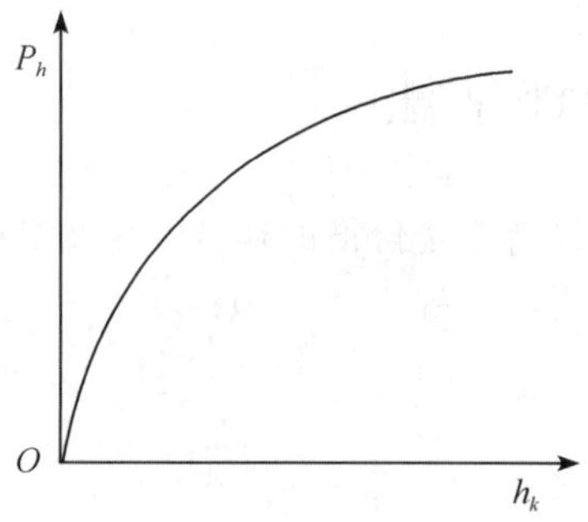

图 5-1 房产价格和空气质量的关系

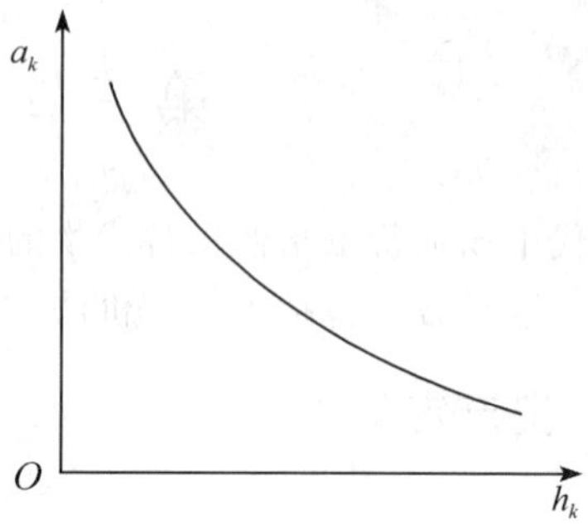

图 5-2 空气质量及其边际价格

此外，在其他条件相同时，劳动者工作场所环境条件的差异（例如，噪声的高低，是否接触污染物等），会影响到劳动者的工资标准。所以通过工资水平的差异可以推断出这些环境条件的价值。需要注意的是，应用这种方法估算工作环境价值有一个基本前提，那就是劳动力市场是完善的、且劳动力对于工作环境及其危害的信息是充分了解的。在实践中，劳动力市场不太能够把环境质量反映到工资中，特别在发展中国家，贫穷和技术不熟练的工人对于环境风险知之甚少，经常是低工资和极其恶劣环境条件共存，甚至存在许多安全风险。因此，在发展中国家采用这种方法不太合适。

（三）资产定价法的局限性

1. 市场分割问题

以房产市场为例，实际的市场状况往往是按种类、档次高低、或者购买方式（租或买）等因素来分割的。因此，如果将房产市场作为一个抽象整体而不考虑其分割状况，就会出现偏差。

2. 预期的影响

在资产定价法中，只考虑了当前环境质量水平对房屋价格的影响，这是不全面的。环境状况变化的预期对房屋价格的影响是很明显的。例如，预期住宅区附近将要建一个开放式公园，则与没有这一预期相比，房屋的价格会高很多。因此，如果忽略预期的影响就会产生偏差。

3. 假设条件的制约

在资产定价法中（以房产市场为例），存在一系列假设条件，包括：①房产市场是活跃的；②在房产市场中，不存在价格扭曲现象，产权交易是明晰的；③所有购买者都知道每一处房屋的实际质量水平和当地的环境质量随着时间变化的情况；④所有购买者都是能追求利益最大化的理性人；⑤空气污染的边际隐价格是常数。这些假定有时是不成立的。

4. 确定各种影响因素

当确定各种影响因素与产品或劳务价格的关系时，涉及到因素的取舍、关系模型的选择及各种经济统计计量检验问题，因此测算结果往往非常粗略。

二、旅行费用法

(一)理论基础

旅行费用法是通过旅游消费行为来对非市场环境产品或服务进行价值评估，即把旅游消费者对环境产品的支付意愿(通过需求曲线反应，等于消费环境服务的直接费用与消费者剩余之和)作为环境价值。

一般说来，直接费用主要包括交通费用、门票费用、住宿费用、时间成本等，消费者剩余则体现为消费者的意愿支付与实际支付之差。旅行费用法假设所有旅游者消费同样的环境产品或服务所获得的效益都是一样的，如果按旅行费用高低对所有旅行者进行排序的话，那么，最后一个旅游者的旅行费用与所获得的边际收益是相等的，其消费者剩余为零，而所有其他旅行者由于旅行费用小于旅行意愿而获得消费者剩余。假定旅游费用高低与旅游距离成正相关，那么距离越远，消费者剩余就越小；越近，消费者剩余就越多。为了计算所有消费者剩余之和，必须推断出对评价地点的旅游需求曲线，这是应用旅行费用法的关键步骤。需要注意的是旅行费用法针对的是具体的场所的环境价值而不是娱乐本身的收益。

(二)步骤与方法

(1)定义和划分旅游者的出发地区。以评价场所为圆心，把场所四周的地区按距离远近分成若干个区域，也可以以行政区域(如省市县)为单位来划分。

(2)在评价地点对旅游者进行抽样调查，收集用户的出发地区旅行费用及其社会经济特征。包括：游客身份、游览动机、旅行费用以及环境的属性。

(3)计算每一区域到此旅游的人次，从而计算出各区域的旅游率。即每一区域内到达此场所的旅游的人次。

(4)求出旅行费用对旅游率的影响。根据对旅游者的调查资料，对不同区域的旅游率和旅行费用以及各种社会经济变量进行回归分析，求得旅行费用对旅游率的影响。

$$Q_i = f(TC_i, X_1, X_2, \cdots, X_n) \tag{5-9}$$

$$Q_i = a_0 + a_1 TC_i + a_2 X_1 + \cdots + a_i X_n \tag{5-10}$$

式中，Q_i 为旅游率，$Q_i = V_i / POP_i$，其中 V_i 为根据抽样调查结果推算出的 i 区域中到评价地点的旅游总人数，POP_i 表示 i 区域的人口总数，Q_i 进而可以用每 1 000 个 i 区域的居民中每年到该场所旅游的人数表示；TC_i 为从 i 区域到评价地点的旅游费用，X_i 包括 i 区域旅游者的收入、受教育水平和其他有关的一系列社会经济变量。

通过以上两个回归方程确定的是一个"全经验"需求曲线，它是基于旅游率而不是基于在该场所的实际旅游者(人/天)数目。利用这条需求曲线来估计各区域在不同门票价格下的旅游者实际数量，获得一条实际的总需求曲线。

(5)求第二阶段需求函数，确定对该场所的实际需求曲线。根据第一步信息，对每个出发地区的第一阶段的需求函数进行校正计算出每一个区域的需求函数，计算每个区域旅游率与旅行费用的关系。

$$TC_i = \beta_{oi} + \beta_{1i} Q_i \tag{5-11}$$

式中，$\beta_{oi}=\dfrac{a_0+a_2X_i}{a_1}$，$\beta_{1i}=\dfrac{1}{a_1POP_i}$，$i=1,2,\cdots,k$

(6)计算消费者剩余。需求曲线下面的面积就是用户所享受的总的消费者剩余。

我们假设景点的门票为0，则旅游者的实际支出就是他的旅行费用；进而通过门票费的不断增加来确定旅游人数的变化，就可以求得来自不同区域的旅游者的消费者剩余。例如，门票费每增加1元，可以得到图5-3中的B点，逐步提高门票费，依次计算，就可以获得图中的整个需求曲线AM。假设原始门票费为0，图5-3中需求曲线下面的面积就是被评价场所的用户所享受的总消费者剩余。根据实际的TC_i值，预测该地区的总旅游人数V_i，然后把第二阶段的需求函数从0到V_i积分，就可以获得不同区域旅游者的消费者剩余。

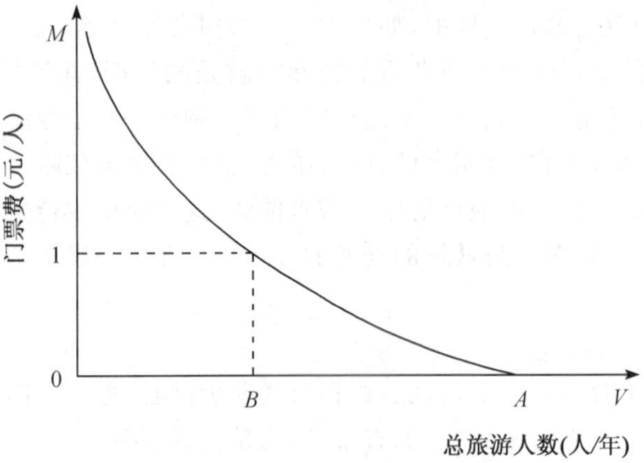

图5-3　评价地点的旅游需求曲线

(7)将每个区域的旅游费用及消费者剩余加总，得出总的支付愿望，即是评价景点的价值。

(三)适用范围与条件

1. 适用范围

旅行费用法适用于评价以下场所：①休闲娱乐场地；②自然保护区、国家公园、用于娱乐的森林和湿地；③水库、大坝、森林等兼有休闲娱乐及其他用途的地方等。

2. 适用条件

旅行费用法要求满足以下条件：①这些地点是可以到达的，至少在一定的时间范围内可以到达；②所涉及的场所没有直接的门票及其他费用，或者收费很低；③人们到达这样的地点，要花费大量的时间或者其他开销。

(四)需要注意的问题

1. 旅游多目的性问题

对某个地方的参观可能只是某次多景点旅游的一部分。它也可能是出于其他目的的一次绕道旅行或顺道旅行。如上班或者造访亲戚途中的旅行等。在这种情况下，将整个旅行费用都计算到所评价的地点是不合适的。可能的解决办法是，通过征求该旅行者的意愿，让其估计游览该景点在其整个旅游或行程过程中的重要程度,可以用 0 到 1 之间的数字来表达,并将其作为计算游览该景点的旅行费用占总旅行费用的比重。

2. 距离费用计算问题

旅行费用与旅行距离正相关,计算旅行费用涉及如何对每单位距离的定价问题,这可以有以下两种选择:①仅以变动费用(如汽油费、过桥费)的增加作为旅行距离增加的边际费用;②计算全部费用(如将汽车折旧、保险等费用也包括在内)。很显然运用不同的定价方式测算出来的结果是不一样的。

3. 时间价值评价问题

任何旅行都是需要花费时间的。一部分时间耗费在旅途上,另一部分时间则是花在娱乐活动本身上。如果某人为了旅游而放弃工作时间(假定一天不上班就停发一天的工资),那么时间的机会成本就是工资率;如果旅游是在假期进行的,则可以认为旅游是以牺牲别的娱乐活动为代价的,其机会成本应该是其他娱乐活动带给旅游者的价值,而这一机会成本是很难测算的;如果旅游者是无所事事,只想尽快打发时间,则其时间价值可能是负的。

4. 公费旅游问题

目前我国存在着许多借开会等名义利用公款进行的旅游消费,这些消费者的旅游花销与其对资源环境价值的评判是不成比例的,所以依据其旅游费用来估算景点价值是不准确的。

5. 关于非使用价值的评估问题

旅行费用法是对景点中的能给旅游者带来效应满足的那部分价值进行评估的一种方法,因此,其评估的内容实际上只是景点的部分使用价值,而没有包括其他使用价值和非使用价值在内。

6. 取样偏差问题

在通过询问收集数据时,取样样本的多少以及调查时间长短会影响测算结果。所以仅对到旅游地点的人进行调查,而不是对各区域的家庭进行访谈,可能会因此产生偏差。

三、防护支出法

(一)概念

防护支出法有时也称防护行为法,它根据人们为防止环境退化所准备支出的费用多少来推断出人们对环境价值的评判。面对负面环境变化,人们会努力通过各种途径保护自己不受环境质量变化的影响。这些防护方法即可能是环境质量的替代品,也可能是防止环境退化的措施,根据这些行为的成本可以推测出环境变化的价值。反之,当环境质量提高时,人们对替代品的花费就会降低,所以可以用节约的花费来对环境的改善进行评估。

具体手段如下:①采取防护措施。例如,为了防止机场附近的噪声污染,居民安上双层玻璃;为防止土壤侵蚀引起的水质恶化而采取安装水净化和过滤设施等措施。②购买环境替代品。例如,为了避免水源地受到污染而影响健康,人们可能会购买瓶装水。③迁移:如为了防止机场附近的噪声污染,对环境变化反应较强烈的人会迁离机场附近。④“影子/补偿”项目。例如,修路时被砍伐的树木可以通过种植新的树木来补救。

(二)步骤与方法

1.识别环境危害

指出最基本的环境危害是很重要的。例如,飞机场对周围居民危害的界定。

2.界定受影响的人群

防护行为法研究的工作应该在受危害的直接人群中进行。例如,飞机噪声则会对工作或者居住在起飞地带和机场道路周围的居民产生影响。

3.获得相关的数据

相关数据(主要是防护方法和防护支出的金额)的收集方法主要有:①直接观察;②对所有受到危害的人进行广泛的调查;③对感兴趣的人抽样调查;④专家意见法,即要求专家对人们为使自身有效地避免环境损害或避免预计的环境质量损失所需的成本做出客观的专业估计。

(三)存在的问题与局限性

(1)防护费用法要求人们对他们受到损害的程度比较了解,而且防护支出是必需的。然而,由于人们对环境危害的认识滞后,对于想象中的风险,随着时间的增长,人们会过高或过低估计环境风险和损害。

(2)人们对环境损害程度的敏感性。一些对环境损害不敏感的人群会忍受一定的危害或者困境,直到损害足够大使他们认为有必要采取行动,这种防护费用对损害进行估计的结果会偏低;也有一些对环境损害很敏感的人群由于过分担心自己的生命安全和生活质量而加大防护力度,导致防护支出过度,从而使估价值偏高。

(3)在人们对环境危害能够估算出其损害后,必须有足够的收入能支付这些保护措施的费用。由于市场不完善或政府的公共服务失灵,处于风险中的人口的支付能力会限制防护支出法的应用。尤其是贫困人口,资金的限制使环境风险会严重危害其健康。

(4)当防护支出与减轻损害的费用之和少于所观察到的损害费用时,部分消费者将享受某种消费者剩余,而防护支出法忽视了这一消费者剩余。因而,防护支出法仅对环境质量的价值常给出了一个最低的估计值。

(5)采用防护支出法不考虑防护行为的次级效益。例如,为保护山坡的稳定而植树种草,除了纯粹的环境效益外,亦可产出水果、薪柴和饲料等。因此,如果不考虑防护行为的次级效益将会过高估计环境损害值。

(6)替代品只能部分地替代环境损害,而无法完全替代,也无法替代环境的其他功能。例如,安装双层玻璃并不能完全消除飞机噪声,修建道路时砍伐树木后进行的植树并不能恢复生物多样性或者立即为野生生物提供栖息地等。

(7)防护支出无法考虑到那些因预感到问题存在(但尚未发生)而业已迁走的人们的防护支出(包括迁移费用和迁移的净损失)。例如,对噪声特别敏感且有经济实力的居民在机场建设之前就会迁走。

第四节 意愿调查评估法

意愿调查评估法主要是根据人的主观评价来测定环境价值的方法,主要包括投标博弈法、比较博弈法和无费用选择法。

一、意愿调查评估法的概念与分类

(一)概念

意愿调查评估法或条件价值法也称权变评价法(contingent valuation method, CVM)是指通过调查，推导出人们对环境资源的假想变化的估价值，它能对一系列广泛的非市场交易产品的价值进行评估。意愿调查评估法主要是通过对有关人员的直接调查来发现环境资源价值的。这一方法通常运用对环境改善的支付意愿对环境破坏的受偿意愿来对环境资源价值进行评估。当缺乏真实的市场数据时，通过调查，推导出人们对环境资源的假想变化的评价和防止环境恶化措施的支付愿望从而间接地赋予环境资源以价值的方法，所以也可称为假想评价法(hypothetical valuation method)。

(二)经济分析

一个消费者面临两种消费选择：一种选择是货币收入，用 M 表示；另一种选择是享受一定的环境质量(譬如空气质量的改善等)，用 E 表示。假设一个理性消费者的偏好用下面的无差异曲线表示，W_1、W_2、W_3 分别代表低、中、高三种效用水平，而在每一条无差异曲线上的每一点都代表不同的货币收入(M)与环境质量(E)的组合，但这些不同的组合却代表相同的效用水平，环境质量的货币评估可以用图 5-4 表示。

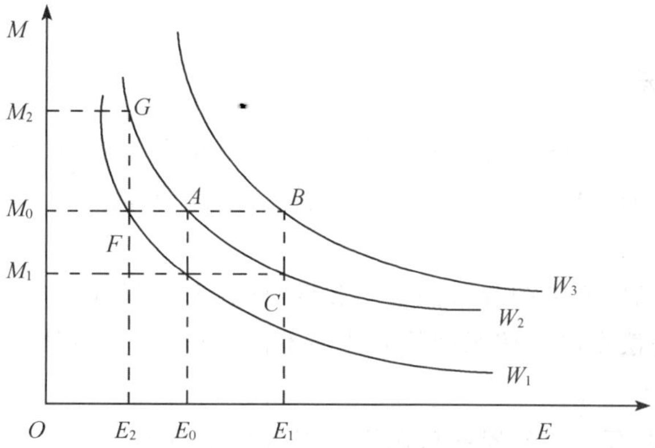

图 5-4　环境质量的货币评估

当环境质量从 E_0 增至 E_1 时，对一个理性消费者而言，他愿意为此支付的货币为 M_0-M_1。此时，他的福利状况处于 C 点，C 点表示其拥有 M_1 的货币收入，享受着 E_1 的环境质量，C 点和 A 点位于同一条无差异曲线 W_2 上，因此，它们代表同样的效用水平 W_2。这意味着消费者为 E_1-E_0 的环境质量改善支付 M_0-M_1 的货币收入后其福利水平仍然未变。因此，M_0-M_1 就是消费者对 E_1-E_0 的环境变化的支付意愿，体现了该消费者对环境物品价值的货币评估。同样我们可以分析当环境质量下降时，消费者所愿意接受的补偿意愿。如图 5-4 所示，如果环境质量从 E_0 下降为 E_2，那么，消费者愿意接受的最低货币补偿为 M_2-M_0。此时，他的福利状况处于 G 点，显然，与 A 点相比，G 点代表更高的货币收入但更坏的环境质量。但由于二者处于同一条无差异曲线上，说明消费者的福利水平并没有改变。所以，M_2-M_0实际上是消费者减少环境消费所愿意接受的最低补偿意愿。

这样，支付意愿与接受补偿意愿的概念为环境资源价值的货币评估提供了基础。意愿调查评估法通常以家庭或个人为对象，通过建立假想市场，以调查问卷方式或直接访谈方式询问被调查对象对一项环境改善措施或防止环境恶化措施的支付愿望或忍受环境恶化的接受补偿意愿，然后通过统计处理方法，得出环境资源的货币价值。

(三)分类

意愿调查价值评估法按评估时的操作方式，可以分为三类：直接询问调查对象的支付或接受赔偿的意愿的方法、询问调查对象的选择组合法和征询专家意见法。表 5-4 概括了几种常用的意愿调查价值评估法。本书主要介绍投标博弈法、比较博弈法和无费用选择法。

表 5-4　意愿调查价值评估法的分类

类　型	包　括
直接询问支付意愿	投标博弈法 比较博弈法
询问选择的数量	无费用选择法 优先评价法
征询专家意见	专家调查法(Delphi 法)

二、投标博弈法

投标博弈法(bidding game approach)要求调查对象根据假设的情况，说出他对不同水平的环境物品或服务的支付意愿或接受赔偿意愿。投标博弈法被广泛地应用于对公共物品的价值评估方面。

在运用这一方法时，要求调查对象根据假设情况，表达其对不同水平的环境物品或服务的支付意愿或接受补偿意愿。按照询问方式的不同，投标博弈方法又可分为单次投标博弈和收敛投标博弈。

单次投标博弈：调查者首先要向被调查者解释要估价的环境物品或服务的特征及其变动的影响(如砍伐或保护热带森林或者湖水污染所可能产生的影响)，以及保护这些环境物品或服务(或者说解决环境问题)的具体办法，然后询问被调查者，为了改善保护该热带森林或水体不受污染他最多愿意支付多少钱(即最大的支付意愿)，或者反过来询问被调查者，他最少需要多少钱才愿意接受该森林被砍伐或水体污染的事实(即最小接受赔偿意愿)。

收敛投标博弈：被调查者不必自行说出一个确定的支付意愿或接受赔偿意愿的数额，而是被问及是否愿意对某一物品或服务支付给定的金额，根据被调查者的回答，不断改变这一数额，直至得到最大支付意愿或最小的接受赔偿意愿。例如，要询问被调查者，如果森林将被砍伐，他是否愿意支付一定数额的货币用于保护该森林(例如，10 元)，如果被调查者的回答是肯定的，就再提高金额(例如，11 元)，直到被调查者做出否定的回答为止(例如，20 元)。然后调查者再降低金额，以便找出被调查者愿意付出的精确数额。

三、比较博弈法

比较博弈法(trade-off game)又称权衡博弈法,它要求被调查者在不同的物品与相应数量的货币之间进行选择。通常给出一定数额的货币和一定水平的环境商品或服务的不同组合。然后要求被调查者要对二者进行取舍,确定被调查者愿意选择哪一项。根据被调查者的反应,不断提高(或降低)价格水平,直至被调查者认为选择二者中的任意一个均可为止。此后,再给出另一组组合,比如环境质量提高了,价格也提高了,然后重复上述的步骤。经过几轮询问,根据被调查者对不同环境质量水平的选择情况,进行分析,就可以估算出被调查者对边际环境质量变化的支付意愿。

四、无费用选择法

无费用选择法(costless choice)通过询问个人在不同的物品或服务之间的选择来估算环境物品或服务的价值。该法模拟市场上购买商品或服务的选择方式,给被调查者两个或多个方案,每一个方案都不用被调查者付钱,从这个意义上说,对被调查者而言,是无费用的。

在含有两个方案的调查中,需要被调查者在接受一笔赠款(或被调查者熟悉的商品)和一定数量的环境物品或服务之间做出选择。如果某个人选择了环境物品,那么该环境物品的价值至少等于被放弃的那笔赠款(或商品)的数值,可以把放弃的赠款(或商品)作为该环境物品的最低估价。如果改变上述的赠款数(或商品),而环境质量不变,这个方法就变成一种投标博弈法了。但是,其主要区别在于被调查者不必支付任何东西。如果被调查者选择了接受赠款(或商品),则表明被评价的环境物品或服务的价值低于设定的接受赠款额。

五、意愿调查评估法的适用范围与条件

(一)适用范围与条件

(1)适用范围:①空气和水质量的价值;②休闲娱乐(包括钓鱼,狩猎,公园,野生生物);③无价格的自然资产的保护,如森林和原始区域;④生物多样性的选择价值和存在价值;⑤生命和健康影响或风险;⑥交通条件的改善;⑦供水、卫生设施和污水处理。

(2)适用条件:①环境变化对市场产出没有直接的影响;②难以直接通过市场获取人们对物品或服务的偏好的信息;③样本人群具有代表性,对所调查的问题感兴趣并且有相当程度的了解;④有充足的资金、人力和时间进行研究。

(二)应注意的问题

在设计意愿调查方案时,需要特别注意3个统计方面的问题。

1.样本数目

一般要求样本数要足够多,以便能反映出被调查区域的人群情况。

2.对偏差较大的答案(或答卷)的处理

通常情况下要把那些特别极端的答案从有效问卷中剔除。

3. 与汇总有关的问题

把估计出的平均支付意愿(或接受赔偿意愿)乘以相关的人数,即可简单得出总支付意愿(或接受赔偿意愿)。然而,如果作为样本的人群不能代表总人群的情况,那么就要建立起对支付意愿(或接受赔偿意愿)的出价与一系列独立变量(诸如收入、教育程度等)之间的关系式,用以估算总人口的支付意愿值。

第五节 各种方法的评价与选择

各种方法都有自己的使用条件,所以在具体应用时要择优使用,并应当多种方法结合运用。

一、各种方法的总体评价

(一)对直接市场评价法的总体评价

1. 直接市场评价法的适用条件

直接市场评价法比较直观、易于计算,应用十分广泛。它适用于环境污染对生产、对有形资产、对人体健康等的损害影响的评价。

采用直接市场评价法需要具备以下条件:①环境质量变化直接影响市场化商品或服务的产出;②环境影响的物理效果明显,而且可以测定出来;③市场化商品和服务的市场价格合理。

2. 直接市场评价法的缺陷

直接市场评价法也存在许多局限性,尤其是在市场经济不发达的国家。①很难精确估计环境与产出、成本或损害之间的物理关系。②很难把环境因素从其他影响因素中分离出来,单独分析环境的损害。③市场价格本身可能不合理,且有时环境变化会对其产生影响,所以需要对市场结构、产品供求价格弹性进行比较深入的观察,这是非常困难的。

(二)对替代市场估价法的总体评价

(1)替代市场法的使用条件:①相关市场发达,基本符合自由竞争的假设,交易成本很低;②相关各方都对环境质量及其变动趋势比较了解,人们对于环境物品、替代物品的选择是科学的、经济的,即人们都是理性的;③任何资源环境服务都能找到完全的替代物或价值反映物。

(2)替代市场估价法的缺陷:①环境资源不可能实现完全替代,尤其是生态功能。"生物圈2号"试验的失败就是一个例证。②替代市场法要求替代方案是最经济、最合理的替代,这在现实中是难以做到的。经常会存在替代过度或替代不足(如防护过度或不足)的情况,也存在替代方案不合理的情况。③替代市场估价法没有考虑到替代引起的间接成本和收益问题。④替代市场估价法需要收集大量的资料,因而调查资料、处理资料的能力会对估价结果产生较大的影响。

(三)对意愿调查评估法的总体评价

意愿调查评估法的最突出优点是能够解决无法直接在市场上出售、也没有直接替代品的环境资源的估价问题。意愿调查评估法主要的缺限有以下几个方面：

1. 意愿调查评估法的理论缺陷

首先，意愿调查评估法混淆了使用价值和边际价值。经济学理论认为价值取决于边际效用。在边际的角度下，使用价值很高的物品（如水）可能有很小的或甚至没有效用，反之亦然（例如，钻石）。意愿调查评估法是用平均的概念来估算环境资源的价值，而没有在边际上进行分析，所以这种评价在方法上存在本质性的错误。无论生态系统和天然资源对个人或社会是何等重要，其边际价值可能是非常低的，特别是在其储量比较丰富的时候。许多很有价值的东西，当其储量太大时，其边际价值甚至可以是负数，例如，过量的雨水。

其次，意愿调查评估法混淆了个人价值与社会价格。交换价值有两个层次的含义：一个是对个体的交换价值，另一个是社会的交换价值。前者是消费意愿支付值或消费者价值，后者指价格或社会的影子价值。用意愿支付法度量的是消费者价值而并非社会的交换价值或价格。

2. 存在各种偏差

（1）信息偏差。当被调查者的回答取决于所提供的环境信息，而调查者向被调查者提供了太少或错误的信息时，便会产生信息偏差。例如，在发明氟利昂时，人们没有意识到它对臭氧层的破坏作用，所以无法在估价时考虑到这种危害。

（2）支付方式偏差。支付方式偏差是指因假设的支付方式不同而导致的偏差。调查中采用不同的支付手段（如税收、门票、使用费等），可能会得到不同的支付意愿。

（3）起点偏差。起点偏差是由于调查者在设计问卷和问题时，所建议的支付意愿和接受赔偿意愿的出价起点高低所引起的回答范围的偏离。例如，在收敛投标中，调查者给出的初始价值的高低，会直接影响被调查者的回答。

（4）假想偏差。假想偏差就是在意愿调查中，被调查者对假想市场问题的反应（回答）与对真实问题的反应并不一样。有人已经发现，当被调查者要求评估一个不熟悉的和不在市场上交换的产品的价值时，不准确程度明显上升。

（5）部分与整体偏差。部分与整体偏差是在被调查者没有正确区别一个特殊环境的价值（例如，一个鸟类保护区）和当它只作为更广泛群体环境（所有鸟类保护区）的其中一部分的价值时所产生的偏差。

（6）策略性偏差。当被调查者对他们关于环境变化的支付意愿或接受意愿说谎时便产生了策略性偏差。当被调查者认为通过他们的答案，可以影响实际的决策进程时，可能会故意提供错误的答案。

3. 支付意愿与接受赔偿意愿的不一致性

在支付意愿和接受赔偿意愿之间存在着极大的不对称性。意愿调查评估法研究的结果一直表明：人们对其已有之物的损失会有更高的估价，接受意愿比支付意愿的数量高几倍。

4. 抽样结果的汇总问题

在处理诸如选择价值或存在价值这类非使用价值时，由抽样结果预测有关真实结果的技术非常复杂。因为环境资源价值评估中涉及到的人群范围，除了包括现存的使用者以外，还应包括现存的非使用者，未出生者或所有潜在的未来使用者。

总之，意愿调查价值评估法的缺陷在于，它的理论依据存在许多缺陷；在估价时依赖于人们的看法，而不是他们的市场行为，而人们的回答中会有大量的难以避免的偏差。意愿价值评估法的评估结果还有赖于被调查者对环境的理解，以及对环境变化对自身可能产生影响的估计。而被调查者却不都受过相关的教育。因此，这种方法评估的结果是值得怀疑的。

二、评估方法选择的一般原则

环境的变化主要影响到生产力、健康、舒适性和环境的存在价值四个方面，测定不同方面的影响采用的方法就应当有所不同。测定环境变化对生产力影响的首选方法是直接市场评价法。如果这些影响会引致一些防护性措施的采用时，也可以用防护支出法、机会成本法以及重置成本法。测定环境变化对健康影响的方法主要有人力资本法和疾病费用法。防护行为和防护支出也可以用来评估健康影响。测定环境变化对舒适性影响的方法主要有旅行费用法和财产内涵价格法。意愿调查价值评估法也可以用于评估人们对舒适性的偏好。测定环境资源存在价值只能用意愿调查评估法。

对不同环境影响方面的评价方法选择可参见表 5-5。

表 5-5 环境影响及其价值评估方法选择

环境影响	评价方法选择
生产力	直接市场价值法 防护支出法 重置成本法 机会成本法
健康影响	人力资本法 疾病费用法 防护支出法 意愿调查评估法
舒适性	旅行费用法 资产定价法 意愿调查评估法
存在价值	意愿调查评估法

三、评价方法选择时应考虑的因素

在选择评估方法时，应考虑以下因素。

(一)影响的相对重要性

在进行环境资源价值评估时，应当重点评估影响较大的功效，而对作用较小的功效进行简单地分析。例如，在植被丰富、人烟稀少的河流上游地区，测算砍伐森林的环境影响时，应当主要考虑砍伐对非木材类的森林价值、土壤侵蚀、生物多样性的影响，而对于森林制造氧气、净化空气的影响则可以忽略不计。

(二)信息的可得性

对于可交易的物品和服务来说，数据相对容易获得，可以采用直接市场价值评估法。对于缺乏市场或者市场发育不完善的商品和服务(例如，维持生存的粮食，非木材的森林产品等），尽管也可以采用直接市场评价法，但需要进行必要的调查以获得评估所必需的数据。当难以获得环境影响的数据信息时，宜采用防护支出和重置成本方法。对于那些不在市场上交换的物品或服务，或者在直接信息非常缺乏的情况，适于采用意愿调查评估法。意愿调查评估法和旅行费用法都是以调查为基础，要求调查者具有较高的调查和统计技巧。资产定价法在所有方法中数据需求量最大，因此它仅能用于少数的价值评估案例。

（三）研究经费和时间

当资金和时间有限时，可以借用其他项目（或研究成果）的数据、具有可比性的其他国家或地区的数据、当地专家的意见、历史记录、对有关人群进行调查所获得的比较粗略的数据，并运用一些比较简单的方法进行评估。当项目的时间比较宽裕、资金供应充足时，可以采用一些复杂的方法。例如，采用意愿调查评估法、旅行费用法和内涵资产定价法等。

本章小节

环境总价值可分为使用价值和非使用价值，也可分为自然价值和附加价值。使用价值又分为直接使用价值和间接使用价值；非使用价值又分为存在价值、遗赠价值和选择价值。环境资源价值评价的基础是人们对于环境改善的支付意愿，或是因忍受环境损失而要求的赔偿意愿以及环境变化对直接或间接参与市场交换的物品和劳务的价值影响。环境价值计量的方法主要有三类：直接市场评价法（包括：剂量-反应方法、生产率变动法、人力资本法和影子工程法等）、替代市场评估法（包括：资产定价法、旅行费用法、防护支出法等）和意愿调查评估法（包括：投标博弈法、比较博弈法、无费用选择法等）。各种方法的适用条件不同，所以在评估中要根据具体情况选择适当的方法。

案例分析

[案例 1]

鄱阳湖湿地区水污染造成的农业经济损失评价

在鄱阳湖湿地区，水污染造成的农业经济损失主要表现在：污水灌溉造成的农作物减产、渔业和养殖业使用污水造成的减产等几个方面。这里主要计算农作物和渔业生产的减产损失。

参照我国学者的相关研究成果，结合鄱阳湖湿地区水污染的实际情况，取粮食、油料、棉花和渔业产量、产值的损失系数分别为 6%、9%、9%和 11%。1999 年鄱阳湖湿地区粮食产量为 272.19×10^4 吨，平均单价每千克 1.25 元；油料产量为 19.07×10^4 吨，平均单价为每千克 1.65 元；棉花产量为 19 344 吨，平均单价为每千克 8.20 元。渔业产值为 19.04 亿元。

根据上述资料进行计算，由水污染造成的粮食、油料和棉花的经济损失为：

$$S=P_1\times f_1\times D_1+P_2\times f_2\times D_2+P_3\times f_3\times D_3$$
$$=272\,190\times6\%\times1.25+19\,070\times9\%\times1.65+1\,934.4\times9\%\times8.20$$
$$=2.47(\text{亿元})$$

式中，P_1、P_2、P_3 分别为粮食、油料和棉花产量，f_1、f_2、f_3 分别为粮食、油料和棉花的损失系数，D_1、D_2、D_3 分别为粮食、油料和棉花的平均单价。

而渔业生产的经济损失为：$S=P_4\times f_4=19.04\times11\%=2.09$(亿元)

式中，P_4 为渔业产值，f_4 为渔业损失系数。

[案例 2]

太湖水污染的意愿调查①

假设太湖湖水严重污染，已经影响了湖边居民的生活。要对湖边的居民进行随机抽样调查，并通过无费用选择法进行试验。这里我们介绍的是无费用选择法。

首先向被调查者详细介绍太湖水污染的影响，然后提出两个方案供被调查者选择。方案Ⅰ：每年赠给被调查者一笔款项。方案Ⅱ：清除 90% 的湖水污染。每人只有一次选择赠款的机会。如果选择减少 90% 的污染，就意味着减少 90% 污染的价值至少等于被放弃的款项。进一步给出更高的赠款额，对另一组被调查者调查，直至被调查者选择赠款，这就意味着减少 90% 的污染的价值低于最后一个款项。将调查结果列于表 5-6。

表 5-6 减少太湖水污染的无费用选择法调查结果

调查人数(人)	选择本项方案的人数(人)	
	减少 90%湖水污染	接受赠款(括号后为赠款数)
20	20	0 (10 元)
20	14	6 (20 元)
20	10	10 (30 元)
20	4	16 (40 元)
20	0	20 (50 元)

表 5-6 表明，对每一套方案都随机选取 20 人进行调查。当赠款额为 10 元时，第一组的所有 20 个人都选择了减少 90% 湖水污染的方案，说明被调查者认为减少 90% 污染的最低价值为 10 元（或者说最低的支付意愿）。当赠款额提高到 50 元时，第五组的所有 20 个人全部选择了接受赠款，表明被调查者认为减少 90% 的湖水污染的最高价值（或者说最高的支付意愿）小于 50 元。该实验可以测定出被调查者对减少污染的最低和最高支付意愿，但是无法求出被调查者对减少污染的平均支付意愿。

思考与练习

1. 环境资源价值主要包括哪些，它们之间有什么联系与区别？
2. 环境价值评估的三类基本方法的分类依据是什么？
3. 简述生产率变动法的基本原理。
4. 简述人力资本法的基本原理。
5. 简述资产定价法的基本原理。

---

①曾贤刚. 环境影响经济评价. 北京：化学工业出版社，2003

6. 简述旅游费用法的基本原理。
7. 简述防护支出法的基本原理。
8. 简述意愿调查评估法的基本原理。
9. 比较投标博弈法、比较博弈法和无费用选择法的区别。
10. 对环境效益与损害各种方法进行评价。

参考文献

[1] 马中,环境与资源经济学概论,北京:高等教育出版社,1999.
[2] 曾贤刚. 环境影响经济评价. 北京:化学工业出版社,2003.
[3] 杰弗里. 希尔,自然与市场,北京:中信出版社,2006.
[4] 戴维·皮尔斯,杰瑞米·沃福德. 世界无末日,北京:中国财政经济出版社,1996.
[5] 世界环境与发展委员会. 我们共同的未来. 长春:吉林人民出版社,1997.
[6] 陈大夫. 环境与资源经济学. 北京:经济科学出版社,2001.
[7] 厉以宁,章铮. 环境经济学. 北京:中国计划出版社,1995.
[8] 曲福田,等. 资源经济学. 北京:中国农业出版社,2001.
[9] 王金南. 环境经济学—理论、方法、政策. 北京:清华大学出版社,1994.
[10] 张帆. 环境与自然资源经济学. 上海:上海人民出版社,1998.
[11] 聂国卿. 我国转型时期环境治理的经济分析. 北京:中国经济出版社,2006.
[12] 李克国. 环境经济学. 北京:中国环境出版社,2003.
[13] 过孝民,王金南,等. 生态环境损失计量的问题与前景. 环境经济,2004.
[14] 胡涛,王华东. 中国环境经济学从理论到实践. 北京:中国农业科技出版社. 1996.
[15] Environmental Economics,C·D·Kolstad,Oxford University Press,1999.
[16] En vironmental Economics,R·Kerry· Turner, David Pearce Harvester Wheatsheaf,1994.

第六章　资源产权交易与生态补偿

学习目的：通过本章的学习，掌握资源产权的结构与属性；重点掌握资源产权界定的原则和内容，理解资源产权交易的概念、内容、条件和交易成本；了解矿业产权市场体系和水权市场的结构关系。掌握生态补偿的原则和生态补偿的组织方式；了解国际生态补偿的经验和中国生态补偿的体系框架。

第一节　资源产权交易

根据资源与环境经济系统的关系和类型，本章讨论的资源包括自然资源也包括环境资源，所以资源与环境产权可以简称为资源来进行分析。

一、资源产权结构与属性和功能

(一)资源产权的结构

资源产权是一组权利或者权利束，国外称为“产权束”。它包括所有权、使用权，收益权等。

1. 资源的所有权

“财产所有权是指所有人依法对自己的财产享有占有、使用、收益和处分的权利。”这是自《罗马法》以来世界各国民法的共同规则。我国《宪法》明确规定，矿藏、水流、森林、山岭、草原、荒地、滩涂等自然资源都属于国家所有。

我国的资源所有权属于国家所有，其理论定位为公共财产权，个人既是所有者又是非所有者，这构成了我国资源产权国家所有制的基本矛盾。根据我国《民法通则》第七十二条规定，“国家财产属于全民所有”。社会全体共同拥有自然资源是我国国家自然资源公共财产权的特征，这种特征同时决定了所有关系中的每一个人既是自然资源的所有者，又不是自然资源的所有者。之所以是所有者，是因为依照法律共同拥有即意味着每个人都拥有自然资源财产的所有权，这些所有权的集合构成共同拥有的权利；如果每个人都没有所有权，也就谈不上公共财产权。另外，之所以不是所有者，是因为在公共拥有的情况下，只有每个人所拥有的所有权同其他人的所有权相结合构成公共所有权的时候，才能有效地发挥作用，而作为个人没有特殊的所有权去索取总收入中的任何一个特殊份额。

2. 资源的使用权

所谓自然资源使用权，也有称特许物权或特别法上的用益物权、准物权，它是指为了自然资源的有效和可持续利用，使用权人在依法取得自然资源主管部门批准后，所拥有的对自然资源使用收益的权利。例如，我国集体所有的土地、草原、森林、水面等，一般由集体经济组织成员通过承包的方式取得承包经营权后进行开发和利用，对国家所有的农用土地、草原、森林等也可以以集体经济组织的形式取得使用权，集体组织再以承包的方式赋予集体组织成员承包经营，这些资源的使用权人就具有了集体经济组织成员这样特殊的身份特征。

3. 资源的收益权

按照产权理论，所有权主体拥有对"物"的收益权。产权是以所有者为基础的各种行为权利的总和，是一种排他性拥有的价值形态的财产收益，最终体现和根本标志在于财产收益权。放弃财产收益权，就等于放弃了财产所有权。从内容和形式上明确所有者的财产权利，通过经济行为可以实现资源资产的保值增值。财产权益的实现方式是多种多样的，不同特点和性质的自然资源应当运用不同的方式来实现其产权收益。

(二)资源产权的属性

资源产权根据其市场功能和时空可变性可以划分为下列属性：可分割性、价值性、历史延续性、国际分配性和经济性。

1. 资源产权的可分割性

资源产权的可分割性就是对资源的产权束进行界定的过程。产权的可分解功能：一是使得同一资源能够满足复杂的交易需要，不同人在不同时间的不同需要可以通过细分产权来实现，这使资源配置具有灵活性，从而效率提高。二是产权的可分解性也说明不同权利主体的权利边界是限定的，人不能无限制地行使权利，这就保证了各权利主体行使权利的确定性预期，有利于资源配置效率的改进。资源产权具有多层次的可分割性的。资源既有私有部分，例如，被西方私人占有的耕地、森林、花园和草地等；也有公有部分，例如，空气、地下水、公海等。这些公有资源或由集团公有，或由国家公有，或由国际公有。

2. 资源产权的价值性

从产权交易来看，任何交易都是一组权利束的交易，而权利束常常附着在一种有形的物品或服务上。例如，出售私有房屋，出售的不仅仅是房屋所有权、使用权、收益权等权利，其中还包括房屋周围的绿地、花草树木、景观等附带的环境产权，环境产权影响着房屋产权价值的高低。所以，并不是单一的资源产权的权能决定着物品的价值，而是资源产权束决定着物品的价值。

3. 资源产权的历史延续性

从总体上看，资源不仅属于今人，也属于后人，它具有历史延续性。从伦理道德角度讲，产权是人类的产权，不仅属于当代人，也应包括后代人。所以，资源保护问题至少在伦理道德上应体现出公平的历史延续性。虽然代内及代际环境资源的公平分配性在伦理上是有说服力的，但在现实经济关系中却经受着挑战。因此，在当今生态资源危机这样一个特殊的历史条件下，资源代际公平分配更具有现实和历史意义。当代人必须考虑后代的生存基础和福利，这是可持续发展的基本伦理前提。

4. 资源产权的国际分配性

从某种意义上说，资源产权具有国际性。这种国际性在资源产权中的表现就是所有权具有一定的国际融合性，即在现实上为某一国家所有，其占有权和使用权属于某一国家，同时在功能发挥上又具有一定的国际性，属于国际社会。这是由于作为国际公共物品，资源使用权、占有权与所有权相分离造成的。资源产权所具有的国际性是资源作为一个不可分割的整体，具有超越一个国家的正、负外部效应的公共品的属性。例如，某一地域的沙化引起的沙尘会传播到其他国家；某一地域地下水的枯竭或污染会引起其他国家地下水位下降甚至污染和枯竭。因此，环境资源具有复杂的国际传播性，需要资源产权的各项权能应在国际范围内进行合理地分配。

5. 资源产权的经济性

产权能为行为者带来利益和需要的满足，它是产权的核心，也是激励功能产生的源泉。英国古典经济学家亚当·斯密（Adam Smith)就已开始揭示和分析经济增长的制度要素功能。美国新制度经济学家诺斯(Douglass C. North)把制度要素作为解释经济增长的唯一决定性因素。以美国经济学家罗纳尔德·H·科斯(Ronald Harry Coase)为首的新制度经济学派在分析经济增长时，将产权作为影响经济增长的重要变量，分析重心转向企业制度结构与经济绩效的关系，于是找到了经济增长的关键。

美国经济学家格里高利·曼昆(Nicholas Gregory Mankim，1958—)的经济增长生产函数指出：国民收入(Y)是产权(P)与生产成果 $F(x)$的乘积，$Y=PgF(x)$。这里的产权就是资源产权，可以说在 x 各种变量一定的条件下，国民收入与资源产权呈正相关关系，而且资源产权的界定也是资源能否有效配置的关键。① 各经济学派都十分注重产权，认为产权是经济增长的重要影响因素，这一点在理论上和实践上都得到了证明。

环境是资源的载体，公共性的基本属性使环境产权除了具有上述资源的主要属性外还有下列属性：

第一，消费上的非排他性。是指社会中的每个人都能享用，而不比排除其他人的享用，或者说每增加一个单位的消费或供给，其边际成本为零。这种属性使产权难以分割，每个个体的产权分割具有很高的成本，导致理性的个人和企业不支付成本地挤入消费行为，产生外部不经济，使社会成本大于个人成本，于是造成市场失灵。

第二，环境产权的不确定性。环境产权的产权主体是模糊的，常出现产权束残缺。环境产权的所有权、收益权、使用权和管理权边界不明确，导致企业进入后过度开发资源，超出环境容量地排放污染物；产权的不可分割性是产权不能交换和流动，产权交易受到限制，导致环境产权空间配置不当，出现跨区域的污染的发生和外部性转移，或当代人对后代人的产权预期收益的透支。

第三，产权外部成本内部化的非等值补偿。由于环境产权不明晰，导致环境价值度量困难，使环境污染对人体健康产生危害后，在进行环境损失赔偿时证据不足；或产生上、下游跨区域污染后的补偿缺乏依据。因为下游在跨区域对上游实施生态补偿时出现上游对下游的边际损害成本大于下游对上游的补偿，而出现上游对下游的净外部成本，导致跨区域的净污染迁移。因此，环境产权的界定应该对环境的归属、质量以及侵权程度从质量，近期和远期，局部和整体的做出明确的规定和约束，才能使产权的外部成本内部化趋于等值补偿。

①[美]格里高利·曼昆. 宏观经济学(5版). 北京：中国人民大学出版社，2005

(三)资源产权的功能①

1. 激励功能

在经济运行过程中,若当事人的利益通过明确产权得到肯定和保护,则主体行为的内在动力就有了保证,这时,产权的激励功能就通过利益机制得以实现。反之,若产权不明晰,利益关系模糊,则必然导致当事人失去动力,失去生产经营的积极性,从而使得经济运行效率低下。

2. 约束功能

产权的约束功能表现为产权的责任约束,即在界定产权时不仅要明确当事人的利益,而且要明确当事人的责任,使他明确应该做什么,不应该做什么,使他知道侵权或越权的后果或所要付出的代价。所以,产权主体或当事人就会自我约束。此外还有外部约束,即来自决策主体之外具有利益关系的组织的外部监督,通过外部监督,可以强化内部的自我约束,使当事人遵守产权边界和产权规则。总之,产权约束有助于提高产权运行的效率。

3. 外部性内部化

在产权经济学家看来,只有当内在化的所得大于内在化的成本时,产权的发展才有利于使外部性内部化。德姆塞茨(Demsetz,1969)指出:“产权的一个主要功能是引导人们实现将外部性较大地内在化的激励。”所以,应在收益大于成本的前提下,尽量将外部性内部化。

4. 资源配置功能

合适的产权安排,是生产资源得以有效使用和优化配置的先决条件。这一点已经得到经验事实的证明。日本和一些新兴工业化国家在发展初期,都进行过重新的现代产权调整,对其经济复兴起到了不可低估的作用,中国也是如此。

二、资源产权的界定

在市场机制下,优化资源配置的途径之一就是资源产权交易,而资源产权交易的前提是产权界定,或称明晰产权。资源产权交易包括资源产权的界定与资源产权交易两个过程。

(一)资源产权界定的必要性

资源环境经济问题的核心是产权问题。明晰资源的产权具有重要意义。

1. 资源产权的初始界定是资源产权交易的基本前提

新旧制度经济学的一个重大贡献是把古典经济学注重对物与物和交换推进到对产权交易的研究。学者们研究成果的共识是产权的界定是产权交易的前提。例如,科斯(Coase,1960)指出:产权的初始界定是交易的前提,没有这种权利的初始界定,就不存在权利转让和重新组合的市场交易。德姆赛茨认为:产权是用来界定人们在经济活动中如何受益,如何受损,以及他们之间如何进行补偿的规则,重要性在于与其他人进行交易时能合理预期收益和损失。

2. 能够使市场价格准确而真实反映资源的价值

产权经济学认为,市场交易的实质不是物品和服务的交换,而是一组权利的交易,所交

①文强.合约履行成本在合约执行过程中的作用机制[D].西南交通大学(硕士论文),2004.5

易的物品的价值，也就取决于交易中所转手的产权多寡或产权的强度，资源的市场价格是资源的产权价格。当资源产权边界不清晰时，资源的市场价格与价值就会发生偏离，导致资源被无偿使用。当产权清晰且完整的条件下，资源价格能够准确而真实地反映其供求状况，交易各方会把资源配置到效率更高的方面，最终实现帕累托效率。

3.有效而相对稳定的产权结构能促进各种利益主体的和谐共生

经济主体进行理性决策是为了改进自身福利状况，这种改进既是利益博弈和反复交易的缔约过程，也是决策的主体根据公共利益代表(政府)所提供的制度不断调整和选择的过程。均衡的产权构成应止于产权的边际收益等于边际成本。而资源约束和环境恶化的本质是经济关系恶化，经济关系的矛盾主要在于高交易成本，高交易成本主要源于产权结构的不合理(权责和损益不一致)，而降低交易成本，需要产权结构上的变革，尤其是制度结构的调整。

4.有利于发挥产权制度安排在资源配置上的基础性功能

有效的产权结构与制度安排是市场机制有效发挥对资源基础性配置功能的前提。由于资源环境和生态领域产品特征、属性的复杂性，不同产权制度和产权结构的差异对资源配置产生重大影响。明晰其产权的归属，可以实现公平交易，否则会出现市场失灵。专有的资源根据需求被有效地标价，资源得到有效的利用，有利于健全市场机制；共享资源的外部性明显，资源的产权效益不能得到正确体现，引发资源配置低效率，不利于健全市场机制。有效产权制度的配置绩效表现在：一是对经济行为的激励，即通过分配转让有价值资产的所有权和指定从资源利用的决策中获得收益并承担成本；二是通过配置决策权，主导性产权安排决定了谁是经济系统的主角。拥有产权以及为此而展开的一切经济活动都是为了获取产权的收益。

(二)资源产权界定的概念

产权界定是指政府用法律来规定资源的归属，赋予资源产权主体有限制活动的权利。产权界定的目的是减少交易成本，提高资源配置效率。资源产权界定是指按照一定的法律法规或契约来确认资源财产的主体和客体，以及主体对客体应拥有的权利，资源产权界定的关键是产权利益主体的权能、利益以及其行为的界定。所谓权能就是指产权主体对财产的权力职能或作用。所谓利益则是指产权能给产权主体带来效用或好处。权能和利益两者互相依存，不可分割，存在着内在统一关系。

资源产权就是围绕一定资源财产发生和形成的责任、权利、利益关系。显然，资源产权主体在行使权能的过程中，要受到一定约束和限制，有时还要尽一定的义务。例如，租地者对被租土地的利用要向出租者保证土地不受破坏，或将破坏控制在一定的限度之内，并按期偿付地租等。而土地出租者将土地出租后，就不能在租期届满之前任意收回。如果一方超过规定的权利，就会造成另一方利益的损失并引起纠纷。

资源产权界定会产生成本，是指为界定产权提高公有产权的排他性，需要付出的成本。可分为排他性成本与内部管理成本。排他性成本包括界定成本和维护成本，这里的界定是指在物理与价值形态上给出产权的边界，并使之能够被有关交易者乃至社会识别和承认。产权的内部管理成本是指不具有排他性，共同拥有产权的所有者做出决策、采取行动时所耗费的成本。

（三）资源产权界定的原则

1. 提高资源配置效率原则

对资源产权进行分割和界定，使产权主体在市场机制下，通过资源产权的市场交易让各方产生更多的收益，这是界定资源产权的首要原则。从理论上说，明确产权通过市场交易形成价格调节机制是实现资源优化配置的最好手段，但明晰产权是有成本的，因此，最合适的产权结构应该是在明晰产权的边际成本 MC 等于边际收益 MR 的这一点上，产权明晰的最佳程度由 $MR=MC$ 确定。

2. 公平客观原则

达到帕累托最优的产权界定既涉及到多种要素的投入和产出的相互替代关系，还要关注多方利益关系和社会利益格局的调整。公平客观地划分和确认产权归属，照顾好各方利益，不偏向国家、集体和个人任何一方，这样才能使产权界定的成本最低化。

3. 排他性原则

资源产权界定必须体现所有权排他性的要求，不得侵犯所有者的合法的权益。因为，产权是所有制的法权形式，产权的首要权能是明确财产的所有关系，维护所有者的权益。所以，排他性原则也反映了国家的所有制性质。

4. 以国家政治和法律制度为依据原则

国家意志和法律的制度保障是产权实现所有制形式的基本条件，是构建产权制度的基础。政治体制、经济发展水平和法律传统，公民的法律意识都是产权制度选择应考虑的因素。产权经济学理论的一项很重要的创新，就是将产权制度本身纳入了稀缺物品的范围之内，即有效的产权结构的供给本身也是一种稀缺资源，同样需要优化配置。只有在市场上进行产权交易，才能发现稀缺产权结构的需求，从而为这种稀缺的产权结构提供有效供给。

5. 坚持谁投资谁受益的原则

资源产权界定要使投资人的合法权益得到保护，保持投资的激励功效，保持资源产业的良性发展。该原则出自于先来者先服务的优先占有原则。即对于先开发利用公共性资源而获得的权利应比后来者更多。

6. 界定产权边界适度原则

因为外部性本质上是各个财产属性之间的物理联系，所以被分割的权利越多，他们之间存在的边界越多，产生新外部性的可能性就越大，因此，应根据分割的成本与产权分割后的效益之比确定资源产权界定的程度。通常，排他性明显，产权容易分割的自然资源宜采用私有产权。例如，耕地，由于其以发挥经济效益为主，生态效益为次，并且对生态环境的损害较小，所以，私人产权配置是高效率的。反之，排他性不明显，产权不容易分割的一些自然资源，例如，水资源，对其进行单纯的私人产权配置，并非总能实现资源配置的最优化，而实行公有产权会更有效率。

（四）资源产权界定的内容

1. 划分产权的权能

将所有权、使用权、管理权、收益权、转让权、排他权等权利进行初步的权能分解并界定清楚，可以通过市场交易促进资源合理流动和组合从而提高资源配置的效率。资源产权权能界定的实质是产权主体对客体拥有的不同权能划分与责任和利益构建的约定关系。产权的分层次明晰既是对产权主体利益的保护，也是对其责任的明确，能够起到很好的激励作用，促使他们进行长期的环境投资，克服短期行为。例如，环境资源的所有权虽为国家独有，但可以采取适当的形式(例如有限定的排污权拍卖)向私人出让环境资源的使用权(例如排污权)；经营者可以把自己申请、购买获得的使用权出卖给其他的环境资源需求者，实现其经营权的转移；至于环境收益权因其在一般情况下具有公共物品的非排他性，故其权利是共享的。

2. 划分产权的归属主体

产权按归属可以划分为私有产权、共有产权、国有产权。其实质是将上述权利界定给不同的行动团体。其中，私有产权是指将资源的使用权、转让权和享用权界定给某特定的个人和非政府组织。私有产权具有以下特点：标的物明确、排他性、竞争性、可以自由转让、具有个人理性约束和激励约束作用以及易产生负外部性。共有产权也可称集体产权是指在共同体内的每一个成员都有权分享这些权利，它排除了国家和共同体外的成员对共同体内的任何成员行使这些权利的干扰。国有产权，也叫公有产权，是指由国家和政府拥有的产权，它按可接受的政治程序来决定谁可以使用或不能使用这些权利。美国经济学家诺斯(Douglass C. North)认为：国家既是经济增长的动力也是经济衰退的动力。其他新制度经济学家也指出，公有产权的特征是共享性和非排他性，它缺乏一种创新和激励和约束机制，往往出现“公地悲剧”和政府失灵。

(五)资源产权界定的形式

资源产权的界定和分配是由法律法规和经济组织之间的合同条款和协议决定的，或者说，资源产权的界定包括合约和法律两种形式。

根据产权合约的完整性，分为完全性合约和不完全合约。新古典合约理论认为合约是完全性的，经济活动的载体是合约，这些合约条款具有法律的约束力，合约条款在事前都能明确地写出，当事人一旦达成合约，就必须自愿遵守其合约条款完全地执行。每一合约当事人对其选择的条款和合约结果具有完全信息；且存在足够多的交易者，不存在垄断签订合约的情况；合约签订和执行的成本为零。现代合约理论认为合约是不完全的，是在有限理性、交易成本为正、信息和市场不完全的现实世界中进行交易的，暗含了合约纠纷或违约契机。而在一个公正的法律体系中，法庭可以运用通用的政治原则通过再协商等方法来完善此类不完全合约。

根据产权的界定主体产权界定可以有三种方式：其一，由市场交易来界定产权；其二，由企业来界定产权；其三，通过政府来界定产权。在私有制下的西方发达国家资源产权主要由企业或个人运用市场规则来决定。在我国国家是资源的所有者，政府具有国家行政管理者和所有者的双重身份，常常使得资源与环境的所有权、行政权和经营权混淆。

三、资源产权交易

(一)资源产权交易的概念

资源产权交易是指资源产权主体之间发生的资源产权的各项权能及其组合的转让行

为,包括资源要素的实体的有偿转让和附着在资源要素之上的各种权利关系的有偿转让。这种转移包括物质交换和与生产有关的信息交换,是某种物品和服务从一种技术边界向另一种技术边界的转移(威廉姆逊 Willianmson,1985)和财产权的授权转移(康芒斯 Commmons,1934),产权交易的目的是使市场交易所产生的边际成本小于产权转让与调整带来的边际收益增加。

交易与交换不同。交易的本质是法律上的所有权的转让,每一宗交易中双方的所有权彼此转移,包括了物质或服务的所有权的转移和偿付的诺言的转移;而交换仅仅是实际的商品的转移。价格的决定和竞争是否公平的产生来源于所有权交易,而不是实物的交换。资源产权交易市场具有地域差异较大,难以形成统一的交易市场(如土地);而产品的交换,因其空间移动便利,容易形成交易市场。

(二)资源产权交易的内容

资源产权交易有三个层次:一是以单项可交易产权权能的交易,即对各类自然资源的单项产权权能的交易,例如,土地的使用权、海洋资源开发权、矿产资源的开采权,林权等产权交易。在交易时要遵守相关法规。例如,我国农村土地可以按照《中华人民共和国物权法》(2007)第十一章第 128 条规定:土地承包经营权人依照农村土地承包法的规定,有权将土地承包经营权采取转包、互换、转让等方式流转。二是以资源资产为基础的派生权利的交易,例如,矿产资源的勘探权,水资源管理权的转让等。三是以某种资源全部产权束为对象的产权交易,这种交易发生时,资源资产产权的结构和权能都会发生变化和转移。例如,我国按照《中华人民共和国城市房地产管理法》(1994)的规定,城市土地可以采取协议、招标、拍卖三种方式形成土地使用权出让市场,还可以形成土地使用权出租和抵押市场。

(三)资源产权交易的条件

只有在以价格机制作为资源配置基本手段的市场经济中,产权交易才可能萌生和发展。具体来说,资源产权交易条件主要有:

1. 资源产权交易的首要条件是产权明晰化

根据科斯定理,在交易成本大于零时,只有产权明晰,市场机制才能使资源配置实现最优化。

2. 资源产权交易的必要条件是健全的产权市场

产权市场是要素配置市场化的最重要形式,其他市场发育需要产权市场作为推动力,众多的市场组成一个市场体系,因此,健全的产权市场是产权交易的必要条件。

3. 资产评估是资源产权交易的基础环节

产权交易首先需要一个合理估价,资产评估是资源产权交易最基础的环节。

4. 完善的法律法规是资源产权交易的基本保证

法律法规可以保障产权交易顺利开展和防范产权交易变异以及随之产生的各种纠纷。

(四)资源产权交易的功能

1. 促进资源利用向高收益方向流动,优化配置稀缺资源

产权经济学认为:在本质上,经济学是对稀缺资源产权的研究,一个社会中稀缺资源的

配置就是对资源权利的安排。因此,产权制度会影响到资源配置,特别是当交易成本大于零时,产权的界定对资源的配置效率来说是至关重要的。合理的产权制度总是通过产权的变更或者说产权交易使资源利用向高收益方向流动,从而使稀缺的资源得到有效的配置。例如,如果把公共自然资源经过产权界定为私有财产后,资源财产的所有者会出售给出价最高的购买者,在不增加产品生产总量的情况下,生产该产品成本最低的生产者就能得到资源的生产权,生产的效益就可能增加,如果社会需求增加使商品价格上升,效益会更高。可见,资源配置的效率是资源产权交易的结果。

2.强化资源财产的权利、责任和利益关系,提高经营管理效率

产权与法权的形式明确了产权主体内部及产权主体之间的权利、利益和责任,规定了财产经营和产权交易的基本行为准则和义务,使财产经营规范化、有序化、法制化。这就内生出一种基于自身利益要求的财产经营约束机制,要求产权主体必须把自己的财产作为财产经营的风险抵押,强制财产经营行为符合产权规则和产权主体根本利益的要求。在保障财产主体合法利益不可侵犯的前提下,在理性的范围内,为了追求自身利益最大化而去有效地经营企业,降低交易的社会成本,提高经营管理效率。同时,产权交易也保障了财产自由流动,实现了财产在转移中经营空间范围的拓展。

3.有利于完善产权制度体系,推进市场制度建设

产权制度具有三维意义:政治控制、分配模式和经济增长。① 以政治控制为导向的产权制度必然导致公权侵犯私权,结果广义的市场机制被破坏。以公平、公正、公开的社会契约型产权制度比专制型产权制度具有更高的经济效率。所以,能否建立一个包括公共和私有产权平等的契约性的广义市场,是提高企业的经济效益、社会效益和生态效益,推动经济增长,实现社会福利最优化的一个重要的外部环境条件。市场的生命力在于组织原则,即市场零成本进退原则和如约如期交货付款原则,这都体现了权与物的对等交换。市场首先是权的契约,然后才是物的生产和交换,只有权与物对称交易,才是真正的市场经济。现代市场制度的演进应是私有市场和共有市场的对接协约,形成公权护航下的广义市场"三公(公平、公开、公正)制度。②

(五)资源产权的交易成本

交易成本是指界定、维护和交换产权的费用,是一系列的制度成本,包括信息成本、谈判成本、拟定和实施契约的成本,界定和控制产权的成本、监督管理的成本和制度结构变化的成本等(张五常,1987)。康芒斯最早提出了交易费用概念,而科斯则将交易费用引入经济学,并认为:交易成本是获得准确的市场信息所需要付出的成本以及谈判成本和经常性契约的成本。

资源产权的交易成本可以分为市场型交易成本、管理型交易成本和政治性交易成本。③

---

①殷德生.产权理论与中国改革.江苏社会科学,2001(2)

②廖卫东.生态流域产权市场制度研究.北京:经济管理出版社,2004.p83

③[美]埃里克,等.姜建强,罗长远译.新制度经济学——一个交易费用分析范式.上海:上海三联书店,上海人民出版社,2006.0p63-73

1. 市场型交易成本

包括:第一,搜寻信息的费用,包括直接的支出例如广告和市场调查或间接地组织费用例如建立市场,以及交易双方的沟通费用。第二,谈判和决策的费用。即各方就合约条款和协商必须支付的费用。在信息不对称的情形下会出现无效率的现象,增加了和约的复杂性,而竞争也会加剧这种复杂性。第三,监督和执行成本,是指因交货时间需要监督、产品质量和数量需要价值的属性的度量,保护权利和执行合约的条款所发生的费用。

2. 管理型交易成本

包括:第一,建立、维持或改变一个组织涉及的费用。包括信息技术的投入、公共管理活动、人力资源管理等。第二,组织运行的费用。包括制定决策、监管命令的执行、度量绩效的有关费用以及技术界面转移的费用(例如,仓储的费用和运输成本)。交易成本还包括对原料流动的命令执行和确认的后勤成本;保证现存的原料流动和能源供应的存量成本;成本采购、间接工程和质量控制的质量成本以及对基础性生产信息体制进行调整的变更成本。

3. 政治型交易成本

包括:建立、维持和改变体制中正式和非正式政治组织的费用以及政体运行的费用,包括法律框架、行政管理架构的决策、执行和监督以及公共教育等费用。

由于交易成本为零的世界不可能存在,因此,应从制度分析法探寻最优制度安排,将交易成本看作经济制度内的决定性变量,通过内生的组织重组改善并减少交易成本(德姆塞茨 Demsetz,1969)。合法权利的调整只有通过市场进行,当考虑到市场交易成本时,这种调整后的产值增长只有多于它所产生的成本时,权利的调整有必要。

(六)资源产权交易的契约

产权契约是指产权主体在产权界定和产权安排改变的交易过程中达成交易的具体的协议和条款,也可称为权利契约。巴泽尔(Y. Barzel)主张把产权研究的重点转移到合同上来,认为"对合同的研究是产权研究的核心"。契约无论正式还是非正式,都是签约双方权利的重新分配和复杂交易关系的治理。契约受到两个因素的影响:制度环境和谈判力。所有的自愿交易都是在某个制度下完成的,资源最有价值的使用方式依赖于制度环境,包括法律等正式制度和习俗、文化、道德等非正式制度,而这些制度约束也可能作为契约条款包含在契约中。契约又是一种合约责任,将权利与收益结合为一整体,具有对内约束性和对外排他性,并受法律保护。因此,资源产权成交的表现形式就是签订交易契约,使当事人对资源产权束的结构做出有效的安排。

第二节　不同类型的产权市场

资源产权市场制度建设包含着初始产权界定、交易权规定和交易制度安排三个层次的产权制度建设。这里重点介绍耗竭性资源的矿产资源产权市场,具有公共属性的可再生资源的水权交易市场。

一、矿产资源产权市场①②

(一)矿产资源产权

我国学术界一般把矿产资源产权分解为矿产资源的所有权和矿业权,其中矿业权由矿产资源所有权派生出来,矿业权又进一步分为探矿权和采矿权。

1. *矿产资源所有权*

1996年修订颁布的《中华人民共和国矿产资源法》中规定:"矿产资源属于国家所有,由国务院行使国家对矿产资源的所有权。地表或者地下的矿产资源的国家所有权,不因其所依附的土地的所有权或者使用权的不同而改变。"矿产资源的国家所有权是指作为所有者的国家依法对矿产资源享有占有、使用、收益和处分的权利。矿产资源国家所有权制度表明,我国实行矿产资源全民所有制形式,中华人民共和国代表全体人民享有矿产资源所有权。国家对矿产资源的所有权可以依据《宪法》、《矿产资源法》的规定直接取得,矿产资源国家所有权只能是因自然原因或人工利用原因而消失,而不能以任何理由变更。

2. *矿产资源所有权的内容*

(1)占有权。矿产资源的占有权是指国家对矿产资源实际控制的权利。国家作为特殊民事主体,对矿产资源的占有是名义上的占有或称为法律上的占有。就某一区域的矿产资源而言,如果依法设定了探矿权(或者采矿权),探矿人(或者采矿人)则对特定范围内的矿产资源实际占有;如果未设定探矿权或者采矿权,则依法由国家占有。

(2)使用权。矿产资源的使用权是指国家依矿产资源的性质和用途对其加以开发利用的权利,从而实现国家利益。国家可以通过建立矿产资源勘查和开采审批登记制度,设定探矿权(或者采矿权),由探矿权人(或者采矿权人)进行勘查、开发矿产资源的活动,达到矿产资源使用的目的。

(3)收益权。矿产资源的收益权是指国家基于使用矿产资源而取得收益的权利。我国采用向矿权人征收矿产资源补偿费和资源税的办法,实现国家对矿产资源的收益权。

(4)处分权。矿产资源的处分权是指国家在事实上或法律上决定矿产资源命运的权利。又分为事实上的处分权和法律上的处分权。事实上的处分权是指变更或消灭矿产资源。法律上的处分权包括设置和出让探矿权、采矿权等。在国家或者社会公共利益需要的情况下,国家可以对探矿权、采矿权进行征用;唯有矿产资源行政管理机关才能对矿产资源的探矿权、采矿权和分配权进行设定、变更或终止。

3. *矿业权*

矿业权是矿产资源所有权中派生出来的他物权。是国家通过法律法规设定的矿业权(包括探矿权和采矿权)。矿业生产的过程实际上是依法取得矿业权的矿业权人以向作为矿产资源所有权人的国家缴纳矿产资源补偿费和履行其他法定义务为基本条件,对属于国家所有的矿产资源享有排他的占有、使用、处分和收益权利的过程。矿业权明确了矿产资源所有权与矿业权之间的权利和义务关系,通过法定的程序授予符合特定资格和条件的法人或

①王克强.资源与环境经济学.上海:上海财经大学出版社,2007

②许抄军,罗能生,王良健.我国矿产资源产权研究综述及发展方向.中国矿业,2007(1):p20-22

公民以矿业权。

(1)探矿权。探矿权是指在依法取得的勘查许可证规定的区块范围内,勘查矿产资源的权利。取得勘查许可证的单位或者个人称为探矿权人。这种权利是公民、企业、地质勘察单位或其他经济组织依据法律、法规与国家之间建立的一种对矿产资源准予使用的权利。由于矿产资源的隐蔽性,勘查矿产资源要冒极大的风险,投入大量的资金,探明矿产资源后还需投入大量的开发资金。设立探矿权可以以有偿取得的方式将探矿权授予从事商业性勘查和开发活动的经营者,达到勘查和开发矿产资源的目的。

(2)采矿权。采矿权是指在依法取得的采矿许可证规定的范围和期限内,开采矿产资源和获得所开采的矿产品的权利。取得采矿许可证的单位或者个人称为采矿权人。采矿权包括三个要素:第一,采矿权的主体必须由依法独立享有民事权利和承担民事义务的企业或个人承担,在我国凡拥有一定的资金、技术条件的单位和个人都具有获得采矿权的资格。采矿权主体依企业形式不同有公司型采矿权主体、单一型采矿权主体、联合型采矿权主体等。第二,采矿权的客体是指依法批准的一种或几种矿产资源,并非所有的矿产资源均可同时成为采矿权的客体,只有采矿登记管理机关批准的矿种才能成为采矿权的客体。第三,采矿权的内容是指在特定的区域范围和期限内对特定的矿产资源进行的开发活动,主要包括排他的或独占的矿山建设权、矿产资源的开采权、矿产品的生产经营权。

我国通过设立矿业权审批登记和矿产资源勘查、开采许可证制度,授予符合法定资质条件的矿产资源勘查、开采民事主体以探矿权或采矿权,从而实现了国家对矿产资源的占有、使用、处分的权能,体现为矿产资源法及其配套行政法规所建立的探矿权和采矿权法律制度。同时,国家建立矿产资源有偿使用制度,对采矿权人征收矿产资源补偿费,从而实现国家对矿产资源的经济收益权,具体表现为补偿费征收规定中的一系列制度。

(二)矿产资源产权市场体系

矿产资源市场是矿产资源交易场所的总称。它可以是矿产品的交易场所,也可以是矿产资源的有形交易或无形交易场所,还可以是资源所有权、使用权转让的场所。

从本质上来讲,矿产资源市场是矿产资源产权交易场所,它体现的是矿产资源产权主体之间、矿产资源所有者与矿产资源的开发利用者之间的产权交易关系或经济利益关系。从理论上讲,矿产资源和矿业权流转中的保值增值是矿产资源合理配置的充要条件。

矿产资源市场根据不同的划分标准,可以划分为不同类型的矿产资源市场。

1.按矿产资源交易范围划分

根据矿产资源交易范围不同,可以将矿产资源市场分为国内和国际市场。随着经济全球化的发展,国内矿产资源市场已成为国际矿产资源市场的重要组成部分,而且两者之间的关联度将越来越高。对于矿产资源相对短缺或严重短缺的国家,国内矿产资源市场规模较小,国内的消费在较大程度上更加依赖国际矿产资源市场。

2.按矿产资源交易方式划分

根据矿产资源交易方式的不同,将矿产资源市场分为现货市场和期货市场。在矿产资源现货市场基础上产生的有关矿产资源的标准化合同的交易市场即为矿产资源的期货市场。国际上属于矿产资源产品的期货市场有:金属期货(如黄金、白银、铜、铝、铅、锌、锡期货等)和能源期货(如原油期货等),这已成为现阶段国际矿产资源市场上主要矿产品交易的重要方式。不能以标准化合同的交易方式进行交易的矿产品均在矿产资源的现货市场上进行交易。

3.按矿产品的品种划分

根据矿产品品种所属类别的不同,将矿产资源市场进一步细分成相对具体的矿产资源市场,如金属和非金属市场,而金属市场又可进一步细分成黑色金属市场、有色金属市场、贵金属和稀有金属市场;非金属市场还可进一步细分为土砂石、化学矿、盐、石棉、宝石市场等。

4.按矿产资源开发形成的矿产品的重要性程度划分

根据矿产品重要性的不同,将矿产资源市场分为普通矿产品市场、重要矿产品市场和战略矿产品市场。同一种矿产资源,在某个国家可能是普通矿产资源,但在其他国家可能是重要矿产资源甚至是战略矿产资源。因此,矿产资源的重要性不仅与某个国家所处的经济发展阶段、矿产资源的稀缺状况和国际贸易中矿产资源的交易程度有密切关系,而且还与各个国家对这三类不同的矿产品市场的干预、调控和管理的方式和手段的不同而不同。

5.按矿产资源开发利用程序划分

根据矿产资源开发利用程序的不同,将矿产资源市场分为矿产资源产权市场(矿业权市场)、矿产品交易市场、矿产资源技术市场及矿产资源服务市场(矿产资源融资市场、矿产品运输市场等)。

6.按矿产资源市场交易的层次和权属划分

根据矿产资源市场交易层次和权属的不同,将矿产资源市场分为一级市场、二级市场和三级市场。一级市场是国家垄断的矿产资源财产权中派生出来的他物权—矿业权的出让市场,是国家以矿产资源所有者的身份,把矿产资源的使用权有偿出让给矿产资源使用者的市场。它反映了矿产资源的所有者与经营者及使用者之间的关系。二级市场是矿业权的转让市场,是一级市场的延伸和扩大,是指矿业资源的使用者为了经营的目的将矿业使用权再次投入流通而形成的市场交易,这种交易在两个平等民事主体之间进行,使经营者与经营者之间或经营者与消费者之间产生交易关系。三级市场是矿产品交易市场,是使用者及消费者之间进行横向交易的市场。

(三)矿业产权市场交易类型

按照矿业权流转的方向和对象,将矿业权流转分为两种形式:一级矿业权出让市场、二级矿业权转让市场。一级矿业权的出让市场是以矿产资源所有权为核心的国家出让市场,二级矿业权转让市场是以市场供需为核心,以利益为驱动的转让市场。

1.矿业权的出让

一级矿业权市场是指矿业权作为资产初次进入流通所形成的市场。按照我国《矿业权出让转让管理暂行规定》(2000)的规定:"矿业权出让是指登记管理机关以批准申请、招标、拍卖等方式向矿业权申请人授予矿业权的行为"。我国的矿业权管理实行的是探矿权和采矿权登记许可证制度。初次投入市场的探矿权和采矿权,都是国家垄断的,一般采取出让的方式。国家可根据国民经济和地区经济发展的需要以及矿产资源存在形式的不同,采用不同的出让形式,如授予、协议、委托、招标和拍卖等形式出让探矿权和采矿权。国家出让的一级市场,是采矿权和探矿权流转的第一个环节。探矿权和采矿权呈纵向流通,国家以矿产资源所有者的身份,把矿产资源的探矿权和采矿权投入市场运行,国家对该市场有垄断性,表现为政府与矿业权申请人之间的交易行为，基本上由政府根据国家的整体利益，特别是不同矿产资源对国民经济的影响程度及经济发展的总体需求来确定出让形式。

2.矿业权的转让

二级矿业权市场是指矿业权人为了经营的目的，将矿业权再次投入流通所形成的市场。其流转是在两个平等的民事主体之间进行的。流转的形式多种多样，有出售、作价出资、股权转让、出租、抵押、继承，等等。按照我国《矿业权出让转让管理暂行规定》"矿业权转让是指矿业权人将矿业权转移的行为，包括出售、作价出资、合作、重组改制等。"《矿产资源法》第六条规定，"探矿权人在完成规定的最低勘查投入后，经依法批准，可以将探矿权转让他人。""已取得采矿权的矿山企业，因企业合并、分立，与他人合资、合作经营，或者因企业资产出售以及其他变更企业资产产权的情形而需要变更采矿权主体的，经依法批准可以将采矿权转让他人采矿。"①

矿业权转让的二级市场的一个重要特点是，矿业权呈横向流通，各个民事主体之间的地位是平等的，政府只以社会管理者的身份对矿业权转让市场进行管理和宏观调控。可以说，矿业权流转的二级市场才真正体现了市场经济的公平、公正、公开、效率原则以及利益驱动原则。在我国矿业权转让要根据国家的法律、法规规定，必须向国家交纳一定费用。例如，《探矿权采矿权转让管理办法》(1998)第六条中指出：转让采矿权，应当是按照国家有关规定已经缴纳采矿权使用费、采矿权价款、矿产资源补偿费和资源税的采矿权人。

二、水权市场

(一)水权概述

水权广义上是指由水资源稀缺产生的，通过立法来确立和保障的，有关水资源的各种权利的总和；是指在水资源开发、治理、保护、利用和管理过程中，调节个人之间、地区之间和部门之间以及个人、集体国家之间的使用水资源行为的一套规范和规则。狭义上指的是用水户取得的对水资源的占有和使用权。

水权具有以下特点：

(1)公共性。江河湖泊的地表水和地下水具有明显的公共性，个别水权具有私人性质，例如水窖等。

(2)界定的不完全性。由于水资源的特殊性，水权的界定成本高昂，使水权只能具有公共属性，由政府来管理，例如，水利设施。

(3)使用的不确定性。受时空分布不均衡的影响，水权的作用也因水资源的变化而发生改变。

(4)外部性。修建水库和开展旅游会产生正外部性，上游河水污染或断流会给下游带来负外部性。

(5)交易的局限性。水权交易具有很强的地域性，还受到输送水的基础设施的限制，水权转移还受到行政干预，所以水权交易不是自由的、完全的市场竞争。

水权是由不同种类的权利组成的水权体系。按照水权内涵可以划分为：水资源所有权、

①《中华人民共和国矿产资源法》，1996，总则第6条

水资源使用权、经营权和收益权;按照水体类型可以划分为:地表水水权和地下水水权,地表水水权又可以分为河流水权和湖泊水权;按照水权管理层次可以划分为:国家层水权、流域层水权、区域层水权;按照使用水权的行业或用途属性可以划分为:生活用水水权、农业水权、工业水权、生态环境水权等。从各级各类用水户使用的角度看,水权的定义应包括取水权、蓄水权、排水权(包括排污权)、渔业权、航运水权和发电水权等。

水权配置是指运用市场手段与非市场手段,兼顾公平与效率目标,将水权体系中各项权利逐层分解,然后将各项权利落实到相应的行为主体身上,使之明确、具体和法制化。初始水权配置是水权配置的一个重要组成部分,是水资源产权在不同用水主体之间的初次分配。关于初始水权配置有两种观点,一种观点认为,初始水权配置就是按照一定的原则,通过水资源总体规划和水资源配置方案在流域和地区之间初步实现水资源的合理配置。另一种观点认为,水资源利用的最直接用户是以企业或家庭为主的社会团体,水资源在这些团体之间分配就是初始产权配置。

水权交易是指通过市场机制来配置水权,根据供求关系调节水权需求的一种交易行为,以实现水权的合理、高效使用,最终达到水权的优化配置。交易活动指的是水权交易活动,包括有正规交易场所的交易(场内交易)和无正规交易场所的交易(场外交易)两种;交易关系包括交易主体、交易客体、交易方式或交易规则等方面。水权市场即水市场,是指水权各种交易活动与交易关系的总和。

(二)水权市场的作用

水权市场具有以下作用:

(1)提高了水的生产效率。可交易的水权赋予水以机会成本的价值,在不提高水价的基础上产生自愿节水的激励,或交易剩余水以获取收益。

(2)鼓励了项目投资。水市场有助于水户经营者把水资源转移到更高使用价值的用途上;或将水权作为抵押品进行贷款从更加安全的水权使用中获得收益。例如,智利通过向农民低价购买水权,节省了兴建大坝的费用,用于改进灌溉技术和治理盐碱化。

(3)改善投资和经济增长。水市场鼓励了需要大量安全水供应的行业的投资与经济活动,保障了投资者在水短缺时期的水权不被剥夺,或可以从低价值的使用中购买水权。刺激了私人行业在新的水利工程中的投资,促进了公共投资中的成本控制。

(三)水权市场的结构关系

1. 交易主体

水权交易主体包括水权的购买方和水权的转让方参与水权交易的目的各有不同。

水权购买方参与水权交易的目的有三个:①出于真实的使用需求。当现有的用水户手中的水权难以满足需求时,当新进入者没有水权可供利用时,都会导致其购水行为。②出于投机的需求。水权需求主体以赚取溢价或升值为目的,视市场行情在低价买进,高价中卖出。③出于稳定水权交易市场的目的。政府在市场低迷、水权价格过低时,政府可直接入市购买,引导价格回升,以维护水权交易市场的稳定。水权转让方参与水权交易的目的有三个:①拥有节余水权。这类参与者以经济效益为标准,在一定水权价格的刺激下,为实现利益最大化,增大节水投入,以提高水权转让收入。②水权投机。由于其持有水权是一种逐利行为，在价格适合的条件下，也会成为水权交易市场的供给者。③调控水价。政府在水权价格过高时抛出水权，增加市场供应，以达到平抑价格和稳定市场的目的。

2. 交易客体

水权交易市场上交易的标的物是水权，即用水权。具体来看，社会用水大体可分为三类：基本用水、生态环境用水和经济用水。基本用水即生活用水是指满足人们生存和发展需要而必须的水资源；生态环境用水是指维持生态环境系统平衡而必须的水资源；经济用水是指工业用水、农业用水等竞争性用水。与之相对应的用水权也可以分为三类：基本用水权、生态环境用水权和经济用水权。

在这三类用水权中，经济用水权能进入水权交易市场进行买卖，目前，基本用水权和生态环境用水权是不能转让的。首先，生活用水和生态环境用对满足人类生存最基本需要和维护生态系统平衡是不可或缺的，必须无条件保障。第二，市场具有趋利性，由于生活用水和生态环境用水都无法产生直接的或较大的经济效益，如果允许这部分水权进入交易市场，势必很难防止水权人为获利将其作为经济用水出售，这会使生活用水和生态环境用水得不到保障，影响到人类生存、社会稳定和生态平衡。第三，生活用水和生态环境用水不能转让并不排斥通过交易获取水权。供水公司或水务公司完全可以代表居民购买水权以满足日益增长的生活用水需求，公益法人也可以代表公众的利益去购买水权以补充生态环境用水，改善生态环境。

3. 交易类型

根据不同的分类方法，可以将水权交易划分为不同的类型：

(1)按照水权转让的期限，可以将水权交易分为短期转让、长期转让和永久性转让三种。短期转让是指水权人将本年度内的用水权转让给受让方，例如农业水权在非灌溉季节暂时出售。如果是将几个年度的用水权转让给受让方，则属于长期转让。短期转让和长期转让都是临时性转让，一旦转让期限结束后，水权仍由原所有者掌握。永久性转让是指水权人将其拥有的用水权部分或全部一次性地永久转让给受让方。例如，我国 2000 年义乌市出资 2 亿元向东阳市买下了每年 499.99 万米^3 的水的永久使用权。永久性转让的价格要明显高于临时性转让，而且由于永久性转让中存在的未来不确定因素更多，风险更大，而它在水权交易中所占的份额要明显低于临时性交易。

(2)按照是否跨行业部门，可以将水权交易划分为行业间交易和行业内交易。行业间水权交易是指水权交易发生在不同行业的用户之间，其典型的形式就是“转非”(即农业水权转作他用)。行业内水权交易是指水权交易发生在本行业内不同用户之间，例如，灌区内农户之间发生的农业水权交易。与行业内水权交易相比，行业间水权交易会更多一些，这是因为用水效率的差异是水权交易的动力，不同行业的用水效率通常差异明显，而同一行业的用水效率相差则不大。

(3)按照是否跨流域，可以将水权交易分为流域间交易和流域内交易。流域交易是指水权交易发生在不同的流域之间，也称跨流域水权交易。流域内交易指水权交易发生在同一流域内的不同用户之间。一般来说，流域内交易由交易方协商一致后，经流域委员会审批即可，而流域间的交易由于牵涉到原流域的生态环境问题，其交易必须报批水利行政管理部门，经同意后方可交易。

(4)按照是否跨区域，可以将水权交易分为区域间交易和区域内交易。区域间交易发生在不同区域之间，而区域内交易则发生在同一区域内的不同用户之间。按照区域的行政级别，可以进一步分为省际和省内交易，市际和市内交易，县际和县内交易等。

(5)按照水权是否全部转让，可以将水权交易划分为全部转让和部分转让。全部转让是指水权人将其拥有的水权完全转让。部分转让则是指水权人只转让其拥有的用水权的一部分。

(6)按照受法规保障的程度，可以将水权交易划分为正式水市场交易和非正式水市场交易。正式水市场交易是指法律界定的水权所进行的交易，通常是指在一定时期内或永久性的转让。非正式水市场交易是指非正式传统的水权所进行的交易，一般是临时性的在相邻的用户之间的水使用权的交易。

(7)按照交易是否借助正规交易市场进行，可以将水权交易分为场内交易和场外交易。场内交易是指交易者在正规水权交易市场(水权交易中心)的协助和监督下完成交易。其优点是交易场所固定，交易时间严格，易找到交易对手，有利于扩大交易规模，交易成本较低，交易价格比较公正和公平等。其缺点是要建立一个正规市场，需要花费较高的成本，而且进场交易要交纳交易手续费，因此不适合于一些小额交易。场外交易是指交易者不通过正规市场，而是自己直接搜寻交易对手，通过私下协商达成交易，灵活的交易地点和交易时间，灵活的交易数量，较低的交易成本。显然，场外交易只适合于小范围内用户之间进行。

4.交易方式

水权交易的方式主要有四种：协议转让、拍卖转让和招标转让和水银行。协议转让是指交易双方经过协商，就水权交易的条件以及双方的权利义务达成一致的交易方式。拍卖转让是指以公开竞价形式由出价最高者获得水权的交易方式，显然这是一种对卖方有利的交易方式。招标转让是指通过招标、投标和定标的竞争程序买卖水权的交易方式。就是在规定的期限内，由符合规定条件的交易主体以书面投标的方式，向卖方竞投某一水权，由卖方选出的最优标者成交的一种方式。水银行是指水权可以被存取的银行。农民或其他用水户在不需要的时候把富余的水储存于银行，希望另外的人以一定价格租用它，以给储蓄者产生收益，储蓄者能在以后需要时可以取出，或同时由需求量大的人取出，通常的做法是将不需要的地表水补给到地下水层，以便能在将来需要时抽出。水银行的优点是为农民提供了对特殊年份(如干旱)时水需求不确定性的应变能力；给水户带来了一定的水权收益；而且避免了水资源浪费，有利水资源的优化配置。

5.交易的中介机构

水权交易中心(所)是依法设立的，有组织、有固定地点，能够使水权集中、公开、规范交易的场所。它是水权交易实现的一个组织载体，对于保证水权交易高效、规范、有序地进行起着重要的作用。流域水权交易所以会员制的形式，吸纳经流域水权监管机构批准的水权交易有限责任公司(简称为水权公司)为会员，组成自律性的会员制组织；水权公司在各省(市、县、乡镇)下设营业部，作为各交易者(用水户)买卖水权的代理人，进行水权买卖；交易者必须到营业部开立资金账户和办理指定交易。

6.交易程序

①申请登记。②信息发布。③撮合成交。④审批。⑤签约成交。⑥清算交割。⑦变更登记。

7.水权交易合约

水权交易合约是指在水权交易市场内达成的标准的、受法律约束的并规定在未来某一时间、某一地点交割一定数量及质量的水资源水权的合约。它包括年度内的短期水权交易合约、年际间的长期水权交易合约和永久性水权交易合约三种形式。水权交易合约的内容一般包括:交易单位、成交价格、交割日期、交割方式、交割地点、交易保证金、交易手续费、交易双方的权利和义务、违约责任等。这种合约是由交易中心(所)制定的,有统一的格式,便于其实施监管,可以有效地降低水权交易制度的实施成本。

(四)我国水权制度的现状与问题

1.我国水权制度的现状

我国法律对水资源所有权有明确规定,《中华人民共和国宪法》第九条,《民法通则》第八十一条规定:水流等自然资源属于国家所有,即全民所有。第三条 2002 年修订后的《中华人民共和国水法》第一章第三条和第六条分别规定:"水资源属于国家所有。水资源的所有权由国务院代表国家行使。农村集体经济组织的水塘和农村集体经济组织修建管理的水库中的水,归各该农村集体经济组织使用。""国家鼓励单位和个人依法开发、利用水资源,并保护其合法权益。"由所有权可以衍生出水资源的分配权、调度权、收益权、监督权、处罚权等权利也归属国家。

20 世纪末,我国学者对水权的概念、水权的界定、水权体系的建立、水权分配的优先级、水权定价、水权转让和水权市场等开展了研究,尚处于初始阶段,正如汪恕诚和胡鞍钢认为:在我国现实转型条件下,水市场只是个准市场,即指流域水资源在兼顾上下游防洪发电、航运和生态等其他方面需求的基础上,兼顾各地区的基本用水需求,在上下游省份之间、地区之间和地区内部按市场化加以配置。所以,水权交易还处于发育初期,交易量比较少。

2.我国现行水制度存在以下主要问题

(1)对水权制度安排的经济理性误解。由于我国现行的水权制度"国家对水资源实行统一管理和分级、分部门管理相结合的制度"易形成"多龙治水"的局面,使水权流动受限制导致水资源的配置效率不高。对水资源实行多种所有制与多元经济并存是克服中国严重存在水资源浪费和水污染的根本性措施。在坚持国家水资源永久权的前提下,可将水资源推向市场,政府退出是前提。实现水资源产权主体多元化,使厂商成为水资源所有权的主体,可以为市场高效提供水资源,避免和减少政府设租和寻租的机会,保证公共权利的公共选择。当然,政府为应付严重的干旱、洪水、水污染等紧急状态与突发事件,对特定的水资源供给是必须的。

(2)水资源财产权不明晰。无论是全民所有还是集体所有的水资源都存在着投资主体不清,产权需要界定的必要性。例如,农村集体经济组织所拥有的水塘和水库中的水属集体所有,此处"集体"非常模糊。许多农村水塘和水库的投资主体不清晰,导致许多水库年久失修,存在隐患。

(3)水商品化程度低。水资源进入市场进行交易的基础是对水资源的垄断性支配,中国现行的水权制度不合理导致水资源商品化程度低。导致水资源的价值没能通过交易得到应有的实现。

(4)水权交易缺乏可操作的条件。水资源的财产权不明晰和水资源的国家管理权不统一,导致了中国水权交易难以操作,影响了水资源的优化配置。

(5)取水许可证制度有待向水权制度转变。我国现行的取水许可证制度已经不适应水资源稀缺性提高,用水矛盾日趋激烈的形势发展。1993 年颁布的《取水许可证制度实施办法》以来,以初步形成比较完整的管理运行机制,克服了水资源的乱开滥采现象,但存在着一些弊端:例如,取水统一管理与分级管理相结合不利于水资源的优化配置;取水监督管理成本太高;条款过于原则,难以操作;取水权和使用权规定不全面;生态和环境水权没有得到有效保护。

(五)我国水权交易制度设计

1.水权的初始界定原则

水权初始界定是建立水市场进行水权交易的前提。初始水权配置的原则是:①水资源公有制不变原则。②基本生活用水和生态用水优先原则。《中华人民共和国水法》第二十一条规定水权优先位序:生活用水、农业用水、工业用水、生态环境用水、航运用水;同时在干旱和半干旱地区开发利用水资源,强调了应当充分考虑生态环境用水之需要。这一位序安排基本上体现了优先满足基本需要和保护生态环境的思想。③地域优先原则,即按水源地、河岸权和上游水权优先权来确定初始水权配置优先位序。④地表水与地下水同时界定原则。⑤建立水权补偿机制,兼顾效率和公平原则。一是对弱势群体和无辜受损者的补偿。例如,水权交易的实施,在水资源稀缺的情况下常使水价提高,产生负外部性,使低收入群体受损。二是对农业部门的补偿。水权交易必然使农业用水转移到非农业用水,对农业产生不利影响,因此,需加大对农业的补偿性投入用于节水等基础设施的改造。

2.水市场构建的基本框架

水市场的基本构成:国家、用水地区、部门单位和个人是水市场的主体;交易对象是国有水资源的使用权和经营权;交易方式是国家作为水权的终极所有者,将一定数量的水权出让给用水户,用水户按照最大化原则对水权的使用做出决策,一是自留自用,二是把水权再次转让给他人。水市场的基本框架,如图 6-1 所示。

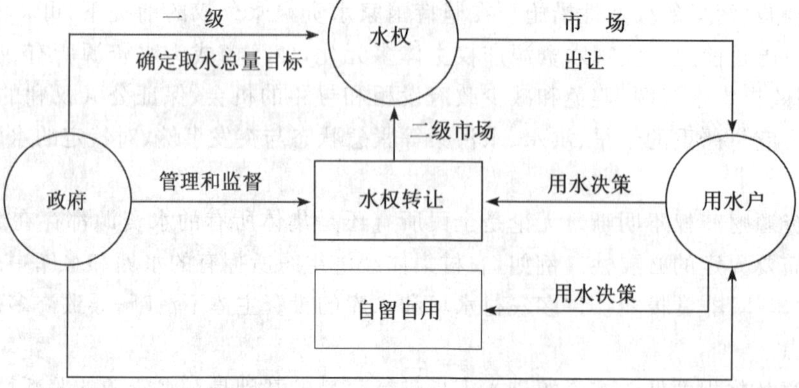

图 6-1 我国水市场的基本框架示意图

我国水权市场的基本框架可以分为一级市场和二级市场。其中一级水权市场即水权出让市场，所进行的是水资源所有者(国家)和用水户之间的初始水权分配；二级水权市场即水权交易市场，是用水户之间的二次水权交易(再转让)。当水权市场发育到较高的程度时，可以进一步构建水权金融市场(水权抵押市场)。此外，污水排放权市场也可以分为一级市场和二级市场。为了确保水权交易市场的有序运行，政府还应该成立一定的管理机构对用水户的水权转让行为进行必要的管理和监督。

3. 水市场的组织和管理体系

水市场的组织和管理体系包括组织机构、交易体系、法律和法规体系、信息体系、监管体系和调控体系。水市场的组织机构设立，应以流域为单位成立水资源管理委员会代表国家行使水资源管理和水权出让(一级市场)的职能；将水管单位改组为具有法人资格的供水公司，按照合同向用户直接供水；组建用水者自愿参与的非盈利的用水协会，对内代表用户参与制定用水计划和水权的初始界定，对外代表用户参与二级市场的监督管理。市场组织建设应主要有公司制和会员制两种形式。应建立政府主导的公司制交易体制。水交易项目分为短期转让、长期转让和永久性转让三种。法律法规体系上包括三个层次：一是国家制定的法律法规应在现有的条款上增加水权交易内容；二是政策层面对法规进一步解释；三是水市场的章程和自律性文件。监管体系上，分为政府监管和自我监管。政府对水市场的调控分为政策引导；法规调控；交易成本调节和直接干预(包括限价和水市场调节基金)。

4. 构建我国水市场的主要措施

借鉴国外的经验，构建我国水市场的措施可以从法律制度方面和操作方面进行展开。

从法律和制度方面的措施包括：在流域基础上管理地表水；明晰地表水私人水权的法律地位；把地下水权与土地权分离开来；制定地下水的取水限制额；扩大市场的范围，增加水贸易；建立矛盾解决的制度安排等。从操作方面的措施包括：包括发动广泛的社会宣传提高对水权交易和水贸易的认识；进行水权的初始配置；新水权公开拍卖；保护第三方利益(同流域的上游用水户将水权出售给区域外的用户，下游用水户水量就会受到损失，所以应得到补偿)；防止价格垄断的管制；防止污染和水过度利用等。

第三节 生态补偿

一、生态补偿的概念

近年来，我国学者分别从生态学、经济学、法学、管理学等学科领域的角度来认识生态补偿。

毛显强(2002)从经济学角度认为：生态补偿通过对损害(或保护)资源环境的行为进行收费(或补偿)，提高该行为的成本(或收益)，从而激励损害(或保护)行为的主体减少(或增加)因其行为带来的外部性不经济性(或外部经济性)，达到保护资源的目的。吕忠梅(2003)从生态学角度认为“生态补偿从狭义的角度理解就是指：对由人类的社会经济活动给生态系统和自然资源造成的破坏及对环境造成的污染的补偿、恢复、综合治理等一系列活动的总称。”李爱年(2006)从法律的角度定义为：为了恢复、维持和增强生态系统的生态功能，国家对导致生态功能减损的自然资源开发或利用收费以及国家或者生态受益者为对改善、维持或增强生态服务功能为目的而做出特别牺牲者给予经济和非经济形式的补偿。王金南(2006)从政策学角度提出:生态补偿是一种以保护生态服务功能、促进人与自然和谐相处为目的,根据生态环境服务价值、生态保护成本、发展机会成本,运用财政、税费、市场等手段,调节生态保护者、受益者和破坏者经济利益关系的制度安排。李文华(2006)从管理角度认为:生态补偿是以保护和可持续利用生态环境服务为目的,以经济手段为主调节相关者利益关系的制度安排。

按照中国环境与发展国际合作委员会(简称国合会)的定义:生态补偿(eco-compensation)是以保护和可持续利用生态系统服务为目的,以经济手段为主调节相关者利益关系的制度安排。生态补偿机制是以保护生态环境,促进人与自然和谐发展为目的,根据生态系统服务价值、生态保护成本、发展机会成本,运用政府和市场手段,调节生态保护利益相关者之间利益关系的公共制度。广义的生态补偿既包括对生态系统和自然资源保护所获得效益的奖励或破坏生态系统和自然资源所造成损失的赔偿,也包括对造成环境污染者的收费。狭义的生态补偿则主要是指前者。从目前我国的实际情况来看,由于在排污收费方面已经有了一套比较完善的法规,急需建立的是基于生态系统服务的生态补偿机制,所以,研究中采用狭义的概念。国际上与国内"生态补偿"意义相近的概念是生态服务付费(payment for ecological services or payment for environmental services),指生态服务功能受益者对生态服务功能提供者付费的行为。

二、生态补偿的理论依据

(一)公共物品的理论

按照微观经济学理论,公共物品具有两个基本的特性,即非竞争性和非排他性。非竞争性是指一个人对公共物品的消费并不影响其他人对该物品的消费;非排他性是指不论付钱与否都不能将其他人从公共物品的消费中排除出去。公共物品又可分为纯粹的公共物品和准公共物品两类。纯粹的公共物品是指每个人消费这种物品不会导致别人对该物品消费的减少的公共物品。准公共物品是指一定范围内可供很多人同时使用,存在消费的非竞争性和非排他性,但当这个范围超过一定极限时,某些人的增加就会影响别人的使用的公共物品。通常,纯粹的公共物品和准公共物品之间并没有明确的界限加以界分。目前尽管与生态环境密切相关的自然资源如森林、农田的某些权属属于私有,但大部分的自然资源都属于共有或国有属于公共物品,而生态环境则更是属于典型的公共物品,只不过是不同的资源、环境在排他性和竞争性的程度在地域范围上有所区别。不过"公地的悲剧"和"搭便车"的问题在生态环境保护、资源利用领域体现的较多。在生态无价值的现实中既没有人专门支付生态费,也没有人愿意从事生态建设。那么享受环境好处的人越来越多,愿意投资的人越来越少,势必出现资源耗竭、生态恶化。

(二)生态资本理论

生态资本就是生态环境的资本化,是通过生态价值服务能够带来经济、社会效益的生态资源和生态环境。生态资本不像传统意义上的生产资料,它是非人造的,它是作为一种"能为未来产生有用商品和服务流的存量",生态资本作为资源是有价值的,其价值的大小受到稀缺程度和开发利用条件的影响，其价值一旦成为人们谋取利益的凭借，就成为可以带来价值的资本。生态资本具有资本的一般属性，还具有作为自然资源系统成分的自然属性。因此，人类在进行与生态系统有关的决策时，既要考虑人类福利，同时也要考虑生态系统的内在价值。只有通过生态补偿，依托市场机制，解决好生态投资者的合理回报，才能激励人们从事生态保护投资并使生态资本增值。从实践来讲，生态补偿制度建立的核心问题是立法问题，立法问题的核心又是生态资源的产权界定问题。

（三）外部性理论

资源开发在生产和消费过程中产生的两种外部性，一是资源开发造成生态环境破坏所形成的外部成本，二是生态环境保护产生的外部效益。前者导致资源开发领域里造成了严重的环境污染与生态破坏，这部分成本没有纳入经营者的生产成本；后者导致生态环境的效益被其他个体无偿享用，生态环境保护的效益难以兑现，导致资源与环境的配置难以实现帕累托最优。生态资源的产权界定不清，使行为权利和利益边界不确定，当社会边际成本收益与私人边际成本收益背离时，市场机制无法发挥作用，即出现市场失灵，这就必须依靠外部力量，即政府干预加以解决。即政府可以通过税收与补贴等经济干预手段使外部性内部化，即对生态破坏者征收的边际税收等于其外部边际成本，对生态保护者的边际补贴等于其边际外部收益，就是生态补偿政策制定的核心目标。

（四）庇古税与科斯定理

为了解决外部成本内部化。庇古提出补贴或征税手段，故称为“庇古税”。即对于正的外部影响政府应予以补贴，对于负的外部影响应处以征税或罚款，以使外部性生产者的私人成本等于社会成本，从而提高整个社会的福利水平。所以，庇古税理论可作为生态补偿中的纵向补偿的理论基础。科斯提出通过界定产权可纠正外部性问题，科斯第一定理认为：如果产权是明晰的，同时交易费用为零，那么无论产权最初如何界定，都可以通过市场交易使资源的达到有效配置，即通过市场交易可以消除外部性。当交易费用为正且较小时，可以通过合法权利的初始界定来提高资源配置效率，实现外部效应内部化，无需抛弃市场机制。生态补偿中的“上游与下游之间的补偿”和“部门与部门之间的补偿”，可利用科斯定理，将外部性问题转变成产权问题，通过明晰产权，构建某种产权交易市场予以解决，所以科斯手段构成所谓横向补偿的理论基础。

（五）卡尔多—希克斯原则

通常，由非帕累托最佳状态向帕累托最佳状态的改进被称为帕累托改进。这种改进，至少有一个人受益，但不会有任何人受损，这样的改进依赖于完善的市场机制。但是计算经济行为或者政策造成某些人的生活状况的恶化是非常困难的。于是卡尔多和希克斯进行了效率标准的改善，被称为卡尔多希克斯原则。卡尔多(Nicholas Kaldor，1908—1986)英国新剑桥学派的主要代表，他提出：只要证明受损者可以获得补偿，其他人的境况就会改善，就可以了。希克斯(John Richard Hicks，1904—1989)，英国经济学家，新福利经济学的先驱者之一，他在卡尔多原则的基础上进一步指出：只要可以提高生产率，那么受损者就自然得到补偿，社会福利政策就是合理的。这种改进是一种既有人受益，又有人受损的改进。在社会资源的配置中如果那些从资源重新配置的过程中获得利益的人们，只要其所增加的收益足以补偿在同一资源重新配置过程中受到损失的人的利益，那么通过受益人对受损者的补偿，可以达到双方都满意的结果，而使资源的配置有效率。图 6-2 表明了帕累托改进与卡尔多—希克斯改进的不同。左图表示帕累托改进。从 E 点到 H 点的变化，既没有使消费者 A 的效用降低，也没有使消费者 B 的效用降低，因此，E 点属于非帕累托最佳状态，而 H 点属于帕累托最佳状态。实际上，变化后的点处于 F 点与 G 点之间，那么均属于帕累托改进。右图表示卡尔多—希克斯改进。从 E 点到 H 点的变化，使消费者 A 的效用增加，而使消费者 B 的效用降低，但是消费者 A 增加的效用大于消费者 B 降低的效用，因此，从整个社会来看，从 E 点到 H 点的变化存在着福利增进的余地。依照卡尔多—希克斯改进原理，通过受益地区、行业对生态保护付出代价、做出贡献的地区、行业以及保护者提供应有的补偿，达到生态环境质量改善的目的。[①]

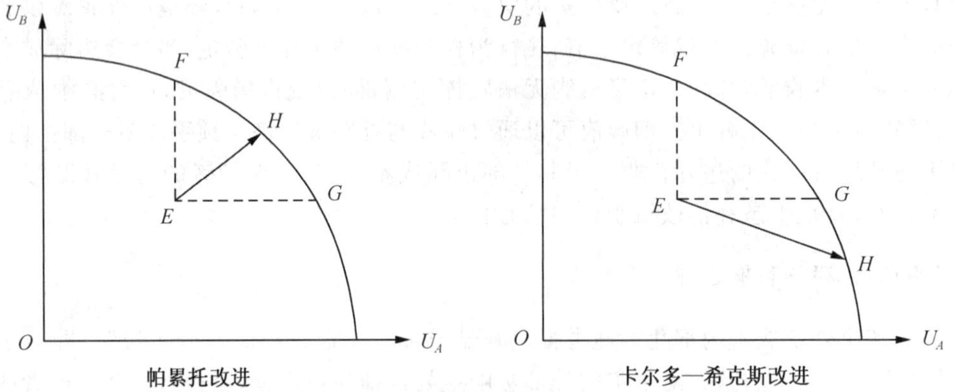

图 6-2 帕累托改进与卡尔多—希克斯改进示意图

三、生态补偿的原则

依据生态补偿的理论，我国正在实施以下生态补偿原则。

(一)“谁污染谁治理，谁破坏谁恢复，谁受益谁补偿”的责任原则

实施生态补偿首先要明确各利益相关者的责任。毫无疑问，在区域内部造成环境污染和生态破坏的责任人需要承担治理和恢复的责任，这点已经得到社会各界的一致认可，并在相关法律法规和政策中得到了体现，当前的重点在于如何完善这些法规和管理办法，提高治理和恢复的效果。区域之间受益者需要承担补偿责任，保护生态环境并为其他利益相关者提供生态服务功能的行为主体应该得到其他利益相关者的补偿，这是实施生态补偿的基本责任原则。

(二)政府主导、市场推进的组织原则

生态环境保护属于公共事业，需要政府主导实施，生态补偿更是完善公共事业投融资方

①沈满洪.资源与环境经济学.北京:中国环境科学出版社,2007

式的重要举措，更需要政府主导推动。一方面许多生态环境保护和建设项目需要政府投资或补贴，主导实施；另一方面政府和全国人民代表大会需要制定相关法律法规，规范生态补偿的形式与标准，尽量将生态补偿的内容“打包”推入市场，利用市场机制提高生态补偿的效率，创造条件促进生态环境保护与建设的产业化发展。

(三)从点到面、先易后难的操作原则

生态补偿尽管有了多方面的尝试，也取得相当的经验，但毕竟属于新生事物，在实践方面关系错综复杂，因此在实施生态补偿上应该采用从点到面、先易后难的原则，选择责权利比较明确、标准比较统一、相关责任人意愿强烈、操作性较强的项目先开展起来，在实践过程中获取经验，并提高人们对生态补偿的认识，为继续提升、完善和全面推行生态补偿机制做准备。

(四)广泛参与、因地制宜的实施原则

生态补偿涉及多方面的行为主体，关系错综复杂，生态补偿的权利责任关系难以简单判断，没有公认的补偿标准和成熟的估算方法，补偿方式多种多样，因此在具体探讨和实施过程中，需要形成相关利益者广泛参与，多方协商的机制，因地制宜地开展生态补偿工作。

四、生态补偿的组织方式

政府组织生态补偿机制是目前生态补偿的主要形式，具有政策方向性强、目标明确、容易启动等特点，但政府补偿机制有其难以克服的局限性，包括体制不灵活，标准难以确定，管理和运作成本高，政府财政压力大等。在生态环境保护的许多领域，也会遇到政府失灵的情况。

市场补偿机制依托市场法则，规范市场行为，将生态服务功能或环境保护效益打包推入市场，通过市场交易的方式，降低生态保护的成本，实现生态保护的价值。市场补偿机制具有补偿方式灵活、管理和运行成本较低、适用范围广泛等特点。但信息不对称、交易成本过高将影响市场补偿机制的运行，同时市场机制本身难以克服其交易的盲目性、局部性和短期行为。

(一)政府补偿机制

政府补偿机制是目前开展生态补偿最重要的形式，也是目前比较容易启动的补偿方式。政府补偿机制是以国家或上级政府为实施和补偿主体，以区域、下级政府或农民为补偿对象，以国家生态安全、社会稳定、区域协调发展等为目标，以财政补贴、政策倾斜、项目实施、税费改革和人才技术投入等为手段的补偿方式。

1. 财政转移支付

政府组织生态补偿最重要的手段是财政转移支付，包括财力转移支付和专项转移支付。财政转移支付不仅直接为地方进行生态保护建设提供了必要的资金支持，同时也可为地方因生态保护而导致的财政收入减少进行补偿。利用财政转移支付进行生态补偿重点依托两

种方式,一是在财力转移支付中,增加生态环境保护的影响因子权重,目前决定财力转移支付力度的因子中,生态环境的影响力还很小;二是整合现有的专项转移支付,增加生态补偿项目或者在与生态环境有关的专项转移支付中增加"生态补偿"的支出科目。利用财政转移支付开展生态补偿的主要缺点一是体制不灵活,全国统一的财政转移支付制度很难照顾到各地千差万别的生态环境问题;二是运行和管理成本高,许多专项资金往往由于高额的管理成本而难以发挥效益;三是部门分割严重,资金分散使用,效率低,同一生态保护项目存在充分申请的空间等。

2.差异性的区域政策

政策倾斜也是政府实施生态补偿的重要手段,根据区域生态保护的需要,实施差异性的区域政策,鼓励有利于生态环境保护的生产生活方式或直接吸纳社会资本投入到生态保护与建设。对于提供重要生态服务功能的区域,政府可以试行增加当地财政转移支付力度的财政,实施税收减免优惠的税收政策,优先安排生态功能重要区的基础设施和生态环境保护项目投资政策,鼓励清洁项目和绿色产业发展的产业政策,实施生态优先的政绩考核政策等。差异性的区域政策具有运作成本低、财政压力小、与地区实际情况易于结合等特点,是"十一五"期间国家应该重点研究实施的综合补偿机制。

3.实施生态保护项目

实施生态保护项目除了直接促进项目实施区的生态环境保护外,还可引导社会资本投入到生态保护与建设中,具有"种子资金"的作用,是政府实施生态补偿的主要方式之一。项目实施包括两类,一类是直接的生态保护与建设项目,如我国近年来实施的六大生态建设工程。另一类是开发性项目,通过政府或政府引导社会资本投资于西部地区的重要生态功能区,提高当地的经济发展水平,从而减轻人口和农牧业生产对生态环境的压力。例如,国家对河西走廊地区节水农业工程的扶持,有效地缓解了当地水资源的矛盾。在实施过程中要解好生态目标、立项、资金、管理、阶段性和效果的相互关系。

4.环境税费制度

环境税收政策作为调节发展与生态环境保护的经济手段,包括环境税和优惠政策、补贴政策以及收费制度。我国环境税费制度已经具备一定的基础,目前正在征收的环境税费包括排污费、矿产资源补偿费、水资源费、土地损失补偿费、育林费、耕地占用税、城乡维护建设税、资源税等,这些税费的征收为调节生产者行为,筹集生态环境保护资金发挥了重要作用。

(二)市场补偿机制

市场补偿机制是通过市场支付生态服务功能的价值而实现的失态补偿机制。交易的对象可以是生态环境要素的权属,也可以是生态环境服务功能,或者是环境污染治理的绩效或配额。典型的市场补偿机制包括公共支付、一对一交易、市场贸易和生态标记等。

1.公共支付

公共支付的主要对象是对国家生态安全具有重要意义的环境要素或者服务之类的纯公共物品的保护补偿,如生态公益林、国家级自然保护区与生态功能区的保护投入或者购买。公共支付资金来源包括公共财政资源、专项的税费收入、特定的融资渠道以及国际组织的援助资金等。公共支付补偿主要问题在于信息不对称，支付成本高，支付范围与力度受国家财力、重大工程建设、政策规划、管理体制和社会结构等因素的影响程度深，难以单纯从生态补偿角度实施公共支付。而且由于信息不对称的原因，导致一些更应该纳入公共支付范围内的生态服务功能得不到合理的补偿。目前，公共支付是国家实施生态补偿最直接、影响范围最大、必不可少的补偿方式。随着管理体制和公共政策的进一步完善，公共支付将能在生态补偿中更好的发挥作用。

2. 一对一交易

一对一的交易典型情况是流域上下游之间，按照双方协议，由下游地区支付上游地区保护和改善环境的投入，或者是买断上游地区的发展权。例如，美国纽约市与上游 Catskills 流域（位于特拉华州）之间的清洁供水交易；国内浙江东阳一义务之间的水权交易也是比较典型的案例。一对一交易这种支付方式的特点是，交易的双方基本上是确定的，只有一个或少数潜在的买家，同时只有一个或少数潜在的卖家。交易的双方直接谈判，或者通过一个中介来帮助确定交易的条件与金额。该中介可能是一个政府部门、非政府组织或者是一个咨询公司。一对一的交易适用程度取决于交易双方的明确程度和利益相关者的数量，交易双方越明确，利益相关者数量越少，则交易成本越低。政府可以在降低交易成本方面发挥关键作用，例如，制定生态环境服务的核算技术标准，提供交易协商平台，提供交易协商的法律与技术咨询服务已经建立环境仲裁机制等。

3. 市场贸易

市场贸易主要指配额交易，典型的情况是《京都议定书》确定的“碳汇交易”模式。由政府或国际公约确定一定区域生态保护的配额责任，通过市场交易，实现区域生态保护的价值。生态保护的配额也不仅限于森林，理论上自然保护区、生态公益林等都可以作为生态保护的配额进行交易，从而筹措生态保护的资金。市场贸易模式的主要特点是环境服务功能的提供者的购买者都不唯一，环境服务功能可以被标准化计量并具有可比较的价格，必须有规范的得到信任的环境服务认证机制，环境服务功能量化标准体系已经相应的监控体系等作支撑。通过市场贸易可以提高生态服务功能保护的经济效益，拓展生态保护与建设的融资渠道，减轻财政压力，扩大生态补偿的范围，随着我国市场经济体制和环境管理体制的进一步完善，市场贸易的补偿方式将能更大范围内发挥生态补偿的作用。

4. 生态标记

生态标记主要指对生态环境友好型的产品进行标记，如生态食品、有机食品、绿色食品的认证与销售。通过生态标记，体现该产品保护生态的附加值，从而体现生态环境保护的效益。环境标志国外有的称为生态标签（eco mark）、蓝色天使（blue angel）、环境选择（environmental choice），国际标准化组织（ISO）将其统称为环境标志（environmental labeling）。生态标记方式成功的关键在于独立、可信的认证体系以及生态环境友好型产品的市场推广。通过生态标记的方式可以为生态环境服务功能提供更多的生态补偿。

五、国外生态补偿的经验

从发展历史看，发达国家实施生态补偿的时间长于发展中国家；从付费的对象看，既有以环境污染的减少为目标的公共政策，也有自然资源领域运行、以实现各种资源管理为目标的公共政策。从实施流域生态补偿手段看，从市场交易到管制的形式都在实践中存在。

国外流域生态环境服务付费具有以下特点：① 对生态服务有需求。在政府出台的法律法规的要求下，生态环境服务的需求方推动着生态环境服务付费机制的建立。②由小规模补偿开始。大部分是由小规模实施开始，再加以推广。③生态环境服务付费机制多样。既有自下而上的模式，也有自上而下的模式。④资金来源是多样化的，来自政府、私人、企业、捐赠等多个渠道。⑤奖惩结合。生态环境服务付费机制更大程度上是一种奖励机制(遵循受益者付费原则)，与惩罚机制(遵循排污者付费原则)相对应。⑥差异较大。由于各个国家的社会背景、经济发展水平不同，因此各国采取的组织手段、策略、方式差异较大，即使同一个国家同一政策框架下，环境服务付费的方式也有很大的差异。国际生态补偿取得某些成功的主要原因在于，一是大多数国家产权制度比较完善，有利于利用市场机制进行补偿；二是法律法规比较完善，很多资源开发的外部成本能够内化；三是政府支付能力较强，能够对重要的生态服务进行购买；四是社会参与和协商机制较为成熟，能够在生态补偿政策实施中真正反映各利益相关者的立场等。国外一些国家的生态补偿类型见表 6-1。

表 6-1　国外一些国家的生态补偿类型

补偿类型	补偿机制	补偿办法
自组织的环境服务付费	法国的“毕雷矿泉水为保持水质付费”机制	法国的 Perrier Vittel S. A 天然矿泉水公司认识到保护水源比建立过滤厂或不断迁到新的水源地在成本上更为合算，于是该公司投资约 901 万美元购买了水源区 1 500 公顷农业土地，并承诺将土地使用权无偿返还给那些愿意改进土地经营措施的农户；将土地向集约程度较低的乳品业和草场管理技术的农场签订了 10～30 年的合同，向农场免费提供技术支持用于购置新农场设施和建设费用
	纽约市与上游地区的清洁水支付机制	纽约市饮用水主要来自北部 Catskill 流域上游的特拉华州和 Croton 流域。1994 年拥有水源地保留地役权的农户与美国农业部门签订 10～15 年的合同，对环境敏感的土地休耕。向该流域内的奶牛场和林场经营者支付 4 000 万美元，进行农场污染的治理，改善生产管理和经营，通过采用环境友好的生产方式来保护水源地的水质。协议自 1997 年生效后，计划 10 年期间投入 14 亿美元来开展包括土地认购、保留地役权和流域保护合作项目。该流域生态环境服务付费项目所花费的费用，只是使用水净化处理厂这一替代方案费用的 1/8
	澳大利亚“基于市场机制的流域补偿”模式	1999 年实施了“灌溉者支付流域上游造林”，马奎瑞河食品和纤维协会通过环境贸易协议向新南威尔士的林业部门支付一定的费用以获得流域上游生态环境服务价值，这些生态服务是新南威尔士的林业部门和上游的私有土地所有者因参与生态保护而产生的，付费以供其在下游集水区域更新造林

续表 6-1

补偿类型	补偿机制	补偿办法
公共支付实现的生态功能补偿	美国“土地保护储备计划”	国家、州以及土地所有者应实施生态补偿，即通过扩大土地休耕计划的成本效益来实现所设定的土地休耕目标，调整土地保护费用使其与市场价格紧紧匹配，找准正确的土地保护标的，为土地退耕设置合适的期限，并且处理“耕地反弹”问题
	墨西哥对森林生态系统保护补偿	“森林水文环境服务支付项目”（PSAH）采用来自水费的联邦财政收入专项，对原生林土地所有者的付费，使受益人和环境服务提供者间建立了联系。从 2003 年启动有 1.82 亿美元左右来自水费的专项资金用于水文环境服务的支付，2004 年增到 2.73 亿美元。不同水平的政府（联邦、州、市政当局）担当了森林所有者和充足的洁净水或水灾减少受益者的中介。因此，政府在一定程度上应作为买方市场的唯一购买者。最初是由联邦政府付费，后来地方政府成功参与项目的实施
矿区环境恢复补偿	德国“矿区生态恢复的管理办法”	联邦政府成立矿山复垦公司专门从事矿山恢复工作，复垦所需资金，按照联邦政府 75%，州政府 25% 的比例分担。对于新开发的矿区，根据德国联邦矿山法的规定，必须对矿区复垦提供具体措施作为审批的先决条件；必须预留复垦专项资金，一般按企业年利润的 3% 留取；必须对矿山占用的森林、草地实行等面积的异地补偿
	美国“矿区生态恢复的管理办法”	美国国家和州政府都设立“废弃矿山恢复治理基金”，基金来源主要是采矿收费、捐赠和其他款项。年美国国会通过的（SMCRA）。根据《露天矿矿区土地管理及复垦条例》（SMCRA，1977），进行露天矿的开采，必须得到有关机构颁发的许可证；矿区开采实行复垦抵押金制度，未能完成复垦计划的其押金将被用于资助第三方进行复垦；企业要缴纳一定数量的采矿废弃老矿区的土地复垦基金，用于矿区土地的恢复和复垦
农业生态环境保护补偿	英国“北约克摩尔斯农业方案”	通过国家与农户之间的协议，充分明确国家在生态补偿中的主体责任，并划定区域内补偿标准和区域之间分界线上土地的补偿标准，目的是对在促进并增强自然景观和野生动植物价值的农场主提供补偿
	瑞士“生态补偿区域计划”	瑞士从 1992 年对三种层次的农业发展提供财政和补偿支持，第一，支持特定的生物类型，如广阔的草地和牧场；第二，支持比保护性农业更高的生态标准的完整的成果；第三，支持有机农业。内容包括三个部分。第一，自 1999 年起农民必须证明他们达到了生态环境标准才有资格获得相关领域的生产补助。第二，直接付费，自 1993 年 ECA 计划最初被引进时开始提供给专门的、自愿遵守的环境保护措施。第三，自 2002 年实施额外奖金，如果生态质量的最低标准被实现时而获得的额外奖金

六、中国生态补偿的体系框架

生态补偿作为一种解决中国资源环境问题的手段逐步得到各方面重视的。其理论依据、原则和补偿的方法不断得到改善。我国生态补偿的主要发展历程和相关的政策法规与措施为：

20世纪90年代初，我国开始了系统的生态环境补偿制度上的实践，以生态环境补偿费作为激励手段保护、恢复生态环境，配合排污费的制约惩罚手段减少环境污染和生态破坏来保护生态环境，另外配合资源税费、增值税、营业税、消费税、所得税等优惠减免手段作为补充。主要是采用行政方式的经济手段保护生态环境，手段过于单一。生态环境补偿费一方面是对破坏者、污染者的制约作用，另一方面主要的是为政府进行生态环境恢复筹集资金的作用。补偿资金的用途是:单一的生态环境补偿费解决资源环境保护的问题，单一的排污费解决污染问题。我国森林与自然保护区的生态补偿工作起步较早，天然林保护、退耕还林等六大生态工程也是对长期破坏造成生态系统退化的补偿。

从政策上，1992年国务院批转国家体改委《关于一九九二年经济体制改革要点的通知》(国发[1992]12号)，明确提出“要建立林价制度和森林生态效益补偿制度，实行森林资源有偿使用”；1993年国务院《关于进一步加强造林绿化工作的通知》(国发[1993]15号)，指出“要改革造林绿化资金投入机制，逐步实行征收生态效益补偿费制度”；1993年国家环保总局发布的《关于确定国家环保总局生态环境补偿费试点的通知》(2002年废止)；1998年修订的《森林法》第六条明确表明“国家设立森林生态效益补偿基金，用于提供生态效益的防护林和特种用途林的森林资源、林木的营造、抚育、保护和管理”。从实践上，2001—2004年为森林生态效益补助资金试点阶段；2004年正式建立中央森林生态效益补偿基金，并由财政部和国家林业局出台了《中央森林生态效益补偿基金管理办法》。这个时期，中国的环境保护、生态恢复还主要依靠政府的投入和行政、法律约束，市场机制下的生态保护的范围和力度有所不足。

进入21世纪后，我国的生态环境进一步恶化，政府在加强环境污染管制的同时，从过去单纯依靠强制性的行政管制，扩展到结合市场的经济激励手段增加生态环境保护治理的程度。生态补偿的内涵和外延渐渐清晰、机制和方法逐步丰富。目前，中国生态补偿机制的框架针对不同尺度上的问题，分析主要受益者范围，并针对各补偿相关主体的特点提出补偿的途径，其体系框架见图6-3。

1. 西部生态补偿机制

实施西部生态补偿的主要方式是增加对西部地区的财政转移支付力度；制定有利于西部发展和生态环境保护的政策与财税制度；借鉴国际官方开发援助ODA(official development assistance)经验，制定中国的西部援助计划，确定东部发达省份拿出一定GDP比例的额度作为援助，扶持西部发展等。

2. 重点生态功能区补偿机制

这里的生态功能区主要指国家级重要生态功能区和国家级自然保护区。这两类区域生态服务功能的受益区域是全国乃至全世界，因此补偿的主体应该以国家为主。对于国家级自然保护区目前的补偿方式主要是增加保护区建设的投入，在近期应该将对保护区内原居民的生产生活损失纳入补偿范围，从长远考虑，应该逐步将国家级自然保护区的土地使用权收归国有；国家级生态功能区应该统一规划，由国家主导建设。

3. 流域生态补偿机制

流域补偿主要解决流域上下游水质保护与受益分离的问题，上下游对口支援、协作与补

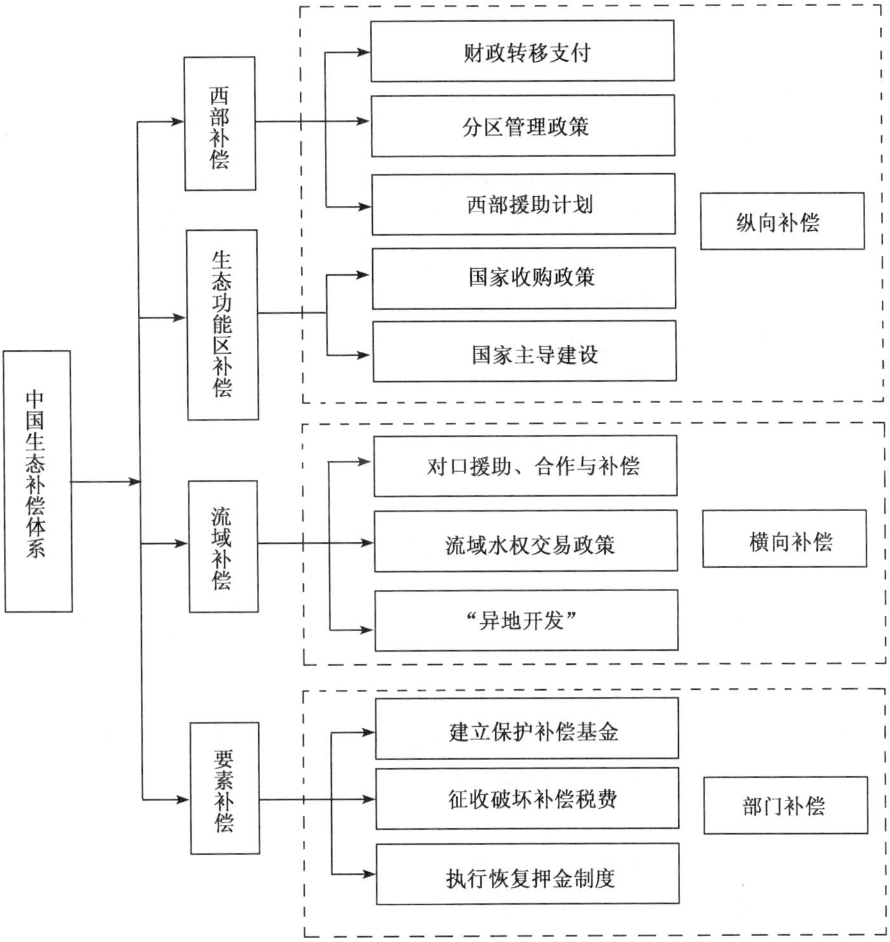

图 6-3　中国生态补偿体系框架

偿是比较通行的补偿方式。随着水资源的紧缺局面加剧，水权交易必将成为流域水资源保护补偿的重要途径。近年来“异地开发”作为水源地保护的新模式取得很好的成效，典型的例子是浙江省的“金磐开发区”。广东省将“异地开发”模式做了进一步发展，为了保护广东省山区环境，利用珠三角地区优越的发展条件，广东省政府组织在珠三角地区在山区设立“工业飞地”，促进山区的经济发展。

4. 要素补偿机制

要素主要指生态环境的各个要素，要素补偿结合部门管理开展。重点在于三个方面，一是对保护生态环境要素的效益进行补偿，如设立生态公益林补偿基金；二是对破坏生态环境的资源开发行为征收生态补偿费；三是对可能破坏生态环境的资源开发执行严格的押金制度。

以上框架仅考虑了当代的补偿和国内的补偿，没有考虑代际的补偿和国际补偿。理论上，代际的补偿需要就当代的资源开发行为征收相应的补偿费作为储备资金，用于以后的生态恢复与治理，类似于香港回归前的土地储备金行动。

本章小节

资源产权是所有权、使用权,收益权等组成的产权束,具有激励、约束、外部性内部化和资源配置功能;资源产权界定应遵循效率、公平、排他性和以国家政治和法律制度为依据等原则;产权明晰化、健全的产权市场、资产评估和完善的法律法规是资源产权交易的条件;降低资源产权的交易成本可以提高交易收益。依据外部性、公共产品、生态资产庇古税和科斯定理以及卡尔多—希克斯原则等理论,生态补偿的原则有“谁污染谁治理,谁破坏谁恢复,谁受益谁补偿”、广泛参与、因地制宜、从点到面、先易后难、政府主导、市场推进等;生态补偿的组织方式有政府补偿机制和市场补偿机制。

案例分析

市场框架的生态补偿——浙江义乌—东阳水权交易

义乌市总面积 1 103 平方千米,耕地面积 2.3 万公顷。虽然人均水资源尚有 1 130 米^3,但由于地形的原因,尽管境内小型以上的水库有上百座,但总蓄水量仅 1.5 亿米^3。东阳与义乌同属金华江流域,东阳位居上游,是该流域内水资源相对丰富的一个县级市,境内拥有两座大型水库;不仅有丰富的水源,还因处在源头,水质优良;加之两市不仅毗邻,而且市中心相距不过 10 多千米。以“建筑之乡”闻名全国的东阳市,近年来经济也是持续高速发展。全市总面积 1 739 平方千米,78.6 万人口。境内最大河流东阳江全长 57 千米,多年平均径流量达 8.74 亿米^3。除东阳江外,还有南江及其他丰水溪流,水资源总量 16.08 亿米^3。

生态补偿的驱动力来自于:义乌江污染严重,地下水含有害矿物质严重超标,使义乌的发展尤其是近年在由小城市迅猛发展到中等城市,并正朝着大城市发展的过程中,水成了首要的制约因素。

虽然前几年用“自行贷款、自行建设、自行收费、自行还贷、自行管理”的政策引入市场机制建设的八都水库,自 1997 年以来发挥效益(该水库现年供水量为 2 300 万米^3),使现有供水能力达到每天 9 万吨,基本满足了老城区的供水要求,但义乌新城区发展很快,人口和规模已超过老城区,整个市区已有常住人口 35 万;未来 10 年中,该城要建设成为 50 万人口以上的大城市,因此,水的问题仍然是制约这座城市发展的瓶颈。

东阳的水资源量丰富,达到 16.08 亿米^3,人均 2 126 米^3(比义乌多 88%)。而义乌严重缺水,只有 5 000 万~6 000 万米^3,人均只有 1 130 米^3,饮用水和工业用水都非常欠缺。故而,东阳与义乌之间的水权交易才可能发生,东阳与义乌之间水权交易的主要水源是横锦水库。

从市场供求双方的关系与力量看:东阳市作为供给方,水资源开发的潜力较大,且近几年东阳市把防洪基础设施建设和节水工程措施建设列为水利基础设施建设的重点。1998 年东阳市着手对境内两个较大灌区横锦水库灌区和魏山灌区进行配套建设。这两个灌区设施配套建设项目被列入了国家农业综合开发水利骨干工程。东阳人意识到,通过节水灌溉工程得到的多余的水不能让它白白注入东阳江流走,要设法让它为东阳创造效益。除了为全市未来的发展用水留有余地外，丰余的资源怎样让它发挥更好的效益？东阳人把目光投向了水权交易市场。如果将丰余的1/3转让，另2/3作为未来发展的储备，这不仅不会影响全市的灌溉和城镇供水，还可以用转让金加快全市水利设施改造步伐，把节约用水提高到一个新水平。

作为需求方的义乌市政府部门多次召集省市水利专家论证一致认为，虽然用境内资源解决供水的办法还有不少，例如，再建水库，调用现有水库供水（农村改用江河提水灌溉）等，但客观条件表明，境内已没有很合适的库址，提水灌溉的办法也受到很多客观条件限制，比如过境水少、污染严重等。于是，便考虑到了“境外引水”，最合适的就要数东阳市了。

政府部门作为中介环节，2000年11月24日，义乌和东阳两市经过双方水利部门代表的五轮磋商、两市五大班子分别就水利部门达成的一致意向进行投票表决，在双方均获全票通过的前提下在东阳举行了用水权转让协议签字仪式。具体的支付方式：一是义乌市一次性出资2亿元购买东阳横锦水库每年4 999.9万米^{3}水的使用权；二是转让用水权后水库原所有权不变，水库运行、工程维护仍由东阳负责，义乌按当年实际供水量0.1元/米^{3}支付综合管理费（包括水资源费）；三是从横锦水库到义乌引水管道工程由义乌市规划设计和投资建设，其中东阳境内段引水工程的有关政策处理和管道工程施工由东阳市负责，费用由义乌承担。生态补偿资金筹措使用协议是义乌市在购买横锦水库用水权的同时，规划新建引供水工程。其中引水管道从横锦水库到义乌城区新水厂约50千米，估算投资5.1亿元，新建自来水厂估算投资1.5亿元。

从浙江义乌—东阳水权交易得出的政策含义。首先，东阳和义乌运用市场机制交易水权，双方的利益都得到了增加，资源得到有效配置。东阳通过节水工程和新的开源工程得到的丰余水，其每米^{3}的成本尚不足1元钱，转让给义乌后却得到4元/米^{3}的收益，而义乌购买水权虽然付出4元/米^{3}的代价，但如果建水库至少要花6元/米^3。东阳和义乌通过水交易，将促使双方都更加节约用水和保护水资源，市场起到了优化资源配置的作用。其次，市场机制和政府组织是生态补偿中的相互补充的重要组织方式。义乌、东阳的地方政府、行政部门在水权交易中发挥了关键的作用，在生态补偿中政府占有主导地位。最后，生态补偿是具有生态效益和经济效益、供给需求双方“双赢”的博弈。

思考与练习

1. 简述资源与环境产权的属性，并说明两者的关系。
2. 简述资源产权界定应遵循的原则。
3. 简述资源产权界定与资源产权交易的概念与关系。
4. 怎样理解资源产权的交易成本？
5. “我国矿产资源利用总是在这样一种状态中循环：非法开采—恶劣事故—整治—更大规模的非法开采……”，请用资源产权理论分析其链条的权利关系。
6. 简述水权市场的结构关系是怎样构成的？
7. 论述我国水权交易制度设计框架。
8. 搜集南水北调工程有关资料，说明水权制度是如何设计的。
9. 20世纪90年代以来黄河断流日趋加剧，用水权理论分析其原因并提出解决的措施。
10. 简述卡尔多—希克斯原则并分析生态补偿的机理。

11. 分析"谁污染、谁治理,谁破坏、谁恢复,谁受益、谁补偿"原则的理论依据是什么?

12. 比较分析生态补偿的政府补偿机制与市场补偿机制。

参考文献

[1] 哈罗德·德姆塞茨. 所有权、控制权与企业——论经济活动的组织(第一卷). 北京:经济科学出版社,1999.

[2] 张五常. 关于新制度经济学—科斯、哈特、契约经济学. 北京:经济科学出版社,1999.

[3] 道格拉斯·C·诺斯. 经济史中的结构和变迁. 北京:商务印书馆,1999.

[4] 斯韦托扎尔·平乔维奇. 产权经济学——一种关于比较体制的理论. 北京:经济科学出版社,1999.

[5] [美]埃里克·佛鲁博顿[德]鲁道夫. 芮切特,江建强,罗长远译. 新制度经济学——一个交易费用分析范式. 上海:上海三联书店,上海人民出版社,2005.

[6] 托马斯·思德纳. 张蔚文,黄祖辉译. 环境与自然环境管理的政策工具. 上海:上海三联书店,上海人民出版社,2005.

[7] 罗君丽. 科斯经济思想研究. 浙江大学硕士学位论文,2003.

[8] 王克强. 资源与环境经济学. 上海:上海财经大学出版社,2007.

[9] 刘伟. 中国水制度的经济学分析. 上海:上海人民出版社,2005.

[10] 中国生态补偿机制与政策以及课题组. 中国生态补偿机制与政策研究. 北京:科学出版社,2007.

[11] 王金南,庄国泰. 生态补偿机制与政策设计国际研讨会投稿论文集. 北京:中国环境科学出版社,2006.

[12] 中国 21 世纪议程管理中心,可持续发展战略研究组. 生态补偿:国际经验与中国实践. 北京:社会科学文献出版社,2007.

[13] 李小云,靳乐山,左停. 生态补偿机制:市场与政府的作用. 北京:社会科学文献出版社,2007.

[14] 庄国泰,高鹏,王学军. 中国生态环境补偿费的理论与实践. 中国环境科学,1995.

[15] 毛显强,钟瑜,张胜. 生态补偿的理论探讨. 中国人口·资源与环境,2002(4)

[16] 杰弗里. 希尔,胡颖廉译. 自然与市场:捕获生态服务链的价值. 上海:中信出版社,2006.

[17] 王钦敏. 建立补偿机制,保护生态环境. 求是,2004(13).

[18] 张云,李国平. 环境成本:经济学与环境科学的融合点. 人文杂志,2004(2).

[19] 廖卫东. 生态领域产权市场制度研究. 北京:经济管理出版社,2004.

[20] 吕忠梅,超越与保守—可持续发展视野下的环境法创新. 北京:法律出版社,2003.

[21] 李爱年,刘旭芳. 对我国生态补偿的立法构想. 生态环境,2006(1)

[22] Wunder, Sven. Payments for Environmental Services: some nuts and bolts. CIFOR occasional paper, 2005, No. 42.

[23] Landell-Mills, Natasha and Ina Poras. Silver Bullet or Fools'Gold? A global review of markets for forest environmental services and their impacts on the poor. London:

IIED,2002.

[24] Henry Shipley FLI, MRTPI. The evolution of derelict land reclamation within the United Kingdom: a local government perspective [A]. Addressed to Mine Land Reclamation and Ecological Restoration for the 21 Century-Beijing International Symposium on Land Reclamation. 2000:7-10.

第七章　资源与环境的时空配置

学习目的：重点掌握环境库兹涅茨曲线内涵、耗竭性资源、可更新性资源及环境跨时期配置的基本模型及影响因素。掌握跨界污染的特征、成因及解决方式、环境与贸易之间的相互关系等重点问题。认识贴现率在资源与环境的代际之间配置的重要性。

第一节　环境变化与经济增长

一、环境库兹涅茨曲线内涵

1955 年，美国经济学家西蒙·库兹涅茨（Simon Kuznets，1901—1985）在对收入差距的研究中发现，在经济发展过程中，收入差距随着经济增长先逐渐增大，后又逐渐缩小。如果以收入差异为纵坐标，以人均收入为横坐标，则两者之间呈现倒 U 形关系，该曲线被称为库兹涅茨曲线（KC）。后来，普林斯顿的经济学家格鲁斯曼（Gene Grossman）和克鲁格（Alan Krueger）在对 66 个国家的不同地区的 14 种空气污染物和水污染物质 12 年（空气污染物：1979—1990；水污染物：1977—1988）的变动情况进行研究发现，大多数污染物质的变动趋势与人均国民收入水平随时间的变动趋势呈倒 U 型关系，即污染程度随人均收入增长先增加，后下降。污染程度的峰值大约位于中等收入水平阶段。据此，他们在 1995 年发表的文章中提出了环境库兹涅茨（environment kuznets curve，EKC）的假说。

在经济发展过程中，环境的变化确实存在先恶化后改善的情况，例如，在 20 世纪著名的八大环境公害事件许多都发生在现在环境已经改善的发达国家，就是说，至少从发达国家的城市环境变化过程中可以得出结论：随着经济的发展，人均收入水平随时间的不断增加，污染程度先增加后下降，环境质量也都经历了一个先污染变坏后治理变好的过程（图 7-1 曲线 A）。

世界银行在 1992 年给出了 EKC 的简单的数学表达：假设污染排放与人均收入的关系可以表达为：

$$e=\alpha y \tag{7-1}$$

式中，e 为某种污染物的人均排放量；y 为人均收入；α 为污染排放系数，用单位收入产生的污染排放表示。

又假定污染排放系数 α 随着人均收入 y 增加而降低，表达式如下：

$$\alpha=\beta_0-\beta_1 y \tag{7-2}$$

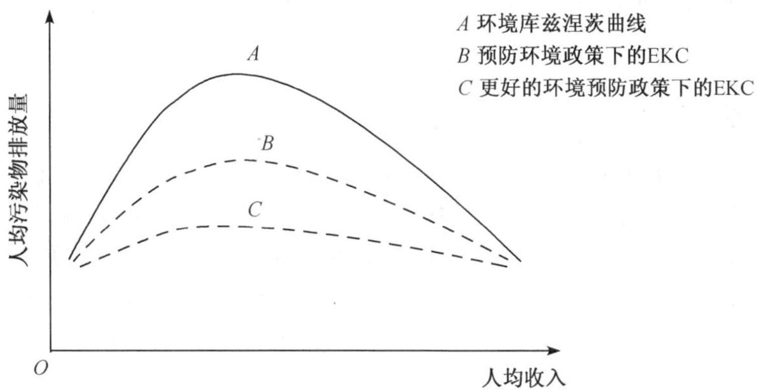

图 7-1　环境库兹涅茨曲线

将式 7-2 代入式 7-1 中，可以得到 $e=\beta_0 y-\beta_1 y^2$。由此可见，污染物的排放(e)与人均收入(y)之间存在一个倒 U 形曲线的关系。

如果排污系数 α 是恒定的，就会得出了污染排放随着经济规模的扩大将不断增长，最终突破环境极限的结论，这也是罗马俱乐部对环境变化持悲观主义的主要依据。然而，EKC 隐含的一个内在假设就是排污系数 α 随着经济发展会不断降低，从而保证了在经济增长到一定阶段后，随着收入水平的提高，最终排放到环境的污染将会下降。排污系数 α 的下降取决于单位经济活动消耗的资源、能源以及排放的污染物下降，污染治理和生态保护的投入增加以及居民的环境意识提高等因素。

二、环境库兹涅茨曲线的机理分析

关于库兹涅茨曲线，众多的学者给出了自己的解释，主要有：成本论、能力论、需求论、技术论和变迁论。

(一)成本论

环境污染导致的外部性成本与治理成本的占经济效益的比重不同。经济学家告诉我们，污染消除函数遵循递减规律，即污染量越多，污染消除的边际成本越低。在经济发展初期，由于污染排放相对较少，环境污染导致的外部性问题相对较小，而此时减污边际成本较高，随着污染的不断增加，外部性上升，而边际减污成本相对下降，最优污染控制水平应该是边际减污成本等于边际外部性成本，因此污染达到一定水平后得以不断治理，环境逐步改善。

(二)能力论

生态学家认为：环境问题的重要原因是工业化国家以及发展中国家对经济高速增长的追求。污染程度的加剧是因为生产和消费增长产生的废弃物和污染物质被毫无顾忌地释放到环境中而不计后果。污染治理和生态保护都需要资金的投入，这就必须依靠经济实力的支撑。发展的早期阶段，主要的资本都用于发展经济，很少或根本没有资金用以环境保护，经济的迅速增长带来污染物的大量排放和资源的消耗使环境质量进入低谷状态；发展进入高级阶段，人均收入水平提高，可以拿出更多的财政收入来投入环境和生态建设，环境质量得到不断改善。

(三)需求论

环境舒适的需求具有较大收入弹性，也就是说直到消费者的收入达到较高的水平时，对环境的需求才在其预算中占有一定地位；同时随着人均收入的提高，环境意识在不断提高，因而对环境更加关注。在发展的早期阶段，人们首先解决衣食住行方面的需求问题，对环境舒适的需求很低，由于经济发展带来的环境问题是发展的次要问题；当进入发展的高级阶段，人们对环境的需求提高，需要更好的环境质量，开始关注生态问题，愿意为获得高的环境质量支付更多的金钱。

(四)技术论

经济增长、环境质量和自然资源之间存在这样一种关系，即自然资源是经济活动的一种重要投入，经济增长作为经济活动的结果又产生了污染物质，意味着环境质量的下降。一定的经济技术条件下的资源总量一定，如果所有的资源都用于生产商品，那么社会生产额就达到最大量，产生的污染量最大。生产上的技术进步使得在同等资源条件下生产的商品数量增加了，而相应的污染数量又减少了，所以增长与环境质量之间的目标冲突趋于缓和。

(五)变迁论

随着产业结构调整和污染产业迁移到其他国家而使污染水平降低。经济发展初期，地方政府急于积累资金，发展经济，往往依赖当地资源条件，发展资源密集型产业，这样就产生了环境污染问题。随着经济起飞和发展，污染产业的异地转移以及产业结构不断优化升级，环境污染水平降低，环境质量逐步得到恢复。

三、环境库兹涅茨曲线的实例

在环境库茨涅茨曲线中，人均收入多采用人均 GDP 这个指标，而环境质量却很难用一个指标来表达，环境经济学家通常用各种典型污染物的人均排放量来表示。虽然许多污染物的排放与人均收入之间的关系符合 EKC 的假定，然而每种污染物的 EKC 的形状不尽相同，例如，潘纳约托(Panayotou)发现，森林砍伐的拐点在人均收入 823 美元，SO_2 排放的拐点在人均收入 3 000 美元左右，NO_x 排放的拐点在人均收入 5 500 美元。

我国学者对中国的环境库茨涅茨曲线进行了实证分析和验证与修正等[①]。在此以我国 1981—2003 年间的废水、废气、废渣为例进行了 EKC 分析，发现基本符合倒 U 形 EKC 曲线的变化[②]。废水的转折点为 492 元，废气的转折点为 29 082 元，废渣的转折点为 4 943 元。

①王志华，温宗国，闫芳，陈吉宁. 北京环境库兹涅茨曲线假设的验证. 中国人口·资源与环境，2007(2)

②康建英. 区域的环境库兹涅茨曲线在我国的诊释与修正. 河北大学学报(哲学社会科学版)，2006(4)

表 7-1　我国 1981—2003 年人均三废产生量、人均国民收入、对外贸易和工业结构数据

年份	GDP(1990 不变价格)	人口(万人)	工业废水(万吨)	工业废气(亿立方)	废渣排放(万吨)	人均国民收入(元)	进出口总额(亿元)	工业在GDP中的比重(%)
1981	8 018	100 072	2 326 944	43 454	37 664	801	2 397	42.1
1982	8 760	101 541	2 300 004	46 259	38 369	863	2 619	40.8
1983	9 740	102 495	2 396 161	51 810	38 545	950	2 912	40
1984	11 231	103 475	2 540 273	56 934	42 435	1 085	3 358	38.9
1985	12 717	105 851	2 486 267	60 067	46 153	1 201	3 802	38.5
1986	13 794	107 507	2 575 575	58 947	55 395	1 283	4 124	38.9
1987	15 385	109 300	2 603 000	65 274	53 250	1 408	4 599	38.3
1988	17 120	111 026	2 564 574	70 244	55 256	1 542	5 118	38.7
1989	17 843	112 704	2 514 140	70 933	57 161	1 583	5 334	38.3
1990	18 598	114 333	2 483 508	73 125	57 842	1 627	5 560	37
1991	20 294	115 823	2 358 687	84 699	58 759	1 752	6 067	37.4
1992	23 146	117 171	2 338 534	89 633	61 884	1 975	6 920	38.6
1993	26 182	118 517	2 194 919	93 423	61 708	2 209	7 827	40.8
1994	29 484	119 850	2 155 111	97 463	61 704	2 460	8 816	41.4
1995	32 143	121 121	2 218 943	107 478	64 474	2 654	9 609	42.3
1996	35 278	122 389	2 058 881	111 196	65 897	2 882	10 547	42.8
1997	38 307	123 626	1 883 296	113 378	65 749	3 099	11 452	43.5
1998	41 298	124 761	1 712 355	110 807	63 648	3 310	12 346	42.6
1999	44 262	125 786	1 607 678	114 721	64 905	3 519	13 232	42.8
2000	47 975	126 743	1 530 600	123 151	66 599	3 785	14 342	43.6
2001	51 431	127 627	1 475 722	128 445	70 851	4 030	15 376	43.6
2002	56 012	128 453	1 422 812	133 966	75 357	4 361	16 745	43.7
2003	61 611	129 227	1 371 798	139 725	80 187	4 768	18 419	45.3

注：1981—1991 年环境数据来源于《中国环境资料一汇编》，1992—2003 年来源于《中国环境统计年鉴》，其他数据来源于相关年份的《中国统计年鉴》。其中“三废”指标采用全国县及以上企事业单位的产生量。

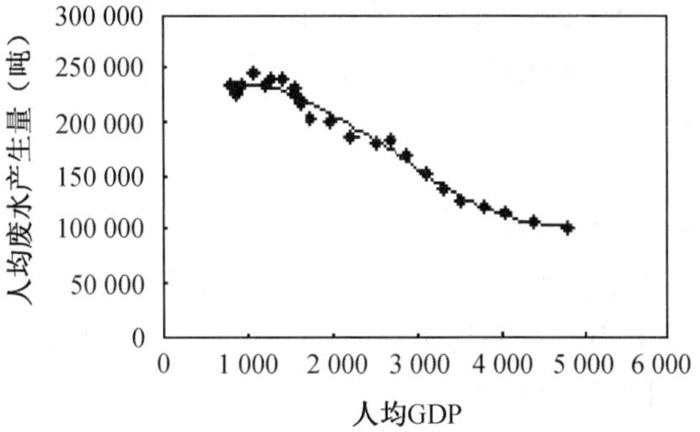

图 7-2　人均废水排放量与人均 GDP 的关系

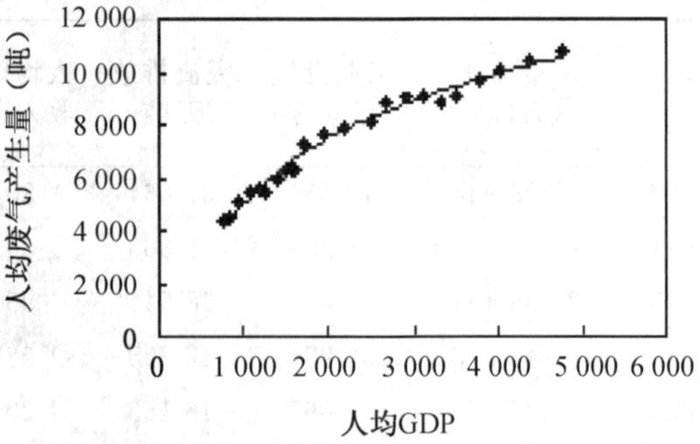

图 7-3　人均废气排放量与人均 GDP 的关系

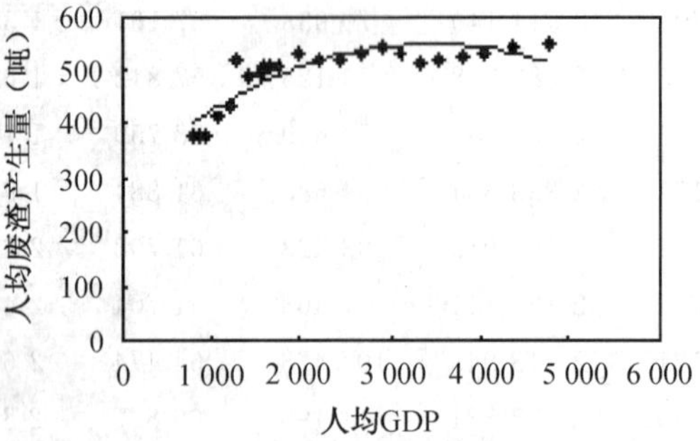

图 7-4　人均废渣产生量与人均 GDP 的关系

四、环境库兹涅茨曲线的缺陷

EKC 虽然为我们揭示了经济增长与环境质量之间的一种关系，但是随着人们对环境问题的关注和研究，EKC 存在的问题逐渐暴露出来。综合来看 EKC 存在以下问题：

1. 部分污染物不符合 EKC

WTO 在其《环境与贸易报告》中提出，一些重要的区域污染问题与倒 U 形曲线比较符合，然而全球性的污染物不符合 EKC 的假设，典型的如二氧化碳。Shafik 和 Bandyopadhyay 在 1992 年用 10 个指标来估计环境质量变化和人均收入之间的关系。研究表明，随着人均收入的提高，人均二氧化碳排放和人均市政废物排放量一直在增加，缺乏干净水和缺乏城市卫生设施的现象随人均收入增加而下降，而采伐森林与人均收入无关，这些污染物均不符合 EKC 的假定。

2. 环境指标并不一定与经济指标同步

一些学者认为经济增长本身并不是一定能够解决环境问题。如果不进行相应的政策调控，即使人均收入水平过了拐点的平均水平，环境恶化的趋势将随着经济规模的扩大而继续加重。世界银行在环境可持续指标体系中，给出了一个很有说服力的例子来证明经济发展不是环境优美的决定因素。芬兰和比利时两个国家，它们的人均 GDP 相差不多，但是环境指标相差很大。芬兰人均 GDP 为 22 008 美元，ESI(environmental sustainability index)为 73 .7 分(满分 100，分数越高代表环境质量越好)；比利时的人均 GDP 为 24 533 美元，而

ESI 仅为 38.6 分。

3. 环境阈值

事实上，环境库兹涅茨曲线隐含一个重要的先决条件，就是“环境阈值”，或者说生态承载力。根据物质不灭定律，超出环境容量的污染物会在环境中不断累积，直到超出治理能力，造成环境质量不可逆转的下降；污染排放与人均收入之间也不再遵循倒 U 形曲线变化，而是到达污染排放的最高点后不再下降或是继续上升。生物多样性的损失和独特生态环境的破坏等也是不可恢复的。由于污染物质进入环境到显示出严重后果之间有着漫长的滞后期，环境不可逆阈值的界限往往难以确定。因此，在发展的过程中，一定要尽可能地降低污染强度的顶点，使之在安全水平之内，以避免造成不可挽回的后果。

另外，该曲线是在 20 世纪末通过分析发达国家的经济发展历史得出的结论，而发达国家在工业化进程中，其他国家都处在农业社会或向工业社会过渡阶段，全球的生态承载力要比现在大的多，而现在我国正在进行的工业化，已经面临着资源短缺、原材料价格上涨以及削减二氧化碳排放量等严峻现实，所以我国不能躺在环境库兹涅茨上等环境好转的拐点。

第二节 资源与环境的动态优化配置

环境库兹涅茨曲线揭示了环境在某个时期的变化规律，事实上对资源与环境进行时间上的最优配置十分必要。从可持续发展的立场而言，当代人在力求一个良好的当代环境的同时，还要给后代人留下一个可以创造良好环境的条件。由于当代人在资源与环境配置中的居于绝对的优势，后代人根本没有参与配置的机会，所以资源环境的动态优化配置应是当代人所负的历史使命。

一、可耗竭资源动态优化配置及影响因素

可耗竭资源的利用特点是用一点，少一点。当前的资源使用对未来满足其需要的能力产生深刻的影响，因此可耗竭资源的动态优化配置对于资源的最优使用尤为重要。可耗竭资源的动态优化配置就是要合理分配不同时期的资源使用量，使资源利用净效益的现值最大化。

(一)可耗竭资源在不同时期的配置

可耗竭资源在不同时期配置的核心问题是实现资源的高效率配置，即资源利用净效益的现值最大化。对于可耗竭资源而言，需要合理分配不同时期的资源使用量。下面分析一种资源在现在与未来两个时期的配置情况。

假设：①资源的边际开采成本在两个时期内是不变的，且以不变的方式供给；②在两个时期内对资源的需求是不变的，且边际支付意愿的方程式为 $P=8-0.4q$；③在两个时期内边际成本 MC 也是不变的，且单价为 2 元/吨(图 7-5)。

从图 7-5 可以看出，如果资源总供给量为 30 吨或 30 吨以上时，在两个时期间的配置就很容易实现高效率(暂不考虑贴现率)，因为每个时期都能得到本期所需要的 15 吨资源量，分别实现本期的高效率；时期 1 对资源的需求量不会减少资源对时期 2 的供给量。然而，当资源的有效供给量小于 30 吨时，就会出现另一种情况。

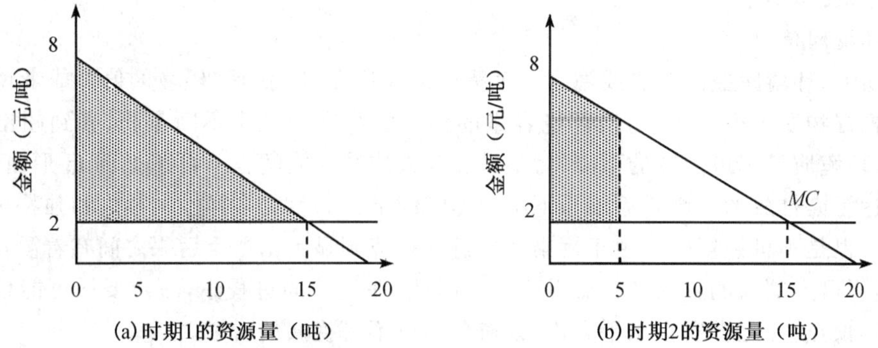

图 7-5 可耗竭资源不同时期的配置

假设资源的有效供给量为 20 吨，为了实现高效率的资源配置，就要使这 20 吨资源在两个时期内的净效益现值之和达到最大化。净效益现值之和的求法可用下面例子说明。假设分配给时期 1 的资源为 15 吨，分配给时期 2 的资源为 5 吨。则时期 1 的净效益现值就等于图 7-5(a)中阴影部分的面积(45 元)；时期 2 的净效益现值就等于图 7-5(b)中阴影部分的面积(25 元)除以 $1+r$(r 是贴现率)。如果贴现率 $r=0.10$，那么时期 2 净效益现值就是 $25/(1+0.1)=22.73$ 元。因此，两期的净效益现值之和就等于 $45+22.73=67.73$(元)。

为了找到使两个时期净效益现值最大的资源配置方案，可以列出时期 1 资源配置量(q_1)和时期 2 资源配置量(q_2)所有可能的组合($q_1+q_2=20$)，然后挑选出其中净效益现值最大的配置组合。

实现资源高效率配置的必要条件是：时期 1 使用的最后 1 吨资源的边际净效益现值等于时期 2 使用的最初 1 吨资源的边际净效益现值。为此，用一种简单直观的图形来表示两个时期的资源配置问题(图 7-6)。

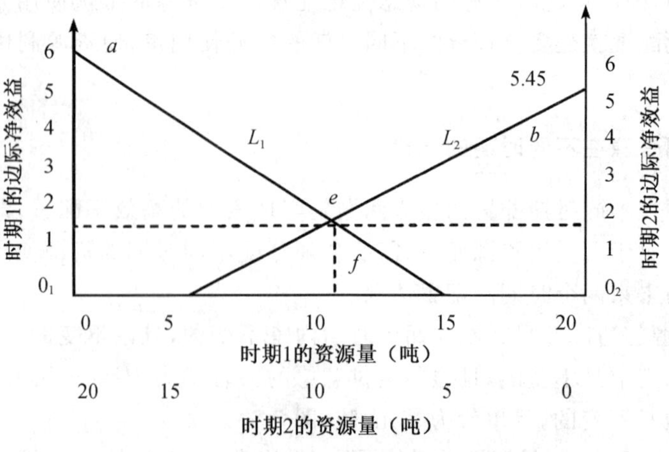

图 7-6 耗竭性资源在两个时期的合理配置

图 7-6 中 L_1 和 L_2 分别表示时期 1 和时期 2 的边际净效益现值曲线，时期 1 的边际净

效益现值曲线从左往右读，时期 2 的边际净效益现值曲线从右往左读。L_1 与纵坐标交点 a 为 6 元，因为最大边际净效益等于最大边际效益(8 元)减去边际成本(2 元)；假设贴现率 $r=0.1$，则 L_2 与纵坐标交点 b 为 $6/(1+0.1)=5.45$ 元。L_1 和 L_2 相交于点 e。这样，两个时期总的净效益现值就等于 $aeb0_20_1$ 围成的面积。e 点为高效率资源配置点，因为在这一点上两个时期净效益现值之和最大(此时面积最大)。如图可见，分配给时期 1 的资源量为 10.238，分配给时期 2 的资源量为 9.762。

以上的分析表明，由于可耗竭资源的供给是有限的，现在多使用一个单位的资源就会产生边际使用成本，即边际上失去的机会成本的现值，就意味着放弃未来使用该资源的净收益。所以，只有限制或节约开发现有的耗竭性资源才能将它预留给后代人。

(二)影响耗竭资源开发利用速度的因素

1. 贴现率(r)

当 $r=0$ 时，资源跨期消费水平维持固定不变。这种绝对平均似乎符合代际公平的原则，但却忽略了技术进步对矿产资源需求的影响。事实上，随着科学技术的进步，资源品位不断扩大，回采率不断提高，可采储量不断增加，绝对的平均其实是对当代人的不公平。

当 $r>0$ 时，意味着耗竭性资源跨期消费水平不同，高贴现率表示对当期消费偏好，反之，则认为未来的消费优于目前的消费。r 越大，现期边际效用的增长率越大，从而加速了耗竭性资源的开采，同时欲减轻非预测期性耗竭发生的风险，可通过选择适当小的贴现率，以减缓耗竭性资源的开采速度。

2. 耗竭时间(T)

按耗竭性资源因开采使存量减少到耗竭的时间 T，应该持续到具有经济价值的、可替代耗竭性资源的可替代的资源出现。然而这却很难以准确预测，完全取决于科学技术的进步速度。资源所有者可视具体情况通过延长时间 T 以减缓耗竭速度，或缩短开采时间 T 以加速耗竭。

3. 新增储量 $G(t)$

新增储量 $G(t)$ 为外生变量，其不确定性直接导致资源储量的不确定性。如果在资源耗减量 $R(t)$ 上下小幅波动，可采储量将远离资源耗竭水平，在安全区域内变动，对可持续发展暂不构成威胁。如果 $G(t)$ 持续地小于耗减量 $R(t)$，会使可采储量持续下降，可持续发展将面临威胁。若可采储量越过阈值(安全区域下限)并破限下行，资源就会加速耗竭，人类将面临资源枯竭的局面。

4. 替代可能性

当没有有效的替代品时人们的最大支付意愿使得总边际成本保持在较高水平上；当有效的替代品出现时，就会抑制住它的总边际成本，只要新替代资源的边际开采成本低于可耗竭资源的边际开采成本，就会在未来的某个时间发生替代。

二、可更新资源的动态最优配置

(一)可更新商品性资源动态最优配置

可更新商品性资源的可持续利用问题主要是确定资源的最佳收获期和最大可持续收获

量。下面以人工林为例来进行分析。

1. 可更新商品性资源动态最优配置模型

假设森林是同龄的，采伐利用方式为一次皆伐，在这种情况下，森林资源的最佳利用问题实际上就是最佳采伐周期的确定。假定森林经营者希望选择一个最优采伐时间(t_1)，使得林木采伐的净效益现值($B_{\max1}$)最大化，则：

$$B_{\max1}=\frac{(P_t-c_t)}{(1+r)^t}-K_0=V_t-K_0 \tag{7-3}$$

式中，P_t 为时刻 t 的木材销售价值；c_t 为时刻 t 的采伐成本；K_0 为林场的初始投资；V_t 为$(P_t-c_t)/(1+r)^t$，时刻 t 采伐林木的净效益现值；r 为贴现率。

图 7-7 中，V_0 曲线表示 $r=0$ 时的林木采伐价值变化；V_t 曲线表示贴现率为 r 的林木采伐价值变化；K_t 曲线与纵轴交于 K_0 点，表示以利率 r 计算复利并以 r 贴现的初始投资。

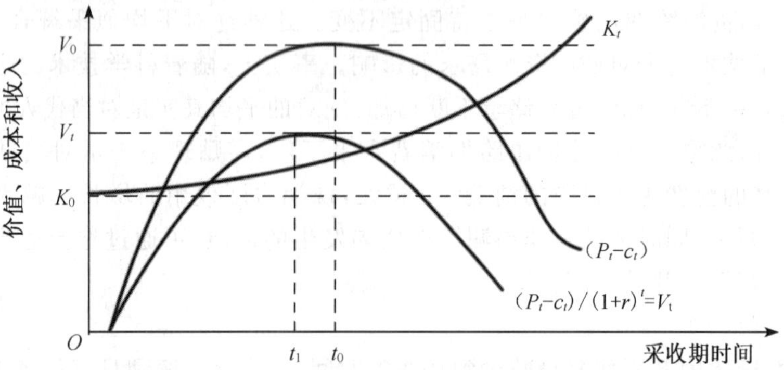

图 7-7 可更新商品性资源的最佳收获期

从图 7-7 中可以看出，贴现率为零时，林场选择在 $V_{0\max}$ 采伐树木，最优采伐期为 t_0；贴现率为 r 时，林场选择在 $V_{t\max}$ 采伐树木，最优采伐期是 t_1。$t_1<t_0$ 时 t_1 上为单次采伐的最优利用时期。

假设林场不仅希望采伐的树木净效益现值最大化，还希望林场的土地可持续总产出的净效益现值最大化，既种树又造林，因此林场所面临的经营决策问题就是如何确定对林木的轮作和择伐。于是有：

$$B_{\max2}=\frac{(P_t-c_t)}{(1+r)^t}-k_0+K_0=V_t-k_0+K_0 \tag{7-4}$$

式中，K_0 为林场资本在 $t=0$ 现值，即 $K_0=k_0$，其余符号意义同上，上式可写为：

$$B_{\max2}=\frac{(P_t-c_t)}{(1+r)^t}=V_t \tag{7-5}$$

这意味着最佳轮作期正好等于 t_1 为贴现率为 r 时的最优采伐时间，这时择伐这片林木，种上幼林即可。但是，当 V_0 的增长率大于利率 r 的时期，即在 V_0 曲线比 V_t 曲线陡的任何时候，K_0 为正值，于是，最佳轮作期 t_1 比最佳采伐期 t_0 早，这样会刺激林场不断实施轮作。

在林场土地有限且每棵树占用的土地面积不变的条件下，为了实现每一时期从种植到采伐的时间最优，从 0 开始种植率不变的种植量应与从 t_1 开始的采伐量相等。t_1 时期的长度最优应当满足下列条件：树木每多生长一年的净采伐价值 V_t 的增量，必须等于树木每多生长一年 V_t 的利息增量减去因树木生长期延长而节约的边际种植成本。以上为多次轮作的最优利用。

2. 影响林木资源动态最优配置的因素

影响林木资源最佳采伐利用期（包括采伐速度和采伐周期）的因素很多，根据上面的公式可以知道，在追求净现值最大的目标下，贴现率、林木生长速度的变化、林木价格的变化、造林成本、采伐成本等都会影响到森林的合理采伐期。

贴现率越高，森林采伐周期就越短；林木的生长周期越长，森林采伐周期就越长；林木价格的增速越大，森林采伐周期就越长；造林成本、采伐成本越高，森林采伐周期就越长。

(二)可更新共享性资源的动态优化配置

1. 可持续捕获量

可更新共享资源的动态优化配置就是实现可更新共享资源的可持续利用，实质上就是通过控制资源使用率或收获率实现最有效可持续收获量。下面以海洋渔场为例来进行说明。

鱼群增长率和鱼群数量的关系如图 7-8 所示。当鱼群数量很少时（S_1 点），鱼群生长繁殖速度和死亡速度相同，增长率为 0。随着鱼群数量增加，鱼群迅速生长繁殖，鱼群增长率迅速提高，鱼群数量达到 S^* 时，鱼群增长率达到最大为 G^*。随着鱼群数量继续增加，其生存空间变得相对狭小，种群内的死亡率上升，鱼群增长率下降，到 S_2 时，鱼群数量达到最大，而鱼群增长率降低为 0。这样，鱼群增长率有两个区间：S_1 与 S^* 区间、S^* 与 S_2 区间。S_1 到 S^* 区间时，鱼群增长率逐渐增加，鱼群数量迅速增多；S^* 到 S_2 区间时，鱼群增长率逐渐降低，鱼的数量增速减缓。S_1 被称为最小可持续数量，种群数量低于这一点，鱼群增长率将为负数，鱼群数量将会减少直到灭绝。S_2 被称为自然均衡点，是鱼群最大的承载量，在这一点上，由于死亡和迁出造成的鱼群数量减少将由于出生和迁入得到补偿。

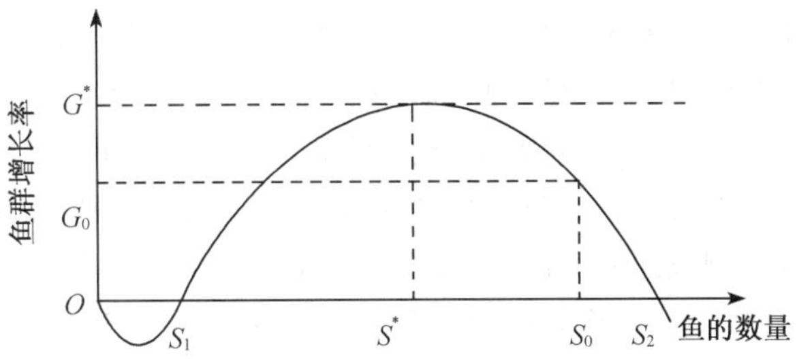

图 7-8　鱼的增长率和鱼的数量关系模型

在任何条件下，如果捕获量（产量）等于增长量，就可称该捕获量是可持续的。此时鱼群增长的部分都被人类捕获，鱼群的数量维持不变，对应的鱼群的增长率也不变，这种捕获量可以永远保持。例如，S_0 对应于 G_0。如果不考虑捕捞活动的成本，很显然最大可持续捕获量为 S^*，此时鱼群的增长率最大。

2. 渔业资源的静态优化配置

静态可持续经济捕获量是指不考虑贴现因素时，能够产生可持续的最大年净效益的收获量。为了分析方便，这里假设鱼价不变、边际捕鱼成本不变、单位工作量的捕获量与鱼的数量成正比。

收益和成本是捕鱼工作量的函数，在单价不变的情况下，收益曲线决定于产量。增加捕捞工作量会引起鱼量减少(见图 7-9)。不考虑捕捞活动成本的情况下，捕捞工作量增加到 E_m 点时，如果继续增加工作量，收益就会降低，E_m 是获得最大可持续产量的捕捞活动水平。可以看出，在考虑捕捞活动成本时，增加捕捞活动虽然可以带来收益，但也会带来成本的增加，有效率的捕捞工作水平应该是边际收益等于边际成本，即可持续的经济捕获量 E_e，该点上的收益与成本之差最大。高于 E_e 的工作量水平是低效率的，因为成本增加超过了效益增加。

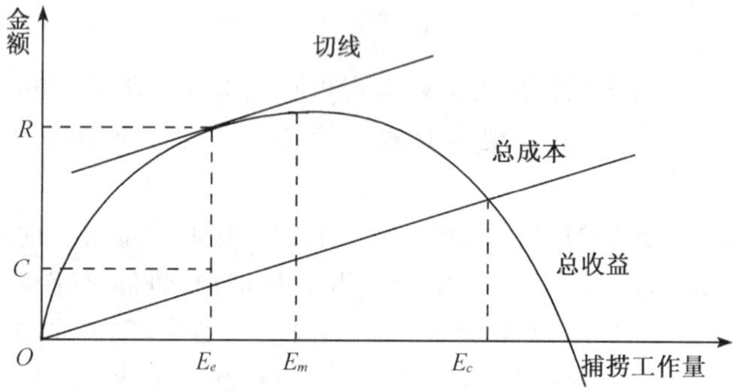

图 7-9 鱼群的静态可持续捕获量

3. 渔业资源的动态优化配置

动态可持续经济捕获量是指考虑贴现时，能够产生最大年净效益且能连续保持的收获水平。贴现率越高，资源所有者保存现有资源的成本就越高，所以经济合理的捕获量会超过静态可持续经济产量。

超过可持续的经济产量所需年度工作量水平的增加，开始会由于捕捞量的增加使得净收益增加。然而，当捕捞量超过鱼的可持续产量时，鱼的数量就会减少，并使得将来的鱼的数量和捕捞量减少。最后，当工作量水平保持不变时，就会得到一个新的较低的均衡水平，这时捕捞量又等于鱼的数量的增加量。用数学方法可以表明，当贴现率增加时，动态有效工作量水平就会增加，如果贴现率为无穷大时，它等于 E_c，在这一点上净收益为零。可见，一旦采用贴现率，动态有效可持续产量所对应的种群数量就会小于静态有效可持续产量；可持续捕捞量也将较小。只要种群增长率超过贴现率，种群灭绝就不会发生。

三、环境的动态优化配置内容

考虑环境的动态优化配置的原因有：环境作为公共物品，在人类使用和消费过程中具有不可避免的外部性，这种外部性不仅存在在当代人之间，也存在代际之间。尤其是某些污染物质的积累是长期的，今天对环境的使用可能影响到未来的作用，因此，环境的配置问题必须在长期的基础加以考虑。在下面的分析中，我们建立一个仅考虑污染物质积累在 2 个时期之间是相互依赖的简单的模型来说明环境的动态配置决策。

(一)环境动态优化配置数学模型

环境动态优化配置的目的是使资源或环境的效用长期最大化。为简化问题,先假定一个社会福利函数,不仅对当代人,而且对所有后代人都存在;人类福利是两种产品的消费以及环境质量的函数,而环境质量又是污染的函数。并且后代人的效用按 $\delta>0$ 的贴现率贴现。这样,整个计划期 $t\in[0,\infty]$(假设考虑所有的后代)的福利函数如下:

$$\omega=\int_0^\infty e^{-\delta t}W(Q_1^t,Q_2^t,U^t)\,dt \tag{7-6}$$

式中,Q_1 和 Q_2 为社会消费的两种商品,产生的污染程度有所不同;U 为环境质量,是污染的函数,可表示为 $U=G(S)$;t 为某时期,并且其他条件不变;δ 为贴现率。

各个时期的社会福利最大必须满足的约束条件同时也是环境静态的最优配置的约束条件,但对于环境动态配置,增加了一个新的约束条件——污染扩散函数。假定初始状态的污染数量给出,即 $S(0)=\bar{S}$。于是污染流量的动态方程如下①

$$\dot{S}=\sum S_i^p-\sum S_i^r-\bar{S}^a \tag{7-7}$$

式中,$\dot{S}$ 表示 ds/dt,是污染量在微小时间的变化,这个运动方程描述了污染物质积累量 $\dot{S}$ 的变化是一个时期污染物质排放量 $\sum S_i^p$ 和污染物质的削减量 $\sum S_i^r$ 以及污染物质的吸收量 $\bar{S}^a$(环境自净能力)之间的差值。

由于环境问题产生于资源不得不用于生产以满足人们消费产品的需要,而有些产品的生产又会产生污染,进而损害环境。所以环境的最优使用,要求资源在产品生产和污染消除间保持一定的比例。这里不考虑由于资源用于生产产品而不能留存下来构成环境组成部分的机会成本。

(二)实现动态优化配置的条件

动态优化配置是一个与时间有关的配置。上式最大化问题求解需要借助动态最优化方法中的最优控制论,通过构造汉密尔顿②函数,可以得出以下几个重要的结论。

1. 商品影子价格必须等于消费商品的社会估价值减去它的环境成本

说明使资源和环境得以最优配置的商品影子价格应该低于我们消费商品带来的效用,需要扣除生产单位商品时产生的污染对环境质量价值的影响。

2. 生产中以及减污中的资源影子价格等于资源的边际价值

生产中资源价格等于资源边际产量和商品影子价格的乘积;减污活动中资源价格等于单位资源投入带来的污染削减量与污染物影子价格乘积。

3. 污染物影子价格的意义

污染物影子价格在构造汉密尔顿函数中的作用很大,它本是辅助变量,但是它反映了某

---

①[美]蒋中一. 王永宏译. 动态最优化基础. 北京:商务印书馆,1999

②最优控制论中用于求解最大值的工具,是由目标函数和状态变量的运动方程共同构造的新函数,用于求取使目标函数最大的某变量的最优时间路径值,其方法类似拉格朗日乘数法求取条件极值

时期单位状态变量(这里指污染)变动对目标福利函数的贡献大小,因此又被称作污染物影子价格。污染物影子价格在时间路径上的值叫做时值(current value)。令变量 $\mu(t)$ 为污染物影子价格时值。对于当前环境配置来说,污染物影子价格的贴现也许更有意义。$\mu(t)^0$ 表示 $\mu(t)$ 的现值(present value),于是我们有

$$\mu(t)^0=\mu(t)e^{-\delta t} \tag{7-8}$$

$\mu(t)^0$ 测度了某时点 t 的状态变量 S 对最优福利函数现值的边际贡献;也就是说,$\mu(t)^0$ 表示 1 个单位的污染,即在时间 t 外源地进入经济系统后使福利函数的现值改变多少。当 $\delta>0$ 时,由于污染带来的福利减少呈增加态势。从上式可以看出,污染物质的影子价格即一个单位污染排放所引起的福利减少的价值。由于污染带来福利的减少,所以影子价格是负值。

污染物质的影子价格也可视为使用者成本(*user cost*),因为 $\mu(t)$ 表示一个额外单位的污染引起的福利函数的变化(即后代的福利损失),所以它表达了今天的环境使用给后代造成的机会成本。

4. 环境长期使用的最优分配导致的资源在生产和减污上的分配对应着污染物影子价格的最优时间路径

辅助变量 μ 也叫共积变量,即 $\dot{\mu}=\delta\mu-\frac{\partial L}{\partial S}$①,通过求偏导,由等式(7-9)可知,影子价格的变化速度取决于贴现率、影子价格水平和边际损害。

$$-\dot{\mu}=-\delta\mu+W'_U G' \tag{7-9}$$

由上式又可得 $-\dot{\mu}>0(-\dot{\mu}<0)$时,

$$-\mu(t)>-\frac{1}{\delta}W'_U G' \quad \left(-\mu(t)<-\frac{1}{\delta}W'_U G'\right) \tag{7-10}$$

此处,μ 是时值,表示 t 时期进入经济系统的单位污染带来的总福利减少。如果 t 时期进入经济系统的污染带来的总损害 μ 大于 t 时期被防止的污染的资本价值② $\frac{1}{\delta}W'_U G'$,污染物质的影子价格必然上升(即 $-\dot{\mu}>0$),属于高未来损失情况;另一方面,如果 t 时期进入经济系统的污染总损害小于时期 t 被防止的资本价值,污染物质的影子价格就下降(即 $-\dot{\mu}<0$),属于低未来损失情况。

很明显,如果在时间流上某时刻,由于生产带来太多的污染,破坏了环境,高污染商品净价格降低③,对生产者而言,减少了对生产高污染商品的刺激,生产的刺激被纠正,更多的资源被用于减污,有利于未来影子价格的降低。所以污染物影子价格的最优时间路径对应着资源在减污和生产上的最优分配。

从环境公平的角度来看,当代人只要在经济发展的决策中计入了环境成本,并且能够理

①[美]蒋中一. 王永宏译. 动态最优化基础. 北京:商务印书馆,1999

②资本价值=利息/利息率,即防止污染的投入

③实现环境最优配置的条件之一是商品净价格即生产者影子价格等于消费商品的边际效用与生产单位商品的带来的污染损害之差,其中单位商品的污染损害是污染排放的影子价格与污染的乘积

性地决策，使社会净收益最大，那么这一决策不仅对当代人是有效率的，而且同样能增进后代人福利，对后代也是公平的。

（三）环境动态配置决策

决策就是对某一种事件的目标及其实现手段的最优选择。环境长期使用的最优分配进而导致的资源在生产和减污上的分配（最初的）与污染物影子价格的最优时间路径是一致的。下面讨论影子价格变化曲线和污染物数量变化曲线及其调整过程。

图 7-10 由纵坐标污染物影子价格水平 $-\mu$ 和横坐标环境中的污染物环流 S 构成，该直角坐标系被直线 $\dot{S}=0$[①] 和曲线 $-\dot{\mu}=0$ 分割成四个区域。两条曲线相交点 P 表示 $-\mu$ 和 S 值不变的状态。对于给定的污染初始水平，趋于稳定状态（$-\mu^*$，S^*）的路径保证福利函数的最大化。相应的四个区域表明变量 $-\mu$ 和 S 对于不同初始状态的变化状况。

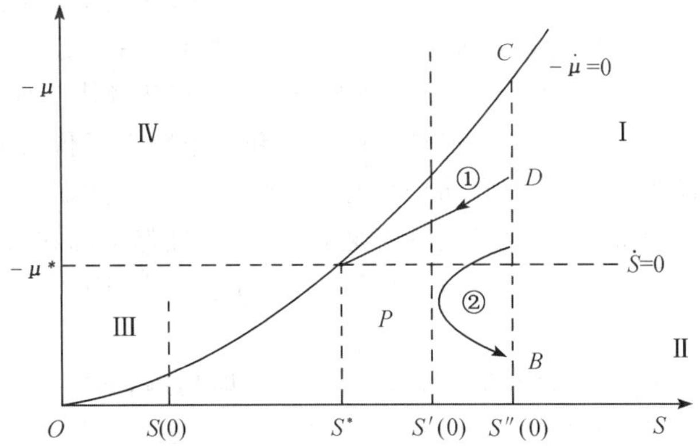

图 7-10　污染物质最优存量和污染物质排放税的时间路径

区域Ⅰ表示经济系统初始状态如果位于该区域则污染物影子价格 $-\mu$ 下降而污染减少的变动状态，这是因为位于曲线 $-\dot{\mu}=0$ 右侧，说明 $-\dot{\mu}<0$，污染物影子价格（单位污染变动带来的后代的福利损失）小于被防止的污染的资本价值，影子价格的变动方向是及时下降，同时该区域又位于 $\dot{S}=0$ 的上侧，说明，$\dot{S}>0$，根据等式（7-7），则在不考虑环境自身的自净能力的条件下（$\bar{S}^a=0$），生产带来的副产品污染量大于污染消除量，偏离了最优水平，所以 S 减少。

同理，区域Ⅱ 表示的初始状态如果位于该区域则 S 增加而 $-\mu$ 下降的变动状态。区域Ⅲ表示初始状态如果位于该区域 S 和 $-\mu$ 都增加，区域Ⅳ表示初始状态如果位于该区域则 S 减少，而 $-\mu$ 上升。

影子价格的最优时间路径保证当污染水平偏离最优的时候，通过资源在减污和高污染产品生产之间的重新分配，保证社会福利水平的最大。

（四）环境动态优化配置的影响因素

环境的动态优化配置是基于跨时期的环境使用的最优分配问题，因此污染物的影子价

---

①$\dot{S}=0$ 表示污染在时间上变化速度为 0，$\dot{\mu}=0$ 表示影子价格变化速度为 0

格、贴现率、环境的吸污能力是影响其最优配置的直接影响因素。环境政策可以影响影子价格的变化；技术进步降低商品生产中污染产出，提高减污效率进而改变资源在减污和商品生产间的分配，使得对应的影子价格的最优路径发生变化，所以是间接的影响因素。

1. 影子价格

前面已经说过，影子价格只是辅助变量，并不是控制变量，在环境动态优化配置中，资源用于生产或减污才是控制变量。但是在经济系统的整个时间流上，前一个时期的影子价格会影响到后一个时期的资源配置和环境配置，目标只有一个，实现社会福利的最大。

污染物的影子价格是污染物环流在动态配置达到最优状态时的价格，等于减少单位污染物排放所需要的资源投入和资源价格的乘积。影子价格是环境动态最优化配置的风向标和指示器。

环境中的污染物环流影子价格的时间配置影响着其他变量的影子价格乃至系统的调整过程。虽然污染偏好政策会促使减污活动减少而生产增加，环境质量下降，易于导致较高的影子价格暂时变化，但是最优路径要求影子价格的微小变化反过来通过生产者价格的减少提醒了生产者。根据环境动态配置理论，生产者价格等于消费者估价减去生产的社会成本，社会成本又是由生产每单位产品产量时产生的污染和污染物影子价格的乘积表示，所以生产者的价格降低，商品生产（特别是高污染）受到抑制，对减污的刺激增加。引起未来的影子价格的变化，并且要求该时期的政策调整要足够有力，以确保资源在减污和生产间最优分配，实现社会福利最大。因此影子价格可以影响了经济系统的资源配置。

2. 政策选择

环境动态配置取决于初始环境状态以及采取的战略措施，如图 7-10 所示，当环境处于不同的初始状态时，影子价格的以及环境中污染物的变化是不同的，当然也对应着不同的环境配置结果，其中区域Ⅳ描绘了通向生态乐园的路径，区域Ⅱ描绘了通向生态崩溃的路径。

环境初始状态可能位于不同的区域，但是最终环境状况如何还要考虑决策者的政策选择。区域Ⅱ和Ⅳ描述非优化政策；区域Ⅰ和Ⅲ各包含一条稳定路径。

区域Ⅳ描绘了通向生态乐园的路径，假定对于初始状态 $S'(0)$，经济政策制定者将采用位于 $-\dot{\mu}=0$ 曲线上方的征税办法，意味着在污染较少的情况下，污染物影子价格仍然趋高导致商品生产被抑制，刺激减污直到生产缩减为 0。这种状态反映了人们对环境的重视远胜于对商品的需求。

区域Ⅱ描绘了通向生态崩溃的路径，在初始状态 $S'(0)$，如果环境政策选择位于 $-\dot{\mu}=0$ 曲线下方的办法，即污染物影子价格下降的政策，在环境价格不变的情况下，影子价格下降意味着可产生的污染物数量的增加，那么，减污被抑制而生产增加。污染物质数量增加，环境质量下降。

在区域Ⅰ和区域Ⅱ既包含一条稳定路径，也可能出现环境恶化的局面。关键是政策选择的路径如何。对于区域Ⅰ中初始状态 $S''(0)$，如果选择逐步下降的影子价格，意味着经济系统采取了适应污染变化的影子价格的时间安排即随着影子价格的逐步下降，环境中污染物数量逐步减少，直至减少至 S^* 最优状态。这是一条稳定的政策路径；但是，如果经济系统在区域Ⅰ采用了征税等过激的污染消减政策路径，使得影子价格的下降速度过快，导致路径在没有到达稳定状态之前便转入区域Ⅱ，由于环境中污染环流大于 0，即污染消减小于产生，但影子价格仍趋于下降，污染继续，最后出现生态崩溃，可见不依赖于稳定路径的征税将导致远离最优状态。如果不加以纠正，则整个系统将会进入不希望的区域。

事实上，对实际的经济政策而言，不能排除政策制定者在状态图中的各个象限间摆动，假定经济系统初始状态的污染物质排放为 $S'(0)$，如果经济政策采用过低的污染物质排放税，该系统就会转移到 B。现在就要使当代人注意环境问题，并要求政策决策者做出反应。如果现在选择与点 C（在区域Ⅳ）相应的税率，该系统就会朝错误的方向运动，应该是在区域Ⅱ对路线 1 最优征税，必须清楚地使状态 S''的税率高于初始状态 S'的税率。这就说明相对于初始状态 $S'(0)$，由于政府干预的结果使状态恶化了。较高的税率预示政策的失败。税率从 B 到点 D 过渡也显示出确定的错误价格信号，并且税率修正带来了调整成本。

3. 社会贴现率

在环境动态最优配置的模型中，社会贴现率（以下简称贴现率）的变化会导致最优路径的改变，所以贴现率决定性地影响着资源的跨时期使用。贴现率越高，影子价格越低，反之，影子价格越高，所以贴现率的降低使 $-\dot{\mu}=0\left(满足 -\mu(t)=-\frac{1}{\delta}W'_U G'\right)$ 曲线因 δ 的变小而向上转移（见图 7-11 中④箭头演示方向，假设环境中污染物给定的情况不变）。贴现率越低，影子价格越高，反之，影子价格越低。

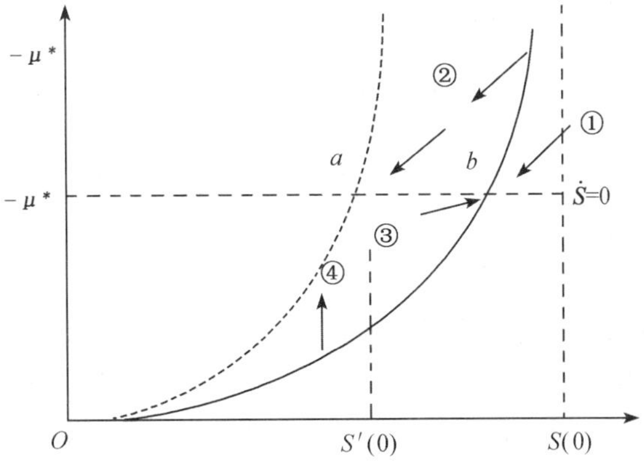

图 7-11　贴现率和吸污能力增长的影响

相对于路径 1 采取较低的贴现率能保证稳定路径的实现，那么在其他条件不变而贴现率降低的情况下，路径 2 的环境政策就必须采用相对较高的影子价格政策。贴现率的变化在某些情况下可能会引起不同的环境政策。如图所示，由于贴现率的提高，使得最优状态由 b 变为 a 点，所以继续路径 3 的环境政策，将使经济系统偏离最优稳定状态。也可以这么说，如果把图 7-10 中区域Ⅰ的稳定路径 1，即在给定的贴现率条件下降低污染物质影子价格的政策，作为参考系统的话，那么贴现率的降低意味着每个时期影子价格（影子价格时值）的提高。很明显如果是无穷远的未来，不管影子价格提高到多大，对当前意义都不大，所以除 $T=\infty$外。

影子价格反映了单位污染带来的全体福利的损害，其变化相当于长期的资源使用的改变。而较低的贴现率对应着较高的污染物影子价格，意味着资源使用代价较大或今天环境作为污染物质容纳场所使用的价格增长，即每个时期影子价格提高，所以有利于在将来产生较少的污染物质排放量，后代得到较大地保护。较低贴现率提高了使用者成本而有利于后代人。可见较低的贴现率有助于实现资源在代际间的公平分配,有利于为未来人的发展留下不少于当代人的资源基础,有利于环境可持续发展。

4. 环境容量

环境容量指某一区域内环境对人类活动造成影响的最大容纳量。大气、水、土地、动植物等都有承受污染物的最高限值,就环境污染而言,污染物存在的数量超过最大容纳量,这一环境的生态平衡和正常功能就会遭到破坏。

如果环境吸收污染物质的数量增长,当资源用于生产和减污的总量不变时,产生污染物质流量将会因环境容量增加而减少,对社会福利的损害也将会减少,可见影子价格的时间路径将发生变化,可以简单地这样理解:相比较环境容量增长之前的影子价格路径,现有的影子价格路径推迟了。因此现在和将来使用较低的征税手段,才可实现动态最优资源使用和环境的最优配置。

5. 技术进步

技术进步一方面可以增加单位资源的产品产量,按照物质平衡定律,污染物质减少,另一方面,还可以实现减污效率的提高。如果技术进步确定的话,我们可以预期未来以较高的生产率使用资源,或者是商品生产和污染物质排放技术产生较少的污染,那么我们可以确定一个较低的影子价格,减污技术的进步也一样。未来的技术进步可以保证尽管初期污染水平很高,将来也能达到较低的污染水平,这样,人们可以在当前确定一个较低的税率,不会影响社会福利的总值最大。

由于不同的部门,不同的环境媒介,其减污的技术是特有的,因此减污的技术进步在不同的部门和环境中可能不同。

6. 污染治理投入

污染治理投入类似于环境容量,因为随着污染治理投入的增加,环境得以改善,容量增加,不同之处在于环境容量增加是环境自净能力,无须经济系统的资本投入,但是污染治理虽有可能改善环境,代价却较大,可见如果污染治理投入成本如果太大将会对社会福利总值产生负面影响。理想的污染治理应该是单位污染治理成本等于污染物影子价格。对于环境动态优化配置而言,保持污染物影子价格不变($\dot{\mu}=0$)的政策比较理智,如果期望实行污染物质排放的影子价格长期下降的政策,将意味着减污的资本过多。资源既可用于减污也可用于生产,可见出现了资本的不适当配置。

7. 污染物持续时间

任何污染物场所,都包括短寿命的污染物质和长寿命的污染物质。尽管环境具有一定的自净能力,但有些污染物质可以持续上百年。例如,来自酿酒或造纸的有机排放物属于可降解的污染物质,其对环境的影响取决于环境容量。而对于那些自然过程不能把它们转变成无害物质或减轻其危害的污染物,我们称为“累积污染物”或“保留污染物”,包括像铅和镉金属还有 PCBs(多氯化联二苯)和 DDT 等人造物质。它们被排入河水后,既不会被化学作用分解,也不会被微生物的生物作用分解。相反,它们会在河口底部的泥土中,或在鱼和无脊椎动物的体内沉积,表现出长寿命特征。根据状态变量 S 的公式,具有持续较长时间的污染物质对社会福利的损害较大,所以假设其他条件都不变,如果环境中长寿命污染物质较多,则实际的影子价格就不得不确定的较高,以反映当前环境使用的机会成本较大。

第三节 跨界污染

当前国际社会所面临一些全球性环境污染问题，如海洋污染、臭氧层破坏、气候变化等，这些伴随自然因素而流动的污染物质不受国家边界的限制，已成为区域性和全球性的环境问题。环境污染物跨区域、跨国界的扩散问题研究是资源与环境空间配置的基本内容之一。

一、跨界污染的概念与特征

(一)跨界污染的概念

经济合作与发展组织(OECD)在1997年对跨界污染下了一个定义："跨界污染意为：其物理来源全部属于或部分位于一个国家的管辖区域，但在另一个国家的国家管辖区域发生影响的任何故意或者非故意的污染。"简单说来，跨界污染是指一个国家的污染物通过环境介质传输到另一个国家，从而造成另一个国家的环境污染。

上述定义表明，跨界污染至少牵涉到两个以上的国家，即污染来源国和污染受害国。确定污染来源国的依据是污染源属于而且全部或者部分位于该国管辖区域；确定污染受害国的依据是来源于别国的污染在该国管辖区域内发生了不利影响。对于"国家管辖区域"一词，应当予以广义地理解，即既包括国家领土以及与领土相连接的区域如毗连区、专属经济区、大陆架等，还包括在此之外的属于国家管辖的其他区域如领地、租借地、海外军事基地等。

跨界污染由来已久。在19世纪末20世纪初，一些相邻国家之间就曾因为跨界污染发生过纠纷。例如，美国和墨西哥之间的跨界水污染问题、美国和加拿大之间的跨界空气污染问题等等。在第二次世界大战之后，随着工业生产规模的迅速扩大和污染物排放量的急剧增加，跨界水污染和空气污染问题日趋严重。例如，20世纪50年代以来，欧洲和北美工业化集中的地区大量二氧化硫废气污染形成的大范围酸雨(pH值低于5.6)沉降，导致了区域性森林、草原、湖泊、土壤、野生生物等环境要素和建筑物以及人体健康的损害。近些年来，我国东北地区重工业煤产生的二氧化硫和起于蒙古和哈萨克斯坦的沙尘暴进入我国北方地区，并随风飘至韩国、日本上空。除此之外，还出现了一些新的跨界污染现象。例如，发生于1986年的切尔诺贝利泄漏事故导致邻国长久的跨界核辐射污染。

(二)跨界污染的特征

1. 损害的非一致性

跨界污染给不同国家带来的单位损害是不同的，即污染的损害具有非一致性。这主要归因于自然与经济两个因素。首先，输入区域的自然条件决定的环境容量的差异使损害出现差异。例如，酸雨产生于酸性污染物(主要是二氧化硫和氮氧化物)的沉降，遇到输入区域的酸性较大的土壤时，土壤的缓冲和消纳能力较差，因此对土壤带来的损害就较大。通常，环境容量较大的输入地区，损失较小；反之，损失较大。其次，输入区域的产业结构对跨界污染的反应不一致。如果某国家的产业主要依赖于对污染物反应比较敏感的单一型产业部门，那么当更多的污染物进入该国后引起的经济冲击就较大。如一些高度依赖于农产品和林业的发展中国家，他们所受到源于污染物扩散而产生的经济影响就明显大于发达国家。

2. 扩散方式的差异性

受污染物传输中的自然条件以及污染物类型的影响，不同国家的污染物的跨界污染扩散方式是不同的。按照污染物的传输方向分为：单向扩散、双向扩散和多向扩散；按照污染物类型分为：大气污染扩散（如臭氧层的损耗、全球变暖等）、水体（河流、湖泊和海洋污染等）污染扩散、放射性污染扩散和固体废弃物扩散。按照污染物的迁移手段分为：自然介质流动和人文活动搬迁。按照污染源的扩散动机可分为：故意型和非故意型。

3. 污染的公共性

跨界污染的最终水平不但受到污染物输出国的本底存量、环境容量、排放水平、治理能力的影响，还受到输入国的本底存量、环境容量、排放水平、治理能力的影响，其净效果取决于两国污染物总量之差。所以跨界污染问题是国家之间双边和多边的公共环境问题。

二、跨界污染的原因分析

（一）国际化污染的外部性

跨界污染是污染外部性的典型例子，它是由于全球公共财产（或称共同财产）缺乏财产所有权而引起的。这些公共财产包括大气、海洋、全球生物多样性保护以及地球上重要的生态系统（例如，热带雨林）等等。

与国内污染外部性相比，国际污染外部性存在三大特点。

第一，由于政府的存在，国内污染外部性可以通过征收排污税等方法使外部成本内在化；而跨界污染就因不存在超国家的政府能够具有完全的权利对国际污染外部性内化，使国际化公共财产问题解决难度增大。例如，尽管欧盟可以通过颁布环境法，公开要求其成员遵守欧盟污染条例，但是其成员履行法律的程度却大为不同。并且，欧盟无论如何也不能够限制非成员国家参与跨界环境治理，向他们征收例如二氧化碳税来防止全球变暖；加拿大也不能迫使美国引入税收去限制美国境内 SO_2 的排放，而美国也不能迫使巴西去保护那片提供全球公共品的热带雨林。

第二，由于他国原因而使本国福利减少的问题，实践中很难得到处理与补充。尽管一些国际公约至少认识到需要一些保护措施，去控制国际环境中污染物的过度外溢，但是由于国际政治中权力真空的存在，“受害者”仍然不能够得到合理的补偿。OECD 在 1972 年斯德哥尔摩会议上，针对跨界环境问题指出，“国家有义务保证自己的行为不会导致其他国家环境受损害”。可见，“受害者”是否能够从污染国那里得到真正令人满意的补偿，已经引起了关注。

第三，“搭便车”现象的存在以及缺乏充分有效的国际权利和义务的制约，使国际公约在治理跨界污染方面很难达到帕累托最优。例如，明确了减缓全球变暖的公共品性质后，只要其他国家削减 CO_2 排放就可以减缓全球变暖，但是，会有某些国家从中受益却不会付出任何代价，于是作为搭便车者，这些国家就不会积极地签署协议；不仅如此，还会有其他国家可能从全球变暖中受益，所以更没有积极性去削减排放量。

可见，跨界污染代表了国家之间的一种负的外部性，它意味着一种资源配置的扭曲。上游国家（如河流上游、风向上游）通过环境介质（水、空气）传输污染物给下游国家。污染物产生国通过环境介质将污染物传递给别国，从而减少了自己国内环境的污染水平，也减少了环境政策的机会成本，增强了污染密集型经济活动的比较优势。而污染物接受国，环境的污染水平增加，污染密集型经济活动的比较优势下降。因此，这种污染物配置的扭曲将影响环境配置和部门结构配置。如果跨界污染问题没有妥善解决，在相互影响的国家之间，国内环境政策将在这种扭曲的条件下运行。下游国家保护环境的机会成本非常高，从而限制了环境政策的实施范围，减少了所追求的环境质量水平，使帕累托最优状态失效。

(二)国家之间的非合作博弈①

在非合作博弈中，各个国家都在分别追求最大化自己的效用或最小化自己的成本。在跨界污染问题中，上游国家不考虑跨界传输的污染物。每个国家都是具有自己偏好函数和污染物消减函数的独立主体。这些国家通过跨界污染问题联系在一起。下面分析一下在非合作博弈中跨界污染是如何产生的。

假定环境损害取决于环境中污染物的数量，S_0^i 代表 i 国扩散和削减之前污染物的总排放数量，T 代表从国家 2 扩散转移到国家 1 的污染物数量，S_r^i 代表 i 国削减的污染物数量，C^i 代表 i 国削减污染物的成本。

分析上游和下游国家的非合作和合作行为，实际上就是在一定资源的约束下，实现净效用最大化。因为衡量削减污染物的收益具有很大的难度，也存在很大的不确定性。为简化分析，采用成本最小化的分析方法。

假定每个国家最小化它们的成本，也就是污染物的环境成本或环境损害和污染物的削减成本之和最小。引入损害函数 D，

$$D=D(S) \qquad D'>0,\ D''>0$$

污染物的环境损害随着环境中污染物的数量增加而增加，而且边际环境损害递增。损害以货币单位表示，从而使损害函数和削减函数具有同样的度量。

假定两个国家污染物的初始排放水平 S_0^1 和 S_0^2 既定。上游国家 2 最小化它的总成本，因此，目标函数为：

$$\min[D^2(S_0^2-T(S_r^2)-S_r^2)+C^2(S_r^2)] \tag{7-11}$$

式中，S_0^2 为上游国家 2 污染物的初始排放水平，S_r^2 为上游国家 2 污染物的削减水平，$T(S_r^2)$ 为上游国家 2 削减后的污染物中扩散到下游国家 1 的数量。D^2 为上游国家 2 受到的污染物的损害，它受到国内环境中的污染物数量（$S_0^2-T(S_r^2)-S_r^2$）的影响；C^2 为上游国家 2 削减 S_r^2 数量的污染物的成本。

对于优化的污染物削减水平 $\hat{S}_r^2$，优化条件满足

$$-\frac{\mathrm{d}D^2}{\mathrm{d}S_r^2}(S_0^2-T(\hat{S}_r^2)-\hat{S}_r^2)=\frac{\mathrm{d}C^2}{\mathrm{d}S_r^2}(\hat{S}_r^2) \tag{7-12}$$

由于环境中污染物数量的增加，将导致环境损害的增加，而污染物的削减将减少环境中污染物的数量，因此有

---

①鲁传一. 资源与环境经济学. 北京：清华大学出版社，2004

$$\frac{dD^2}{dS_r^2}=\frac{dD}{dS}\frac{dD}{dS_r^2}<0$$

下游国家 1 同样优化,以最小化它的总成本。其目标函数为

$$\min[D^1(S_0^1+T(S_r^2)-S_r^1)+C^1(S_r^1)] \tag{7-13}$$

可见,下游国家 1 环境中的污染物数量受到跨界污染的影响,等于国内的排放数量减去国内的削减数量,还加上国外传输近来的污染物的数量。对于优化的削减水平 $\hat{S}_r^1$,优化条件满足

$$-\frac{dD^1}{dS_r^1}(S_0^1+T(S_r^2)-\hat{S}_r^1)=\frac{dC^1}{dS_r^1}(\hat{S}_r^1) \tag{7-14}$$

优化条件式(7-12)和式(7-14)意味着,避免的边际损害等于污染物的边际削减成本。

如果 $S_r^2=\hat{S}_r^2$,式(7-12)和式(7-14)代表了非合作均衡。

在非合作博弈中,每个国家独自最优化,优化条件意味着上游国家将转移给下游国家的污染物看作削减的代替,从而削减污染物的数量相对降低。如图 7-12 中,在没有跨界污染的情况下,上游国家 2 的均衡点在 B 点,下游国家 1 的均衡点在 B' 点,此时边际环境损害等于边际削减成本。在存在跨界污染的情况下,上游国家 2 削减污染物前,国内环境中污染物的总量为 $S_0^{2'}$,而不是 S_0^2,因此均衡点在 A 点,而不是 B 点。对于上游国家 2,污染物的转移数量 S_0^2 $S_0^{2'}$,可以理解为削减函数左移。对于下游国家 1,环境中的污染物数量,不再只是国内的排污数量 S_0^1,还包括上游国家扩散进来的数量,因此污染物削减活动前,环境中污染物的总量为 $S_0^1+T(S_r^2)$。污染物削减活动的均衡点不再是 B',而是 A'。

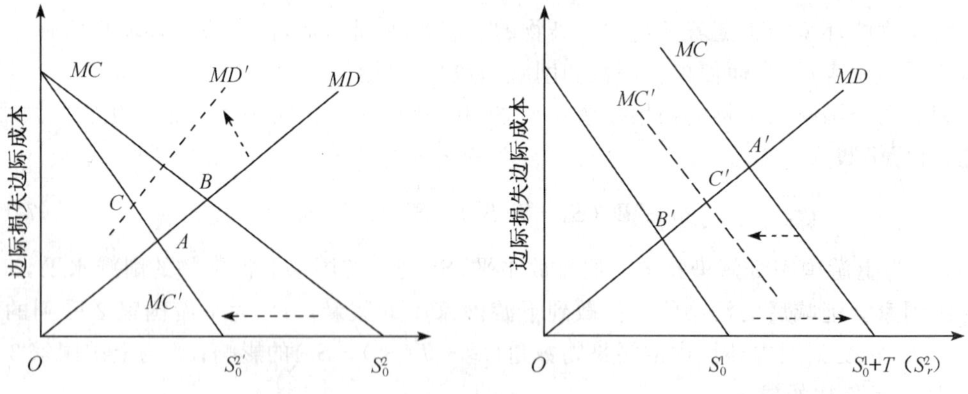

(a) 上游国家2 (b) 下游国家1

图 7-12 非合作博弈下的跨界污染

如果国家 2 放弃减排,也就是 $S_r^2=0$,那么 $T=T_0$。上游国家削减活动可减少环境中污染物的浓度,从而跨界污染扩散数量下降($dT/dS_r^2<0$)。如果所有排放的污染物被削减,如在使用完全过滤系统情况下,就没有任何跨界扩散的污染物。转移到国外的污染物与环境中的污染物成比例,也与削减的污染物成比例。因此,一般情况下和跨界污染情况下的边际

削减成本曲线在成本轴相交。比较图 7-12 中国家 2 的两种边际成本曲线，污染物的国际转移可以看作初始水平时污染削减无成本的情况。

对于下游国家 1，污染物通过环境介质进入国界，增加了环境中污染物的初始水平，对于下游国家 1，环境中的污染物数量不再只是国内的排污数量 S_0^1，还包括上游国家扩散进来的数量 $T(S_r^2)$，按照 $T(\hat{S}_r^2)$ 的大小，使成本曲线向右平行移动，因此在污染物削减活动前，环境中污染物的总量为 $S_0^1+T(S_r^2)$，污染物削减活动的均衡点不再是 B' 点，而是图 7-12(b)中的 A' 点。

可见，在非合作博弈中，跨界污染使上游包括边际环境损害和边际削减成本的污染物的外部性转移到下游，下游的边际损失和边际削减成本都比不存在跨界污染前显著增加。

(三)合作博弈均衡下的污染物削减

在合作博弈中，处于上下游的两个国家作为一个整体来削减污染物，并且允许转移支付，就可以至少使一个国家达到较高的效用水平，然后再分配所增加的效用，使总体趋于最优。实现整体总成本最小化的模型为：

$$\min[D^1(S_0^1+T(S_r^2)-S_r^1)+D^2(S_0^2-T(S_r^2)-S_r^2)+C^1(S_r^1)+C^2(S_r^2)] \quad (7\text{-}15)$$

优化条件为：

$$-\frac{\mathrm{d}D^1(S_0^1+T(S_r^2)-S_r^1)}{\mathrm{d}S_r^1}=\frac{\mathrm{d}C^1(S_r^1)}{\mathrm{d}S_r^1} \quad (7\text{-}16)$$

$$-\frac{\mathrm{d}D^1(S_0^1+T(S_r^2)-S_r^1)}{\mathrm{d}S_r^2}-\frac{\mathrm{d}D^2(S_0^2-T(S_r^2)-S_r^2)}{\mathrm{d}S_r^2}=\frac{\mathrm{d}C^2(S_r^2)}{\mathrm{d}S_r^2} \quad (7\text{-}17)$$

由式(7-16)和式(7-17)可以看出，与非合作博弈均衡相比，下游国家 1 削减污染仍仅对自己国家有利，仍是污染物的边际削减成本等于边际损害成本。而上游国家 2 削减污染对两个国家都有利，其污染物的边际削减成本等于两个国家的边际损害之和。由此我们把图 7-12(a)中的边际损害曲线向上移动得到边际损害曲线 MD'，此时存在跨界污染情况下的边际成本曲线 MC' 与 MD' 相交于 C 点。在图 7-12(a)中易于看出，为使整体总成本达到最小，上游国家 2 的最优削减量将从 A 点移至 C 点，其削减量增加。由于上游国家削减量增加，且 $\mathrm{d}T(S_r^2)/\mathrm{d}S_r^2<0$，故扩散到下游国家 1 的污染物数量将会减少，国家 1 削减前的污染物总量将小于 $S_0^1+T(S_r^2)$。由此在图 7-12(b)中，存在跨界污染情况下的 MC 曲线向左移动到 MC'，与 MD 曲线相交于 C' 点，此时国家 1 的最优削减数量与非合作均衡时相比将明显减少。

由此可见，合作博弈的均衡解可以解决由跨界污染所导致的上游国家 2 削减比正常时少，而下游国家削减比正常时多的不合理现象，并且可以提高整体的福利水平。但是，上游国家增加削减污染量虽然对于整体福利的增加有利，但并非对本国福利水平增加有利，相反，在收益不变的情况下本国的削减成本会增加，故上游国家 2 不会主动增加削减。也就是说，各国最终只会形成非合作博弈均衡。那么，如何促使各国博弈由非合作均衡向合作均衡转变呢？由分析可知，上游国家 2 只有在整体福利提高对于本国的利益大于其增加削减所增加的成本时，才会参与合作，并且增加削减数量。这就引出了合作后增进的整体福利的分配问题。通常情况下，理论上要求下游国家通过单边支付的方式来支持上游国家增加削减，以达到提高其自身福利水平的目的。但这种方式涉及到一个谈判博弈的问题，上游国家希望分配到的福利多，削减的污染少；而下游国家希望支付的福利少，上游国家削减的污染多。这样，最终很难达到一个使双方都满意的均衡结果，故这种方式在实际的运用中会难以进行。另外，当谈判涉及国家较多时，容易有“搭便车”的现象出现。

三、解决跨界污染的政策手段

(一)下游对上游转移支付①

通过合作博弈将实现总成本最小化，但上游国家的减污努力将减少该国的收益，增加下游国家的收益，所以上游国家缺乏动力。如何实现这种再配置呢？下面通过图 7-13 说明转移支付在实现这种再配置中的作用。

图 7-13 中的原点 A 表示非合作博弈情况下，两国最优减污努力相联系的成本，从点 A 向点 K 方向的移动表示增加了国家 2 的减污数量和成本，减少了国家 1 的削减数量和成本。

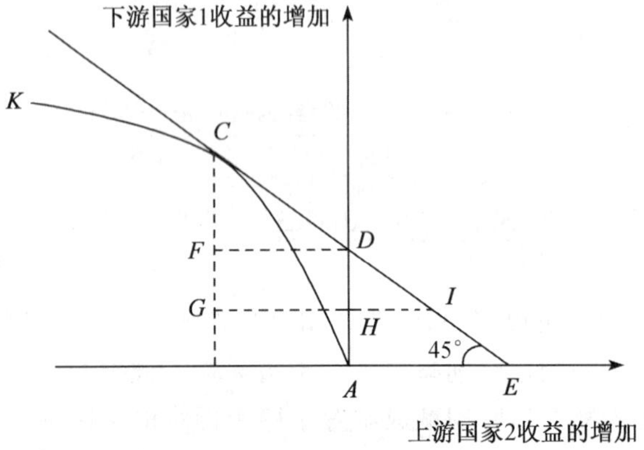

图 7-13 污染削减努力的再配置和转移支付

如果国家 2 在国内从事削减活动，国家 2 的收益将减少，可用水平轴的负部分来测度。这意味着污染物扩散到国家 1 数量减少，国家 1 收益增加。由于污染物削减函数的一般属性是边际生产率下降，损害函数的属性是边际环境损害递增，所以 AK 曲线是凹的，反映两个国家通过污染削减活动的再配置使各自收益发生变化的相对关系。在图 7-13 中，假定两国在削减技术上没有任何比较优势。在初始削减阶段，国家 2 成本的增加小于国家 2 收益的增加。随着边际削减成本递增，国家 2 的削减成本增加，在 C 点处等于国家 1 的边际收益。C 点是合作削减污染的最优点，通过 C 点，国家 2 的边际削减成本大于国家 1 的边际收益。

①鲁传一.资源与环境经济学.北京：清华大学出版社，2004

图 7-13 中曲线 AK 来表示国家 1 向国家 2 的转移支付。例如，假定实际的减污量是图 7-13 中的 C 点，当没有转移支付发生时，C 点的横坐标代表国家 2 比非合作博弈情况下多发生的成本损失。显然，这样的总成本最小化的协议不可能实现，因为国家 2 与非合作博弈的 A 点相比损失更多。这种合作的障碍可以通过从国家 1 向国家 2 的转移支付来解决。转移支付数量为国家 1 实际削减成本与有合作解时的削减成本之差。当削减成本仍保持在 C 点时，合作的收益用从 C 到 E 的一系列点来表达。转移支付越大，在 CE 上越接近 E 点。

转移支付数量在这一定的范围内，会使两个国家都受益。在 D 点，上游国家 2 将承受削减成本 FD，同时接受同样数量的转移支付 FC。因为 $FD=FC$，上游国家的削减成本被所收到的转移支付所抵消，合作仅有利于下游国家，下游国家 1 与点 A 相比，环境状况大为改善。在 E 点，下游国家 1 实际承担的转移支付数量，抵消了它从较低的环境成本中得到的收益，仅国家 2 收益。在 D 和 E 之间，两国都从合作中受益。例如，考虑点 I，上游国家遭受额外成本 GH，但它通过 $CG=GI$ 被补偿，并得到净收益 HI。下游国家从上游国家的削减中得到收益 AH，两者都受益。

(二)跨界污染的讨价还价

在合作博弈中，尽管使用转移支付可以决定合作协议的各缔约方的削减努力，但总收益的分配仍是模糊的，即图 7-13 中的 D 点和 E 点之间，从而博弈均衡解是非唯一的。合作博弈的结果还可以通过谈判过程得到。

不论博弈均衡解的概念和讨价还价形势怎样，合作博弈的一些解都受到各缔约方的机会约束。按照图 7-13，这些外生的机会可以是 A 点的非合作行为。这些外在机会在分配方面的空间，可用 D 和 E 之间的点代表，D 点和 E 点是两个国家谈判的威胁点。国际环境协议的自愿性质，保证了博弈均衡解在两个威胁点之间。

在主权国家讨价还价的过程中，由于环境介质是公共财产资源，下游国家没有任何财产权可以迫使产生污染的上游国家削减污染物，因此禁止一些国家向环境中排放污染物是不可能的。产生污染国家可以像免费搭车者一样行动。由于没有清晰定义产权，两个国家不得不在谈判过程中确定可容忍的环境污染水平。

在单向外溢情况下，上游国家将环境用作自由品，这意味着如果按照牺牲者付费原则，受污染者补偿污染者，以促使上游国家减少污染，两个国家都受益。因此，转移支付是必要的。当忽略讨价还价的成本时，根据式(7-16)和式(7-17)可获得博弈的结果。

讨价还价具有信息不对称的特点。在讨价还价过程中，污染者将夸大削减的成本以减少其他国家的需求。同样，受害者将夸大遭受损失的程度，以使需要矫正的行为的成本最大化。为了避免这种关于损失和削减成本的信息的故意歪曲，OECD 提出了相互补偿的原理。

相互补偿原理的内容就是，建议成立一种国际基金，使产生污染的国家根据它造成的损害的评估数字交费；受损害的国家根据削减成本的评估数字交费。这种方法保证了排污税尽可能设计得接近实际。从两个国家征收的基金将在他们之间在分配，以保证环境保护措施的实施。当然，国家不知道在税收分配中的比例，这是必要的，因为这种信息将歪曲成本和损失的估计。

(三)实施全球环境协议

全球环境协议是解决跨界污染问题的有效方式之一。它使污染者付费原则在世界范围内应用,实施统一削减。例如,2005 年生效的《京都议定书》实施的联合履约机制、排放交易机制和清洁发展机制,让协议国按照协议确定的污染物减排的总量目标和各个国家的排放和削减能力,分配给每个国家各自不同而又可以负担的减排指标来实施污染物减排,还可以使国家之间在排放指标未用完时进行交易,使协议缔约国共同努力减少污染物排放。

然而,这种协议在实际中遇到以下困难:首先,它受到免费搭车的影响。因为全球环境介质是公共品。解决的对策通常是使协议参与国长期履约,在履行协议的过程中产生重复博弈行为,在跨越多个时段中使免费搭车的成本和收益逐渐抵消。其次,一些国家可能在解决全球环境问题上比另一些国家获得较少的优势。因为不同国家在风险和效用偏好上存在差异,或在科学证据上存在分歧。在非自愿遵守协议情况下,通常靠适度补偿来解决。第三,即使效用偏好和风险态度是同样的,不同国家人均收入的差异也会引起对全球环境质量不同的价值评价。第四,全球环境问题,如全球变暖可能对不同国家的影响不同,因此,这种公共品就不是纯粹的公共品。第五,在污染削减的成本分配上,不同国家可能意见不同。

(四)建立跨界管理机构

跨界环境管理机构的主要形式是跨界机构代理,是指在能够清晰界定跨界产权时,跨界污染的各个国家可以出让部分环境权给予国际环境机构,国际环境机构通过征收排污税,通过环境质量可持续发展原则按比例分摊消减成本或采取生态补偿和污染损失赔偿等方式激励上下游国家消减污染以控制跨界区域的环境质量。例如,对莱茵河的跨界水污染。

(五)加入国际性环境联盟

参加环境联盟的优点主要有:第一,削减函数是以固定成本为主,如果一个国家单边削减污染物,削减成本可能大于该国受益,加入联盟可能减少固定成本。第二,使在污染物其他方面的互补性也就是加入联盟正的外部性成为一种激励。第三,加入联盟长期看可以提高成员国的合作信誉。第四,有利于引入一种有效的制裁机制,免费搭车者增加排放会受到制裁,新成员加入会减少排放形成正的外部性。

(六)建立跨界扩散标准

跨界扩散标准是实施污染者付费原则的重要手段。它充分考虑了各国跨界污染的水平、损害成本,消减成本,在上下游都遵守的情况下,它可以整合相关国家的分散的环境政策;加强上游国家对跨界污染的损失负责的责任规则,将跨界污染的成本内部化;提高下游国家转移支付的遵守能力,使下游国家对来自上游治理产生的正的外部性所得到的福利性收益付出了公平的成本;对不同国家的税率的差异也产生了一定的协调作用。

(七)可转移排污许可证系统

该方法可以看作是合作博弈均衡解的制度实施,在确定了全球环境的污染物水平和怎样分配许可证的运作程序后,可以避免统一削减方案的无效率,从而保证污染物减排发生在更有效率的国家，使削减成本最小化。在实施过程中排污许可证的初始配置是关键，可以考虑不同的指标基准和权重进行设计，例如考虑陆地面积、人口总量和增长，国家的历史积累排放量等。代表排污权的排污许可证可以在一定条件下在国家之间交易。

(八)实施环境贸易制裁

环境贸易制裁是最严厉的惩罚措施，但是在一定程度上通过为参与合作的国家创造贸易盈利的条件，使贸易收益超过由于遵从有关环境的国际协定而导致的贸易量损失，从而使参与合作的国家境况转好而使不合作的国家境况恶化。

然而，环境贸易制裁存在几个缺陷。

第一，如果非缔约国或违约国采取报复措施以回应制裁，则贸易制裁作为一种惩罚机制的可行性将下降。而且，由于国际劳动分工的不确定性，环境贸易制裁还可能会产生贸易保护主义的连锁反应。导致非合作博弈加剧，出现环境政策的环境标准“向底线赛跑”(race to the bottom)的竞次效应，从长期看不利于全球环境的改善。

第二，环境贸易制裁可能减少对低收入的发展中国家的资源转移，减少经济增长的速度，公民的收入水平增加缓慢，对环境质量的需求不足，按照环境库兹涅茨(EKC)曲线原理，环境质量会长期得不到改善。所以，贸易制裁随着时间的变化不是减少而是增加环境恶化。

第三，环境贸易制裁虽然可以稳定环境规则体系，却可能动摇其他贸易和投资秩序。因为各层次上秩序子系统的相互依赖是整体秩序的一个重要部分。因此，在的国际协议的框架内，制裁系统必须使国家在自愿的基础上接受，针对某个已经签署协议的国家实施，否则将导致国际局势紧张。

第四节 资源环境与贸易

一、资源环境与贸易问题的产生

贸易的增长和发展与生态环境的平衡稳定这种矛盾自社会分工产生、生产交换活动一开始就存在了。进入 20 世纪，随着国际贸易活动的强化和环境与资源问题的恶化，这一矛盾日趋激化。1992 年全球环境与发展大会召开和乌拉圭回合结束后，“环境与贸易问题”成为国际社会注目的焦点，为环保目的执行的限制或禁止进出口的环境贸易等措施增多，进而日益对国际贸易产生深刻影响。从深层次来看，环境与贸易问题产生于具有内在增长机制的贸易活动对自然资源需求无限性与具有内在稳定性机制的生态环境对资源供给的有限性之间的矛盾运动关系。从这一角度来说，解决环境与贸易的矛盾关系，不能以破坏生态环境为代价取得贸易的增长，也不能为了保护环境而放弃贸易的增长。在环境与贸易关系中，贸易增长与生态环境稳定之间客观上需要一种协调机制，国际社会可以通过一系列规章和措施建立起这一协调机制，从而实现全球环保与经贸的同步发展。

二、贸易对环境的影响

(一)贸易对环境影响论

贸易对环境的影响问题存在着很大的争议,综合来看有三种观点。

1. 贸易有害论

以 Khor. M, Talor. A 为代表的环保主义者认为贸易对环境保护有消极影响。认为,在缺乏有效环境保护政策的情况下,贸易政策,如关税和非关税壁垒、生产和出口补贴,会扭曲全球范围的生产模式和生产方式,贸易活动通过不断扩大的生产和消费活动以及污染贸易品的运输,加剧了环境的恶化生产和消费的非持续性增长。

2. 贸易有益论

自由贸易主义者(如 Anderson. k, Blackhurst. R, Williams. M)认为,自由贸易有助于实现环境资源在全球范围内的最优配置,从而保证生产活动能够按照最有效的方式进行(Matthew A. Cole,1999)。自由贸易通过提高收入使人们有更多的资源和技术来改善环境,提高各国的福利水平,还有助于增加有利于环保的清洁产品、服务和技术的交换。另外,贸易自由化还有利于消除那些扭曲贸易的政策措施,如补贴和税收等,而这些措施都被证明是不利于环境保护的(Hector Rogelio Torres,1999)。

3. 复杂关系论

绝大多数研究者认为,贸易与环境存在着复杂关系,贸易的发展对环境质量的改善既有正的作用也有负的作用。如何扩大贸易对环境的正面影响而抑制其负面影响,首先应找到贸易影响环境的效应路径。

(二)贸易影响环境的效应路径

贸易对环境的影响有四种效应,包括商品效应、规模效应、结构效应、规则效应。这四种效应对环境质量的改善都起着正负两方面的作用。

1. 商品效应

商品效应是指具有环境影响的商品和服务通过国际贸易对环境产生的影响。如果国际交换的商品是有助于环境保护的或者是另一种危害环境的商品的替代物,那么,贸易对环境会产生积极的影响。贸易为那些解决特定生态问题的环境设备、技术和服务在全球扩散提供了机会。贸易扩展了那些由对环境有益的技术生产的产品构成的市场,也孕育了对环境有益的投入品的贸易,因此,提高了出口国和进口国的环境保护水平。

当然,一些商品(如有害废物、危险化学品和濒危物种等)也会通过国际贸易对生态环境产生直接的消极影响。尽管一些有害的易爆、易燃、剧毒、腐蚀性和致癌的废物和化学品在国际贸易中现在已处于控制下,但还有一些商品在国际贸易中会间接地损害环境(例如,含农药或污染物残余的农产品以及用不可降解或不可回收的包装材料),而且,即使是危险废物之类的贸易,在国际上也往往是禁而不止的。

2. 规模效应

规模效应是指由于贸易导致经济规模变化而对环境产生具有正、负两方面的环境影响。规模效应是由规模经济带来的。

贸易对环境的正面效应源于贸易对经济活动整体和规模以及市场增长的扩展作用。其作用机理在于：首先，贸易增加了收入，使得人们更愿意投入更多的资金用于环境保护；其次，贸易通过扩大规模，提高了国际市场的效率；再次，生产要素和产品的自由流动，实现或越来越接近资源配置的帕累托最优状态，使单位产品从生产、流通到消费对环境影响最小化。

贸易对环境的负面效应主要体现在日益扩大的贸易主要来自对环境资源的破坏或者人为的贸易推动对环境产生的负面影响。例如，过度开发热带雨林用于出口，导致当地水土流失和加剧全球升温。不适当的出口补贴扭曲了公平的竞争性交易，带来价格扭曲使一些自然资源（例如，能源、农业、渔业、纺织业过度开发造成环境恶化）产生环境负效应。

3. 结构效应

结构效应指贸易通过影响经济结构对环境造成的影响。贸易促进专业化分工，导致各国更依赖于自己的资源禀赋优势参与国际竞争，从而推动各国经济结构的转变。

正的结构效应：首先，各个国家不同的自然资源条件决定其环境容量的差异，通过贸易可以分配与各国的环境容量相适应的经济活动并提高资源使用效率；其次，贸易会加速一个国家的产业结构由污染严重的资源密集型产业向污染较轻的技术和知识密集型产业转变，使环境得到改善，表现出正的结构效应。

负的结构效应：在环境成本外部化、环境损失和环境治理成本不被计入成本的情况下，贸易机会使得生产方式建立在大规模的量的投入基础上，而不是建立在节约资源成本投入增加效益的质的基础上，出现环境恶化，产生负的结构效应。例如，由于森林的环境价值并未纳入或并未完全纳入产品成本，致使森林资源本来就比较少的发展中国家反而大量砍伐森林以出口换汇，最终导致森林覆盖率降低，环境质量恶化。

4. 规则效应

规则效应是指贸易会影响环境政策和环境标准的制定和实施从而影响环境，包括正面效应和负面效应。

贸易规则的正面效应表现在：①发达国家为发展中国家制定、实施与贸易有关的环境政策和环境标准提供了示范。由于国际贸易使得各国贸易规则和环境规则逐渐趋同，在环境保护全球化的趋势下，发展中国家只能改善环境管理、加强环境措施和提高环境标准，逐渐适应日趋严格的国际环境标准，从而增强其改善环境的效果。②与贸易有关的环境标准和环境政策迫使各国企业适应环保趋势，加大企业内部环境管理力度，按照国际环境标准，进行清洁生产，以扩大出口。因此，贸易的规则效应一般情况下对环境会产生正面效应。

贸易规则的负面效应表现在：①贸易自由化的国际贸易规则可能会限制一国根据本国情况实施环境政策的自由和能力。②从欧盟、美国和日本颁布的与贸易有关的环境措施看，主要集中于纺织品和服装、农产品、林产品、机电产品和轻工产品等。而这正是发展中国家具有比较优势的出口行业和出口产品，因此，针对这些行业和产品日益严格的环境要求无疑会不利于发展中国家的出口贸易，从而不利于解决环境问题。③1997 年杜阿和伊斯特（Dua and Esty）以及伊斯特和格瑞丁（Esty and Geradin）都指出，作为全球贸易自由化的结果，各国会纷纷降低各自的环境质量标准以维持或增强竞争力，出现所谓“向（环境标准）底线赛跑”（race to the bottom）和“贸易漏出”（trade leakage）现象，甚至出现阻挠环境立法等漠视环境管制的现象。签署环境公约的国家会在高昂的减污成本的推动下，将具有比较优势的污染密集行业转移到环境标准较低的非签字国家中去。在自由贸易的条件下，非签字国家的污染密集行业在世界市场上变得更有竞争力，于是产出和污染排放都会增加。这就是“贸易漏出”，此时签字国的环境变得清洁，而非签字国成为所谓的“污染避难所”（pollution havens）。

三、环境对贸易的影响

（一）环境成本内部化对贸易的影响

从长期来看，各国政府制定的环境成本内部化的政策对国际贸易会产生积极影响。主要表现在：第一，环境成本内部化到产品的价格中后会规避一些贸易壁垒的限制，推进贸易的自由化；第二，会促使国际贸易结构的优化，贸易结构主要是指各国在国际贸易中各类产品或服务的进出口比例，环境成本内部化后，会提高资源密集型的产品价格，抑制进口需求，减弱出口产品的国际竞争力，使各种以环境保护为目的的贸易壁垒消失，提高绿色产品在贸易结构中的比重；第三，会使国内的企业提高技术含量，降低生产成本，通过绿色技术和绿色贸易提高绿色产品在国际市场的竞争力，促进既有利于人类的健康、安全又有利于环境的绿色消费和绿色贸易的发展。

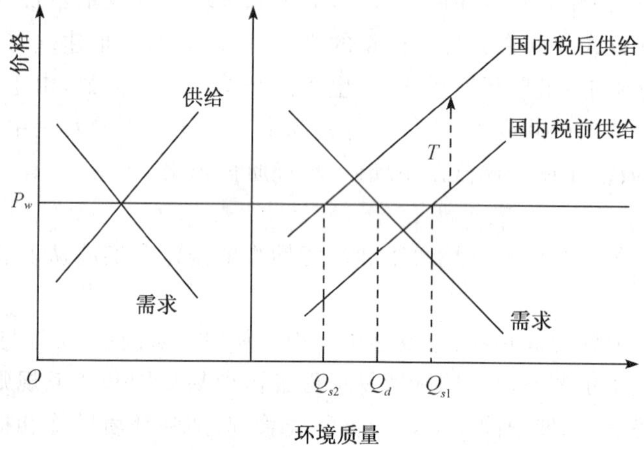

图 7-14　在小型开放经济中的环境税效应：世界市场（左）和国内市场（右）

注：P_w＝世界市场价格；Q_s＝税前（1）和税后（2）的国内供给；
Q_d＝国内需求；T＝国内税收水平

图 7-14 中左边表示世界市场如何使得 P_w 保持均衡；右边表示小型开放经济体系的市场需求，用 Q_d 表示。地方税对世界市场或国内需求不会产生影响，但是却降低局部地区生产者的利润率。因此，他们的供应自然会减少（从 Q_{s1} 降至 Q_{s2}），这个小国家不再是一个净出口国（用 $Q_{s1}-Q_d$ 表示），而变成了一个净进口国（用 Q_d-Q_{s2} 表示）。由于世界市场的价格并未受到影响，因而全球的总消费和总产出还是持平。唯一的影响可能就是将生产转移到了另外的国家（不征税的国家），生产布局转移后所产生的污染量与转移前大致相当。如果其他国家采用效率较低而污染较高的技术，且污染具有全球性，那么此时对环境征税政策的净效应甚至可能是增加全球污染。

(二)环境标准与产品核心竞争力

20 世纪 70 年代初开始的第一次环境保护浪潮以来,环境标准对产品竞争力的影响引起了国际社会的广泛关注,环境标准对产品竞争力的影响主要有:

1. 环境政策与产品竞争力成正比

哈佛大学的迈克尔·波特(Michael E. Portor)教授认为:有效的环境政策将会激励企业的技术创新和管理创新。从短期来看,严格的环境标准会提高企业的成本,降低企业的竞争力,但是从长期来看有利于企业的竞争力的提高,这就是著名的"波特假说"。因为实施环境成本内在化会刺激企业进行技术改造和创新,提高生产效率,降低生产成本,从而形成价格比较优势;同时,企业树立了珍爱环境的形象,提升了品牌魅力,扩大了企业的知名度,赢得了顾客的信任,同样会增加企业产品的竞争力。例如,我国海尔集团执行了严格的环境标准,实行绿色经营,率先取得德国"蓝色天使"环境标志及欧洲环境标志,扩大了全球的出口业务。

2. 环境标准与产品的竞争力成反比

环境标准是影响环境成本的重要因素,一国的环境标准越严格,其环境成本就越大;反之环境成本就小。在各国可以自主制定环境标准的情况下,不同的环境标准会对一国产品的竞争力产生不同的影响。发达国家凭借其科技优势,制定的环境标准普遍较高,而发展中国家的环境标准相对较低。由于发展中国家环境成本低,产品在国际市场上具有成本优势,发达国家为避免本国因严格的环境标准而丧失产品竞争力,遂采取一些措施,限制此类产品进口。于是发展中国家与发达国家在环境保护和贸易关系上会产生尖锐的矛盾。

3. 环境标准与产品竞争力之间并没有必然的联系

从理论上分析,环境成本内在化以后环境标准的高低将会对产品竞争力产生较大影响。但研究发现,环境成本并没有人们所想象的那样高,因为他们估计的环境成本是在原来的技术基础上进行的,没有考虑技术创新因素对成本的影响。事实上,环境成本在产品的总成本中所占的比例很小,因此,环境政策之间的差异对企业产品国际竞争力产生的影响也很小。例如,美国,用于执行环境标准的成本只占企业总成本的 1%～3%,即使污染控制费用占产值最高的水泥行业,这一比重也不过 3.17%。根据 OECD 的研究,美国钢铁业的生产成本大约为 513 美元/吨,其中只有 15 美元为污染治理成本,即使美国钢铁业不支付任何污染治理成本也比墨西哥钢铁业的生产成本 415 美元/吨高出 83 美元,这说明,不管美国钢铁业的竞争力低的根源是什么,严格的环境标准只是其中很小的原因。

(三)环境壁垒对贸易的影响

环境壁垒是指在国际贸易中,以保护生态环境、自然资源和人类健康为借口通过立法或制订严格的强制性技术法规,对国外商品及服务进行准入限制,以实现保护本国市场为目的的贸易保护主义新措施。它往往依据有关的环境标准和规定,要求某一产品不仅符合质量标准,而且该产品的生产、使用及处置等过程均符合特定环境保护要求,对生态环境无害或危害性极小。环境壁垒的形式很多。归纳后可见表 7-2。

表 7-2 环境壁垒的主要表现形式

类 型	含 义
环境关税制度	进口国以环境保护为由，对一些影响生态、污染环境的产品除征收正常关税外，再加证额外的进口关税
环境配额制度	根据出口国产品的环保实绩来确定其在本国市场上的销售配额，即按时期（如年、季度、月）分配给相关出口国输入本国该产品的最高数量
环境许可制度	贸易国必须在取得许可证的基础上才能允许进出口，出口国在出口某种商品之前要获得进口国的许可通知
环境补贴制度	为把环境和资源费用计算在成本之内，使环境和资源成本内部化，促进现有设施适应法律和规章所规定的新环境需求而给予有关企业的资助，包括专项补贴、环境保护基金、低息优惠贷款等
环境技术标准	在环境保护的名义下，发达国家依靠科技垄断优势，通过立法手段制定严格的强制性技术标准来限制国外商品的进口
环境检验检疫制度	发达国家对农产品和食品中的农药残留、放射性残留、重金属含量等敏感卫生指标设置严格的含量标准来限制来自发展中国家的农产品进口
环境包装和标签制度	从包装材料对环境造成的负面影响和标签给社会带来的危害考虑，一些国家对两者做出的严格的规定，防止出口国的病虫等传入，保证货物使用的安全和便利
环境标志和认证制度	政府部门或公共和私人团体根据一定的环境标准向有关厂商颁发的证明其产品或服务符合环境要求的一种特定标志
环境成本内部化制度	一些发达国家按照外部成本内部化理论对来自环境标准较为宽松的国家的产品以"生态倾销"为名实行的保护主义措施
禁止进口与环境贸易制裁	也称强制禁止进口制度，进口国对出口国的产品以不符合本国环境标准为由强行禁止进口的环境壁垒

乌拉圭回合谈判结束后，关税壁垒的作用日益降低，环境壁垒日趋全球化。一国通过环境壁垒对于来自其他国家和地区的产品设置障碍，限制其进口，以防止和抑制他国产品对本国的冲击，从而实现保护本国市场的目的。下面具体分析环境标准、环境科技及环境标志对贸易的影响：

1. 环境标准对贸易的影响

环境标准是国际组织或国家为了维护环境质量、控制污染，保护人群健康、社会财富和生态平衡，按照法定程序制定的各种技术规范的总称。统一的环境标准的实行可以避免个别国家（通常是发达国家）以某种借口滥用公平贸易原则，把本国的单边环境标准强加于其他国家（通常是发展中国家），从而有利于推动绿色贸易发展。目前，影响最大的是由国际标准化组织（ISO）制定的 ISO 14000 环境系列标准，它尽管不是强制性标准，但是企业获得 ISO 14000 系列标准认证，就树立了对环境负责的良好形象，降低了国际市场准入门槛，在国际市场上的竞争力加强。例如，在加拿大，80%的消费者愿意多付 10%的钱购买对环境有益的产品；在欧洲，40%的人喜欢购买有环境标志的产品而不是传统产品。

2. 环境科技对贸易的影响

环境科技是指任何有利于废物减量化、废物循环化、废物无害化以及节约资源、保护生态环境的生产和消费领域的技术，包括清洁生产、循环经济和绿色消费相关的技术。一般来说，发达国家的科技水平较高，处于技术垄断地位，他们依据本国的经济发展水平和技术水平，对一些产品制定严格的环境技术标准，外国尤其是发展中国家很难达到，这就为技术处于领先地位的进口国设置绿色壁垒提供了依据。目前，环境技术标准常常成为发展中国家产品进入发达国家市场的一大贸易技术障碍。

3. 环境标志对贸易的影响

环境标志也称绿色标志或生态标志，是指认证机构根据一定的环境保护标准、指标或规定，向有关自愿的申请者颁发以表明其产品或服务符合环境要求的一种特定标志。标志获得者将标志印在所申请的产品及其包装上。它向消费者表明该产品或服务与其他同类产品或服务相比，从研制开发到生产使用直至回收利用的全过程均符合环境保护的要求，不危害人体健康，对环境无害或危害极小，有利于资源的再生和回收利用。带有环境标志的产品或服务在国际市场上有很强的竞争力，消费者对产品消费的环境取向会越来越明显，也促进其竞争对手增强环境意识，改进技术。

（四）多边环境协议（MEAS）对贸易的影响

多边环境协议又叫国际环保公约（MEAS）是指为了保护、改善和合理利用环境资源而制定的国际公约。目前已知的多边环境协议有 200 多个，它们对国际贸易发展产生了一定的影响。

1. 限制了与受控对象有关的产品的国际贸易

日益严格的环保法规限制甚至禁止了许多按传统方法生产的产品的国际贸易。有些多边环境协议中的贸易条款，直接限制或禁止一些产品的生产、使用及国际贸易，也有些法规要求制定贸易措施来促使环境目标的实现。例如，保护臭氧层的有关公约如《保护臭氧层维也纳公约》和《关于消耗臭氧层物质的蒙特利尔议定书》明令禁止了一些受控物质及其相关产品的国际贸易。

2. 促进了环保产品市场的发展

多边环境协议为环保产品、环保技术和环保服务的发展开拓了广阔的市场。目前，国际上环境管制日益严格，一系列多边环境的制定使许多污染环境、浪费资源或破坏生态平衡的产品和使用受到了限制乃至制止。各国不得不投入大量的人力物力和财力进行环保产品、环保技术、环保设备的研制和开发。目前，许多环保产品的生产已具备了相当的规模，正逐渐向产业化和市场化方向发展。

四、环境与区域贸易的协调

从以上论述中可以看到，随着国际间贸易的高速发展，生态危机和环境污染困扰着全球，协调环境保护与自由贸易的关系，促进可持续发展正成为世界各国面临的重要任务和发展方向。

（一）国际组织下的环境与区域贸易协调

1. WTO 体制下环境与贸易问题的协调

WTO 作为全球性国际贸易组织，其目的就是在不产生不良影响的情况下，使贸易尽可能地自由流动。为了逐步消除贸易壁垒，实现贸易自由，WTO 规定了一系列的贸易原则来确保其目的的实现。1992年里约热内卢环境大会又为WTO增加一项新的职能,即在努力实现贸易自由的同时,要协调好环境保护与贸易自由的关系。

WTO关于环境保护的政策不是以单独文本出现,而是分散在数个协议当中,在此仅举几例。

(1)《贸易技术壁垒协议》认为,强制性的标准应该基于国际通行的标准,并以科学资料和证据为依据,如果由于地理、气候及其他方面的原因,成员不能使自己的强制性规定符合国际标准时,他们有义务以草案形式公布这些规定,让其成员生产商有机会提出意见等。

(2)《农业协议》(AOA)。作为乌拉圭回合达成的国际农产品的贸易公约,其中的环境条款是为了降低农业发展对环境的危害。它规定:政府对与环境项目有关的研究及基础工程建设所给予的服务与支持,以及按照环境规划给予农业生产者的直接绿色补贴,可以免除国内补贴削减义务。

(3)《补贴与反补贴措施协定》(SCM)中的环境条款。经济学告诉我们,不恰当的补贴会造成产品价格的扭曲,从而减少贸易的效率。但不是所有的补贴都是负面的,该协议规定:如果有利于消除日益严重的环境压力,并且采取的是最合适的环境手段,就可以考虑接受环境补贴(最多可达一次性支出成本的20%),若这些补贴符合不可申诉补贴的标准,可不受争端解决行为的约束。

(4)《服务贸易总协定》中的环境条款。《服务贸易总协定》(GATS)的第14条"一般例外"中规定成员可以采取或加强"保护人类活动、植物生命或健康所必需的措施",只要这类措施"不对情况相同的成员方造成武断的或不合理的歧视,或不对国际服务贸易构成隐蔽的限制"。

(5)《与贸易有关的知识产权协议》(TRIPS)中的环境条款。《与贸易有关的知识产权协定》第27条规定:为了保护人类、动植物的生命健康或避免严重损害环境,可以考虑不授予相关发明的专利权,并可阻止其商业性运用。此外,该协定还鼓励各国积极进行环保技术的研究、创新、转让及使用。

2. 区域经济组织对环境与贸易的协调

以欧洲联盟(EU)和北美自由贸易区(NAFTA)为代表的区域经济组织在协调贸易与环境问题上已经取得了成功经验。北美自由贸易区既是世界上第一个由发达国家和发展中国家组建的自由贸易区,同时也是世界上第一个将贸易与环境问题直接联系起来的区域经济集团,它所建立的贸易与环境协调机制值得借鉴。亚太经合组织(APEC)和东南亚国家联盟(ASEAN)等区域经济组织在协调贸易与环境关系方面也取得了一些有益的经验。在贸易与环境问题方面,由于区域经济组织成员国数量较少,就贸易与环境问题进行协调的交易成本较低,因此在协调能力、手段及处理与之相关的南北关系问题上要比WTO更有效。

3. 联合国对环境与贸易的协调

联合国作为世界上最重要的国际组织,在环境和可持续发展问题上作用极为重要。

1945年联合国成立时,《联合国宪章》中没有明确提及保护自然环境和促进可持续发展。20世纪中叶以后,一系列重大社会公害事件的暴发引起国际社会的广泛关注,拉开了一场超越国界的反污染、反公害的环境保护运动。联合国在维护世界和平与安全的同时寻求人类与自然的和平共处,环境问题就此进入了联合国的议事范围。1972年6月联合国在瑞典斯德哥尔摩召开联合国人类环境会议,这次会议通过了《行动计划》和《斯德哥尔摩人类环境宣言》,建立了联合国环境规划署(UNEP)。这次会议标志着联合国开始全面介入世界环境事务。而今,保护环境和促进可持续发展问题可以从宪章第1条和第55条提到的经济和社会问题中找到依据。自联合国将环境保护纳入其重要议事议程以来,联合国逐步设立了一些有关环境与发展问题的机构和论坛。联合国大会还设立了有关环境与发展问题的辅助机关和组织,如为执行《21世纪议程》而设立的联合国可持续发展委员会(CSD),实施联合国技术援助计划的联合国开发计划署(UNDP)。

(二)与贸易相关的国际环境公约

国际环境公约是为了保护、改善和合理利用环境资源而制订的国际公约。20世纪六七十年代以来,由于环境问题牵涉到的国家越来越多,国际社会加速制定了各式各样的环保措施,目前已有大量有关环境的国际公约。在众多的国际环境公约中,约有十几项公约中含有与贸易有关的条款。与贸易有关的环保法规的产生与发展经历了三个阶段:

第一阶段是从19世纪70年代到1971年,这是与贸易有关的环保法规的产生阶段。一些国家为了保护生态环境,对进口商品的卫生检疫做出了具有法律效力的规定,运用进出口的措施来解决跨越国界的一些环境问题。如1900年的保护非洲野生动物、鸟类、鱼类公约,要求对那些珍稀和面临灭绝威胁的生物采取出口许可证;1933年29国签订的《保护自然环境中动植物伦敦公约》,禁止出口从非洲得到的没有许可证的象牙和一些特别的动物、狮头等纪念物。

第二阶段是从1972—1991年,这是环保法规大发展的时期。第一次全球环境会议于1972年在斯德哥尔摩召开到1991年底,有98个国际性和区域性的环境与资源保护条约。其中很多法规涉及贸易问题。这一时期的环境立法除了继续使用强制性手段外,开始探讨运用市场经济的手段,通过消费者的参与来达到环境保护的目的。

第三阶段始于1992年。1992年联合国环境与发展大会以来是环保法规进一步完善的时期,环保法规向综合化方向发展。

一些重要的与贸易有关的国际环境公约见表7-3。

表7-3 与贸易有关的重要国际环境公约

协议名称	通过时间	正式生效时间	签约方数目
《国际植物保护公约》	1951年	1952年	92
《保护自然和自然资源非洲公约》	1968年	1969年	29
《濒危野生动植物物种国际贸易公约》	1973年	1975年	96
《保护臭氧层维也纳公约》	1985年	1988年	36
《关于消耗臭氧层物质的蒙特利尔议定书》	1987年	1989年	43
《管制有害废物越界移动及其处置的巴塞尔公约》	1989年	1992年	116
《关于消耗臭氧层物质的蒙特利尔议定书》的修正	1990年	1992年	—
《气候变化框架公约》	1992年	1994年	154
《生物多样性公约》	1992年	1993年	168
《气候变化问题框架公约京都议定书》	1999年	—	—

资料来源:巴里·菲尔德,玛莎.菲尔德.环境经济学.北京:中国财政出版社,2006

(三)国际环境合作

1.国际环境合作的概念

所谓国际环境合作,是指针对已经发生的对国际社会有共同影响的环境问题和对全球环境有损害或潜在危害的活动,国际社会有关国家以谋求共同利益为目的,本着全球伙伴和合作精神,采取必要的共同行动和措施加以解决。

关于国际环境合作应该从四个方面来理解:第一,国际环境问题的严峻性是我们研究国际环境合作的现实和逻辑前提。第二,全人类的共同利益是国际社会开展国际环境合作的思想基础。第三,国际环境法是开展国际环境合作的法律依据。第四,主权国家与国际环境组织是国际环境合作的行为主体。目前国际环境合作的领域非常广泛,涉及臭氧层破坏问题、全球气候变暖问题、海洋环境污染问题、生物多样性保护问题、土地沙漠化问题、跨界环境污染问题等诸多问题。其中,《联合国气候变化框架公约》(2008)、《蒙特利尔议定书》(1987)、《京都议定书》(1997)框架下的合作,都是国际环境合作的具体体现。

2.国际环境合作的发展阶段及特点

国际环境合作是随着全球环境问题的出现和环保运动的发展而产生的。以 1972 年 6 月瑞典首都斯德哥尔摩召开的联合国第一次人类环境会议为界,国际环境合作经历了两个阶段:

(1)联合国第一次人类环境会议之前。第二次世界大战以前,全球环境问题不突出,环境保护没有引起国际社会的足够重视。直到 19 世纪末,才出现了一些关于自然环境保护的国际条约与国际合作,但规模小,数量少,合作形式基本上局限于国家与国家之间签署环境保护的双边或多边协议。据不完全统计,截至第二次世界大战前,全世界只有约 30 个有关环境保护的双边、多边条约被缔结。而环境保护国际组织则到 20 世纪初才开始出现。

第二次世界大战结束之后,各国忙于恢复战争创伤和发展经济,更是忽视环境保护。直到 20 世纪 60 年代,国际环境保护运动才日渐频繁,环境保护的国际条约逐渐增多,各种环境会议和环境保护组织纷纷召开和成立。尤其是联合国的成立以及联合国对环境保护事业的关注和介入,极大地推动了国际环境合作的进展。1947 年,联合国经济与社会理事会通过了《关于召开保护和利用资源的联合国大会的决议》。在联合国的主导下,各国还达成了一系列核能利用以及核试验的协议,如《禁止在大气层、外空和水下进行核试验的条约》(1963);在全球公域保护方面,通过了具有重要意义的《南极条约》(1959)和《关于各国探索和利用包括月球和其他天体在内外层空间活动的原则条约》(1967);此外,在联合国的推动下,许多国际环保组织和机构应运而生,并积极参加到国际环境保护领域的工作中。

(2)联合国第一次人类环境会议之后。1972 年斯德哥尔摩的联合国第一次环境会议标志着在环境保护领域的国际合作进入了一个新的阶段。此后,联合国又于 1982 年 5 月,1992 年 6 月和 2002 年 9 月,分别在肯尼亚的内罗毕、巴西的里约热内卢和南非的约翰内斯堡召开了三届有关环境与发展的会议。同联合国第一次人类环境会议之前阶段相比,该阶段的国际环境合作具有以下特点:

第一,合作层次高。首先,国际环境合作上升至全球层面,许多合作在联合国框架之中进行;其次,国际环境合作已成为国家政治的最高议题之一,出席国际环境合作会议的代表往往是国家的元首、国际组织的领导人、环境领域的著名专家、学者、高级技术人员和国际知名社会活动家、环境保护运动领导人等。

第二，合作成果多。联合国第一次人类环境会议取得了三项重要成果，即《人类环境宣言》、《环境行动计划》和《关于机构和资金安排的决议》。此后10年，国际上出台了一系列保护环境的公约和条约，范围涉及海洋保护、濒危野生动植物保护、湿地保护、文化和自然遗产保护、大气层保护等。1992年联合国的《里约环境与发展宣言》和《21世纪议程》，为全球可持续发展制定了一个共同行动的准则。2000年在联合国千年首脑会议提出了具有国际指导意义的“千年发展目标”。2002年联合国可持续发展世界首脑峰会又通过了《可持续发展世界首脑会议执行计划》和《约翰内斯堡可持续发展宣言》。2006年联合国可持续发展委员会(CSD)第十四次会议(CSD14)发表了《可持续发展趋势》报告等。

第三，合作范围广。从合作领域看，既有环境科学技术、环境文化教育，也有经济贸易、城乡建设、工农业生产以及污染治理等社会经济的所有领域；从合作对象来看，既有国家、国际政府间组织、国际非政府组织，也有国家之内的政府组织、非政府组织、企业和个人；从合作形式看，有全球性、多边性、区域性、双边性的合作，也有政府间、民间和政府/民间混合式的合作；从合作方法、途径看，有联合履约、共同治污、合作研究，也有相互访问、开展信息交流等。此外，环境保护运动和环境外交也进入到了环境合作领域。

第四，合作中有摩擦、有斗争。在国际环境合作过程中，各国从本国利益出发也存在激烈的斗争，尤其是围绕温室气体减排目标和实现减排途径的谈判异常艰难。例如，1997年在日本东京参加《联合国气候变化框架公约》大会，通过了旨在减排温室气体的《京都议定书》。考虑到发达国家已经完成了工业革命，且排放着50%以上的温室气体，因此《议定书》只给工业化国家制定了减排任务，没有对发展中国家提出要求。2001年3月，美国总统布什突然宣布退出《京都议定书》，致使该协议的履行遭到重大挫折。目前，以拒绝执行《京都议定书》的美国为一方，其他支持该议定书的国家和国际组织为另一方，展开了一场前所未有的关于全球环境保护的较量。

3.国际环境合作发展的障碍

由于世界各国经济和技术发展水平、经济发展模式、政治体制、地理环境、资源状况、历史传统和风俗习惯的差异，当前世界各国在国际环境合作方面仍然存在着不同甚至对立的利益和主张，再加上国际环境问题本身的复杂性，这些都构成国际环境合作发展的障碍，主要体现在客观现实、思想观念、行动实践三个方面。

(1)环境问题本身及其相应机制的复杂性，是国家环境合作的客观障碍。国际环境问题具有普遍性、整体性、共同性、科学技术性等特点，这些特点决定了它的解决不是任何一个国家单枪匹马能够胜任的，而且环境问题涉及一系列自然、经济、政治以及法律等各种复杂问题和利益关系，这些往往会造成有关国际环境公约和协定制定的不完善，使得制定的各项具体措施在操作上存在很大困难。

(2)国际社会整体利益、全人类共同利益与主权国家利益、民族利益之间的矛盾与冲突，是国际环境合作发展的思想障碍。每个国家的环境利益都不是孤立的，局部环境问题引起全球环境的恶化，最终损害的是每个国家和民族的利益。因此，为了全人类的共同利益，现代主权观应由以国家利益为主向兼顾国家利益与全人类共同利益之间平衡转化，有赖于全球环境意识的进一步发展和国际环境合作实践的进一步推动，尤其是大国的现实推动。

(3)发达国家与发展中国家之间的矛盾，是国际环境合作发展的实践障碍。当前发达国家与发展中国家围绕环境恶化的责任与义务公平分配问题、关于资金援助和技术转让问题、国际贸易的环境标准等问题形成了泾渭分明的两大阵营。在这一对尖锐的矛盾中，发达国家居高临下、处于攻势，政治经济上的霸权主义使得发达国家在所有国际环境问题谈判中占据统治地位，并且国际环境组织大多在发达国家的操纵下，而发展中国家，既缺资金又缺技术，也缺乏谈判的影响力，在国际环境合作问题上往往处于很被动的境地。可以说，国际政治经济秩序中存在着很多不完善和不合理的因素，很大程度上阻碍了国际环境合作公平性的实现。

本章小结

库兹涅茨曲线只是揭示了环境与经济发展表象关系。事实上，环境与经济发展并不总是遵循倒U形变化；重视资源与环境的跨时期配置，对于提高社会福利意义重大。资源与环境的最优配置由人们决定资源用不用于产品生产和有多少参与了减污来决定。污染物影子价格和社会贴现率是理解资源与环境跨时期配置的关键。应当有意识地使用较低的贴现率，维护后代人的利益。由于国际化污染具有外部性以及各国追求自己效用的最大化或自己成本的最小化，导致跨界污染的产生。我们通过合作博弈、转移支付、签订全球环境协议、建立跨界管理机构等政策手段来解决跨界污染问题。贸易与环境存在着复杂的关系，两者之间相互影响。为了协调环境保护与自由贸易的关系，WTO、各种区域性经济组织和联合国都做出了自己的努力，积极开展国际环境合作、促进可持续发展已成为世界各国面临的新的重要任务和发展方向。

案例分析

[案例 1]

莱茵河的跨界水污染治理

莱茵河全长1 300多千米，流经瑞士、德国、法国、卢森堡、荷兰等9个欧洲国家，是以上几个国家的重要饮用水源，也是世界上管理得最好的一条河。莱茵河现在的成功，与莱茵河流域各国的有效协调合作密不可分。莱茵河由莱茵河保护委员会管理，委员会主席则轮流由各成员国的部长担任，但这却是一个民间组织，从来没有制定法律的权力，现在委员会的工作人员仅12人。

早在20世纪50年代初莱茵河还很清澈，人们可以在河里游泳、钓鱼，但20世纪50年代末，德国开始了大规模的战后重建工作，大批能源、化工、冶炼企业同时向莱茵河索取工业用水，同时又将大量废水排进河里。莱茵河水质急剧恶化。在污染最严重的20世纪70年代，城市附近的河水中溶解氧几乎为零，鱼类完全消失。为了使莱茵河重现生机，1963年，包括德国在内的莱茵河流域各国与欧共体代表，在保护莱茵河国际委员会（ICPR）范围内签订了合作公约，奠定了共同治理莱茵河的合作基础。ICPR制定了相应法规，强行对排入河中的工业废水进行无害化处理。为减少莱茵河的淤泥污染，ICPR严格控制工业、农业、生活固体污染物排入莱茵河，违者罚款，罚金50万欧元以上。保护委员会还实行“责任到户”，如委员会下面设置若干个专门工作组,分别负责水质监测、恢复重建莱茵河流域生态系统以及监控污染源等工作。经过多年的努力,莱茵河终于恢复了生机。2002 年年底调查表明,莱茵河已经恢复到第二次世界大战前的生物多样性水平。

资料来源:聂国卿,李喜梅:《从无锡太湖事件看水污染治理》,经济导刊,2007.8

[案例 2]

从两次金枪鱼之争看 GATT 对贸易与环境问题认识的变化

第一次美墨金枪鱼之争

1990 年美国禁止进口墨西哥的金枪鱼和金枪鱼制品,认为墨西哥在东太平洋地区没有依照美国的法律规定来捕捞金枪鱼,而是采用大围网捕捞,导致捕捞海豚的数量超过了美国的 1.25 倍,为了保护海豚这一珍贵海洋哺乳动物,美国制定了《海洋哺乳动物保护法》,禁止进口墨西哥金枪鱼。墨西哥向 GATT 提出了上诉。

GATT 对此案进行了裁定:①《海洋哺乳动物保护法》不能以限制他国生产过程的进行方式进行贸易限制;②一般例外条款只能适用于小范围,因为它与自由贸易的精神相悖,请求例外的国家要有充足的理由(不仅是环保的理由);③GATT 倾向于将"可能耗竭的天然资源"理解为在一个国家的管辖范围之内,不能对他国的资源以限制贸易的方式进行保护。

GATT 的意图很清楚:①只要美墨金枪鱼在品质上一致,美国就无权禁止进口,这实际上是鼓励发展中国家以牺牲环境为代价发展贸易,认可了不同国家生产过程中的多重环境标准;②GATT 要求实施贸易限制的一方拿出证据证明其正确,这割裂了贸易限制与环境保护之间的联系,即贸易限制方首先是贸易保护主义者,其次才是环保主义者;③主张将环境保护列入国内法规体系,至于贸易是否导致生物多样性的消失或环境恶化,GATT 不过问。可见,当时的 GATT 并不重视自然资源的合理利用,而将自由贸易至于环境保护之上。

第二次美欧金枪鱼之争

1992 年,欧盟就金枪鱼等鱼产品出口遭受美国《海洋哺乳动物保护法》的贸易限制,在一次向 GATT 提出上诉。这时的 GATT 开始考虑生态环境和环境保护法规对国际贸易的影响,裁定的意见与上次明显不同;不排除国内法律运用于境外的可能,即美国可以通过其《海洋哺乳动物保护法》对境外的生态环境进行保护。这表明 GATT 在处理与环境保护相关的贸易纠纷时,开始考虑以环保为由的贸易保护的合理性,一国国内的法规对环境保护的实际影响可能超越国境。

资料来源:①叶汝求. 环境与贸易. 北京:中国环境科学出版社,2001;②钟伟. 论贸易与环境保护的环境协调. 对外经贸实务,1998(3).

思考与练习

1. 如何解释环境库兹涅茨曲线的变化趋势?
2. 如何在不同时期分配耗竭资源? 影响因素是什么?
3. 森林资源动态最优配置的条件是什么? 影响因素有哪些?
4. 分析不考虑捕捞成本和考虑捕捞成本情况下渔业资源最优利用水平的差别,为什么?
5. 环境的时间配置如何影响了当代人的福利?

6. 污染物影子价格如何通过影响了产业结构调整达到优化环境的作用？
7. 贴现率怎样影响了当前的环境政策选择？
8. 什么是跨界污染，解决跨界污染的政策手段有哪些？
9. 贸易对环境的影响表现在哪些方面？
10. 环境标准对产品竞争力产生什么影响？
11. 什么是环境壁垒？它有哪些特征？
12. 什么是多边环境协议，举例说明它对国际贸易有什么影响？
13. 如何理解国际环境合作的概念？国际环境合作在发展中面临哪些障碍？
14. 莱茵河的跨界水污染治理的成功经验对我国治理长江水污染有何启示？

参考文献

[1] Horst Sitbert. Economics of the Environment: Theory and policy. 5th ed. Berlin: Springerverlag

[2] Robins, N. and Roberts, S. (Eds), Unlocking Trade Opportunities: Case Studies of Export Success from Developing Countries, UN Department of Policy Coordination and Sustainable Development, New York, 1997.

[3] Ye Ruqiu. Sustainable Development in China and International Trade, International Environmental Affairs, 18(1), 16～31, winter 1996.

[4] 霍斯特·西伯特著. 蒋敏元译. 环境经济学. 北京：中国林业出版社，2002.

[5] 鲁传一. 资源与环境经济学. 北京：清华大学出版社，2004.

[6] 曲福田. 资源经济学. 北京：中国农业出版社，2001.

[7] 张帆. 环境与自然资源经济学(修订2版). 上海：人民出版社，2007.

[8] 万建中. 农业自然资源经济学. 北京：农业出版社，1992.

[9] [美]蒋中一著. 王永宏译. 动态最优化基础. 北京：商务印书馆，1999.

[10] 左玉辉. 环境经济学. 北京：高等教育出版社，2003.

[11] 戴维·皮尔斯等著. 何晓军译. 绿色经济蓝图. 北京：北京师范大学出版社，1996.

[12] 戴维·皮尔斯. 杰瑞米. 沃福德著. 张世秋等译. 世界无末日. 北京：中国财政经济出版社，1996.

[13] 周海林著. 可持续发展原理. 北京：商务印书馆，2006.

[14] 汤姆·惕藤伯格著. 朱启贵译. 环境经济学与政策. 上海：上海财经大学出版社，2003.

[15] 巴里·菲尔德，玛莎·菲尔德著. 原毅军，陈艳莹译. 环境经济学. 北京：中国财政经济出版社，2006.

[16] 姚志勇. 环境经济学. 北京：中国发展出版社，2002.

[17] 叶汝求. 环境与贸易. 北京：中国环境出版社，2001.

[18] 黄辉. WTO与环保——自由贸易与环境保护的冲突与协调. 北京：中国环境出版社，2004.

[19] 李克国，魏国印，张宝安. 环境经济学. 中国环境科学出版社，2003.

［20］保罗·克鲁格曼，茅瑞斯·奥博斯法尔德．国际经济学（第四版）．北京：中国人民大学出版社，1998．

［21］托马．斯思德纳，张蔚文，黄祖辉译．环境与自然资源管理的政策工具．上海人民出版社，2005．

［22］李耀芳．难以避免的越界污染问题．沿海环境，2001（2）：11-12．

［23］俞海山．国际贸易环境影响效应分析．经济理论与经济管理，2006（8）：71-75．

［24］刘利．环境保护与国际贸易的相互影响．中国发展，2003（3）：41-45．

［25］于光耀，鲍敦全．环境壁垒在处理跨界污染问题中的运用．生态经济，2006（5）：80-83．

［26］蒋满元．博弈论与越界污染治理．环境技术，2003（5）：47-49．

［27］许罗丹，申曙光．国际贸易中的环境与环境保护问题．北京大学学报（哲学社会科学版），1995（7）：91-98．

［28］莫莎．环境与贸易问题的多边及区域协调．世界经济与政治，2006（1）：75-80．

［29］都毫．WTO体制下环境与贸易的协调．当代法学，2007（1）：128-131．

［30］戴桂林，王雪．如何实现环境保护和贸易自由化的协调发展．商业研究，2005（17）：34-36．

［31］朱永安．环境视角下的国际贸易：对绿色壁垒的一项系统研究．复旦大学博士论文，2003：110-115．

［32］杨青．全球环境问题与国际环境合作．新远见，2007（5）：66-76．

第八章　资源与环境经济政策手段

学习目的：掌握资源与环境经济政策分类，掌握有效污染水平概念，理解污染者付费、资源补偿与生态恢复的原则，掌握各种资源与环境经济政策手段的内涵及其适应范围；理解资源与环境经济政策的基本功能；了解资源与环境政策形态转变的一般趋势。

第一节　资源与环境经济政策的分类与依据

一、资源与环境经济政策的分类

政策是国家、政党为实现一定历史时期的任务和目标而规定的行动依据和准则。资源与环境经济政策是政府为实现可持续发展目标和任务，用以规范引导企业和家庭节约资源与环境保护的活动准则或指南。资源与环境经济政策有广义与狭义之分。从广义角度看，只要一种政策同时对资源、环境与经济上都有影响，就可以称之为资源与环境政策，包括管制政策和经济政策。狭义的经济政策是指"足以影响到经济当事人（污染者）对可选择的行动（如安装治污设施以减少污染、缴纳排污费以获准排污、与其他厂商协商以取得许可等）的费用进行评估"[①]的手段。

OECD在《环境经济手段应用指南》中曾经将环境经济手段区分为三种：环境收费或税收、许可证制度、押金-退款制度。该组织在《环境管理中的经济手段》一书中由进一步将环境经济手段划分为五种：收费、补贴、押金-退款制度、市场创建、执行鼓励金。世界银行哈密尔顿将实施可持续发展战略的政策手段列成一个矩阵，见表8-1，其中的"利用市场"和"创建市场"两列所指的政策手段正是环境经济手段。

表8-1　政策矩阵—可持续发展的政策与手段

主题	政策手段			
资源管理与污染控制	利用市场	创建市场	实施环境法规	鼓励公众参与
	减少补贴	产权/分散权力	标准	公众参与
	环境税	可交易的许可证	禁令	信息公开
	使用费	国际补偿制度	许可证和配额	
	押金-退款制度			
	专项补贴			

资料来源：K·哈密尔顿等.里约后五年：环境政策的创新.北京：中国环境科学出版社，1998

①经济合作与发展组织（OECD）对环境经济手段分类的界定

以上两种分类都具有国际权威性，但是，这些分类方法仅仅是对资源与环境经济政策手段本身的列举与类型划分，没有从经济政策手段的内在特征和本质角度加以区分。

本教材对资源与环境经济政策手段采用的分类见表 8-2。

表 8-2 资源与环境经济政策手段的分类

政策类型	手 段	内 容
管制型		环境资源法律法规、制定环境标准和做出环境规划
经济型	庇古手段	资源与环境征税、排污费征收与退还、补贴与补贴免除、押金与退款、强制刺激等
	科斯手段	排污权交易、自愿协商、环境协议

二、资源与环境经济政策的依据

资源环境经济政策的制定必须建立在一定的前提基础上。这些原则包括：确定有效率的污染水平原则、污染者付费原则与资源补偿与生态恢复原则。

(一)最优污染水平

在经济发展过程中，由于环境污染排放的广泛性、治理污染技术水平的相对有限性，以及治理环境污染也需要物质投入与能源消耗还可能会导致环境的二次污染，所以，环境污染总是难以彻底消除。经济学家并不主张零污染，在环境容量内排放污染物是可以接受的，从污染物排放到造成实质性环境污染损害经历以下过程，见图 8-1。

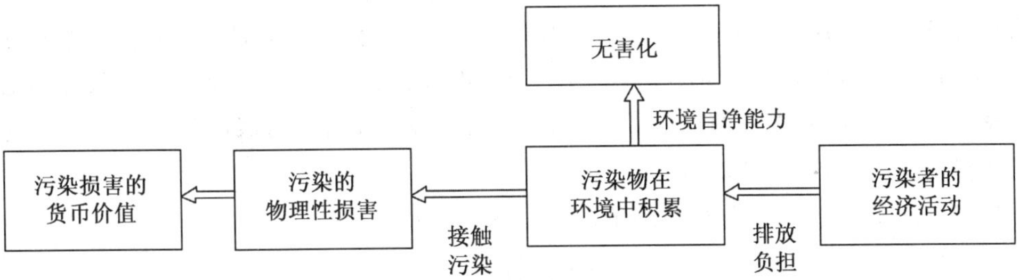

图 8-1 污染物排放与环境损害作用的关系

环境污染物对环境及人类的实质性损害作用，首先，取决于污染物排放的数量与环境容量的对比。其次，取决于环境污染造成的物理损害及其货币价值的大小。污染造成的物理损害常常由损害函数来表示。损害函数是用来表示污染活动对自然资源或人造资产或对人类健康造成的物质损害程度。它通过调查或实验获得，把资源、资产或人们接触到的污染水平对人类健康的影响联系起来，测算出污染接触水平与经济性损害之间的函数关系。

环境经济学家认为环境容量也是资源，对环境容量的不利用、利用不足或者利用过度甚至损害，都是资源配置的低效率或者无效率。社会对于环境污染是控制其水平，而不是完全消除污染的存在。最优污染水平其实质就是污染物在环境容量之内的排放水平，是对环境容量的有效配置。环境容量的有效利用(或有效率的污染水平最优污染水平)可以从私人净效益最大化角度和从损害成本与污染治理成本最小化角度来确定。

1. 从私人净效益最大化角度确定最优污染水平

私人净效益最大化的影响因素是边际私人纯收益和边际外部成本，见图 8-2。

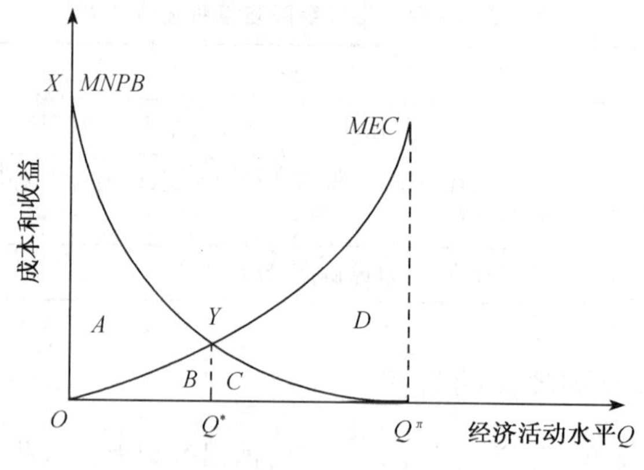

图 8-2 最优污染水平的经济活动量

图 8-2 中，$MNPB$ 代表边际私人净效益(marginal net private benefits)，私人净效益是企业生产活动中私人收益和私人成本之差，边际私人净效益是经济活动水平的一单位变动所得到的追加的净效益。MEC 代表边际外部成本(marginal external cost)，是私人生产活动产生的但未由生产者承担的成本。边际外部成本与人们接触污染物后的感受耐性有关，如果人们对污染承受力很大，那么边际外部成本曲线就可能不存在。

由于 $MNPB$ 和 MEC 都表示边际量，其下方的面积即为总量。$MNPB$ 以下的面积表示总私人净效益，MEC 以下的面积表示总外部成本。社会的目的是使总效益与总成本之差最大，从图中可以得出，只有 $MNPB=MEC$ 时，即经济活动水平为 Q^* 时，总效益与总成本之差最大。此时，两者之差即净效益由三角形 OXY 表示，相应的最优经济活动水平为 Q^*，最优外部效应由三角形 OYQ^* 代表。

在 Q^* 点，最优经济活动水平的条件是：

$$MNPB=MEC \tag{8-1}$$

在完全竞争的条件下，边际私人净效益等于价格(P)减去边际私人成本(MPC)因此，

$$MNPB=P-MPC=MEC \tag{8-2}$$

$$\text{或} \quad P=MPC+MEC$$

而 $MPC+MEC$ 即为边际社会成本(MSC)或边际社会机会成本。因此，当 $MNPB=MEC$ 时 $P=MSC$，也就是说，价格等于边际社会成本是帕累托最优的条件。换句话说，社会最优的污染水平就是边际私人净收益等于边际污染外部损失时，即 $MNPB=MEC$，两曲线相交于 Y 时，达到最优污染排放水平。

图 8-2 中不同点和面积的含义是：Q^* 点为经济活动的最优水平；Q^π 点为私人效益最大的经济活动水平，是没有政府管制下追求利润最大化的私人企业的生产水平，此时边际私人净效益为零，总私人净效益达到最大。面积 A 为社会净效益的最优水平；面积 B 为外部效

应的最优水平；面积 C 为对社会无益的私人净效益；面积 $A+B$ 为排污者私人净效益的最优水平；面积 $C+D$ 为需要消除的非最优的外部效应。

图 8-2 中的 B 和 C 两块面积是净效益和成本的重叠，既代表净效益，又代表成本。图 8-2 说明，由于外部效应的存在，私人成本表现出与社会成本不一致。厂商为了追求私人净效益的最大化，必然从事过多的经济活动，亦即排放过多的污染，直至边际私人净效益为零，即 Q^{π}，此时，私人净效益为 $A+B+C$，而外部成本为 $B+C+D$，社会净效益为：

$$A+B+C-(B+C+D)=A-D<A \quad (8\text{-}3)$$

对社会而言，显然不是最优的。只有当排污者的经济活动水平为 Q^* 时，社会净效益达到最大，$C+D$ 两块非最优外部效应得以消除，实现帕累托改进。

以上模型实质上是一个简化的最优污染水平，没有考虑到环境对污染的自净能力。实际上，环境对可降解污染物有一定的自净能力，当污染排放负担小于环境自净能力，污染物可以转化为无害物质。当污染排放负担大于环境自净能力，外部效益就产生了。此时，图 8-2 可以表达为 图 8-3。

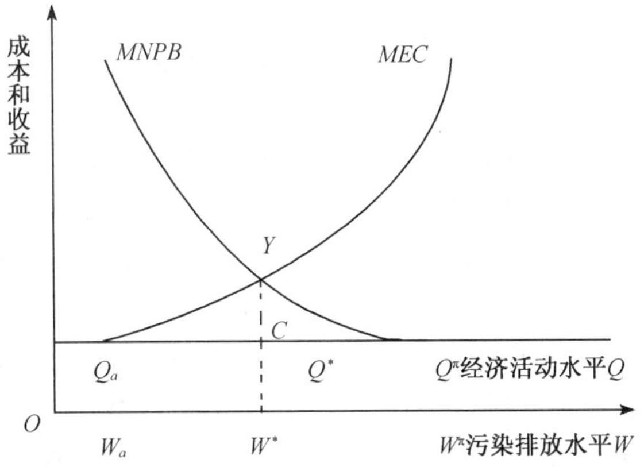

图 8-3 环境有自净能力下的最优污染水平的经济活动量

图 8-3 表明，环境的自净能力由 MEC 曲线的起始点表示，外部效应在经济活动量为 Q_a 点时开始产生，在此点左侧，外部效应为零，污染物被环境吸收。可见，零污染不是最优污染，最优污染量并不一定是经济活动为零时的污染量。

2. 从损害成本和污染治理成本最小化角度来确定最优污染水平

对于排污企业而言，面临着多种选择：要么是购买环保设备减少污染物的产生量或进行净化处理以达到环境容量下的排污标准；要么是减少产量以减少污染排放量；要么停止生产。一般情况下，企业不会轻易选择停止生产，企业会在政府当局的污染控制政策下，选择投入一定的资金进行污染的控制与治理，形成污染控制成本或治理成本；另外，污染的排放在超过环境的自净能力的情况下，就会表现为社会的外部不经济性，因而会产生环境损害成本。污染控制成本和污染损害成本之和构成了污染的社会总成本，污染控制政策的目的在于使之最小化。

图 8-4 表明了，在社会成本最小化的条件下，有效污染水平的确定。图中 MAC 表示边际控制成本(边际治理成本)，MEC 表示边际外部成本。从左到右表示污染排放量的逐渐增

加;从右到左则表示污染控制与治理力度不断加大,即越来越少的污染排放量。图中 W_0 代表环境能够自净的污染排放量,毕竟环境的自净能力是有限的,随着污染排放量的增加,边际排放量造成的环境损害可能会很大,因此,污染物的边际损害成本随污染物排放量的增加而增加,即边际污染损害成本(边际外部成本 *MEC*)向右上倾斜;边际控制成本(污染边际治理成本 *MAC*)随污染物控制数量的增加而增加,随着污染物排放数量的增加而降低。

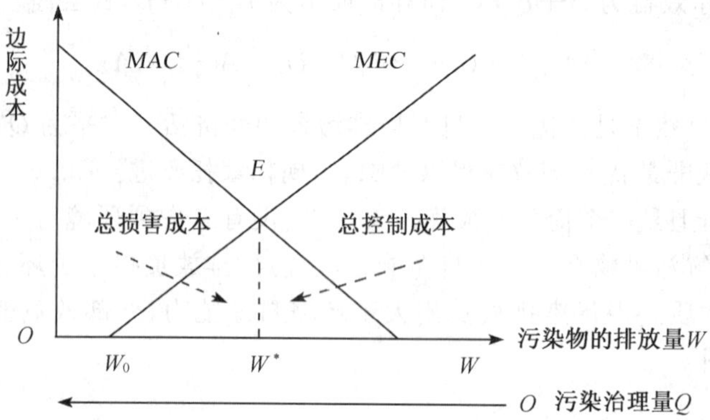

图 8-4 边际治理成本与边际损害成本

在环境管制不严的情况下,企业处于利润最大化的动机,会提高排放水平,降低边际治理成本(*MAC*)。此时,会出现比较高的损害成本和社会总成本。如果对企业实施严格的环境控制,虽然排放水平降低了,但外部成本过高(*MEC*),也造成比较高的社会总成本。所以无论是环境管制不严或过于严格,都会导致低效率的资源配置。社会最优的污染水平就是社会总成本最小时的污染物排放数量,即当边际治理成本等于边际污染外部损失时,即 $MAC=MEC$ 两曲线相交于 E 时,达到最优污染排放水平,W^* 代表有效配置的污染水平。其左边的点(更多的污染控制)不是最有效率的,因为控制成本的增加超过环境损害的减少,社会总成本会上升。同样,W^* 点右侧的点也不是最有效率的,因为环境治理成本的降低不及污染损害成本的上升。只有边际治理成本(*MAC*)等于边际损害成本(*MEC*)时的 W^* 点,才是最优污染水平,此时社会总成本最小,资源得到最有效率的配置。

(二)污染者付费原则

资源环境经济政策的目标是纠正环境问题的外部不经济性,使外部成本内部化,与环境行政控制政策不同的是,环境经济政策是以市场为基础,着重间接宏观调控,通过改变市场信号,影响政策对象的经济利益,从而诱导其改变行为。这一思想和政策体现在"污染者付费原则"(polluter pays principle,简称 PPP 原则)。1972 年,经济合作和发展组织(OECD)向其成员国推荐了这一原则并提出:"污染者应承担由政府决定的控制污染所需要的费用,以保证环境处于可接受的状态。换言之,在生产过程或消费过程产生污染的产品和服务的成本中,应包括污染控制措施的费用"。1974 年,OECD 又建议各成员国不应通过补贴或税收优惠政策来帮助污染者承担污染控制费用。因此污染者付费原则可以看作是"非补贴规则",即污染者应承担污染控制的全部费用。

根据OECD的污染者付费原则，产品或服务的价格应当反映全部的生产成本，即生产过程中所耗费的全部资源的成本，包括污染的排放、收集、处理所耗费的资源的成本。排污者应当支付其经济活动对环境造成的全部损害，这样就可以产生一种激励机制，防止搭便车问题的发生，使排污者减少污染，直到边际治理成本等于边际损害成本时的有效率的污染水平。

根据OECD的污染者付费原则，污染者只支付污染控制达到排污标准时的费用，即达到治理成本，而不需要支付标准内排污所造成的损害。因此，污染者有在排污标准内排污而不需付费的权利。此外，还有一种由环境经济学家所倡导的广义的污染者付费原则。当污染者利用环境处理生产过程中产生的污染物时，环境被看作是污染者使用的资源，污染者应支付其使用资源所产生的全部社会费用，这些费用不仅包括污染消减费用，还包括污染造成的各种环境损失。以此，污染者对于排污标准内的排污量也需要付费。

作为世界各国比较通行的环境保护制度，污染者付费原则有以下优点：第一，污染者付费原则以适当的方式配置了环境保护的机会成本，会刺激私人污染者减少污染排放负担；第二，消除了私人和社会成本间的背离，并且商品价格确实包括了环境成本和传统要素成本。

污染者付费原则也有其不足，表现在以下四方面：第一，必须识别污染者并准确计量外部成本，这在实际操作时难度非常大。第二，必须制定出恰当的收费标准。在设立"庇古税"时，为了使税率制定得准确，必须知道治理成本与转换系数，这也是很难做到。第三，如果政策制定者位于上风位置或上游位置，他就没有积极性去遵守污染者付费原则。区域之间出现外溢情况，就会刺激要求寻求补偿和应用受害者付费原则。而污染者往往表现出搭便车行为。第四，在跨界污染问题和全球环境问题方面，常常存在免费搭便车行为。

（三）资源补偿与生态恢复原则

资源与环境经济政策的设计必须要体现对资源保护和恢复环境的补偿原则，以解决资源与环境保护的保护和受益不一致问题，即解决外部成本的内部化问题。

1. 资源补偿

资源补偿是指运用经济手段弥补市场机制中不能反映的资源使用的机会成本、社会成本和环境成本，以减小资源过度损耗和环境过度损害，保证资源和环境能够满足经济社会的可持续发展的过程。

资源补偿包括两个方面：一方面是价值补偿（经济补偿），即生产所获得的效益必须能够补偿生产中所耗费的资源价值；另一方面是实物补偿，即为维护资源的生产能力、恢复能力和补偿能力，通过抑制资源的过度开发并通过资源重置，使市场主体更有效地实现补偿。就资源价值补偿而言，首先必须明确界定产权的主体，这是资源补偿的前提；其次，必须对资源进行科学估价并制定合理的资源价格政策，这是资源补偿的基础和依据。

2. 生态恢复

美国自然资源委员会认为：生态恢复是使一个生态系统回到较接近其干扰前的状态。Jordan（1995）认为：使生态系统回复到先前或历史上（自然的或非自然的）状态即为生态恢复。国际恢复生态学会提出三个定义：①生态恢复是修复被人类损害的原生生态系统的多样性及动态过程；②生态恢复是维持生态恢复系统健康及更新过程；③生态恢复是帮助研究生态整合性的恢复和管理过程。可见,生态恢复是人们有目的的依靠自然力量为主、人为参与为辅,对受损生态系统进行恢复和更新的过程,而不是纯粹的自然生态系统的次生演替;是对生态系统的结构、功能、生物多样性和持续性进行的全面恢复,而不是物种的简单恢复。

恢复受损或退化生态系统应遵循三大原则。一是自然法则,即依据自然规律,依靠自然的力量,恢复生态系统;二是社会经济技术原则,即所采用的恢复生态系统的措施在技术上科学经济可行,且被公众接受或公众参与;三是美学原则,即恢复接近自然生态系统,给人与自然和谐美好的享受。

生态恢复可以遵循的两种途径:一种是自然恢复。在生态系统受损不超负荷并且可以逆转的情况下,压力和干扰被移去后,恢复可在自然过程中发生;另一种是人工恢复。当生态系统是超负荷的并且不可逆变化时,以生态学为指导,从法律法规体系、企业生产模式、企业管理制度、技术开发应用、资金投入体系等方面入手,对受到破坏的自然生态系统的恢复与重建。

第二节 资源与环境经济政策的功能

一、优化配置资源

资源环境经济政策手段无论是利用市场还是创建市场,都是要充分发挥市场机制这只"看不见"的手的调节作用,使价格信号在生态恢复与环境保护中发挥基础性作用,使环境问题的根源外部性的以内在化,实现资源配置优化和环境治理成本最小化。就具体手段而言,无论是科斯手段还是庇古手段都可以实现在环境效果目标既定时的经济成本最小化,或者在经济投入既定时的环境效果的最大化,从而将那些技术水平低、经济效益差、边际治理成本高的厂商淘汰出市场,实现资源配置的帕累托改进和卡尔多—希克斯改进。由非帕累托最佳状态向帕累托最佳状态的变化被称之为帕累托改进。资源环境经济政策的科斯型手段具有帕累托改进功能,例如,排污交易手段。卡尔多—希克斯改进是一种既有人受益,又有人受损的改进。资源环境经济政策中庇古型手段往往能够实现这种改进,例如,生态补偿政策。

二、公平分配资金

资源与环境经济政策的一项基本功能是资金筹集与配置功能。其主要内容是:第一,依据法律、行政授权,实现和聚敛用于生态恢复与环境保护的资金。即通过实施资源与环境经济政策,筹集一定的资金,用于环境保护及可持续发展建设。第二,资金的重新分配。第三,资金的合理使用。

环境经济政策的资金配置功能不等同于资金的筹集功能,实际上资金的公平分配与合理使用是更为重要的功能。然而,在实际工作中,环境经济政策制定和实施部门往往忽视这一功能的发挥,其主要原因有:第一,当生态恢复和环境保护资金供给不足时,政策制定和实施部门基于利益冲突和政策风险的考虑,可能会尽量淡化这一功能;第二,当生态恢复与环境保护资金供给不成问题时,环境经济政策的资金配置功能自然也就显得不那么重要;第三，资金配置功能与行为激励的功能过程存在一定的相互抵消关系。环境经济政策的行为激励功能导致经济主体行为改变，必然导致环境经济政策的资金配置功能重要性降低和可配置资金的减少；反过来，如果通过实施环境经济政策手段仍然能够筹集大量资金，至少在某种程度上说明环境经济政策的行为激励功能没有充分发挥，环境状况还有待改善。

三、理性激励行为

资源与环境经济政策理性激励行为功能表现为通过经济手段，借助于市场机制的作用，使资源与环境的外部成本内部化，改变生产者和消费者原有的经济刺激模式，纠正他们过度使用资源、破坏环境的行为，达到合理使用资源和保护环境的目的。污染者可以选择最佳的方法达到规定的环境标准，或者使环境治理的边际成本等于排污收费水平，从而达到成本最低的目的。同时，通过资助研究和开发活动，刺激企业进行经济的污染控制技术、低污染的新工艺以及低污染的新产品的开发。通过实施环境经济政策，给市场主体一定的经济刺激，当人们的行为符合环境保护，资源合理利用、可持续发展时，经济行为主体将获得相应的经济利益；反之，经济行为主体将受到相应的经济处罚。通过环境经济政策，给市场经济主体施加一定的经济刺激，从而促使人们主动保护环境，合理开发资源。

四、提升环境伦理

环境伦理是指人们对自然环境应该承担的道德责任，或者说是人们在对待自然环境时，应该遵循的行为准则和规范，属于意识的范畴。具体体现在转变对人与自然关系的看法和态度，树立环保观念和生态意识；转变经济和社会发展的方式，采取可持续发展的战略；改变传统的容易破坏和污染环境的生产和生活方式，采用有利于环境保护的新技术，生产和消费的环保产品。其核心就是建立人与自然之间的和谐共生关系。环境经济政策的提升环境伦理的功能表现在通过经济手段，借助市场机制的作用，使环境伦理主体政府、企业和公民在政府决策，企业活动、个人行为上以生态观、可持续发展的思想来进行自我约束和调整行为导向。

第三节 资源与环境经济政策的管制手段

资源与环境管制手段也称为命令控制型手段，是通过政府采取指令型和指导性管理措施对经济活动进行直接或间接干预来解决资源与环境问题的方法，是资源与环境政策体系的具体体现，是解决环境资源问题的基本途径。

管制手段的优点：①管制方式的强制性。具有很高的权威性，容易形成社会共识，对企业的影响力也很大；②管制内容的稳定性，能使企业形成稳定的预期；③管制结果的确定性，这对于有害物质的总量控制非常重要；④管制措施规范性强，透明度高，可以避免随意行为；⑤政府机构对这类管制方式比较熟悉，便于操作。管制手段的缺点是：缺乏灵活性，企业完全处于被动状态，政府的监督成本很高，经济效率的损失。

管制手段主要包括：制定并执行环境资源法律法规、制定环境标准和制定环境规划等。

一、法律法规管理

(一)环境资源法的含义

环境资源法,也被称为环境法、自然资源法、环境保护法,它是由国家制定或认可,并由国家强制力保证实施的,调整因保护和改善生态环境,合理开发利用环境资源而产生的社会关系的法律规范的总称。例如,美国1970年的净化空气法,要求在一定时期内汽车的三种污染物减少90%等。例如,2002年《中华人民共和国水法》总则第八条中规定:"国家厉行节约用水,大力推行节约用水措施,推广节约用水新技术、新工艺,发展节水型工业、农业和服务业,建立节水型社会。"2009年实施的《中华人民共和国循环经济促进法》第五章激励措施第四十四条中规定:"国家对促进循环经济发展的产业活动给予税收优惠,并运用税收等措施鼓励进口先进的节能、节水、节材等技术、设备和产品,限制在生产过程中耗能高、污染重的产品的出口。"等等。

(二)环境资源法的功能

1.保障国家安全 控制环境破坏行为

环境安全是指人类赖以生存和发展的环境处于一种不受环境污染和破坏的安全状态。它包括生物安全、资源安全、生态环境安全、食品安全、人体安全及社会生态系统安全等。环境安全与国防安全、经济安全一样,是国家安全的重要组成部分。

环境资源法的产生和发展对一国的国家安全具有保障作用。首先,环境资源法具有改变经济增长方式的功能。环境资源法能淘汰能耗高、污染重、竞争力差的产业和生产工艺,促进清洁生产和循环经济;通过促进环境友好型产业的发展。其次,环境资源法具有促进经济发展与环境资源保护平衡的功能。环境资源法通过合理确认经济效益与环境效益之间的关系,在两者之间进行权衡、取舍、分配和引导,实现两种效益的共生协调和"双赢"。第三,环境资源法具有对经济发展中的非理性环境破坏进行控制的功能。经济发展存在非理性的因素,主要表现为"市场失灵"。企业追求利润的目的合理性、动机强烈性、行为投机性,以及个人追求生活便利的天性,使得在没有政府等外界力量的强制约束下,难以产生或持久产生保护环境的热情和防治污染的自觉性。因此,强有力的法律规范是不可缺少的。

2.增强环境意识 优化经济增长方式

环境资源法通过调整和规范人们在开发、利用、保护和改善环境资源的活动中所发生的各种社会关系,对不符合可持续发展的高投入、高消耗、低产出、低效益的粗放型经济增长方式予以禁止和制裁,对符合可持续发展的低能耗、低物耗的集约型经济增长方式予以促进和鼓励,可以增强人的环境意识,推进可持续发展。

(三)中国的资源环境法律法规体系

目前,我国制定的资源环境方面法律法规主要分为环境保护法、自然资源保护法和其他相关法律三大类(表8-3)。

表 8-3　中国资源环境方面的法律体系(选录)

环保法(部)	自然资源保护法(部)	其他相关法律(部)
环境保护法(1989)	野生动物保护法(1988)	乡镇企业法(1996)
大气污染防治法(2000)	水土保持法(1991)	城市计划法(1989)
水污染防治法(2000)	矿产资源法(1996)	文物保护法(2002)
海洋环境保护法(1999)	洪水防止法(1997)	对外贸易法(1994)
环境噪声污染对策法(1996)	节能法(1997)	农业法(2002)
环境影响评价法(2002)	地质灾害的预防与减轻法(1994)	道路法(1997)
放射性污染防治法(2003)	煤炭法(1996)	清洁生产促进法(2002)
固体废弃物污染环境防治法(2004)	土地管理法(1998)	人口和计划生育法(2001)
节约能源法(2007)	森林法(1998)	城乡规划法(2007)
循环经济促进法(2008)	渔业法(2000)	
	防沙治沙法(2001)	
	海域使用管理法(2001)	
	水法(2002)	
	草原法(2002)	
	再生能源法(2005)	

二、环境标准

(一)环境标准的概念

环境标准是国家为了维护环境质量,控制污染,从而保护人类健康、社会财富和生态平衡,按照法定程序对环境质量、污染物排放和监测方法等制定的各种技术规范的总称。环境标准是一种技术指标,主要依照环境对污染物的自净能力即环境容量制定。

制定环境标准的假定前提是:适度的污染物排放是允许的,即只要排放的污染物不对周围环境造成危害,就允许其排放,如果排放的污染物超标排放或超过了环境容量,给自然环境和人类自身健康造成一定程度的危害,就应该采取罚款、责令停产、限期治理等措施予以制止。

环境标准与一般的产品标准不同,实施环境标准一般不会给企业带来直接经济效益,而只是使企业受到约束。因此环境标准的制定、发布和实施与法规相似。环境标准具有以下特点:第一,它由特定的国家机关按照法定的程序制定。在我国,国家级环境标准由国家环保总局制定,由国家质量技术监督局和国家环保总局联合发布。第二,它是技术性法规,不同于一般的环境保护法律规范。它并不具体规定人们的行为模式和法律后果,而是通过一些数字、指标来明示行为规则的界限,以规范人们的行为。第三,具有极强的技术性和时效性。它的制定不仅要考虑地区的环境特征而且要考虑当前最佳的污染控制技术和经济发展水平。

我国的环境标准是法律规定必须严格贯彻执行的强制性标准,具有法规的性质。

(二)环境标准在环境保护中的意义

环境标准在环境保护工作中发挥着十分重要的作用,主要表现在以下几个方面:

1.环境标准是开展环境保护工作的基础

首先,环境标准是环境立法的依据。环境资源方面的立法者为了保护人类健康和维护生态平衡需要制定各种保护环境、预防环境污染和破坏的法律法规,而只有根据该地区的环境质量标准和污染物排放标准等标准,才能设置环境法规中规范的行为模式和法律后果。同时,政府制定环境保护规划和计划也要以环境标准为依据。其次,环境标准是执法者的依据。环境保护法律法规的贯彻执行、环境监督管理职能的实现,都需要有一个定量的尺度,而环境标准则提供了这样一个尺度。第三,环境标准是司法者的依据。环境质量标准是判断排污者是否应承担民事责任的依据,也是确认环境是否已被污染的根据。第四,环境标准也是守法者的依据。环境标准对于企业来说至关重要,它可以促使企业选择符合国家产业政策的投资方向,积极采用资源利用率高、污染少的生产工艺。另外,当企业受到环境方面的行政处罚时,可以根据环境标准判断自己是否应当受到处罚,从而维护自己的合法权益。

2.环境标准是维护国家环境权益,防止国际污染转嫁的屏障

由于发达国家环境保护意识日益增强,环境标准严格,污染产业以及污染物的处置非常困难,费用高昂。而发展中国家环境保护意识低,环境保护标准低,为了吸引更多的外资,常常忽略外资带来的污染问题。在国际贸易、投资、技术转让中,发达国家常常把大量国内已淘汰的高能耗、高污染的产业转移到发展中国家。因此,为保护国家环境权益,发展中国家急需在外商投资的相关政策法规中加入严格的环境标准,以保护环境权的国家利益。

3.环境标准有利于促进环保科技的进步

环境标准的制定是以科学技术和生产实践的综合成果为依据的,具有科学性和先进性,代表了今后一段时期内科学技术的发展方向,因此,时限性很强的环境标准对技术进步有导向作用。标准的实施还可以起到强制推进先进科技成果,加速科技成果转化,使清洁生产工艺,污染治理新技术、新设备迅速得到推广应用。

(三)我国的环境保护标准

环境保护标准的核心是技术标准,精确的标准和规范为行为者提供了行为准则,也为环境保护提供实施的具体依据。当前我国环保工作必须尽快实现从主要用行政办法保护环境转变到综合运用法律、经济、技术和必要的行政办法解决环境问题。

经过30多年的发展,我国已经建立起相对完善的环境标准体系。当前我国环境标准分为国家环境标准、地方环境标准和国家环境保护总局标准。国家环境标准包括国家环境质量标准、国家污染物排放标准(或控制标准)、国家环境监测方法标准、国家环境标准样品标准和国家环境基础标准。地方环境标准包括地方环境质量标准和地方污染物排放标准(或控制标准)。表8-4列举了一些我国的环境标准。

表 8-4　中国环境保护标准一览表

环保标准种类	具体内容
水环境保护标准	海水水质标准、地表水环境质量标准、地下水质量标准、渔业水质标准、农田灌溉水质标准，以及各种污染物排放标准和水监测规范、方法
大气环境保护标准	室内空气质量标准、环境空气质量标准、保护农作物大气污染最高允许浓度、大气固定源、移动源污染物排放标准、大气监测规范、方法标准及其他相关标准
环境噪声与振动标准	声环境质量标准、城市区域环境噪声标准、城市区域环境振动标准、机场周围飞机噪声标准、社会生活环境噪声排放标准、工业企业厂界环境噪声排放标准以及各种噪声限值和噪声监测方法规范标准
土壤环境保护标准	温室蔬菜产地环境质量评价标准、拟开放场址土壤中剩余放射性可接受水平规定、土壤环境质量标准、食用农产品产地环境质量评价标准、展览会用地土壤质量评价标准以及各土壤监测规范方法标准
固体废物与化学品环境污染控制标准	各种进口可用作原料的固体废物环境保护控制标准（废五金电器、废电机、非钢铁、废纸废板等）、各种危险废物的鉴别方法标准（有易燃性、毒性、腐蚀性、反应性等）及其他相关标准
核辐射与电磁辐射环境保护标准	低、中水平放射性废物近地表处置设施的选址、铀矿地质辐射防护和环境保护规定、铀、钍矿冶放射性废物安全管理技术规定、铀矿冶设施退役环境管理技术规定、反应堆退役环境管理技术规定、放射性废物的分类、轻水堆核电厂放射性废水排放系统技术规定、核电厂低、中水平放射性固体废物暂时贮存技术规定、放射性废物管理规定、核热电厂辐射防护规定及相关监测方法和标准
生态环境保护标准	温室蔬菜产地环境质量评价标准、食用农产品产地环境质量评价标准 自然保护区管护基础设施建设技术规范、畜禽养殖业污染防治技术规范、有机食品技术规范、海洋自然保护区类型与级别划分原则、生物尿中 1-羟基芘的测定、生态环境状况评价技术规范（试行）、山岳型风景资源开发环境影响评价指标体系、生物质量——六六六和滴滴涕的测定、自然保护区类型与级别划分原则、粮食和果蔬质量——有机磷农药的测定
其他环境保护标准	主要行业（例如：电石行业、化纤行业、钢铁行业、白酒制造业、平板玻璃行业、烟草加工业、食用植物油等）清洁生产标准；建设项目竣工环保验收技术规范、主要行业环境标志产品标准、环保产品技术要求、环保工程技术规范以及相关标准

（四）环境标准的经济效率分析

环境标准与经济效率的关系可以用图 8-5 来表示。

目前理论界对环境标准的制定及其实施有一些争议。厉以宁等人认为，从环境经济学角度看，制定排污标准不仅要考虑环境污染造成的损失，而且还要考虑排污标准对经济发展的影响，因为排污标准与经济效率并不总是一致的。张帆认为，政府通过制定环境标准来控制环境质量，是一种粗放的管理方法，至少存在两个问题。第一，由于政府难以掌握所有企业成本和效益的信息，很难制定一个统一的排污标准，以使排污量达到最优水平。第二，不同企业或不同污染源的污染控制成本是不同的。对不同企业或污染源采取同样的排污标准不是最优的。

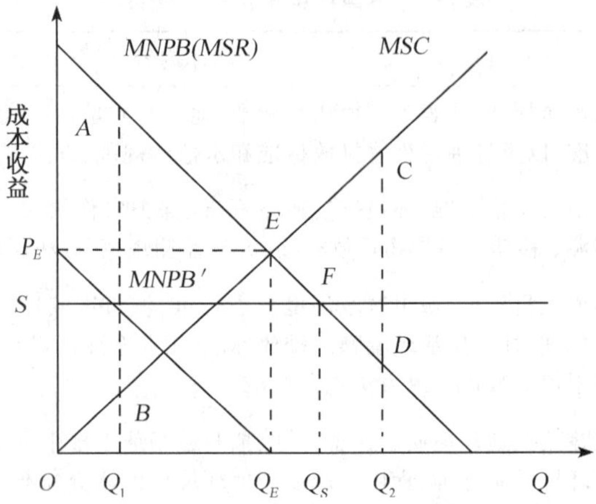

图 8-5 环境标准与污染物控制

在图 8-5 中，横轴为污染物排放量或生产规模，纵轴为控制污染的成本或收益。*MNPB*(*MSR*)曲线代表边际私人纯收益和边际社会收益，*MSC* 代表边际外部成本，这两条曲线相交于 *E* 点，与 *E* 点相对应的污染物排放量 Q_E 就是最优污染水平。假定将标准定为 Q_E，并对污染物排放超标的厂商征收 P_E 数量的罚款，这样私人边际纯收益曲线向下移动到 *MNPB*′，企业排污量为 Q_E。可见，采用标准手段也可以达到最优污染水平，使社会纯收益最大化。在这种条件下标准的制定和实行是有效率的。

如果标准偏离了最优污染水平，那么，可能产生两种结果。在图 8-5 中，这两种标准分别用 Q_1 和 Q_2 来表示，Q_1 位于 Q_E 点的左侧，它意味着对污染物的排放进行更加严格的限制。但是与最优污染水平相比，受害者虽然少支付了相当于 Q_1BEQ_E 的外部成本，但厂商所减少的私人纯收益 Q_1AEQ_E 数额更大，两者相抵，社会损失了相当于三角形 *BAE* 的社会纯收益，因而是缺乏经济效率的。Q_2 位于 Q_E 点的右侧，它意味着污染物的排放量超过了最优污染水平的限度，与最优污染水平相比，社会多支付了相当于三角形 *ECD* 的外部成本，因而也是缺乏经济效率的。

另外，为促使生产者遵守环境标准而制定的罚款金额高低也会影响环境标准政策的实施效果。假如政府将污染物超标的罚款定为每单位 *S*，厂商的边际纯收益线与代表罚款金额的 *S* 线相交于 *F* 点，说明厂商根据罚款标准确定的排污量 Q_S 远远高于环境标准希望厂商遵守的水平，污染者将不愿达标排放，低水平的罚款导致了违反管制和排放的增加，环境标准政策失效。

(五)资源环境标准政策工具的优缺点

资源与环境标准有着自身的优势。首先，标准手段比经济手段更为实际，因为许多标准都是基于成熟的自然科学理论和实践制定的，是保证人类生命安全的基本屏障，标准容易被厂商和消费者认可。其次，在有污染负效应的产品的市场供求发生变化时，一个事先制订的严格的标准有利于保护环境质量不被突破。最后，环境标准手段比其他手段更简单和易于执行。

资源与环境标准存在明显的缺陷。首先，由于政府无法知道污染削减的边际社会收益与边际社会成本，出于国际竞争力的考虑，标准往往定得过于宽松，难以根本地解决污染问题；其次，在标准政策工具下，厂商没有经济动机去超标准削减污染；第三，为保证标准政策的实施效果，政府应随时根据情况的变化而修改标准，但在实践中，标准的改变往往跟不上社会经济的变化速度；第四，标准的统一性使它们与灵活的经济政策工具相比缺乏效率，不管厂商的边际污染控制成本如何，他们必须遵守同样的标准。

三、环境规划

（一）环境规划的含义

环境规划是指有关部门为了达到一定的目标，对未来特定时期特定区域内围绕某种环境要素的社会活动所做出的全面部署和安排。从实践中看，环境规划一般是由有关的行政主体制定的，因此，环境规划应该属于行政规划。本章所说的环境规划主要是指在内容上要求比较具体、具有一定约束力的行政规划。环境规划包括自然资源开发、污染防治和生态保护三方面的内容，不仅环境保护行政主管部门制定的“环境保护规划”属于环境规划，围绕水、土地、矿藏、森林等环境要素制定的开发利用规划也属于环境规划的范畴。

（二）环境规划的体系

环境规划属于国民经济和社会发展规划的范畴，从逻辑上讲，国民经济发展和社会发展规划是其属概念，而环境规划则是下位的种概念。因此，可以从国民经济发展和社会规划着手，对环境规划进行定位。环境规划，不仅种类繁多，而且层次复杂。根据规划的对象和功能把规划分为总体规划、专项规划、区域规划。环境规划属于专项规划，涉及到的领域包括：土地、水、海洋、煤炭、石油、天然气等重要资源开发保护的专项规划；生态建设、环境保护、防灾减灾规划；产业发展规划、人口发展规划等。从纵向的角度看，环境规划应分为国家级规划、省（区、市）级规划、市县级规划三级。

（三）环境规划的法律效力

环境规划作为行政规划的一种，其法律效率包括公定力、确定力、拘束力和执行力四个方面内容。第一，环境规划的公定力。环境规划的公定力是指环境规划一经批准实施，即具有要求所有机关、组织或个人予以尊重的法律效力。环境规划的公定力来源于环境规划的法定性。第二，环境规划的确定力。环境规划的确定力是指已经生效的环境规划对有关行政主体和行政相对人所具有的不受任意改变的法律效力。第三，环境规划的拘束力。环境规划的拘束力是指已经生效的环境规划所具有的约束和限制有关行政主体和行政相对人的法律效力。第四，环境规划的执行力。环境规划的执行力是指对已经生效的环境规划要求有关行政主体和行政相对人对其内容予以实现的法律效力。

目前我国并无统一的规划立法，针对环境规划的立法并不健全，缺乏法律依据是导致目前我国各级各类环境规划编制及实施状况不尽如人意的重要原因。

第四节 资源与环境经济政策的经济手段

资源与环境经济政策的经济手段是指政府从影响成本—收益出发，引导经济当事人进行行为选择，以刺激经济活动与资源和环境协调发展的一种政策体现。它按照市场经济规律的要求，运用价格、税收、财政、信贷、收费、保险等方法，调节或影响市场主体的行为，以实现经济建设与环境保护协调发展，它是经济政策体系中的一种手段。由于其利益诱导作用，也可以称为利益诱导型手段。

资源与环境经济政策的经济手段具有以下特征：

(1)对经济主体具有诱导性而不是强制性作用。政府预先设置各种能使企业或个人调整行为方式的规定，通过对经济主体的利益刺激和诱导，引导企业或个人遵从政府的环境资源偏好，使经济主体以他们自认为更有利的方式对特定的刺激做出对环境有利的反应。所以，这种手段也被称为"利益—诱导"型。

(2)作为一种经济手段总是与成本—收益比较相联系。对于政府管理当局而言，资源与环境的经济政策手段的选择总是要做成本—收益比较，要么选择在生态环境效益相同时的政策手段成本最小的一种手段，要么在政策手段成本既定下选择生态经济效益的最大化。

(3)建立在市场竞争基础之上，使企业选择空间更大，使政府管理成本更低。这种环境政策使企业根据政府保护环境的各种政策手段(例如，征税或产权交易等)，做出利益最大化的决策和行为，节约了政府的环境监督与管理的成本，发挥了市场这只无形的手对资源与环境的配置功能。

资源与环境经济政策的经济手段的局限性：第一，并非所有的环境问题都能转化为市场问题；第二，现实中垄断的存在、产权不明晰导致的公共产品现象，使经济型手段或多或少地存在着市场扭曲；第三，在经济利益最大化的驱动下，有时也会导致企业的资源配置偏离社会需求的最佳点，影响社会福利的提高。

资源与环境经济政策的经济手段的构成以及主要功能，见表 8-5。

表 8-5 资源与环境经济政策的经济手段的主要功能

经济手段种类	具体手段	包　括
庇古手段	税收手段	污染税、资源税、消费税
	收费制度	排污费、土地使用费、补偿费
	财政手段	财政补贴、优惠贷款、环境基金
	责任制度	资源环境损害者补偿责任
	债券和押金制度	押金—退款制度
科斯手段	明晰产权	明确所有权、使用权
	建立市场	排污许可证市场、水权市场

资源与环境问题的产生主要由于"公共产品"与"外部性问题"而导致的"市场失灵"，以及政府在干预市场过程产生的"政府失灵"。资源与环境经济政策手段的目的是为了解决资源与环境问题。以庇古为代表的经济学家主张通过政府干预的手段使得外部性内部化，而

以科斯为代表的经济学家则转向市场机制本身，主张通过市场机制本身解决外部性等问题。因此，资源与环境经济政策手段总体上可以分为两大类型：即庇古型手段和科斯型手段。

一、庇古型手段

庇古型手段就是庇古在《福利经济学》中提出的环境经济政策措施，即由于资源与环境的重要经济根源是外部经济效应，为了消除这种外部效应，就应该对产生负外部效应的单位征税或收费，对产生的正外部效应的单位给予补贴。无论是征税、收费还是补贴都是政府对经济活动的较强的干预，是政府试图利用"看得见的手"来解决导致资源与环境问题的"市场失灵"与"政府失灵"的经济手段。庇古型手段可以细分为自然资源与环境征税手段、排污费征收与退还手段、补贴与补贴免除手段、押金与退款手段以及强制刺激等手段。

（一）自然资源与环境征税

1. 对自然资源征税

在自然资源管理中，与庇古税相对应的是采矿权、立木费、使用费及土地税等费用的征收。之所以要收取这些费用是因为外部效应（包括存量或可捕性外部性），或者是因为产权缺损，因此要支付诸如霍特林法则（Hotelling Rule）①中的稀缺租（即资源租金）。政策制定包括纠正外部性及其他市场失灵以及当没有有效的所有者可以认领这样一个租金时施加一个稀缺租。

2. 征收环境税

环境税的概念有多种说法：①根据 OECD 的定义，环境税是指无偿的，必须向政府支付的费用。②环境税是指国家为了实现特定的环境目标调节纳税人行为，筹集环保资金而征收的税收和采取的各种税收措施。③所谓环境税，有人称其为"绿色税"、"生态税"，是指向一切开发、利用环境资源（仅指耗竭性资源）或向环境排放污染物的单位和个人对其环境资源的开发、利用程度（量）或其污染行为所征收的税。它是税收体系中与资源和污染防治有关的各种税种和税目的总称。

学术界有环境税的狭义、广义之分。狭义的环境税就是环境污染税，即国家为了限制环境污染的范围、程度，而向导致环境污染的经济主体征收的特别税种。主要依赖两种手段：一是同环境外部性直接相关的，例如，污染排放；二是基于同外部性和所排放的污染物有间接关系的。广义的环境税是税收体系中与环境、自然资源利用和保护有关的各种税种和税目的总称。它不仅包括污染排放税、自然资源税等，还包括为实现特定的环境目的而筹集资金的税收，以及政府影响某些与环境相关的经济活动的性质和规模的税收手段。

我们认为：环境税主要是指对开发、保护、使用环境资源的单位和个人，按其对环境资源的开发利用、污染、破坏和保护的程度进行征收或减免。环境税是把环境污染和生态破坏的社会成本内部化到生产成本和市场价格中去，再通过市场机制来分配资源的一种经济手段。因此，环境税实质上是国家为了实现特定的环境政策目标、筹集环境保护资金、强化纳税人

---

①霍特林规则，（Hotelling Rule）1931 年提出了可耗竭资源效率配置的必要条件：在不考虑开采成本的情况下，可耗竭资源市场价格的变化率应与市场利率相等。霍特林租金有时也被表述为：资源租的变化率等于资产的利息率，即影子价格的与市场利率相等。详见第十一章自然资源的可持续利用

环境保护行为而开征的多个税种和采取的一系列税收措施组成的一个独立、特殊的税收体系。

环境税具有税收的一般法律特征：①强制性。环境税是国家凭借自己的权力，对一切开发利用环境资源的单位和个人，按其对环境资源的开发利用、污染、破坏和保护的程度进行征收或减免。②规范性。环境税的征税对象、征收范围、税率及纳税环节都有明确的法律规定，具有较强的透明性和可操作性。③无偿性。环境税款一旦征收上缴后就归国家所有，不再偿还给纳税人。尽管环境税款形成收入后作为专款专用于环境保护和污染治理，但征收与投放之间不存在对应关系。

环境税还具有不同于其他税种的特有的制度特征：①专用性。世界各国的环境税都具有专款专用的特征，即环境税款收入只能用作环境保护与治理，不能截留或挪为他用。②过渡性。与其他税种不同的是，环境税的首要目的不是为了增加财政收入，而是通过税收手段的调节作用激励和约束经济主体改变其生产和消费行为，以达到保护环境的目的。因此，任何一个具体的环境税种的设立，都有其特定阶段的特定的环境保护目的，最终将退出历史舞台。

环境税一般包括：①消费税，主要是对那些来源于不可再生资源，同时又是对环境有较大污染的产品，征收较高的税；②资源税，主要是对开采和利用自然资源的单位和个人征收的税，其目的是体现对自然资源的合理开发利用；③排污税，主要是向排污的单位和个人按所排放污染物的数量、浓度和种类征收的税；④准环境税，是指相当于税收的各种收费。例如，排污费，自然资源开发使用费（土地使用费、水资源费）、补偿费（育林费、生态环境补偿费）、保护管理费等。

环境税的积极作用主要有以下几个方面：①环境税收使资源配置实现帕累托最优。通过征收环境税，使造成环境污染和资源破坏者承担一定量的税收，可矫正他们对环境造成的损害，使资源得到优化配置。②环境税有利于环境资源的可持续利用。③环境税符合税收公平原则。环境税正是通过外部成本内部化的途径，纠正市场机制的失灵，维护社会经济中的公平原则。④环境税的实施可产生倍加红利效应。所谓倍加红利效应，是指通过征收环境税所获收入可以用来降低现存税制对资本和劳动产生的扭曲，获得倍加的经济效益。即通过环境税的征收，不仅可以加强环境污染治理，提高环境质量，而且能够获得净经济效益，带来更多的社会就业、个人财富、GDP 以及持续的 GDP 增长等。

（二）排污收费征收与退还

1. 排污收费征收

排污收费制度最早产生于德国，1904 年，德国在鲁尔流域实施了废水排放收费。1972 年 5 月，经济合作与发展（OECD）环境委员会提出了 PPP 原则（the polluter pays principle），又称污染者负担原则，即排污者应当承担治理污染、消除环境污染、赔偿受害人损失的费用。根据该原则的要求，各国先后实施了排污收费制度。

征收排污费的想法是英国经济学家阿瑟·庇古（Arthur C. Pigou）最先提出来的。他建议，应当根据污染所造成的危害对排污者征税，用税收来弥补私人成本和社会成本之间的差距，使二者相等。这种税被称为“庇古税”（pigovian taxes）。庇古税的特点是对排污者而不是受害者征税。今天，很多排污收费遵循了庇古税的原则，所以排污收费又被称为“庇古税”。图 8-6 为庇古税的示意图。

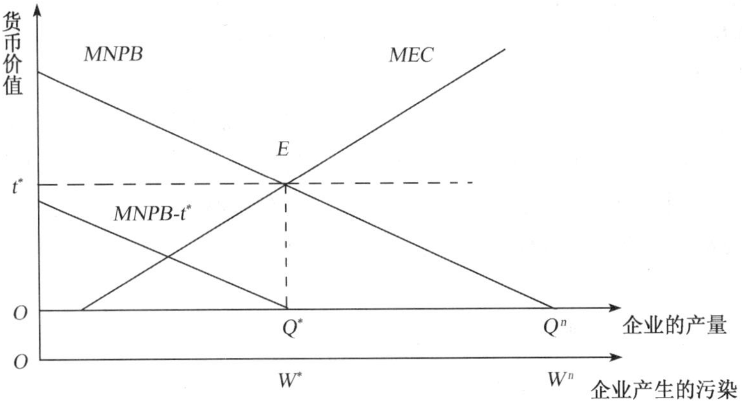

图 8-6　庇古税的经济分析

图 8-6 中 *MNPB* 为企业的边际私人净效益，*MEC* 为边际外部成本。企业在 $MNPB>0$ 时一直扩大生产规模至 Q^n，而社会最优要求当生产规模达到 Q^* 点时停止扩大生产。税款 t^* 使企业每生产一单位产品，就必须缴纳 t^* 税款。因此，企业在 $t^*>MNPB$ 时税款大于企业的边际净效益，企业亏损。这时企业停止扩大生产，即把生产限制在社会最优产量 Q^* 的水平。换一个角度来看，税款使企业每生产一单位产品的边际净效益减少 t^*，即 t^* 把 *MNPB* 向左下方移动到 $MNPB\text{-}t^*$。随着产量的减少，税款使污染排放从 W^n 下降到 W^*，图中税率恰好等于最优产量对应的边际外部成本 *MEC*，即产量达到最优时污染对外部产生的边际损害。这样，如果企业的产量超过 Q^* 时，所付的税款就会超过边际私人净效益。因此，企业会把产量限制在 Q^* 水平上，从而把污染排放量控制在 W^* 水平上。因此，t^* 是最优税率，在最优污染水平，t^* 等于 *MEC*。最优庇古税就可以定义为：在最优污染水平等于边际外部成本（边际污染损害）时的排污收费。

排污收费的实质是企业承担的超标准排放污染物对自然环境造成损害的经济责任，是通过国民收入再分配形式对污染受害单位和个人的经济补偿。排污收费的目的在于明确企业排污危害自然与社会方面的经济责任，为防治污染、保护环境开辟的资金渠道，从而促使排污单位和个人在其生产经营活动中，将其废弃物处理好，使其不损害环境和人身健康。

对排污费的征收一般有两种情况：一种是对排入环境中的污染物，不论其数额大小，一律征收一定的费用；另一种是对超过规定标准排放的污染物征收一定的费用，而对于在规定之内排放的污染物，则不征收费用。目前实际操作的两种情况都有，但理论界多倾向于第二种收费原则。

通过征收排污费，给排污者一定的经济刺激，这将提高排污单位减少污染物排放的积极性，可以促使排污者把排污量减少到单位排污收费值等于边际治理费用的水平。如果排污费高于污染者的边际治理成本，他们就选择治理；如果排污费低于污染者的边际治理成本，他们就选择缴纳排污费。如图 8-7 所示，一个企业是如何为降低成本，来寻求有效的方法来减少污染物的排放。

当政府征收排污费用时，企业面临三种选择：交纳排污费、减产、或者是追加投资购买和安装处理污染物设备。图中横轴的 W 代表污染物的排放量。MAC 曲线代表排污企业的边际治理污染成本；MEC 曲线代表边际外部成本；$MNPB$ 曲线代表企业没有安装环保设备，其污染物排放量随着生产规模的扩大而同比例增加的条件下，企业的边际私人纯收益。由于污染物的排放量越少，环境的污染程度越低，进一步治理污染的难度就越大，相应的边际治理成本也就越高。所以 MAC 曲线向下倾斜，而 MEC 曲线所代表的边际外部成本是社会总成本的一部分，所以排污量越大，社会总成本越高，所以 MEC 曲线向上倾斜。

在企业无法控制排污费的征收标准的前提下，当存在减产、治理污染（例如，购买与安装环保设备）以及缴纳排污费 3 种可能性的时候，企业如何选择？如图 8-7 所示。

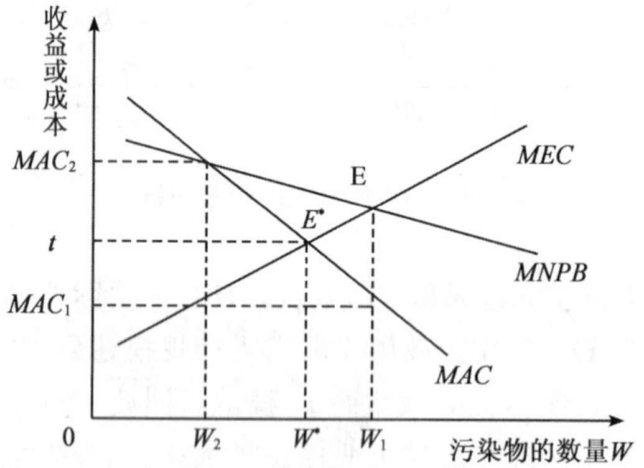

图 8-7　排污费征收与企业的选择

①在原点到 W_2 这一区间，企业的边际私人纯收益低于边际治理成本。这种情况下，如果政府对某一特定的污染物排放量的排污费征收标准既高于企业的边际私人纯收益，又高于其边际治理成本时，会导致企业无盈利和无能力治污，最终倒闭；如果政府对排污费征收标准高于企业的边际私人纯收益，但低于其边际治理成本时，企业减产也不肯治理污染；如果政府对排污费征收标准低于企业的边际私人纯收益，企业只缴费而不肯治理污染；如果政府对排污费征收标准低于边际外部成本，此时征收排污费会失去外部成本内部化的效果。

②在 W_2 到 W_1 这一区间，企业的边际治理成本低于边际私人纯收益，这时企业会治理污染。如果政府对排污费征收标准高于企业的边际私人纯收益，又高于其边际治理成本时，企业因治理污染而亏损；如果政府对排污费征收标准低于企业的边际私人纯收益，但高于企业的边际治理成本，企业同意治理污染，但存在两种情况：一种是 W_1 排放量下的边际外部成本大于边际治理成本，另一种是 W_2 排放量下的边际治理成本大于边际外部成本，但都不能达到最优污染水平。排污费的征收和企业治污都有趋向 E^* 的动力。如果排污费征收标准低于边际治理成本，此时征收排污费失效。

③在大于 W_1 这一区间，企业的 $MAC<MNPB<MEC$，边际治理成本很低使企业愿意治理污染并增加污染物的排放，但是却增大了边际外部成本，危害社会福利。这时如果排污费征收标准高于 MEC，则企业倒闭；当 $MNPB<$排污费$<MEC$，企业亏损，治污失效；当 $MAC<$排污费$<MNPB$，或征收排污费更低为$<MAC$ 时，则企业治污低效，难以减少边际外部成本，征收排污费失效，这些都导致企业生产和社会福利的损失。

综上所述，征收排污费只有在最优污染水平上，才能实现企业生产获取的边际私人纯收益、对社会造成的边际外部成本与企业的边际治理成本之间的最佳配置。由于企业购买与安装环保设备治污后会，减少了污染物排放量，使其不再随着生产规模的变动而同比例变动。所以当企业自身存在治理污染的可能性时，最优污染水平若根据 $MNPB$ 曲线与 MEC 曲线的焦点来确定显然是不合理的，只能根据 MAC 曲线和 MEC 曲线的交点 E^* 来确定，使 $MAC=MEC$，所以，最优排污量为 W^* 所对应的 t 应作为最终排污费征收标准的依据。

(1)排污收费的优点表现在：

①成本优势与经济刺激。排污收费制度确保选择对污染进行控制的企业都是那些能以最低成本来完成的企业。它给企业提供减少污染控制成本的动力。因为企业要不断地支付其污染物排放的费用，如果企业能找到办法使得污染消减成本低于排污费，他将会持续地获得经济利益。并且，排污收费制度能对排污者提供持续有效的经济刺激，促使他们控制和降低排污。在排污收费制度下，排污者需要支付一定数额的排污费，这给排污者施加了一定的经济刺激，从而使排污单位减少污染物排放的积极性。

②分散控制和资金筹集。排污收费要求所有排污源都采取某种行动，他们必须消减污染以避免支付排污费，否则继续为污染收费。同时，这一制度可以通过收费来筹集资金，以便对污染的控制和消减提供经济支持。

③有利于技术创新。实行统一的环境标准时，只要没有超过排污标准，企业就不需要交纳罚款，因而没有开发污染治理的积极性。而征收排污费时，根据企业的排污量来征收，既使企业排污没有超标，也必须交纳一定数量的排污费，因而企业就会不断地开发污染减排技术，减少污染物的排放。

(2)排污收费的缺陷表现在：

①难以准确计量外部成本。准确计量外部成本是最优排污收费的一个前提条件，要做到这一点，需要充分的信息和对信息的处理。衡量污染的货币化损失是一项艰巨的工作，而观测和估计生产者控制污染的成本也同样很困难。

②难以制定恰当的收费标准。在设立"庇古税"时，为了使税率制定得准确，必须知道控制成本与转换系数(即各企业对检测点的影响)。

③污染责任的承担存在争议。从环境伦理观的角度看，是否应该完全由排污者承担全部的污染责任？企业为实现最优污染水平，以将私人最优产量减少至社会最优产量，此时，仍需要为排污付费。由于社会最优产量是可持续产量，环境可以吸收这一产量所产生的污染，从全社会的角度来看企业是否可以不用为这个水平的污染付费？

④难以合适地确定税基。许多重要的污染案例表明，环境问题常常是多种污染综合作用的结果。即使对于同一个污染物，在不同的污染源其边际控制成本都不同。

2. 退还的排污费①

退还的排污费(refunded emission payments，REP)是一种费用，是环境管理当局将其征收的排污费收益退还给缴税企业全体。不过这种退还不与排污者支付的排污费成比例，否则就毫无意义，因为那样就会使所有的净付款为零；退还给各个排污者的费用与其产出成比例。即每个污染者根据其排放的污染量，按一定的税率支付排污费，同时，污染者还可以基于其产出水平收回了被征收的全部费用中的一部分。所有企业都要支付治理污染的成

①托马斯·思德.环境与自然资源管理的政策工具.上海：上海三联出版社，上海人民出版社，2005. p163-166

本,但除此之外,排污企业就不再对社会支付其他费用了。取而代之的是支付和退款的净效应,是由超过平均排污水平的企业替低于平均排污水平的企业付费。

使用退还的排污费工具消除污染的动机,本质上与庇古税相同,只要企业的数量足够多以至于每个企业市场份额很小,REP 手段就可以为企业选择清洁技术提高足够的激励。

(三)补贴与补贴免除

1.补贴

在庇古型手段中,补贴与税收手段同样重要,通常所说的"庇古税"既包含税收、收费手段,也包括补贴手段。补贴有很多种形式,从税收支出到直接的用以支持某些特定活动或者个人的财政预算支出方式。补贴对于某些"服务",可采用支付手段;而对于某些投入或技术、贷款、信用市场的可达性方面,则往往适合采用价格手段。

最主要的补贴形式,可以是一种对直接(部分的)减污成本的偿还或者是对每单位排污减少的固定支付。后者的补贴可以被认为是一种消极的税收。补贴使代表性企业会有相同的减污动机,因此,补贴与税收的作用是相似的。但是,补贴不能像税收那样具有产出替代效应,同时补贴还会产生一种不合理或者相反的产出效应,原因在于补贴倾向于鼓励排污的进入(或延迟某些污染企业的退出)。正因为补贴往往是固定的,它会降低企业的总成本和平均成本,因而,在补贴情形下的成本要低于税收下的成本,导致在税收情形下不能生存(利润为零或者亏损)的边际企业,在补贴的情形下能够得以生存,最终导致太多的污染企业进入以及生产和污染的增加。

2.补贴免除

在环境保护的实际运作过程,对污染控制的补贴并不缺乏,相反,往往是过多的、不合理污染控制补贴日益盛行,不但没有解决外部不经济问题,反而促进污染行为的进一步加剧。最为典型的案例是许多国家都实施的对能源利用的大量补贴,以及一些发达国家对森林的补贴,这些补贴非但没有减少反而增加了对环境的破坏。补贴政策的普遍存在,使得要取消的那些不恰当补贴政策又成为一种新的环境政策,即补贴免除。但是,由于补贴总是和某些权利密切联系,补贴的价值往往被资本化在某些财产价值中,因此,补贴的免除往往是比较复杂的,涉及到不同的利益集团的利益。

(四)押金与退还

押金与退还制度是一种要求污染者(废弃物倾倒者)为潜在的环境损害预先支付一笔费用,并在相关废弃物(污染物)得到恰当处理或再循环之后还款的市场手段。

押金与退还制度将污染收费的激励特性与控制监控成本的内在机制结合在一起。其目的在于弥补废弃物不恰当处置带来的私人成本和社会成本之间的差异。目前,押金退还制度已不仅仅用于产品包装和电池的处置问题上,其含义也得到进一步扩展。

出于环境方面的考虑,瑞典和挪威分别于 1976 年和 1978 年最早引入废旧汽车押金制度。此后,各国相继采用了该制度来回收废旧电池、汽车轮胎、塑料容器和啤酒瓶等固体废弃物,取得了很好的环境效果。

包装押金制度的实质就是,由生产者和消费者分担包装废弃物处理的费用,促使相关者共同承担起保护环境的责任。如大型家电的包装材料、塑料包装材料等,消费者在购买时先交付一定的押金，当包装材料返回商店或回收站时再将押金退还给消费者，以此来促进较大包装材料回收和循环利用。

(五)强制刺激

强制刺激是指对过度利用资源和损害环境的使用者通过预付款或补交款给予的惩罚。

价格是强有力的刺激手段，如果价格过低就会导致资源的过度使用，而过度利用则会导致环境退化。最极端的例子是没有建立市场机制的零价格(免费)资源。为保证资源的有效利用，产品价格应该按边际社会成本(*MSC*)确定，所谓边际成本包括边际生产成本和由污染或由于生产该物品而引起的资源退化引起的外部成本(*EC*)。如果市场近似完善，那么，市场上的价格就会大致反映生产的边际私人成本(*MPC*)。然而，至少存在着两种形式的市场失灵(market failure)。其一，许多市场上的商品价格反映了边际生产成本却忽视了社会成本。其二，许多物品根本就没有市场可言，因而要为它们确定一个价格。为这些无价(免费)资源指定财产权就是方法之一，尽管因此而得到的价格并不一定能够完全反映社会成本。

二、科斯型手段

科斯并不认可庇古通过征税形式使污染成本重新内部化的政府干预理论，在庇古的理论发表十年之后，科斯提出了不同于庇古的政府干涉方案的“非干预主义的”方案。他的社会成本理论认为：当负外部性出现时，如果与之相关的当事人讨价还价的成本甚低，他们应该能够通过私人协商来纠正这种(负)外部性的影响。科斯认为，“如果交易成本为零，无论初始产权如何界定，都可以通过市场交易和自愿协商达到资源的优化配置；如果交易成本不为零，就可以通过合法权利的初始界定和经济组织的优化选择来提高资源的配置效率，实现外部效应成本的内部化，而无需抛弃市场机制。”因此科斯实际上提出的是一个解决外部性问题的“非干预主义的”方案。如排污权交易就是科斯所谓的当事人之间协商的结果。

(一)排污权交易

1. 排污权交易制度的内容

排污权交易(marketable pollution permits)又称排污许可证交易，指管制当局制定总排污量上限，按此上限发放排污许可证，而且排污许可证可以在市场上买卖。排污权交易提供了激励机制来降低污染控制的成本。

排污权交易是20世纪70年代由美国经济学家戴尔斯(J. H. Dales)提出的。排污权交易手段的主要特点是建立合法产权，即通常以排污许可证形式表现的污染物排放权，并允许这种产权像商品或服务那样可以自由买卖，以此来进行污染物的排放控制。与政府征收排污费不同，排污产权交易制度可使企业真正成为排污和治污的主体，并对自己的污染排放行为做出选择。在这种制度的安排下，政府不仅放弃了一些配额交易的权利，部分地退出了交易过程，而且也放弃了借此获得的交易利益。与此同时，企业取得了排污权交易的利益，就有了积极参与污染治理和排污权交易的巨大激励。治理污染交易就有政府间交易变成一种真正的市场交易。

排污权交易的程序一般包括：首先，由政府部门确定出一定区域内最优的环境质量标准，并一次评估确定该地区的环境容量，从而推算出该地区所能允许的最大污染物排放量，并将其分割为若干数量的排污权单位。然后，由政府选择不同的方式将这些产权分配，如公开竞价拍卖、定价出售或无偿分配等。再次，在政府的指导下建立排污权交易市场，使这些产权能够合法自由地买卖。在排污权交易市场上，排污者从自身利益出发，资助决定其污染治理程度，从而决定买入或卖出排污权的数量。最后，政府在一定的时期（半年或一年不等），检查排污企业排污数量是否与所拥有的排污许可证数量一致。

2. 排污权交易的供求分析及作用机理

排污权交易的供求关系可用图 8-8 来说明：

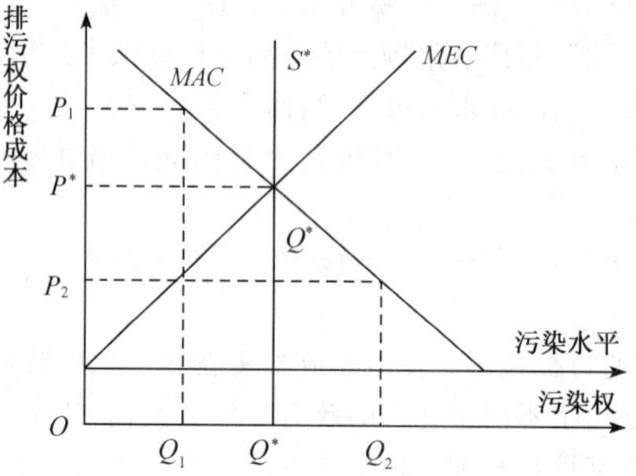

图 8-8 排污权交易的供求关系

图 8-8 中，横轴表示污染水平和排污权，纵轴表示排污权价格和成本。*MEC* 代表边际外部成本，*MAC* 代表边际治理成本。这两个曲线的交点对应的污染水平就是最优排污权的数量 Q^*，以及排污权的最优价格 P^*。管理当局为了实现帕累托最优，发放 S^* 的排污权，因此，S^* 线就构成了排污权的供给曲线。由于排污权是由管理当局管制和发放，不受市场价格波动影响，因而是一条垂线。边际治理成本 *MAC* 表示每一单位污染量对应的治理成本，因而，它实际上就构成了排污权的需求曲线。如果污染物的边际治理成本低于污染权的价格，污染企业应选择自行治理污染；如果污染物的边际治理成本高于污染权的价格，污染企业应到市场上或政府手中购买污染权。图 8-9 中，污染企业排污量 Q_1 小于最优排污权的数量 Q^* 时，购买排污权比自己治理污染便宜；当排污量 Q_2 大于 Q^* 时，自己治理污染量比购买排污权便宜。

既然存在排污权的供给与需求，排污权的供给者和需求者就可能进行排污权的交易。其交易的作用机理可用图 8-9 表示。为简化模型，图 8-8 中省略了 *MEC* 曲线，并假设市场上只有两个排污者，两个企业污染治理技术不同，因而其治理成本不同，即 MAC_1 和 MAC_2 分别代表两家企业的边际治理成本。在同样的排污数量（即污染水平）上，排污者 2 的边际治理成本较高。如此所述，*MAC* 曲线同时还是排污权的需求曲线，排污权总需求为 $MAC = MAC_1 + MAC_2$。

当排污权价格为 P^* 时，排污者 1 和排污者 2 分别购买 Q_1 和 Q_2 的排污权，边际治理成本较高的排污者 2 购买较多的排污权。这是因为，在一定的排污水平上，治理成本较低的排

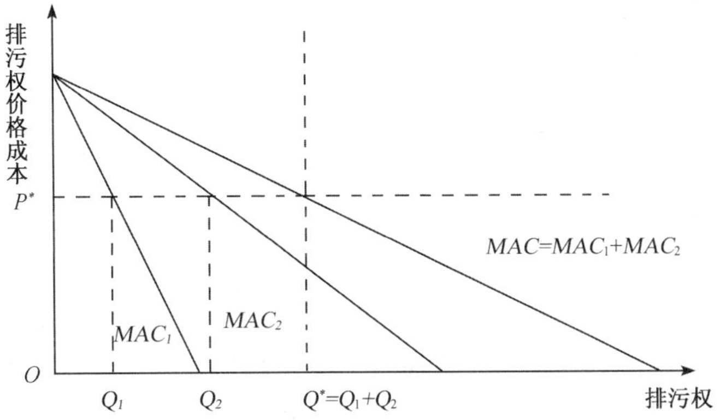

图 8-9　排污权交易的作用机理

污者将发现在达到数量以后，自己治理污染比购买排污权更为经济，因此，有出售多余的排污权；而治理成本较高的则发现购买排污权比自己治理污染更合算。通过双方交易，不同的成本治理者各尽所能、各取所需，达到社会总体治理成本达到最小化。

如果有足够的企业和排污权，一个竞争性的排污权交易市场就会发生作用。在市场均衡时，排污权的价格就等于所有企业治理污染的边际成本。管理当局还可以通过发放或购买排污权创造市场，调控排污权市场，其作用机制可以用图 8-10 表示。

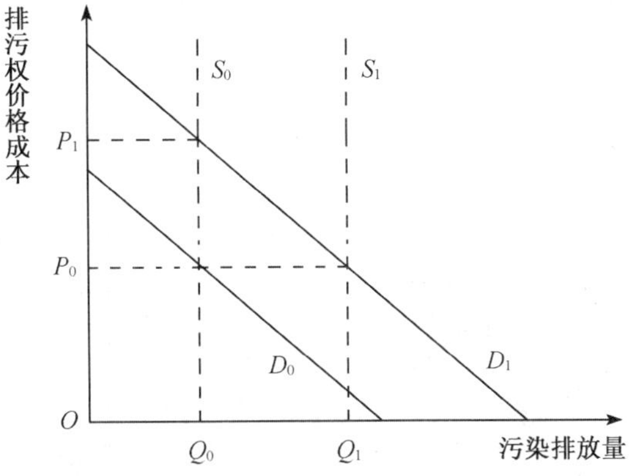

图 8-10　排污权供给和需求的变化

当新的排污者进入行业时，对排污权的需求增加，使得排污权总需求从 D_0 右移到 D_1。此时，如果政府管制当局要保持原有的总排污量，即供给曲线 S_0 不变，那么排污权价格由 P_0 上升到 P_1。因此，排污权市场和其他商品市场一样，对排污权需求增加使得排污权价格上涨。如果管制当局认为由于新企业进入排污需求增加，需要增加允许的排污量，管制当局可以发放更多的排污权，使得排污供给曲线右移至 S_1，可以使得排污权价格下降至 P_0，相反，管制当局认为需要严格控制污染量的排放，当局可以自行进入市场，买进若干排污权，使得供给曲线左移，导致排污权价格上升。

3. 排污权交易的优缺点

上述分析表明，排污权交易是一种基于市场的经济手段。同排污收费相比，排污权交易更能发挥市场机制配置资源的作用。

排污权交易的优点主要表现在以下三方面：第一，成本最小。从微观上看，排污权的交易有利于企业以最小的成本费用来解决排污问题，同时也有利于提高企业投资污染控制设施的积极性；从宏观上看，排污权的交易有利于降低整个社会控制环境的总成本，有利于政府运用市场机制进行宏观调控和实现资源的优化配置。第二，管制当局可以通过发放或购买排污权创造排污权市场，并调控排污权价格。第三，更具有市场灵活性。与庇古税相比，排污权交易不需要事先一次性确定税额，也不需要对税额进行直接的调整，而只需要确定排污权数量并找到发放排污权的一套机制，然后由市场确定排污权价格，通过价格变动自动灵活地引导厂商做出及时反映。

同其他制度一样，排污权交易也有其自身缺点，例如，排污权的初始分配如果采取拍卖的方式，就会产生与庇古税类似的双重付费的问题；可能会产生企业对排污权的垄断问题。

(二)自愿协商

1. 自愿协商手段的含义

自愿协商是污染者与被污染者之间通过个别谈判、协商，自愿就污染排放水平达成一致的机制。自愿协商是一种典型的科斯型环境经济政策手段，即通过市场机制本身来解决污染的外部性问题。当然，这种机制的运行必须以明确的产权界定为前提，需要政府提供产权界定等外部条件。

2. 自愿协商手段的运行机理

自愿协商手段的运行机理可以用图 8-11 表示。

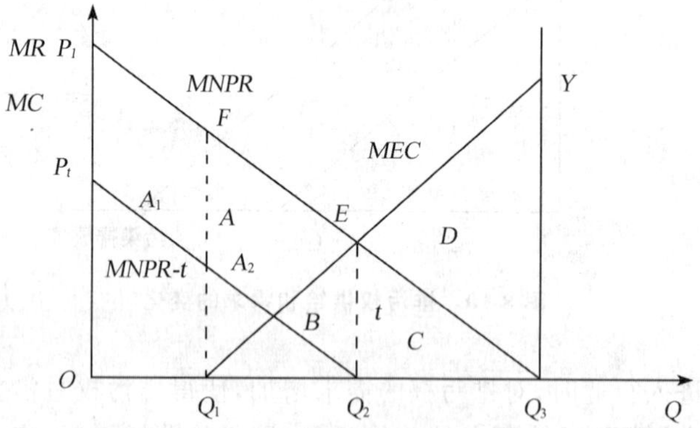

图 8-11 自愿协商下最优排污水平

图 8-11 中，横轴 Q 表示污染排放量，假定生产过程中不可避免要排放导致污染的废弃物，污染物排放量与生产规模同比例增加，且环境具有一定的容纳污染物的能力。纵轴代表边际成本 MC 或边际收益 MR。$MNPR$ 线是边际私人纯收益曲线，是厂商不考虑外部成本时从事生产获得的边际收益减去边际成本之后的余额。随着生产规模（排污量规模）的扩大，$MNPR$ 是逐步下降的。MEC 线是边际外部成本，实际上就是边际外部损害成本，随着

生产规模的扩大，污染物排放量递增，因而边际损害成本逐步上升。

A、B、C、D 分别代表所在区域的面积，其中 $A=A_1+A_2$。（A_1 为 P_1OQ_1F 的面积，A_2 为 FQ_1E 的面积）

E 点是 $MNPR$ 和 MEC 两条曲线的交点即均衡点，对应的 Q_2 就是最优污染水平。此时，厂商的私人总收益是$(A+B)$。与此同时，厂商排污造成外部性，需要支付的外部损害成本为(B)。因此，在排污量为 Q_2 时，社会收益为$(A+B)-B=A$。社会收益达到最大化，污染排放水平为最优污染排放水平，即能够使社会收益最大化的污染水平，任何产量的调整，都会使得社会收益下降。

对于厂商而言，Q_2 并不是它的最优排污量，追求私人利润最大化的动机使其排污量一直达到 Q_3 时才会停止排污，即只要边际私人纯收益 $MNPR$ 大于零，就会继续扩大生产规模，直到 Q_3。此时，厂商的私人总收益是$(A+B+C)$。与此同时，厂商排污造成外部性，需要社会支付的外部损害成本为$(B+C+D)$。因此，在排污量为 Q_3 时，社会收益为$(A+B+C)-(B+C+D)=A-D$，此时的污染排放水平显然不是最优水平。

因此，就排污企业而言，没有动机自动将污染物排放水平控制到 Q_2 水平，从而实现社会收益最大化。这就需要一种机制，引导企业将污染物排放水平控制到 Q_2 水平。以庇古理论为基础的征税手段是其中一种，即只要向厂商征收每单位产品为 t 的税收，就可以自动地使厂商将产量调整到 Q_2。因为，征税就相当于将 $MNPR$ 曲线下移到 $MNPR\text{-}t$ 的位置，为了使其税后利润最大化，厂商会自动地将生产规模移向 Q_2 点，从而实现私人最优与社会最优的统一，消除了环境污染所致的外部不经济。

科斯不赞成庇古的征税机制，认为在寻求解决外部性问题时，关键是如何实现社会总收益最大化，而不是完全消除外部性。同时外部性问题的求解要注意损害的相互性。基于此，科斯认为，在产权明确界定的情况下（无论是将产权界定给污染者还是被污染者），污染者与被污染者之间的自愿协商同样能够实现资源配置的帕累托最优。

情形一：初始产权界定给污染者，即污染者拥有污染权，受污染者不具有对受污染物质（河流、空气等）的财产权。在此情况下，受污染者就应该与污染者谈判、协商并询问污染者需要多少补偿才能放弃或减少污染物排放量，让污染者的污染物排放水平控制到 Q_2 的水平。此时，受污者愿意支付不超过$(C+D)$的补偿，而污染者则在愿意任何高于 C 的补偿条件，将污染物排放水平降到 Q_2。于是，讨价还价的结果就是 Q_2，即最优污染水平。

情形二：受污染者拥有被污染物质的财产权，即污染者没有污染权。在此情形下，受污染者不会允许污染产品的生产量超过 Q_1 的水平。但是，污染者可以通过与受污染者谈判、协商，确定给予受污染者一定补偿的方式，以使其自身的产量增加。如果边际私人收益曲线 $MNPR$ 高于边际外部损害成本曲线 MEC，那么，受污染者会同意其增加产量。这种讨价还价的结果也使得污染者的生产规模达到 Q_2 水平。此时，对双方都是有利可图的，受污染者只要得到高于 B 的补偿，污染者只要支付低于(A_2+B)成本。

可见，在产权明确界定的情况下，自愿协商同样可以达到最优污染水平，实现和庇古手段一样的效果。

3. 自愿协商手段的局限性

科斯手段的自愿协商机制也存在自身局限性：第一，自愿协商机制是建立在高度市场化机制基础上，在市场化程度不高的经济中，科斯理论不能有效发挥其作用。第二，自愿协商机制必须以产权界定清晰为前提条件，如果产权界定不清或界定成本昂贵，自愿协商就失去前提。第三，自愿协商机制的运行还需要考虑到交易费用问题。如果在谈判、协商过程中发生的交易费用超过了社会净收益，那么自愿协商就失去其意义。

（三）环境协议

1. 环境协议的含义

环境协议可以被定义为政府与行业之间的协议，借此行业部门或私人企业集团同意在规定的时间框架内达到某种环境目标。作为交换，企业可能会得到一些补贴或者可能是一些其他的好处，例如，积极的宣传效果和环保机构良好的关系，还可能是其他环保控制机构更少的纠缠。如果企业或私人经济主体不履行诺言或付诸行动，政府将强制执行规则或采取其他强制措施。近年来，“自愿协议（voluntary agreement）”或者“自愿途径（voluntary approach）”已经被提升为政策制定的一个新工具。根据美国环境保护局估计，有超过13 000家公司、非政府组织（NGO）以及地方机构参与了2000年的环境自愿协议计划。

2. 环境协议的主要特征

（1）环境协议是政府当局和行业之间的基本契约：通过谈判在环境目标和最后期限达成的一致意见。

（2）环境协议是行业采取所有适当的措施来实现环境目标的一种自我承诺与义务行为。例如，在处理产品外包装污染问题上，行业自行建立技术上和组织上的机制来分类处理这些外包装废弃物。

（3）在行业执行环境协议阶段，政府当局没有真正干预行业的行为。在协议期间，行业就是在没有履行承诺，政府当局也不会给予实质上的制裁。但在协议最后期限时，可能会强加管制或强制性措施给行业，这对行业来说，可能意味着更昂贵的代价。

（4）环境协议与美国的“泡集（the bubble）”政策类似，即污染排放不能超过某一总量水平，在这个泡集（将由多个排污源排放的污染总量界定一个泡集，一个泡集的排污源必须达到所有排污源加在一起可容许排放量的标准要求）内，企业可自行以最大的成本—效率原则来确定污染量，从而达到自己的目标。

（5）环境协议以立法为基础，离开立法就不能起作用。它可以有两种形式与调整要求相结合：一是在管制前实施；二是用于加强已存在的效率低下或执行难的管制手段。

3. 环境协议的优点与不足

环境协议的最大优点表现在其弹性（谈判和契约的规模）、透明性（谈判各方必须相互披露和交换相关信息）以及对企业提供的激励等方面。环境协议可以降低企业的不确定性，使企业确切知道为什么、什么时候以及要做的是什么。另外，就是环境协议降低了政府对企业控制的风险。这就是为什么要确保立法、规制和其他政策工具的适当配合。环境协议的不足就在于其可能缺乏公众的信任，因为公众可能会认为环境协议是政府和企业间的勾结。

三、庇古手段与科斯手段的比较与配合

为有效解决资源环境问题，单一使用一种经济手段是不够的，可以把庇古手段和科斯手段两者结合起来，以实现资源与环境的管理目标。不仅要继续完善政府宏观调控机制和市场机制，同时还必须从经济运行机制本身去寻求答案。

(一)庞古手段与科斯手段的比较

无论是庞古手段还是科斯手段,这两类资源与环境经济政策都是使外部成本内部化,都允许经济当事人通过成本收益分析选择一种最优方案。但两种手段都有各自的特色和适应条件,其实施途径和效果是不同的,各有利弊(见表 8-6)。

表 8-6　庞古手段与科斯手段的特征比较①

	比较项目	庞古手段	科斯手段
1	政府干预作用	较大	较小,产权界定后不需要
2	市场机制作用	较小	较大
3	政府管理成本	较大	较小
4	市场交易成本	较大	参与经济主体少时不高;参与经济主体多时很高
5	面临危险	政府失灵	市场失灵
6	经济效率潜力	帕累托最优	帕累托最优
7	参与经济主体	污染者	污染者与受害者
8	适用时期	代内外部性	代内外部性
9	对技术水平的要求	较高	较低
10	偏好情况	政府更加偏好	公众更加偏好
11	收入效应	不受影响	受影响
12	产权	关系较小	产权界定是前提
13	环境质量确定性	不确定 因为缴纳的为统一的税率,在经济扩张和通货膨胀时会超量	较为确定,因为协商约定的内容为污染量的损益
14	调节灵活性	调整税率,需要一个过程,易造成时滞	灵活,协商各方可随着商定
15	选择与决策	集体选择,集中决策	单个选择,分散决策

(1)实施庞古手段和科斯手段都要求满足一个前提,这就是产权必须是明确界定的。科斯手段对产权界定要求更高。但事实上,产权界定往往是比较难以完全实现,这就使得科斯手段的优越性大打折扣。

(2)实施庞古手段和科斯手段获得的经济效率和环境效果都有可能达到帕累托最优。实施庞古型手段,社会除了获得环境收益外还可以使政府获得经济收益;而科斯型手段的实施,如果排污权的初始分配是赠予式的,那么政府只获得环境效益。

(3)庞古型手段较多地依赖于政府干预,而科斯型手段则更多依赖于市场机制。与之相适应的是,庞古手段既能适应计划经济的体制环境,也能适应市场经济的体制环境;而科斯手段则只适应于市场经济的体制环境。

(4)在面临"市场失灵"时,也许庞古手段也许更有效;而在主要是"政府失灵"的情形下,科斯手段会更有效。但两者之间没有必然的替代关系。

①沈满洪. 资源与环境经济学. 北京:中国环境科学出版社,2007

(5)实施庇古型手段将面临更高的管理成本或组织成本(因为需要政府实施收费或补贴),较少面临交易成本;科斯手段则相反,面临更高的交易成本和较少面临管理成本(科斯型手段只需要政府界定产权)。

(6)庇古型手段一般提供不了激励,因为环境税税率一般是固定的,而且常低于污染治理的边际成本。它对所有企业的标准是一样的,这样又造成企业之间的不公平。科斯型手段通常能激励企业采用先进技术改进生产设备来减少污染。

(二)庇古手段和科斯手段的配合

在其他条件不变,特别是环境收益相同情况下,选择什么环境经济政策手段主要取决于边际管理成本和边际交易费用的大小。边际管理成本(*MMC*)是指增加一个污染者所带来的政府管理总成本的增量。边际交易成本(*MTC*)是指增加一个污染者所带来的企业与企业之间交易费用的增量。*MMC* 和 *MTC* 都包括环境保护机构运行成本和环境监测成本,但这些成本在两类手段中占的比例不同。当污染者数量较少时,*MMC* 较高,而 *MTC* 较低,当污染者数量较多时,情况则相反。图 8-12 表示了这两种成本随污染者数量的增加而变化的情况。

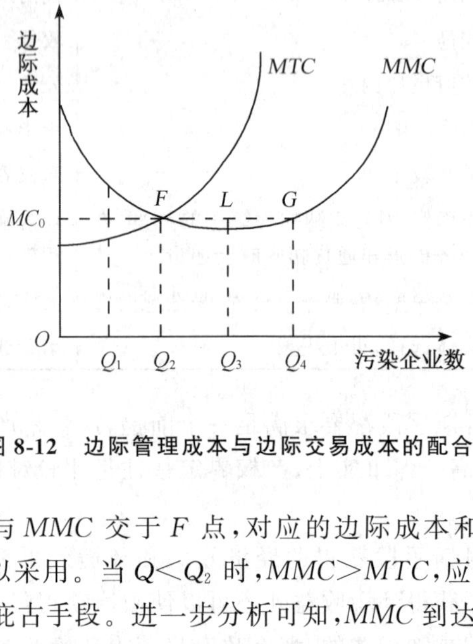

图 8-12 边际管理成本与边际交易成本的配合①

图 8-12 中,当 *MTC* 与 *MMC* 交于 *F* 点,对应的边际成本和污染企业数分别 MC_0 和 Q_2。此时,两种手段都可以采用。当 $Q<Q_2$ 时,$MMC>MTC$,应选择科斯手段。当 $Q>Q_2$ 时,$MTC>MMC$,应选择庇古手段。进一步分析可知,*MMC* 到达最低点 *L*,然后又回升。*L* 点以后采取什么手段不仅取决于 *MTC* 与 *MMC* 的比较,还涉及到庇古手段与命令控制型手段的比较。但在 *G* 点以左,即在 $Q_2<Q<Q_4$ 时,政府还可以继续选择庇古手段。而在 *G* 点以右,即 $Q>Q_4$ 时,由于 *MMC* 急剧回升,所以应考虑采用命令控制型手段。但是,随着市场化程度的提高,*MTC* 会向右移,交点 *F* 也移至 F',决定管理手段的临界污染企业数也由 Q_2 移到 Q_2',这时科斯手段的活动区间增加。

---

①马中.环境与资源经济学.北京:高等教育出版社,1999

同理，如果提高政府工作效率，则 MMC 会下降到 MMC′，交点 F 降为 F″，相应的 Q_2 降为 Q_2''，这时庇古手段的活动区间增加（图 8-13）。

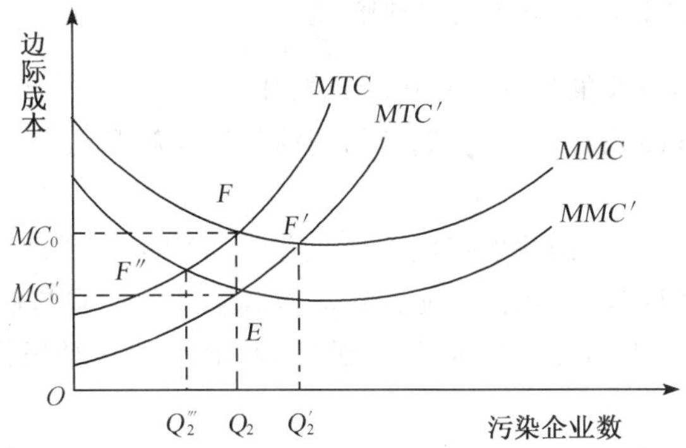

图 8-13　市场化程度与政府效率①

但在有些情况下，市场化程度和政府工作效率会同时提高到，此时有可能找到图 8-13 中的新的临界点 *E*。*E* 点与 *F* 点所决定的环境经济政策手段的选择区间基本一致，但边际成本由 MC_0 下降到 MC_0'。因此努力完善市场机制，提高政府工作效率是值得期望的。

上述分析表明，可以把科斯手段与庇古手段配合使用，而不是把两类手段对立起来。例如，我国就有排污收费和排污权交易配套使用的尝试，以排污权交易为主，用排污收费做保证，从而以最小成本实现污染控制目标。

第五节　资源与环境经济政策的转型

资源、环境政策形态是指解决资源、环境问题的政策所采取的存在方式，它代表了一个管理当局对资源、环境政策的基本理念和行动取向。它有两个方面的含义：①在资源开发与保护环境方面，各个方面的行动者如议会、政府、社会组织、媒体、企业等，都有独特的作用，需要构成一种适当的关系；②在资源开发与环境保护的手段选择方面，应该是多样化的，行政管制、法律制裁、经济处罚、道义感召、舆论压力等手段之间，也要形成一种合理的结构。由于不同资源、环境政策形态可能带来不同“环境绩效（environmental performance）”。因此，重视并认真分析环境政策形态是非常必要的。

资源与环境政策随某些因素的变化而改变，或由一种形态转变成另一种形态，这种变化称为“资源与环境政策的转型”。就我国而言，在资源与环境政策选择上，长期以来一直沿用政府包办一切的管制型的资源与环境政策，这种政策取向已逐渐暴露出其局限性，显现出其与市场经济的极大不适应性。为此，应该进行的转型，即向社会制衡性资源与环境政策转型，以促使社会力量和企业进入环境保护领域。

---

①马中．环境与资源经济学．北京：高等教育出版社，1999

一、对政府管制型资源与环境政策的评价

(一)政府管制型资源与环境政策的缺陷

1. 管制型资源与环境政策往往很难达到预期目标

从政策实行的实际绩效看，政府管制型的资源与环境政策往往很难达到预期目标，主要原因在于：

(1)政府很难获得相关数据并根据成本—收益分析确定出合理的控制标准。政府在对资源开发与环境保护的管制与监督上，尤其是对微观主体的控制与监督，需要获得相当精确的相关数据，而做到这一点却是十分困难的，因此，政府也就很难根据成本—收益分析确定出合理的控制标准。

(2)由于监督和计量的困难，执行控制标准有很大的难度。要是使控制标准得到严格执行，就必须对企业和个人的相关行为进行准确监督和计量。但是，由于在实际工作中有时会遇到这方面技术上的难题，并且有关当事人存在规避监督的激励，这就使控制标准得到有效执行。

(3)所有经济当事人面临同一标准，效率高者无法替代效率低者，从而带来一定的效率损失。

(4)政府自身还面临着成本高和效率损失的问题。首先，政府在制定和实施资源与环境政策时的成本是非常高的。其次，成本逐步增加使政府感到不容易承受。管制型的资源与环境管理越深化，需要追加的各项成本就越多，完全由政府有限财力负担，其管理的绩效就会越来越低，难以持久。

2. 管制型手段的监督实行费用高

管制型手段意味着运用行政或法律的手段管制经济当事人的行为，这样势必要增加政府的服务。仍以环境标准与排污收费为例进行分析。在监督执行环境标准时，政府必须首先确认企业的排污超过了标准，然后才能采取相应的措施。而征收排污费时政府所必须确认的只是企业所排放的污染物数量，因而与监督执行环境标准时逐个企业地确认其污染程度相比，征收排污费中的交易成本是比较低的。

3. 管制型手段不利于污染控制技术的革新

管制型手段下企业只是被动地遵守命令，只要自身行为符合命令要求，就没有必要、更没有动力采取更进一步的行动来改善资源环境状况。仍以环境标准与排污收费为例进行分析。只要排污没有超过标准，厂商就不用缴纳罚款，因而也就没有寻求进一步治理污染技术的积极性。而在征收排污费时，即使企业的排污没有超过标准，厂商也必须缴纳一定数量的排污费，因而企业就没有不断改进污染治理技术以少缴排污费的积极性。

尽管政府管制型手段存在缺陷，但是在环境管理中仍然发挥着重要作用，因为：

(1)在政府与社会对资源与环境政策的贡献力度上，政府占据了绝大部分比例。政府所承担的环境管理事务非常多，无论从宏观政策的制定和微观环境监督，基本上都由政府直接操作。相比之下，社会力量所能发挥作用的空间是相当有限的。

(2)政府在实施经济手段的资源与环境政策中，也是政府直接操作的管理方式。必须由政府投入相当的力量才能运行，在这个意义上说，经济手段其实是行政手段的一部分，是一种用收费、罚款等经济价值来调控的行政管理手段。政府始终是这些手段的操作者，或者叫做“当事人”。

（二）政府管制型政策缺陷的经济分析

管制型手段存在着环境治理成本的效率损失，分析如下：

由于管制型手段的僵化性和企业在制度中的被动性决定了这种手段与利益—诱导手段相比，存在着效率损失。下面以环境标准与排污收费为例来进行说明。排污收费与环境标准相比，能以较少的费用达到排污标准（见图 8-14）。

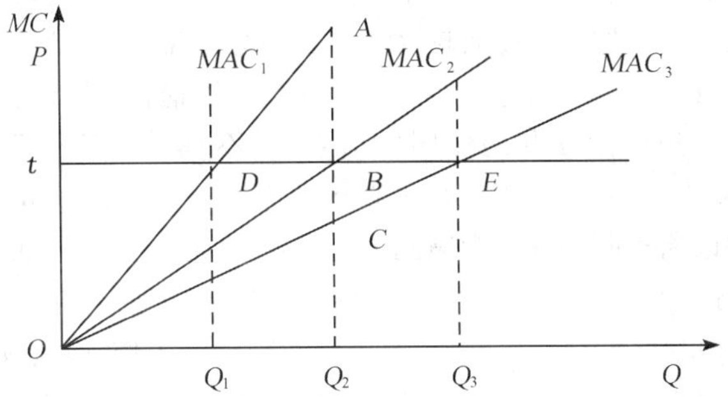

图 8-14　排污费与统一的排污标准比较

在图 8-14 中，横轴表示污染排放量的削减量（排污控制量）。纵轴表示边际成本（MC）和排污费（P）。假定某一生产过程中排污厂商只有三家，MAC_1、MAC_2、MAC_3 表示生产同样产品的这三家工厂的边际治理成本。对于同样的污染减少量，工厂 1 的成本最高，工厂 2 次之，工厂 3 最低。为简化分析起见，假定政府的目标是将污染物的排放量削减 $3Q_2$，并假设线段 $Q_1Q_2=Q_2Q_3$，且 $Q_1+Q_2+Q_3=3Q_2$。

如果政府设定统一的环境标准，强制所有的厂商各自削减相当于 Q_2 的污染物排放量，工厂 1、2、3 的边际治理成本将分别达到 A、B、C。而如果政府设定排污费为 t，三家工厂将会根据各自的治理成本，在缴纳排污费和自行治理污染之间进行权衡，根据总成本最小化的原则，选择不同的污染控制水平。例如，对工厂 1 来说，污染控制量从零上升到 Q_1 为止，治理污染比付税要便宜。但是超过 Q_1，$MAC_1>t$，缴费比较合算。由图可见，工厂 1 的控制成本最高，控制量最少；工厂 3 治理成本最低，控制量最多；工厂 2 的治理成本和控制量均居中。

为了比较统一执行标准和收费情况下的总成本，需要计算 MAC 曲线以下的面积：

排污标准情况如下：

总治理成本$=OAQ_2+OBQ_2+OCQ_2$

排污收费情况如下：

总治理成本$=ODQ_1+OBQ_2+OEQ_3$

两者之差：

$$(OAQ_2+OBQ_2+OCQ_2)-(ODQ_1+OBQ_2+OEQ_3)$$
$$=Q_1DAQ_2-Q_2CEQ_3 \qquad (8\text{-}4)$$

因为 $Q_1DAQ_2>Q_2CEQ_3$，所以，达到同样的排污控制量，排污收费比单纯执行标准的成本要低。

二、社会制衡型环境经济政策

从国外经验看，政府管制型资源与环境政策有其合理性和优势领域，也各有其不足之处。一般而言，管制型资源与环境政策适应于在公共性和总体性强、需要一定强制性的资源与环境宏观管理方面，即在创造和维护人与人就环境权益进行合理交易所需的“秩序”方面，如环境立法、制定环境标准、协调政府内部各个不同的职能部门、监测并公布环境质量状况、普及环境科学知识和意识、传播环境科技信息等等。在微观资源与环境管理方面，尤其是对大量发生且分散度大、每一项又涉及到较大成本的环境权益冲突的处理方面，政府管制型的资源与环境政策就显现出明显的劣势。正如杰瑞米·沃福德①所说：“现在人们普遍认识到环境污染主要是大量小规模活动共同作用的结果，而不是单个管理不当的大企业造成的”；“对诸多小型企业采取逐一控制监测的方法必将带来沉重的行政负担”。

因此，弥补和克服政府管制型环境政策的上述不足，就要寻找一种在“微观环境管理”领域对政府作用进行补充或替代的政策形态。这种政策形态就是“社会制衡型”资源与环境政策，即借助于政府力量以外的大量社会力量来从事环境监督和制约的工作，以实现社会内部的相互制衡。这些社会力量是没有“编制”限制的，它们可以是盈利性企业、非盈利组织和公民个人。

实现资源与环境政策的上述转型，必须确立以下理念：①明确政府和社会各自的优势领域，为两种力量配置各自作用的空间。政府的优势领域是在建立和提供环境政策赖以实现的“秩序”和“公正”方面，而社会力量发挥作用的优势领域则在具体的环境冲突的化解方面。②明确权益对行动的激励关系，创造有选择性的激励机制。与政府不同的是，社会力量是以法律所规定的权力而行动的，而不是以国家授权的方式获得行动的权力。这种权力以某种收益为其实现形式，所以其行动的动机来自权力和收益的结合，即“权益”。因此，在社会制衡型资源与环境政策设计中，应该把利益激励置于重要地位。

社会制衡型资源与环境政策的主要内容：①扩展社会环境权益。主要有以下两方面内涵：其一，扩大某些具体的环境权益，如环境监督权、环境知情权、环境索赔权、环境议政权等；其二，发展社会环境组织，如环境非政府组织、环境权益代理公司等。②调整政府环境管理方式。主要有以下三方面具体内容：其一，适当简化环境管理制度；其二，建立环境裁决机制；其三，强化环境与发展综合决策。

本章小结

资源与环境经济政策具有优化配置资源、公平分配资金、理性激励行为和提升环境伦理的基本功能。资源与环境经济政策包括管制型和经济型两大类。管制型政策包括：环境资源法律法规、环境标准和环境规划等。经济型政策可分为庇古型和科斯型两类手段，庇古型政策手段包括自然资源和环境征税、排污费征收与退还、补贴与补贴免除、押金与退款、环境标准、强制刺激等六种制度安排；科斯型政策手段包括排污交易、自愿协商、环境协议等三种制度安排。随着市场经济的发展与完善，资源与环境经济政策正由以政府为核心的管制型政策形态，走向以政府与社会力量相结合的社会制衡型政策形态。政府管制型与社会制衡型政策形态有各自优势领域，应加以配合使用。

---

①杰瑞米·沃福德(Warford J J)，戴维·皮尔斯(Pearce D W)著. 世界无末日—经济学、环境与可持续发展. 北京：中国财政经济出版社，1996

案例分析

［案例 1］

中国资源与环境管理的经济手段及其改革趋势[①]

我国目前执行的环境经济政策见表 8-7：

表 8-7　我国环境经济政策类型及其主要内容[②]

环境经济政策类型	实施部门	主要内容
循环经济政策	发改委、环保	发展循环经济的指导思想、基本原则和主要目标、工作重点和环节、建立和完善促进循环经济发展的政策机制
投资政策	发改委 财政、金融、环保	建设项目环境影响评介制度 建设项目"三同时"制度
投资鼓励政策	发改委 财政、金融、环保	国家重点鼓励发展的产业、产品和技术目录 环境保护产业发展目录 国际鼓励发展的环保产业设备(产品)目录 国家重点行业清洁生产技术导向目录
投资禁止和限制政策	发改委	国际禁止发展项目表
财政和税收政策	财政、税收、国土资源	财政支持环境政策、税收减免政策(环保部分) 资源税、矿产资源补偿费
信贷政策	金融	信贷支持环境保护政策、淘汰落后生产能力、工艺和产品等的信贷限制和禁止政策
收费政策	环保	排污费征收政策
资源综合利用政策	发改委 税收	资源综合利用目录、资源综合利用的税收优惠等奖励政策

(一)中国资源与环境管理的主要经济手段

我国目前实行的经济手段主要是征收税费，具体有如下几个方面：

(1)税务部门征收的资源税。《中华人民共和国矿产资源法》规定："国家对矿产资源实行有偿开采。开采矿产资源，必须按照国家有关规定缴纳资源税和资源补偿费。"《中华人民共国资源税条例(草案)》规定了石油、煤炭、盐等 9 个资源税税目。

(2)资源产业管理部门的收费。如地质矿产部门征收的矿产资源费；水产部门根据《中华人民共和国渔业法》规定征收的渔业资源增殖保护费；建设部门根据《中华人民共和国水法》规定征收的地下水资源费；林业部门根据《中华人民共和国森林法》和《中华人民共和国土地管理法》征收的林地补偿费、伐除林木补偿费、森林植被恢复费等。

(3)土地管理部门征收的土地复垦金。《土地管理法》第三十一条规定国家实行占用耕地补偿制度。非农业建设经批准占用耕地的，按照"占多少，垦多少"的原则，由占用耕地的

①潘岳.当前环境形势与七大环境经济政策中国网. china.com.cn. 2007-09-12

②俞海，冯东方，高彤.远虑与近忧一急需完善的环境经济政策.环境经济，2006(3)：33

单位负责开垦与所占用耕地的数量和质量相当的耕地；没有条件开垦或者开垦的耕地不符合要求的，应当按照省、自治区、直辖市的规定缴纳耕地开垦费，专款用于开垦新的耕地。《土地管理法实施条例》第十六条对此进行了更为明确的规定。

(4)环境保护主管部门征收的排污费。某些地区环境保护主管部门试行征收的生态环境补偿费。

(二)中国资源与环境管理的经济手段的弊端

上述各种经济手段对于遏制自然资源开发造成的生态破坏和环境污染，筹集环境保护资金起到了一定作用，但还存在着一些不尽如人意的问题。

(1)政出多门，缺少协调。如上所述，各个部门与自然资源开发有关的收费名目繁多，有的相互之间重复，有的缺乏法律依据，没有得到明确的授权，这就削弱了国家作为自然环境资源所有者代表实现其价值的权威性，影响了这一手段的效果。

(2)缺少科学依据，激励作用不强。没有根据自然环境资源的价值以及开发活动的损失为基础制定收费费率，标准偏低，从而难以刺激开发者珍惜自然资源，保护生态环境。

(3)手段单调。如上所述，运用的经济手段绝大部分为征收税费这一种，而其他经济手段则运用甚少。

(4)资金挪用严重。既然收取的费用是自然环境资源价值的体现，是自然资源产品成本的一部分，那么，为了维护自然环境资源的再生产，这些费用必须再投入到自然环境资源的恢复、保护与增殖项目中去，但被挪作他用的现象却时有发生。

(三)中国资源与环境管理的经济手段的改革趋势

温家宝总理指出解决环境问题必须实现“历史性转变”，即“从主要用行政办法保护环境转变为综合运用法律、经济、技术和必要的行政办法解决环境问题”。“必要的行政办法”指的便是“区域限批”这类手段，而“经济手段”则指的是全新的环境经济政策体系。根据国家环保局副局长潘岳介绍，我国将推行全新的环境经济政策体系，包括以下七方面内容。

第一，绿色税收。环境税(绿色税)已被西方广泛采用。如果宽泛理解，环境税包括专项环境税、与环境相关的资源能源税和税收优惠，以及消除不利于环保的补贴政策和收费政策。严格来讲，环境税主要是指对开发、保护、使用环境资源的单位和个人，按其对环境资源的开发利用、污染、破坏和保护的程度进行征收或减免。

第二，环境收费。研究新的，保留老的。对那些传统的环境收费政策仍应继续执行。国际经验表明，当污染者上缴给政府去治理的费用高于自己治理的费用时，污染者才会真正感到压力。而如今，中国的排污收费水平过低，不但不能对污染者产生压力，有时反会起到鼓励排污的副作用。

第三，绿色资本市场。构建绿色资本市场可能是当前全国环保工作的一个突破口，是一个可以直接遏制“两高”企业资金扩张冲动的行之有效的政策手段。通过直接或间接“斩断”污染企业资金链条，等于对它们开征了间接污染税。

第四，生态补偿。生态补偿政策是我最关注的领域之一。这项政策不仅是环境与经济的需要，更是政治与战略的需要。它是以改善或恢复生态功能为目的，以调整保护或破坏环境的相关利益者的利益分配关系为对象，具有经济激励作用的一种制度。目前，发达国家大都采用了生态补偿政策，成效显著。

总体上看，我国现行补偿政策具有明显的部门色彩，没有统一的政策框架和实施规划。很多良好的政策设计，都莫名其妙地陷入分割体制中的部门利益"进一步协调"之中。今后生态补偿政策的构建，应首先集中在水源地保护方面，为建立宏观有效的生态补偿政策创造条件。

发达地区对不发达地区、城市对乡村、富裕人群对贫困人群、下游对上游、受益方对受损方、"两高"产业对环保产业进行以财政转移支付手段为主的生态补偿政策，一旦实施成功，将为中国制订可持续发展战略(如主体功能区划与产业布局的重新调整)，为社会主义核心价值的进一步实现，为建立全球环境公平补偿原则奠定基础。

第五，排污权交易。排污权交易是利用市场力量实现环境保护目标和优化环境容量资源配置的一种环境经济政策。从 20 世纪 70 年代开始，美国就尝试将排污权交易应用于大气及河流污染源的管理。其经验在全球具有代表性。

从国外实践看，排污权交易的一般做法：首先是由环境主管部门根据某区域的环境质量标准、污染排放状况、经济技术水平等因素综合考虑来确定一个排污总量。然后建立起排污权交易市场，具体可分为两步：第一步是排污权的初始分配，由政府以招标、拍卖、定价出售、无偿划拨等形式将排污权发放到排污者手中；第二步是排污者之间的交易，他们根据自身治污成本、排污需要以及排污权市场价格等因素，在市场上买卖排污权，这是实现排污权优化配置的关键环节。余下的，政府部门须做好对参与排污权交易企业的监测和执法，同时规范好交易秩序。

第六，绿色贸易。去年我国进出口总额世界排名第三，在西方国家开始普遍设立绿色贸易壁垒对中国贸易进行挤压的形势下，我国的贸易政策应做出相应调整。

要改变单纯追求数量增长，而忽视资源约束和环境容量的发展模式，平衡好进出口贸易与国内外环保的利益关系。这首先得看好两道门。一个是出口。应严格限制能源产品、低附加值矿产品和野生生物资源的出口，并对此开征环境补偿费，逐步取消"两高一资"产品的出口退税政策，必要时开征出口关税。另一个是进口。应强化废物进口监管，征收大排气量汽车进口的环境税费。

第七，绿色保险。绿色保险又叫生态保险，是在市场经济条件下，进行环境风险管理的一项基本手段。其中环境污染责任保险最具代表性，就是由保险公司对污染受害者进行赔偿。

以绿色为导向的市场是成熟的市场，将培育造就担当绿色责任的企业；以绿色为导向的社会是成熟的公民社会，将培育造就担当绿色参与的公民；以绿色为导向的政府是成熟的执政主体，将培育造就担当绿色执政的官员。以绿色为导向的市场、社会和政府，将构成绿色责任、绿色参与、绿色执政的有机主体，将构成落实科学发展观的巨大合力。"绿色中国"有望实现。

[案例 2]

浙江嘉兴建全国首个"排污权银行"①

新华网杭州2007年11月1日，国内首个排污权交易平台——排污权储备交易中心在浙江省嘉兴市正式挂牌。今后，嘉兴的排污权就像商品一样，可通过这个"银行"买卖。11月10日，15家企业进入排污权储备交易中心进行了交易。

（一）"排污权银行"如何运作

排污权储备交易中心也称为"排污权银行"，是指在控制污染物排放总量的前提下，如果企业有多余的排污权指标，还可以先存入"银行"，来年再取，"银行"还会付点"利息"，以后多分配一部分排污权指标给企业，使排污权转让有了专门的二级市场。将一个企业节约下来的污染排放指标，作为商品出售给缺少排放指标的企业从而产生的排污权交易，是发达国家为控制排污总量广泛采取的一种市场化运作方式。

嘉兴在国内率先推行主要污染物排污权市场化交易的模式，"主要污染物"是指实施排放总量控制的两项主要污染物——化学需氧量(COD)和二氧化硫。

（二）排污权如何申购与出让

按照嘉兴市政府的规定，排污权申购的具体程序是：需求方向储备中心提交主要污染物申购预约申请，储备中心进行初审，待需求方收到环保部门对环境影响评价报告批复文件后，储备中心与需求方签订《主要污染物排污权交易转让合同》，收取交易款项，环保部门发放排污权交易证。这意味着新上项目审批多了一道排污量申购环节。

而排污权出让的具体操作程序是：转让方提交主要污染物出让申请，储备中心受理后进行审核确认，确认后，储备中心与出让方签订《主要污染物排污权交易出让合同》，并支付交易款项。

根据这项政策，市场主体（含新建、改建、扩建）新增的排污权必须从储备中心交易中获得。排污权的购入量应达到建设项目新增污染物排污量的1.2倍以上，其中化工、医药、制革、印染、造纸等重污染行业应达到新增污染物排污量的1.5倍以上。

浙江省政府2006年要求，"十一五"期间，必须以2005年统计口径的排污总量为基础，每年使化学需氧量和二氧化硫排放量分别削减3.5%和3.6%。这意味着"十一五"期间，新上1吨排量的项目，需先减排1.2～1.5吨，才能完成减排任务。

（三）企业付了钱就可以随便排污吗？

部分专家担心这项买卖制度，会不会助长企业的排污行为、削弱政府的监管力度？记者采访了多位当地的环保官员。"万一存了，取用的时候取不出来怎么办？"，"我们实行总量控制而且每年递减，企业能购买多少排污量都要经过评估，不可能想买多少就买多少，况且对企业能否取得排污权要经过评估。""储蓄排污指标，鼓励企业将暂时不用的阶段性闲置的指标存入中心，随时取用，否则白白放着也是浪费。"所以，企业付了钱就可以随便排污？这肯定是不可能的，他们都表示这种担心属于多余。

嘉兴的做法，是浙江省推行污染物排污权交易制度的前奏。浙江省环保局长戴备军提

---

①根据人民网-人民日报（2007年11月12日）、上海证券报（2007年11月16日）和班建写的论文《嘉兴模式试水.全国首家排污权储备交易中心挂牌成立》(《环境经济》，2007 (12)：8-12)整理而得

出，浙江将在明年使1/3到一半地区实现排污权交易，嘉兴作为全国的试点，将为全国以后推广排污权交易提供经验。为达到这一目的，嘉兴、绍兴都不约而同地规定，尽管可以交易，但企业与企业之间交易无效，必须通过储备中心，分别与中心签合同交易。这等于增加了监管渠道，减排成效不佳的企业，哪怕与其他企业谈妥，也不可能通过环境评估，从而获得购买排污权的资格。

但从目前来看，嘉兴交易储备中心的排污存量并不乐观。

(四)交易价格怎样确定

根据不同行业成交价格不同，选择同行业的几家企业，看其投入治污设备需要多少钱，算出平均值，确定交易价格。根据清华大学长三角研究院的研究成果，2006年纺织、印染、化工、制革、造纸等高能耗、重污染行业排放的COD占嘉兴排放总量的84.3%，该5大行业的COD卖价最高，每吨8万元，中度污染企业每吨6万元，符合产业导向的鼓励发展行业每吨5万元，与政府购买排污权价格持平。此外，二氧化硫的价格被统一为每吨2万元。

(五)“一刀切”是否合理?

嘉兴采取“一刀切”的办法赋予企业初始排污权:2007年10月1日前成立的企业，承认其已经取得的排污权；新建企业，或者需要扩大产能的企业，则必须取得从其他企业减排出来的部分排污权，才能投产。因此，不少人质疑初始权取得的公平问题。

对此，排污权储备交易中心主任沈跃平解释，采取“一刀切”，主要原因在于时间。节能减排箭在弦上，而摸底排查需要大量的时间，为尽快进入实质操作阶段，才采取了一刀切的措施。目前规定，一次买进或者卖出的，就是20年的指标，价格主要根据减排工程所需的成本而定。这个价格不低。有人担心，一刀切的做法，会增加前来投资的企业的成本，降低区域竞争力，还要面临可能不一定就能拿到足量排污权的尴尬。对前者，沈跃平并不担心，“嘉兴早进入了招商‘选’资阶段，一般企业进不了嘉兴大门。所以这个问题暂时还没遇到。明年浙江大多数地区实现排污权交易的话，成本共同提高，这个问题会得到缓解。”对后者，沈跃平的解释是:“目前政府通过多方筹集，掌握了一定量的排污权。此外，当现有企业迁出、关闭时，这些无偿取得的指标将被收回。此外，政府通过投资减排项目，提高污水处理能力，节约出来的指标也归政府所有。”对未完成“十一五”削减任务的企业，只有削减的指标才能交易，要求其向交易中心缴纳减污任务资金，由交易中心统一付给超额完成削减任务的企业。

(六)专家们的评价

嘉兴市环保局局长翁建荣说:“嘉兴市排污权储备交易中心的建立，终结了企业通过行政许可无偿获得排污指标的历史，往后任何市场主体新增的排污权必须通过中心交易获得。借助排污权交易达到调整产业结构的目的。”翁建荣看来，中国开始推行主要污染物排放总量控制，为建立排污权交易制度提供了前提条件。加上先进环境监控系统的应用，排污权交易的制度化有了技术上的保障。绍兴环保局局长金百富则认为:“环境成本迟早要付，这是发展和文明的表现。绍兴多年一直收治污费，企业都已经接受了这种理念。”

国家环保总局总量控制办公室副主任赵华林认为，嘉兴市排污权储备交易中心的成立，意味着中国的排污权有偿转让开始从单个企业行为向规模化、制度化迈进。

清华大学环境科学与工程系教授陈吕军博士认为:可以通过循环经济、清洁生产、生态工业化改造的方式,持续稳定的获取排污权来源。排污权交易制度建设仍在探索中,嘉兴则在这方面率先做出了尝试。

(七)主要的障碍

中国从2002年起,就在经济发展最快的长江三角洲部分地区开始了排污权交易的综合试点。包括江苏南通、浙江嘉兴在内的不少地区此前已有排污权交易的实例,但都是在环保局的撮合下,企业间点对点的交易,属零散的个别行为。目前国家还没有完善的法律法规来明确排污权交易行为,规定排污权交易市场的建立方式、确立交易规则和管理机构;排污权的社会信用体系尚未建立;执法机制缺失;如何科学确认污染物超额削减量和许可证的购买对象;如何避免成交后的违反交易合同非法交易和超出许可证范围排放污染物;怎样使排污权初始分配更公平合理;怎样处理以前经过行政审批的企业排污权;削减的指标与交易如何协调关系。

思考与练习

1. 资源与环境经济政策是怎样分类的。
2. 图示并说明如何确定最优污染水平。
3. 何谓污染者付费原则?该原则有什么特点?
4. 比较资源与环境的管制手段有哪些?
5. 比较庇古型各种手段的特点。
6. 举例说明科斯定理及其主要手段。
7. 图示并比较说明征税手段与补贴手段的经济效应的不同。
8. 何谓环境税?你认为中国资源与环境经济政策改革的难点与重点是什么?应如何进行?
9. 比较科斯型与庇古型资源与环境政策的特点,说明两者配合使用的必要性和可能性。
10. 为什么资源与环境政策要实现由政府管制型向社会制衡型的转变?应如何结合使用?

参考文献

[1] 托马斯·思德纳著.张蔚文,黄祖辉译.环境与自然资源管理的政策工具.上海:上海三联出版社,上海人民出版社,2005:107-190.

[2] Scott J. Callan Janet M. Thmas 著.李建民,姚从容译.环境经济学与环境管理.北京:清华大学出版社,2006:77-97.

[3] 沈满洪.资源与环境经济学.北京:中国环境科学出版社,2007.

[4] 沈满洪.环境经济手段研究.北京:中国环境科学出版社,2007.

[4] 张帆,李东.环境与自然资源经济学.2版.上海:上海人民出版社,2007:199-270.

[5] 马中.环境与自然资源经济学概论.2版.北京:高等教育出版社,2006:227-285.

[6] 夏光.论环境治道变革.中国人口资源与环境,2002(12).

[7] 夏光.环境政策创新.北京:中国环境科学出版社,2002.

[8] 陈大夫. 环境与资源经济学. 北京：经济科学出版社，2001.

[9]Pearce D W，Warford J J：World without End：economics，environment，and sustainable development，New York：Oxford University，1993.

[10]Herman E. Daly，Beyond Growth：The economics of sustainable development，Beacon Press，Boston，1996.

第九章　绿色国民经济核算

学习目的：通过本章学习，了解传统国民经济核算体系的基本框架、缺陷和发展趋势，熟悉国外绿色国民经济核算的基本内容和方法，掌握绿色国民经济核算的内容和方法，理解在中国建立绿色国民经济核算体系的重要意义。

第一节　传统国民经济核算及评价

一、传统国民经济核算框架

（一）国民经济核算的发展简史

1665年，英国古典经济学家威廉·配第创立了国民收入的概念，并在估算的研究中，体现了收入等于支出。1941年，荷兰经济学家V·克利夫首先使用“国民核算”一词，公布了采用会计账户的形式和方法编制的1938年度荷兰国民核算表。1938—1940年，在J·凯恩斯指导下，经济学家J·米德和R·斯通采用会计账户形式和方法，核算1938年和1940年英国的国民收入和支出，标志着国民收入核算向国民经济核算的正式过渡。

1947年，联合国公布了《国民收入的计量和社会账户的建立》的报告；1953年，又公布了《国民核算表及补充表体系》（简称旧SNA），它标志着SNA的正式诞生。20世纪60年代中期，联合国国民经济核算体系研究小组对国民经济核算体系进行研究并加以修改；1968年公布了《国民经济核算体系》（简称新SNA）。90年代，联合国为了适应理论与实践发展的需要，再次组织国民经济核算体系的修订工作，1993年，公布了该体系的最新版本（简称93SNA）。修订后的版本保留了1968年SNA的基本理论框架，加强了和其他相关统计体系的协调，并引入了附属账户体系，使核算体系的灵活性得到了加强，应用领域得以扩展。联合国93SNA修改方案的通过，标志着国民经济核算体系走向成熟。20世纪80年代后期以来，国民经济核算体系的国际一体化逐渐形成，国际上基本上全部实行1993年SNA基础上的国民经济核算体系。SNA根据市场经济理论和原则设计的，主要为市场经济国家的国民经济分析、政策制定和管理服务。SNA国民经济核算体系成为目前世界上实行的国民经济核算体系。

（二）SNA国民经济核算体系

SNA国民经济核算已成为国际通用的国民经济管理工具。它是以整体国民经济或社会再生产为对象的宏观经济核算；通过一定的方式，全面、科学地描述、分析和监测国民经济运行的初始条件、运行过程和结果的宏观信息系统。它是为进行国民经济核算而制定的一套标准和规范。以一定的经济理论为基础，明确规定一系列核算概念和核算原则，制定一套反映国民经济运行的指标体系、分类标准和科学的核算方法以及相应的表现形式，为国民经济核算提供一套逻辑一致和结构完整的核算框架。

1. SNA 国民经济核算体系的基本性质

(1)是关于国家和部门两层次的核算体系。它首先是在国家层次上设立的，用于反映一国在特定时期内的经济活动状况以及与国外之间的经济关系。

(2)是以国民经济运行过程为依据来建立核算内容的。

(3)以平衡核算、复式记录为原则，形成了独特的统计描述方法，通过对概念、分类、核算原则的统一定义，建立了一套相互联系的经济平衡表或经济账户来归纳其主要核算内容。

(4)是针对市场经济而设置的经济核算体系，它为市场经济体制下的国民经济宏观管理服务。

2. SNA 国民经济核算体系的主要内容

SNA 国民经济核算以两个相互联系的平衡核算为主要内容，反映国民经济运行过程的各个方面。一是经济流量的平衡核算，直接以国民经济运行过程的生产、分配、消费和积累等环节为依据设置。二是经济存量平衡核算，包括一国或部门在特定时点上所拥有资产负债总量的核算以及资产负债这些经济存量从期初到期末的动态平衡核算。就特定时期而言，期初所拥有的资产负债存量决定了当期经济过程的规模和方式，当期经济过程通过积累又反过来改变了资产负债的期初存量，使存量由期初水平变化为期末水平。

3. SNA 国民经济核算体系的基本框架

基本框架充分体现这两个并列的平衡关系，揭示国民经济系统的主要功能及其相互联系。从表 9-1 我们可以看出，经济流量核算包括生产核算(反映生产过程如何创造和转换货物和服务)、收入分配核算(反映所创造的价值如何通过分配转换为各种收入)、消费核算(反映收入如何被用于消费并形成储蓄)、积累核算(反映储蓄如何转化为投资以及相应发生的金融活动)和对外核算(反映一国经济如何与国外发生的经常性收支和资本往来)。在核算中，经济流量核算围绕国内生产总值(GDP)贯彻了生产、收入和支出三方等价原则，使整个核算内容成为一个严格的平衡体系。所形成的平衡关系，将国民经济的生产核算与使用核算连接起来。

在以国内生产总值(GDP)为中心的经济流量核算中，国内生产总值(GDP)是指一国经济在核算期内生产的全部最终产品的总价值。所谓经济生产，是指货物和服务在人类参与或控制之下的投入和产出过程。所谓最终产品，是指被用于最终消费、积累或出口等最终用途的产品，它排除了中间产品，把后者作为获得最终产品的中间性产出。在经济生产中，每一生产单位都为一时期的 GDP 做出了贡献。各单位在提供产品过程中，一方面将投入的中间产品的价值转移到新产品中去；另一方面又形成了新增价值(增加值)，这些增加值会分配给生产的参与者，形成劳动报酬、生产税和营业盈余。

SNA 国民经济核算的三种方法：

(1)生产法：从生产角度计算，GDP 是所有单位当期生产的新增价值。从价值形成过程入手，反映 GDP 的形成过程。

$$国内生产总值(GDP) = \sum 各单位增加值 = 总产出 - 中间投入 = P - C \quad (9\text{-}1)$$

(2)收入法：从收入角度计算，国内生产总值(GDP)是各单位新增价值进一步分配的构成项目之和。其中，固定资本消耗是当期生产过程所消耗的固定资产价值；劳动者报酬是新增价值中劳动者所得部分；生产税净额是生产单位向政府缴纳的与生产和产品有关的税金(同时要扣除政府向生产单位支付的补贴)；营业盈余是各生产单位增加值扣除上述三项后的余额，体现各生产单位进行生产活动的收益。

$$国内生产总值(GDP) = \sum 各单位固定资本消耗 + \sum 各单位劳动者报酬 + \sum 各单位生产税净额 + \sum 各单位营业盈余 \quad (9\text{-}2)$$

(3)支出法：从支出角度计算，GDP是国内经济单位用于消费或积累所花费的支出与国外购买的货物服务支出之和，也就是反映GDP的使用去向。

$$GDP = 最终消费 + 资本形成 + 净出口 = C + I + (X - M) \quad (9\text{-}3)$$

将GDP的计算方法加以归纳，可得到表9-1国民经济核算流量核算部分的基本框架。

表 9-1 国民经济核算的流量核算

	国内生产	国外	最终消费	资本形成
来源	P	M		
使用	C_i	X	C	I_g
国内生产总值	GDP	$X-M$	C	I_g
固定资本消耗	CFC			$-CFC$
国内生产净值	NDP	$X-M$	C	I_g
劳动报酬	L			
生产税净额	T			
营业盈余	PR			

资料来源：高敏雪.资源环境统计.北京：中国统计出版社，2004. p321

表9-1中，"来源"一行表明当期所有货物与服务均来自两个方面：国内总产出(P)和国外进口(M)；"使用"一行说明上述货物与服务的使用方向，用于国内生产的中间消耗C_i、出口X、国内消费C和资本形成I_g。

从"国内生产"一列，可以看出国内生产总值(GDP)的形成，可表示计算公式为：

$$国内生产总值(GDP) = \sum 各单位增加值 = 总产出 - 中间投入 = P - C \quad (9\text{-}4)$$

从"国内生产总值"一行，可以看出国内生产总值(GDP)作为最终产品的使用方向：国内消费C、资本形成I_g和对国外净出口($X-M$)，可表示计算公式为：

$$GDP = 最终消费 + 资本形成 + 净出口 = C + I_g + (X - M) \quad (9\text{-}5)$$

从"国内生产"一列，可以看出：

$$NDP = 总产出 - 中间投入 - 固定资本消耗 = P - C_i - CFC \quad (9\text{-}6)$$

从“国内生产净值(NDP)”一行,可以看出:

$$NDP=\text{最终消费}+\text{资本形成}+\text{净出口}=C+I+X-M \quad (9\text{-}7)$$

表中的资本形成包括总资本形成和净资本形成,总资本形成对应 GDP,净资本形成对应 NDP 从资本形成一列可以看出:

$$I=\text{资本形成}-\text{固定资本消耗}=I_g-CFC \quad (9\text{-}8)$$

经济存量核算是通过资产负债账户的设置,从纵向上完成了整个国民经济体系条件、过程与结果的动态平衡,如表 9-2 所示。

$$\text{期末存量}=\text{期初存量}+\text{资本形成}-\text{固定资本消耗}+\text{其他物量变化}+\text{重估价} \quad (9\text{-}9)$$

经济存量核算与经济流量核算之间则以资本形成项目来连接。它一方面构成 GDP 作为最终产品的使用去向之一;另一方面又作为经济积累项目,是影响资产存量变化的最主要因素。

从表 9-2 可以看到包含存量的国民经济核算内容。其中,资产的核算范围仅限于经济资产,并严格区分生产资产和非生产资产。

表 9-2　包含存量的国民经济核算

	国内生产	国外	最终消费	经济资产	
				生产资产	非生产资产
期初资产存量				KO_p	KO_{np}
来源	P	M			
使用	C_i	X	C	I_g	
国内生产总值	GDP	$X-M$	C	I_g	
固定资本消耗	CFC			$-CFC$	
国内生产净值	NDP	$X-M$	C	I	
劳动报酬	L				
生产税净额	T				
营业盈余	PR				
资产物量其他变化				VOL_p	VOL_{np}
持有资产损益				REV_p	REV_{np}
期末资产存量				KI_p	KI_{np}

资料来源:高敏雪,等.资源环境统计.北京:中国统计出版社,2004.p324

对生产资产,可表示为:

$$\text{期末存量}(KI_p)=\text{期初存量}+\text{资本形成}-\text{固定资本消耗}\pm\text{其他物量变化}\pm\text{持有资产损益}$$
$$=KO_p+(I_g-CFC)+(VOL_p+REV_p)$$

对非生产自然资产,可表示为:

$$\text{期末存量}(KI_{np})=\text{期初存量}\pm\text{其他物量变化}\pm\text{持有资产损益}$$
$$=KO_{np}+(VOL_{np}+REV_{np}) \quad (9\text{-}10)$$

二、传统国民经济核算体系的意义

传统的国民经济核算在国民经济中发挥着重要作用，主要体现在：

1. 是国家宏观经济活动的统计监测的基本手段

国民经济核算体系定期提供的信息，可以反映国民经济运行的总体情况，以及各环节、各部门的运行动态，及时监测国民经济发展是否正常，发现各环节、各部门之间的不协调现象，以便于尽快采取调控措施，促使国民经济持续、快速、协调地发展。

2. 是国家宏观经济分析和预测的基础

根据国民经济核算资料可对整个国民经济发展的规模、速度、结构、重要比例关系及经济效益进行分析和评价，并对社会总供给与总需求的总量平衡关系，投资与储蓄平衡、财政平衡、信贷平衡、国际收支平衡的关系，以及各部门之间相互依存关系进行定量和定性分析，为宏观经济管理提供依据。

3. 是国家制定宏观经济政策的重要依据

国民经济核算提供的关于整个国民经济运行状况的系统而详细的数据是制定这些规划、计划和政策的重要依据。如果没有国民经济核算提供的有关生产、收入分配、消费、投资、对外经济往来等方面的基础数据，中长期规划和年度计划，财政政策、金融政策、产业政策、收入分配政策、对外经济政策等一系列经济政策的制定是不可想象的。

4. 为微观经济主体进行经济决策提供重要信息

企业和居民住户进行生产、消费和投资决策时，也需要了解宏观经济状况，作为微观决策参考的经济背景，而国民经济核算的质量，将直接对他们的预期产生明显的作用。

5. 是进行国际之间经济比较研究的标准

各国的国民经济核算体系，大都是参照联合国制订的标准研制和实施的，因此，各国国民经济核算产生的数据体系，具有可比性，可广泛用于国际间经济发展状况的比较，它成为国际间进行经济交流的一种共同语言。

三、传统国民经济核算体系的缺陷

目前国际上通用的国民经济核算体系是在传统经济理论基础上构建形成的。该核算体系的资产核算范围没有对国家可持续发展层面上的经济社会运行全部过程进行全面、系统的考虑，存在一些缺陷，主要表现在以下几个方面。

1. 没有将全部的自然资源和环境价值纳入核算体系

(1)在传统的国民经济核算中没有考虑国家经济总量的所有指标，如环境资源的价值，隐性经济、非市场交易、社会福利和代际之间的财富转移等。

(2)在国民经济核算中，没有对自然形成的资产(自然产生的空气、海洋等)、不在任何单位有效控制下的资产(原始森林等)和具有生物形式的自然资产(植物、动物等)价值进行核算。环境具有的使用价值(食物、娱乐健康)、非使用价值(如生态功能)和存在价值(如美感享受)等，也未能在传统的国民经济核算中得到体现。

2. 没有体现出经济活动对自然资源的损耗

(1)获取国内生产总值的投入和代价，仅限于各种货物与服务，没有考虑环境等自然因素。

（2）资本形成仅限于增加生产资产，没有考虑非生产资产。没有考虑经济活动中对自然环境的利用和环境投入。

（3）没有反映经济活动在开发利用自然资源过程中自然资源本身的价值（自然资源耗减成本），未体现出经济活动对自然资源的消耗，造成自然资源无价或低价，结果过高地估计当期生产经济活动的国内生产总值或净值。

3.没有体现出污染损害成本和环境保护费用的支出

（1）GDP 的增长可能导致了景观的丧失和降级，环境质量的下降以及由此带来的人们健康的损失，从而导致人们的福利下降，但是 GDP 却没减去这部分的价值。

（2）人们通过植树造林，生态修复等活动给环境带来的增值也没有被计入 GDP。

（3）各种污染损害成本如看病等被省略，各种环境保护费用没有被增加到 GDP 的计算中。

4.没有体现出非主流经济活动的收支和财富状况

（1）非主流经济包括：非市场交易的劳动和物品都没有进入市场交易，因而也没有被计入 GDP。

（2）隐性经济，也称地下经济，包括两类，一类是非法的经济活动，如走私、贩毒、卖淫、黑社会、制假卖假等，另一类是指所从事合法生产经营活动，但因为逃避税收等原因没有手续记载，此类产出显然都未被计入 GDP。

（3）非市场交易的物品与劳务，如家务劳动、志愿者劳务以及私人生产，这些物品和劳务都没有进入市场交易，因而也不能被计入 GDP；部分公共物品如环境等由于其共享性产权不明晰，人人都可以使用而不需付费而几乎没有被计入 GDP；家务劳动和志愿者劳务都为社会福利做出了贡献，由于没有交易价格，GDP 没能反映它们的价值。

5.没有全面反映社会福利的收益和损失

（1）闲暇的生活是工作的目的，可以让人们有更多时间得到精神上的满足，如运动、读书、娱乐等，从而获得生活质量的提高，是幸福感的标志，所以闲暇是有价值的。而闲暇的价值往往被辛勤的工作取代成为工作报酬的机会成本往往被忽略了，成为休闲福利的损失。这些没有计入 GDP。

（2）分配不公与社会和谐文明相背离，传统的国民经济核算 GDP 只反映经济总产出指标，对社会公平公正和和谐文明程度的公共福利收益和损失的难以反映出来，因而，传统的国民经济核算往往使帕累托原理失效。

6.没有体现可持续发展的观念和原则

（1）没有反映利用和消耗资源环境的经济活动和保护和恢复环境的经济活动的区别。

（2）没有考虑再生资源更新和环境治理成本对资源环境的影响。

（3）没有通过贴现率体现代际的财富转移和分配；没有把当代人与后代人之间的转移支付如教育投资等计算在内；没有把社会资产如公共福利等的损耗计算在内。

第二节　绿色国民经济核算发展概况

一、建立绿色国民经济核算的意义

由于传统国民经济核算体系存在诸多缺陷，需要我们重新考虑诸如被忽略了的资源消耗、环境损失以及环境投入等对经济发展过程约束的因子，对传统的GDP核算进行调整，建立绿色国民经济核算。其主要意义体现在以下几个方面。

1.有助于提高人类对资源与环境服务功能的认识

绿色国民经济核算强调资源与环境的价值，将生态作为资产，可以全面认识人类经济增长的资源与环境代价；重视资源与环境的直接和间接服务价值；从而树立善待自然的环境伦理意识；适度开发利用资源和积极地治理保护环境；增加国民财富中的自然资产服务价值；优化国民经济核算的结构，绿色GDP核算能提高经济运行总量的质量，推动全社会走可持续发展道路，建立资源节约型、环境友好型社会。

2.有利于遏制自然资源过度开发和污染物超标排放

从微观看，企业实施绿色会计制度，进行资源与环境的成本核算和项目成本费用分析，主动地减少资源消耗，降低环境成本；促使其合理开发自然资源，在实现企业利润增长的同时，提高资源综合利用的效率和环境治理水平。从宏观看，绿色国民经济核算，有利于遏制对自然资源的过度开发和污染物的超标排放，推动清洁生产、环保产业和循环经济的发展；有利于在政府产业政策的鼓励下，调整和优化区域的产业结构和布局；有利于在资源承载力、环境容量和生态承载力支撑下实现自然财富数量、质量的可持续增长。

3.有助于实现财富观从经济总量型向社会福利型的转变

传统的经济核算侧重于从人造资本或产出资本的财富观出发，利用市场可计量的价格进行计量，以反映经济总量结构和人类可支配财富的变化；而绿色核算侧重于从社会福利的角度出发，综合考虑人造产出成本、人力资本、自然资本和社会资本，按照理论价值去衡量社会福利总量变化和可持续发展能力的高低。

4.有助于构建资源节约型和环境友好型社会

社会的发展模式与发展观、发展制度、发展路径和发展效果有关。对于我国正在发展中的国家尤其重要。从发展模式看，先污染后治理，先浪费后节约的发展模式，曾使发达国家付出了巨大的资源环境代价，这种模式的经济发展质量和社会福利不高，是不和谐的发展；从政府的发展观看，单纯追求GDP增长的经济效益，忽视社会效益和生态效益的发展，是不协调的发展；从制度看，还权予公民，施权予自然，使权利向社会和自然倾斜以求得均衡，决定着社会发展的形态是和谐型的还是掠夺型的，所以构建资源节约型和环境友好型社会，既要算经济账，更要算社会账和生态账。

二、国外绿色国民经济核算发展概况

经济核算专家早就意识到传统国民经济核算体系存在的诸多缺陷，并一直在努力地改变这种状况。20世纪70年代中期，美国围绕国民经济核算框架建立了污染防止和控制的估算，开创了绿色国民核算的先河。随后联合国环境规划署、UNEP、世界银行等机构展开研究讨论，欧洲部分国家建立资源的实物核算矩阵，联合国和世界银行在墨西哥、印度尼西亚、泰国、巴布亚几内亚等发展中国家进行环境经济核算的试点研究。国外绿色GDP经济核算的发展概况见表9-3。

表 9-3　国外绿色 GDP 经济核算的发展概况

时间（年）	国别作者或部门	提出的修改主题	基本内容	评 价
1971	麻省理工	生态需求指标(ERI)	生态需求指标表达为：$E=\sum(R_i, P_j)$，式中：E 表示生态需求；R 代表对于资源的需要；P 代表接受废弃物的需要	被学者们认为是 1986 年布伦特兰报告的思想先锋
1972	托宾和威廉诺德豪斯	净经济福利指标(NEW)	将 GDP 总值加上家务活动、社会义工等一类传统上被忽略的经济活动的估算价值，扣掉环境污染、交通堵塞等产生的社会成本	体现社会的净经济福利的内涵
1973	日本政府	净国民福利指标(NEW)	国家制定出每一项污染的允许标准，超过污染标准的，列出治理所需经费。这些治理经费必须从 GDP 中扣除	将环境污染列入考虑之中
1978	法国政府	自然财产账户(NPA)	见下文	卫星账户
1981	挪威	自然资源核算	见下文	卫星账户
1989	卢佩托	国内生产净值(NDP)	选择自然资源非常丰富的印度尼西亚为研究对象，按设计的指标进行计算	考虑到自然资源的耗损与经济增长之间的关系
1990	戴利和科布	可持续经济福利指标	指标考虑了社会因素所造成的成本损失；更加明晰地区分经济活动中的成本与效益	丰富了可持续的自然和社会的福利内涵
1995	世界银行	真实储蓄和扩展财富指标(GS)	考察了一国在自然资源损耗和环境污染损失之后的真实储蓄	揭示了真实储蓄与资源耗损和环境降级以及教育投入的关系
1996	加拿大 Ree. Wacker-nagel	生态足迹(EFP)	计算在一定的人口和经济规模条件下，维持资源消费和废弃物吸收所必需的生产土地面积	创立了经济增长与环境污染与生态占用的折算关系
1997	Constanza Lubchenco	生态服务指标体系(ESI)	把全球生态系统提供给人类的“生态服务”功能分为 17 种类型，把全球生态系统分共计 20 个生物群落区	揭示了可持续发展的本质内涵，具有较高的科学价值
1998	日本	广义的资源环境账户体系的理论框架	建立了较为完整的 SEEA 实例体系	运用环境政策研究
近年	欧盟	制定出基于 SEEA 框架的环境经济综合核算欧盟统一模式	包含环境核算的国民经济核算矩阵(NAMEA)	模式已被欧盟成员国普遍采用

资料来源：中国环境生态网. 绿色 GDP 研究综述，2008-4-23

三、主要国家和机构的资源与环境综合核算简介

(一) 联合国资源与环境综合核算的提出

自1983年开始,联合国统计署与世界银行环境局以及美国环保局开始合作,开展了环境核算的研究工作。提出在传统的SNA中,引入包含环境调整的国内生产净值(EDP)和国内净收入(EDI)等概念,以便更好地核算经济活动带来的环境损失以及剔除环境预防支出费用等。1987年10月,确立了一个由联合国环境署执行主任和世界银行总裁共同领导的,题为《把环境与资源问题纳入发展战略之中》的合作研究项目。该研究项目的中心议题是探索如何实行环境核算,促进可持续发展,初步确立了环境核算与国民经济核算体系的关系,为环境与经济综合核算体系框架的建立奠定了基础。自1989年开始,联合国环境署、统计署与世界银行合作,开展了一项综合性的国际合作研究项目。项目包括环境经济综合核算概念的界定、核算手册的制定;选择有关国家开展个案研究;研究在环境与经济综合核算基础上,将其纳入国民经济核算体系,修改、完善SNA国际标准。在研究过程中,提出《环境卫星账户的SNA框架》和《环境与经济综合核算的SNA框架》两份项目设计方案。1993年,联合国公布了新的《国民经济核算体系》(简称93SNA),第一次将环境核算以附属账户的形式纳入SNA。它不但成功地继承以前的核算体系的优点和长处,而且设置了环境与经济综合核算附属体系(SEEA)。SEEA充分展示了世界国民经济核算发展史上又一次重大创新。1994年,联合国有关统计机构出版了《综合环境与经济核算》(临时版本),它对各国的环境与经济综合核算研究成果进行一次较全面性的总结,在此基础上提供了环境与经济综合核算的整体思路和框架。

(二)美国的环境与经济一体化核算

1. 核算思路

建立环境与经济一体化核算目的是为制定可持续发展战略提供相应的数据。核算能够为经济和环境间相互作用提供较为完整的描述,帮助经济和环境的管理者分析其成本和收益,为环境专家、经济学家以及其他分析者的工作提供了一个通用的框架。

2. 结构内容

自1992年起,美国商务部经济分析局(BEA)开始分阶段开发环境与经济一体化卫星账户(简称IEESA)。IEESA是建立在联合国综合环境与经济核算体系(SEEA)及其他国际经验之上,采用卫星框架形式,重点是与市场活动相联系的方面,尤其是经济与环境的交互作用。IEESA能够充分反映自然资源和环境资源,这些资源被作为国家财富的组成部分;识别来自这些资源的货物服务流量,并测度这些资源对生产的贡献。

3. 核算方法

IEESA基本操作是把自然环境资源按经济核算中的生产资产一样处理。由资产账户和生产账户两方面的内容组成。资产账户和生产账户都以传统经济账户为基础,同时体现SEEA内容和表式的改进。IEESA能够按产业、收入类型和产品描述自然和环境资源的经济贡献。

资产账户中包含的资产为:生产资产和非生产性/环境资产。生产资产包含人造资产和

开发的自然资产，其中人造资产为固定资产和存货；开发的自然资产为培育性生物资源、探明的地下资产和开发的土地。非生产性/环境资产包含了非培育的生物资产、未探明的地下资产、未开垦的土地、水和空气。资产账户按时点反映的存量或持有量，期初存量和期末存量。一段时期内资产变化的当期流量，即资产净变化总计、资产的折旧、耗减、降级变化、资本形成和资产重估价和其他变化。生产账户，反映生产中所使用的自然资源和环境服务（通过耗减和降级项目）；自然环境资产的增加（通过开发自然资源存量和恢复环境资产存量的投资项目）。

（三）法国的自然资源核算

1. 核算思路

核算应具有描述和度量环境资产经济、生态和社会的功能；追踪政策变化的环境后果以及经济的一般趋势。

2. 结构内容

法国开始发展设计自然资源账户体系。自然资源以实物单位测算，确定它们的存量和流量。法国设置的自然资源账户把存量同资源利用区分开来。

3. 核算方法

根据自然资源核算的原则与方法，建立了森林资源、动植物资源、内陆资源实物量核算的试验性账户。经过几年继续使用账户体系后，将这个体系中的森林资源和水资源部分划归其他核算活动。森林资源账户用于解决地区森林管理争端；水资源账户用于估计水的不同用途的经济价值，包括水中生态系统和其他环境目的等方面，尤其是水污染引起的成本。

（四）荷兰的资源与环境核算

1. 核算思路

反映所有常规经济总量指标的估计值和环境状况的综合指标；分析全部经济活动对常规政策目标所做的贡献和经济活动对环境的影响，并把这种影响与贡献进行对比分析。

2. 结构内容

运用《包含环境账户的国民经济核算矩阵》（NAMEA）体系，简化的《包含环境账户的国民经济核算矩阵》的基本形式所包括的账户有货物与服务、住户消费、生产活动、收入形成、收入分配与使用、资本交易、金融交易、税收账户、对外经济交易、对外资本交易、环境物质账户和环境主题账户。NAMEA 增加了环境物质账户（反映污染环境的主要物质和自然资源）和环境主题账户（反映环境污染带来的主要问题）两个账户，是对常规国民经济核算矩阵的扩展。NAMEA 核算框架包括了广泛的环境信息，尤其是 NAMEA 有机组成部分的供给和使用表，对环保服务（外购的服务和企业内部自产自用的环保服务）进行核算。NAMEA 中包含有按税种设置的税收账户，增强了政策分析功能。

3. 核算方法

每年国民核算司和环境统计司都联合编制 NAMEA，目前已拥有一系列可比的时间序列资料。在 NAMEA 体系中，包含了自然资源（原油和天然气）的损耗情况和环境退化问题（温室效应、臭氧层破坏、酸雨、藻类污染、废物和废水）。

(五)挪威的自然资源核算

1. 核算思路

20 世纪 70 年代开始了核算工作,是最早开展自然资源核算的国家。他们认识到经济对自然资源的依赖性,自然资源会耗竭。开发建立资源环境统计核算账户和预算,编制包括自然资源、环境状况和环境资源使用与保护建议等内容的年度报告。

2. 结构内容

1981 年政府首次公布了"自然资源核算"的数据和报告。1987 年完成了《挪威自然资源核算报告》,将自然资源划分为实物资源和环境资源两大类,并进行实物资源核算。在自然资源核算账户体系中,将自然资源核算分为物质资源核算(林木、矿产、鱼类等)和环境资源核算(空气、绿色植被等)。在物质资源核算中,重要的是设计与国民经济账户相似的账户,分析它们在经济部门中的使用;在环境资源核算中,重要的是收集污染水平和资源使用的信息资料。

3. 核算方法

在实物资源核算中,账户包括的实物单位数据主要有存量核算数据和流量核算数据。存量核算包括存量的实物数据和自然储量的描述。流量核算包括开采、转换和贸易及消费核算两部分。不同账户(存量和流量账户)的繁简程度由考察的项目所决定。在挪威资源核算账户中,第 1 部分"存量核算"反映了存量核算数据;第 2 部分"开采、转换和贸易"和第 3 部"消费核算"反映了流量核算数据。

在环境资源核算中,环境资源账户包括污染水平和资源使用的信息。设立了空气和土壤账户。伴随着经济和社会的发展,公众利益和社会关注重点已逐渐由资源影响向环境影响转移。目前对资源的核算固定集中在能源方面,主要是气、油的使用对空气的污染排放调查。所采用的核算基本方法是利用投入产出模型编制废气排放账户。

(六)日本的环境核算

1. 核算思路与结构内容

日本首先研究和建立环境核算体系和相关指标,然后对 1985—1990 年绿色 GDP 进行估算,主要是考虑扣除地下矿产资源耗减成本、土地使用成本、废水和空气污染成本以及固定资本消耗。从 1991 年起开始研究和建立环境核算体系和相关指标。1993 年起对本国的环境经济核算体系进行系统的构造性研究。目前,日本已建立一个包括实物量和价值量核算的、比较全面综合的环境经济核算体系,又称国民环境经济核算矩阵。

2. 核算方法

2002 年以来日本一些大企业通过实施环境会计指南,加强成本与收益的计量。按照环境省《2002 年环境会计指南》要求,越来越多的企业逐步将环保成本分为 7 大类:①业务领域成本(在生产经营中产生的环境影响及从事环保作业发生的成本);②上游/下游成本(供应、消费中产生的环境影响成本);③管理活动成本(环境教育、环境管理系统的建立与维持、环境负荷监测等);④研发成本;⑤社会活动成本(改善景观、支持地方环保活动、制作环境公报等);⑥环境损伤成本(治理污染及自然破坏的费用,支付与环境有关的保证金、罚金、和解金、诉讼费等);⑦其他成本。各企业在采取环境对策的基础上,用金额计算出环保投资费用及其经济社会效益。

第三节　绿色国民经济核算体系

一、绿色国民经济核算的概念

（一）概念

绿色国民经济核算（简称绿色 GDP 核算）是指在全面、协调和可持续的发展观指导下，通过建立经济—环境的投入产出关系，把经济活动过程中的资源环境因素反映在国民经济核算体系中，将资源耗减成本、环境退化成本、生态破坏成本以及污染治理成本（或环境保护成本）从 GDP 中加以扣除，同时加上环境保护的效益。能够更为真实地衡量经济发展成果。

（二）思路

联合国推荐的综合环境与经济核算体系（SEEA），即将环境资源作为国民经济核算体系的卫星账户，分步实施，在完善实物量核算的基础上，开展环境价值量核算，最终建立实物量和价值量两套核算体系。

绿色国民经济核算要求做出以下工作：

（1）建立一套综合环境与经济核算体系；

（2）为环境资源单独建立账户，成为卫星账户；

（3）总量调整，在传统账户上进行环境损耗等调整。

二、环境与经济综合核算体系（SEEA）

（一）SEEA 产生背景

（1）20 世纪 60 年代以后，在全球经济快速增长的同时，自然资源短缺、生态环境恶化的问题给人类社会带来了空前的挑战。环境与经济综合核算越来越受到重视，它是适应可持续发展战略决策的需要而产生的。

（2）20 世纪 80 年代后期起，可持续发展思想逐渐由单纯的发展理念进入到发展的实践层面，成为世界各国政府所普遍接纳的新型发展战略。从片面注重经济发展的传统发展战略到强调经济、社会、人口、资源和环境的全面协调发展的可持续发展战略的转变，要求政府的决策思维方式也要随之转变。正确、有效的决策必须以全面、准确的信息为基础。

（3）环境与经济综合核算体系引入的新概念。在国民经济核算基础上，把环境因素全面引入经济核算体系，全面描述经济与环境间的关系，需要在原国民经济核算概念基础上形成新的概念。

（二）SEEA 的概念

SEEA（System of Integrated Environmental and Economic Accounting ）是 SNA 的卫

星账户体系，它通过产品的供给和使用账户、环境保护支出账户、自然资产账户和自然资源实物账户等市县综合环境经济核算，也实现了绿色 GDP 的核算。

（三）SEEA 的发展

联合国统计司和环境规划署、欧盟、国际货币基金组织、经济合作与发展组织、世界银行等国际组织在总结这一领域工作经验的基础上，先后发布了三个版本的 1993 SEEA、2000 SEEA、2003 SEEA 环境经济综合核算体系。它们分别标志着 SEEA 发展的不同阶段和对 SNA 核算内容的扩展。

（1）SEEA 1993 形成了 SEEA 理论框架的雏形，首次提出采取与 SNA 相一致的方式来系统地核算环境资源的流量和存量。

（2）SEEA 2000 主要侧重于将 SEEA 的理论框架推向实践操作。

（3）SEEA 2003 主要侧重于通过对世界各国大量应用案例的分析，在对各国的实践成果进行全面总结的基础上讨论 SEEA 的具体方法和实现方式。

经过 10 多年的努力，SEEA 正在从理论逐步走向实践。

（四）SEEA 的基本特征

（1）SEEA 对传统的资产范围进行了扩展，范围涉及到处于机构单位控制下的自然资产、土地、矿产品和森林等；没有处于机构单位控制下的自然资源，包括海洋和河流中的鱼类资源、热带雨林和其他原始森林、空气等。因经济活动引起的这类资产的变化计入成本。

（2）SEEA 区分了两种类型的环境费用，一类是耗减和降级的虚拟费用，另一类是以环境保护支出形式承担的实际费用。

（3）SEEA 资本存量变化，包括传统生产资本的变化、由耗减和降级引起的资本存量的减少，以及自然资产作为经济资产合并后，与生产活动相联系的经济决策引起的自然资产在经济使用中的转移。

（4）SEEA 在提出系列估价原则的基础上，主要推荐了市场估价法、维持费估价法和或有估价法。

（五）SEEA 的基本框架

1. 框架的基本内容

在联合国 93SNA 中，整个核算体系被划分为中心框架和附属框架两大部分。为了克服中心框架内容的局限性，联合国提出了针对某些重要领域建立与中心模式框架不完全统一的附属框架方法的建议，并在 93SNA 中加以试行。环境与经济综合核算体系（SEEA）就是使用附属账户来描述的。SEEA 基本框架如表 9-4 所示。

2. 计算指标

在表 9-4 中，主要指标有：产出（P）、中间消耗（C_i）、固定资本消耗（CFC）、国内生产净值（NDP）、货物与服务的进出口（M 与 X）、最终消费（C）、资本形成总额 I_g 和资本形成净额 I。

（1）从生产角度计算绿色国内生产总值（EDP）：

$$EDP = P - C_i - CFC - Use_{np} = NDP - Use_{np} \qquad (9\text{-}11)$$

表 9-4　SEEA 的基本框架

项　目	经济活动					环境
	生产 1	国外 2	最终消费 3	经济资产		其他非生产自然资产 6
				生产资产 4	非生产资产 5	
期初资产存量 1				$KO_{p.ec}$	$KO_{np.ec}$	
供给 2	P	M				
经济使用 3	C_i	X	C	I_g		
固定资本消耗 4	CFC			$-CFC$		
国内生产净值 5	NDP	$X-M$	C	I		
非生产自然资产的使用 6	Use_{np}				$-Use_{np.ec}$	$-Use_{np.env}$
非生产自然资产的其他积累 7					$I_{np.ec}$	$-I_{np.env}$
经环境调整后的总量 8	EDP	$X-M$	C	$A_{p.ec}$	$A_{np.ec}$	$-A_{np.env}$
资产损益 9				$REV_{p.ec}$	$REV_{np.ec}$	
资产物量的其他变化 10				$VOL_{p.ec}$	$VOL_{np.ec}$	
期末存量 11				$KI_{p.ec}$	$KI_{np.ec}$	

资料来源：联合国国民经济核算体系（United Nations. Integrated Environmental and Economic Accounting，1993，1995，1997）

Use_{np} 反映了当期用于经济过程的自然资产价值的净额。

（2）从使用角度计算绿色国内生产总值（EDP）：

$$EDP=C+(X-M)+(A_{p.ec}+A_{np.ec})-A_{np.env} \tag{9-12}$$

$A_{p.ec}$ 为生产资产，与 SNA 体系中的资本形成 I 概念相同。$A_{np.ec}$ 为经济资产中非生产自然资产的积累，是转移到经济使用的环境资产与经济资产中非生产自然资产的耗减及退化。$-A_{np.env}$ 为环境资产的减少，是由环境资产的耗减及退化和由于转移到经济使用而减少的环境资产两部分组成。

（3）Use_{np} 的计算

$$Use_{np}=(-Use_{np.ec})+(-Use_{np.env}) \tag{9-13}$$

$-Use_{np.ec}$ 为经济资产中非生产资产的使用。$-Use_{np.env}$ 为环境资产的使用，反映由于经济活动而造成的对环境资产的耗减及退化所做的经济估价。Use_{np} 反映生产活动对全部非生产自然资产的使用。

（4）$KI_{p.ec}$ 和 $KI_{np.ec}$ 的计算

$KI_{p.ec}$ 和 $KI_{np.ec}$ 分别表示期末生产资产和经济资产中非生产自然资产的存量。

$$KI_{p.ec}(\text{期末存量})=\text{期初存量}+\text{本期变化量}=KO_{p.ec}+A_{p.ec}+REV_{p.ec}+VOL_{p.ec} \tag{9-14}$$

$$KI_{np.ec}(\text{期末存量})=\text{期初存量}+\text{本期变化量}=KO_{np.ec}+A_{np.ec}+REV_{np.ec}+VOL_{np.ec} \tag{9-15}$$

$KO_{p.ec}$ 和 $KO_{np.ec}$ 分别表示经济资产中期初的生产资产存量和非生产自然资产的存量。

$REV_{p.ec}$ 和 $REV_{np.ec}$ 反映因价格变化而引起的生产资产和非生产资产价值的变化。

$VOL_{p.ec}$ 和 $VOL_{np.ec}$ 反映突发性事件对资产数量其他变化的影响、分类变化对资产数量其他变化的影响以及可培育自然资产的生长等。

三、绿色国民经济核算账户的构建

自可持续发展战略被国际社会接受以来，许多国家和国际组织一直研究绿色国民经济核算账户等核算理论和方法。目前，绿色 GDP 的概念主要有联合国统计署（UNSO）提出的绿色国内生产总值（EDP）和世界银行提出的真实储蓄（GS）。

（一）绿色国内生产总值（EDP）

绿色国民经济核算账户，需要考察如何对现有的 SNA 中 GDP 进行调整，充分反映经济对环境的影响。其计算步骤为：

GDP（1）
固定资产折旧（2）
国内净资产（NDP）（3）=（1）-（2）
自然资源耗减（4）
环境资源损耗（环境污染损失）（5）
绿色国内生产总值（EDP）（6）=（3）-（4）-（5）

（二）真实储蓄（GS）

1. 真实储蓄的计算

1995 年，世界银行在研究报告《监测环境进展》中提出了真实储蓄（genuine saving，GS）的概念，考察了一国在自然资源损耗和环境污染损失之后的真实储蓄，可以作为衡量一国国民经济发展状况及其发展潜力的一个新指标。其计算步骤为：

GDP（1）
总消费（2）
货物及服务出口（3）
国内总投资（4）=（1）-（2）-（3）
经常性教育投资（5）
广义国内总投资（6）=（4）+（5）
国外借款（7）
国外借款（8）=（7）×美元对人民币汇率
总储蓄（9）=（6）-（8）
固定资产折旧（10）
净储蓄（11）=（9）-（10）
自然资产损耗（12）
污染损失上限（13）
真实储蓄 1（14）=（11）-（12）-（13）
污染损失下限（15）
真实储蓄 2（16）=（11）-（12）-（15）
总公式是：

按照世界银行国民经济绿色核算衡量财富的真实储蓄公式为：

$$G=GNP-[C+\delta K+n(R-g)+\sigma(e-d)]+m \tag{9-16}$$

式中，G 为真实储蓄；GNP 为国民生产总值；C 为总消费；δ 为人造资本（产品和服务的产值）的折旧率；K 为人造资本总量；n 为自然资源净边际租金；R 为自然资源消耗量；g 为自然资源（生物资源）增长量；σ 为消除污染的边际社会成本；e 为污染排放量；d 为污染自净量；m 为人力资本投资（经常性教育支出）。这里，$GNP-C$ 是传统的国内总储蓄；而 $GNP-C$（消费）$-\delta K$（固定资产折旧）是传统的净储蓄；$n(R-g)$ 是自然资源价值的损失；$\sigma(e-d)$ 是环境污染导致的环境资本的损失；m 是经常性教育支出，表示人力资本的增量（因来自上代人的投资，所以是增加量而不是传统国民经济核算的消费减少量）。也就是说：

真实储蓄＝国民总储蓄－固定资产折旧－资源耗减和环境降级＋经常性教育经费
＝（国民净储蓄＋经常性教育经费）－资源耗减和环境损耗
＝广义净投资－（净借入＋资本转移净获得）－资源耗减和环境降级（9-17）

2．三种真实储蓄状态的讨论

在公式中当 $GNP-C-\delta K$（＝当代人的净储蓄）＞0 时，才能实现当代人的经济增长；只有当满足下列条件才构成后代人真实储蓄，才能实现可持续发展。下面分析 3 种情况：

（1）真实储蓄＞0：即经济较高增长，在满足了为后代人进行的教育投资后，净储蓄超过资源和环境的损失量使真实储蓄大于零时，才是财富的真实增长量，可供后代人发展。这时人造资本 C_m、人力资本 C_h、资源环境资本 C_n（和社会资本 C_s）构成财富总资本的综合状况大于零。这里又有三种情况一是双高，二是双低，三是一高一低。

①双高：GNP 高速增长，净储蓄和资源和环境的损失量都较高，但前者刚好超过后者，表明以较大的资源和环境损失换来的经济增长。这种可持续发展称弱可持续发展。（若用 Ca 代替人均 GNP 的资本量，它与真实储蓄正相关，即 Ca＞0）时为中国的现在就属于这种情况。根据中科院可持续发展战略课题组牛文元教授计算，中国的高速增长是用生态赤字换取的，扣除这部分损失，纯 GDP 只剩下 78％。根据世界银行 1997 年对中国的统计，仅每年空气和水污染造成的经济损失就高达 540 亿美元，相当于国内生产总值的 3％～8％，而 1997 年我国 GDP 仅增长 8.8％。据此，而中国 GNP 年增长率为 8％则是弱持续发展或可能是不可持续发展，因为是靠括号内外的双高实现。

②双低：即 GNP 低速增长，而资源和环境损失更小使真实储蓄＞0 时为适中的可持续发展（当 Ca＞其他资本各自的最低限）。例如，法国 2002 年靠 GNP 年增长率 2％，成为适中的可持续发展，因为是括号内外的双低来实现，因此也成为了世界第一旅游大国。

③一高一低：即经济高速增长，资源和环境的损失较小，使净储蓄和真实储蓄都较大。这种是最好的可持续发展，为强可持续发展（当 Ca＞其他资本的最高限时），发达国家和发展中国家都在努力实现。

（2）真实储蓄＝0：GNP 不论经济增长与否也不论低速高速，净储蓄和资源和环境的损失量都基本相等，即经济和净储蓄与资源与环境损失相抵消。有关资料显示，我国接近此种情况，斯德哥尔摩环境研究所与联合国开发计划署共同编写的《2002 年中国人类发展报告》指出，环境问题使中国损失 GDP 的 3.5％～8％。而同年的 GDP 为 8％。

（3）真实储蓄＜0：即经济停滞或负增长，资源与环境损失超过净储蓄，这种情况为不可持续发展。

世界银行给出了世界各国的人均真实财富。从人财富的分布来看：高收入国家的人均财富在20万～40万美元之间，美国、瑞士、加拿大、日本、挪威位于前五位，29个发达国家约占世界财富的79.6%；中收入国家人均财富为10万～20万美元之间，主要是东南亚、南美、中美洲国家；收入国家人均财富在5万美元以下，主要是撒哈拉以南的非洲和多数南亚国及中国。从人均财富的构成来看：人力资本（除中东外）占总财富的60%是生产力的第一要素；人造资本占总财富的比重15%～30%不等，自然资本总财富的5%～20%之间。可以看出，现行的以GDP为核心的国民核算方（主要计算人造资本）是不合理的，不能真实衡量一个国家真实财富的变化。中国是个特殊的例子，中国人偏好储蓄，虽然水平比较低，而且能源消耗和环境污染的损失较大，但是调整后的真实储蓄率仍高于世界水平。

第四节　中国的绿色国民经济核算

一、中国绿色国民经济核算的发展历程

中国绿色国民经济核算发展过程可以分为四个阶段。

第一阶段：1952—1984年，实行计划经济体制的物质产品平衡表体系（MPS）。核算范围涉及到农业、工业、建筑业、运输邮电业、商业五大物质生产部门。主要核算指标为国民收入。核算内容涉及到社会总产值、国民收入生产积累和消费、国民收入民再分配、劳动力资源与分配、主要物资商品产销平衡、综合财政信贷和物质生产部门投入产出表七个方面。

第二阶段：1985—1992年，实行MPS体系和SNA体系并存。核算范围涉及到全部国民经济部门（包括物质生产部门与非物质生产部门，但区分物质生产部门与非物质生产部门）。主要核算指标为国民收入和国内生产总值。核算内容涉及到国内生产总值、投入产出表、资金流量、国际收支、人口与劳动力资源平衡、自然资源、主要物资商品产销平衡、企业部门投入表和企业部门产出表九个方面。

第三阶段：1993—2005年，实行SNA体系，核算范围涉及到全部国民经济部门。主要核算指标为国内生产总值。核算内容涉及到国内生产总值、投入产出表、资金流量、国际收支、资产负债、国民经济循环账户、人口与劳动力资源平衡、自然资源、企业部门投入表和企业部门产出表10个方面。

第四阶段：2005年至今，2005年开展了全国十个省市的绿色国民经济核算和污染损失评估调查试点工作。在工作中出现了推行的观念、技术和制度安排障碍较大和与传统经济核算衔接难等问题。

二、中国绿色国民经济核算的基本框架

综合环境与经济核算研究包括实物量核算、价值量核算、环境保护投入产出核算以及经环境调整的GDP核算等内容。中国近期主要开展环境污染实物量、价值量和经环境污染调整的GDP等三项内容的核算，环境保护投入产出核算、生态破坏损失的实物量核算和价值

量核算暂不考虑。

(一)核算技术路线

(1)污染实物量核算,包括污染物产生量、处理量和排放量。

(2)污染价值量核算,利用污染治理成本法计算实际污染治理成本和虚拟污染治理成本,利用污染损失法计算污染物排放带来的环境退化成本。

(3)计算经环境(虚拟治理成本)调整的 GDP,以及虚拟治理成本和环境退化成本占 GDP 的比例。其中,本框架中将虚拟治理成本占 GDP 的比例称为污染扣减指数。

(二)核算方法

计算治理已排放的污染物需要的花费,在本核算体系中称为虚拟治理成本。通过污染损失估算,计量污染物排放造成环境功能退化所引起损失的经济价值,在本核算体系中称为环境退化成本。环境退化成本一般是以地域范围来计算的,它对 GDP 的调整仅限于总量层次,要分解到产生污染排放的各个部门有一定的困难。

(三)核算框架

1. 环境污染实物量核算

包括各部门和各地区的污染物排放、处理与产生量实物核算,具体包括各地区的水污染实物量核算、大气污染实物量核算、工业固体废物污染实物量核算和城市生活垃圾污染实物量核算,以及各部门的水污染实物量核算、大气污染实物量核算、工业固体废物污染实物量核算等 7 项内容。地区核算范围包括 31 个省、市和自治区以及东、中、西部;部门核算范围包括第一产业、第二产业和第三产业,其中,第一产业重点核算种植业、规模化畜禽养殖和农活,第三产业包括公共部门和城市生活。

2. 环境污染价值量核算

包括两个部分:①对现存经济核算中有关环境污染的货币流量予以核算,主要是对污染物实际治理成本的核算;②估算因污染物排放而造成的环境退化成本和污染事故造成的损失成本,主要包括各地区、各部门的水污染价值量核算、大气污染价值量核算、工业固体废物污染价值量核算和污染事故经济损失核算。

3. 经环境污染调整的 GDP 核算

将水污染价值量核算、大气污染价值量核算和固体废物污染价值量核算的结果按行业和地区进行汇总,即得到经环境(虚拟治理成本)调整的 GDP 总量。

按以下三个计算公式,分别计算出不同方法下的 EDP。

生产法 EDP=总产出－中间消耗－资源环境成本 (9-18)

收入法 EDP=劳动报酬＋生产税净额＋固定资本消耗＋(营业盈余－资源环境成本) (9-19)

支出法 EDP=最终消费＋(资本形成－资源环境成本)＋净出口 (9-20)

在 EDP 基础上，将环境成本调整落实到各产业部门，可计算出各产业之“经资源环境因素调整的增加值”(EVA)。

经资源环境因素调整的收入＝EDP＋分配性收入－分配性支出
＝国民可支配收入－资源环境成本 (9-21)

经资源环境因素调整的储蓄＝经资源环境因素调整的收入－最终消耗
＝国民储蓄－资源环境成本 (9-22)

经资源环境因素调整的投资＝经资源环境因素调整的储蓄±金融净借入或净贷出
＝资本形成总额－资源环境成本 (9-23)

(四)2005 年绿色国民经济核算试点方案

2005 年我国开展了十个省市的绿色国民经济核算和污染损失评估调查试点工作。这十个试点省市是：北京、天津、河北省、辽宁省、浙江省、安徽省、广东省、海南省、重庆和四川省。试点工作将历时一年，分四个阶段进行：2005 年 1 月到 3 月为技术准备阶段；2005 年 3 月到 7 月是研究调查阶段；2005 年 7 月到 12 月为全面核算阶段；2006 年 1 月到 2 月是核算总结阶段。

1. 基本思路

根据核算的技术路线确定核算基本思路。

环境污染实物量的核算基本思路：以分地区的环境统计数据总量为主，以分别建立的相应水污染、大气污染和固体废弃物污染实物量核算模型为辅，建立一套完整有效的环境污染实物量核算方法，对各类污染物的产生、削减(处置)和排放量进行规范化的核算，获得全面的污染实物量数据资料。

环境污染价值量核算的基本思路：污染实际治理成本是指在目前的治理水平下，处理生产和消费过程中所产生废弃物的实际已发生治理成本；环境退化成本是指在目前的治理水平下，生产和消费过程中所排放的污染物对环境造成的实际污染成本。分别采用治理成本法和污染损失成本法核算环境退化成本。

经环境污染调整的 GDP 核算基本思路：用环境污染价值量核算中的虚拟治理成本去调整传统的国内生产总值(GDP)。

2. 核算内容

(1)环境污染实物量的核算内容。按照部门类别和地区编制污染物实物核算表。反映各类经济活动部门和地区[其中部门分类与国民经济行业分类保持一致；地区分类按区域分为东部、中部和西部，在各区域内再按省(市)分类]在污染介质和污染物两个层次上当期的产生量、处理量以及排放量数据。下面以水污染实物核算为例，如表 9-5 所示。

将污染物排放置于经济投入产出表之中，形成“经济—环境混合核算表”为观察经济活动的污染物排放强度(如计算污染物排放系数)，如表 9-6 所示。

表 9-5　污染物部门实物核算表(水污染)　　××××年度/实物

产业部门	水污染物									废水		
	COD			…			重金属			排放量	排放达标量	排放未达标量
	产生量	去除量	排放量	产生量	去除量	排放量	产生量	去除量	排放量			
第一产业 种植业 畜牧业 农村生活 小计												
第二产业 煤炭开采业 石油天然气开采 黑色金属矿采选 有色金属矿采选 自来水生产供应 建筑业 小计												
第三产业												
城市生活												
合计												

资料来源:於方,等.中国绿色国民经济核算技术体系与方法概论.环境保护,2006(9).p33

(2)环境污染价值量的核算内容。大部分实际污染治理成本采用统计数据,而生活废气、工业固废、城市生活垃圾和畜禽养殖废水的实际治理成本,需要通过核算获得,计算实际污染治理成本,即利用污染物处理实物量和污染物治理的单位成本数据。虚拟污染治理成本利用排放实物量数据和单位治理成本,计算为治理未达标排放或已经排放的污染物应该花费的成本。环境退化成本是根据专门的污染损失调查,采用一定的技术方法,确定污染排放对当地环境质量产生影响的货币价值。

表 9-6　经济—环境混合核算表

	产业部门				最终消费	资本形成	净出口	使用总计
	I1	I2	I3	I产业总计	*C*	*CF*	*X*	
I1 农业、渔业和矿业 I2 制造业、电力和建筑业 I3 服务业 I产业总计 增加值 投入总计 自然资源消耗 矿产资源 森林资源 水资源 …… 污染排放 废气 废水 固体废弃物								

资料来源:朱启贵.绿色国民经济核算论.上海:上海交通大学出版社,2005.p266

(3)经环境污染调整的GDP核算内容。用环境污染价值量核算中的虚拟治理成本去调整传统的国内生产总值(GDP),从而得到经虚拟治理成本调整的国内生产总值(EDP),即:EDP=总产出－中间投入－虚拟治理成本。同时,计算虚拟治理成本和环境退化成本占GDP的比例,如表9-7所示。

表9-7 经环境污染调整的GDP核算表

项目	序号	项目	序号
总产出	(1)	污染损失成本	(6)
中间投入	(2)	污染损失占国内产出的比例	(7)=(6)÷(3)
国内生产总值	(3)=(1)－(2)	生态破坏成本	(8)
虚拟治理成本	(4)	生态破坏成本占国内产出的比例	(9)=(8)÷(3)
经虚拟治理成本调整的国内产出EDP	(5)=(3)－(4)	环境退化成本	(10)=(6)+(8)
		环境退化成本占国内产出的比例	(11)=(10)÷(3)

资料来源:於方等.中国绿色国民经济核算技术体系与方法概论.环境保护,2006(9).p33

三、中国绿色GDP核算面临的挑战

(一)观念方面

(1)对建立绿色GDP核算的重要性,已基本形成了共识,但仍有相关一部分领导和专家对此认识不足,还没有树立正确的资源环境价值观,在思想上和实际工作中重视程度不够。

(2)由于绿色GDP能综合性地反映国民的经济活动的成果与代价,一旦实施绿色GDP,必将带来以单纯的GDP增长为业绩的干部考核体系的重大变革,意味着全新的发展观与政绩观,从而形成诸多阻力。

(二)技术方面

(1)自然资产的产权界定及市场定价较为困难。许多自然资产同时具有生产性和非生产性资产的属性因此,其产权界定非常困难,如森林、湿地、河流。而环境资源产权明晰是实行绿色GDP的关键。资源产权不明晰市场交易就难以公平进行,导致交易价格扭曲,资源与环境价格的误差,最终使核算失真。

(2)某些自然资产和自然资产的某些功能看似有价可循,但实际上由于市场机制的缺陷或不完备,其价格会被严重扭曲和低估,如矿产资源价格和水价。

(3)环境成本(资源耗减成本、环境降级成本和对环境造成的影响而支出的防治成本总和)是绿色GDP核算的基础。但环境成本的计量却是非常困难的事情,这种困难主要来源于环境成本的时间因素、空间因素以及非市场价格问题。

(4)国际上还没有成功的经验可供借鉴。在联合国等国际组织的倡导下,绿色GDP核算的理论研究和实践工作都取得了很大进展。但到现在为止,尚没有哪一个国家能够完成全面的环境经济核算,计算出一个全面的绿色GDP指标,也没有一个国家以政府的名义正式公布绿色GDP统计数据。对绿色核算中的价值量核算,由于其估价问题很复杂,操作起来有一定的难度,对这些问题,目前国际上也还没有成熟的做法可以借鉴。

(三)制度安排

绿色 GDP 从概念的提出到现今,还没有从理论到实践取得突破性进展,除了绿色 GDP 核算技术与方法的复杂性之外,另一个挑战,就是与绿色 GDP 核算的相关法规制度安排还基本是空白,还需要建立一套绿色的法律保障制度体系。该体系可以归结为三个方面:一是绿色制度环境,包括绿色资源制度、绿色产权制度、绿色市场制度、绿色产业制度、绿色技术制度等;二是绿色规范制度,包括绿色生产制度、绿色消费制度、绿色贸易制度、绿色包装制度、绿色回收制度等;三是绿色激励制度,包括绿色财政制度、绿色金融制度、绿色税收制度、绿色投资制度等。

(四)国家间比较

绿色 GDP 的核算虽然困难,但在发达国家还是取得了很大成绩。实施绿色 GDP 的国家很多,主要是欧美发达国家。墨西哥作为发展中国家率先实行了绿色 GDP,印度尼西亚、泰国等发展中国家纷纷效仿墨西哥的方法,并也立即开始实施。发展中国家的经验对我国而言,参考价值更为重大。

2004 年 6 月,中国环境规划院等单位举办了国际研讨会提出 4 点建议:完善绿色国民经济核算的理论框架和可操作性,为政府决策服务;选择基础良好的地区,加快绿色国民经济核算的试点;开展全国环境污染损失及生态破坏损失的调查,推进自然资源与环境实物的价值核算;充分利用国际经验,整合国内外绿色核算的理论研究、政策制度,初步建立起与国际接轨的绿色国民经济核算体系。

本章小结

传统的国民经济核算在国民经济中发挥了重要作用,但核算体系没有从国家可持续发展层面上进行全面、系统设计,还存在一些缺陷。针对传统国民经济核算体系存在诸多缺陷,需要我们重新考虑诸如被忽略了的资源消耗、环境损失以及环境投入等对经济发展过程约束的因子,对传统的 GDP 核算进行调整,建立绿色国民经济核算。借鉴国外和联合国的资源与环境综合核算 SEEA 体系的经验,目前,联合国统计署(UNSO)提出的绿色国内生产总值(EDP)概念和世界银行(WB)提出了真实储蓄(GS)。中国绿色国民经济核算发展过程尽管历尽艰辛,面临观念、技术、制度和国际衔接等障碍,但在理论和实践上仍不断地探索。2005 年已进行绿色国民经济核算试点工作,取得一定的成效和经验。

案例分析

[案例 1]

森林资源的绿色国民经济核算

森林的绿色 GDP 核算是考虑了森林资源损耗和森林生态环境降级以及森林资源恢复费用后的 GDP 的调整值。

计算公式为：绿色 $GDP=GDP-$产品折旧－自然资源损耗价值－环境降级成本

在基于森林的我国绿色GDP计算中，由于数据、资料的限制，资源的损耗价值主要计算森林资源、城市煤气、天然气、石油气等资源的损耗价值；环境的降级成本主要计算污染损失的成本。

自然资源损耗价值＝森林损耗价值＋煤气消费＋天然气消费＋石油气消费

污染损失成本＝污水治理费用＋废气治理费用＋固体废弃物治理费用＋环境事故造成费用

根据计算方法和资源损耗价值、环境降级成本的估价，对我国2002年的GDP调整计算如表9-8所示。

表9-8 基于森林的绿色GDP计算 亿元

计算指标	森林损耗价值	煤气消费	天然气消费	石油气消费	合计
(1)自然资源损耗价值	－87.757	363.426	207.538	372.508	1 031.229
计算指标	污水治理费用	废气治理费用	固废治理费用	污染直接经济损失	合计
(2)污染损失成本	276.874	82.166	718.269	0.464 09	1 077.773
(3)*GDP*			118 020.69		
(4)绿色 *GDP*	＝(3)－(1)－(2)＝118 020.69－1 031.229－1 077.773＝115 911.688				

资料来源：张颖．绿色GDP核算的理论与方法，中国林业出版社，2004．p328-332

［案例2］

北京市根据环境资源成本和环境资源保护服务费用计算绿色GDP

计算步骤如下：

(一)环境资源成本的核算

根据环境资源成本由环境质量退化和资源因素耗减成本构成，设置环境质量核算账户和资源要素核算账户。计算公式分别为：

环境损益＝环境收益－环境损失

当年资源要素耗减成本＝当年减少的资源总价值－当年增加的资源总价值

环境资源成本总量＝环境损益＋当年资源要素耗减成本

(二)环境资源保护支出的核算

根据环境资源保护支出由环境保护与治理支出和资源补偿支出构成，设置环境保护与治理账户和资源补偿资金账户。计算公式分别为：

$$\text{环境保护与治理支出}=\left(\begin{matrix}\text{环境保护与}\\\text{治理收入}\end{matrix}-\text{企业投入}\right)\left(1-\begin{matrix}\text{政府投入的部分中固定}\\\text{资产投资占比例}\end{matrix}\right)$$

资源补偿服务＝资源补偿资金支出总额－企业投入部分

环境资源保护支出的总量＝环境保护与治理支出＋资源补偿服务

(三)对经济总量指标的调整

上述三个步骤的具体计算如表 9-9 所示。

表 9-9　根据环境资源成本和环境资源保护服务费用计算绿色 GDP 表　亿元

<table>
<tr><th>核算内容</th><th colspan="3">指 标</th></tr>
<tr><td rowspan="12">(1)环境损益
=39.83−528.55
=−488.72</td><td rowspan="6">环境收益</td><td>水(地表水和地下水)</td><td>9.72</td></tr>
<tr><td>空气</td><td>23.37</td></tr>
<tr><td>土壤侵蚀</td><td></td></tr>
<tr><td>固体废气物</td><td>6.74</td></tr>
<tr><td>噪声、光化学污染及微波污染</td><td></td></tr>
<tr><td>小计</td><td>39.83</td></tr>
<tr><td rowspan="6">环境损失</td><td>水(地表水和地下水)</td><td>110.28</td></tr>
<tr><td>空气</td><td>396.71</td></tr>
<tr><td>土壤侵蚀</td><td></td></tr>
<tr><td>固体废气物</td><td>21.56</td></tr>
<tr><td>噪声、光化学污染及微波污染</td><td></td></tr>
<tr><td>小计</td><td>528.55</td></tr>
<tr><td rowspan="10">(2)资源要素耗减成本
=52.48−48.24=4.24</td><td rowspan="5">当年增加的资源总价值</td><td>地表水资源</td><td>15.35</td></tr>
<tr><td>地下水资源</td><td>25.24</td></tr>
<tr><td>森林资源</td><td>7.648</td></tr>
<tr><td>煤炭及铁矿砂资源</td><td></td></tr>
<tr><td>小计</td><td>48.24</td></tr>
<tr><td rowspan="5">当年减少的资源总价值</td><td>地表水资源</td><td>15.46</td></tr>
<tr><td>地下水资源</td><td>26.63</td></tr>
<tr><td>森林资源</td><td></td></tr>
<tr><td>煤炭及铁矿砂资源</td><td>10.01+0.38</td></tr>
<tr><td>小计</td><td>52.48</td></tr>
<tr><td>(3)环境资源成本总量</td><td colspan="3">=488.72+4.24=492.96</td></tr>
<tr><td rowspan="3">(4)环境保护与治理支出
=(49.17−6.51)(1−70%)
=12.80</td><td colspan="2">环境保护与治理收入</td><td>49.17</td></tr>
<tr><td colspan="2">企业投入</td><td>6.51</td></tr>
<tr><td colspan="2">政府投入的部分中固定资产投资部分占比例</td><td>70%</td></tr>
<tr><td rowspan="2">(5)资源补偿服务
=0.87−0.372=0.498</td><td colspan="2">资源补偿资金支出总额</td><td>0.87</td></tr>
<tr><td colspan="2">企业投入</td><td>0.372</td></tr>
<tr><td>(6)环境资源保护支出的总量</td><td colspan="3">=(4)+(5)=12.80+0.498=13.298</td></tr>
<tr><td rowspan="2">总产出</td><td>调整前</td><td colspan="2">5 839.15</td></tr>
<tr><td>调整后</td><td colspan="2">5 839.15</td></tr>
<tr><td rowspan="2">中间消耗</td><td>调整前</td><td colspan="2">4 029.06</td></tr>
<tr><td>调整后</td><td colspan="2">4 029.06+(3)+(6)=4 535.32</td></tr>
<tr><td rowspan="2">国内生产总值</td><td>调整前</td><td colspan="2">5 839.15−4 029.06=1 810.09</td></tr>
<tr><td>调整后</td><td colspan="2">5 839.15−4 535.32=1 303.83</td></tr>
</table>

资料来源:张春霞. 绿色经济发展研究. 北京:中国林业出版社,2002. p328-332

[案例 3]

真实储蓄的计算分析

根据世界发展指标(世界银行 1999),世界各地区的真实储蓄占 GDP 的百分比(1997)表,选取一些国家和地区。我们可以看到一些国家和地区计算真实储蓄的过程,它是对财富而非收入测度方法的调整。

表 9-10 真实储蓄计算表

	国内总储蓄	固定资本消耗	国内净储蓄	教育支出	能源耗减	矿物耗减	森林净耗减	二氧化碳损害	国内真实储蓄
全球	22.2	11.7	10.5	5.0	1.2	0.1	0.1	0.4	13.7
中等收入国	26.2	9.2	17.0	3.5	3.8	0.5	0.2	1.1	15.0
高收入国	21.4	12.4	9.0	5.3	0.5	0.0	0.0	0.3	13.5
东亚及太平洋地区	38.3	6.9	31.4	2.1	0.9	0.5	0.7	1.7	29.7
拉丁美洲和加勒比海	20.5	8.3	12.2	3.6	2.7	0.7	0.0	0.3	12.1
南亚	18.2	9.1	9.1	3.8	2.1	0.4	2.0	1.3	7.1

资料来源:潘岳等. 建立中国绿色国民经济核算体系国际研讨会论文集. 北京:中国环境科学出版社,2004. p310

国内真实储蓄的计算过程如下:

(1)国内净储蓄=国内总储蓄-固定资本消耗

(2)国内真实储蓄=国内净储蓄+教育支出-(能源耗减+矿物耗减+森林净耗减+二氧化碳损害)

表中用“教育支出”表现为“人力资本”,用“能源、矿物和森林”的耗减表现为能源—资源耗减部分,用“二氧化碳排放量”表现为环境损害。

计算的结果表明,这些国家和地区的真实储蓄都低于国内总储蓄,但相差的程度各有不同。

思考与练习

1. 资源与环境经济微观核算与宏观核算?
2. 传统国民经济核算的基本内容和缺陷?
3. 绿色国民经济核算?建立绿色国民经济核算的意义?
4. 联合国环境与经济综合核算附属账户体系(SEEA)基本特征和基本框架?
5. 国外绿色国民经济核算发展概况?
6. 联合国统计署提出的绿色国内生产总值(EDP)和世界银行提出的真实储蓄(GS)?
7. 中国绿色 GDP 的基本框架内容并进行评述。
8. 中国绿色 GDP 核算面临的挑战?
9. 根据核算表资料计算以下相关指标。

表 9-11　核算表　亿元

核算指标	1995 年	1999 年
国内生产总值	58 261	81 911
固定资产折旧	5 407	13 209
国内净产值(*NDP*)		
自然资源损耗	1 330	1 330
环境资源损耗(环境污染损失)	1 992	1 992
绿色国内生产总值(*EDP*)		
EDP/*GDP*		

(1)国内净产值(NDP)

(2)绿色国内生产总值(EDP)

(3)EDP/GDP

10. 试分析甘肃省张掖市综合环境经济账户核算过程(表 9-12)。

表 9-12　甘肃张掖市综合的环境经济账户核算　万元

		种植业	林业	畜牧业	渔业	采掘业	制造业	电力业	建筑业	服务业
1. 供给		326 184	10 144	81 199	2 106	64 702	387 284.99	25 629	144 204	355 648
中间和最终消费	2. 使用	110 994	4 317	35 075	1 369	44 247	283 251	13 351	93 960	169 648
	3. 固定资产消费	14 652	401	2 051	119	3 676	15 369	2 018	3 686	43 387
4. 自然资源枯竭成本		16 981.99	1 784.2	224.88	303.86	13 356.46	179.27	23.58	0.358	18.40
5. 环境资源的维护成本		4 099.9	483.57	1 799.9	5.427	472.09	3 674.12	86.56	116.17	1 316.47
增加值	6. 总增加值 1-2	215 190	5 827	46 124	737	20 455	104 034	12 278	50 244	186 000
	7. 净增加值 1-2-3	200 538	5 426	44 073	618	16 779	88 665	10 260	46 558	142 613
8. 环境调整净增加值Ⅰ 7-4		183 556.1	3 641.8	43 848	311.138	3 422.54	88 485.73	10 236.42	46 557.64	142 594.6
9. 环境调整净增加值Ⅱ 7-5		196 438.1	4 942.4	42 273	612.573	16 306.91	84 990.88	10 173.44	46 441.83	141 296.5
10. 环境调整增加值 7-4-5		179 456.1	3 158.2	42 048	305.71	2 950.45	84 811.61	10 149.87	46 441.47	141 278

参考文献

[1] 潘岳. 建立中国绿色国民经济核算体系. 北京:中国环境科学出版社,2004.

[2] 曹俊文. 资源与经济综合核算方法研究. 北京:经济管理出版社,2004.

[3] 高敏雪.资源环境统计.北京:中国统计出版社,2004.

[4] 高敏雪.环境统计与环境经济核算.北京:中国统计出版社,2000.

[5] 朱启贵.绿色国民经济核算论.上海:上海交通大学出版社,2005 .

[6] 张颖.绿色核算-森林资源核算即纳入国民经济核算体系的理论、方法和实证研究。北京:中国环境科学出版社,2001.

[7] 王金南.基于卫星账户的中国环境资源核算初步方案.建立中国绿色国民经济核算体系国际会议论文集.北京:中国环境科学出版,2004. p81.

[8] 曹克瑜.绿色国民经济核算的基本理论、核算框架与实现途径研究.建立中国绿色国民经济核算体系国际会议论文集.北京:中国环境科学出版社,2004. p52-57.

[9] 雷明,等.宁夏地区绿色核算研究,建立中国绿色国民经济核算体系国际会议论文集.北京:中国环境科学出版社,2004.

[10] 牛文元.新型国民经济核算体系—绿色 GDP.环境经济,2004(3):11-15.

[11] 於方,等.中国绿色国民经济核算技术体系与方法概论.环境保护,2006(9),p33,37.

[12] 王军,崔秀丽.用真实储蓄进行旅游业绿色核算的理论探析.经济问题,2004(12).

[13] 国家环境保护总局,国家统计局. 中国绿色国民经济核算研究报告 2004(公众版).2006.9 http://www.caep.org.cn/greengdp.

[14] United Nations, Integrated Environmental Economic Accounting, New York, 1993.

[15] United Nations, Integrated Environmental and Economic Accounting(2003),Final draft,2003.

[16] United Nations, Integrated Environmental and Economic Accounting:An Operational Manual,New York,2000.

[17] United Nations, European Commission, International Monetary Fund, Organisation for Economic cooperation and Development World Bank , Integrated Environmental and Economic Accounting 2003.

第十章　自然资源的可持续利用

学习目的：本章是资源与环境经济学课程的重点内容。应理解资源开发的经济效率原理，掌握资源开发与保护的关系，掌握各种资源可持续利用的基本原理和实现途径，理解资源承载力和资源安全的基本知识，在此基础上并能用基本原理分析实际问题。

第一节　自然资源利用的效率分析

一、自然资源的存量和流量

（一）自然资源存量和流量的含义

存量和流量是两个重要的自然资源经济学概念。自然资源的存量是指在一定的经济技术水平下可以被利用的资源储量。在某一固定的时间点上，自然资源存量是一个确定的数值。但是随着社会经济的发展，科学技术水平的提高，已探明的资源不断被利用，新的资源不断被发现，在一个动态的时间范围内，资源的存量又是不断变化的。

自然资源的流量是指在一定时期内的资源流入量和流出量。例如，可更新资源的再生量和可耗竭资源的开采量。影响资源流量的因素包括自然的新陈代谢和人为的干预。在一定的时期内，资源流入量减去资源流出量，就等于资源净流量。资源净流量可以反映自然资源的消耗速度。

自然资源的存量和流量的关系可以用一个关系式表示为：

期初存量＋期内资源流入量－期内资源流出量＝期初存量＋期内净流量＝期末存量

其中，期内资源流入量包括新发现量、生长量、补充量、重估增值量等，期内资源流出量包括开采量、各种损失量、重估减值量等。

（二）自然资源存量与流量的分析

资源存量与一些资源储量的概念相关。资源储量可分为已探明储量、未探明储量和蕴藏量。

已探明储量是利用现有的技术条件，对资源位置、数量和质量得到明确证实的储量，它又分为可开采储量和待开采储量。可开采储量是在目前的经济技术水平下有开采价值的资源，待开采储量是储量虽已探明，但由于经济技术条件的限制，尚不具备开采价值的资源。

在技术条件不变的情况下,待开采储量能否转变为可开采储量,在很大程度上取决于人们对这些资源的支付意愿。

未探明储量是指目前尚未探明,但可以根据科学理论推测其存在或应当存在的资源。它分为推测存在的储量和应当存在的资源。推测存在的储量是可以根据现有科学理论推测其存在的资源,应当存在的资源是今后由于科学的发展可以推测其存在的资源。

资源蕴藏量等于已探明储量与未探明储量之和,是指地球上所有资源储量的总和。因为价格与资源蕴藏量的大小无关,所以蕴藏量主要是一个物质概念而非经济概念。对于可耗竭资源来说,蕴藏量是绝对减少的;对于可更新资源来说,蕴藏量是一个可变量。这个概念之所以重要,是因为它代表着地球上所有有用资源的最高极限。所以不能把蕴藏量当作探明储量,也不要认为全部资源蕴藏量都是可利用的。

各种自然资源储量的关系见图 10-1。

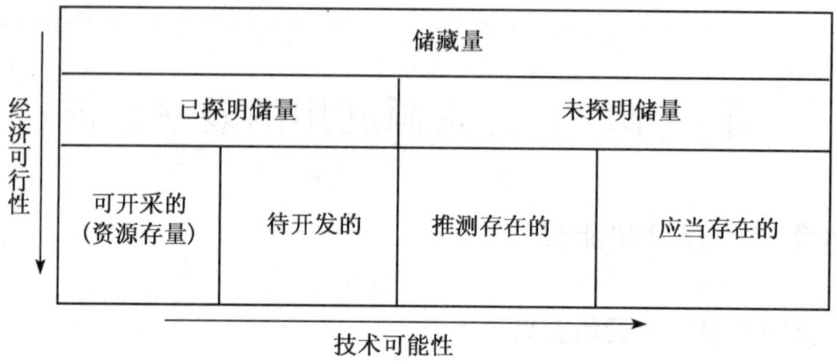

图 10-1 自然资源各种储量关系

从图 10-1 可以看出,自然资源储量的利用程度取决于经济可行性和技术可能性。纵坐标从上到下表示开采成本不断提高,资源利用的可能性逐渐降低。横坐标从左到右表示技术难度逐渐增加,资源利用的可能性逐渐降低。这两个方面都包含有时间概念,但没有表示时间的尺度,这是因为不同类别的资源在不同的时间会有所不同开发利用形式。

二、资源高效利用的基本原则

从经济学观点来看,自然资源开发利用行为是由报酬最大化的愿望所推动的。要获得最大报酬,开发利用者总是力图将其包括自然资源在内的各种生产要素投入做最有利的组合。为此必须认识报酬递减律的作用,并能调节限制因素在开发利用过程中的影响。

(一)合理投入原则

报酬递减规律是指在技术一定的条件下,连续投入某一变动生产要素,当投入水平达到一定程度后,每一单位投入所带来的产出(叫做边际产出,用 *MPP* 表示)逐渐减少,并且最终成为一个负数。这个原理被称为资源报酬递减律。

如图 10-2 所示。*TPP* 曲线表示总产量曲线,即反映总产量与资源投入数量的相互关系。*APP* 曲线表示各种资源投入水平下,单位资源的平均产量。*MPP* 曲线表示各种资源投入水平下,资源的边际产量。

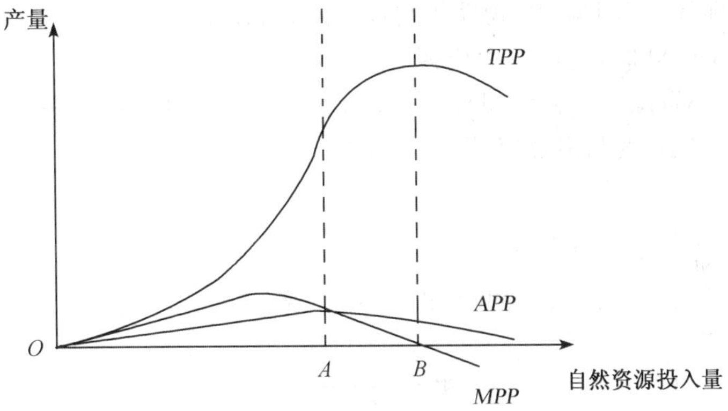

图 10-2 自然资源报酬递减规律

在图 10-2 中，*MPP* 先是上升，达到最高点后，开始下降，并最终变成负值。*APP* 也是先增后减。*MPP* 与 *APP* 相交于 *APP* 最高点(*A* 点)。在 *A* 点之前，*APP* 是逐渐提高的，所以自然资源的平均报酬是逐渐提高的，在 *A* 点达到了最大。此时，若继续增加资源的投入，则自然资源的边际报酬持续降低，在 *B* 点降到了 0。也就是说在 *B* 点时，增加单位要素的投入所带来的产量增量是 0，若继续增加资源的投入量，其带来的新增产量就会变为负数。所以自然资源要素的合理投入水平应当在 *A* 点和 *B* 点之间，这一区间就是自然资源投入的合理区间。

(二)均等边际原则

任何经营者都渴望把其生产推进到令边际收入等于边际成本的水平上(即总纯收益最大的点上)。但自然资源的数量是有限的，在充分竞争情况下，这种理想状态难以实现。

均等边际原则是指当资源有限时，应将它适当地分配给各种用途，使其在每一种用途中所获得的边际报酬大致相等，这样才能使各种用途的总报酬最高。这个原则鼓励经营者将资源向能得到更多纯收益的产业转移，即把自然资源在各种产业之间作恰当分配，以使其总报酬达到最大。

(三)适度规模原则

当整个生产规模变动时，纯收益也会发生相应的变动，当规模扩大后收益增加的幅度大于规模扩大的幅度时称为规模经济，也叫做规模报酬递增，此时单位产品成本(平均成本)逐渐降低。但是规模扩大不能无限度地进行，当规模超过一定限度后，规模扩大后收益增加的幅度就会小于规模扩大的幅度，此时称规模不经济，也叫做规模报酬递减，此时单位产品成本(平均成本)逐渐提高。若规模增加幅度与收益增加幅度相等，则称为规模报酬不变。所以在资源利用过程中，要使开发利用的规模保持在适度的水平。要尽可能地使资源利用处于规模报酬不变的阶段，至少也应该处于报酬递增的阶段，而不是处于报酬递减的阶段。在这种情况下，能使单位产品平均成本保持在一个较低的水平，从而获得更高的经济利益。

如图 10-3 所示，*LAC* 曲线是一条随着资源开发利用规模变动而变动的长期平均成本曲线，在虚线左侧，曲线向右下倾斜，说明平均成本随着规模的扩大而下降，属于规模经济阶段;在虚线右侧,曲线向右上倾斜,说明平均成本随着规模的扩大而上升,属于规模不经济阶段。显然,规模小于 M 时,应该扩大资源开发利用规模来提高纯收益水平;当规模大于 M 时,则应该适当缩小资源开发利用规模以提高收益水平。因此,与产品平均成本最低点 M 相对应的规模为最佳开发利用规模,即适度规模。

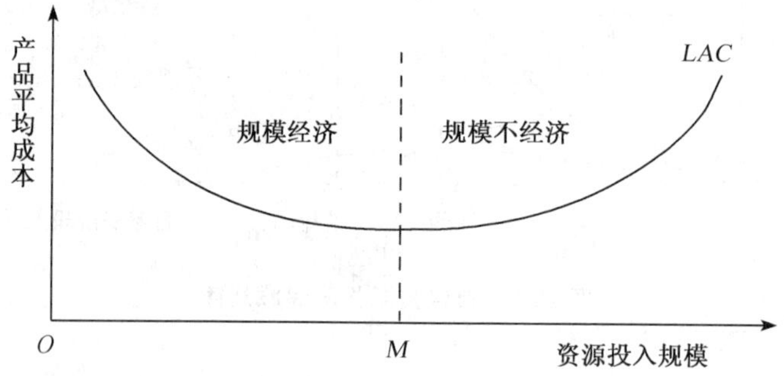

图 10-3 资源开发利用规模与效益

(四)集约利用原则

集约利用是指资源都得到充分利用的状态。对于一种资源而言,集约利用是指生产过程中与单位该资源相结合的资本和劳动的数量较多,反之,若结合的资本和劳动数量少,则称为粗放利用。

1. 资源利用的集约边际和粗放边际

集约边际是指随着边际成本超过边际报酬以前所能施加的最后一个相继变动投入单位,这时一定自然资源利用中所增加的产值刚刚能补偿其追加的劳动和资本成本的那一点,这时集约度达到最高。资源利用的粗放边际可以看成是集约度的最低限度,在这个边际上的资源只能使产出刚够补偿生产成本。

2. 影响资源利用集约度的因素

(1)资源用途。以土地为例,如果一块地被选做工业或商业开发,那么比之用于农业、牧业或林业目的时,一般会获得更集约的利用。市场机制下经营者们常常把新的或已开发的资源从较低收益的用途转变为较高收益的用途。

(2)资源供给。当资源供给不足受到限制,市场竞争加剧和价格约束时,资源的集约利用会取代粗放经营。

(3)资源产品价格。当资源产品价格上升时,经营者们常常采取对资源作更集约利用,导致资源有效配置;而产品价格的下降则经营者们常常采取对资源作粗放的利用,导致资源配置不当。

(4)生产成本。若生产成本较高而价格不变,则经营者一般认为有必要紧缩生产;若生产和销售成本降低而价格不变,则通常会促进更为集约的利用。

(5)资源区位。地理位置优越程度与资源集约经营程度成正相关,例如,处于城市的资源往往得到集约利用。

(6)资源利用潜力。一般而言,具有高利用潜力的地区比之具有低生产潜力的地区的资源能够得到更集约的利用。

三、自然资源开发原理

(一)自然资源开发的含义与特征

1. 自然资源开发的含义

自然资源开发是指把不能直接利用的自然资源变为可以直接利用的自然资源的过程。自然资源再开发是指不断改变自然资源存在和利用的状态以适应新的利用方式的过程。例如,耕地资源再生产过程为耕地保护、地力恢复和土壤改良等循环往复的过程,草地资源再生产过程为育草,防治退化、沙化、草害等循环往复的过程等。由于自然资源再开发也属于开发范畴,故可以统称自然资源开发。

2. 自然资源开发的特征

(1)自然资源的开发是有条件的。取决于开发成本与开发收益的比较。收益和成本的比较包括三方面:近期期望收益与开发成本的比较;远期投入成本与收益的比较;将未来收益折算成现值后与成本的比较。理性的经营者出于盈利目的只有当预期开发收益高于开发成本时,才实施开发和再开发。

(2)不同用途的资源开发获得的收益随时间发生变化。一种资源不同用途的开发过程由于总收益随时间的变化,利润最大出现的时期是不同的。以土地开发为例,如图 10-4 所示。直线 1 表示投入的土地成本,直线 2 表示土地收益。在不考虑市场价格变动的情况下,种植业由于总收益不随时间变化,其地租收益也随时间是基本不变的,见图 10-4A;民居房产建筑开发,在建成交易之初带来较高的房产收益,以后,随着建筑物折旧,总收益出现递减,见图 10-4B;商业财产开发建成后在达到规模经济的 C 年前不会达到最高收益,但是,随着商业财产贬值,将出现总收益逐渐下降的时期,见图 10-4C。

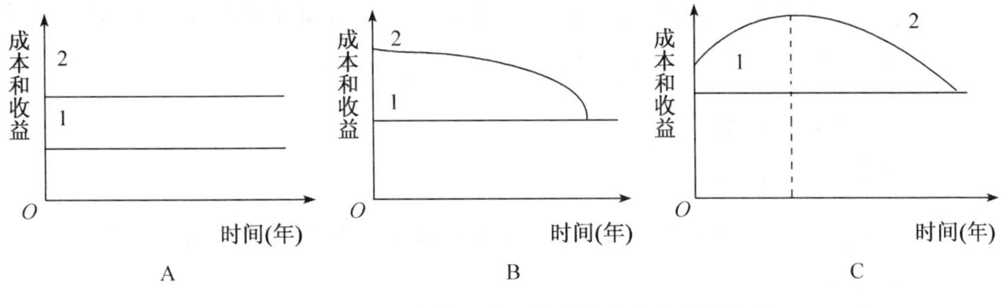

图 10-4　不同用途的土地开发预期成本和收益关系

(3)自然资源再开发决策多发生在土地资源领域。即主要是针对已开发土地进行追加开发或替代开发。例如,森林开垦成农田,农场转变成建筑区,旧城改造等。

(4)自然资源再开发收益常常是递增的。在市场条件、生产技术水平发生变化的情况下,资源新用途的纯收益高于原用途纯收益并能弥补再开发投资时,理性的经济人会倾向于改变自然资源利用方向、对自然资源进行再开发。

(5)自然资源开发过程中还会对社会福利产生影响。在自然资源利用中,时常出现个人目标同社会利益相冲突的情况。如果经营者为使利润或其他满足最大化,将资源改做他用而产生负外部性,则会影响或剥夺了社会其他成员的利益。例如,耕地占用过多用于非农建设用地会威胁到了农业持续发展和粮食安全，从长远来看会对社会利益有一定的损害。

(二)自然资源开发的成本分析

各种资源开发都需要一定的成本，自然资源开发成本主要包括社会成本、时间成本和替代成本。

1. 自然资源开发的社会成本

自然资源开发的社会成本可以分为两类：社会机会成本和社会外部负经济效果。社会机会成本指由于选择资源开发，社会及其成员所放弃的收益和满足。而社会外部负效果即负外部性或称外部不经济是指资源开发项目对其他个人、团体和整个社会带来的负效果。例如，开发原始森林则会使下游地区的河道发生泥沙淤积、河水的季节性变差加大，易发生水灾，引起下游的经济损失。

2. 自然资源开发的时间成本

开发自然资源产生效益需要一定的时间，在完成开发利用和生产或消费之前，开发者的资金被束缚在所决策的项目上，因而丧失了投入其他项目可能带来的经济收益的机会，这种机会经济效益的损失可以被看作是资源开发的时间成本。其本质上还是机会成本。资源开发的时间成本包括等候成本和促熟成本。等候成本是从经营者第一次投入资本和劳动力，到投资收回再用于下一次实际经营这段时间内，由于等候而产生的成本，主要是贷款利息。促熟成本是指在将资源从较低用途向较高用途转化的过程中，由于财产持有所增加的成本。包括税收增加和潜在的引致成本。

3. 自然资源开发的替代成本

出于利润最大化的目的，自然资源所有者或使用者可能会改变资源的用途，即进行资源再开发，这样就会损失已投入在这些资源上的为了实现原来用途而投入的资金，这种已经投入而无法收回的成本叫做替代成本。例如，城市土地中住宅用地转作商业用地时，需要拆迁现有的房子，由此产生现有房屋的报废成本。

(三)自然资源开发模型

1. 恒定性资源的开发模型

由于恒定性资源具有流失性，所以其经营者都希望尽早地实施开发。也就是说只要年预期收益流超过年预期成本流，那么，就应该尽早开发恒定性资源。例如，将海洋和河川用于商业性航运，发展水电设施和太阳能发电设施等等。当然，因为开发者可能资金不足或未来开发效果更好，经营者也可能推迟其资源开发。

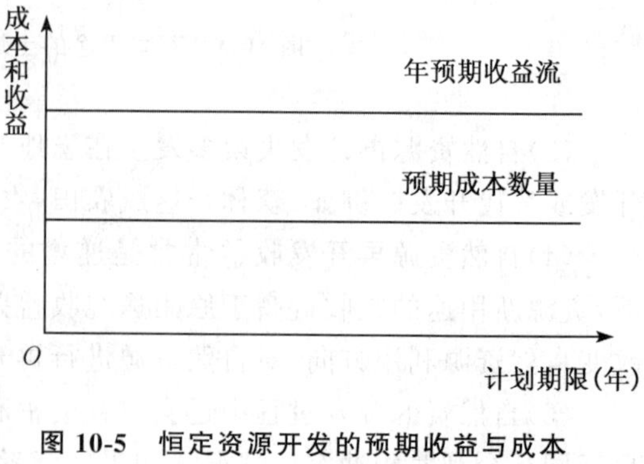

图 10-5 恒定资源开发的预期收益与成本

如图 10-5 所示的一个计划模式，可以用来说明这些决策的关键所在。只要年预期收益流超过年预期成本流，那么，就应该尽早开发恒定性资源；反之，将一个有希望的开发项目推迟的做法，只能导致本可获得的净收益(地租或者利润)的损失,增加时间成本。总之,恒定性资源可持续利用要求尽早地开发和利用资源。

2. 储存性资源的开发利用模型

储存性资源则与恒定性资源有不同的利用原理。从保护角度来看,经营者应该寻求储存性资源经济采收率最高和储存性资源浪费最小的开发规模水平和开发时机。例如,对于开发铁矿储量的经营者,一要考虑资源的不可替代和不可逆性,一旦矿山被开采,这种资源就永远不会复归也不可另做他用;二要考虑成本,包括勘探成本、钻井和开采设备,资源运输、开发时间和尚不明确的高额投资。所以需要确定最佳开采规模和开采时间。

在图 10-6 中,列出了旨在最大限度开采一个典型储存性资源矿藏的开采规模之选择范围。

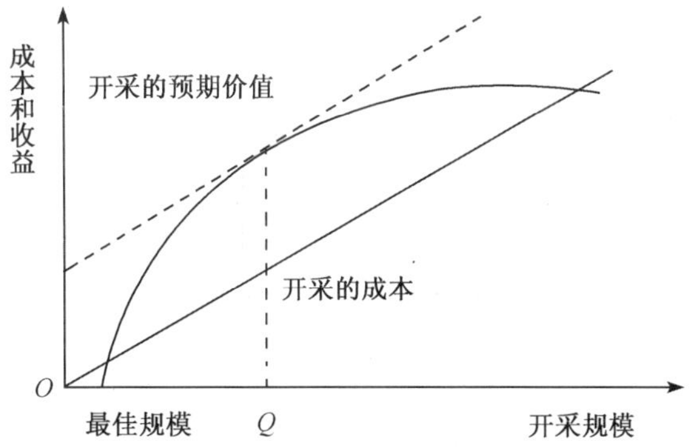

图 10-6　储存性资源开采的规模与期望价值与成本的关系

从经济角度讲,最佳开采规模应是使纯收益最大的规模点,如图中的 Q 点。

从保护角度来看,经营者应该寻求储存性资源经济采收率最高和储存性资源浪费最小的开发规模水平,通常规模较大的经营者,开采的速度比较快。在实际工作中最佳规模决策还受其他因素影响,例如,政府限定油井开采量政策,企业的规模和治理结构等等。

3. 生物资源的开发利用模型

生物资源的保护和利用要求采取使经营者长期净收益最大化,而同时又维持或提高资源未来生产力的管理措施。这些措施因资源不同而不同。对于生物资源生产来说,一个主要的经济问题是收获的最佳时间安排问题,即怎样使砍伐和捕捞的速度能大于或等于生物资源的再生速度。

4. 土地资源的开发利用模型

土地资源由于具有位置固定性,面积有限性、质量的差异性功能的永久性的自然特性和供给的稀缺性、利用方式的分散性、利用方向变更的困难性和利用效果的社会性的经济特性,所以,在开发利用中应主要解决两个管理问题。一是开发与再开发时间表,经营者必须选择恰当的时机,以保证使实际收益达到最大。二是经营者必须重视维持土地生产力的可持续性。

图 10-7 a 的情况是经营者从土地资源中所得收入和土地的生产水平持续地下降。这时,他可以采用保护措施来改变这种状况,使其预期作物产量和收入水平处于稳定状态。

图 10-7 b 的情况是在土地的生产水平持续地下降的情况下,经营者若采用保护措施,

以稳定土地的收入水平和生产力水平，就必须首先减少自己某个时期内的收入，而同时实施保护措施例如，土地整理、投资进行生态恢复或者改变种植制度。经营者的决策路线取决于其对资源所有权或使用权拥有的期限、目前对收入的需要，以及在预期高额收益获得以前为度过难关而取得贷款的能力大小。

图 10-7 c 的情况是在土地的生产水平持续下降的情况下，假设经营者将土地生产力恢复到某个水平，以维持其目前收入水平的前景是渺茫的。这时，经营者会发现，长期持续利用土地需要将耗地作物永远转为饲料作物、草或树木等较低收益的土地用途。

图 10-7 d 描述的是土地生产力的下降和侵蚀已将其全部表土侵蚀掉了，土地利用正快速滑向一个“危机临界点”，若超过该临界点，土地资源就不能再利用了，这时，土地经营者应采取保护措施。

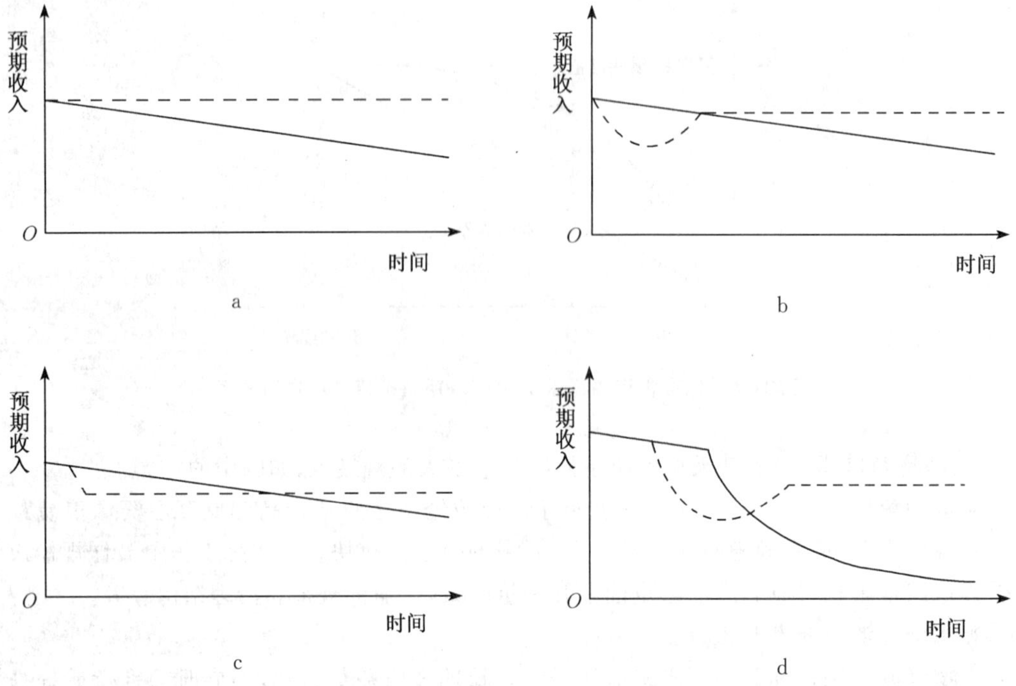

图 10-7 土地利用与保护

四、资源开发的经济效率

(一)成本效益估算

传统经济理论认为，在市场经济下不论生产要素如何组合，资源开发者资源配置的目的是追求经济效益，即以最小的成本实现最大的产量。实现利润最大化最基本的估算方法就是成本与效益分析，它包括三个步骤：①识别开发项目的成本和效益；②把发生在未来的成本与效益贴现为现值；③对贴现后的成本效益进行对比。其中，贴现是在考虑时间因素情况下，将未来发生的成本和效益转化为现值的过程，将未来价格折算到现值所使用的利率叫做贴现率。

1. 资源开发给开发主体带来经济效益的评价标准

资源开发在经济上应满足以下关系式：

$$PV_b \geqslant PV_c \tag{10-1}$$

$$PV_b = \frac{B_n}{(1+r)^n} \tag{10-2}$$

$$PV_c = \frac{C_n}{(1+r)^n} \tag{10-3}$$

式中，PV_b 为资源开发收益的现值；PV_c 为资源开发成本的现值；B_n 为第 n 年资源开发的收益；C_n 为第 n 年资源开发的成本；r 为贴现率；n 为资源开发的时间。

2. 资源开发给宏观主体带来经济效益的评价标准

资源开发的宏观经济效益可以用经济净现值、经济内部收益率和经济净现值率进行评价。

经济净现值是资源开发项目对国民经济所做净贡献的绝对指标，它是用社会贴现率将项目计算期内各年的净效益折算到开发期初的现值之和。经济净现值大于零的项目可以考虑开发。其公式为：

$$ENPV = \sum_{i=0}^{n} \frac{B_{Ti} - C_{Ti}}{(1+r)^i} \tag{10-4}$$

式中，B_{Ti}，C_{Ti} 为发生在第 i 年的总收益和成本；r 为社会贴现率；n 为资源开发项目的时间。

经济内部收益率是资源开发项目对国民经济贡献的相对指标(economic international rate of reture，EIRR)，是使开发期内经济净现值累计等于零时的贴现率。经济内部收益率大于或等于社会贴现率的项目可以考虑开发。其公式为：

$$\sum_{i=0}^{n} \frac{B_{Ti} - C_{Ti}}{(1+EIRR)^i} = 0 \tag{10-5}$$

式中，B_{Ti}、C_{Ti} 为发生在第 i 年的总效益和成本；$EIRR$ 为经济内部收益率。

经济净现值率(economic net present value re rate ENPVR)是指资源开发项目的净现值与全部投资现值之比，即单位投资现值的净现值。一般应优先选择净现值率高的项目。其公式为：

$$ENPVR = \frac{ENPV}{I_p} \tag{10-6}$$

式中，I_p 为投资的净现值；$ENPV$ 为经济净现值。

(二)市场均衡分析

在技术和社会生产资源总量既定的情况下社会对于资源配置能使产品产量达到最大的状况就是实现了生产的一般均衡。在完全竞争情况下，资源开发者要实现利润最大化就要实现资源产品市场短期均衡。以总收益—总成本分析法表示企业的利润：

$$\pi = TR - TC = \bar{P}q - TC \qquad (10\text{-}7)$$

式中，π 为利润；TR 为总收益 TC 总成本；$\bar{P}q$ 为平均价格的与数量的乘积。

将总收益曲线与总成本曲线绘在同一平面图中（图 10-8），两者之间的垂直差额便是利润。可以看到，在产量 q_1 以下时，$TR<TC$，资源开发亏损；在产量为 q_1q_3 之间时，$TR>TC$，资源开发盈利，成为盈利区，当产量为 q_2 时，利润最大；在产量为 q_3 以上时，$TR<TC$，又进入亏损状态。通常称点 A、C 为盈亏平衡点，q_2 为短期均衡产量，即利润最大产量。[①]

采用边际收益和边际成本分析法，则短期均衡的条件是边际收益等于边际成本（图 10-9）。

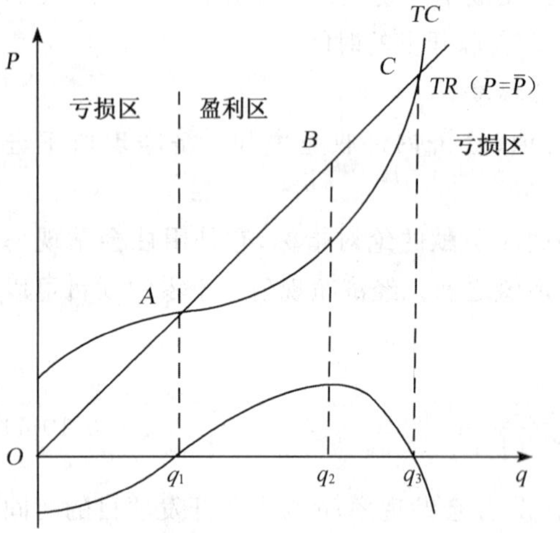

图 10-8　总收益—总成本分析法

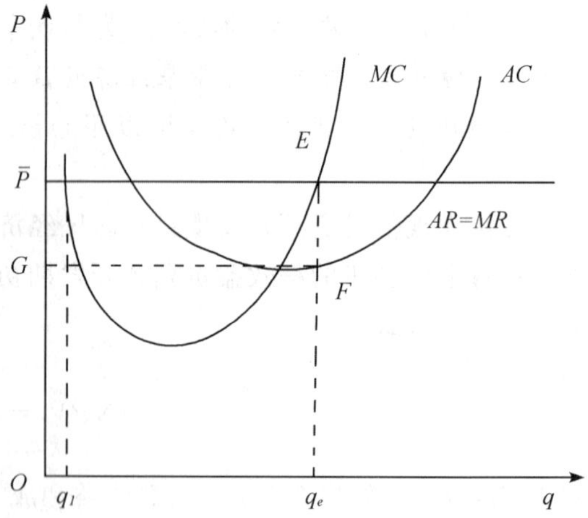

图 10-9　边际收益等于边际成本原理

将边际收益曲线和边际成本曲线绘在同一平面中，可以看到，当 $MR=MC$，即产量为 q_e 时，资源开发利润必定最大。这时，从总量来看，$O\bar{P}Eq_e$ 为总收益，$OGFq_e$ 为总成本，两者的差额 $G\bar{P}EF$ 为最大利润。从边际量来看，在产量 q_e 以下，$MR>MC$ 说明任一产量都有边际利润；在产量 q_e 以上，$MR<MC$，说明任一产量都存在边际亏损；只有在产量为 q_e 时，边际利润的积分面积最大，即总利润最大。[②]

在完全竞争市场的长期均衡条件与短期一样，只不过市场均衡由长期供应决定，资源开发的均衡由 $P=LMC$ 决定，即资源开发者追求利润最大化的长期产量应使长期边际成本等于价格。资源开发的成本不同，因此均衡状态有所不同。

（三）帕累托最优分析

由于资源开发是多元主体参与的行动，按照新福利经济学的观点，只有实现帕累托最优才能达到全体成员福利的最大化。

经济系统中，假设有资源开发者 1 和 2，对两种资源 L（土地）和 M（矿山），生产两种产品 W（小麦）和 C（铜），则其生产函数为：$W=f_W(L_W,M_W)$，和 $C=F_C(L_C,M_C)$。假定资源的供给量是既定的，即 $L=L_w+L_c$，$M=M_w+M_c$，则高效率的资源开发利用过程则为：生产

①②黎诣远.西方经济学.北京:高等教育出版社,1999

契约曲线上的任意一点都是既定数量的资源被最有效利用时所能生产的不同商品的最大产量组合，即最优资源配置。其简要分析如下：

将 W 和 C 的等产量线合并在一个埃奇沃斯矩形中，这个矩形的边长是由一定的资源供给量 L 和 M 确定的，见图 10-10。显然，在矩形内有无数条代表 W 和 C 的等产量线。向右上角移动时，C 的产量增加而 W 的产量减少，向左下角移动时，W 的产量增加而 C 的产量减少。矩形内任意一点 P 表示为资源的一种配置状况，但是 P 点不一定就是高效率的资源配置。只有当 P 点恰好是 W 等产量线和 C 等产量线的切点时，才能得到一定资源配置状态下最高的产出量，实现资源配置的最高效率。由于矩形内有无数条 W 和 C 的等产量线，这些等产量线总是两两相切，因而必然产生无数个切点，连接位于矩形之内的所有切点，就可以得到一条从 O_w 至 O_c 的曲线，即生产契约曲线或称高效率生产线，处在生产契约曲线上时生产是有效率的，可以实现资源配置的最优化。

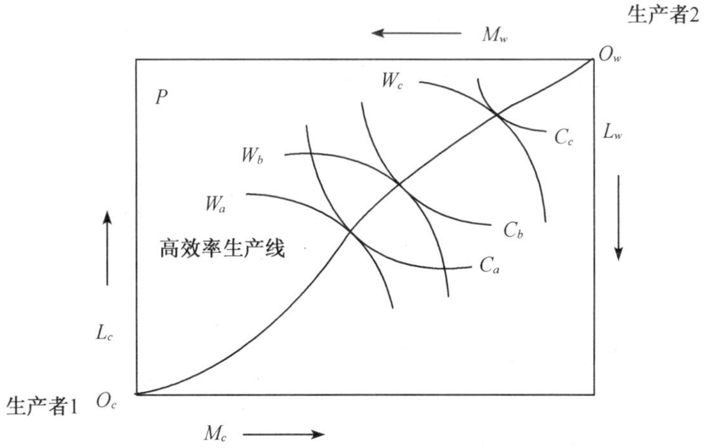

图 10-10　生产契约曲线

第二节　耗竭性资源的可持续利用

一、合理确定耗竭资源的开发利用速度

耗竭资源的开发利用速度问题实际是可耗竭资源在不同时期的配置问题，也就是要合理分配不同时期的资源使用量。高效率资源配置的社会目标是使资源利用净效益的现值最大化。

耗竭资源最适开发利用速度的确定是一项复杂的工程，含有诸多不确定因素，涉及到代际间资源的公平配置、科学技术进步的速度，以及具有经济价值的可替代资源的出现等因素。

耗竭资源在不同时期配置的核心问题是实现资源的高效率配置，即资源利用净效益的现值最大化。对于可耗竭资源而言，需要合理分配不同时期的资源使用量。由于可耗竭资源的供给是有限的，现在多使用一个单位的资源就会产生边际使用成本，即边际上失去的机会成本的现值，就意味着放弃未来使用该资源的净收益。所以，实现资源高效率配置的必要条件是：时期 1 使用的最后 1 t 资源的边际净效益现值等于时期 2 使用的最初 1 t 资源的边际净效益现值。只有限制或节约开发现有的耗竭性资源才能预留它给后代人。

影响耗竭资源合理开发利用速度的因素主要有贴现率、耗竭时间、新增储量和替代可能性等。若利率越低、耗竭时间越短、新增储量越少、替代可能性越差，则越应当减缓开发利用的速度。

二、耗竭性资源之间的替代

假设有两种可替代的可耗竭资源 1 和资源 2，在一定条件下，边际成本低的可耗竭资源可以被边际成本高的可耗竭资源替代。可耗竭资源之间替代的关系如图 10-11 所示。

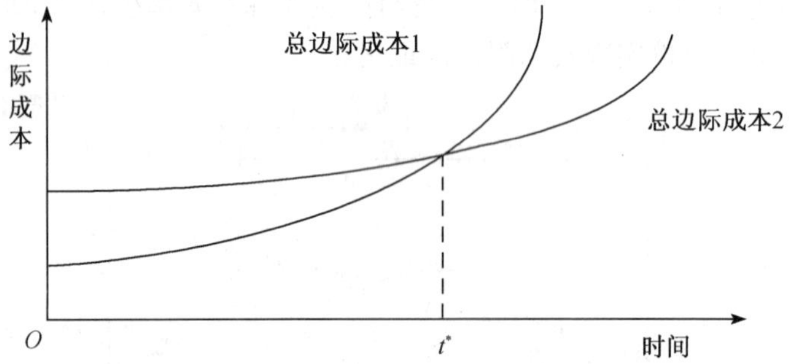

图 10-11 可耗竭资源之间的替代模型

两种耗竭性资源的总边际成本都随时间不断增加，在转折点 t^* 以前的时期，总边际成本低的资源 1 被利用。到转折点 t^* 时，两种资源的总边际成本相等。在经过 t^* 以后，总边际成本低的资源 2 会被利用，从而可能实现在未来某时间点发生的耗竭性资源之间的替代。所谓一定条件包括：开发成本、技术水平、消费偏好以及政策影响和区域贸易等。例如，由于政府出于治理污染和限制煤炭资源消耗政策，使燃煤供热的边际治理污染的成本增高时，就会刺激清洁而边际成本较低的天然气供热技术的发明并促进其替代煤炭资源。当国内的某种耗竭性资源的开采成本高于进口另一种可替代耗竭性资源的成本时，就会发生贸易型替代。

三、用可更新资源替代耗竭性资源

如果存在可替代耗竭性资源的可更新资源，则可以考虑用可更新资源替代耗竭性资源。

假设：①可耗竭资源存在可更新资源替代品，该资源单位生产成本固定，且可以无限供应；②随着可耗竭资源稀缺程度加大，其开采成本就会上升；③假定一个单位的可更新资源可以替代一个单位的可耗竭资源；④资源的需求曲线不变(见图 10-12)。

图中，S_0 表示可耗竭资源当前的供给曲线；D 表示该类资源的需求曲线。S 表示可替代该资源的可更新资源的供给曲线。此时，资源的供求平衡点在 E 点，这时资源的供应完全依靠可耗竭资源，其供应量为 B。随着可耗竭资源的减少，其边际开采成本上升，导致可耗竭资源的供给量减少，供给曲线上升到 S_1，此时，就会发生可再生资源对可耗竭资源的部分替代，可耗竭资源的供应量减少为 O-A，可更新资源的供应量为 A-B。随着可耗竭资源的

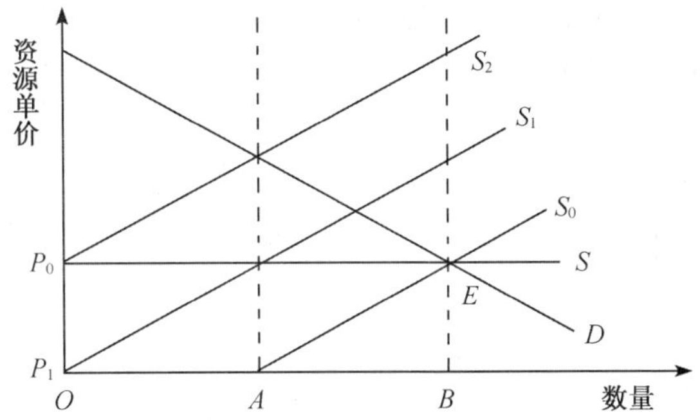

图 10-12　可更新资源替代耗竭性资源示意图

进一步减少，其边际开采成本上升到较高水平，导致可耗竭资源的供给曲线上升到 S_2，此时，就会发生可再生资源对可耗竭资源的完全替代，可耗竭资源的供应量减少为 0，可更新资源的供应量上升为 B。

从图 10-12 中可以看出，在有效的资源配置中，实现了可耗竭资源向可更新资源替代品的过渡。可耗竭资源的开采量随着边际使用成本的增加而逐渐减少，直到替代品的出现并最终替代它。

四、技术进步对耗竭性资源的影响

1. 技术进步可以使可耗竭资源的可采储量增加

当地理位置优越和高品位资源开采殆尽的时候，人们必须转向地理位置不好和低品位的资源勘探。例如，海底和地层深处的资源。勘探这种资源的成本被称作边际勘探成本，它随时间的增加而增加。当一种资源的总边际成本随时间的增加而不断增加时，社会就会积极勘探新的资源。如果新发现资源储量的边际开采成本足够低，就会降低至少会延缓总边际成本的增长速度。

2. 技术进步可以延长耗竭性资源被替代的时间

由于技术进步增加了对低品位资源的依赖，但是边际开采成本持续下降，而资源开采的总边际成本的真正降低需要一定的时间。尤其对耗竭性资源数量是有限的，其总边际成本的下降只会是暂时的，最终必然会上升。因此，技术进步只是延长了耗竭性资源被替代的时间。

3. 提高有效技术投入可以替代资源投入实现增产①

根据技术与资源的使用量在生产中的相互联系，从资源使用与有效技术投入的等产出线入手，研究资源对有效技术投入的替代率，可以设定产出最大化模型来实现最优控制。

模型如下：

$$\mathrm{Max}GNP_t = f(TE_t, US_t) \qquad (10\text{-}8)$$

$$s \cdot t \cdot \quad US_t = US^* \qquad (10\text{-}9)$$

式中，TE 为有效技术使用量；US 为资源使用量；$f(\cdot)$是关于 TE、US 的 GNP 产出函数；

①李亚静. 资源技术替代率的资源定价模式探讨. 生态经济. 1997(5)，略有删减

US^* 为相对最优的资源使用限制；资源、技术和产出的关系可以用产出等产量曲线表示（见图 10-13）；AB，$A'B'$ 为不同产出水平的等产量曲线，且 $A'B'>AB$。

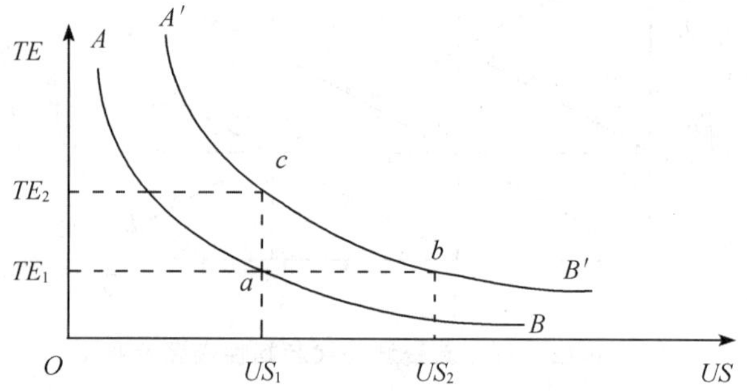

图 10-13　资源、技术与产出的关系

首先，资源与有效技术投入之间存在着一定替代关系，等量的产出可分别由不同的投入（TE_i，US_i）实现，i 为等产量线上任意一点，当技术不变时，产出水平的提高必然导致资源使用量的增加。如图 10-13 中等产量线 AB 上的 a 为初始状态，当 TE_1 不变时，要使产量增至 $A'B'$，则必须到达状态 b，此刻，$US_2>US_1$。而当资源使用量不变时，要实现产量的增加，则必须提高有效技术投入；如图 10-13 中，从 AB 线上的 a 点到 $A'B'$ 线上的 c 点，则 $TE_2>TE_1$。

其次，在资源使用量上限约束下，合理发展应该是技术不减弱，产出不减少的发展。相应的资源使用量小于资源合理使用量上限约束时，即图 10-14 中 a 为初始状态，$US_a<US^*$ 时，自然资源有可以进一步使用的潜力，图中 $Aabc$，发展初期还可以利用增加资源投入实现增产；一旦资源使用量到达资源上限约束 US^* 时，则必须要提高有效技术投入，才有可能提高产量。如图 10-14 中，当初始状态 a 点相应的资源使用量已大于资源使用量的上限约束到达 a' 点时，$US'_a>US^*$ 时，那么实现不减产乃至增产，必须提高有效技术投入。这时，经济增长的合理发展空间减小到 $A'bc$。

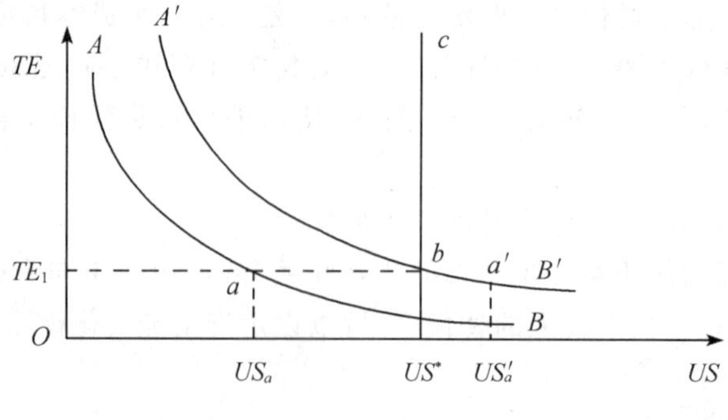

图 10-14　$US_a<US^*$ 和 $US'_a>US^*$ 时，a 点的合理发展空间

五、垄断经营对耗竭性资源的影响

在自然资源产品市场存在垄断的情况下，自然资源的开发利用速度会比完全竞争情况下的资源开发速度慢。

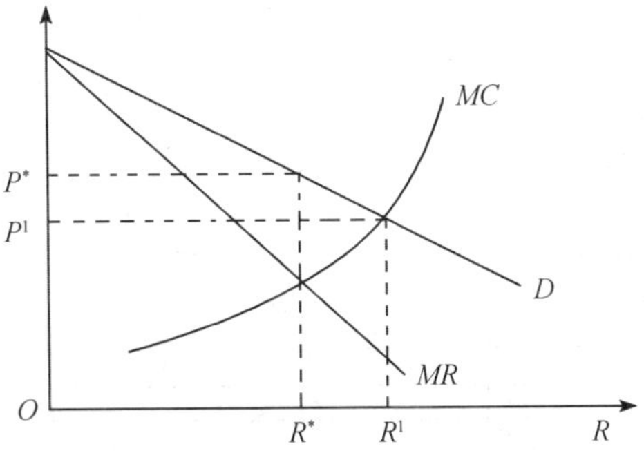

图 10-15　垄断企业与竞争性企业的生产水平

图 10-15 中，MR 和 D 分别表示垄断经营下的边际收益线和社会需求曲线；MC 表示企业开采资源的边际成本曲线。在垄断经营的情况下，资源的开采规模为 R^*，而竞争性经营下的开采水平为 R^1，可见垄断经营下的资源开采水平比竞争性经营下的开采水平低，使资源消耗的速度减慢。从价格方面来看，垄断经营下的资源产品价格高于竞争经营下的资源产品价格。

六、耗竭性资源的安全性储备

对于耗竭性资源而言保证市场和国家战略供应的主要途径有：国内生产、储备调剂，资源进口和对外投资等。

(一)建立耗竭性资源安全储备的作用

1. 缓冲供需矛盾，避免资源价格的剧烈波动

在市场上价格较高时，政府通过动用资源储备供应市场以降低价格，在市场上价格较低时，政府通过增加资源储备来减少市场供应量，以提高资源价格。以石油为例，石油储备分为战略石油储备和商业石油储备(平准库存)，对石油进口国而言，战略石油储备是在战争、自然灾难和国际油价暴涨危及国家安全与社会经济正常运转时，用以保障国家石油的不间断供给。平抑油价的作用主要由政府和相关企业的平准库存执行，战略石油储备的动用往往具有抗拒风险、保障安全、平衡供需、抑制油价、影响石油政策及调整市场心态的功能。

2. 保障经济、政治和军事的安全

20 世纪发生过的所有战争几乎都与能源有关。建立耗竭性资源的安全性储备可以提高一个国家的经济、政治和军事的安全程度。下面以石油资源为例说明的资源储备对各种安全的影响。①

假定国内石油生产成本高于国际平均成本，企业追求的最终目标是经济效益最大化，国内需求对世界石油市场价格影响暂且忽略不记(见图 10-16)。

图 10-16 中，S_d 是国内供给曲线；D_d是国内需求曲线；p_1、p_2、p_3 是不同供求平衡状态下的价格水平；q_1、q_2、q_3、q_4、q_5是不同供求平衡状态下的市场购买量；S_{fe}是国际石油市场价

①姚予龙，谷树忠．资源安全机理及其经济学解释．资源科学，2002(5)．p49-50

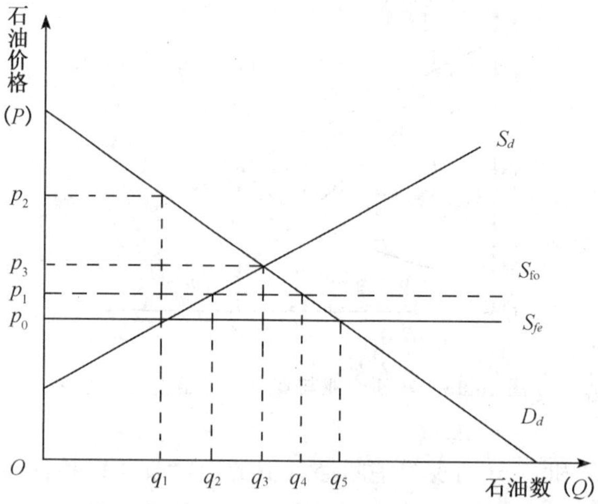

图 10-16 石油资源的供求安全分析

格决定的进口曲线；S_{fo}是石油国际市场价格加“风险成本”或“保险费”(vulnerability premium）决定的进口曲线。该“风险成本”或“保险费”实际上是由于进口石油所产生的国家安全成本的量化。

一般而言，在完全市场调节和国家不干预石油交易的情况下，企业会购买 q_5 数量的石油。其中 q_1 由国内供应，q_5-q_1 由进口获得。在这种情况下，一旦国际石油供应短缺或由于禁运而中断，会给国民经济持续发展和社会稳定带来强烈的冲击。从经济角度分析：由于石油供应中断，石油消费不得不完全依赖国内生产，尽管经过长期调整可实现国内石油的供需平衡，生产量为 q_3；但是在短期内，石油供给无弹性，生产量只有 q_1。供求失衡状况下石油价格会迅速攀升到 p_2，消费者剩余的损失是巨大的，如果考虑社会稳定问题，这种消极影响是难以估量的。

如果要预先防备石油危机的风险，就必须建立国家宏观调控机制，如通过立法设立并征收“石油保险金”(p_1-p_0)，把它以“风险成本”的名义摊派到有关企业中去。“石油保险金”的征收结果是，在正常贸易时期将石油供应价格提高到 p_1，这有三个效果：首先有利于刺激国内石油生产企业适当把生产量提高到 q_2，从而减少国内消费对外贸石油的依存度(国外进口量 q_4-q_2)；其次政府掌握了相当数量的“石油保险金”，用以建设国家战略性石油资源储备(SPR)，以备在国际石油市场价格剧烈波动或供应中断时，动用国内储备平抑油价和保证供应，起到石油价格振荡“吸收器”的作用；最后可以避免为抵御石油危机而盲目排斥进口，过量开发国内石油资源(此时“不经济”的生产量为由 S_d 和 D_d 决定的 q_3)，减少可供未来使用的资源储量所造成的资源代际分配不公问题。如果当代过度享用资源，虽然减少了短期风险，但由于国内石油生产成本上升，不仅使得生产、加工和消费几方面都受到损失，同时由于未来可采储量降低，增长了长期风险。包括了“风险成本”的石油供应曲线 S_{f0} 所对应的石油价格 p_1 存在一个阈值范围，其最高值是国内石油生产量达到 q_3 时的价格 p_3，这是国内供求曲线的平衡点价格；最低值是国际市场石油价格 p_0，即 $p_3>p_1>p_0$。曲线 S_{f0} 的高低与建立国家战略石油储备体系所耗费用是正相关的，储备费用越大，曲线 S_{f0} 也应该越高。国内石油供应量也存在一个阈值范围，既 $q_3>q_2>q_1$，它与国际石油价格以及建立国家 SPR

所耗费用分别成正相关和负相关。

(二)耗竭性资源的储备方式

耗竭性资源主要是矿产资源，它的储备也主要是对矿产资源进行战略性储备。

从广义来讲，矿产资源储备包括：矿产资源探明储量的储备，即只探不采；形成生产能力后的矿山产能储备；矿产品储备；矿产品加工产品—原材料的储备。国际上矿产战略储备的方式有两种。一是矿产品战略储备，一是矿产资源战略基地储备。

1. 矿产品战略储备

矿产品战略储备，主要是针对那些对国家安全有战略意义、国内又相对急缺的矿种所建立的储备。所谓战略矿产，美国的定义是，“国防所必需的、战争期间将全部或部分依赖国外供给并需要严格定量控制储存和分配的矿产”。所谓急缺矿产，美国的定义是，“国防所必需的矿产，战争期间其获得虽然困难，但不如战略矿产紧缺，因为可以在国内生产或买到较充足数量的这种矿产，或者其必须程度较低，对这类矿产只需要一定程度的储存和分配控制”。关于战略矿产和急缺矿产的具体界定，有的国家也有一定的量化的指标。

矿产品战略储备又分为两类，一类是出于国防安全而建立的储备，另一类是出于经济安全而建立的储备。

2. 矿产资源战略基地储备

矿产资源战略基地储备，系指为满足国家紧急或非常情况下的需要，将某些已知蕴藏有或可能蕴藏有重要战略矿产的地区，或某些已探明储量的矿地，作为战略保留基地，不准进行商业性勘查开发，仅供国家非常时期使用。矿产资源战略基地储备的对象是蕴藏有或可能蕴藏有重要战略矿产的地区，实际上储备的是探明储量或未探明的资源量。例如，美国在阿拉斯加北坡划出了大片含油土地作为国家石油储备地，只探不采。这是美国为了其长期的战略利益，把自己的资源储备起来，先去开发其他国家的资源。此外，玻利维亚、墨西哥以及其他一些国家也曾将国土面积中的一部分作为矿产资源战略储备地区保留起来。

第三节　可更新资源的可持续利用

按照产权关系可以把可更新资源分为可更新商品性资源和可更新共享资源。财产权明确的可更新资源称为可更新商品性资源，例如，私人拥有的耕地、森林。财产权不明确或者不可能确定财产权的可更新资源称为可更新共享资源，例如，公海渔场和生物物种。

一、可更新商品性资源的可持续利用

可更新商品性资源的可持续利用问题主要是确定资源的最大可持续收获量和最佳收获期。

最大可持续收获量就是在保障资源可持续利用的情况下，长期稳定的最大可获取资源量。这一数量与可再生资源的生长速度和生长环境有关。当可再生资源的数量很少时，种群生活环境较差，生物生长繁殖速度慢，死亡率高，增长率小。随着生物数量的增加，生物的生活环境得到改善，生物增长率迅速提高。当生物数量增加到一定程度之后，其生存空间变得相对狭小，种群内的死亡率上升，生物增长率下降。所以，最佳生存环境下的生物增长量

就是最大可持续收获量，这一点被称为自然均衡点，在这一点上，由于死亡和捕获造成的鱼的数量减少将由于出生得到补偿。

最大可持续捕获量只是生物学意义上的最大量，而不是经济学意义上的最佳捕获量。经济上的最佳捕获量可以通过测算各可能收获期下的净现值来进行分析。根据净现值最大法则，令净现值最大的收获期就是最佳收获期，其对应的收获量就是最佳收获量。

最佳收获期与贴现率有关，当贴现率低时，资源的最佳收获期较长。此外，可再生资源的生长速度、生长节奏、资源价格的变化、生产经营的风险、生产者的预期、资源更新的成本等因素也会影响资源的最佳收获期。

二、可更新共享性资源的可持续利用

(一)共享资源的特点

共享资源是指可以提供具有一定能力且具有需求的单位及个人共同使用和消费的资源，其实质是公共产品。共享资源具有如下特征：

1. 资源的共享性

任何具有一定能力且具有意愿的单位和个人都可以利用这种资源而不受限制。例如，公海上的渔业资源等，这些资源没有明确的所有者，只要愿意且有能力，任何国家、组织、单位和个人都可以开发利用，这样使产权结构不明晰，其非排他性属性具有公共产品的特征。

2. 供给的不可分性

共享性资源的非排他和非竞争性属性使其所有权、使用权、收益权和处置权是难以分割的。例如，有些共享资源因技术原因不能分割给不同的单位和个人使用，例如，清洁的空气；有些共享资源虽然可以分割但过高的分割成本使得分割不具有经济可行性；例如，优美的环境资源；有些共享资源即使能够进行低成本分割，但分割会违反帕累托最优或违反伦理道德，所以难以进行。

3. 利用的外部性

共享资源与外部性关系密切，资源的共享性使资源使用者在使用中产生私人成本与社会成本分离，个人收益与社会收益产生分离，收益个人化，成本社会化，产生外部性，出现过度利用资源、浪费以及环境污染现象。如果对共享资源的利用超过了资源的承受能力，这些外部不经济就会积累起来，加剧资源与环境经济系统的安全威胁、损害和恶化程度。

4. 管理的必要性

由于共享资源具有使用的外部性和使用过度的可能性，所以需要对共享资源的开发利用进行管理。管理的主要内容，一是产权的明晰和分割，区分出不同的产权特征，进而可以做出相应的制度安排；二是外部成本的内部化，通过共享主体之间的谈判来决定各自应负担公共产品成本的比例。(详见第三章的林达尔均衡分析)以及政府作为共享资源的所有者对利用者征税等手段进行管理。

共享资源的特点导致“公地悲剧”。在几乎所有涉及共享资源的选择问题上，为了保证自己的利益和利益最大化，每个人必然会做出这种理性的选择，即私人成本要低于社会成本，私人收益高于社会收益，这就是哈丁著名的“共享资源的自由使用会毁灭所有的共享资源”的论断，这种选择则终将导致“公地悲剧”的发生。

(二)共享资源的持续开发利用

1. 市场手段

共享资源持续利用的实现依赖于市场手段和行政手段。市场手段主要是依据科斯定理来明晰产权并进行产权的自由交易;行政手段主要是通过行政管制来消除共享资源利用中的外部性。

市场手段主要是依据科斯定理来明晰产权、建立产权交易市场。其实质是把共享资源非共享化。需要说明的是,使共享资源持续利用不一定必须明晰其所有权,在明晰其所有权的成本很高的情况下,可以通过明晰使用权、占用权等他项权利来达到这一目的。明晰产权是通过市场交易实现资源最优配置的一个必要条件,而不是充分条件。另一个必要条件就是"不存在交易成本"。因此,对于共享资源来讲通过明晰产权只能解决一部分问题,而对于公海渔业资源、大气环境等问题却束手无策。

2. 行政手段

行政手段主要是通过行政管制的方式来消除共享资源利用的外部性问题。具体措施有:直接控制税费手段和可转让的许可证制度等。

(1)直接控制:直接控制就是共享资源的所有者对共享资源利用中的外部性进行直接干预和控制,确定共享资源利用的强度及数量,采取诸如限额、标准和规定等办法对共享资源进行管理。例如,对于海洋渔业资源捕捞方式的限制(如对渔网网眼的尺寸、对捕鱼方式、对捕鱼时间的限制等)都属于直接控制手段。用生产总量限额进行直接控制的作用机理见图10-17。

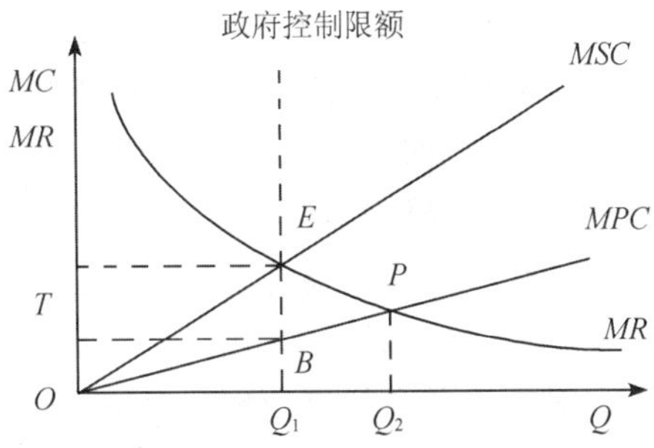

图 10-17　政府共享资源的直接控制与税费手段

在图 10-17 中,横坐标表示共享资源的利用量(Q),纵坐标表示使用共享资源的边际成本 MC 和边际收益 MR,MSC 为社会边际成本,MPC 为私人边际成本,MR 为利用共享资源的社会边际收益或私人边际收益。根据图形可知,对于私人来讲,在 P 点时 $MPC=MR$,共享资源的合理利用水平是 Q_2;而对于社会来讲,在 E 点时 $MSC=MR$,共享资源的合理利用水平是 Q_1。很显然在资源管理者不进行干预下,共享资源的利用量 Q_2 大于合理利用水平 Q_1,出现挤占共享资源现象。

假设资源所有者根据这种情况规定资源的最大可以利用量为 E,若资源开采者的开采数量超过这个限度就把他投到监狱或处以高额罚款。这样就可以保证共享资源利用水平合理,实现可持续利用。

(2)税费手段:税费手段就是通过对共享资源利用者收取一定数额的税金或费用来消除其在利用共享资源中所产生的外部性。税费收取标准等于资源利用者带来的社会成本与其自身私人成本之差。通过这种方式使资源利用者对共享资源的利用超过一定水平时就不再有利可途。

从图 10-17 中可以看出,为了实现共享资源的合理利用,对于共享资源利用者的课税标准(T)应当为:E 点对应的金额减去 B 点对应的金额。在这个税费水平上,若共享资源的利用量小于合理利用水平 E 点,则共享资源的边际收益 MR 大于边际成本$(MPC)+T$,因而资源利用者会加大共享资源的利用量;当共享资源的利用量大于合理利用水平 E 点,则其边际收益 MR 小于边际成本$(MPC)+T$,因而他会减少共享资源的利用量;所以,只有当共享资源的利用量为 E 点时,才达到均衡。

(3)可转让的许可证制度:共享资源的管制者可以以许可证的方式保证共享资源的利用水平合理,并通过允许许可证的买卖来达到资源利用的高效率。可转让许可证制度的高效率运行需要以下条件:一是资源利用者能够严格根据自己持有的许可证所允许的利用量来利用共享资源;二是许可证规定的资源利用总量等于社会的有效水平;三是许可证能够在资源利用者之间进行自由交换,许可证市场是完全竞争的。

第四节 自然资源的保护

在自然资源开发利用的过程中,必须注重自然资源的保护,只有这样才能实现资源的可持续利用。

一、自然资源保护的内涵

"保护"可以有几种不同的定义,按字义解释,它有保持、保卫、保障或保证某物安全或完整的含义。关于自然资源保护的种种观点,可理解为三个层次。

(一)生态伦理层次

生态伦理学认为,自然界中没有等级差别,在人与自然的关系中,人与其他物种乃至其他自然要素是平等的,自然资源和自然环境的权利以及人的权利都应该得到保护。只知道"向大自然母亲无限地索取、榨取、剥削,从不想为她做些什么,好比一个不孝子孙";[①]1998年的诺贝尔经济学奖得主阿玛蒂亚·森曾经在《伦理学与经济学》一书中,批评了伦理学与经济学长久分离的现象,指出"人在经济活动中需要同时体现经济效率和环境保护的要求"的基本命题。如果没有比经济学设定的限度宽阔得多的对土地价值的爱和高度尊重,就谈不上对土地和自然有伦理的对待。[②]

生态伦理的价值取向有以下几个方面:考虑人的社会需求和有机体与环境的关系;要保护地球生物多样性;要最低限度地耗用不可更新资源;人类活动要在地球承载力之内;要保护物种的完整性和稳定性;要考虑当代人与后代人的关系,把近期目标扩展到长远利益;保持人与自然协同进化。

(二)生态环境层次

生态安全是指生态和发展所需的生存环境处于不受破坏和威胁的状态,主要关注当代人的生存底线是否受威胁,自然生态系统的状态能否维持经济社会可持续发展。要实现生态安全就必须保护自然资源。保护主要是对资源承载力和环境容量的维持,从而促进资源

---

①邱仁宗.脱离人类中心论-关于环境的伦理[J].方法,1998(8)

②[英]E·库拉著,谢杨举译.环境经济学思想史.上海:上海人民出版社,2007

利用的经济、生态和社会三大效益的协调。正如环境伦理之父奥尔多莱奥波德（Aldo Leopold）所说，经济发展的“健康指的是土地自我更新的能力，保护是我们理解和保存这一能力的努力。”[①]因此，自然资源保护可以定义为：保护地球上的资源以使其潜力和效率不降低，或是保持近似于自然状态下的条件，只容许明智地耗用资源。这里“明智的耗用”就是在资源承载力下的环境保护，生态补偿和资源的节约、循环等方式的可持续利用。

（三）社会经济层次

从社会经济角度看，“保护”可以定义为资源的长期明智利用。包括两个层次，一是高效、合理地利用现有的资源，消除经济浪费和社会浪费，使社会净收益长期最大化。二是对耗竭性资源实施节约性和保护性开发，不透支未来，为子孙做更多地预留；对可更新资源实施可恢复性开发，增加资源产出率；对脆弱的生态环境实施修复性保护（如建立自然保护区），限制甚至禁止资源开发。

二、自然资源保护与开发的关系

（一）保护和开发都是自然资源可持续利用的方式

自然资源利用方式由对自然资源的生产、销售和使用构成，开发和保护是其利用程度的体现。随着人口增长和消费水平的提高，自然资源的开发规模也不断扩大。导致耗竭性资源存量不足，再生资源的再生能力受限，这些都威胁到国家的资源安全。因此，必须对自然资源进行适度开发、节制性开发直至进行保护。

（二）不同的经济发展阶段对保护与开发的要求不同

在农业社会，人类在适应自然的过程中主要是资源的开发，没有保护的概念。在工业社会初期，由于科技的发明和被广泛应用，自然资源被大量开发，此时期虽然有环境伦理思潮，但没有保护行动；在工业社会后期，发展中国家相继崛起，经济加速增长，全球环境问题出现，资源约束性加强，环境政策不断提出和尝试，对资源保护与开发逐渐由分离走向兼顾；到了信息化社会，经济发展模式转型，技术和知识密集型产业为主导，生态文明理念开始形成，保护与开发走向相互协调促进。

（三）自然资源保护与开发有不同的类型和要求

根据保护对开发的影响程度可以分为：以开发为主的保护性开发和以保护为主的开发性保护；根据保护与开发的先后顺序可以分为：只开发不保护，只保护不开发和先开发后保护。不同的资源类型实现保护的开发条件不同：对于可再生资源，开发不能超过其自然更新速度以实现保护；对于耗竭性资源，开发不能超过其探明储量的增长速度或者是其被替代的速度以实现保护；对于恒定性资源则是越早开发就越早地实现对耗竭性资源的保护。

---

①［美］奥尔多·莱奥波德（Aldo Leopold）（1887—1949）《沙土年鉴》（1949）美国环境伦理学之父，提出土地（生态）伦理，提出：“像山那样地思考”；有利于生态的是善，否则是恶（编者注）

(四)自然资源的保护与开发两者应对立统一

保护与开发是可持续发展的两个方面。统一性表现在,保护是为了长远的开发利用;持续的开发利用需要对资源进行合理的保护,即资源保护的目的在于实现长期的、可持续的开发利用。矛盾性表现在,当前的保护与当前的开发利用相对立。所以资源保护与开发矛盾协调的实质是近期利益和长期利益的协调。处理好保护与开发的关系是实现社会经济可持续发展的前提和基础。

三、自然资源保护的基本原则

(一)立法原则

各市场主体在市场经济下是追求自利的,若没有法律的约束则各市场主体出于利润或效用最大化的目的不会顾及自然资源的可持续利用问题。所以必须通过立法来约束个人或组织的活动方式,保护自然资源,实现资源的可持续利用。

(二)政府主导原则

政府作为区域民众的代理人,有责任、有义务、有能力对区域的自然资源进行管理,比如通过资源调查统计、资源使用监督、资源产权审核登记、资源保护与利用规划等对社会经济主体的行为施加影响,从而实现对自然资源的保护。

(三)公众参与原则

自然资源的可持续利用涉及子孙后代的利益、涉及社会各阶层的利益,所以自然资源的保护需要社会多方参与。社会公众参与对自然资源的保护可以起到积极作用,这样做既可以集思广益,又可以加强社会的监督,有利于推动自然资源保护意识的普及与强化,有利于把保护自然资源变为一种自觉行为。

(四)丰富管理制度原则

自然资源种类丰富、性质各异,使资源的保护与管理非常复杂,严格的自然资源保护需要丰富的管理制度。自然资源的管理制度应当包括:①自然资源权属制度,包括所有权制度和使用权制度,目前管理的重点是使用权的管理。权属管理包括产权的初始登记、变更登记等;②自然资源规划制度,即对在一定规划期内对管辖区域内各类自然资源的开发、利用、保护、恢复和管理所作的总体安排;③自然资源调查和档案制度;④自然资源有偿使用制度;⑤其他制度,包括环境影响评价制度和“三同时”制度等。

四、几种典型自然资源的保护

(一)土地资源的保护

1950年6月中国就制定了《土地改革法》,1986年出台《土地管理法》,并于1988年12月和1998年8月,两次修订。同时出台了《国家建设征用土地条例》、《水土保持条例》、《农村土地承包法》、《农村宅基地管理条例》等具体的法律规范。

我国土地资源保护的具体政策包括：土地用途管制制度、土地利用总体规划制度、耕地保护制度、建设用地控制制度、土地复垦恢复制度、土地管理监督等。

（二）森林资源的保护

新中国成立以来，我国逐渐完善了森林资源保护的法律依据。1963 年发布了《森林保护条例》，1979 年颁布了《森林法（试行）》，1984 年出台正式的《森林法》并于 1998 年进行了修改。法律中，明晰了国家、集体、个人多种所有制共存的林权制度，指出了“以营林为基础，普遍护林，大力造林，采育结合，永续利用”的林业建设方针。

我国森林资源保护的具体政策包括：林业基金制度、封山育林制度、群众护林制度、森林防火制度、森林病虫害防治制度、森林生态效益补偿制度、珍贵树木及其制品衍生物出口管制制度、采伐许可制度、运输管理制度、森林植被恢复费征收制度等。

（三）野生动植物资源的保护

我国野生动植物资源保护的法律依据逐渐完善。1950 年出台了《关于稀有生物保护办法》、1988 年颁布《中华人民共和国野生动物保护法》、1991 年开始实施《中华人民共和国进出境动植物检疫法》，此外还颁布了许多相关的《条例》等法律法规。通过这些法律法规，明确了野生动物资源属于国家所有、对野生动植物的生存环境进行保护等野生动植物保护措施。

我国野生动植物资源保护的具体政策包括：保护野生动物的生存环境（如设立自然保护区，监视、监测环境的影响，实行建设项目的影响评价制度等）；对珍贵、濒危野生动物实行重点保护；控制野生动物的猎捕；鼓励驯养繁殖野生动物；严格管理经营利用和进出口活动；明确单位和个人的保护义务和权利；实行动植物检疫制度；对破坏野生动物者给予严厉制裁等保护措施。

（四）渔业资源的保护

1979 年我国出台了《水产资源繁殖保护条例》、《渔政管理工作暂行条例》，1986 年颁布《渔业法》，1987 年制定《渔业法实施细则》，1993 年出台《水生野生动物保护实施条例》，这些法律法规的颁布，完善了渔业资源的保护与开发利用方面的法律规定。

我国渔业资源保护的具体措施包括：建立了统一领导，分级管理的渔业资源保护管理体制；渔业养殖使用证制度；鼓励和支持外海和远洋捕捞；捕捞许可证制度；渔业资源增殖保护费制度；捕捞禁、限措施（禁止炸鱼、毒鱼，不得在禁渔区和禁渔期捕捞，不得使用禁用的渔具和捕捞方法，保护苗种，保护洄游通道）；水生野生动物的资源调查制度。

（五）水资源保护

我国是淡水资源严重短缺的国家，所以国家非常重视水资源保护与利用的立法问题。1988 年出台了《水法》和《河道管理条例》，1991 年颁布了《防汛条例》，1993 年推出了《取水许可制度实施办法》，1982 年公布了《水土保持条例》，1991 年出台了《水土保持法》，水资源保护方面的法律法规体系日臻完善。

我国水资源保护方面的具体政策包括：水资源国家所有制度；统一管理与分级、分部门管理相结合的水资源管理体制；防止水土流失，改善生态环境制度；防治水污染，保护和改善水质制度；水、水域和水工程的保护制度；用水管理制度（包括用水计划与水量分配，取水许可制度，用水收费等）等。

（六）矿产资源保护

我国矿产资源保护的法律依据逐渐完善。1950 年颁布了《矿业暂行条例》，1965 年出台了《矿产资源保护试行条例》，1986 年实施了《矿产资源法》，并于 1996 年进行了修改，1988 年出台了《水法》规范了地下水的开发利用。

矿产资源保护的具体政策包括：矿产资源的所有权、探矿权和采矿权等产权制度；矿产资源保护管理体制；勘查、开采过程中的保护管理制度（包括规划制度和审批制度，矿产资源税和资源补偿费制度，勘查、开采管理措施，集体、个体采矿的管理制度）等。

（七）自然保护区保护

自然保护区是对国家为了保护珍贵和濒危动、植物以及各种典型的生态系统，保护珍贵的地质剖面，为进行自然保护教育、科研和宣传活动提供场所，并在指定的区域内开展旅游和生产活动而划定的特殊区域的总称。包括资源管理保护区、自然古迹保护区、科研保护区、国家公园管理保护区、文化景观保护区等。自然保护区建设对于保护自然资源和生物多样性、维持生态平衡和促进国民经济可持续发展均有着重要的战略意义。

截至 2007 年底，我国仅林业系统自然保护区就已达 1 766 处，总面积 1.22 亿公顷，占全国国土面积的 12.7%。在全国范围内初步形成了一个类型齐全、分布基本合理的自然保护区网络。我国关于自然资源保护区的法律法规也逐渐完善起来，1985 年出台了《风景名胜区管理暂行条例》和《森林和野生动物类型自然保护区管理办法》，1993 年出台了《森林公园管理办法》，1994 年颁布了《自然保护区条例》，1995 年出台了《自然保护区土地管理办法》。

我国自然资源保护区的具体管理措施有：保护区管理体制；保护经费管理制度；保护区活动管制制度；保护区土地管理制度等内容。

第五节　资源承载力与资源安全

人类的经济活动既消耗资源又向环境排放废弃物质。因此，经济增长受到了资源承载力和环境容量的双重约束，要保证可持续发展，就必须将资源开发等经济活动限制在生态系统的资源承载力和环境容量的可以承受的范围之内。

一、资源承载力的概念与特点

资源承载力（resource carrying capacity）是指系统在不产生任何破坏时所能承受的最大负荷。按照联合国教科文组织的定义，资源承载力是指一定时间和区域范围内，在不超过生态系统弹性限度条件下各种自然资源的供给能力以及所能支持的经济规模和可持续供养的具有一定生活质量的人口数量。简单地讲，资源承载力是指资源能够承载经济发展规模和速度的能力。目前有关资源承载力的研究主要集中在土地和水资源、森林资源等单要素资源承载力。

资源承载能力是变动的,资源的承载力也受到系统开放程度的影响,随着区域开放程度的提高,各种自然资源流通的范围不断扩大,通过资源互补,一个区域的资源承载能力可以不断提高。因为承载媒体和承载对象都将随着时间的推移而变化,由于科技水平不断在提高,物质能量的转化效率不断上升,从而导致资源的承载力不断提高。见图 10-18。

图 10-18 所示,横坐标 OT 表示时间,纵坐标 OM 表示人口容量,曲线上的人口容量可以维持最低的生存标准,曲线 m_2p_2 上的人口容量可以保持现有的生活标准,那么 m_1p_1 上方的人口容量意味着部分人口面临生存危机,m_2p_2 之上、m_1p_1 之下的人口容量意味着生存不成问题但要降低生活标准,只有处在 m_2p_2 之下的人口容量才能实现生活水平的逐步提高,那么曲线 m_2p_2 就是资源的"可持续性界限"。我们把曲线 m_1p_1 称作资源的最大人口承载力(亦称人口承载量),把曲线 m_2p_2 下方的人口容量称作可持续的资源人口承载力(或资源人口承载量,亦即适度人口)。

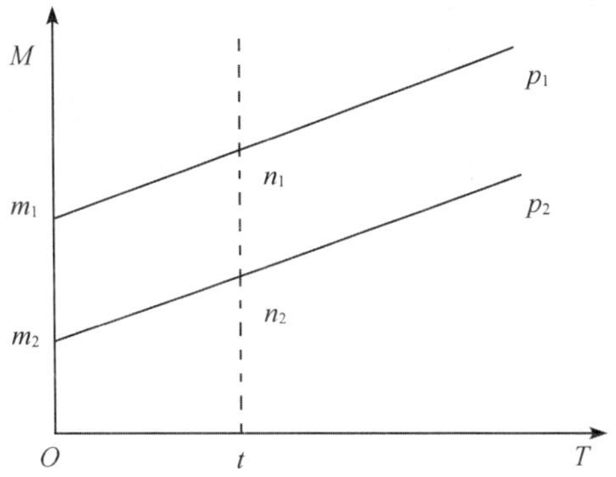

图 10-18　资源人口承载力示意图

二、资源承载力的评价步骤

(一)测定一定技术水平条件下资源的生产力

资源对人类活动的供给方面集中体现为资源的生产力。资源生产力指资源给人们提供各种物质能量的能力,其中起决定作用的是自然植被净第一性生产力。根据当地的气候条件、社会经济状况,测算出一定技术水平条件下资源的物质或能量总产出。

(二)计算一定生活水平下可维系的人口数量

根据人们的膳食结构,算出在一定的营养水平下人均消耗的热量和蛋白质的数量,从而得出人均所需物质和能量。再根据一定技术水平条件下资源、环境的物质或能量总产出,计算出该区域能够承载的最大人口数量。此外,还可通过分析区域现有的各种资源可用量与当前发展模式下社会经济对各种资源的需求量之间的关系来分析资源承载力。需指出的是,资源承载力分析评价中运用的计量单位可以是多种多样的,可以是重量、体积、面积、实物和人口数量等。目前西方学者又创造了以能量为基准的分析方法,用于定量研究资源承载力。

三、资源安全

(一)资源安全的含义

如前面所述,资源安全是指一个国家或地区可以持续稳定及时足量和经济地获取所需的自然资源的状态和能力。供给不安全是指在特定的时间和技术水平下，如果资源开发不能保障供给和地区的生存和发展的供应所导致的资源不安全；需求不安全是指如果经济规模和社会发展对资源使用与消耗的需求出现不稳定状态或对人类生存构成一定的损害所导致的资源不安全。

资源安全的内涵包括：数量上的总量充裕和人均量充裕；质量上要实现最低保障；结构上要确保供给渠道的多样性；均衡包括区域均衡和人均均衡两个方面，区域均衡会因非均质分布导致的运输成本的增加，人均支付能力的均衡体现社会分配的公平性。

资源安全问题的产生是由于资源开发强度超出资源承载能力。按照我国环境工作者提出的分级定量分析模型可以看出开发强度/资源承载力≤1 是可持续发展的必要条件。当两者比值为 0～0.8 之间时，表明开发强度不足（适宜大量开发）；两者比值为 0.8～1 时，表明达到开发平衡（需注意控制）；两者比值为≥1 时，表明已开发过度，不宜再开发。①

在资源稀缺状态下，实现资源安全具有重要意义：一是要确保资源的可获得性与供应的稳定性，有利于构建国家战略性资源安全保障供给体系，规避全球化和地缘政治环境带来的资源和能源风险，实现国民经济持续、稳定、健康发展。二是要确保资源环境系统的生态系统稳定或可恢复性和服务功能，有利于实现资源利用的最优配置和代际公平，确保国民经济持续发展。

（二）资源安全的影响因素与评价

1. 资源安全的影响因素

影响资源安全的因素包括：资源因素、经济因素、政治因素、运输因素、军事因素和技术进步等。

资源存储量和供应水平是资源安全的基本条件。一个国家的资源储量丰富，市场能力越强，资源保障度就越高，资源的供应越安全。政治因素方面，影响资源供应安全主要表现形式有：资源进出口国家之间的政治关系，资源供应国国内以及与周边国家的政治变化，世界地缘政治的格局，资源需求国之间政治关系的变化以及政治性突发事件等。运输方面，资源的安全性与生产国和消费国之间的距离成反比关系，还与运输线的安全状况、运输方式和资源运输的保卫能力有关。军事因素方面，表现在对海上运输线的保卫能力，对重要海域的控制和影响力以及对资源生产基地的干预能力等。经济因素方面的，表现在进口国对资源的需求量、外汇水平、价格变动以及以资源为对象的投资行为等，出口国的资源生产量、汇率制度、结算方式、资源政策、集团化垄断水平以及利益分配制度等。技术进步方面，替代性技术和保障水平对资源安全也有影响。

2. 资源安全的经济评价

对资源安全的评价应从资源、政治、军事、运输、经济和技术等方面综合评价，不同国家根据本国的国情设计了不同的资源安全指标范围和警戒线。在此只介绍资源和经济方面的资源安全评价的几个基本指标（见表 10-1）。

---

①刘殿生. 资源与环境综合承载力分析. 环境科学研究，1995 (2)

表 10-1　资源安全的评价的指标

类型	指 标	公式及含义
资源方面	资源保障度(B)	$B=K\times R_S/R_C$　K：资源综合回收率；R_S：资源可开采储量；R_C：资源的消费量
	资源对外依存度(Y)	$Y=(Q_i-Q_E)/Q_C$　Q_i：资源进口量；Q_E：资源出口量；Q_C：资源消费量
	资源储备率(S)	$S=R_S/R_C$　R_S：资源可采储备量；R_C：资源消费量
	资源进口集中度(C)	C=前 3 位或前 8 位国家的资源进口量的和/总进口量
	资源进口份额(F)	$F=Q_i/Q_w$　Q_i：资源进口量；Q_w：世界资源贸易总量
经济方面	短期资源进口能力指数	短期资源进口能力指数=100－资源进口总额/资源出口总额×100
	长期资源进口能力指数	长期资源进口能力指数=100－资源进口总额/外汇储备额×100
	资源价格波动系数(P)	$P=(P_h-P_1)/P_a$　P_h：某时期的最高价；P_1：同期的最低价；P_a：同期的平均价

(三)实施资源安全的经济战略

构建国家资源安全体系要从资源开发、消费、贸易、技术创新和管理等多方面综合考虑，设计分项战略形成完整的复合保障体系。中国既是现在的资源存量大国和资源开采大国，也是未来的资源消费大国，系统地构建国家资源安全体系的核心目标就是保障国内资源基础，使得本国在遭遇国际供给风险之时，有较稳定的国内资源保障，使国家经济社会发展免遭资源供应中断的威胁和损害。

1.保护资源开发主权，实施资源补偿和保护工程

从全球角度看，资源开发利用必须兼顾全球范围内的资源效益、环境效益、社会效益和经济效益，有效地保护全球资源。从国家角度看，资源安全保护的核心是保护资源宗主国的开发主权、资源的多样性和资源的持久性。世界各国既有保护和开发本土自然资源的主权权利，又有不损害别国环境资源的责任。

2.发展资源贸易，制定短中长期资源安全战略

资源在国际之间的流动包括各国资资源的国际贸易和环境资本的国际转嫁。当一国在对外进行资源贸易的同时，也可能将其不利的环境资本输出到别国或国际之中。从长远看，国家资源安全还存在两种潜在威胁。一是在全球范围内某些资源成为绝对稀缺；二是资源供给高度集中于少数国家或地区。这些相对稀缺会给世界的资源市场带来非公平性经济隐患，有产生利益冲突的潜在危险。为此，前者可采取的对策是节约资源和节俭消费，增加对可再生资源的投资，鼓励资源开发利用的技术创新，开发替代资源和回收利用非再生资源。后者，即发达国家通常采取的对策是依靠政治、经济和军事实力，尽可能多地开发别国资源或控制本国资源尤其是耗竭性资源出口，尽量保存本国的资源。

3.控制人口规模，倡导适度消费的资源节约战略

控制人口规模，提倡资源的适度消费。构建资源节约型经济发展模式是资源安全体系建设的根本途径，建立一个低度消耗资源、杜绝资源浪费、提高资源利用效率和单位资源产出率的节约型国民经济体系，是提高资源安全保证程度缓解资源供需的紧张状态的根本手段。发展中国家应正确处理好经济发展与环境保护的关系，提倡资源的适度消费。同时，应

努力控制人口过快增长和解决贫困人口的脱贫问题，减轻人口对资源的压力。倡导以建立节地、节水为中心的集约化农业生产体系；建立以节能、节材为中心的节约型工业生产体系；建立以节省运力为中心的节约型综合运输体系，以及建立适度消费、勤俭节约为特征的生活方式。

4. 推动资源的深度开发，鼓励废弃物循环利用

发展循环经济，降低单位GDP产出中的资源和能源消耗比例。资源的深度开发重点是开发新能源、新材料和新资源，不断提高资源利用的深度和广度，降低单位GDP产出中的资源和能源消耗比例，发展循环经济，使废弃物进行资源化回收再利用。国际上，废弃物资源化已逐步发展成为重要的资源产业，例如，发达国家在20世纪70年代经历了以能源危机为标志的资源短缺之后，加快了在资源再利用方面的步伐。日本已能够对26％～39％的垃圾进行回收利用，欧洲其他国家对50％的玻璃进行了再利用，美国的废金属利用量已占其消费量的一半。废弃物资源化循环利用在农业、工业和城市生活中，在节约型社会的构建中的作用日益增大。

5. 增加研究和开发投资，构建资源安全保障体系

资源安全的科技保障体系包括研究与开发体系、技术创新体系、技术推广体系。例如，美国曾经执行战略贸易政策，通过政府的积极干预，采取更多措施扶植和帮助美国具有战略意义的资源和产业打开国外市场，特别是发展高科技及其产业。可以说，美国依靠科技与知识成为资源强国全球霸主。未来中国资源安全的科技保障体系，必须以科技进步为导向，明晰资源产权，建立国家科研、企业一体化的资源技术创新模式，开发重大资源工程技术，还要加强资源的综合性研究。

6. 制定合理的资源利用政策，实施科学的资源管理战略

资源安全管理包括建立资源安全预警系统，规范资源产权管理、市场管理、资产管理，以及开展资源法制教育、国情教育和国际合作。建立资源安全预警系统必须定量地界定资源安全的合理界限和资源供给的区域安全结构。仿照国际上的惯例，确定我国的资源安全警戒线，大致界定为资源缺口到达或超过资源总需求的7％～10％时，可以认为资源供给不安全。此外，保障我国经济社会发展的资源供给来源于三大方面，即我国大陆、海洋和海外。未来我国资源供给的区域安全结构应大致保持在陆上资源占60％，海洋资源20％，海外资源占20％。

7. 设计压力—状态—响应(PSR)模式，构建资源安全调控机制

资源安全调控机制是对某区域的资源的开发利用的安全状况进行监测、评价、预警后提出响应对策并实施的管理过程。其实质是解决资源开发利用程度与保障能力的关系。其关键是解决资源影响资源安全的各相关因素耦合后对资源安全影响程度的评价，进而提出相应的调控方式。按照联合国环境规划署(UNEP)和经济合作与发展组织(OECD)等部门提出“压力—状态—响应”模型(pressure-state-response)，模型中使用了“原因—效应—响应”这一逻辑思维来描述可持续发展的调控过程和机理。该模型主要通过“发生了什么”、“为什么发生”以及“我们将如何应对和反应”这3个问题来阐述资源安全机理。压力(P)是指人类经济活动、发展模式对资源环境经济系统的可持续发展产生负效应的因素；状态(S)是指反映在压力影响下资源环境经济系统的可持续发展的状态；响应(R)是指促进资源环境经济系统可持续发展进程所采取正效应的对策。

构建PSR概念框架下的资源安全调控机制的措施包括：首先，要对资源环境状况和开发潜力、资源供求态势、资源政策、科学技术发展水平和社会经济状况等做出精确的诊断和评价；然后，依照社会经济可持续发展目标制定实现资源最优配置和代际公平的开发、利用和保护政策；最终，要对资源安全状况进行动态监测和评估，对政策执行效果实施跟踪，以便适时调整资源管理政策，确保资源安全和经济持续发展。

8.承担资源持续利用的社会责任，推动生态文明

资源可持续利用的核心是保持人与资源环境的和谐发展，这是人类社会文明与进步的重要标志。人类必须对其子孙后代的资源基础承担起历史责任，对全人类资源共享地，人地关系和谐担负起社会责任。为此，应大力开展资源安全教育、国情教育、法制教育，灾害教育和危机教育，促使资源可持续利用贯彻于国民自身行动之中。并开展跨国之间和国际组织之间的协作，增强我国的综合竞争能力。应从意识、行动、制度和产业方面促进生态文明的建设。

本章小节

存量和流量是反映自然资源数量的两个重要概念。资源净流量可以反映自然资源的消耗速度。资源开发和再开发要讲求经济效率，即要遵循合理投入原则、均等边际原则、适度规模原则和集约利用原则。实现帕累托效率有三个必要条件：资源高效率的配置、产品的高效率组合和消费的高效率。在自然资源开发利用的过程中，必须兼顾资源保护和资源开发利用两个方面。自然资源保护包括生态伦理、可持续发展和经济三个层次。影响开发与保护的因素有自然资源的稀缺程度、经济发展水平、消费习惯、产业结构、政府政策、贴现率等。对耗竭性资源、可更新资源和共享资源应当采取不同的可持续利用模式。测定资源承载力并按照其来安排人口和经济的空间布局是实现资源安全的必要保证。

案例分析

［案例1］

建立我国石油战略储备，保障石油安全①

油价上涨已经对中国经济产生了负面影响。2004年中国净进口原油达1.2亿吨，仅价格上涨因素就多支出88亿美元，直接导致我国全年外汇损失额高达88亿美元。而且，仅原油这一种产品的进口就造成300亿美元的贸易逆差，削弱了净出口对我国经济的拉动作用。高油价还一定程度推动了物价上涨，加大了国内通胀压力。到2005年末，我国人均年收入仅为1 500美元，远远低于美国的2.27万美元；而且我国单位GDP的石油能耗是美国、欧盟和日本平均水平的2倍左右(2004年)，因此，对高油价的承受能力远远低于欧美日等发达国家。根据上面的资料分析中国矿产资源安全状况，并提出应对措施。

建立石油储备是稳定供求关系、平抑市场价格、应对突发事件保障经济安全的有效手

①本案例部分内容取自丁春香.高油价时代保障我国石油安全的对策探讨.资源节约与环保，2008(1)

段，是保障国家能源安全的核心措施。由于我国还没有完善的石油储备，既不能在低价时大量买进，也不能在高价时减少采购，由此造成的成本增加和机会损失，估计已可以建设相当规模的石油储备了。为应付石油供应中断的突发事件，石油进口大国都制定了应急战略石油储备目标，一般为90天的进口量。据目前我国原油进口的依赖程度，专家预测，采取90天进口原油的储备量比较理想。如果达到90天的净进口量，储备总量大概在3 500万吨左右。据此，可考虑采取2∶1比例，国家承担60天的储备量，民间承担30天的储量。要完成这样一个安全储备量，大约需要15个500万吨的石油安全战略储备库。

我国储备体系建设尚处于起步和摸索阶段，缺少实践经验，未形成成熟、高效的运作机制，因此，吸收借鉴国外成功经验十分必要。我国可以借鉴国际经验，在起步阶段宜采用国家战略储备和企业商业储备相结合的方式，加快国家石油储备体系和石油安全应急体系建设，鼓励和支持企业进行商业储备，增强企业抗风险能力。

[案例2]

"饿死穷人"去"喂饱汽车"——对生物燃料的分析

目前，国际流行的淀粉质产品制造乙醇技术分为三类：一类是使用玉米或者小麦等粮食作物；二类是用红薯、木薯、甜高粱等非主粮；三类则是农作物秸秆、林业加工废料、甘蔗渣及城市垃圾中所含的废弃生物生产，统称为纤维素。三种技术中，最为成熟的是玉米、小麦和甘蔗为代表的乙醇生产技术，巴西和美国已经有大规模的制造基地。

相对于玉米等粮食原料，木薯、甘薯、甘蔗等非粮乙醇虽能避免粮食消耗，但目前非粮乙醇产业化程度还不高。虽然多种作物可以作为能源作物开发，但真正能实现规模化商业开发的只有玉米、小麦、甘蔗等少数。近年来，世界各国发展生物燃料雄心勃勃，但是其代价则是全球粮价飙升，而大豆、玉米和小麦将首当其冲。在吃不饱或吃不好的情况下，把粮食转化为燃料在伦理上是进退两难的选择。

(一)"饿死穷人"去"喂饱汽车"的玉米燃料

生物燃料包括生物柴油和燃料乙醇，而豆油和玉米分别是美国生物柴油和燃料乙醇的基本原料，目前美国国内生物燃料的研发和生产火热，大型、超大型的工厂不断上马，对豆油和玉米的需求增长速度不断加快。美国提出未来10年内把美国的汽油消耗量缩减20%和增加生物燃料产量至1.07亿吨的能源目标，并实施了一系列扶持燃料酒精项目的政策，美国燃料酒精产量飞速增长。2006/2007年度美国燃料酒精消耗了5 400万吨酒精用玉米，约占全国玉米总产量的20%。预计2007/2008年度使用酒精用玉米8 400万吨，约占全国玉米总产量的25%。美国鼓励生物能源的生产，必将为生物能源的主要原料玉米提供需求基础，同时也势必增加美国国内对玉米的使用量，进而减少美国在全球的玉米供应量，使得全球玉米库存减少。由于世界乙醇汽油用玉米呈现强劲增长走势，年增长需求达25%，导致玉米价格持续走高。发达国家带动的全球乙醇汽油投资热，已经引起发展中国家的极大愤怒。墨西哥的玉米饼价格大幅上升引起大规模的民众抗议示威活动。委内瑞拉总统说，大量使用乙醇燃料就是以"饿死穷人"的代价去"喂饱汽车"。就连美国专家也预言：乙醇汽油热将造成世界8亿机动车主与20亿贫困人口大规模地争夺粮食。

(二)从能源偿还比来看并不划算

应从长远发展角度着眼。谷物基乙醇的原料直接与食品来源相竞争,其生命循环周期的碳排也是一个问题,这一能源投资的能源偿还(EROE1)比所需求的要少得多,这意味着产生的净能量很难高于生产它所使用的能量。乙醇要通过许多步骤才供应到用户:一是玉米种植、施肥和收割,二是玉米运送到乙醇工厂,三是生产乙醇,四是用槽车或罐车把乙醇运送到调和现场,五是调和,六是配送。把乙醇送到市场、送到每个调和中心经过许多步骤,大大增加了供应的复杂性。为增加原料、收割、加工和供应到市场的乙醇数量,生产乙醇要在化石燃料能源方面大量投资。因为各个步骤都需要使用化石燃料,作为运输燃料乙醇提供的能量应该超过生产它所消耗的能量。美国生产乙醇主要是用玉米,这种乙醇的能量只是比消耗的能量稍多一点。

2008年4月,美国能源部长塞缪尔·博德曼(Samuel Bodman)称,以玉米为原料的乙醇生产增长是导致粮食价格上涨的原因之一,美国应开始逐渐减少以玉米等粮食作物为原料生产乙醇。在寻求整体能源结构多样化的同时,我们还必须追求生物燃料的多样化。但博德曼并不贬低玉米乙醇的重要性,对玉米目前对美国能源安全性持肯定态度。但指出我们必须开发并使用新一代的乙醇。

从长远来看,植物纤维也就是以秸秆等纤维素为原料的燃料乙醇,才是今后行业的发展方向,而薯类和甜高粱仍然只是燃料乙醇的过渡原料。

资料来源:节选自“生物燃料的主要作物及经济学分析”http://new.boyar.cn/article/2008/09/26/

思考与练习

1. 自然资源的存量和流量之间有什么关系?
2. 在资源要素的投入和产出中,应当坚持哪些原则?
3. 比较恒定性、储存性和土地资源开发模型的差异性。
4. 比较分析资源开发的经济效率的主要途径。
5. 简述如何兼顾自然资源保护和资源开发利用。
6. 论述耗竭性资源的可持续利用的主要途径。
7. 简述技术进步对可耗竭资源的影响。
8. 简述垄断经营对耗竭性资源的影响。
9. 简述建立耗竭性资源的安全性储备的意义。
10. 简述共享性资源的可持续利用方式。
11. 如何理解资源承载力?资源承载力的测定有什么意义?
12. 如何理解资源安全,实施资源安全的经济战略是什么?

参考文献

[1] 曲福田.资源经济学.北京:中国农业出版社,2001.
[2] 黎诣远.西方经济学.北京:高等教育出版社,2003.
[3] 马中.环境与资源经济学概论.北京:高等教育出版社,2002.

[4] 厉以宁.张铮.环境经济学.北京:中国计划出版社,1995.

[5] 陈大夫.环境与资源经济学.北京:经济科学出版社,2001.

[6] 蔡云龙.自然资源学原理.北京:科学出版社,2001.

[7] 刘成武,黄利民.资源科学概论.北京:科学出版社,2004.

[8] 张帆.环境与自然资源经济学.上海:上海人民出版社,1999.

[9] 姚予龙,谷树忠.资源安全机理及其经济学解释.资源科学,2002(5):49-50.

[10] 刘燕华,李秀彬.脆弱生态环境与可持续发展.北京:商务印书馆,2001.

[11] 陈百明,等.谁在养活美国.北京:商务印书馆,1999.

[12] 何建坤.自然资源可持续利用战略与机制.北京:中国环境科学出版社,2006.

[13] 中国科学院国情发现研究小组:两个资源两个市场——构建中国资源安全保障体系研究.天津:天津人民出版社,2001.

[14] 王礼茂.资源安全的影响因素于评价指标.自然资源学报,2002(4):400-408.

[15] 沈镭,成升魁.国家资源安全及其保障战略.自然资源学报,2002(4):393-400.

[16] 潘家华.持续发展途径的经济学分析.北京:中国人民大学出版社,1997.

[17] 姬振海.生态文明论.北京:人民出版社,2007.

[18](美)汤姆·惕藤伯格,朱启贵译.环境经济学与政策.上海:上海财经大学出版社,2003.

[19]Tom Tietenberg. Environmental and Natural Resource Economics, New York: Harpe Collins Publishers Inc. ,1992.

第十一章　可持续消费

学习目的：了解消费理论和消费方式，掌握可持续消费的含义、内容、原则和构建模式。掌握适度消费和绿色消费的经济含义及其形成机理。

第一节　消费与资源环境问题

（一）传统消费模式的发展

传统消费模式的形成与发展，受到经济学家经济思想和政府经济政策的影响。古典经济学时期，资本主义加速发展阶段，对消费的认识来自英国的威廉·配第主张节制不必要的消费以保证资本积累和财富的增值。消费太多会变得懒惰。他认为，对那些不利于生产的消费应进行征税，可以节制消费，增加积累。亚当·斯密和大卫·李嘉图认为消费特别是奢侈性消费是非生产性的，不利于国民财富的积累，需要税赋加以节制。奢侈性消费是占有欲望超过改良愿望的非理性消费。法国的魁奈主张减少奢侈品的工业生产和消费，保护农业，让农民富裕起来，以保证必需品的供应。所以，在农业文明的发展时期，全民消费对资源的消耗是很低的。

19 世纪中期以后，庞巴维克提出边际效用价值论，19—20 世纪初新古典经济创始人马歇尔提出需求理论，提出了效用递减、需求价格弹性和消费者剩余理论，指出了休闲消费的重要性。美国经济学家凡勃伦（T. B. Veblen）提出社会阶层消费学说。20 世纪 30 年代资本主义大危机后，凯恩斯提出了有效需求理论，指出政府要通过财政和货币政策刺激需求。建立了消费函数理论，提出了消费倾向递减规律，在政府政策的推动下，工业化发展迅速，资源消耗呈现较快地消耗，并开始出现资源短缺问题。

第二次世界大战结束以后，西方发达国家进入高度工业化阶段，西方社会消费主义盛行。以美国为代表的工业化国家的经济模式是“高收入、高消费、高消耗和高污染”，其消费模式是过度消费。

20 世纪六七十年代以后，工业化进入成熟期，人口剧增，资源消耗急剧消耗，环境问题更加严重。社会消费观受到经济学家的影响，例如，当代经济学弗里德曼（M. Friedman）以及 Franco Modigliani 和 Gary S. Becker 等人提出强调货币和自由市场的作用、生命周期消费，主张家庭消费的新自由主义消费观念。一些学者对此进行了批评。生物学家艾立克（Eirik Newth）和保尔在《人口爆炸》（1968）一书中指出，当前发达国家的消费水准是发展中国家的 18 倍。西方发达国家的过度消费产生了严重的环境问题，加剧了全球贫富差距和不平等，并造成人体健康的损害。挪威前首相布伦兰特夫人所说，“假如 70 亿人都像今天西方世界一样消费如此多的能源和资源的话，那么，我们将需要 10 个地球，来满足我的需求。”

虽然马克思提出了社会再生产的地位及其生产关系，提出生产是消费的基本条件，生产要以消费为归宿。但是大多数工业化国家，主流消费观念认沿袭了凯恩斯的有效需求理论，刺激需求成为政府政策头等大事。一个以增长为主导的社会必将造成资源浪费以及自然生态系统的不平衡。以美国为代表的高资源消耗、高环境负荷的西方工业化模式和生活方式被全世界所推崇。美国人均自然资源使用量高于世界平均水平。有数据表明，美国占世界6%的人口却消耗世界资源的35%。据统计，一个美国孩子的消费相当于125个印度孩子的消费[①]。美国目前每年人均石油消费约3.28吨，是中国人均水平的10倍以上；美国人口只有中国的1/5，但人均资源消耗却5倍于中国；美国人均电力消耗是1 400千瓦时，是日本的1.5倍，是中国的7倍。美国还是全球资源浪费最大的国家。最能体现美国生活方式的，恐怕就是汽车和烘干机。美国是世界上最大的汽车保有、生产和销售国，3亿人口注册的汽车竟有2.6亿辆，减除孩子、老弱、残废和贫穷而不开车的人外，人均占有汽车大约超过1.5辆。据美国家用电器制造商2005年的一个统计，美国57%的人拥有烘干机，美国平均每户家庭使用烘干机消耗的电量达1 079千瓦时，美国居民住房电费的6%～10%都花在了烘干机上。因此，美国无疑是资源和能源的世界第一消费大国，也是世界第一浪费大国。[②]

(二)传统消费模式的特征

消费的本质是一种文化，它以物质占有和消耗为载体体现其社会价值观。经济学把商品分为非炫耀性商品和炫耀性商品，前者具有物质消费的功能，后者具有炫耀功能。炫耀性消费的效应包括攀比效应和虚荣效应。炫耀性商品的效用由价格决定，其需求曲线向右上方倾斜。价格越高，炫耀性商品的效用就越大，需求就越大。19世纪末期的美国产生现代消费，凡勃伦把炫耀性消费定义为：通过消费让他人明了消费者的经济力量、权力的地位，从而使消费者博得荣誉，获得自我满足的行为。美国环境专家艾伦·杜宁(Alen Duning)认为"当汽车占据了美国文化的中心位置的时候，消费者社会就在世纪的美国产生了。"这里所说的"消费者社会"是一个崇尚消费的社会，在本质上说与"消费主义"、"高消费"、"过度消费"是同一含义。

1.消费主义的主要特征

(1)它建立在机器大工业基础上，以大规模商品生产和商品交换为特点的一种工业文化，它以鲜明的重视物质消费的物质主义为特征，主张通过物质的占有来达到心理的满足。

(2)大规模消费需求有许多是为服务于资本的盈利和扩张而创造出来的，它要求人们永无止境地追求高消费。

(3)对消费商品象征意义的追求。把消费看作是自我表达和社会认同的主要形式，是社会生活质量的标志和幸福感的象征。

(4)消费主义向各个领域渗透，成为全球性新的社会统治方式。正如美国环保主义理论家比尔·麦克本(Bill Mckibben)所指出："消费主义是到目前为止最强有力的意识形态，现在地球上已经没有任何一个地方能够逃脱我们的良好生活愿望的魔法。"

---

①美国人占世界人口6% 消耗了35%的世界资源，http://finance.sina.com.cn 2005-8-5

②李北陵.美国是头号浪费大国/，大公报，http://www.takungpao.com/news/07/11/22/LTB-826730.htm

2.基于消费主义文化传统消费模式的突出表现

(1)消费结构不合理。主要表现为享受型、攀比型、形式化的消费在消费结构中所占比重过大。例如,发达国家曾普遍存在的过分追求时尚、频繁更换汽车等高档消费品;发展中国家过分的人情消费、公款消费和各种迷信等愚昧消费。

(2)消费心态畸形。消费就是为了发送某种信号,或者是为了满足占有欲,而不是为了满足自身实际需要。例如,超前消费、攀比消费、任性消费、奢侈型、炫耀型、浪费型以及荒淫型消费等。

(3)消费过分追求感官的刺激。浮躁、虚华、物欲横流是商业化社会的心理特征,消费者过分追求表象化的豪华包装、一次性的消费方式,缺乏对具有文化内涵、精神品质之类商品的关注。在媒体的推动下,眼球经济、注意力经济引导了虚华消费的主要潮流。

《纽约时报》2006 年度奢侈品报告中指出:中国奢侈品消费已达 20 亿美元,这个数字不大,但发展速度惊人,是全球增长最快的地区。据国内一家调查机构 2006 年底发布的一份关于中国奢侈品市场的报告,称中国的奢侈品消费群已经达到 1.75 亿人,占总人口的 13.5%;中国奢侈品消费占全球销售额的 12%,是仅次于日本和美国的世界第三大奢侈品消费国。通过品牌来显示自己的社会地位,成为发展中国家正步入上层社会的消费群体的普遍心态。

(三)传统消费模式的弊端

传统消费模式是消费主义文化主导的,以大量消费和大量废弃为特征的消费模式,容易走向过度消费。其主要弊端有以下几点:

1.加重环境负荷,加剧资源耗竭

一方面,许多消费品在生产、包装、储存、运输和销售等物流环节中,大量消耗来自环境的能量和资源;另一方面,产业结构和消费结构的升级对不可再生资源的消耗日益增加,这些都增加了资源和环境负荷。

2.导致资源浪费,造成环境污染

传统消费造成包括不可再生资源的损耗,以及包括森林、水、土地等资源的不可逆转的破坏性利用。同时,过度消费的膨胀物欲导致企业的生产过剩,生产活动和消费者行为所产生的外部性造成环境污染。

3.扭曲社会消费心理,导致消费文化低俗

工业化社会的消费只注重物质需求,而不注重精神需求。通过刺激物质消费来扩大生产,并把消费者误导到“拜物教”的行列,使人陷入一种非正常的消费需求境地,片面追求物质结果,导致社会发展畸形,出现许多社会心理扭曲甚至危机。

4.加剧社会不公平,引发社会问题

工业化社会的消费属于不公平消费。首先是代内不公平,主要表现为穷人和富人之间消费的不公平,穷国与富国之间、各国内部的资源分配的不平等。产业社会的消费方式表现为有人过度消费,还有人挣扎在基本的温饱线上,这脱离了消费的基本内涵和基本功能。其次,消费的不公平表现为代际之间的不公平。在资源的代际消费分配中,当代人和后代人相比处于绝对优势地位,后代人只得处于一种无法选择的地位、只能继承前辈消费后留下的资源和环境状态,尤其是不可再生资源的消费,如果当代人把自然资源消耗殆尽,则后代人只能开发成本昂贵的资源。

第二节　可持续消费的基本原理

一、可持续消费的概念

(一)可持续消费的概念

消费一词的本来含义就是消耗。《牛津英语词典》中对消费一词的定义是:"通过燃烧、蒸发、分解或疾病等花掉或毁掉;消耗、死亡;用完,特别是吃完、喝完;占去;花费、浪费(时间);变得憔悴、燃尽。"这种解释主要描绘了人类对自然资源的消耗,包括人类直接对自然资源的消耗和通过工业形态对资源的间接消耗。可持续消费最早的定义是联合国环境署1994年于内罗毕发表的报告《可持续消费的政策因素》中提出的:"可持续消费意味着提供满足基本需要和提高生活质量的服务和有关产品,同时最大限度地减少资源和有害物资的使用,以及在这些服务或产品的寿命周期内废物和污染物的排放,从而不危及未来各代人的需要。"

国内有的学者认为:"可持续消费是从满足人们的生态需要出发,在使用消费品享受服务的过程中遵循代际公平和代内公平的原则,以实现消费主体与消费客体及消费环境之间的持续、协调、共同发展的消费。""既符合代际公正原则又符合代内公正原则的、能保证人类物质和精神生活不断由低层次向高层次演进的、能促进可持续发展战略实现的消费。"从人与自然之间关系上说,消费的"可持续性"主要是指当代人满足消费发展需要时不能超过生态环境承载力的限制,消费要有利于环境保护,有利于生态平衡。它既要求实现资源的最优和永续利用,也要求实现废弃物的最小排放和对环境的最小污染。所以,可持续消费是指符合可持续发展原则,促进人类全面发展和社会进步、追求人与自然和谐相处的消费观念、消费方式、消费结构和消费行为。

(二)可持续消费的特征

可持续消费是一种新型的消费理念和消费模式,它以经济发展和社会进步为前提,以实现可持续消费为最终目的,它既不是消费不足,也不是过度消费,更不是二者的折中;它适用于全球各种收入水平的人们,是全人类共同追求的消费目标。其主要特征有:

1. 适度性

可持续消费是节约消费、适度消费。这里的"节约"是主张适度消费,反对奢侈和浪费,它不同于经济落后时期的"节制性"消费。后者生活水平低,缺乏生活情趣,而且需耗费更多的时间和资源,因此在本质上并不节约。合理的节约性消费是在基本不降低消费水平的前提下,最少量地消耗资源和能源,并使生活垃圾排放最小化。

2. 科学性

可持续消费是文明消费、科学消费。倡导从消费观念、消费结构和消费行为和消费模式上有利于环境保护和身体平衡。即可持续的消费模式要逐步消除传统消费中的纵欲无度和物质至上而导致的人类精神世界的空虚、生态平衡的破坏以及环境的污染,大力开展情趣高雅、文明的消费活动。

3.全面性

《里约环境与发展宣言》指出：人类“应享有以与自然相和谐的方式过健康而富有生产成果的生活的权利”，“使所有的人都享有较高的生活素质”，要“缩小世界上大多数人生活水平间的差距，更好地满足他们的需要”。可见，可持续消费就是要让人类生活得更好，要充分满足人类物质、文化和生态需要，全面提高人的素质，缩小贫富差距、减少自然资源消耗、持久地提供各类消费品及服务，创造良好的生存环境，满足人类提高生活质量的要求。

4.发展性

可持续消费注意在消费结构中不断提高精神消费比重：在总体消费中，增大精神文化消费比重；在物质消费中，增大绿色产品的消费比例，把对环境有害的各种消费控制在最低限度；降低生存资料的比重，提高享受和发展资料的比重等。可持续消费体现了对精神世界、社会和谐和自然平衡的追求。让不同阶层的人都能看到精神家园和自然家园的价值并使之成为共同的价值目标。

可持续消费因时间、地域、国家和民族的经济发展水平，人们的收入分配状况，习惯和偏好等不同而不同的模式，并且不断发展变化，所以，可持续消费还具有可持续性、适度性、保障性、差异性、变化性等特点。

二、可持续消费的原则

实现可持续消费，应遵循的基本原则包括适度消费原则、公平消费原则、科学消费原则、以人为本原则和公共消费比重增加原则。

(一)适度消费原则

既要反对过度消费，也要反对过分节约。过分节约的低消费虽然减少了消费中的物质消耗，但降低了生活质量，抑制了生活情趣，不利于身心健康与个性发展。适度消费原则要求坚持以人的需要作为出发点，以人的健康生存作为目标，逐步减少无意义消费和对人类健康无益甚至有害的愚昧消费等。消费是否适度可以从两个方面来衡量：①从人类总体角度上说，适度消费原则是要求人类把消费需求的水平控制在生态承载能力范围之内。②从人类个体角度上说，适度消费原则要求坚持以人的需要作为出发点，以人的健康生存作为目标，逐步减少无意义消费和有害消费—即对人类健康生存没有益处甚至有害的消费。例如，各种愚昧消费等。

(二)科学消费原则

用科学知识来指导规范消费，形成健康的消费方式是可持续消费的又一内容。消费方式即人们在消费时所采取的方法和形式，它通过人们日常生活中对衣、食、住和行的选择和要求表现出来。健康科学的消费方式是指一种既有利于社会成员身心健康发展，又有利于提高生活质量，丰富生活情趣，并且消费行为不至于造成对生态环境的破坏、对自然资源浪费的消费方式。

(三)以人为本原则

以人为本的消费原则是指消费结构上要形成合理的比例，实现人的全面发展。在物质消费与精神消费关系上，尽管物质消费是基础，但精神消费体现着人的本质。而且物质消费受到生理因素的限制，是有限的。虽然由于收入、价格、质量、偏好等因素影响，物质消费需求是有限的，而精神消费是无止境的，一旦基本物质生活需要得到满足后，精神消费决定了人的生活质量，对于提高人的思想觉悟、道德修养、心理素质、审美观等起着关键作用。人的发展并不只是物质消费的增加，而是精神消费的增加和精神境界的提高。因此，人本消费原则要求在满足基本的物质消费的基础上，不断提高精神消费所占的比重。

(四)公平消费原则

公平消费原则包括代内公平消费与代际公平消费两方面。①可持续发展的代内公平消费，要求任何国家和地区的发展与消费不能以损害别的国家和地区为代价。任何人都不应由于自身的消费而危及他人的生存和消费。②可持续发展的代际公平消费，要求当代人自觉担当起在不同代际之间合理分配与消费资源(包括自然资源和社会资源)的责任，当代人不应该由于本代人的消费而危及后代人的生存与消费，把当代人消费的成本转嫁给后代人。

(五)增加公共消费原则

家庭和个人消费具有分散性、私密性和灵活性；而公共消费是指满足社会群体的共享性和发展性需求的消费，它具有非排他性、非竞争性以及集中性、公开性和统一性等特点。其本质是公共产品的消费。随着人们需求层次的上升，国家和社区数量的增多，公共消费占全部消费支出的比重是不断上升的。例如，应提高公共绿地在城市中的比重，使城市趋于生态化；应提高公共交通在城市中的比重，以节约燃料和人均运费；应提高城市的集中供热基础设施建设，以节能和减少污染排放等。由于公共消费的人均资源和能源的消耗量和污染废弃物排放量通常低于私人消费和政府和企业的集团性消费，而且进行资源的集约利用和循环利用的管理运行成本都大大降低，而生态效率具有上升趋势。政府主导，市场参与的公共消费，可以消除“公地悲剧”的发生，有利于可持续消费，有利于提高社会整体福利，有利于社会的可持续发展。

三、可持续消费与资源环境的协调

(一)可持续消费与传统消费的区别

传统经济模式中消费者的消费决策依据是预算约束下的效用最大化，其目标是通过在不同的商品组合之间进行比较、选择，寻求消费的最大效用。在工业化和市场化的驱动下，消费模式走向物质消费主义。这种决策过程是假定不存在消费外部性的，尤其是不考虑消费的负外部性。一旦把消费决策的环境成本纳入决策范围，消费者的经济行为就发生了根本的变化。可持续发展的消费活动假定经济主体能够节约资源，通过资源循环使用和再生利用，减少对资源的过度消耗和浪费，使经济活动对环境的影响减到最小。

在可持续消费与传统工业经济中消费者行为的区别主要有：①可持续发展经济中消费者的消费决策约束条件不同于传统条件，包括预算约束和环境约束两种约束条件，决策目标也不再是单一的效用最大化，而是考虑到因消费活动产生的环境影响会减少总体效用。②预算约束和环境约束通过一定的制度安排是可以互相转化的，这样，消费的外部性会改变原有预算约束下的实际效用。③重视对环境影响的考虑，显示出消费者对循环经济的偏好。由于这种生态偏好(资源节约、环境友好)导致效用函数的变化。即使环境约束不改变预算约束，消费者也会根据消费的生态效用评价来决定消费的水平和内容，逐渐形成符合其生态偏好的消费决策和消费习惯。

(二)消费的外部性

1. 消费外部性的含义

关于消费活动的外部性的研究兴起于 20 世纪 90 年代后期，国外学者 Joachim Schleich (1997)探讨了贸易政策与消费外部性的关系，国内学者主要对消费外部性的表现形式和作用机理进行过研究。消费外部性包括正外部性和负外部性两个方面。消费的正外部性是指个人或集体的消费行为会使他人产生收益并有助于社会福利增进、环境改善。例如，使用资源节约型、环境友好型产品有助于减少环境压力，健康的文化消费和教育消费有助于社会进步。所谓消费的负外部性是指个人或集体的消费行为对他人或社会、环境产生危害却没有承担相应的成本。

2. 消费外部性的表现形式

具体表现为以下几种形式：①消费、使用危害他人健康的产品；②消费、使用或处置产品时损坏环境、耗费过多的资源；③消费包装过度、产品标准过高或使用寿命过短的产品而造成资源的浪费；④使用、消费来自濒危物种或可能恶化环境的材料加工的产品；⑤上述消费行为通过与相应生产活动的互动影响进一步加剧环境与资源问题；⑥国内消费行为对其他国家的环境产生影响。

(三)消费的生态效率

生态效率(eco-efficiency)概念是最早在 1992 年由“世界可持续发展商业理事会”(WBCSD)在其向里约联合国环境与发展大会提交的报告《改变航向：一个关于发展与环境的全球商业观点》中首次提出的。从微观看，生态效率是指生态性资源能满足人类需要的效率，它可看作是一种产出与投入的比值，其中“产出”指一个企业、行业或整个经济体提供的产品与服务的价值，“投入”指由企业、行业或经济体造成的环境压力。人类对环境的压力体现在两个方面：一方面是消费与生产总量对环境的影响，另一方面是单位生产与消费对环境的影响。生态效率的概念着重于后者。[①] 从宏观看，生态效率是经济社会发展的价值量(即 GDP 总量)与资源环境消耗的实物量比值，它表示经济增长与环境压力的分离关系(decoupling indicators)，是一国绿色竞争力的重要体现。[②] 可见，不论是宏观还是微观，消费的生态效率都反映了消费的效用价值与资源环境消耗的实物量比值。其中资源与环境消耗即环境压力也叫环境成本，可以用能源强度、原材料强度和污染物排放强度构成。

传统的消费理论只是从经济和社会的角度(即单纯从人的角度)论述消费对人类需求的满足和社会再生产所产生的影响，消费的促进作用就体现为消费的效率。例如，马克思经济学把消费视为生产的起点和目的，凯恩斯经济学则把刺激消费作为经济增长的动力。这些

---

①李丽平，田春秀，国冬梅. 生态效率—OECD 全新环境管理经验. 环境科学动态，2000(1)

②诸大建，朱远. 从生态效丰的角度深入认识循环经济. 中国发展，2005(1)

观点都没有考虑消费所带来的经济成本、社会成本和环境成本。与此不同,可持续消费的生态效率是从经济、社会、生态的角度,全面考虑到消费所带来的总收益与总成本,只有消费所带来的总收益大于总成本才是有效率的。整个社会的消费最优状态是消费的边际社会成本与边际社会收益相等。而消费的边际社会成本包括消费的边际私人成本和消费的边际外部成本,只有当消费的边际外部成本内部化时,才会达到社会消费最优。

第三节 可持续消费模式

从数量和质量上我们把可持续消费模式分为:适度消费模式和绿色消费模式。下面从其概念、经济分析以及构建此模式应采取的对策来分别阐述。

一、适度消费

(一)适度消费的概念

1.适度消费的定义

从经济与生态的关系来看,适度消费是指符合一国国情国力,适应于社会生产力发展水平,在自然资源与环境状况约束下的一种消费状态和过程;从生产和消费的关系来看,适度消费是指科学地处理积累和消费之间的相互关系,既能保证社会再生产顺利实现,促进社会生产不断发展,又能使人民生活水平有所提高的那样一种消费状况,与"过度消费"相对应;从消费的发展过程来看,它是与经济发展水平与个人收入水平相一致的合理消费水平,要求按照从低到高的层次安排消费结构,在较低层次消费需求得到满足后再进入较高层次的消费需求。

适度的"度"包括两方面的内容:一是国情;二是个人家庭收入,即人们的消费水平应与国情、与家庭的收入相适应。适度消费对于整个社会来说,是指与国情及实际经济发展水平相适应的消费;对于个人和家庭来说,是指与收入水平及社会风尚相适应的消费。适度消费包括科学消费和合理消费,它从数量和质量两个方面对消费的界定,即消费商品和服务的品质是生态型的,数量和标准是合理的。其中,科学消费是主体是本质;合理消费是数量表现。适度消费体现了与经济发展阶段和资源环境状况相适应的消费方式,它是在考虑资源存量、环境承受力、生态阈值的条件下以一定的经济发展水平为限度的消费者行为。适度消费有两方面的具体要求:一方面,应把人类消费需求的水平控制在生态承载能力之内。资源及环境的承载能力尽管会随着科技进步不断增强,但并不是无限的。另一方面,应坚持以人的需要为出发点,以人的健康生存为目标,逐步减少对人类健康生存无益甚至有害的消费。

2.适度消费相关概念

与适度消费相关的概念还有可持续消费、主要有绿色消费、合理消费。合理消费是指在一定的经济发展阶段,依据一定的消费伦理,而采取的健康的消费行为,它反对奢侈性消费、超前性消费和过度消费。绿色消费不仅指消费的产品具有环境友好特征,而且包含消费行为的生态化以及将生态环境本身视为一种稀缺的产品,其效用函数的变量比绿色消费的效用函数变量要多(后面将对绿色消费作详细论述)。

与适度消费相悖的过度消费是指脱离一国国情,超出生产力发展水平以及自然资源与环境生态承载力状况下的一种非理性消费状态。伴随着人口增长和生活消费水平不断提高，以及自然资源短缺与环境污染给经济增长带来的成本的增加，人们在基本生活条件得到一定保障后，应适度减少物质消费需求和减缓消费水平的递增速度，避免畸形的物欲膨胀下的过度消费，降低过度消费需求，降低生产所消耗的物耗和能耗，以保障自然资源的可持续开发利用；调整生活方式和消费结构，实施“节俭消费”和“绿色消费”模式，以便减少资源浪费和环境污染，提高生产和消费的生态效率。

(二)适度消费的基本标准

与经济发展水平相适应的适度消费，对经济和社会发展有重要的作用。消费对经济具有拉动功能，通过消费可以促使需求量的增长，推动生产的增长，增加就业，促进人民的生活水平和生活质量的提高。

从宏观上理解消费适度，就是指以满足人类生存发展的需要为基础，不超过自然的承载能力与个人生理承载能力，在不降低消费水平的前提下，减少浪费；二是指消费水平要适应生产力发展水平，适应收入水平，避免超前消费。前者可称为自然标准，后者可称为经济标准。

1. 自然标准

从自然角度来分析，消费是否适度可从下面两方面来衡量：①从人类总体角度上说，适度消费原则要求人类把消费需求的水平控制在地球承载能力范围之内；②从人类个体角度上说，适度消费原则要求坚持以人的需要作为出发点，以人的健康生存作为目标，逐步减少浪费资源和有害环境的消费。

2. 经济标准

从整个社会来说，消费水平应当与经济发展水平相适应，不能脱离社会生产力水平和消费品的总供给能力。从单个人来说，消费水平应当与个人的收入水平相适应，不能超过实际支付能力。从长期来看，一般应该按照“量入为出、略有节余”的原则确定消费规模。在一定时期和一定条件下，支出可以超过收入，但如果不切实际地追求过度消费，可能会引发一系列经济、社会和生态问题。

3. 伦理标准

适度消费从消费主义转向“适度性”伦理。适度性伦理要求消费以质量型、生态化、均衡性为基本特征，追求人类需求与自然需求的和谐、人的物质需求与精神需求的均衡、代内需求与代际需求的公平公正，最终建立物质文明、精神文明和生态文明共存的可持续发展社会。适度消费提倡过简朴的生活、以提高生活质量为中心的更高层次的生活。所谓“提高生活质量为中心”，不是以消费更多的物质财富和自然资源为标志，而是以知识和智慧的价值含量的高低为尺度。表现为商品和服务的种类，质量和数量的多样化，满足消费者发挥自己个性的主观需求和爱好，经消费者提高更多的消费选择的自由。亚里士多德指出：“过度与不及是可恶的特征，适度是德性的特征”。黑格尔也说过：“把握度对于实际生活，特别是对伦理关系也异常的重要。例如，就用钱而论，在某种范围内，多用或少用，并不紧要，……一经越过，用得太多或用得太少，就会引起质的改变，而原来可以认作节俭的行为，就会变成奢侈或吝啬了。”

(三)适度消费的经济分析

1. 消费的负外部性内部化

消费是人的再生产活动,消费是为了获得效用支付一定量的货币而消耗一定量的产品,产品的消耗意味着资源的耗用和废弃物的排放。也就是说消费具有正的外部性和负的外部性,为了克服负的外部性,要求消费活动遵循预算约束和环境约束。

微观层面的消费者最优消费决策本身就是考虑收入水平的消费,理论上符合适度消费的要求;同时考虑环境约束时,需在偏好上要求消费者具有环境友好和资源节约的特征,并通过增加消费者消费行为负外部性内部化的成本,在预算约束的基础上加上环境约束。

如图 11-1 所示,横轴表示消费数量,纵轴表示消费成本或收益价格,设定:边际收益 MR 表示消费的效用(可分别表示 MPR 或 MSR),边际私人成本 MPC 表示私人消费者的支付成本,边际社会成本 MSC 表示消费的负外部性,最优消费时边际收益与边际成本相等。出于追求消费效用最大化的目的,当私人最优消费点在 E_1 时 $MPR=MPC$,此时消费量在 Q_1,在不考虑消费的负外部性的情况下,应支付的成本价格为 P_1;由于消费存在负外部性,即产生社会成本,在承担社会成本时,社会最优消费点在 E_2,此时,$MSR=MSC$,消费量在 Q_2 点,应支付的成本价格应为 P_2。因此,消费的负外部性内部化时,消费者需多支付成本(P_2-P_1),消费量也应有所减少(Q_2-Q_1)。这样,考虑到消费的环境约束以及社会成本,消费者预算则需要增加,消费者消费量应有所节制。同时,考虑 MR 曲线的形状表示消费的边际收益递减的意义,私人最优消费 E_1 的边际收益低于社会最优消费 E_2 的边际收益,所以,使 E_1 接近 E_2,会有利于消费的代内公平以增加社会福利。

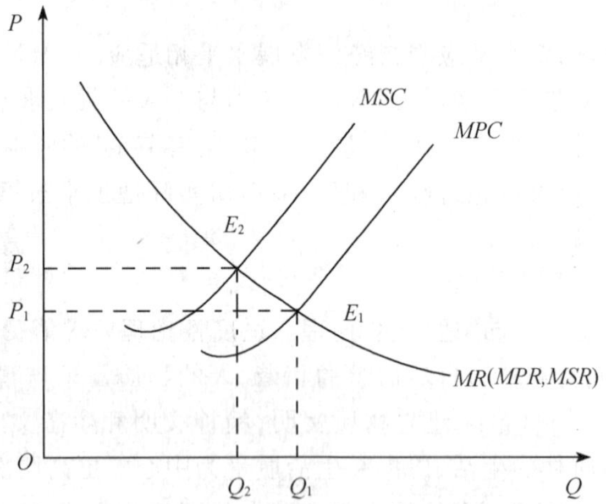

图 11-1 消费的负外部性内部化分析

2. 最优消费水平的确定

宏观层面的适度消费,不仅要考虑整个经济社会的消费和生产的分配比例,还应考虑该经济体在环境承载力和资源存量方面的因素。新古典增长理论的代表人物索洛(Robert Solow)在他的新古典增长模型中提出了经济增长的稳态及其形成机制,经济学家费尔普斯在此基础上找到了人均消费最优化与人均资本积累的关系式，即黄金分割律。他认为，消费是产出和资本积累的差额，在技术进步和劳动力增长率不变情况下，当资本的边际产量与劳动力增长率相等时，人均消费达到最大，人均资本量也达到经济增长的稳态水平，也就是资本的黄金率水平(图 11-2)。

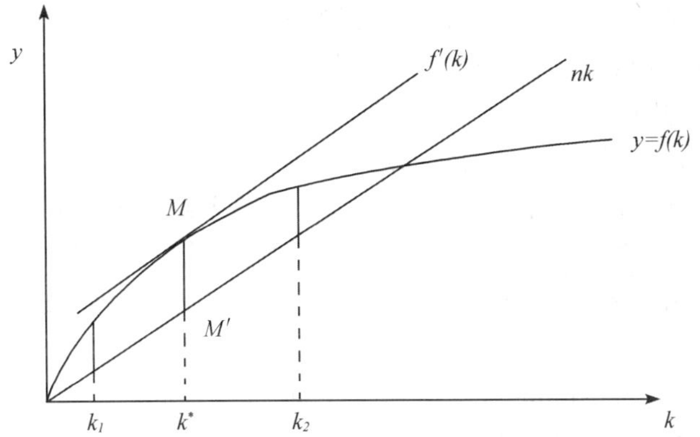

图 11-2　经济稳态增长与适度消费

在图 11-2 中，k 表示人均资本量，n 表示劳动增长率，nk 表示资本随着劳动增长率而增加的人均资本，$y=f(k)$表示人均资本的产出，$f'(k)$表示人均资本的边际产出。人均消费表示人均资本的产出 $f(k)$减去人均资本 nk 的积累，即两条曲线之间的距离。MM'为人均资本的边际产出等于劳动增长率时的人均消费。当人均资本为 k_1 时，人均消费小于 MM'；当人均资本为 k_2 时，人均消费也小于 MM'。只有当人均资本为 k^* 时，人均消费最大。

资本积累是通过人的活劳动把取之于自然的物质资源转化为人造资本，过高的资本积累会抑制人的消费，影响到人的再生产，而且导致大量的资本闲置，造成物质资源的浪费；过高的消费则会透支未来的生产能力，减缓资本再生产，同时也造成资源的过度消耗。符合可持续发展的适度消费应是在消费和积累之间进行合理安排的消费，既能照顾到人们现实需要的最大满足，又能保持一个稳定的增长水平，还能保证经济发展的可持续性。

3. 合理的消费水平增长率

合理的消费水平首先要保证人民最低限度的消费水平，其次要保证消费水平的不断提高，再次，消费水平的提高速度应适度慢于社会劳动生产率的增长速度。根据这些原则，合理的消费增长率的标准应该是：①消费水平最低增长率应该等于或高于人口净增长率与物价指数增长率之和；②消费水平增长率的上限应与国民收入增长率大体一致，不应持续地过高于或过低于劳动生产率。

如果用 C 表示消费水平增长率，用 r 表示人口净增长率，用 p 表示消费资料物价指数增长率，用 g 表示劳动生产率增长率，则合理的消费水平增长率大致在如下范围：

$$C_{\min} \geqslant p+r, \quad C_{\max} < g$$

(四)适度消费应采取的措施

过度消费是存在负外部性的消费，消除消费的负外部性，市场机制是失灵的，还要依靠政府的主导性作用。适度消费要正确运用各种调控措施，使消费保持合理的规模和水平，使消费的增长同社会生产的增长相适应，使有支付能力的消费需求同消费品可供量相适应，防止消费膨胀和滞后；不断地优化和提升消费结构，使之带动生产结构、产品结构和产业结构的升级。从宏观看主要的实施对策有：

第一，在消费水平和消费规模方面，控制消费和积累的比例；使消费水平的提高与国民收入增长速度相适应；消费水平的提高与社会劳动生产率增长相适应。为此，政策上应通过利率、价格、税收等手段调节固定资产投资增长速度，控制好信贷消费规模、结构和水平，对奢侈性消费等不符合可持续发展的消费品进行控制。

第二，在消费结构方面，要优化消费结构，缩小消费差距。要遵循消费结构变化规律，实现消费结构的升级和优化，以此来提高人民的生活质量，并拉动产业结构的调整和升级。例如，建立粮食节约型畜牧业生产体系，推进种植业结构调整由"粮、经"二元型向三元型的转变。

第三，在消费的人口结构和收入结构方面，鼓励按照不同收入水平相对应的梯度消费，缩小城乡之间、区域之间的消费差距，并控制在适度的范围内，消除社会贫困，保障社会基本消费水平，促进社会的稳定。

第四，在消费方式方面，倡导科学、文明、健康消费。

表 11-1 政府对不同类型的商品采取不同的消费节制措施

类型	办 法	实 例
阈值型	选择环境资源等方面因素为阈值系统，科学合理地确定一个或多数值作为对某种商品进行消费节制的阈值依据	空气质量和交通情况的监控信息对城市机动车的行驶区域、行驶时间、行驶里程、车种、牌照单双号、新车办理证照等方面进行控制管理
替代型	通过选择并逐步增加替代商品消费而压缩某种商品消费的管理办法	选择优质的清洁能源（天然气、石油液化气、煤气、电能等）进行逐步替代，如对城市部分区域或某些产业供应天然气、禁止使用燃煤等
禁绝型	针对致害消费，考虑历史和现实的各种因素，制定可行的步骤和阶段性目标，逐步将此种商品消费禁绝的消费管理	烟的消费为例，可以从若干方面采取措施，比如可以在人群中把青少年和孕妇列为禁止吸烟的重点对象；在公共场所、交通工具上划定无烟区；用法规和制度确定"无烟职业"、"无烟职位"，将反映吸烟活动与医疗福利、人寿保险等社会公益福利事项挂钩；以及向吸烟者增缴特种税收，以补偿吸烟对环境和他人健康造成的危害等
节约型	通过对生产与生活实行配额、限额，减少某种商品消费量，以保护资源的消费管理	我国城镇自来水价格实行配额、限额以及超额加价的消费管理办法。利用人对经济利益的敏感性提高企业和个人的节水意识，以期收到显著的节水成效

资料来源：吴振铎. 适度消费与环境保护. 生态经济，2001(9)(整理)

二、绿色消费

(一)绿色消费的概念

所谓绿色消费是指以保护消费者健康和节约资源保护自然环境为主旨，符合人的健康和环境保护标准的各种理性消费行为的总称，其核心是可持续消费。英国在1987年出版的《绿色消费者指南》中第一次提出了绿色消费的观点。该书将绿色消费定义为避免使用下列商品的一种消费：第一，危害到消费者和他人健康的商品；第二，在生产、使用和丢弃时，造成大量资源消耗的商品；第三，因过度包装，超过商品价值或过短的生命期而造成不必要消费的商品；第四，使用出自稀有动物或自然资源的商品；第五，含有对动物残酷或不必要的剥夺而生产的商品；第六，对其他国家，尤其是发展中国家有不利影响的商品。绿色消费在本质上反映出可持续的和承担社会责任的理性消费，即追求最优生活质量、自然资源消耗最少，消费过程中产生的废弃物和污染物最少。在消费的产品上主要包括三个方面：有选择地消费无污染的产品，消费过程中尽量避免对环境造成污染，自觉抵制和不消费那些危害环境的产品。

从消费者主体行为来说，绿色消费包含两层含义：一是消费者的权利，即消费者有权利选择那些没有污染、没有公害、有助于健康安全的消费品；二是消费者的责任，即消费者在消费过程中应避免过度消耗能源资源、破坏环境保护和生态建设，形成可持续的消费思想，在满足自身消费需求的同时，还要为子孙后代，也就是未来消费者的权益考虑。

从行为主体上讲，绿色消费有三种表现：一是倡导消费者在消费时选择未被污染或有助于公众健康的绿色产品；二是在消费过程中注重对垃圾的处置，不造成环境污染；三是引导消费者转变消费观念，崇尚自然、追求健康，在追求生活舒适的同时，注重环保、节约资源和能源，尽量选择无污染、无公害，有助于健康的绿色产品，把购买绿色产品视为一种时尚。

绿色消费是一种生态经济行为，体现出鲜明的生态文化特征，它要求尽量缩小生态足迹(eco-footprint)，减少环境代价。这种消费方式可以用5R生活方式来概括：Reduce节约资源、适度消费；Reevaluate绿色选购、品质消费；Reuse废物减量、复用消费；Recycle垃圾分类、循环消费；Rescue保护自然、人文消费。这种绿色时尚与中国古老的生存智慧相融：珍惜资源、简约其行；修身养性、高尚其志；关爱生命、强健其身；天人合一、和谐其境。

绿色消费在欧美日发达国家已成为一种时尚，企业在生产活动中，注意了解消费者对绿色消费的态度，引导消费者进行绿色消费，从而提高企业的形象，增加用户对其产品的忠诚度。国际经济合作发展组织(OECD)1998年的统计结果显示：到1998年，世界“绿色消费”已经达到2000亿美元。全球绿色产品市场继续在以20%～30%的速度增长，21世纪初，“绿色消费”规模猛增至3 000亿美元。[①] 另据调查资料，84%的荷兰人、90%的德国人、89%的美国人在购物时会考虑消费品的环保标准，85%的瑞典人愿为环境清洁支付较高的价格，80%的加拿大人愿多付10%的钱购买对环境有益的产品，77%的日本人只挑选和购买有环保标志的产品。[②] 绿色消费必将成为21世纪的主流消费。而我国目前环保商品出口额仅10亿美元左右，绿色产品出口额仅为2 800万美元左右。巨大的世界环保贸易市场为我国带来了新的机遇和挑战。

(二)绿色消费的“涓滴效应”

“涓滴效应”又译作渗漏效应、滴漏效应，也称作“涓滴理论”(Trickle-down theory，又译

---

①占英.横在中国企业面前的绿色壁垒，http://www.people.com.cn/

②绿色消费成为世界主流.北京晚报，2000-9-17

作利益均沾论、渗漏理论、滴漏理论)，指在经济发展过程中并不给与贫困阶层、弱势群体或贫困地区特别的优待，而是由优先发展起来的群体或地区通过消费、就业等方面惠及贫困阶层或地区，带动其发展和富裕。

绿色消费对生产方式和经济增长方式的转变具有“涓滴效应”(见图 11-3)。收入分配的涓滴效应能够带动经济增长和分配公平，其重要因素就是需求和市场的作用，这一机制在绿色消费方面也有意义。世界自然保护地球同盟在《保护可持续生存战略》中指出：“数百万消费者的‘绿色’行动的累积结果可能显著地改变资源消费的方式。”绿色消费的重要性不仅在于这种消费本身具有资源节约型和环境友好型特征，而且它可以产生市场需求，带动循环经济进入良性运转的轨道。经济发展到一定阶段，人们的生态需要产生了；作为一种深层次的精神活动，生态需要在一定预算条件下会转化为对生态型产品的需求，直接的绿色消费活动形成了生态型产品市场。根据斯密定律，分工取决于市场规模。随着消费需求的大众化，市场规模扩大，推动环境友好型产业分工加深，生态产业就逐渐形成。但是滴流效应能否出现取决于需求结构能否发生变化。因此，需要解决影响需求结构变动的阻止因素。

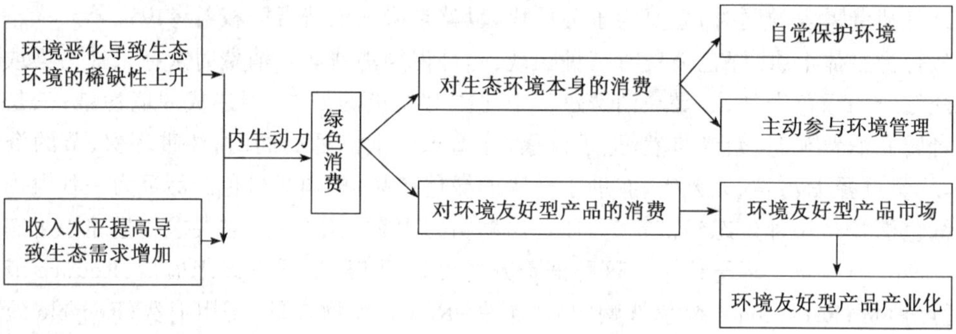

图 11-3　绿色消费的涓滴效应

(三)绿色消费的经济分析

1. *效用函数、消费的外部性与绿色消费*

微观经济学中效用理论，假定商品是同种商品、是同质的，数量越多满足的效用就越大。效用是用来反映偏好的，偏好的特征具有完备性、传递性、无餍足性①。在传统的经济学模型分析中，效用的代表物是商品数量，设效用函数为 $U=f(x,y)$。消费者均衡为：

$$\mathrm{Max}U \tag{11-1}$$

$$s.t.\ \ p_a x + p_b y \leqslant M \tag{11-2}$$

其中 x，y 表示不同商品的数量组合。这种代表物只是方便了经济现象的数学分析，却忽视了真正给消费者带来的福利和享受。另外，消费者自身的消费行为所造成的负外部性，也很难通过效用函数体现出来。这种负外部性表现为在消费者消费活动给自己带来便利的同时，没有承担废弃物处理成本，把这种成本转嫁给社会或他人。

---

①餍足：吃饱，满足。经济学中常用餍足点(bliss point)名词，表示在一组消费品组合当中，消费者最为偏好的一点，即在这一点以外的任何一点的效用都不好于这一点的效用

新的效用函数由改变后的偏好决定，消费者的偏好源于绿色需求。绿色需求是一种前瞻性和先进性需求，它建立在较高的环保意识和绿色消费意识的基础上，基于人们的生态道德观和社会责任感而产生，它包含了消费者的多种消费预期。新型消费方式要求尽可能地消费绿色产品，并自觉承担生活垃圾的成本。新型消费方式的经济学基础是实现效用代表物的转变：即由商品数量转向数量基础上的质量和功能，效用评价依据由数量满足转为功能满足。

2.绿色消费行为的决定

绿色消费效应的滞后性和跨期不均衡性决定了大众消费方式的变化具有不确定性和复杂性。消费方式的选择与人们对于当期和未来福利的认识有关，它取决于消费行为的时间偏好和未来消费的贴现率。在一定意义上，绿色消费的成本是当期的，也是确定性的，而收益是未来的，需要贴现；相反"反绿色消费"的收益是当期的，而很大部分成本是未来的、不确定性的。从人的基本特性来看，追求确定性收益而接受不确定性的成本往往更常见。因此，"反绿色消费"在短期是一种理性选择。

在私益型绿色消费选择中，消费集为由两种商品组成，即绿色消费品和反绿色消费品，$X_{it}(i=1,2)$为t期消费商品集合。由于我国处于经济转型和快速增长期，为更加符合我国的现实，与新古典的模型不同，我们假设收入M是不确定的。我们可以建立一个跨期的绿色消费模型。

消费者效用函数为：

$$U(X)=\sum[U(X_{1t})+U(X_{2t})]/(1+\delta)^t \tag{11-3}$$

式中，X_{1t}、X_{2t}分别为消费的生态型商品和反生态型商品的数量；δ为未来效用的贴现率。

预算约束为：

$$P_1\sum X_{1t}+P_2\sum X_{2t}\leqslant M \tag{11-4}$$

式中，M为消费者在其生命周期中的收入。由于不同收入层次的消费者对于生活质量的要求不同，高收入者更加倾向于生态型消费，而低收入者更加倾向于反生态型消费。

3.绿色市场的利益损失

绿色市场的发展的最大障碍来自于市场参与者的利益损失，如何解决好他们之间的利益分摊问题就成为了问题的核心。绿色市场是一种特殊的市场形式，它属于一种超前消费，作为主要追求自身利益最大化的厂商和消费者来说，很容易出现信息不对称。当绿色市场刚进入导入期时，作为社会福利的保障者的政府在这种特殊的商品市场上必须参与进来，解决市场失灵，推动损失分摊，培育绿色市场。

(四)影响绿色消费的因素及其对策

1.影响绿色消费的因素

从宏观因素看，影响绿色消费的因素有经济发展总体状况、人口状况、自然资源状况、生态环境承载能力、传统消费文化、社会制度等基本因素。从微观因素看，包括绿色消费意识、居民收入水平、绿色产品供给、绿色产品市场等方面。从可持续发展价值观高度看，以我国为例，当前的消费的还存在许多制约因素。

（1）绿色消费意识还存在观念和认知的障碍：基于生态环境保护观念的绿色消费意识和基于绿色产品认知程度的绿色消费意识两者是相互促进的。环境意识的增强会形成消费者对绿色商品的潜在需求；对绿色知识和信息的认知程度则形成消费者的绿色产品购买欲望。在2007年的一项网络调查中，78.6%的受访者在消费的时候会有绿色消费的意识，89.7%的网民都有绿色消费意识。他们认为，绿色消费是一种健康的生活方式，更是一种社会责任。[①] 但是消费者对绿色商品的认识层次较低，尤其对公益性绿色产品的消费，还持有漠然、无知的态度。有相当多消费者对绿色商品还缺乏全面的了解，甚至有2.89%的人认为绿色商品就是“绿颜色的商品”。

（2）消费者收入总体水平不高难以形成有效的需求：经济处于增长时期，消费者多处于各层次收入，对商品的生态需求有不同层次。低收入者在整个消费群体中占大部分，这为低档、非生态型产品提供了生存空间。时间序列上，收入的变动幅度较大，难以形成稳定的产品市场。这意味着开发生态型产品的利润是极不确定的。由于变动快，也会导致产品市场生命周期短，加大经营风险。我国目前处于经济发展转轨时期，人们的现期收入较低，预期收入不稳定，在消费效用最大化既定条件下，消费者为使自己的支出或成本最小化，会选择非绿色产品，从而制约我国绿色消费的发展。

（3）绿色产品生产供给存在障碍：一是绿色产品开发难度大、成本高、风险大，获利不稳定。这使得很多企业重视短期收益快，经济利益大、能迅速为企业带来利润的一般产品的开发，而轻视长期前景好、眼前收益低、能长期增加社会受益的绿色产品的生产和开发，从而使绿色企业总量少，规模小，提供的绿色产品数量少，档次低。到目前为止，我国仅有200多家企业获得“中国环境标志”认证。二是绿色产业发展滞后。绿色产业是绿色消费的支撑点，发展绿色消费，就必须有丰富的绿色产品，为此需要建立绿色产品生产基地，建立“清洁生产”的完整体系。然而，作为新兴产业的绿色产业在我国刚刚兴起，多数绿色产品尚未形成规模生产，产品结构单一，趋同严重，技术含量低，在数量和质量上都不能满足广大消费者的绿色消费需求，更未形成品牌效应。三是绿色产品研制困难。我国绿色产品研制开发技术落后，专业人才缺乏，绿色产品科研与生产结合不紧密，开发绿色产品的投资缺口大，同时要承担较大的投资风险。例如，目前市场上的绿色环保餐具推而不广，增加了研制开发的难度。[②]

（4）绿色产品市场方面存在障碍：一是市场分割，价格离散。由于不存在统一规范的市场，产品价格分布复杂，生态型产品价格难以形成竞争优势。二是绿色产品市场存在信息严重不对称，导致逆向选择。生态型产品的质量与信息披露不完善，难以克服绿色商品中的信息不对称问题。例如，绿色食品可以分为有机食品、绿色食品和无公害农产品三种，不同等级的绿色食品，生产标准和生产工艺不同，从而平均成本不同。这样的细分对于绿色知识欠缺的众多消费者而言只能增加选择成本，从而使劣质产品大行其道。

---

①绿色消费意识正在形成，http://news.sina.com.cn/c/2007-11-01/

②武永春，我国绿色消费的障碍因素分析，经济体制改革，2004(4)，略有改动

(5)绿色产品的绿色认证不足:尽管绿色产品有一些绿色标志,但对于大部分产品的性能、质量、环境影响等方面的认证是远远不够的,也缺乏生态型产品的认证标志,在消费者与生产者信息不对称的情况下,消费者购物成本高,绿色合同执行成本高,增加了消费者对新的产品消费的畏惧心理。我国绿色消费中需跨越意识、市场需求、价格、生产、消费环境、消费能力、外部性外溢等一系列障碍才能成为消费主流和时尚。

2.推动绿色消费的对策

绿色消费应涉及产品的生产、流通、消费和回收,政府应从企业、消费者和产品三个层面制定绿色消费的政策。

对企业来而言,首先要进行产品的绿色设计,实施清洁生产,发展循环经济。研究表明:设计成本大概为产品总成本的10%,但它却决定了产品性能的70%～80%。所以,生产绿色环保的消费产品,关键在于设计阶段。在产品层面,制定生态型产品目录,实施生态标识,以减少信息不对称,在此基础上,进行绿色营销,绿色物流,绿色品牌,以获取经济、社会和生态效益。

对政府而言,首先,对企业征收生态税。生态税是对那些在生产过程中使用了对环境有害的原材料,或者消耗了不可再生资源的企业增加的一个税种。根据不同资源的稀缺度制定各自的生态税率对企业征收生态税,可以有效地调节企业对稀缺资源的需求,并促使企业采用先进的技术改造生产工艺,推动产业结构升级。对使用再生资源、生产绿色产品的厂家和废旧物资回收与综合利用企业必须给予更大的税收减免,对节能和节约资源的技术和设备投资要给予政策优惠,对循环经济产品的出口则给予全面退税。其次,政府要制定针对消费者的绿色消费政策,例如,征收垃圾处理费和抵押金返还。第三,大力推进政府绿色采购。由于政府采购的消费规模巨大,所以,政府应完善政府职能,自觉建立绿色采购制度实施绿色采购。

对消费者而言,要逐渐树立的生态意识,学习有关绿色消费的知识,培养绿色消费的能力。消费者在进行消费活动时,尽可能地购买、使用资源节约型和环境友好型产品,对于那些不利于生态环境的产品和服务要自觉地给予抵制,不使用或少使用一次性产品,对于污染严重的产品要敢于举报;在消费过程中,按照科学的使用规则和合理的消费数量,做到适可而止,不奢侈浪费;在消费完成之后,应妥善处理废弃物,分类丢弃;在维权方面,要掌握一定的法律知识,对于危害自身利益和环境的产品和企业要合法地捍卫自己的消费权益。

(五)绿色消费的发展

1.绿色消费偏好的形成

根据消费者行为理论,“人们的消费需要,不仅包括物质需要和精神需要,还应包括生态需要在内”。稳定性偏好与预算约束决定消费者对所购买商品的类别和数量的理性选择。环境生态意识、生态服务效用以及对反生态现象的厌恶,形成了消费者的绿色偏好,这种偏好在经济活动中表现为生态需求,消费者的生态需求是绿色消费行为产生的终极目的和原动力。

新古典微观经济学是以消费者完全理性、同质性和偏好稳定性假设为前提来推导消费者均衡的。这一假设具有高度的抽象和一般,适合于静态分析,它给出了研究消费者决策优化的参照系。现实经济中的消费者是异质的、个性化的,信息是不充分,其偏好也是随时间而变化的。偏好的改变影响消费决策过程和结果。由于绿色消费是因偏好改变导致效用函数改变的结果，新偏好的形成机制是：①不同群体之间存在的鸿沟使有的群体没有某种新商品的信息，从而该商品未能进入商品集，随着时间推移，信息越过鸿沟，使该商品进入商品集；②对新商品的消费带有示范功能，展现了商品的特征和效用，克服了由于信息不对称导致的消费迟疑；③新商品消费的效用强化消费主体的心理认知并形成稳定的消费行为。

2.绿色消费行为的演变

(1)路径依赖的自增强机制。绿色消费行为会产生路径依赖和习惯性依赖。路径依赖主要源于消费行为的自增强机制，初始消费行为在循环累积性作用下，产生适应性预期、学习效应、协调效应，这些效应强化对初始行为的选择，从心理学角度看，行为的长期重复会产生习惯，习惯和经济理性混合导致消费行为的路径依赖。

(2)绿色消费需求与厂商绿色供给的良性互动机制。从市场供求的角度看，消费者的生态需求与厂商的绿色产品供给之间存在着互动关系。这种互动如果是持续的、稳定的，且有良好预期，那么，绿色产品市场将会健康发展，否则，这种市场将被扼杀。这种市场的发展需要一系列的制度安排，包括对绿色消费的鼓励和对环境友好型企业和产品的激励。

(3)绿色消费的反复性。路径依赖是一种频率依赖，它与初始条件是十分敏感的。初始条件虽然是偶然的，但是对绿色消费的发育却至关重要，适宜的条件会引致一个有效率的路径依赖，否则会陷入一个低水平均衡陷阱或发生经常性反复。因此，绿色消费形成的路径有两种可能：P_1 和 P_2(见图 11-4)。

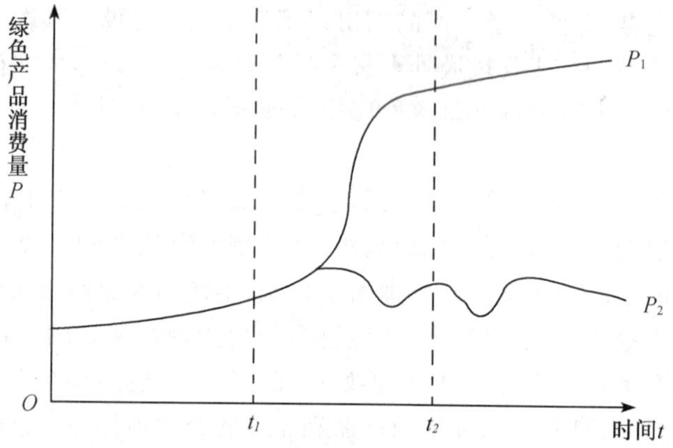

图 11-4 绿色消费的演变路径

从图 11-4 可以看出绿色消费形成与演变的路径。$(0,t_1)$期为绿色消费发育期，(t_1,t_2)为绿色消费急剧变动(繁荣期或反复期)，(t_2,∞)为绿色消费稳定期。在绿色消费发育期(t_1)，生态型商品消费量的增长是缓慢的，意味着绿色消费行为是稀少的，没有形成大众消费，但是在这个过程中，由于涓滴效应、累积效应和路径依赖，绿色消费行为在蓄积力量，同时绿色消费和非绿色消费以及反绿色消费在争夺消费市场和消费者群体。在绿色消费变动期(t_2)，生态型商品消费量的急剧增长，形成规模效应。最终在 t_2 期绿色消费成为成熟的消费模式。多数消费者收入增长缓慢、绿色消费市场不规范、绿色消费的政策不健全等因素会导致路径也有可能反复曲折，形成成熟消费还需更多时间，或需要更多的制度创新。

三、构建可持续消费模式的对策

国家环保总局曾经提出建立“政府主导、市场推进、法律规范、政策扶持、科技支撑、公众参与”的循环经济运行机制。这一机制同样适用于可持续消费模式的建设。具体而言，建构可持续消费模式的主要途径有：

（一）构建宣传教育机制

1. 加强消费引导

根据消费领域的经济规律和可持续消费模式的要求，对整个社会消费活动以及消费者个人的生活消费，进行有计划的引导、调节，使其纳入适度消费和绿色消费的可持续发展轨道。从宏观来说，消费引导要从消费水平的提高，消费结构的调整，消费方式的变化，消费市场的开拓等方面，制定包括可持续消费为内容的经济社会发展战略规划。从微观看，要解决如何使消费者的消费行为符合社会规范和伦理习惯，并与文明、健康、合理和可持续的宏观目标相吻合。

2. 开展可持续消费教育活动

所谓消费者教育是指针对消费者所进行的一种有目的、有计划、有组织的，以传播消费知识、传授消费经验、培养消费技能、倡导消费观念、提高消费者素质为主要内容的系统的社会教育活动。通过科学、合理、文明消费观念的倡导和良好消费习惯的养成，对可持续消费形成系统、稳定的见解和看法，校正人们的不良消费习惯。通过消费者教育，可以影响消费观念和消费行为，从而在一定程度上影响和改变消费模式的形成基础，促成其向可持续消费模式转换。

3. 消费者自觉提高自身素质

消费者素质的高低直接影响着他的消费行为，其消费决策、消费方式、消费习惯、消费能力等消费观念在一定程度上都与他的自身素质有关。消费者应从生态伦理的层次，使节约和适度的消费理念受到社会的尊重，使铺张浪费受到社会的谴责和自责。

（二）构建政策调控机制

可持续消费政策的制订既要考虑总体消费的水平、结构、层次的合理性，又要考虑不同消费群体的不同消费模式的合理性问题。通过政策措施校正和引导不同消费模式的不合理成分，使之符合可持续发展的要求。

1. 绿色消费政策

出台绿色产品目录，推行政府绿色采购。政府是最大的消费团体，推行绿色采购制度有助于在整个社会形成可持续消费的风气。比如在政府采购中，优先采购经过生态设计或通过绿色环境标志认证的产品，优先采购经过清洁生产审计或通过 ISO 14001 认证的企业产品，优先采购可以重复使用、便于回收的办公用品等。

2. 绿色产业政策

制定各种优惠政策，扶持绿色产业的发展。政府应将绿色产业列入国家支持性产业政策范围进行扶持，增加对绿色产业的投资，提高企业的科研与开发能力，并促进绿色技术的引进和推广；鼓励外商直接投资绿色产业，引进先进的环保技术清洁生产设备；完善绿色奖励政策，使绿色企业享有减免税、优惠贷款、加速折旧、发行绿色债券等权利；建立绿色产业发展专项投资基金和绿色银行，支持创建和发展绿色企业。

3. 绿色财税政策

财税政策需要做的是结构调整。首先，对使用再生资源、生产绿色产品的厂家和废旧物资回收与综合利用企业要给予税收减免，对节能和节约资源减少排放的技术和设备投资要给予政策优惠，对循环经济产品的出口则给予全面退税。其次，需要进一步提高资源税。限制资源和能源消耗大的企业生产规模。有关测算显示，在现有的基础上资源税如果提高30％，对 GDP 总的影响甚微，不会超过 0.3 个百分点，但对减少资源消耗、促进技术升级、保护环境和推进绿色消费却有较为明显的促进作用。第三，提高高能耗、高物耗、高污染、低效率的资源产品和初级产品出口关税税率，加速从增值税向消费税的转型。

4. 绿色金融政策

绿色金融政策包括对企业的绿色信贷和居民的消费信贷。企业的绿色信贷是指通过信贷手段引导企业的环境保护行为，约束企业的环境违法行为。目前，应完善环保与金融部门的信息沟通和共享机制，制定基于环境风险的“绿色信贷”政策。消费信贷是用利率和国债调节储蓄与消费的收入关系以及即期消费和后代人消费的关系。需要对不同的消费品和能源资源消费进行区别性分类，调整人们的当期消费和未来消费以及当代消费与后代消费的关系。

5. 扩大环境贸易

多进口环保友好型和资源沉淀成本大的绿色消费品，以减少对本国资源和能源消耗；多进口和出口技术和知识密集型的消费品。对进口的绿色消费品实行降低关税，对进口高污染的产品实施高关税，对吸引的外国投资(FDI)也应建立的环境贸易准入门槛。

(三)构建法律约束机制

制定相关法律法规是建立可持续消费模式的保障。目前，我国在建立可持续消费模式方面还缺乏必要的法律法规和政策保障。因此，首先，应抓紧制定与可持续消费相关的法律法规。例如，在完善消费者权益保护法的过程中，注重建立和推广可持续消费模式；在税收征收管理法中，增加不可持续消费税的征收规定，制定可持续消费的税收减免制度。同时，还可以制定可持续消费指标体系，确定和颁布具有约束力的可持续消费标准和指标。其次，应完善政府采购法。在政府采购法的基础上进一步制定符合我国国情的政府绿色采购实施办法，为政府绿色采购提供依据、准则和保障。第三，完善相关的法律、法规和政策，以强制性手段规范企业和消费者的行为，并加强对消费品市场管理体系的建设。政府应加快立法步伐，制定和完善专门的法律法规并设立相应的机构，把环境的代价纳入生产者及消费者的决策范围。

(四)构建公众参与机制

在一个文明、民主、法制的社会里，公众作为管理者应参与行政机关管理决策。一方面要求行政机关对人类生态环境有重大影响的决策或计划的信息公开透明运行；另一方面又要保障公众对行政机关活动的环境影响进行监督、评论、建议和投票的权利。公众参与通过非正式规则，以自下而上的方式来推动制度变迁，从而形成环境友好型生活方式、节约风尚及可持续消费。作为消费者，可以通过约束自身的消费活动减少环境影响或通过选择生态型产品和服务来引导企业的生态型生产活动；作为公民，可以通过监督、参与立法、社区协商等渠道影响企业生产。

本章小结

可持续消费是建设资源节约型和环境友好型社会的基础，也是可持续发展的重要实现机制。消费既是一种经济行为，也是一种具有生态效应的活动，分析消费的生态经济效应需要运用消费理论和相关知识，其中消费函数假说至关重要。与传统消费模式不同的是，可持续消费具有深刻的内涵、迥异的内容和鲜明的原则。适度消费和绿色消费是可持续消费从量和质方面的两种表现形式。适度消费是符合一国国情国力，适应于社会生产力发展水平，在自然资源与环境状况约束下的一种消费状态和过程；绿色消费是指以保护消费者健康和节约资源保护自然环境为主旨，符合人的健康和环境保护标准的各种理性消费行为的总称。构建可持续消费模式需要从宣传教育、经济调控、法律约束和公众参与入手。

案例分析

[案例 1]

“共享汽车”带来全新的消费模式[①]

汽车发明百年之后，环境污染、交通堵塞、税费过重等等问题无一不困扰着汽车消费。在这样的背景下，一种全新的消费模式——“共享汽车”模式在欧洲产生，在美、日等地推广。

近年来，西方发达国家兴起的汽车共享系统较好地解决了这种矛盾。通常采用会员制，会员支付一定的入会费和汽车购买成本分摊费用。在具体使用过程中，根据燃油消耗和使用时间进行收费。在这种消费模式下，大多数人的交通量增加了，同时实际交通支出比以前拥有私人汽车大大减少了。这种消费模式还具有其他方面的正外部性，比如，由于汽车俱乐部会员用车时间在一定程度上能够较好地协调，私人交通时间有一定的计划性和规律性，减轻了城市交通拥挤程度，对汽车车位的需求也减少了，个人不再为汽车的防盗问题发愁，也不用为汽车的简单维修维护和保养以及办理各种缴费手续而浪费大量时间。

据统计，目前在德国柏林，在加入汽车共享俱乐部之前，有 21% 的会员自己拥有汽车，7% 的属于无车族，25% 的人与亲戚朋友共享，有 43% 的人有一段时间无车。入会后，有一半的会员声称只想使用俱乐部的交通工具，不再拥有个人汽车。

据美国《纽约时报》近日报道，截止到 2001 年 8 月，全美汽车共享组织共有 76 420 名会员和 1 192 辆汽车。尽管这些组织的规模不大，但发展迅速。其中两家主要公司 Zip Car 和 Flexcar 的会员每月都会增加几千名。汽车共享服务的具体做法是，顾客每年交纳 35～50 美元成为会员。公司在居民比较集中的社区或市区设有租车点，会员通过因特网或电话预

---

①http://auto.china.com/zh_cn/view/167069/20010531/

定一辆停在附近的车。租车费用为每小时 8 美元左右,24 小时的价格约为 60 美元。收费中已包括油费、保养、保险和停车费等。

日本丰田汽车公司最近出台的一项新举措:你不用购买就可随时随地使用它们生产的最新款轿车。这一举措可以说是一场新的汽车革命,其核心内容是提倡人们放弃必须拥有私家车的传统观念,与他人一起共享汽车,减少个人购车的负担,提高车辆的利用率,同时减少环境污染。

"共享汽车"之所以吸引人,是它的费用低廉。用户每次用完后都按实际用车时间收费,其费用要低于汽车租赁公司的租车费。通常情况下,如果每月租车 3 次的话,其费用只要 40 美元左右就够了,油钱、汽车保养维修费、保险费都包括在其中,用户无需再为这些琐事而费心。

汽车工业的发展在给人类带来方便和利益的同时,也同样带来了诸多的问题:如燃料、堵车、污染等。因此,又要限制私人汽车的增长。人们对私人轿车的淡化,转而崇尚公共交通,本身就说明了人们对"共享汽车"的一种向往。许多国家提出优先发展公共交通,更是为"共享汽车"的消费行为推波助澜。

汽车的产品属性与交通状况、土地稀缺度、大气质量状况有着密切关系。在交通拥挤和城市用地紧张的情况下,原来作为纯粹私人物品的汽车变得不再重要。早期消费者为追求交通便利和舒适等效用而购买汽车,汽车作为私人物品表现出显著的排他性和独占性。由于汽车消费产生大量的负外部性,在一定的区域空间内,当汽车数量增长到一定规模时,这种负外部性凸显出来,最终对消费者个体的效用产生影响。这也是"囚徒困境"中个人理性与集体理性的冲突产生的不合作结果。当这种汽车消费的个人效用受到严重削弱时,汽车的产品属性开始有纯私人品向具有一定共享性物品转变。一种新的产权安排也就产生了,即有原来的个人独占模式转向俱乐部式或社区式的共享模式。"共享汽车"有可能成为新型消费的选择。

[案例 2]

"26℃空调节能行动"的发起与推广

2004 年 6 月 26 日,"26℃空调节能行动"在北京正式启动。"26℃空调节能行动"是由北京地球村、世界自然基金会、中国国际民间组织合作促进会、自然之友、环境与发展研究所、绿家园志愿者等组织联合发起的。"26℃空调节能活动"为期 3 个月,旨在倡导各级政府机构、企业、星级宾馆、饭店及商场将夏季室内温度设定不低于 26℃,以减少能源消耗,缓解夏季电力供应危机,从而增强公众的节能意识,带动和推动公众和产业界参与到节能行动中来,共同改善周边环境,走可持续发展之路。在 9 月 26 日的行动总结会上,一份关于活动及效果评估的社会调查报告的发布引起了人们的关注。这份社会调查报告从 252 份受访者样本中总结分析出"26℃空调节能行动"的社会影响包括:74%的受访市民接受活动组织者的建议,将适当调高空调使用温度;85%的受访市民对在商场等公共场所调高夏季室内温度表示理解和支持。2006 年 6 月 26 日,北京地球村、世界自然基金会、自然之友等 9 家民间环保组织再次联合发起 26℃空调节能行动,此次倡导行动重在承诺,倡导单位将组织志愿者向办公楼、饭店、商场等公共场所发放 26℃空调承诺卡,由愿意加入者填写,倡导单位将在这3个月中集中收集承诺卡并进行监督。

专家谈26℃空调的节能与健康。有关专家表示，夏季最适于人体的温度是26℃，如果室温太低会减弱身体对热反应的灵敏度，容易引起空调病。更重要的是，如果将北京公共建筑空调调高到26℃，夏季至少可节约用电3亿度，降低10%左右的电力负荷，并可节约1.5亿元左右的空调费用。同时，这些节约下来的能源消耗，可减少1 200吨二氧化硫排放，减少约25万吨二氧化碳排放，将会改善由温室气体排放而引起的全球气候变暖的势头。据介绍，空调设定温度每调高1℃，可节约用电5%～8%。如果将目前的空调房间设定温度(24～26℃)提高到26～28℃，北京市盛夏的空调峰值电力负荷可以削减10%～15%，在缓解电力紧张局势的同时可以节约20亿～30亿元以上的电力建设投资；可节约4亿～6亿千瓦·时以上的空调耗电量，节约电费2.5亿人民币；可以减排二氧化硫2 400～3 500吨，减排二氧化碳35万～55万吨。专家指出，空调温度是否合适与人体健康直接相关。人的皮肤临界温度是33℃，如果长期处于较低室温中，不但浪费电力还容易引发关节炎、肩周炎、感冒等疾患。26℃也比较容易实现，而且有利于健康和节能，因此要提倡26℃。

26℃活动的现实紧迫性。中国地域广阔，人口众多，房屋建筑规模巨大，其中配套中央空调的约占居住建筑的30%，至今仍呈上升趋势，而且这个上升趋势还将持续20～30年。但是我们必须清醒地看到，当前由于我国建筑物的保温隔热和气密性能很差，只有坚决采取节约能源的措施才能维持建筑的可持续发展。据美国环保协会首席经济学家杜丹德博士介绍，中国较发达地区已经成为电力最为紧张的区域。由于夏天空调的用电负荷的增加，导致空调耗能已占总耗电量的15%，有些地区甚至达致40%中央空调的能耗一般占建筑总的40%以上，中央空调的节能是建筑节能的重要一环。

思考与练习

1. 简要说明几种主要的消费函数理论。
2. 什么是消费的外部性？怎样分析？
3. 可持续消费的含义、内容和原则分别是什么？
4. 什么是适度消费？其标准是什么？
5. 什么是绿色消费？如何理解绿色消费的涓滴效应？
6. 如何构建可持续消费模式？
7. 搜集资料分析我国对一些产品实施消费税的作用。
8. 搜集资料对“过度肉食消费”、“过度包装”以及过度的“用过即扔”的消费进行分析。

参考文献

[1] 孙启宏，王金南. 可持续消费. 贵阳：贵州科技出版社，2001.
[2] 俞海山. 可持续消费模式论. 北京：经济科学出版社，2002.
[3] 杨家栋，秦兴方. 可持续消费引论. 北京：中国经济出版社，2001.
[4] 周梅华. 可持续消费理论研究. 北京：中国矿业大学出版社，2003.
[5] 伊志宏. 消费经济学. 北京：中国人民大学出版社，2004.
[6] 厉以宁. 西方经济学. 北京：高等教育出版社，2000.

[7] (英)康蒲·斯密·康德.纯粹理性批判解义.武汉:华中师范大学出版社,2000.

[8] 陈惠雄.生命成本:关于消费函数理论的一个新假说.中国工业经济,2005(8).

[9] 刘怀德,等.发展中国家绿色消费的经济学分析.消费经济,2002(1).

[10] 张莉,徐元春.绿色消费的模型建立及相关探讨.社会主义研究,2001(5).

[11] 武永春.我国绿色消费的障碍因素分析.经济体制改革,2004(4).

[12] 傅自应.扩大消费需求:宏观调控的一个重要方面.求是,2004(20).

[13] 资树荣,范方志发达国家与发展中国家居民消费需求变动比较分析(1980—2000). Nankai Economic Studies,No. 1,2004.

第十二章　循环经济

学习目的：通过对本章的学习，掌握循环经济的基本概念、原则和运行模式，了解循环经济的运行规律和产业模式，理解循环经济评价的内容以及发展循环经济的途径。

第一节　循环经济概述

一、循环经济的概念

循环经济概念最早是由英国经济学家肯尼斯·博尔丁(Kenneth Ewart Boulding, 1969)①在其"宇宙飞船理论"中提出：人不应把地球当作垃圾场，人是生态系统中的一员，生存能力依赖于具有闭路循环特征的世界生态系统上所有元素和人的共生关系。循环经济的英文"circular economy"较早出现在库珀(T. Cooper)博士1999年发表在《可持续产品设计杂志》上的"创造一种为可持续生产设计服务的经济基础设施"一文。他认为：所有生产过程产生的和最终消费后弃置的废弃物都应当重新用于其他产品或工艺的生产过程中去，并称将所有资源均纳入生命周期闭路循环的行为称为"循环经济"。

我国学者周宏春、刘燕华(2005)提出广义和狭义的循环经济概念。在广义上，循环经济是指围绕资源高效利用和环境友好所进行的社会生产和再生产活动；在狭义上，循环经济是指通过废物的再利用、再循环等社会生产和再生产活动来发展经济，相当于"垃圾经济"、"废物经济"范畴。

国家发展与改革委员会的定义是："相互关联的制造业和服务业为提高经济和环境绩效通过在环境和资源方面的管理而进行合作。循环经济的实质就是物质交换，即一家企业(或公共处理设施)的废弃物(包括能量、水、物质或信息)成为另一家企业的投入品，通过这种合作，相关参与者形成的共同体获得比其单独活动更大的利益，也就是产业共生。"

中国国际环境发展与合作委员会(CCICED, 2003)的定义是："与传统单一线性物质流增长方式不同，循环经济提出了新的经济增长方式，其运作形式是'资源开采—生产—消费—资源再生利用'。通过物质流闭环组织经济活动，循环经济促进了经济系统与生态系统的和谐。在理想的循环经济系统中，所有的物质和能量都能够在循环中得到充分利用，因而也将经济社会发展对生态系统产生的影响最小化。"

按照《中华人民共和国循环经济促进法》总则第二条的规定：循环经济是指在生产、流通

---

①Kenneth Boulding(1996): The economics of the coming spaceship earth, in H. Jarrett(ed.) Environmental Quality in a Growing Economy. Resources for the future. Hohns Hopkins Press, Baltimore, Maryland, pp3～14

和消费等过程中进行的减量化、再利用、资源化活动的总称。本法所称减量化，是指在生产、流通和消费等过程中减少资源消耗和废物产生。本法所称再利用，是指将废物直接作为产品或者经修复、翻新、再制造后继续作为产品使用，或者将废物的全部或者部分作为其他产品的部件予以使用。本法所称资源化，是指将废物直接作为原料进行利用或者对废物进行再生利用。①

无论哪种界定，几乎都认可“资源—产品—再生资源”的物质流动模式是未来经济社会的特征。也就是说，循环经济是一种以资源循环利用为特征的经济形态。与目前“高投入、高消耗、高排放、低产出”的形态比较，循环经济具有“低投入、低消耗、低排放、高产出”的特点，即所谓的“三低一高”。

二、循环经济的主要特征

（一）系统性

循环经济的本质是生态经济，循环经济是基于生态经济，其功能又强于生态经济。生态经济的核心是经济与生态的协调，强调宏观经济发展模式的转变；循环经济侧重于整个社会物质循环应用，强调的是循环和生态效率，资源被多次重复利用，并注重生产、流通、消费全过程的资源节约（朱铁臻，2005）。也就是说，循环经济不是简单的废弃物资源化，其根本目标是要系统地避免和减少废物（诸大建，2005）。

（二）全面性

循环经济不仅是一种环境经济，而是把经济、社会和环境整合起来的一种体现统筹发展思想的新经济，是发展模式的根本性变革：①系统目标的多元性和整体性。循环经济追求的首要目标是生态效益；其次，循环经济仍然是一种经济活动，其存在的前提是利润大于零，否则就不会持久发展。②在解决环境问题方面，循环经济要求实现从开环的末端型治理到闭环的全过程控制的变革，其环境目标是要在整个经济流程中系统地节约资源和减少废物，实现经济增长的减物质化。③在促进经济发展方面，循环经济要求实现从数量性的物质增长到质量性的服务增长的变革，从而实现从产品优先社会向服务优先社会转变。④在推进社会就业方面，循环经济要求实现就业减少性的社会到就业增加性的社会的变革，通过延长经济的链条而增加就业机会。

（三）综合性

循环经济是经济系统与生态系统复合而成的综合性系统。循环经济与传统线性经济的区别是：传统线性经济追求最大投入、最大生产、最大利润和最大消费，循环经济则追求最少消耗、最优生产、最小废弃和适度消费。可见，循环经济从过程到结果都具有综合性。循环经济系统的综合性具体表现为：①循环经济要求在既定产出目标和各种约束条件下多种要素投入的整体最低。包含财务成本最小化，技术适宜、资源节约，制度变迁成本小。②既定资源

①注：《中华人民共和国循环经济促进法》已由中华人民共和国第十一届全国人民代表大会常务委员会第四次会议于2008年8月29日通过，自2009年1月1日起施行

投入和成本约束条件下多种产出的综合整体最优。这种产出不仅是指产量和利润，还包括废弃物排放、副产品的处理、产品责任的延伸。③循环经济实践操作中知识运用的多学科性。

总之，循环经济不仅具有技术范式角度的物质闭路循环特征，工业工程角度的物质信息系统集成特征和产业生态学角度的物质代谢特征，更具有信息范式的信息同步协调和物质替代特征、制度范式的行为引导和利益整合特征以及演化范式的组织动态演进和结构变迁特征。循环经济生产方式与传统生产方式相比具有显著不同（见表 12-1 和图 12-1）。

表 12-1　传统生产方式和循环经济生产方式的比较

特点	传统生产（线性经济）	特点	循环经济
大量生产	假定不存在资源约束 利润最大化，不承担环境责任 以资源低价格维持大规模生产 资源依赖性增长模式—物质经济（产品经济） 生产者责任止于销售环节	最优生产	假定存在资源约束 正利润，承担环境责任 资源价格反映资源稀缺程度 非物质化增长模式—知识经济（功能经济） 生产者责任延伸 （延长产品寿命、服务创新、生态设计、产品回收等）
大量消费	片面追求产品的便利性而不顾资源浪费和环境污染 产品周期缩短，即用即扔 占有产品，强调数量，排他性使用	适度消费	追求便利性同时兼顾环境负荷 延长产品寿命，循环使用 获得服务，重视功能，尽可能共享
大量废弃	大量生产造成大量排放，大量消费造成大量废弃 废物排放速率超过环境吸纳能力 末端治理	最少废弃	尽可能减少排放物进入环境，或无害化处理 废物排放速率与环境吸纳能力相适应 全程控制

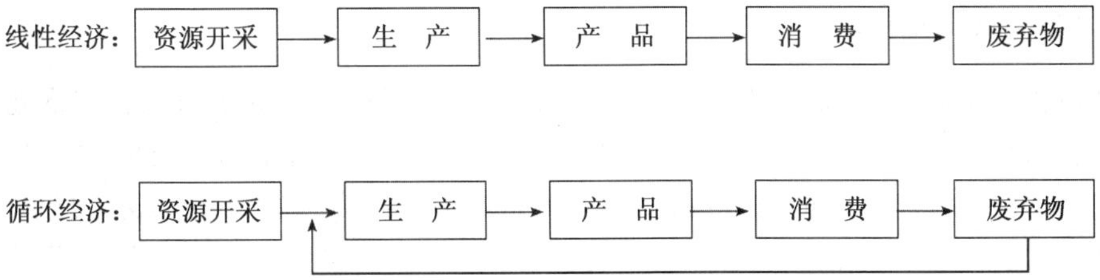

图 12-1　线性经济与循环经济的比较

三、循环经济的基本原则

关于循环经济的原则普遍认同的是 3R 原则，即减量化（reduce）、再利用（reuse）、再循环（recycle）。这三个原则是循环经济的重要原则但不是全部原则。循环经济的经济内涵是广义的，覆盖了社会、经济和自然三大领域。马世骏①先生曾将其总结为整体、协同、循环、

①马世骏（1915—1991）我国著名生态学家。历任中国科学院环境科学委员会主任、中国科学院生物学部委员等。中国生态学会和《生态学报》的创始人，为我国生态学特别是昆虫生态学的理论研究作出了贡献，在治理环境污染和生态环境的保护方面，提出了“生态经济学”设想、“经济生态学”原则等一系列新观点

自生,循环只是其中的1/4。循环不是简单的周而复始或闭路循环,而是一种螺旋式的有机进化和系统发育过程,而且根据热力学和技术经济原理,物质流很难在一个企业甚至一群企业中实现闭路循环和零废物排放。循环经济就是整体、协同、循环、自生的生态整合的全面体现。

(一)减量化(reduce)原则

减量化(reduce)原则是生态效率理念的核心,是针对输入端而言的,旨在减少进入生产和消费领域中物质和能量的流量。它要求削减有毒物质的生产或排放,降低原材料的使用,减少产品的尺寸等。这些行为并没有停止耗竭资源和破坏环境,只是减缓破坏速度,使其以更小的增量在更长的时间内进行。例如,焚烧垃圾,被认为是能源效率的支持者们誉为"化废为能"的处理方法。这些废弃物能够燃烧的是其中一部分可燃物质(纸张和塑料),但是,这些物质在设计时根本未考虑过安全焚烧的问题,它们在焚烧时会释放出大量的二噁英和其他有害物质。这样导致两种恶性后果:一方面,含有重金属的物质的焚烧会造成严重的危害;另一方面,这些有价值的物质被焚烧,造成了浪费。

(二)再利用(reuse)原则

再利用(reuse)原则是针对过程控制的,目的是延长资源和产品的时间强度。对废弃物再生利用也被视为资源节约和改善环境的方法。实际上,废弃物及有毒物质的再利用大部分只是从一个地方转移到另一个地方。例如,污水淤泥被循环利用成某些动物或植物的饲料或肥料,但是传统排水系统处理的污水所产生的淤泥含有化学物质,作为动物或植物的饲料或肥料是不健康的。例如,某些含有二噁英、重金属、抗生素、导致内分泌紊乱的物质等并不适宜用作肥料,作为动物饲料就更危险了。

(三)再回收(recycle)原则

再回收(recycle)原则属于输出端方法,是把废弃物再次变成资源以减少最终处理量,并减轻环境压力。它包括废品的回收利用和废物的综合利用。这个原则有时被称为资源化。资源化又分两种情况:一是原级资源化,即将消费者丢弃的废物资源化形成与原来相同的新产品,例如,废旧金属;二是次级资源化,改变成为新的不同类型的产品。从资源品质来看,大多数回收都是一种降级循环,这种循环会降低材料的品质。金属废旧品是回收的主要对象,但是金属在降级循环中硬度、强度等高品质特征逐渐降低。这种方法不仅导致材料价值的损失,而且回收利用中还会产生污染,在不了解其可能产生的环境影响的情况下,盲目回收利用可能会造成更大危害。此外,降级回收导致商业成本上升。因为出于再回收的目的,材料最初设计寿命自然要延长,而这必然要消耗更多的能源和资源。

结合我国实际,减量化、资源化和无害化作为循环经济的原则更适合我国的现状。首先能源利用不能循环,只能减量化;再利用和再循环只是资源化的手段,考虑到闭路循环在理论和技术经济上的困难,无害化是必要的环节,特别是我国的技术水平和经济发展水平还比较落后,废物末端处置的无害化显得非常重要;无害化不仅包括生产原料和生产过程,还涵盖消费过程和再利用过程。例如,我国大量的家电产品陆续进入报废期,需要重视回收和再生利用问题,但从总体上看废旧物资积累还不够,大多数产品,例如是小汽车、还没有进入报废期，物质的循环利用率不可能达到国外的先进水平。

近年来，循环型经济的原则在3R的基础上又发展了5R、6R原则。季昆森认为，发展循环经济，还应坚持“再思考(rethink)”原则，即循环经济作为闭环流动型经济是一个理想境界，在实践中则是一个需要不断地思考、探索、创新和发展的过程。吴季松也在3R原则基础上提出再思考(rethink)和再修复(repair)，即5R，还有的学者提出应加上无害化(innocuity)、再制造(remanufacture)和再重组(reengineering)。这种再思考体现为新的系统观、经济观、价值观、生产观、消费观，它打开了我们对循环经济认识的视域，在更高起点、更深层次、更新角度去研究它。

四、循环经济的理论基础

循环经济是建立在现代经济学基础上综合应用了生态经济学、产业经济学原理，并结合了系统论、信息论、控制论、协同理论、自组织理论、资源系统观等方法论。

(一)生态经济学

生态经济学的显著特征是把经济系统视为地球大系统中的一个子系统。尤其是热力学和生态学的发展，形成了研究生态—经济系统的理论基础。生态学是研究动植物的分布及其丰富性的科学。生态系统是其研究的核心。古希腊词“oikos”是经济学和生态学中的“eco”的共同词根，“oikos”的意思是“家庭”，前者是研究自然的家庭管理，后者研究人的家庭管理。循环经济的本质是生态经济，因此研究循环经济必须建立在生态经济学的基础之上。博尔丁(1996)认为，传统经济学以经济流量(被加工和转化的物质流量)的大小作为成功的标准。他把传统经济学叫做牛仔经济学，而人类理想的经济应是太空人经济，也叫宇宙飞船经济学。飞船维持的物质流和能量流的通量水平越低越好。衡量标准是经济中资本存量的数量和质量，包括人类的身体和精神状态。因此，我们应致力于使物质和能量的流量尽可能小，能够适应飞船资本存量的任何可选水平，并能够无限期地保持下去。生态经济学探讨自然生态系统和人类经济活动之间的相互作用与影响，并继而探究能够维系两者之间达到长期动态平衡的关键所在。Kenneth E. Boulding 和 Nicholas Georgescu-Roegen 很早就揭示了经济发展与生态环境的密切关联性，奠定了生态经济学的研究基础。目前生态经济学的研究主要集中在生态足迹、能值分析、绿色产出、环境伦理、可持续发展、碳税、自然资源评估以及循环经济等领域。

循环经济的本质是生态经济。面临资源短缺和生态环境恶化的困境，新古典经济学的诸多论说已经显得无能为力，新的理论范畴需要涵盖自然资源与生态环境对经济增长的内生变量作用，环境经济学在传统经济学的框架内研究环境资源的最优配置，而生态经济学则强调以物质循环、能量转换、信息传递和价值增值系统功能分析自然资源与生态环境价值的工具，突破了传统经济学的分析框架，在理论上更能实现经济与生态的协调发展。生态经济学为循环经济、生态工业园、生态工业、清洁生产等新兴问题的研究提供了基本理论基础与分析方法，所以生态经济系统基本理论和分析方法，是当今研究循环经济问题的基本理论与分析方法。

(二)产业生态学

产业生态学起源于20世纪80年代末弗罗什(R. Frosch)等人模拟生物的新陈代谢过程和生态系统的循环再生过程时所开展的"工业代谢"研究。它是一门研究社会生产活动中自然资源从源、流到汇的全代谢过程、组织管理体制以及生产、消费、调控行为的动力学机制、控制论方法及其与生命支持系统相互关联的系统科学。工业代谢是模拟生物和自然生态系统代谢功能的一种系统分析方法,通过分析系统结构变化,进行功能模拟和产业流(输入流、产出流)分析来研究产业生态系统的代谢机理和控制方法。通常采用的方法有"供给链网"(类似食物链网)分析和物料平衡核算。产业生态学的思想包含了"从摇篮到坟墓"的全过程系统管理观,即在产品的整个生命周期内不应对环境和生态系统造成危害。

产业生态学在循环经济研究方面具有如下特点:

(1)是一门着眼于可持续发展的整体性科学。根据整体、协调、循环、自生的生态控制论原理去系统设计、规划和调控人工生态系统的结构要素、工艺流程、信息反馈及控制机理,在系统范围内获取高的经济和生态效益。不同于传统末端治理的环境工程学,它强调资源的综合利用、技术的系统组合、学科的边缘交叉和产业的横向结合,强调产品生产的量与质同社会服务的效与序相结合,着眼于增加而非减少就业机会,着眼于功能性完善而非结构性增长。

(2)是一门引导产业转型、激励新的产业革命的可持续发展科学。它是揭示企业物流能流新陈代谢规律、产品生命周期过程以及产业兴衰演替的经济生态学;是有关产业的资源开发及环境影响活动对生命支持系统协调响应机制的自然生态学;是关于人类生产、消费活动与自然、经济、社会环境关系和谐共生的人类生态学。

(3)它通过研究产业活动与生态环境的相互关系来寻找人类合理的生存方式。其研究对象贯穿于从原材料的裁决、加工、产品制造、产品使用与维护,到产品废弃处置的整个生命周期过程。

(三)控制论

系统伦、信息论和控制论是循环经济的重要理论基础。系统论要求把事物当作一个整体或系统来研究,主要思想包括系统观点、动态观点和等级观点;系统论强调整体与局部、局部与局部、系统本身与外部环境之间互为依存、相互影响和制约的关系,具有目的性、动态性、有序性三大基本特征。控制论是研究系统的状态、功能、行为方式及变动趋势,控制系统的稳定,揭示不同系统的共同的控制规律,使系统按预定目标运行的技术科学。信息论是研究系统的信息如何获取、加工、处理、传输和控制的一门科学。人们认识和研究系统的目的之一,就在于有效地控制和管理系统。控制的基础在信息,没有信息,控制就会是盲目的,就不能够达到控制的目的;而控制正是要从有关的信息中寻找正确的方向和策略。信息不但是控制的基础,同时又是控制的出发点、前提和控制的归宿,改变控制对象的运动状态方式,使之适合于控制者设定的目的。一般控制论是研究各种系统与信息传递相结合的控制问题的科学,其任务是实现系统的稳定和达到系统的目标。控制论在循环经济中的运用,是受现实经济及其管理的需要推动,以控制论特有的逻辑结构和思维方法来管理经济活动中的物质能量运动。基本方法可以分为两个方面:一方面是在经济控制论所特有的观察角度和概念体系的基础上，大量运用系统框图和关系框图来辨识各种经济控制论系统的性质、运行的过程和规律性；另一方面是建立模型，运用各种现代数学的手段，进行数量分析和模拟仿真。

（四）自组织理论

自组织是指一个系统通过与外界交换物质、能量和信息降低自身的熵，并且在内在机制的驱动下，自行从简单向复杂、从粗糙向细致方向发展演化，不断地提高自身的结构有序度和自适应、自发展功能的过程。生态系统的发展要求系统结构和功能的协调和完善。当经济社会系统的扩张对生态系统的胁迫达到一定程度时，必然要求对生态系统的结构和功能进行协调和优化，同时也对经济社会系统自身的结构和功能的调整提出要求。经济社会系统与生态系统的协调发展在产业形态上就体现为产业共生体系的演化，在经济组织形态上就体现为从单个的循环型企业向循环型产业链以及产业生态网络方向演化。

（五）资源系统观

要求从整体上把握各种资源所共同构成的多元系统，根据发展需要，科学地排列组合矩阵中的各个子系统，并使之达到动态平衡，转变过去资源只等同于自然资源的错误认识，把社会、经济、环境因素一同纳入资源范畴。在利用社会、经济、环境资源时，要充分考虑其利用的阈值及循环周期长度，通过对区域内各类资源指标的量化，建立资源系统内各项元素间的关系模型，据此对每一项即将出台的政策、法规及投资可能产生的社会、经济、环境效益予以预测并最终做出取舍，尽可能避免资源使用失当导致破坏资源系统的动态平衡。

五、循环经济分析的基本方法

循环经济系统的定量评价方法主要有三类：能值分析法、物质量评价法和价值量评价法。能值分析法，是指用太阳能值计量循环经济系统为人类提供的服务或产品，也就是用循环经济系统的产品或服务在形成过程中直接或间接消耗的太阳能焦耳总量表示；物质量评价法是指从物质量的角度对生态经济系统提供的各项服务与产品进行定量评价；价值量评价法是指从货币价值量的角度对循环经济系统提供的服务与产品进行定量评价。这里简要介绍能值分析和物质流分析。

（一）能值分析

能值分析理论和方法是美国著名生态学家、系统能量分析先驱 H. T. Odum 于 20 世纪 80 年代创立的。其科学概念和度量标准及其转换单位是能值转换率(transformity)。生态经济系统内流动和储存的各种不同类别的能量和物质转换需要一个统一的标准，能值转换率这一概念为这项工作的研究提供了一个量纲。能值分析的基础是：

1. 热力学三大定律

(1)能量守恒定律。数学表达式为 $\Delta U=Q-W$。ΔU 是系统内能的增量，它的变动值等于系统得到的能量 Q 减去系统所做的功 W。流入系统的能量恒等于系统内储存能量的变量与流出系统外能量之和。

(2)能量递减定律。能量消散是由集中形式转变为分散形式，能量的每一次转换都伴随着能量的消散流失。在能量转化过程中，一部分能量构成新原生质的潜能，一部分转化为热量而消散。也叫熵增加原理。

(3)正熵定律。一切物质在绝对零度时的标准熵为零。

2. 最大功率原则

即具有活力的系统,其设计、组织方式必须能很快地获得能量并反馈能量,以获得更多的能量,加以有效地转换利用(Odum,1985)。也叫自组织原理。被 Lotke(1922)称为热力学第四大定律。

3. 能量等级原理

系统过程具有等级关系。等级高的空间分布密集,控制领域大;等级低的空间分布零散,控制领域小。

能值分析将生态系统和经济系统结合起来,定量分析循环经济运行状态和效益。克服了传统经济学在研究生态经济系统货币化价值运行中,以及形成社会的财富过程中的主观性和变化性;科学的能值计算分析为环境生态资源的评估和核算提供了客观标准,有助于公共政策和产业政策的科学制定。

(二)物质流分析

循环经济的本质是改造或调控现有的线性物质流模式,提高资源和能源的效率,形成资源和能源效率较高的物质循环模式。因此,在制定和发展循环经济政策和战略时,需要对经济活动的物质流进行分析。物质流分析方法(Material Flow Analysis)是指对经济活动中物质流动的分析,它的基础是对物质的投入和产出进行量化分析,建立物质投入和产出的账户,以利于进行以物质流为基础的优化管理。物质流分析主要衡量的是经济社会活动的物质投入产出和物质利用效率。

物质流分析内容有两个方面:一方面是物质总量分析模型,另一方面是物质使用强度模型。物质总量分析模型分析了一定经济规模所需要的总物质投入、总物质消耗和总循环量。而物质使用强度模型则主要关注一定生产或消费规模下,物质的使用强度、物质的消耗强度和物质的循环强度。

物质流分析与管理的调控作用主要体现在以下几个方面:

1. 减少物质投入总量

在社会经济活动中,物质投入量的多少直接决定资源的开采量和对生态环境的影响程度。

2. 提高资源利用效率

资源利用效率反映了物质、产品之间的转化水平,其中生产技术和工艺是提高资源利用效率的核心。

3. 增加物质循环量

通过提高废弃物的再利用和再资源化,可以增加物质的循环使用量,延长资源的使用寿命,减少初始资源投入,从而最终减少物质的投入总量。工业代谢、工业生态链、静脉产业等都是提高资源循环利用的重要内容和实现形式。

4. 减少最终废弃物排放量

在社会经济活动中,通过提高资源利用效率,增加物质循环量,不但可以减少物质投入的总量,同时也可以实现减少最终废弃物排放的目的。

物质流分析对我国的政策启示:环境保护政策的重心要上移,要从强调末端控制向源头和过程控制发展;政策指向应该是朝着鼓励提高资源利用效率;提高废弃物质的循环利用是重要的开源节流手段，应大力扶持物质循环利用和“静脉产业”。

第二节 循环经济的运行机制

一、循环经济运行的条件

（一）产业价值链增值

产业价值链增值是产业循环的根本动力。由生产—消费—排放物—再循环利用环节组成的循环产业链条，与传统经济一样，必须是一个增值的过程。在生产要素投入有保障的前提下，生产主体在利润最大化驱使下，只有通过降低生产要素边际成本和总成本、提高技术进步、实施最优组合以及规模经营才能实现企业利润最大化；也只有循环生产的产品具有较好的市场需求才能最终实现消费者的效用最大化。

循环生产的成本包括三大部分：一是传统生产要素投入（土地、劳动力资金和技术）成本；二是循环企业管理内部（产权、管理才能）成本；三是外部管理成本（产品链构建、市场交易、进口替代和外部性）。在假设不考虑边际收益递减现象，市场供需稳定和不存在品牌溢价效益的情况下，一个经营主体的循环生产总成本函数，可以表示为：

$$TC_F = P_r Q_r + P_k Q_k + P_l Q_l + P_a Q_a \quad (12\text{-}1)$$

$$TC_I = TC_r + TC_b + TC_m \quad (12\text{-}2)$$

$$TC_E = TC_s + TC_t + TC_i + TC_e \quad (12\text{-}3)$$

式中，TC_F 为要素总成本；P_r为资源价格；P_k 为资本价格，如利息；P_l 为劳动力价格；P_a 为技术购买价格，而 Q_r，Q_k，Q_l，Q_a分别为各生产要素的投入量；TC_I 为企业内部管理总成本；C_r 为企业产权经营成本；C_b 为品牌经营成本；C_m 为企业家管理成本；TC_E 为企业外部管理总成本；C_s为循环产业链的结构成本；C_t 为生产交易成本；C_i 为进口替代成本；C_e 为对环境损害的外部成本。

则市场机制下循环生产的充分必要条件就是：生产的边际收益大于或等于边际成本，即

$$MR \geqslant MC \quad (12\text{-}4)$$

另一循环生产的充分条件是：生产的总收益减去总成本大于或等于零，即

$$TR - TC \geqslant 0 \quad (12\text{-}5)$$

式中，TR 为循环后产品的总收益；TC 为循环生产的总成本，即 $TC = TC_F + TC_I + TC_E$。

要实现总收益增加的充分条件或是循环生产出售的产品供不应求，高质高价，这又取决于企业的较强的支付能力和较高的消费者收入水平以及绿色消费的流行时尚；或是降低循环产业链的各个环节的成本，即生产要素总成本 TC_F、内部管理总成本 TC_I 和外部管理总成本 TC_E。而通常，降低内生变量 $TC_F + TC_I$ 的成本比降低外生变量成本 TC_E 更容易实现。

(二)企业三种因素的对比[①]

企业实现循环经济是否经济,主要受以下 3 个方面因素影响:环境资源的价格、循环经济技术和企业规模。

1. 环境资源的价格

分析企业实施循环经济对企业利润的影响,需分析企业循环生产的成本。实施循环经济后,企业通过资源和能源的减量化、再利用和再循环,减少向市场购买资源量、能源量和向自然环境排放的污染量。企业购买资源、能源 或环境容量(如排污许可证代表的排污权)要付出成本;企业要实现循环经济也要付出成本(如技术、设备购买费用等)。

图 12-2 中给出了在技术水平既定的情况下,环境资源价格对循环经济利润的影响。在技术水平既定的条件下,资源循环利用成本不变,如图 12-2 的水平线所示。用 45°线将横坐标资源或环境容量的价格反映到纵坐标。可用来比较企业实施循环经济的成本变化。若循环利用成本大于环境资源成本(图 12-2A 区域),企业实施循环经济将导致企业利润的下降;若循环利用成本小于环境资源成本(图 12-2B 区域),企业实施循环经济将使企业利润增加。

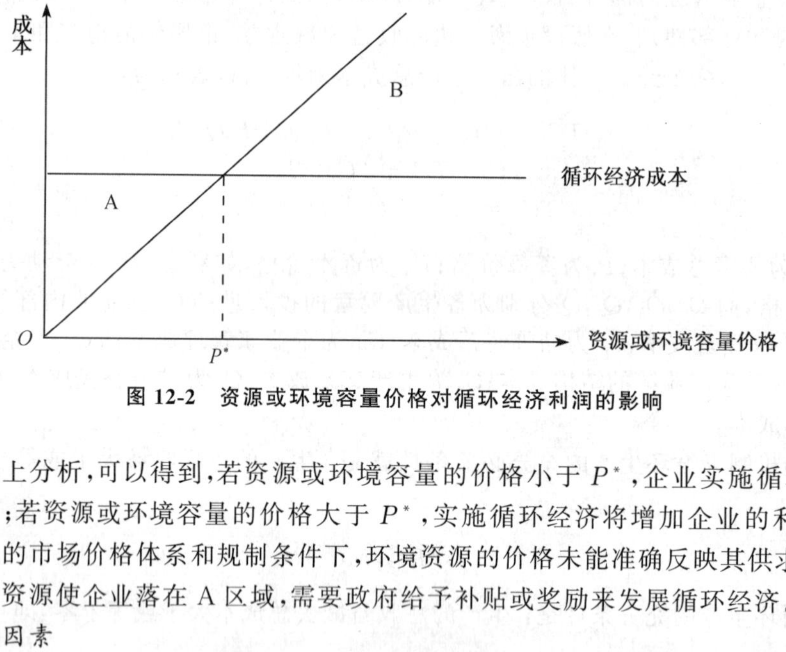

图 12-2 资源或环境容量价格对循环经济利润的影响

基于以上分析,可以得到,若资源或环境容量的价格小于 P^*,企业实施循环经济将减少企业利润;若资源或环境容量的价格大于 P^*,实施循环经济将增加企业的利润。然而,在我国现有的市场价格体系和规制条件下,环境资源的价格未能准确反映其供求关系,低价甚至免费的资源使企业落在 A 区域,需要政府给予补贴或奖励来发展循环经济。

2. 技术因素

当循环经济技术水平发生变化时,企业的循环利用成本随着循环经济所需技术水平的提高而降低,如图 12-3 中向右下方倾斜的曲线所示。同时,假定环境资源价格为一常量,即为平行于横轴的直线。此时,若循环经济技术水平低于 T^*,企业循环利用成本大于环境资源成本(图 12-3A 区域),企业实施循环经济将导致企业利润的下降;若循环经济技术水平高于 T^*,企业循环利用成本小于环境资源成本(图 12-3B 区域),企业实施循环经济将增加企业利润。

但是,目前中国循环经济所需技术的发展尚不完善,设备更新成本向、运行成本也较高,

①沈满洪. 资源与环境经济学. 北京:中国环境科学出版社, 2007. p261-263(略有删减)

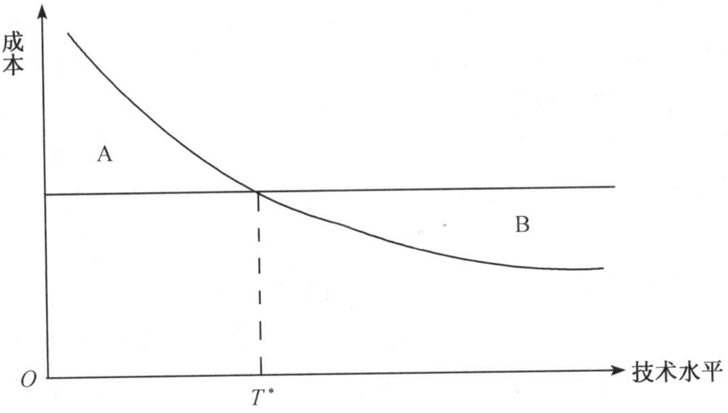

图 12-3 技术条件对循环经济利润的影响

使企业实行循环经济的成本较高,需要政府进行补贴。

3. 企业规模

企业实施循环经济需要对原有的生产技术和生产设备进行革新,初始投入会增加,但是随着产量的增大,循环经济的平均成本呈下降趋势。即循环经济具有规模经济特征(成本曲线如图 12-4 所示)。这里,仍假设环境资源的价格为常量。此时,若企业规模小于临界规模 S^*,企业循环利用成本大于环境资源成本(图 12-4A 区域),企业实施循环经济将导致企业利润的下降;若企业规模大于 S^*,企业循环利用成本小于环境资源成本(如图 12-4B 区域),企业实施循环经济将增加企业利润。

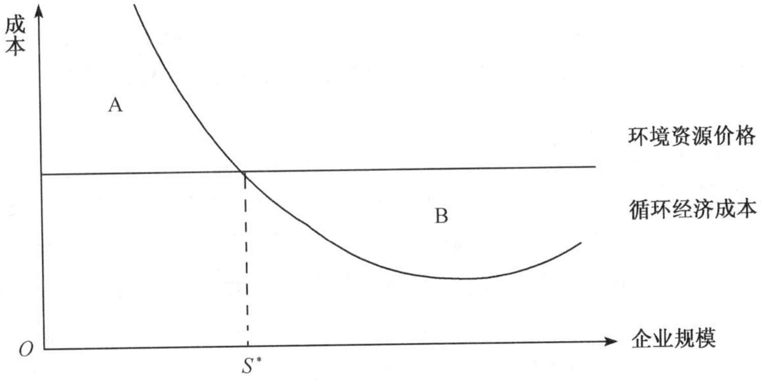

图 12-4 企业规模对循环经济利润的影响

在中国,中小规模企业比例高,很多企业尚未达到循环经济所需的临界规模 S^*,导致企业实行循环经济的成本较高。政府可通过鼓励性政策促进产业集聚,实现工业园区内的规模经济。

二、循环经济的运行原理

(一)物质代谢平衡

物质代谢是循环经济的核心问题。物质代谢指物质在产品、服务和废物的生成、使用、处理处置和降解等所有环节中物理化学过程的集合。人类消费的物质可以分成三种：可再生物质、可循环利用的不可再生物质以及不可循环利用的不可再生物质。循环经济就是以人类可持续发展为增长目的，以循环利用的资源和环境为物质基础，充分满足人类物质财富需求，生产者、消费者和分解者高效协调的经济形态。一个现代经济系统由物质加工、能量转换、残余物处理和最终消费四个部门组成。这四个部门之间以及与之组成的经济系统与自然环境之间，存在着物质流动关系。如果这个经济系统是封闭，没有物质净积累，那么在一个时间段内，从经济系统排入自然环境的残余物的物质量必然大至等于从自然环境进入经济系统的物质量。而一个开放的、有物质积累的现代经济系统，只是分析和计算更为复杂。现代经济系统中虽然越来越多地使用污染控制技术，但是应当认识到，"治理"污染物只是改变了特定污染物的存在形式，并没有消除也不可消除污染物的物质实体。为了保证经济不断发展的同时，减少经济系统对自然环境的污染，最根本的办法是提高物质和能量的利用效率和循环使用率。

（二）价值链增值

任何一种经济活动系统必然包括物质、能量、信息和人力要素的流动，而这些要素的流动必须以价值的流动为基础。循环经济系统运行过程中不仅伴随着物质和能量的流动，还产生价值的增值和货币的流动，从而形成其价值链。循环经济不仅仅是一个需要投入的经济活动，还存在巨大的利润空间，主要的收益来自两个方面，一是废弃物转化为商品后产生的经济效益，二是节约的废弃物和排污成本。在价值活动属性和价值构成方面，循环经济的产业活动可以解释为价值发现过程和价值创造过程。价值链是指为完成一个产品的价值创造和价值实现的组合，它不仅包含初始资源（要素投入）的价值转移，同时也包括活劳动的价值创造。传统价值链着眼于创造价值，着眼于利润，而不考虑资源的节约。

1.循环经济产业价值链价值分析

循环经济产业价值链是一个价值发现过程，即从废弃物中发现资源的残留价值。循环经济产业价值链则是始于自然资源（原材料、水、能源）在投入生产过程以及主产品制造完成（资源价值的大部分转移）之后，通过对副产品进行合理配置和利用，实现资源残值在另一产业中的转移。所谓"吃干榨尽"就是对资源价值转移的最大化。以此为基础的产业链，通常不会自发地形成产业关联，因为，技术、信息、交易关系等因素制约着上游副产品自发转化为下游的原材料，即供给与需求的市场纽带比较脆弱。但是，这种价值链是极具价值，它在资源价值的充分转化方面实现了对资源最大限度的利用。传统价值链理论的含义在于通过专业化分工培育核心竞争力，循环经济价值链的意义在于通过对副产品的充分利用降低成本、增加经济收益和环境收益、履行生态责任，最终提高绿色竞争力。

对于循环经济价值链中的资源（或中间产品）价值可以划分为外显价值和潜在价值两个部分。前者是传统价值链理论所研究的，后者存在于循环经济价值链之中。潜在价值通过一定的制度安排、技术创新和组织创新才会发现，循环经济的任务就是使资源的潜在价值显性化。可以建立一个循环经济价值链模型。从图 12-5 可以看出，由于传统经济是线性经济，传统价值链是外显价值的创造过程，所以表现为一个线性过程；循环经济则是呈闭合状，循环经济价值链有发现潜在价值的各个环节组合而成，价值发现活动贯穿整个物质流动过程，因而也是一个价值循环过程。

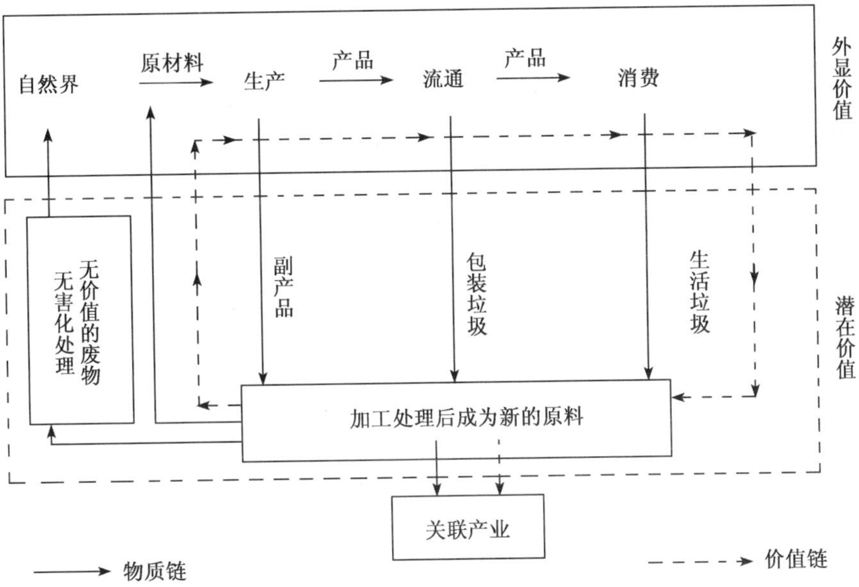

图 12-5 循环经济产业价值链模型

2.循环经济产业价值链与传统价值链的区别

(1)在价值活动属性和价值构成方面,前者可以解释为价值发现过程,而后者可以理解为价值创造过程。价值链是指为完成一个产品的价值创造和价值实现的组合,它不仅包含初始资源(要素投入)的价值转移,同时也包括活劳动的价值创造。传统价值链着眼于创造价值,着眼于利润,而不考虑资源的节约。循环经济产业价值链则是一个价值发现过程,即从废弃物中发现资源的残留价值。循环经济产业价值链则是始于自然资源(原材料、水、能源)在投入生产过程以及主产品制造完成(资源价值的大部分转移)之后,通过对副产品进行合理配置和利用,实现资源残值在另一产业中的转移。传统价值链理论的含义在于通过专业化分工培育核心竞争力,循环经济价值链的意义在于通过对副产品的充分利用降低成本、增加经济收益和环境收益、履行生态责任,最终提高绿色竞争力。

对于循环经济价值链中的资源(或中间产品)价值可以划分为外显价值和潜在价值两个部分。前者是传统价值链理论所研究的,后者存在于循环经济价值链之中。潜在价值通过一定的制度安排、技术创新和组织创新才会发现,循环经济的任务就是使资源的潜在价值显性化。由于传统经济是线性经济,传统价值链是外显价值的创造过程,所以表现为一个线性过程;循环经济则是呈闭合状,循环经济价值链有发现潜在价值的各个环节组合而成,价值发现活动贯穿整个物质流动过程,因而也是一个价值循环过程。

(2)在价值链形态方面,循环经济产业价值链具有以下特征:①价值链更长。循环经济生产方式本身拉长了产业链条,深化了资源价值的开发。在这一过程中原来被废弃的副产品由于进行了减量处理、回收加工和无害处理,增加了生产环节,价值链相应得到延伸,同样的资源创造出更大的价值。②价值链节点交叉、方向迂回情况增加。传统价值链通常是线性的,即围绕某一种产品进行流水线式的价值传递。循环经济模式下,资源的价值利用更加充分,同样的资源为多个产业所利用,或者被多次利用,物质循环带来生产迂回,资源的多重开发导致资源的使用价值细分,价值链出现多次交叉。因此,循环经济价值链的形状可能会呈现出网状、环型等特点。

(3)在经济活动导向上,循环经济价值链和传统价值链的区别是:前者建立在资源的基础上,后者建立在产品基础上;这种区别源于循环经济以服务为导向,用最少的资源提供最大价值的服务;传统经济则是产品经济,即以产品为导向,为实现最大产量而进行最大的资源耗费;在满足消费者需求方面,如果说传统经济是为消费者创造价值(实际上应为最大限度地获取消费者剩余),那么,循环经济则是为消费者节约成本,减少不必要的货币支出和资源浪费。

(4)循环型产业的价值链形成机制是循环型产业链持续发展的关键。循环经济是以物质循环为表象的价值循环和利益互动,是在生态规律支配下的经济循环活动。循环经济价值链的形成是以其利润大于零为前提条件的,也是循环经济持续发展的经济动力。价值链是一个高度整合、相互依赖、始于用户,终于用户的系统。经济价值链一旦形成意味着对经济价值、社会价值和生态价值的整合。循环经济的价值链可以通过三个不同阶段来进行分析:即价值投入与资源配置、价值物化与价值增值、载价值产出和价值实现(葛扬,王棋,2004)。当价值链的运行处于增值状态时,循环经济才是持续发展的,而且此时的物质流、能量流、信息流、人力流和价值流处于良性循环的状态,从而在经济价值的基础上实现经济价值、社会价值和生态价值的有机统一。

(三)产业间共生

产业生态系统的运行遵循竞争、共生、自生的规律。

竞争是社会进化过程中一种动力机制,也是生态系统演化的正反馈机制,在社会发展进程中表现为市场经济的良性发展。它强调发展的效率、力度和速度,强调充分发挥各种资源的潜力,激励各种资源挖掘和实现价值,提倡优胜劣汰,追求推陈出新。共生是维持生态系统稳定的负反馈机制,是社会冲突的缓冲剂,在社会发展中就是坚持公平和正义,追求价值与伦理上的共赢与共存。它强调发展的整体性、平稳性、多样性与和谐性,注意协调多元需求和多维利益,倡导合作共生,鼓励协调进化。自生是生态系统中生物的自我生存本能,是生态系统应对外部变化的一种自我调节能力。其基础在于生态系统的承载能力、服务功能和可持续程度,其动力是天人合一的生态文化。

生态产业的组合、孵化及设计原则有很多,常用的有:横向耦合、纵向闭合、区域耦合。

1.横向耦合

是指不同工艺流程间的横向耦合及资源共享,变污染负效益为资源正效益。对于不同产业模仿食物链的形式进行横向耦合,形成集生产、流通、消费、回收、环保及能力建设为一体的产业链网,为废弃物找到下游的“分解者”,使各企业的各种废物在不同行业或企业之间得到利用,建立物质的多层分级利用网络和新的物质闭路循环,实现生产过程中完备的功能组合,疏通物流、能流、价值流和信息流,使之更为合理。

2.纵向闭合

仿照生态系统中生物生命周期形式,在产业内部加强自源、流到汇,再从汇到源的纵向闭合循环。强调在产品生产和使用过程中节省能耗、原料、用水及减少三废排放;在产品销售阶段,尽量减少运输及运输所引起的污染,减少产品包装,使用可再生、再利用和再循环的包装材料;在产品使用寿命结束后的处置阶段,应能回收并加以简单、有效处理或循环再利用。

3. 区域耦合

仿照生态系统形式,通过对一定地域空间内不同部门、居民社区和自然生态系统之间的物质能量代谢、空间布局和人类生态关系的优化,联系并协调一个产业区与其相关的自然和人工环境,构成优势互补、互利共生、自然生态链与人工产业链结合的产业生态环境或复合生态体,实现废弃物在系统内的全回收和向系统外的零排放。

鲍尔丁认为,经济系统的运行机制是"增长型"的,而生态系统的运行机制是"稳定型"的。因此在生态经济系统中,不断增长的经济系统对自然资源需求的无止境性,与相对稳定的生态系统对资源供给的局限性之间,就必然构成一个贯穿始终的矛盾。这个矛盾推动经济发展模式的创新,理性的增长模式强调生态系统与经济系统相互适应、相互促进、相互协调的生态经济发展模式。循环经济作为一种新型经济增长模式,体现出生态系统与经济系统的耦合。它的宗旨是进入经济系统的物质流最小化和对进入经济系统的物质流的利用最大化以及废弃物产生的最小化和无害化。这样,经济系统的运动在满足自身扩张的同时,对生态系统的扰动却大大减弱。循环经济学的理论价值在于寻求经济增长的生态环境内生化机制,协调扩张型经济增长机制与稳定型生态平衡机制的矛盾关系。也就是说,循环经济的运行机制与传统经济大不相同,需要对其进行深入研究。

图 12-6 为我们提供了一幅生态经济耦合系统示意图。整个复合系统由自然子系统、

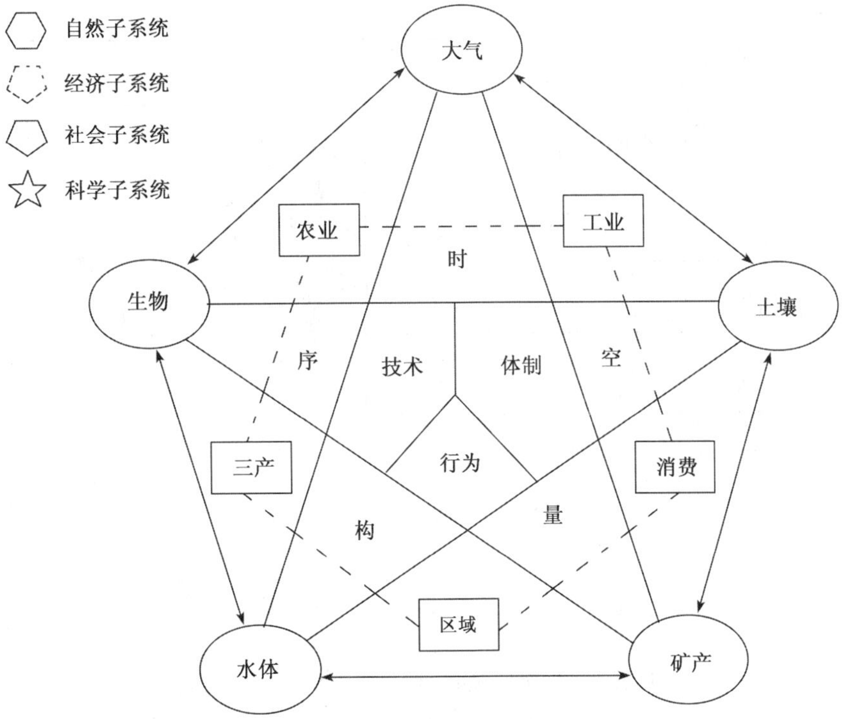

图 12-6 生态经济耦合系统示意图

经济子系统、社会子系统和科学子系统组成。其中社会子系统以技术、制度和人的行为三大要素构成，即人类通过技术进步、制度创新和改造自然的活动对生态系统产生影响。科学子系统由时、空、序、构、量五个维度构成，自然子系统为人类生产和发展提供物质基础和存在条件，人类通过经济子系统从自然子系统获取资源和能量，经济活动以产业和区域两个层面表现出来。从该图也可以看出，经济系统是不断扩张的，就人的能动性而言，这种扩张是没有极限的；自然系统则是稳定的，无论是容量还是速度都有一定限度和阈值。因此，经济系统的运行质量受制于自然系统的稳定性。

三、循环经济的运行模式

循环经济从经济活动主体的规模看主要表现为三个层次：一是企业层次，二是产业群落层次，三是国民经济层次，其中，家庭和企业小循环与经济系统大循环的运行模式见图 12-7；也有学者把它分为微观层次、中观层次和宏观层次。发达国家在长期的实践中，逐步摸索形成了发展循环经济的三种基本模式，使循环经济在企业、区域和社会三个层面扎实有效地展开。

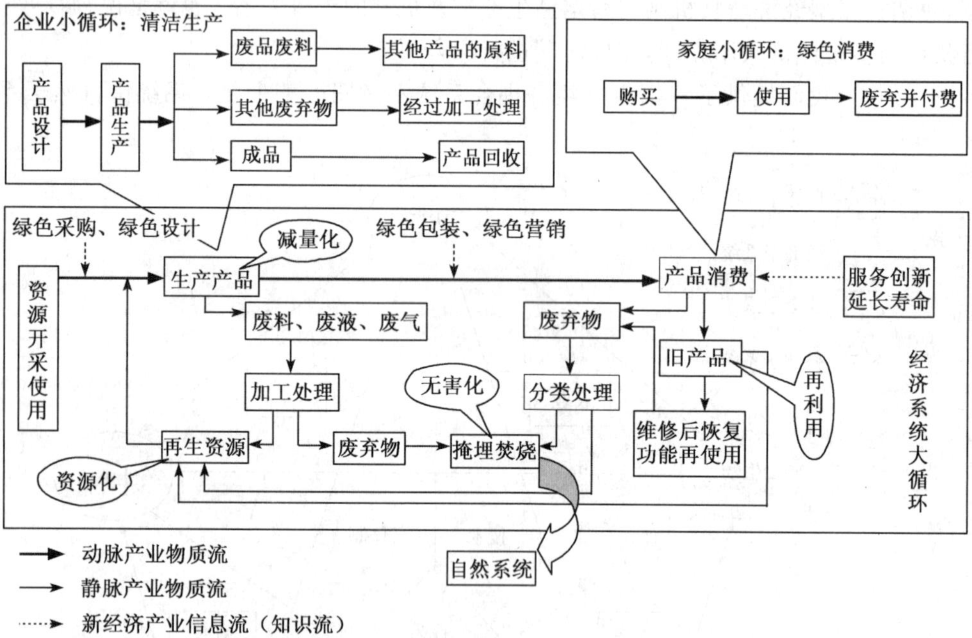

图 12-7 循环经济运行模式

(一)企业内部的循环模式

企业内部的循环经济模式，又称杜邦模式。基本特征是：通过推行清洁生产、资源和能源的综合利用，组织企业内各工艺之间的物料循环、延长生产链条，减少生产过程中物料和能源的使用量、尽量减少废弃物和有毒物质的排放，最大限度地利用可再生资源，同时提高产品的耐用性等。杜邦公司创造性地把循环经济三原则发展成为与化学工业相结合的“3R

制造法”，通过放弃使用某些环境有害型化学物质、减少一些化学物质的使用量以及发明回收本公司产品的新工艺，到2000年已经使该公司的总废物减少了1/4，有害废弃物减少了40％，温室气体排放量减少了70％。

(二)区域生态工业园区模式

区域生态工业园区模式，又称卡伦堡模式。基本特征是：按照工业生态学的原理，通过企业间的物质集成、能量集成和信息集成，形成产业间的代谢和共生耦合关系，使一家工厂的废气、废水、废渣、废热成为另一家工厂的原料和能源，建立工业生态园区。丹麦卡伦堡工业园区是这种模式的典型代表，该工业园区的主体企业是电厂、炼油厂、制药厂和石膏板生产厂，以这四个企业为核心，通过贸易方式利用对方生产过程中产生的废弃物或副产品，作为自己生产中的原料，不仅减少了废物的产生量和处理费用，而且产生了很好的经济效益，形成了经济发展和环境保护的良性循环(详见本章案例)。

(三)社会层面的循环模式

社会层面的循环经济模式主要有两种模式：

1.废弃物的回收再利用体系

基本特征是：建立废旧物资的回收和再生利用体系，实现消费过程中和消费过程后物质与能量的循环。德国的废弃物双元回收体系(DSD)是其典型代表。DSD是专门组织回收处理包装废弃物的非盈利社会中介组织，1995年由95家产品生产厂家、包装物生产厂家、商业企业以及垃圾回收部门联合组成，目前共有1.6万家企业加入。这些企业组织成网络，在需要回收的包装物上打上绿点标记，然后由DSD委托回收企业进行处理。政府只规定回收利用的任务指标，其他一切均按市场机制运行，如果盈利，DSD会返还给企业或相应减少第二年的收费。

2.社会循环经济体系

2000年，日本制定了《促进循环社会形成基本法》，提出把整个社会建成循环型社会的发展目标。循环型社会是指限制自然资源消耗、环境负担最小化的社会。日本提出，与2000年相比，到2010年要达到三个目标：资源投入产出率提高40％，资源循环利用率提高40％，废弃物最终处置量减少50％。

四、循环经济的组织形式

按照产业生态学原理，根据生态经济效率和循环经济的组织规模和层次，可以划分为：循环型企业、循环型产业链和生态工业园。

(一)循环经济型企业

循环经济型企业是以物质闭环流动为特征，以“减量化、再利用、再循环”为原则的生态经济型企业。循环型企业包括物质闭环流动的循环在企业内部完成的循环经济型企业、物质闭环流动的循环在一组企业中完成的循环经济型企业、物质闭环流动的循环在一定区域内完成的循环经济型企业。循环经济型企业应具有以下特点：以可持续发展为企业的战略思想；以追求经济效益和生态效益作为企业双重战略目标；以“3R”为企业的经营管理原则；以建立物质闭环流动循环作为企业经营管理的手段。

企业内部资源再生循环包括三种情况：一是将流出生产系统之外的资源回收后作为原料返回生产流程中；二是将生产过程中生成的废弃物经适当处理后作为原料或原料替代物返回原生产流程中；三是将生产过程中生成的废弃物经适当处理后，作为厂内其他生产流程中的资源。

(二)循环型产业链

循环型产业链就是模拟生态系统的功能，以资源的循环再生为目标，建立起由“资源生产”、“加工生产”、“还原生产”三大部门构成的低消耗、低(或无)污染、工业生态链。它属于企业群落层次。其中，资源生产部门相当于生态系统的初级生产者，主要承担不可更新资源、可更新资源的生产和永续资源的开发利用，并以可更新的永续资源逐渐取代不可更新资源为目标，为工业生产提供初级原料和能源；加工生产部门相当于生态系统的消费者，将资源生产部门提供的初级资源加工转换成满足人类生产生活需要的工业品；还原生产部门将各副产品再资源化，或无害化处理，或转化为新的工业品。

循环经济产业链的利益基础是：从供给方来看，企业希望借此从副产品和减少废物最终处置成本中受益；从需求方来看，客户就近购买原材料或买进其他企业的副产品进行再利用而降低成本。因此，循环经济产业运作的一个前提，就是对二次资源的再生处理成本不能大于再生利用的收益，循环型产业链企业合作能产生正利润。如果完全靠市场调节，其中可能会出现零利润或负利润情况。另外，循环经济产业链的关系纽带是资源，而非产品，基于资源的产业关联并非自发形成，因此需要通过技术创新和组织创新，使产业关联度加强，为产业链的稳定、延长和深化奠定基础。由此看来，循环经济产业链的运行是企业要素投入、工艺流程、技术进步与组织和制度共同创新的过程。循环型产业链应综合体现物质循环在交易机制、生产过程的优化和经济运行效率的提升。当市场失灵的时候，政府应提供足够的补贴、直接补偿等激励机制，通过制度创新间接进行利益调整，为企业合作提供利润空间，确保产业链的持续运行。

(三)生态工业园区

1996年美国可持续发展总统委员会(PCSD)给生态产业园区(EIP)下的定义是：为了高效地分享资源(信息、物资、水、能源、基础设施和自然居留地)而彼此合作且与地方社区合作的产业共同体，它会使经济和环境质量的改善和为产业和地方社区所用的人类资源的公平增加。这种有计划的物质和能量交换的工业系统或称企业群落，寻求能源和原材料消耗和废物产生的最小化，并力图建立可持续的经济、生态和社会协调共进关系。《中华人民共和国环境保护行业标准 HJ/T 274—2006》认为：生态工业园区是依据循环经济理念、工业生态学原理和清洁生产要求而设计建立的一种新型工业园区。它通过物流或能流传递等方式把不同工厂或企业连接起来，形成共享资源和互换副产品的产业共生组合，建立“生产者—消费者—分解者”的物质循环方式，使一家工厂的废物或副产品成为另一家工厂的原料或能源，寻求物质闭环循环、能量多级利用和废物产生最小化。

一个成功的EIP对园区企业提出很高的要求，需要企业及企业间关系具备如下特征：

(1)核心产业和主导性产业链。园区内应有特殊的资源优势与产业优势以及多类别的产业结构,形成核心资源和核心产业,构成主导性产业链,进而以此为基础与其他类别的产业链对接,形成生态产业系统。

(2)企业间应具有较强的关联度,以形成互动或互利关系。

(3)产业链中的核心资源具有稳定性,核心产业(企业)具有发展前景。核心企业的要求是:技术先进、产品具有一定的市场竞争力、企业发展前景好、具有较大经济规模和副产品流(物质、能量、水)、在当地有一定影响的重点产业中的龙头企业。

(4)政府的协调指导。

第三节　循环经济的产业模式

一、循环经济的产业支撑体系构成

循环经济要求经济生态化,其基础在于产业的生态化,在产业模式和经济形态上要求经济活动的"三化":绿化、轻化和软化。这"三化"分别对生态经济、知识经济和服务经济的发展提出了新的要求。循环经济的产业支撑体系由三部分构成:新经济产业、生态产业和废物回收产业。

循环经济产业体系与传统产业体系存在显著区别。循环经济产业体系是生态产业,而传统产业体系是基于传统工业经济的。我们从传统产业和生态产业的差异可以看出二者的区别(表 12-2)。

表 12-2　传统产业和循环经济产业的差异

类型描述	传统产业	循环经济产业
目标	产值、利润	经济效益、社会效益和生态效益的统一
结构	链式、线性,具有刚性	网状、闭合,具有自适应性
规模化	产业单一化、大型化	产业多样化、组合化
系统耦合度	纵向关联,部门经济	横向关联,符合生态系统
功能	产品生产 ＋ 环境扰动	产品生产 ＋ 社会服务 ＋ 生态服务
效益	短期投资收益高,环境外部不经济大	长期经济收益高,环境外部不经济小,整体效益大
资源利用率	资源利用率低,废弃物直接排放到环境	资源利用率高,强调再循环和资源化
环境保护	末端控制	源头控制和过程控制
经济导向	产品经济	功能经济
效率标准	劳动生产率或资本生产率	资源生产率
物质依赖性	资源依赖型	非物质化
演化策略	孤立、单一演化	协同演化
可持续性	弱	强

资料来源:综合多方面资料整理而成

循环经济产业的发展有两个方面:一是产业生态化,通过改变新的组织形式、调整政策来恢复和保持各种形式的社会、经济和生态的调节能力,将人类活动、土地利用、自然循环和功能协调整合为一体的生态系统,即对传统产业进行生态化改造;二是生态产业化,即对具有生态效益和经济效益的产业进行制度创新和组织创新，包括市场化、规模化和社会化。生态产业化和产业生态化，是指把资源的综合利用和环保结合在一起的产业发展过程，它要求所有的产业都要符合生态经济的要求，都要走向生态产业的阶段。循环经济产业的发展要求综合地运用生态经济规律和一切有利于生态经济协调发展的现代化科学技术。

国家发展与改革委员会曾提出，我国将从四个方面加快循环经济发展：推进节约降耗，提高资源利用效率；全面推行清洁生产，从源头减少污染物的产生；开展资源综合利用，最大限度利用资源；发展环保产业，为循环经济发展提供物质技术保障。这种思路实际上就是全方位地发展循环经济，把循环经济与整个经济体系融为一体，既包括静脉产业，也包括动脉产业，还涵盖环保产业。

二、不同产业的循环经济模式

循环经济的重点领域是生产和消费，这也是经济系统最主要的两大环节。在这两大领域中，从物质运动的流向来看，可分为动脉产业和静脉产业，"动脉产业"是指开发利用自然资源而形成的产业；"静脉产业"是指围绕废物资源化而形成的产业。从产业形态上看，主要表现为生态工业体系、生态农业体系、绿色服务业体系及废弃物再利用、资源化和无害化处置产业体系。

(一)循环型工业模式

循环型工业是根据清洁生产和产业生态学原理，对工业生产活动进行规划和设计，通过系统内资源共享、物质循环利用，形成互补共生的工业体系，最终减少物质能量消耗，减少废弃物排放。建立循环型工业模式需要系统化、整体化思路，即形成由生态工业、生态工业链和生态工业园构成的循环型工业系统。

循环型工业具有以下特征：在企业层次，根据生态效率的理念，实行清洁生产，要求企业减少产品和服务的物料、能源使用量、减排有毒物质、加强物质循环、最大限度可持续地利用可再生资源、提高产品的耐用性、提高产品和服务的服务强度；在企业群落层次，按照工业生态学原理，建立企业群落的物质集成、能量集成和信息集成，建立企业与企业之间废物的输入输出关系，实现产业共生；在国民经济层次，实现消费过程减量化和消费后物质能源的无害化、资源化。

下面以广西贵糖集团为例说明循环性企业的结构和功能及其运行。其基本原理是：以甘蔗为主要原料，以甘蔗的制糖为核心，它有两条主链：甘蔗、制糖、糖蜜制酒精、酒精废液制复合肥，以及甘蔗、制糖、蔗渣制浆造纸。每条生态链上游生产过程产生的废物作为原料用于下游生产。制糖过程的废糖蜜用来生产酒精，其废液用来生产甘蔗专用复合肥，复合肥返回蔗田种植甘蔗，由此形成一条甘蔗田、甘蔗、制糖、废糖蜜制酒、酒精废液制复合肥、甘蔗田的闭环生态链(图 12-8)。贵糖模式主要特征是"复合共生，废物循环"。通过原本是废物的副产品的多途径、多层次的循环利用，既获得了多种附加值的产品，又通过盘活、优化、提升、扩展四大步骤，盘活大量闲置设备，扩大了园区的资本，增强了企业市场竞争力，又对区域环境的综合整治做出了贡献。对于结构性污染严重的大型集团，可以采取贵糖模式。

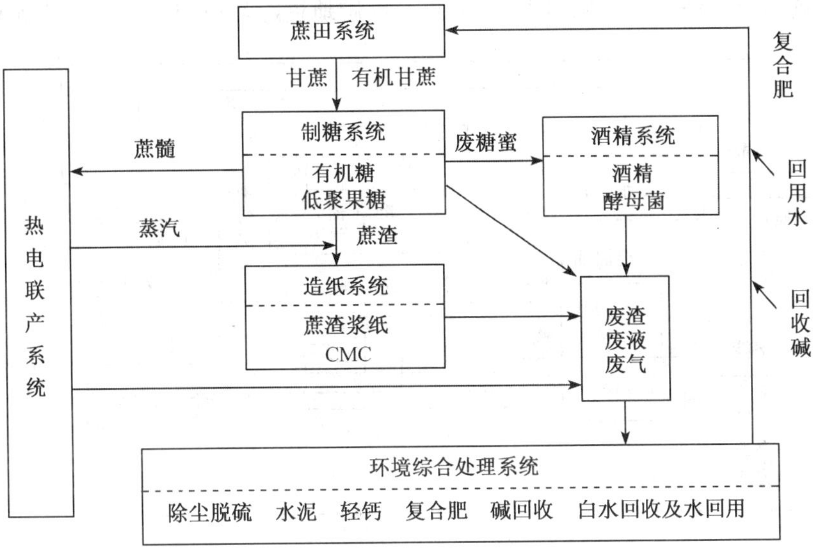

图 12-8 广西贵糖集团生态工业循环流程①

(二)循环型农业模式

循环型农业就是在既定的农业资源存量、环境容量以及生态阈值综合约束下，从节约农业资源、保护生态环境和提高经济效益的角度出发，运用循环经济学的方法组织农业生产活动以及农业生产体系，通过末端物质能量的回流形成物质能量利用的闭环农业生产系统。

循环型农业的主要特征是：①生产流程的循环化设计。尽量减少外界物质能量进入农业生产系统，对于进入农业产生系统的外部物质能量要在多个生产环节中得到循环利用；②环境目标与经济目标并重，实现资源节约与高效利用；③低污染甚至零污染排放。

循环型农业的发展模式：①区域循环模式。通过区域范围关联产业的投入产出关系，促进区域专业化和合理分工，形成具有特色的区域循环型农业模式。②能源综合利用模式。充分利用天然能源(太阳能)和生物能源(沼气)，发展立体种植技术，对农业生产中产生的物质能量进行综合利用。③生态养殖模式。这种模式有实现农牧结合的畜禽养殖、稻田生态养殖等形式。④农业废弃物综合利用模式。根据农业废弃物的产生规模、易腐性等特点采取就地加工利用或集中加工利用。

例如，北京留民营生态农业模式是循环型农业的成功实例。在该模式中，农业生产是核心，围绕农业生产活动所产生各种农产品和副产品，形成农产品初加工和副产品综合利用以及资源循环利用和能量递次开发的经营链条(图 12-9)。

(三)循环型旅游产业模式②

循环型旅游业是一种新兴的旅游发展模式，是生态旅游的一个环节，它在给旅客带来身

---

①冯之俊，循环经济导论．北京：人民出版社 2004．p209-210

②黄贤金．循环经济：产业模式与政策体系．南京：南京大学出版社，2004

心愉悦、促进当地经济发展的同时保护环境,使旅游地资源环境与人类社会达到和谐发展。

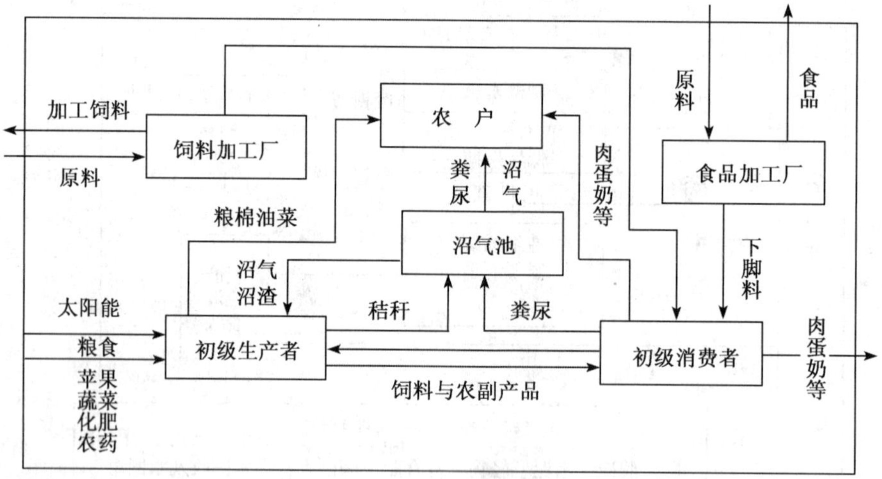

图 12-9 北京留民营生态农业模式图①

在发展循环型旅游业的模式方面,有产业组合式循环型旅游、环境保护式循环型旅游、清洁生产式循环型旅游和生态城市式循环旅游等。产业组合式循环型旅游主要有农业与生态旅游相结合、工业与生态旅游相结合两种形式。

图 12-10 是以北京蟹岛沼气为核心的循环型农业旅游模式。

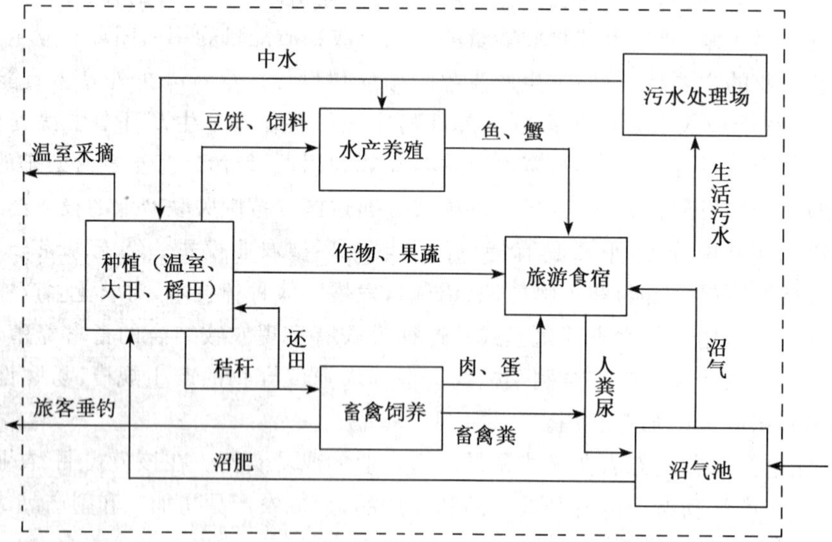

图 12-10 北京蟹岛循环型农业旅游模式

①资料来源:戴备军.循环经济应用实例.北京:中国环境科学出版社,2006.p131

第四节 发展循环经济的主要途径

(一)完善政策体系

循环经济需要完善的政策体系。发展循环经济的政策体系可分为基础性政策、激励性政策、约束性政策和考核性政策。基础性政策主要是宏观调控性、基本制度性和结构调整性的政策,如产业政策、贸易政策、产权制度、区域协调政策、消费政策等;激励性政策主要是指在市场调节的基础上引导企业自觉发展循环经济的政策,如绿色财政、绿色税收、绿色价格、绿色金融等;约束性政策是指利用法律和行政手段对企业的生态行为进行约束,如利益补偿、产业规制、舆论监督、公民参与环保等;考核性政策通过建立一系列评价指标体系对循环经济展开进行评估并做出相应的结论,如绿色国民经济核算制度、环境审计、绿色会计、官员考核制度等。

在产业政策方面,通过制定产业规划,实施产业布局,让循环经济在产业结构和地区分布上得到有效的落实;通过拟订和颁布产业目录、产品目录,使不同产业在资源能源消耗、污染排放等方面受到有效约束。在金融政策方面,充分利用政策性金融的支持,利用现有政策性银行,确立相关市场体制。建立专门的循环经济发展银行,弥补政府投融资的不足。在财政税收政策方面,对发展循环经济的产业和企业在技术、资金等方面进行扶持,通过资源税、污染税等绿色税制强制性改变企业传统的单一经营目标,通过消费税、环境税等改变消费者的传统消费行为。

(二)依靠科技进步

循环经济需要确立循环经济的绿色技术支撑体系。发展循环经济将会遇到许多关于经济与生态领域的技术难题,科学技术是发展循环经济的决定性因素。发展循环经济就是要通过采用和推广无害或低害新工艺、新技术,降低原材料和能源的消耗,实现投入少、产出高、污染低,尽可能把污染排放和环境损害消除在生产过程之中。

循环经济支撑技术体系由替代技术、减量技术、再利用技术、再资源化技术、系统优化技术和共生链接技术6类技术构成。第一,替代技术,即通过开发和使用新能源、新材料、新产品、新工艺,替代原来所用资源、材料、产品和工艺,以提高资源利用效率,减轻生产和消费过程的环境压力的技术。第二,减量技术,即选用较少的物质和能源消耗的工艺路线来达到既定生产目的,在源头节约资源和减少污染的技术。第三,再利用技术,即延长原料或产品的使用周期,通过多次反复使用,减少资源消耗的技术。再资源化技术,旨在将生产或消费过程中产生的废弃物再次变成有用的资源或产品的技术。第四,资源化技术:将生产或消费过程产生的废弃物再次变成有用的资源或产品的技术。第五,系统化技术:从系统工程的角度考虑,通过构建合理的产品组合、产业组合、技术组合,实现物质、能量、资金、技术优化使用的技术。例如多产品联产是通过对生产过程中消耗的原材料和能源进行科学的分配来生产不同产品,或者对资源进行深加工,对副产品进行充分开发利用。第六,共生链接技术,是指在构建产品组合、产业组合,实现产业链延伸和产业共生时所需要开发的链接技术,对提升生态工业园区的建设水平有重要作用。

(三)创新政府职能

政府应当成为促进循环经济发展的责任主体,在循环经济运行的调节机制中,政府应发挥主导作用。这种主导作用体现为以下几种职能:制订规划、提供制度、监督实施、绩效评估、信息服务、重大技术研发、善意设租以及循环经济意识形态建设。

第一,制订产业规划和区域规划是政府的重要职能。编制循环经济发展规划，或把发展循环经济作为编制有关规划的重要指导原则，使循环经济从规划阶段就全面纳入到社会经济发展的全过程中;制定和实施循环经济推进计划，尤其要研究制定矿产资源集约利用、能源和水资源节约利用、清洁生产，以及重点行业、重点领域、产业园区和城市发展循环经济的推进计划;加快经济结构调整和优化区域布局，根据资源环境条件和区域特点，用循环经济的发展理念指导区域发展、产业转型和老工业基地改造。

第二,构建引导、激励、约束和规范循环经济发展的制度体系。加快制定促进循环经济发展的政策、法律法规。借鉴日本等国经验,着手制定绿色消费、资源循环再生利用,以及家用电器、建筑材料、包装物品等行业在资源回收利用方面的法律法规;建立健全各类废物回收制度,明确工业废物和产品包装物由生产企业负责回收,建筑废物由建设和施工单位负责回收,生活垃圾回收主要是政府的责任,排放垃圾的居民和单位要适当缴纳一些费用;制定充分利用废物资源的经济政策,在税收和投资等环节对废物回收采取经济激励措施。

第三,循环经济重大支撑技术的开发研究。循环经济的支撑技术体系由五类构成:替代技术、减量技术、再利用技术、资源化技术、系统化技术。这些技术的研究与开发具有公益性,而且有较大的市场风险,企业在缺乏适度激励的情况下是不会进入的,因此,需要政府在机制和资金上进行支持。另外,循环经济发展中延长产业链和相关产业连接技术等涉及多学科交叉的技术也很需要政府参与。

第四,提供适应循环经济发展的公共信息服务。包括硬件建设和软件建设两个方面。建立与完善循环经济物流信息体系，建立循环经济信息平台，利用市场机制在资源配置方面的优势，为循环经济的资源回收利用提供比较完全的信息服务；探索发展循环经济的有效模式，通过搭建生态产业园区或改造工业园区或建设城市循环经济发展模式等，引导不同企业构建共享资源和互换副产品的产业共生组合。

(四)推动循环经济立法

循环经济立法所调整的对象是在发展循环经济、建立循环型社会中所产生和存在的社会关系。这种关系可分为两类:一是从事循环经济的相关政府管理部门与从事经济社会活动的组织和个人在发展循环经济时所产生的社会关系;二是从事经济社会活动的组织或个人之间在发展循环经济时所产生的社会关系。

当前发达国家规范循环经济大致有两种立法模式:一种是污染预防型,如美国、加拿大等,将清洁生产纳入预防污染的法律框架,属于广义的环境法;另一种是经济循环型,以德国和日本为代表,将整个经济活动纳入循环经济,属于广义的经济法(表 12-3)。

我国循环经济法律体系分为以下三个层次:第一层次是以《循环经济促进法》为名的循环经济基本法(表 12-4)。它是能够统揽全局、带有基本法性质的促进循环经济发展的法律,该法明确了各级政府及其管理部门发展循环经济的权利和义务,明确了全社会发展循环经济的途径和方向；第二层次是以资源利用环节划分的循环经济综合法。在循环经济基本法下，在资源利用的各个环节设立该环节应遵循的综合法。资源利用的环节包括资源输入环节、生产环节和产成品和副产品输出环节、再生资源输入环节；第三层次是各综合法的子法，是针对各种资源或行业或产品制定的具体法律法规。

表 12-3　主要国家循环经济立法与特征

国 别	循环经济法律法规	主要特征
德国	1972 年制定《废物管理法》 1991 年制定《包装条例》 1992 年通过《限制废车条例》 1996 年颁布《循环经济与废物法案》	将系统的资源闭路循环的循环经济理念从包装扩展到所有生产部门，有原来的废物处理发展到循环经济
日本	基础层次：推进形成循环型社会基本法 综合性层次：废物处理及清除法、资源有效利用法 分支性层次：建筑材料回收法、食品回收法、绿色消费法、容器包装与回用法、家用电器回收法等	目标是建立循环型社会，即根据有关方面公开发挥作用的原则，促进物质循环，减轻环境负荷，从而谋求实现经济的健全发展，构筑可持续发展的社会
美国	1976 年制定了《固体废弃物处置法》 1976 年制定了资源保护回收法 1990 年制定了污染防治法 1990 年美国加州通过了《综合废弃物管理法令》	核心内容一直围绕三点：一是促进可再生能源的开发利用；二是充分合理利用现有资源；三是鼓励节能

表 12-4　中华人民共和国循环经济促进法(选摘)

目 录	总 则 内 容	
第一章：总则 第二章：基本管理制度 第三章：减量化 第四章：再利用和资源化 第五章：激励措施 第六章：法律责任 第七章：附则	第一章　总则 第一条　为了促进循环经济发展，提高资源利用效率，保护和改善环境，实现可持续发展，制定本法。 第二条　本法所称循环经济，是指在生产、流通和消费等过程中进行的减量化、再利用、资源化活动的总称。 本法所称减量化，是指在生产、流通和消费等过程中减少资源消耗和废物产生。 本法所称再利用，是指将废物直接作为产品或者经修复、翻新、再制造后继续作为产品使用，或者将废物的全部或者部分作为其他产品的部件予以使用。 本法所称资源化，是指将废物直接作为原料进行利用或者对废物进行再生利用。 第三条　发展循环经济是国家经济社会发展的一项重大战略，应当遵循统筹规划、合理布局，因地制宜、注重实效，政府推动、市场引导，企业实施、公众参与的方针。	第六条　国家制定产业政策，应当符合发展循环经济的要求。 县级以上人民政府编制国民经济和社会发展规划及年度计划，县级以上人民政府有关部门编制环境保护、科学技术等规划，应当包括发展循环经济的内容。 第七条　国家鼓励和支持开展循环经济科学技术的研究、开发和推广，鼓励开展循环经济宣传、教育、科学知识普及和国际合作。 第八条　县级以上人民政府应当建立发展循环经济的目标责任制，采取规划、财政、投资、政府采购等措施，促进循环经济发展。 第九条　企业事业单位应当建立健全管理制度，采取措施，降低资源消耗，减少废物的产生量和排放量，提高废物的再利用和资源化水平。 第十条　公民应当增强节约资源和保护环境意识，合理消费，节约资源。 国家鼓励和引导公民使用节能、节水、节材和有利于保护环境的产品及再生产品，减少废物的产生量和排放量。

续表 12-4

目 录	总 则 内 容	
	第四条　发展循环经济应当在技术可行、经济合理和有利于节约资源、保护环境的前提下，按照减量化优先的原则实施。 在废物再利用和资源化过程中，应当保障生产安全，保证产品质量符合国家规定的标准，并防止产生再次污染。 第五条 国务院循环经济发展综合管理部门负责组织协调、监督管理全国循环经济发展工作；国务院环境保护等有关主管部门按照各自的职责负责有关循环经济的监督管理工作。 县级以上地方人民政府循环经济发展综合管理部门负责组织协调、监督管理本行政区域的循环经济发展工作；县级以上地方人民政府环境保护等有关主管部门按照各自的职责负责有关循环经济的监督管理工作。	公民有权举报浪费资源、破坏环境的行为，有权了解政府发展循环经济的信息并提出意见和建议。 第十一条　国家鼓励和支持行业协会在循环经济发展中发挥技术指导和服务作用。县级以上人民政府可以委托有条件的行业协会等社会组织开展促进循环经济发展的公共服务。 国家鼓励和支持中介机构、学会和其他社会组织开展循环经济宣传、技术推广和咨询服务，促进循环经济发展。

注：《中华人民共和国循环经济促进法》已由中华人民共和国第十一届全国人民代表大会常务委员会第四次会议于 2008 年 8 月 29 日通过，现予公布，自 2009 年 1 月 1 日起施行

(五)整合生态伦理

所谓生态伦理是指人类对如何处理自己与自然环境之间关系所应遵循的道德规范与行为准则。

关于生态伦理存在两种主要的思想：人类中心主义和非人类中心主义。“人类中心主义”认为：人是宇宙中唯一具有内在价值的存在物，其他一切生物的价值取决于人的需要。“非人类中心主义”则认为：人类中心主义主导的文化导致科学技术的滥用和物质经济的过度膨胀，是当代全球生态危机和环境问题的深层次根源，因此主张走出人类中心主义的误区，相继提出动物解放论、动物权利论、生物中心主义和生态中心主义理论。其核心思想和理论要求就是论证人之外的生物及自然存在物也具有内在价值和权利。前者过度关注人类自身忽视自然环境而产生严重的生态环境问题，后者则过于强调自然的地位而忽视人类社会现实的发展问题和代内公平问题，容易陷入空想而缺乏操作实践的现实意义。由此看来，要实现人与自然的和谐，需要在伦理观上接纳和包容人类中心主义和非人类中心主义，以发展的观点和动态的观点来解决代际公平，同时又决不忽略代内公平问题的解决。整合后的生态伦理实质是指人与人之间、人与自然之间的互利共生、协同进化和发展，它要求生态伦理学的逻辑起点应该是“人类的整体利益”的立场去建立人与自然和谐的生态伦理观，即人类要善待自然，确立人与自然之间理性、健康、文明的关系，树立人对自然环境的文化意识，

明确地球生物圈对人类生存的意义。①

第五节　循环经济评价

一、循环经济评价的意义、原则

(一)建立循环经济评价体系的意义

加快我国循环经济的发展,建设资源节约型、环境友好型社会,实现“十一五”规划中提出的到“十五”期末单位国内生产总值(GDP)的能源消耗比“十五”期末降低20%左右,主要污染物排放总量减少10%的奋斗目标,建立循环经济评价体系非常必要。建立循环经济评价体系有助于定量评价一个区域循环经济发展的总体水平,发现该地区经济、社会和生态环境中存在的问题和不足,找出原因,寻求对策;有利于对各个地区的循环经济发展状况进行比较,发现差距,总结经验,探索符合本地区循环经济发展的途径和模式;有助于地方政府掌握该地区循环经济发展的动态情况,制定科学合理的发展规划和发展目标,进行切实可行的宏观管理。

(二)建立循环经济评价体系的原则

1. 坚持科学性和实用性原则

评价指标应当能够反映事物的主要特征,指标体系应具有合理的层次结构。数据来源要准确,处理方法要科学,具体指标要能够反映出循环经济主要目标的实现程度。指标体系覆盖面要广,能客观反映社会进步、经济发展和资源环境质量等方面的情况。所运用的计算方法和模型要科学规范。这样才能最大限度地保证评价结果的真实和客观。

2. 系统性和层次性原则

循环经济本身是一个系统性很强的概念,发展循环经济也是一个系统工程,评价指标体系必须能够反映循环经济的系统性特点,覆盖面要广,各相关因素的关系要理顺,目标层次要清晰明确。

3. 动态性与稳定性原则

评价指标体系在内容上既要保持相对稳定性,能够反映循环经济发展的基本规律和脉络,为分析循环经济运行过程、预测循环经济发展趋势提供依据;同时对部分指标的选取和设定也要进行动态调整,以便对循环经济进行动态管理。

4. 可测性和可比性原则

评价指标体系应考虑数据的可获得性和指标量化的难易程度,实行定性与定量相结合。评价指标尽可能量化,对于量化难度较大的指标可进行定性处理。评价指标的计算方法也要明确,做到简捷、便于操作。

①李文明.整合与超越:论新生态伦理观的建立.求索,2008(1)

二、循环经济评价的指标和方法

(一)循环经济评价的指标体系

目前,我国推进循环经济发展和开展循环经济试点工作。国家发展与改革委员会、国家环保总局和国家统计局结合我国国民经济和工业园区的运行特点,确定了由资源产出、资源消耗、资源综合利用和废物排放四大部分构成的循环经济宏观评价指标(表 12-5)。

表 12-5 循环经济评价指标体系(宏观)

序号	分类	指标
1	资源产出指标	主要矿产资源产出率
		能源产出率
2	资源消耗指标	单位国内生产总值能耗
		单位工业增加值能耗
		重点行业主要产品单位综合能耗
		单位国内生产总值取水量
		单位工业增加值用水量
		重点行业单位产品水耗
		农业灌溉水有效利用系数
3	资源综合利用指标	工业固体废物综合利用率
		工业用水重复利用率
		城市生活污水再生利用率
		城市生活垃圾无害化处理率
		农业秸秆综合利用率
		废钢铁回收利用率
		废有色金属回收利用率
		废纸回收利用率
		废玻璃回收利用率
		废塑料回收利用率
		废橡胶回收利用率
4	废物排放指标	工业固体废物处置量
		工业废水排放量
		二氧化硫排放量
		COD 排放量

从 2006 年 9 月 1 日起,国家环保总局发布了生态工业园区标准《综合类生态工业园区标准(试行)》、《行业类生态工业园区标准(试行)》和《静脉产业类生态工业园区标准(试行)》。其中,静脉产业(资源再生利用产业)是以保障环境安全为前提,以节约资源、保护环境为目的,运用先进的技术,将生产和消费过程中产生的废物转化为可重新利用的资源和产品,实现各类废物的再利用和资源化的产业,包括废物转化为再生资源及将再生资源加工为产品两个过程。生态工业园区的指标应由经济发展、物质减量与循环、污染控制和园区管理构成。

表 12-6 静脉产业类生态工业园区指标(试行)

项目	序号	指　　标	单位	指标值或要求
经济发展	1	人均工业增加值	万人/人	≥5
	2	静脉产业对园区工业增加值的贡献率	%	≥70
资源循环与利用	3	废物处理量	万吨/年	≥3
	4	废旧家电资源化率*	%	≥80
	5	报废汽车资源化率*	%	≥90
	6	电子废物资源化率*	%	≥80
	7	废旧轮胎资源化率*	%	≥90
	8	废塑料资源化率*	%	≥70
	9	其他废物资源化率*		符合相关规定
污染控制	10	危险废物安全处置率	%	100
	11	单位工业增加值废水排放量	吨/万元	≤7
	12	入园企业污染物排放达标率	%	100
	13	废物集中处理处置设施		具备
	14	集中式污水处理设施		具备
园区管理	15	园区环境监管制度		具备
	16	入园企业的废物拆解和生产加工工艺		达到同行业国际先进水平
	17	园区绿化覆盖率	%	35
	18	信息平台的完善度	%	100
	19	园区旅游观光、参观学习人数	%	≥5 000
	20	园区编写环境报告书情况	%	1 期/年

注:带 * 的指标为选择性指标,根据各园区废物种类进行选择

企业是发展循环经济的微观主体,对企业发展循环经济进行评价也至关重要。企业循环经济评价内容主要包括生产过程和产品两个部分。在生产过程方面,循环经济的目标要求是:①能源、资源有害性能最小化;②能源、资源投入最小化;③废物排放最小化;④能源、资源使用效率最大化;⑤环境改变最小化。在产品方面,循环经济的目标要求是:①无害化;②减量化;③可回收再利用;④易处置。考查上述要求的范围,理论上应是产品和生产全过程。

不同类型的企业循环经济评价指标在一般特征的基础上,还具有本行业的特征。以包装企业为例,将上述指标化的要求扩展为以下具体的指标(表 12-7)。

表 12-7　企业循环经济评价指标体系

序号	分 类	目标要求	具体指标
1	生产过程	①能源、资源有害性能最小化	①能源是否清洁能源 ②能源对环境污染的减少率 ③包装原材料资源是否属可再生资源 ④包装原材料资源含毒性减少率 ⑤包装生产使用氟氯烃物质减少率
		②能源、资源投入最小化	①包装资源材料的消耗减少率 ②包装辅助材料的消耗减少率 ③包装生产能源的消耗减少率 ④包装生产水资源的消耗减少率
2		③废物排放最小化	①包装生产过程中排出的废气减少率 ②包装生产过程中排出的废液减少率 ③包装生产过程中排出的废物减少率 ④包装生产过程中排出的剧毒化学物质 ⑤包装生产过程中排出的影响人肺健康的粉尘的减少率 ⑥包装的重量或体积的减少率 ⑦包装废弃物在回收再利用时排出的二次污染的减少率
		④能源、资源使用效率最大化	①包装原材料边角废料和碎屑的减少率 ②包装原材料边角废料和碎屑的回收利用提高率 ③包装资源在生产流程、加工设备和流程过程中物料流失的减少率 ④包装资源的循环利用提高率 ⑤单位能源的产品产量提高率 ⑥包装水资源循环利用的提高率
		⑤环境改变最小化	①包装生产及废弃物处理引起的温室效应降低率 ②包装生产及废弃物处理引起的臭氧层破坏降低率 ③包装生产及废弃物处理引起的酸雨效应降低率 ④包装生产及废弃物处理引起的水质污染降低率
3	产品	①无害化	①包装产品含有毒成分降低率，是否在规定范围内 ②包装材料中含有可能向内容品迁移有害成分的降低率
		②减量化	①单件包装产品原材料消耗降低率 ②单件包装产品辅助材料消耗降低率 ③包装废弃物在清洗、干燥时，能源、公共资源及化学物质的消耗减少率
		③可回收再利用	①包装产品回收重复利用次数的提高率 ②包装产品回收重复利用提高率 ③包装产品回收再生利用提高率 ④包装废弃物清洗、干燥、再利用的适用性提高率 ⑤包装废弃物焚烧时回收的燃料热能提高率
		④易处置	①包装废弃物能在短期内自行降解的提高率 ②包装废弃物实行分类回收可靠性提高率

循环农业建设的前提是开展农业循环经济发展的评价，以利于找到制约因子和评价出发展水平后进行循环农业的建设和推广。在此，可以设计 4 类 18 个因子：一是经济与社会发展指标，主要用来反映农业循环经济发展过程中实现的社会及经济效益，即系统输出终端的效果；二是资源减量投入指标，揭示区域农业生产系统投入端的现状；三是资源循环利用评价指标，体现农业生产过程中对于系统内资源循环利用的程度；四是资源环境安全评价指

标,反映农业发展中对于生态环境和资源安全的影响。考虑对评价指标赋以权重(表 12-8)。

表 12-8 农业循环经济发展评价指标及指标释义①

分类指标	权重	单项指标	权重
经济与社会发展指标	0.194	C_1 单位播种面积农业 GDP 产值(元/公顷)	0.090
		C_2 农民人均纯收入(元/人)	0.050
		C_3 人均粮食产量(kg/人)	0.490
		C_4 粮食单产(kg/公顷)	0.230
		C_5 单位畜禽产品率(kg/公顷)	0.140
资源减量投入指标	0.245	C_6 化肥施用水平(kg/公顷)	0.240
		C_7 农业能耗指数(万 t 标准煤/亿元)	0.070
		C_8 农业虚拟用水系数(t/公顷)	0.410
		C_9 农药使用水平(kg/公顷)	0.140
		C_{10} 农膜使用水平(kg/公顷)	0.140
资源循环利用指标	0.323	C_{11} 化肥有效利用系数(元/kg)	0.198
		C_{12} 秸秆综合利用率(%)	0.256
		C_{13} 禽畜粪便资源化率(%)	0.295
		C_{14} 复种指数(%)	0.251
资源环境安全指标	0.238	C_{15} 森林覆盖率(%)	0.245
		C_{16} 有效灌溉系数	0.230
		C_{17} 乡镇河道污染综合指数(L/mg)	0.279
		C_{18} 人均耕地(公顷)	0.246

(二)循环经济评价的主要方法

评价循环经济可以是其综合的状态水平,也可以是采用个别指标反映的状况,所以,可以采用多种方法。比较简便的基本方法有:

1. 线性加权和法

线性加权和法也称综合指数法,是将循环经济的各项评价指标的分项评价值与其权重相乘,然后再求和后得到总体综合评价值的方法。线性加权和法作为循环经济综合评价模型,优点是使用广泛、操作简单。

首先对循环经济的 n 个方面(子系统)的评价指标的个体指数值与相应的权数相乘,然后再加总,得到各个方面(子系统)的水平指数:

$$YI_i = \sum_{j=1}^{n_i} w_{ij} y_{ij} \qquad i = 1, \cdots, \wedge, n \tag{12-6}$$

式中:YI_i 为第 i 个子系统第 j 项指标的评价值;w_{ij} 为第 i 个子系统第 j 项指标的权重系数;y_{ij} 为第 i 个子系统的水平指数。

①马其芳,黄贤金,张丽君,陈逸. 区域农业循环经济发展评价及其障碍度诊断——以江苏省 13 个市为例. 南京农业大学学报,2006,29(2):108～114

然后，再将各个水平指数与相应的权数相乘后加总，得到循环经济综合指数，该综合指数可作为循环型企业、工业生态园和区域循环经济的综合度量：

$$NISI = \sum_{i=1}^{n} W_i YI_i \tag{12-7}$$

式中，Wi 为第 i 个子系统的权重系数；$NISI$ 为循环经济综合指数。

2. 生态效率评价法

生态效率(eco-efficiency)要通过提供能满足人类需要和提高生活质量的竞争性定价商品与服务，同时使整个寿命周期的生态影响与资源强度逐渐降低到一个至少与地球的估计承载能力一致的水平来实现。对于循环企业，生态效率可以恰当的表达环境业绩与财务业绩的结合。生态效率可以表示为：

$$\text{生态效率} = \frac{\text{产品或服务的价值}}{\text{环境影响}} = \frac{\text{价值的增加}}{\text{环境影响的增加}} \tag{12-8}$$

3. 资源利用率评价法[①]

减少自然资源的利用对环境影响可以从四个方面着手：一是优化配置自然资源，向该投入的地方投入；二是在制造产品时尽量减少投入资源；三是尽可能利用产品制造中产生的废物；四是尽可能利用可再生资源，其中第四点最重要，也是新循环经济的创新和要点。这个概念可以表示为：

$$R_0 = \frac{R_a \times R_u \times R_e}{RI} \tag{12-9}$$

式中，R_0 为自然资源的最佳利用程度；R_a 为自然资源的优化配置程度；R_u 为生产中排出的废物的再利用程度；R_e 为可再生资源利用所占的比例；RI 为自然资源的投入量。

此外，可以用于循环经济评价的方法还有：成本效益评价法、节约指数评价法、层次分析法、模糊综合评价法和物质流分析法等。

本章小结

循环经济的建设节约型社会的一条主要途径。作为一种新型的经济运行模式，它要求经济活动的减量化、再循环和再利用。在运行规律上，循环经济遵循物质代谢平衡、价值链增值、产业共生等原理，通过物质流与价值流的统一实现经济与生态的和谐。在运行层次上，有企业内部的循环经济模式、区域循环经济模式和社会循环经济体系；在微观运行模式上，循环经济又表现为循环型企业、循环型产业链和生态工业园区等形态。在产业模式上，循环经济通过三大产业得到体现，循环型工业、循环型农业和循环型旅游产业依据各自不同的产业特点和经济规律形成多样化的循环经济模式。

①吴季松.新循环经济学.北京：清华大学出版社，2005：204

案例分析

[案例 1]

“减量经营”与日本经济经济增长方式的转变①

第二次世界大战以后日本经济得到迅猛发展,但是粗放式增长方式因 1973 年的石油危机使日本经济又陷入低谷,于是“减量经营”便成了石油危机期间的流行语。“减量经营”概念,除了压缩生产成本外,即“减成本”,还强调“节”、“转”。所谓“节”就是提倡节约能源。许多高能耗产业积极采取节能技术,如在钢铁业采用高炉炉压发电设备、引进连续铸造设备、转炉采用废气挥手装置等;在石化行业,采用加热炉的废气、余热回收技术;水泥行业引进悬浮预热器等技术。所谓“转”,就是调整产业结构和产品结构。这主要通过企业投资方向的变化实现的。石油危机之后,企业投资规模比较稳定,主要用于企业内部的技术改造和固定资本的更新,并进行省力化和合理化的投资。在制造业中产业结构的变化主要表现在以下五个方面:

(1)生产方式从“少品种大批量”转向“多品种小批量”。在这个过程中,大型企业从单纯追求规模开始转向与中小企业展开多方面合作,产品注重满足个性化需要。

(2)产业结构从“劳动密集型”和“资本密集型”向“知识密集型”和“技术密集型”。原来那些能耗高的原材料行业在整个经济中的比重在下降,加工型行业在上升。这主要表现为电力机械、运输机械、办公自动化设备等加工型产业开始取代传统的钢铁和汽车产业,在国民经济中所占比重明显增加。

(3)产品结构从“重厚长大”转向“轻薄短小”。钢铁、有色金属、化学等经济高速增长时期的主力行业在石油危机后地位日益下降。小型、轻量、高性能的家用电器在 1975 年后发展迅速,集成电路在家电行业中广泛采用。其中,家电业产值在 1978 年超过 4 万亿日元,1981 年达到 5 万亿日元,1984 年超过 7 万亿日元。

(4)企业竞争开始由价格、质量竞争转向开发新产品、新技术的竞争。

(5)企业开始走向国际化。1975—1979 年间日本长期资本输出增长了 4 倍。日本企业通过向海外直接投资,进行当地化生产,推行零部件及产品的返销战略。这样不仅有利于节约日本国内的能源资源,环节原材料供给压力,而且有助于缓解贸易摩擦。

通过推行“减量经营”,日本经济的适应能力发生了质的变化,并且在 1979 年第二次石油危机中经受住了考验。这一次石油危机中油价涨幅达 136%,但没给日本经济造成大的影响。1973 年以前日本的石油消费弹性系数(石油消费增长率与 GDP 增长率的比值)大于 1,到 1979 年降至 0.25。日本经济从而完成了向节能型社会转变,产业结构日益高级化。日本“减量经营”最成功是案例是汽车产业。石油危机后,日本轿车产量从 1973 年的 447 万辆减少到 1974 年的 393 万辆。但由于日本成功开发出低公害、低耗油的高性能汽车,成为人们竞相争购的对象。1975 年生产形势开始回升,1976 年达到 500 万辆,1980 年以 700 万辆超越美国跃居世界第一。

---

①伞锋.日本“减量经营”的经验对当前我国发展节能型、高附加值经济的借鉴意义,经济预测分析,第 3 期,国家信息中心,2005-01-24

在推行“减量经营”过程中，日本政府采取了三个方面的措施：

(1)限制原材料工业的发展。对钢铁和石油化工等资源、能源消耗多、污染重的产业通过行政指导及各种限制措施，削减其生产能力，引导其关停并转。

(2)鼓励劳动密集型产业向海外转移。对能耗多、公害大的劳动密集型产业，日本政府鼓励其转移到海外进行直接投资。

(3)促进技术和知识密集型产业的发展。将电子工业、高精度机械工业等资源能源消耗少、需要高技术、能形成高附加值的产业列为“振兴”产业，在税收上给予优待，实行特别折旧制度，并提供优惠贷款，促进这些产业的发展。

“减量经营”的基本经验可总结如下：

(1)有“节”有“转”。在“节”中减少对能源、原材料的过度依赖；在“转”中实现产业结构的升级。

(2)产业结构调整与经济增长方式转变同时进行，找准产业结构调整的目标。在推行“减量经营”过程中，日本政府紧跟世界制造业发展的最新趋势，以建立世界一流制造业为产业结构升级的目标，积极培育主导产业。

(3)以产业政策为中心，短期市场调控服务于中期结构调整。以产业政策为中心，通过运用法律、财政、税收和金融等政策措施，引导企业改变投资行为，促进企业对目标产业进行大规模的设备投资和研究开发投资。

(4)积极利用科技革命成果，引导企业自主创新。在推行“减量经营”过程中，日本企业通过增加在研发领域的投入，完成了从20世纪50年代的技术引进、20世纪60年代的技术改良，到20世纪70年代向自主技术转变的过程。1973—1983年，推行研发的企业有10 170家增加到17 631家，增长了73%。有70%以上的民间企业设有独立的研究所。

(5)在政策实施中努力寻求企业的积极配合，注意发挥企业的主观能动性。“减量经营”的动力不仅来自石油危机这一外部压力，更重要的是企业对生产高附加值产品有良好的预期，这样，政府引导企业从价格竞争和质量竞争转向产品技术含量的竞争。

[案例 2]

丹麦卡伦堡产业共生体

丹麦卡伦堡产业共生体是一个典型的产业生态系统，也是一个成功运作的产业共生(industrial symbio-sis)网络。

(一)卡伦堡产业共生网络的成员构成和副产品交换

整个卡伦堡的产业共生模式中的物质流和能量流包括发电厂燃烧排放的、炼油厂排放出来的废气、发电厂和炼油厂的冷却水、发电厂煤燃烧后的粉煤灰、发电厂产生的余热、制药厂所产生富含养分的淤泥。

1. 确定“锚定成员”

基于上述资源基础，该产业共生系统可以确定五个“锚定成员”：

(1)Asnaes 火力发电厂：丹麦最大的燃煤火力发电厂，有1 500百万瓦特的发电量；

(2)Statoil 炼油厂：丹麦最大炼油厂，每年3.2百万吨容量(正增加至每年4.8百万吨)；

(3)Gyproc 石膏板工厂：每年平均生产14百万平方公尺的石膏墙板(约略计算足以建

造6个卡伦堡大小般城镇的所有房子)；

(4)Novo Nordisk 制药厂：每年销售额超过20亿美金的国际生物科技集团，在卡伦堡的工厂是其最大规模且生产制药(包括占世界四成的胰岛素供应量)及工业酵素的工厂；

(5)卡伦堡市：供应地方19 000户居民热能，同时供水给家庭与产业用。

2.副产品交换网络

随着成员的增加和经济规模的扩大，该系统成员之间副产品的交易数量、交易频率随之增加。交易关系越来越复杂，交易信息量越来越大，就形成了一个错综复杂、互为需求的交换网络[①](见图12-11)。

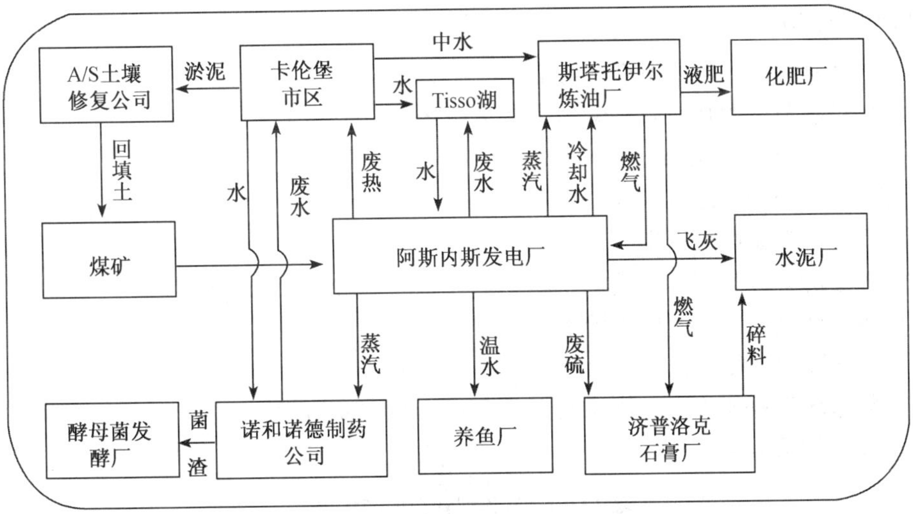

图12-11 丹麦卡伦堡产业共生网络

(二)卡伦堡产业共生体系的环境和经济效益

根据有关报道，在过去20多年间，卡伦堡镇共投资16个废料交换工程，投资总额为6 000万美元，投资平均折旧时间不超过5年，环境效益和经济效益是非常显著的(表12-9)。该表从副产品回收利用、资源节约和减污等三个方面显示出该产业共生体巨大的环境、社会和经济效益。

表12-9 卡伦堡产业共生体系每年产生的环境和经济效益 吨

副产品/废弃物的重新利用		节约资源		减少污染排放	
粉煤灰	70 000	油	45 000	CO_2	175 000
硫	2 800	煤	30 000	SO_2	10 200
石膏	200 000	水	600 000 米^2		
污泥中的氮	800 000				
磷	600				

资料来源：Jorgen Chris tense, Moving to the Next Generation, Eco-Industrial Development Roundtable, Kalundborg,2001/9/2,2001卡伦堡圆桌会议简报纪录

丹麦卡伦堡生态产业园发展20多年的经验和教训表明，一个成功的生态产业园不是由

①Ehrenfeld J and Gertler N, Industrial ecology in practice: the evolution of interdependence at Kalundborg, Industrial Ecology,1997,1(2). p67-79

政府或规划师自上而下规划出来的，而是从市场竞争中由相关企业自组织磨合而成，既要有主导产业链、主导产业集团、主导技术、主导资源、主导资金、主导市场和主导人才形成的生长核，以确保产业园的经济活力，又要有工艺、产品、市场和技术的多样性和柔性，以确保园区抵御风险的能力和发展的稳度，要在资源利用效率、环境影响、生态服务功效、原住地居民利益和区域生态平衡等方面长期磨合进化。生态产业园的规划和孵化必须上下结合、内外结合、软硬结合、长短结合，通过工艺改革、产品创新、功能革新和系统更新，通过滚动式的修改和完善逐渐形成，这里自组织自调节是关键。

思考与练习

1. 如何理解循环经济的概念和特征？
2. 循环经济与资源环境经济学的关系是什么？
3. 简述循环经济的5R原则。
4. 论述循环经济的运行机制。
5. 循环经济有哪些运行模式？
6. 循环经济有哪些产业模式？
7. 简述发展循环经济的保障措施。
8. 为什么要建立循环经济的评价体系？
9. 比较循环经济评价指标体系与节约型社会的指标体系（表12-10），论述循环经济与节约型社会的关系。

表12-10 节约型社会的指标体系

目标层	控制层	指标层
资源节约型社会的综合评价	经济发展指标	人均生产总值(元/人)
		第三产业生产总质比重(%)
		恩格尔系数
		城市居民人均可支配收入(元)
		农村居民年人均纯收入(元)
	资源节约指标	万元生产总值水耗(t)
		万元生产总值电耗(kWh)
		土地利用弹性
		工业固体废弃物处置利用率(%)
		产业密度（万元/平方千米）
		工业万元生产总值废气排放量(t)
		工业万元生产总值废水排放量(t)
		农业万元生产总值化肥使用量(t)
		农业万元生产总值农药使用量(kg)
		生活垃圾无害化处理率(%)

资料来源：沈满洪．资源节约性社会的经济学分析．北京：中国环境科学出版社，2007

参考文献

[1] 周宏春,刘燕华. 循环经济学. 北京:中国发展出版社,2005 年.

[2] 王如松,杨建新. 产业生态学:从褐色工业到绿色文明. 上海:上海科学技术出版社,2003.

[3] 黄贤金. 循环经济:产业模式与政策体系. 南京:南京大学出版社,2004.

[4] 张扬. 循环经济概论. 长沙:湖南人民出版社,2005.

[5] 葛扬,王棋. 循环经济持续发展的价值链机制. 城市环境与城市生态,2004(5) .

[6] 沈满洪. 资源与环境经济学. 北京:中国环境科学出版社,2007 .

[7] 中华人民共和国环境保护行业标准－静脉产业类生态工业园区标准(HJ/T 275—2006,试行).

[8] 戴佩华. 循环经济的内涵及评价指标体系研究,包装工程,2005 (6).

[9] 沈满洪. 资源节约性社会的经济学分析. 北京:中国环境科学出版社,2007 .

[10] 崔秀丽,王军. 循环经济优化机制对环境安全的影响. 中国人口资源与环境,2007(3):23-26.

[11] 王军. 沼气示范村建设与区域循环农业利用评价. 中国农学通报,2007(10).

[12] http://www.sdpc.gov.cn/yjzq/W020061108327104295557.doc.

[13] Kenneth Boulding(1996),The economics of the coming spaceship earth,in H. Jarrett(ed.) Environmental Quality in a Growing Economy. Resources for the future. Hohns Hopkins Press, Baltimore, Maryland, pp3.

图书在版编目(CIP)数据

资源与环境经济学/王军主编.—北京:中国农业大学出版社,2009.9(2019.12 重印)
ISBN 978-7-81117-860-9

Ⅰ.资…　Ⅱ.王…　Ⅲ.①资源经济学 ②环境经济学　Ⅳ.F062.1　X196

中国版本图书馆 CIP 数据核字(2009)第 153192 号

书　名　资源与环境经济学
作　者　王　军　主编

策划编辑　孙　勇　　**责任编辑**　孙　勇
封面设计　郑　川　　**责任校对**　陈　莹　王晓凤
出版发行　中国农业大学出版社
社　址　北京市海淀区圆明园西路 2 号　　**邮政编码**　100193
电　话　发行部 010-62731190,2620　　读者服务部 010-62732336
编辑部 010-62732617,2618　　出　版　部 010-62733440
网　址　http://www.cau.edu.cn/caup　　**e-mail** cbsszs@cau.edu.cn
经　销　新华书店
印　刷　北京时代华都印刷有限公司
版　次　2009 年 9 月第 1 版　2019 年 12 月第 5 次印刷
规　格　787×1 092　16 开本　23.5 印张　530 千字
定　价　60.00 元